Arbeitsmarktwirkungen moderner Technologien 1

Technologischer Wandel und Beschäftigung

Die *Meta-Studie: Arbeitsmarktwirkungen moderner Technologien* war ein durch den Bundesminister für Forschung und Technologie gefördertes Forschungsvorhaben im Projektverbund. Mit unterschiedlichen Schwerpunkten und Methoden haben die folgenden neun Institute die Zusammenhänge zwischen technologischem Wandel, Beschäftigungsstrukturen sowie einzel- und gesamtwirtschaftlichen Verflechtungen in umfassender und differenzierter Weise analysiert:

Deutsches Institut für Wirtschaftsforschung Berlin,
Projektleitung: Dr. Frieder Meyer-Krahmer

Ifo-Institut für Wirtschaftsforschung München,
Projektleitung: Dr. Lothar Scholz

Institut für Stadtforschung und Strukturpolitik GmbH Berlin,
Projektleitung: Prof. Dr. Hans-Jürgen Ewers

Infratest Sozialforschung München,
Projektleitung: Lisa Höflich-Häberlein

Institut für Sozialforschung und Gesellschaftspolitik e. V. Köln,
Projektleitung: Dr. Werner Friedrich

Institut für Wirtschafts- und Sozialforschung Wien,
Projektleitung: Dr. Michael Wagner

Wissenschaftszentrum Berlin für Sozialforschung/Forschungsschwerpunkt Arbeitsmarkt und Beschäftigung,
Projektleitung: Dr. Ronald Schettkat

Basler Arbeitsgruppe für Konjunkturforschung/Forschungsstelle für Arbeitsmarkt- und Industrieökonomik der Universität Basel,
Projektleitung: Dr. Peter Kugler

Technische Universität Berlin/Heinrich-Hertz-Institut,
Projektleitung: Dr. Gernot Weißhuhn

Abstimmungsteam: Prof. Dr. Egon Matzner (Wissenschaftszentrum Berlin für Sozialforschung/Forschungsschwerpunkt Arbeitsmarkt und Beschäftigung), Dr. Ronald Schettkat (Wissenschaftszentrum Berlin für Sozialforschung/Forschungsschwerpunkt Arbeitsmarkt und Beschäftigung), Dr. Michael Wagner (Institut für Wirtschafts- und Sozialforschung Wien)

Technologischer Wandel und Beschäftigung

Fakten, Analysen, Trends

Herausgegeben von
Ronald Schettkat und Michael Wagner
Redaktion und Layout:
Barbara Schulz

Walter de Gruyter · Berlin · New York 1989

Dr. Ronald Schettkat, Wissenschaftszentrum Berlin für Sozialforschung/Forschungsschwerpunkt Arbeitsmarkt und Beschäftigung
Dr. Michael Wagner, Institut für Wirtschafts- und Sozialforschung Wien

Das Buch enthält 29 Abbildungen und 94 Tabellen

CIP-Kurztitelaufnahme der Deutschen Bibliothek

Arbeitsmarktwirkungen moderner Technologien. - Berlin ; New York : de Gruyter.
ISBN 3-11-011980-3

1. Technologischer Wandel und Beschäftigung: Fakten, Analysen, Trends /
hrsg. von Ronald Schettkat u. Michael Wagner. - 1989
ISBN 3-11-011982-X Gb.
ISBN 3-11-011983-8 PB.
NE: Schettkat, Ronald [Hrsg.]

♾ Gedruckt auf säurefreiem Papier

Printed in Germany
Druck: Kupijai & Prochnow Buch- und Offsetdruckerei, Berlin - Buchbinderische Verarbeitung: Lüderitz & Bauer-GmbH, Berlin - Abbildungen: Graph Druckula, Berlin - Umschlaggestaltung: Johannes Rother, Berlin - Umschlagsatz: Werkstatt für Fotosatz, Berlin

Vorwort

Die Arbeitsmarktwirkungen moderner Technologien sind in den Wirtschafts- und Sozialwissenschaften stets kontrovers diskutiert worden. Dieses Spannungsverhältnis von einander entgegengesetzten Perspektiven, Analysemethoden und Befunden hat eine wichtige Triebfeder für den wissenschaftlichen Fortschritt auf diesem Gebiet geschaffen. Gleichzeitig verletzt die schlechte thematische und analytische Überschaubarkeit der Fragestellung das Bedürfnis etablierter akademischer Forschung nach klaren Kriterien für den Erfolg oder das Scheitern spezifischer Untersuchungsansätze.

Eine solche Ausgangssituation verlangt von jedem größer angelegten Forschungsvorhaben eine pragmatische Grundhaltung; teils gilt es schon erprobte Verfahren auf rezente Daten anzuwenden, um über jüngere Entwicklungen informiert zu sein; teils bedarf es des Versuchs, neue Wege zu erproben, um Zugänge zu wichtigen Funktionszusammenhängen zu eröffnen, die sich traditionellen Analysemethoden bisher verschlossen haben.

Von einer solchen pragmatischen Grundhaltung hat sich die sogenannte Meta-Studie (eine vom Bundesminister für Forschung und Technologie in Auftrag gegebene Untersuchung der "Arbeitsmarktwirkungen moderner Technologien"), deren Resultate in einzelnen Kurzfassungen im vorliegenden Band dargestellt sind, in allen ihren Phasen leiten lassen: bei der Zusammensetzung des wissenschaftlichen Begleitausschusses aus Vertretern verschiedener Disziplinen und spezifischer Strömungen innerhalb dieser Disziplinen; bei der Zerlegung des Gesamtproblems in Teilfragestellungen; bei der Auswahl der Projektteams, die mit der Durchführung der Forschungsaufgaben beauftragt wurden; bei der Herstellung von Schnittstellen zwischen den einzelnen, in wissenschaftlicher Eigenverantwortung arbeitenden Projektteams.

Gegen den Hintergrund der forschungsorganisatorischen Ausgangslage der Meta-Studie ist auch die Präsentation zentraler Ergebnisse zu verstehen. Zwischen den einzelnen der folgenden Beiträge besteht eine höhere inhaltliche Komplementarität, als sich dies angesichts der jeweils besonderen Begriffsprägungen und stilistischen Orientierungen der einzelnen Teams sofort erkennen läßt.

An diesem Sachverhalt können die Herausgeber dieses Überblicks wenig ändern, wollen sie vermeiden, in die Rolle derer zu schlüpfen, die eine Art Gesamtbewertung vornehmen. Die kommt ihnen aber schon deshalb nicht zu, weil sie selbst jeweils ein Teilprojekt im Rahmen der Gesamtstudie leiteten. Trotz der notwendigen Selbstbeschränkung ist in der Einleitung der Versuch unternommen worden, einige

Orientierungshilfen über Aufbau und Struktur der Forschungsanstrengungen im Rahmen der Meta-Studie anzubieten; dies mag helfen, die Leistungen der einzelnen Projektteams in einer Gesamtzusammenfassung einzuordnen.

Ohne die Mitwirkung zahlreicher Personen hätte der vorliegende Band nicht erscheinen können. Die einzelnen Teams der Meta-Studie haben sich auf kooperative Weise bereit erklärt, ihre umfangreichen Berichte schwerpunktartig zusammenzufassen.

Ronald Schettkat, Michael Wagner — San Francisco/Berlin im Mai 1989

Übersicht

Beschäftigungswirkungen moderner Technologien
Vielfältige Befunde und Ansätze zu einer analytischen Integration
Ronald Schettkat, Michael Wagner

TEIL I: BETRIEBSEBENE

Der Kontext entscheidet: Wirkungen des Einsatzes computergestützter Techniken in Industriebetrieben
Hans-Jürgen Ewers, Carsten Becker, Michael Fritsch

Diffusion neuer Technologien und ihre Auswirkungen im privaten Dienstleistungssektor
Lisa Höflich-Häberlein, Hubertus Häbler

Betriebsgrößenentwicklungen, Beschäftigungsgewinne und -verluste in den Wirtschaftsbereichen der Bundesrepublik Deutschland 1980-1986
Eine Longitudinalanalyse der Beschäftigung in 1980/86 bestehenden Betrieben und "neuen" sowie "gelöschten" Betrieben
Andreas König, Gernot Weißhuhn, unter Mitarbeit von Jürgen Seetzen

TEIL II: BRANCHENSPEKTRUM

Innovation, Wachstum und Beschäftigung
Einzelwirtschaftliche, sektorale und intersektorale Innovationsaktivitäten und ihre Auswirkungen auf die deutsche Wirtschaft in den achtziger Jahren
Lothar Scholz, Horst Penzkofer, Heinz Schmalholz, unter Mitarbeit von Jörg Beutel

Wirkungen von Forschung und Entwicklung auf Beschäftigung, Preise und Außenhandel
Georg Erber, Gustav A. Horn

Arbeitsmarktwirkungen moderner Technologien - eine ökonometrische Analyse für die Bundesrepublik Deutschland
Peter Kugler, Urs Müller, George Sheldon

Technischer Wandel und Beschäftigungsstrukturen
Jürgen Warnken, Gerd Ronning

Innovation und Anpassungsprozesse am Arbeitsmarkt
Ronald Schettkat, Bettina Bangel

TEIL III: GESAMTWIRTSCHAFT

Intersektorale Auswirkungen des Einsatzes von Industrierobotern und CNC-Werkzeugmaschinen: Eine empirisch gestützte Input-Output-Analyse
Dietmar Edler, Renate Filip-Köhn, Frieder Meyer-Krahmer, Reiner Stäglin, Hans Wessels

TANDEM: Simulationen zum Funktionskreis Innovation - Wachstum - Beschäftigung
Werner Frühstück, Michael Wagner

Perspektiven der gesamtwirtschaftlichen Entwicklung bei verstärkten und bei unterlassenen Innovationsanstrengungen
Jürgen Blazejczak

Inhalt

Beschäftigungswirkungen moderner Technologien
Vielfältige Befunde und Ansätze zu einer analytischen Integration

Ronald Schettkat, Michael Wagner 1

1. Technologieindikatoren 1
   1.1 Technikorientierte Meßgrößen 3
   1.2 Wertbezogene Indikatoren 4
   1.3 Innovationsindikatoren in der Meta-Studie 4

2. Auswirkungen moderner Technologien auf das Beschäftigungsniveau 6

3. Veränderungen der Qualifikationsprofile 10

4. Funktionsbeziehungen zwischen einzelnen Wirkungsfeldern 12
   4.1 Modulare Ausgangsperspektive 12
   4.2 Analytischer Rahmen 13

5. Ausblick 23

TEIL I: BETRIEBSEBENE

Der Kontext entscheidet: Wirkungen des Einsatzes computergestützter Techniken in Industriebetrieben

Hans-Jürgen Ewers, Carsten Becker, Michael Fritsch (Institut für Stadtforschung und Strukturpolitik Berlin) 27

1. Einführung 27

2. Datengrundlagen 30

3. Zur Diffusion computergestützter Techniken 33
3.1 Die Verbreitung computergestützter Techniken im Verarbeitenden Gewerbe der Bundesrepublik Deutschland 33
3.2 Motive für die Einführung computergestützter Techniken 36
3.3 Die innerbetriebliche Diffusion der Technik-Anwendung 40

4. Wirkungen des Einsatzes computergestützter Techniken 43
4.1 Allgemeine Wirkungen des Einsatzes computergestützter Techniken im Betrieb 45
4.2 Wirkungen des Einsatzes computergestützter Techniken in verschiedenen betrieblichen Funktionsbereichen 48
4.2.1 Wirkungen des CAD-Einsatzes 50
4.2.2 Wirkungen des CNC-Einsatzes 52
4.3 Bestimmungsgründe der Wirkungen computergestützter Techniken 54
4.3.1 Wirkungen des CAD-Einsatzes 54
4.3.2 Wirkungen des CNC-Einsatzes 56

5. Direkte quantitative Arbeitsplatzeffekte computergestützter Techniken 58
5.1 Struktur der Arbeitsplatzbewegung infolge des Einsatzes computergestützter Techniken 59
5.2 Das Niveau der direkten Arbeitsplatzeffekte computergestützter Techniken 60
5.3 Determinanten der direkten quantitativen Arbeitsplatzeffekte 62

6. Weiterqualifikation infolge des Einsatzes computergestützter Technik und Probleme bei der Bewältigung des Weiterqualifikationsbedarfs 63

7. Zu den Auswirkungen des Technik-Einsatzes auf die betriebliche Arbeitsplatzentwicklung 68

Diffusion neuer Technologien und ihre Auswirkungen im privaten Dienstleistungssektor
Lisa Höflich-Häberlein, Hubertus Häbler (Infratest Sozialforschung München) 71

1. Material und angewandte Analysemethoden 71

2. Motive und Ziele des Einsatzes von Mikroelektronik und übergreifende betriebliche Wirkungen 72
2.1 Produktivitätsentwicklung und Dienstleistungssektor 72
2.2 Motive der Einführung von Mikroelektronik 74
2.3 Rationalisierung durch Mikroelektronikeinsatz 75
2.4 Systemische Innovationen durch Mikroelektronikeinsatz 76
2.5 Motive und Ziele des Mikroelektronikeinsatzes in einzelnen Funktionsbereichen 79
2.6 Motive und Ziele des Mikroelektronikeinsatzes in ausgewählten Branchen 80
2.6.1 Banken 80
2.6.2 Handel 83
2.6.3 Ingenieur- und Architekturbüros 84
2.7 Wirkungen des Mikroelektronikeinsatzes auf die Leistung der Unternehmen 85

3. Zwischen- und innerbetriebliche Diffusion von Mikroelektronik 87
3.1 Kriterien des Diffusionsprozesses in den einzelnen Branchen 87
3.2 Innerbetriebliche Diffusion 91
3.3 Anwendungsbereiche 93
3.4 Diffusion in ausgewählten Branchen 98
3.4.1 Banken 98
3.4.2 Großhandel/Speditionen 99
3.4.3 Reisemittler 100
3.4.4 Ingenieur- und Architekturbüros 102

4. Mikroelektronikeinsatz und Beschäftigungswirkungen 103
4.1 Funktionsbereichsanalysen in ausgewählten Branchen 103
4.1.1 Die Veränderung in bankbetrieblichen Funktionsbereichen 103
4.1.2 Funktionsbereichsanalyse bei Finanzdienstleistern 105

4.1.3 Funktionsbereichsanalyse im Großhandel und in Speditionen . . . 106
4.2 Beschäftigungswirkungen infolge von Prozeß- und Produktinnovationen . . . 110
4.3 Auswirkungen des Einsatzes von Mikroelektronik auf die Qualifikation der Beschäftigten . . . 114

Betriebsgrößenentwicklungen, Beschäftigungsgewinne und -verluste in den Wirtschaftsbereichen der Bundesrepublik Deutschland 1980-1986
Eine Longitudinalanalyse der Beschäftigung in 1980/86 bestehenden Betrieben und "neuen" sowie "gelöschten" Betrieben
Andreas König, Gernot Weißhuhn, unter Mitarbeit von Jürgen Seetzen (TU Berlin/Heinrich-Hertz-Institut Berlin) . . . 121

1. Problemstellung . . . 121

2. Datenbasis und Methode . . . 128
2.1 Beschäftigtenstatistik . . . 128
2.2 Datenabgleich bei Wechsel des Wirtschaftszweiges . . . 129
2.3 Auswertungskonzept . . . 132

3. Zentrale empirische Ergebnisse . . . 133
3.1 Umfang der erfaßten betriebsgrößenspezifischen Beschäftigtenentwicklung . . . 133
3.2 Sektorspezifische Muster der betriebsgrößenspezifischen Beschäftigungsentwicklung . . . 136

4. Zusammenfassung und Ausblick . . . 142

TEIL II: BRANCHENSPEKTRUM

Innovation, Wachstum und Beschäftigung
Einzelwirtschaftliche, sektorale und intersektorale Innovationsaktivitäten und ihre Auswirkungen auf die deutsche Wirtschaft in den achtziger Jahren
Lothar Scholz, Horst Penzkofer, Heinz Schmalholz, unter Mitarbeit von Jörg Beutel (Ifo-Institut für Wirtschaftsforschung, München) 147

1. Theoretischer Bezugsrahmen 147

2. Methodischer Untersuchungsansatz 149
   2.1 Probleme der Messung des "technischen" Fortschritts 149
   2.2 Meßansätze für Innovationsaktivitäten 150
   2.3 Intersektorale Innovationsverflechtung 151

3. Datenbasis 152
   3.1 Erhebungen des Ifo-Instituts 152
   3.2 Innovations-Verflechtungsmatrizen 156

4. Empirische Ergebnisse 158
   4.1 Innovations-Rahmenbedingungen 158
   4.2 Input und Output von Innovationsaktivitäten 161
   4.3 Innovation-Output-Ratio 167
   4.4 Wachstums- und Beschäftigtenentwicklung unterschiedlicher Innovationstypen auf sektoraler Ebene 167
   4.5 Innovationsgehalt der Endnachfrage 176

5. Innovationsindikatoren 178

Wirkungen von Forschung und Entwicklung auf Beschäftigung, Preise und Außenhandel
Georg Erber, Gustav A. Horn (Deutsches Institut für Wirtschaftsforschung Berlin) 185

1. Einleitung 185

2. Die Beschäftigungswirkungen des technologischen Wandels 186

2.1 Die ökonometrischen Schätzungen . . . 186
2.2 Die Rationalisierungswirkungen . . . 187

3. Die Preiswirkungen des technologischen Wandels . . . 193

4. Wirkungen des technologischen Wandels auf den Außenhandel . . . 196
4.1 FuE-Aufwendungen der Bundesrepublik Deutschland, Japans und der USA . . . 197
4.2 Direkte Effekte von FuE-Aktivitäten auf den Außenhandel ausgewählter Wirtschaftssektoren . . . 198
4.3 Beschäftigungswirkungen erhöhter FuE-Aufwendungen auf den Außenhandel . . . 199
4.3.1 Die Annahmen eines Ex-post-Szenarios erhöhter FuE-Aufwendungen . . . 199
4.3.2 Durch Außenhandel induzierte Beschäftigungseffekte . . . 200

5. Resümee . . . 203

Arbeitsmarktwirkungen moderner Technologien - eine ökonometrische Analyse für die Bundesrepublik Deutschland
Peter Kugler, Urs Müller, George Sheldon (Basler Arbeitsgruppe für Konjunkturforschung/Forschungsstelle für Arbeitsmarkt- und Industrieökonomik der Universität Basel) . . . 207

1. Einleitung . . . 207

2. Theoretischer Ansatz . . . 211

3. Empirisches Vorgehen . . . 217

4. Schätzergebnisse . . . 221

5. Zusammenfassung und Schlußfolgerungen . . . 230

Technischer Wandel und Beschäftigungsstrukturen
Jürgen Warnken, Gerd Ronning (Institut für Sozialforschung und Gesellschaftspolitik Köln) . . . 235

1. Einführung . . . 235

2. Betriebliche Tätigkeitsstrukturen im Technisierungsprozeß . . . 236

2.1 Berufliche Einsatzstrukturen 240
2.2 Tätigkeitsstrukturen in den Wirtschaftszweigen 247
2.3 Betriebliches Humankapital und Techniknutzung 252

3. Institutionelle Rahmenbedingungen und Technikadaption 258
3.1 Industrielle Beziehungen und Technikeinsatz 260
3.1.1 Gewerkschaftliche Tarifpolitik und Innovation 263
3.1.2 Industrielle Beziehungen auf betrieblicher Ebene und ihr Einfluß auf den Technikeinsatz 267
3.1.3 Fazit 271
3.2 Altersspezifische Verdrängungsmuster 272

Innovation und Anpassungsprozesse am Arbeitsmarkt
Ronald Schettkat, Bettina Bangel (Wissenschaftszentrum Berlin für Sozialforschung/Arbeitsmarkt und Beschäftigung) 279

1. Einleitung 279

2. Arbeitsmarktprozesse: Mobilität und Flexibilität, Bestands- und Stromgrößen 282

3. Arbeitslosigkeitsrisiken 285
3.1 Komponenten der Arbeitslosigkeit 285
3.2 Das Arbeitslosigkeitszugangsrisiko in den Wirtschaftszweigen 289

4. Arbeitslosigkeitszugangsrisiko und Innovation 291
4.1 Innovationsindikatoren 291
4.2 Das Analysemodell 294
4.3 Operationalisierung 296

5. Empirische Analyse des Zusammenhangs zwischen Arbeitslosigkeitszugangsrisiko und Innovation 298
5.1 Einflußfaktoren 298
5.2 Analyseergebnisse 300

6. Übergänge in Nichterwerbstätigkeit 305
6.1 Altersstruktur 306
6.2 Nichterwerbstätigkeit 307

7. Berufsgruppenspezifische Arbeitsangebotselastizität .311

8. Zusammenfassende Schlußfolgerungen . 315

TEIL III: GESAMTWIRTSCHAFT

Intersektorale Auswirkungen des Einsatzes von Industrierobotern und CNC-Werkzeugmaschinen: Eine empirisch gestützte Input-Output-Analyse
Dietmar Edler, Renate Filip-Köhn, Frieder Meyer-Krahmer, Reiner Stäglin, Hans Wessels (Deutsches Institut für Wirtschaftsforschung Berlin) . 319

1. Einleitung .319

2. Auswirkungen des Einsatzes von Industrierobotern und CNC-Werkzeugmaschinen - Modellrechnungen mit dem statischen Input-Output-Ansatz . 320
   2.1 Beschäftigungswirkungen durch Anwendung und Herstellung .320
   2.2 Mögliche Veränderung der Nachfrage und dadurch ausgelöste positive Beschäftigungseffekte .324
   2.3 Mögliche Beschäftigungseffekte von CNC-Werkzeugmaschinen und Industrierobotern bei Erreichen der Sättigungsgrenze . 325

3. Auswirkungen des Einsatzes von Industrierobotern bis zum Jahr 1995 - Modellrechnungen mit dem dynamischen Input-Output-Ansatz .326
   3.1 Diffusion von Industrierobotern .328
   3.2 Die Beschäftigungswirkungen von Industrierobotern bei Herstellern und Anwendern im Diffusionsverlauf .331
   3.3 Beschäftigungswirkungen nach Sektoren und Berufskategorien .335
   3.4 Zusätzliche Kompensationswirkungen: Mögliche Effekte auf die Beschäftigung .338

TANDEM: Simulationen zum Funktionskreis Innovation - Wachstum - Beschäftigung
Werner Frühstück, Michael Wagner (Institut für Wirtschafts- und Sozialforschung Wien) . . . 343

1. Wirkungsfelder . . . 344
2. Zwei Versionen von TANDEM . . . 351
3. Innovationen und Investitionen . . . 359
4. Akkumulation und Absorption des technischen Wissens . . . 361
5. Auswirkungen auf die Produktivität . . . 365
6. Makroökonomische Anpassungsmuster . . . 367
7. Ausgewählte Simulationen . . . 369
8. Ausblick . . . 374

Perspektiven der gesamtwirtschaftlichen Entwicklung bei verstärkten und bei unterlassenen Innovationsanstrengungen
Jürgen Blazejczak (Deutsches Institut für Wirtschaftsforschung Berlin) . . . 375

1. Einleitung . . . 375
2. Größenordnung der primären Auswirkungen einer forcierten Technisierung . . . 376
   - 2.1 Erreichbare Produktivitätsbeschleunigung . . . 376
   - 2.2 Erforderliche zusätzliche Investitionen . . . 379
   - 2.3 Mögliche Verbesserung der internationalen Wettbewerbsfähigkeit . . . 381
3. Szenarien verstärkter Innovationsanstrengungen . . . 383
   - 3.1 Vorgaben . . . 383
   - 3.2 Entwicklung der Endnachfragekomponenten und des Sozialprodukts . . . 385
   - 3.3 Kosten, Preise, Einkommensverteilung . . . 389
   - 3.4 Arbeitsmarktentwicklung . . . 391
   - 3.5 Sensitivitätsanalysen . . . 392

4. Ein illustratives Szenario unterlassener Innovationen 393

5. Schlußfolgerungen 394

Literaturverzeichnis 395

Die Autoren 413

Verzeichnis der Tabellen und Abbildungen

Beschäftigungswirkungen moderner Technologien (Schettkat/Wagner):

Übersicht 1.1: Innovationsbegriffe, Erhebungsebene und Analyseebene 7

Abbildung 4.1: Die Beobachtungsbereiche der Meta-Studie im Überblick 14

Der Kontext entscheidet: Wirkungen des Einsatzes computergestützter Techniken in Industriebetrieben (Ewers/Becker/Fritsch):

Tabelle 3.1: Adoptionsraten verschiedener Nutzungen computergestützter Techniken nach Branchen 34

Abbildung 3.1: Rangfolge der Motive für die Einführung computergestützter Techniken und signifikante Bedeutungsunterschiede 38

Tabelle 3.2: Nennungen zu der Frage "Warum haben Sie nicht noch mehr computergestützte Technik(en) eingeführt?" 39

Tabelle 4.1: Übersicht über die Antworten auf die Frage "Welche Auswirkungen sind nach Einführung computergestützter Technik(en) in Ihrem Betrieb aufgetreten bzw. werden noch erwartet?" 44

Tabelle 4.2: Nennungen zu der Frage "Hatte der bisherige Einsatz computergestützter Techniken Veränderungen der Aufbauorganisation zur Folge?" 46

Tabelle 4.3: Nennungen zu der Frage "Sehen Sie wesentliche Nachteile infolge der Einführung computergestützter Techniken?" 47

Tabelle 4.4: Nennungen zur Frage "Wie hat sich im Zuge der CAD-Anwendung - im Vergleich zur konventionellen Arbeitsweise - der Zeitaufwand insgesamt sowie bei einzelnen Anwendungen verändert?" 49

Tabelle 4.5: Nennungen zu der Frage "Welche Wirkungen gehen von der CAD-Anwendung in Ihrem Betrieb aus?" 50

Tabelle 4.6: Nennungen zu der Frage "Wie hat sich die Durchlaufzeit im Zuge der CNC-Anwendung durchschnittlich verändert?" 51

Tabelle 4.7: Nennungen zu der Frage "Welche sonstigen Wirkungen gehen von der Nutzung computergestützter Techniken in der Teilefertigung in diesem Betrieb aus?" 53

Tabelle 5.1: Struktur der quantitativen Arbeitsplatzbewegungen bei Anwendern computergestützter Techniken auf gesamtbetrieblicher Ebene 59

Tabelle 5.2: Struktur der Austritte aus dem Betrieb bei gesamtbetrieblicher Betrachtung 60

Tabelle 5.3: Technikinduzierte quantitative Arbeitsplatzbewegungen auf gesamtbetrieblicher Ebene 61

Tabelle 5.4: Struktur der arbeitsmarktwirksamen Nettobewegungen im Zuge des Einsatzes computergestützter Techniken 62

Tabelle 6.1: Anteil der weiterqualifizierten Mitarbeiter nach Ausgangsqualifikation an allen Weiterqualifizierten insgesamt sowie Dauer der Weiterqualifikation nach Ausgangsqualifikation der Teilnehmer nach betrieblichen Funktionsbereichen 64

Tabelle 6.2: Probleme bei der Bewältigung des Weiterqualifikationsbedarfes 66

Diffusion neuer Technologien und ihre Auswirkungen im Dienstleistungssektor (Höflich-Häberlein/Häbler):

Tabelle 1.1: Befragte nach Branchen 72

Tabelle 2.1: Technik-Anwendungen und ihre Ziele nach Funktionsbereichen (in %) - Anwenderbetriebe - 81

Tabelle 2.2: Wichtigste Wirkung der Technik-Anwendungen - Banken und Nicht-Banken - 85

Tabelle 2.3: Erwartete Wirkungen der Nutzung neuer IuK-Techniken auf die betriebliche Leistung (in % der Nennungen) - Schwellenanwender - 86

Tabelle 2.4: Eingetretene und erwartete Wirkungen des Technikeinsatzes auf die Qualität der Produkte/Leistungen - Banken, Nicht-Banken, Schwellenanwender - 86

Tabelle 3.1: IuK-Techniknutzung der Betriebe nach der Branchenzugehörigkeit der Unternehmen 88

Tabelle 3.2: Terminals pro Angestellten nach Branchen und Größenklassen 1982 und 1985 - in Anwenderbetrieben - 92

Tabelle 3.3: Anteil der Angestellten, die an DV- oder Text-Endgeräten arbeiten - nach Branchen 1982 und 1985 - 94

Tabelle 3.4: Technikanwendungen nach Funktionsbereichen (in %) - Anwenderbetriebe - 96

Tabelle 3.5: Richtung der Neu-/Reorganisation von Technikanwendern (in %) - Banken und Nicht-Banken - 97

Tabelle 4.1: Wirkungen des Technikeinsatzes auf den Service - Großhandel und Speditionen - 107

Tabelle 4.2: Folgen der Technikanwendung auf die Qualifikation der Beschäftigten - Banken und Nicht-Banken - 115

Betriebsgrößenentwicklungen, Beschäftigungsgewinne und -verluste in den Wirtschaftsbereichen der Bundesrepublik Deutschland 1980-1986 (König/Weißhuhn):

Tabelle 1.1: Betriebsgrößen- und Beschäftigungsentwicklung Wirtschaftszweig "Eisen-, Stahl-, NE-Metallerzeugung" 124/125

Tabelle 1.2: Betriebsgrößen- und Beschäftigungsentwicklung Wirtschaftszweig "Rechts- und Wirtschaftsberatung, Arch./Ingenieurbüros" 126/127

Tabelle 2.1: Ausgewählte Wirtschaftszweigwechsel 131

Abbildung 2.1: Anzahl der Betriebe bzw. Beschäftigungsgewinne/ -verluste (absolut) 132

Tabelle 3.1: Sektorspezifische Entwicklung der Beschäftigung in der Bundesrepublik Deutschland 1980 - 1986 133

Tabelle 3.2: Entwicklung der Beschäftigung 1980 - 1986 (30.6.) nach Betriebsgrößen und Wirtschaftssektoren in "Survivor-Betrieben", "Neuen" und "Gelöschten" Betrieben 134/135

Tabelle 3.3: Relative Kennziffern der Beschäftigtenentwicklung 1980 - 1986 nach Betriebsgrößen und Wirtschaftssektoren 138/139

Innovation, Wachstum und Beschäftigung (Scholz/Penzkofer/Schmalholz/Beutel):

Tabelle 3.1: Schnittmengen der Ifo-Dateien für die Jahre 1979 bis 1986 . . .153

Abbildung 3.1: Prozeß der Gewinnung und Umsetzung technischen Wissens (Innovationsprozeß) 154

Tabelle 3.2: Ausgaben für Investitionen und Innovationen im Verarbeitenden Gewerbe 1962 - 1986 155

Abbildung 3.2: Projektion der Input-Output-Tabelle 1986 157

Tabelle 4.1: Innovationsziele der Produktinnovatoren im Verarbeitenden Gewerbe 1982 - 1986 158

Tabelle 4.2: Innovationsziele der Prozeßinnovatoren im Verarbeitenden Gewerbe 1982 - 1986 159

Tabelle 4.3: Herkunft der Innovationsideen im Verarbeitenden Gewerbe 1982 - 1985 160

Tabelle 4.4: Hemmnisse bei Nichtinnovatoren 1982 - 1986 162

Tabelle 4.5: Hemmnisse bei Innovatoren 1982 - 1986 163

Tabelle 4.6: Innovationsaufwendungen im Verarbeitenden Gewerbe nach Branchen 1979 - 1986 - Angaben in Mio. DM in jeweiligen Preisen - 164

Tabelle 4.7: Innovationsaufwendungen für Produktinnovationen im Verarbeitenden Gewerbe nach Branchen 1979 - 1986 - Angaben in Prozent - 165

Tabelle 4.8: Produktinnovationsaufwand 1980 und Umsatzanteil in der Markteinführungsphase 1986 166

Tabelle 4.9: Innovationsverhalten im Zeitverlauf 168

Tabelle 4.10: Entwicklung von Beschäftigten und Umsatz 1979 - 1986 bei innovativen und nichtinnovativen Betrieben 169

Tabelle 4.11: Innovationsaufwand und Wachstum 170

Tabelle 4.12: Beschäftigten- und Bruttowertschöpfungsveränderung nach Innovationsverflechtungstypen im Zeitraum 1980/1986 171

Abbildung 4.1: Innovationsverflechtungs-Portfolio des Verarbeitenden Gewerbes (1980) 172

Abbildung 4.2: Innovationsverflechtungs-Portfolio des Verarbeitenden Gewerbes (1986) 173

Abbildung 4.3: Beschäftigtenentwicklung ausgewählter Innovations- und Verflechtungstypen - jährliche Wachstumsraten - 175

Tabelle 4.13: Innovationsbudget der Volkswirtschaft 1980 - 1986 176

Tabelle 4.14: Innovationsgehalt der Endnachfrage 177

Tabelle 4.15: Produktinnovationsgehalt der Endnachfrage 178

Tabelle 5.1: Innovationsindikatoren für die Bundesrepublik Deutschland 179

Tabelle 5.2: Innovationsindikatoren für ausgewählte Sektoren 1986 180

Tabelle 5.3: Technologieschwerpunkte gegenwärtiger Innovationsaktivitäten 181

Tabelle 5.4: Technologieschwerpunkte künftiger Innovationsaktivitäten . . .182

Wirkungen von Forschung und Entwicklung auf Beschäftigung, Preise und Außenhandel (Erber/Horn):

Tabelle 2.1: Beschäftigungswirkung - Gesamtwirtschaft ohne Staat 190

Tabelle 2.2:: Rationalisierungsquotient nach Sektoren 191

Tabelle 4.1: Chemie einschließlich der Herstellung und Gewinnung von Spalt-und Brutstoffen 201

Tabelle 4.2: Maschinenbau 201

Tabelle 4.3: Straßenfahrzeugbau 202

Tabelle 4.4: Elektrotechnik 202

Arbeitsmarktwirkungen moderner Technologien - eine ökonometrische Analyse für die Bundesrepublik Deutschland (Kugler/Müller/Sheldon):

Tabelle 4.1: Bias des technischen Fortschritts .222

Tabelle 4.2: Bias des technischen Fortschritts bei Angestellten 224

Tabelle 4.3: Bias des technischen Fortschritts bei Arbeitern 225

Tabelle 4.4: Substitutionsbeziehungen zwischen Angestellten (W), Arbeitern (B) und Ausrüstungen (E) 227

Tabelle 4.5: Relative Bedeutung von Faktorpreisänderungen und Bias des technischen Fortschritts für Veränderungen der Arbeitskostenanteilsstruktur (1982 - 1984) 229

Technischer Wandel und Beschäftigungsstrukturen (Warnken/Ronning):

Tabelle 2.1: Zur Charakterisierung der Wirtschaftszweige bezüglich ihrer Innovationstätigkeit 238

Abbildung 2.1: Determinanten der Beschäftigungsentwicklung im Verarbeitenden Gewerbe - nach ausgewählten Qualifikationsstufen - 239

Abbildung 2.2: Zur Entwicklung der Beschäftigung in technischen Berufen - 1980 bis 1985 - 241

Tabelle 2.2: Zur Entwicklung technischer Berufe in ausgewählten Branchengruppen - 1980 bis 1985 - 242

Abbildung 2.3: Büroarbeitskräfte und Innovation -Veränderungen 1980 bis 1985 - 244

Tabelle 2.3: Zur Entwicklung der Beschäftigung in unternehmerischen Berufen 1980 bis 1985 246

Tabelle 2.4: Zum beruflichen Strukturwandel 1980 bis 1985 246

Abbildung 2.4: Anteilsveränderungen in ausgewählten beruflichen Funktionen des Produzierenden Gewerbes 248

Tabelle 2.5: Liste der Tätigkeitsmerkmale und ihre Aggregation zu "beruflichen Funktionsbereichen" 249/250

Tabelle 2.6: Zur Entwicklung von Bürotätigkeiten 1980 bis 1985 253

Tabelle 2.7: Zur Entwicklung von Kennziffern des betrieblichen Status der Arbeitskräfte im Produzierenden Gewerbe 1980 bzw. 1980 bis 1985 254

Abbildung 2.5: Tätigkeitsprofile in ausgewählten Branchengruppen - Produzierendes Gewerbe, 1980 - 255

Tabelle 2.8: Zur Entwicklung der Fachkräftequote nach der Innovationsstärke 1980 bis 1985 257

Abbildung 3.1: Determinanten des Technikeinsatzes und ihre Einflußrichtung 259

Tabelle 3.1: Rationalisierungsschutz in den Wirtschaftszweigen 262

Abbildung 3.2: Branchengruppen mit unterschiedlichem Rationalisierungsschutz - Verarbeitendes Gewerbe - 265

Abbildung 3.3: Beschäftigungsentwicklung nach Alter und Innovationsaktivität im Produzierenden Gewerbe - 1980 bis 1985, in Prozent - 274

Abbildung 3.4: Beschäftigungsentwicklung nach Alter und Rationalisierungsschutz im Produzierenden Gewerbe - 1980 bis 1985, in Prozent - 276

Innovation und Anpassungsprozesse am Arbeitsmarkt (Schettkat/Bangel):

Abbildung 2.1: Flexibilität und Mobilität in Abhängigkeit von der Aggregationsebene 282

Abbildung 2.2: Technologisch-struktureller Wandel und Arbeitsmarktdynamik 284

Abbildung 3.1: Arbeitslosigkeitszugangsrisiken nach Wirtschaftszweigen 1980 und 1985 288

Tabelle 3.1: Das Zugangsrisiko zur registrierten Arbeitslosigkeit nach Wirtschaftszweigen (Zustrom in registrierte Arbeitslosigkeit in Relation zu den sozialversicherungspflichtig Beschäftigten), insgesamt 290

Tabelle 4.1: Korrelationskoeffizienten zwischen Innovationsindikatoren 294

Abbildung 4.1: Zeitraumabgrenzungen für Innovation und Arbeitslosigkeitszugangsrisiko ... 297

Tabelle 5.1: Regressionsanalyse des Arbeitslosigkeitszugangsrisikos in einem kombinierten Querschnitts-/Zeitreihendatensatz unter Anwendung unterschiedlicher Kovarianz-Modelle ... 302/303

Tabelle 6.1: Regressionsanalysen des Zusammenhangs zwischen Altersstruktur und Innovationsaktivität, 1982 und 1986 ... 308

Tabelle 6.2: Regressionsanalysen des Zusammenhangs von Übergangsraten aus Beschäftigung in Nichterwerbstätigkeit und Rente sowie Innovation im Zeitraum von 1982 bis 1985 ... 309

Abbildung 7.1: Der Zusammenhang zwischen der Veränderung von Beschäftigung und Arbeitslosigkeit ... 312

Tabelle 7.1: Die Veränderung von Beschäftigung, Arbeitslosigkeit und Arbeitsangebot nach 38 Berufsgruppen ... 314

Intersektorale Auswirkungen des Einsatzes von Industrierobotern und CNC-Werkzeugmaschinen: Eine empirisch gestützte Input-Output-Analyse (Edler/Filip-Köhn/Meyer-Krahmer/Stäglin/Wessels):

Tabelle 2.1: Beschäftigungseffekte bedingt durch Anwendung und Herstellung von Industrierobotern und CNC-Werkzeugmaschinen anstelle konventioneller Techniken, in Personen ... 322

Tabelle 2.2: Ausgleichende Nachfrageeffekte und Elastizitäten der Nachfrage in bezug auf die Absatzpreise für durch den Einsatz von Industrierobotern und CNC-Werkzeugmaschinen ausgelöste Beschäftigungseffekte ... 323

Tabelle 3.1: Vergleich von Prognosen zur Diffusion von Industrierobotern in der Bundesrepublik Deutschland ... 328

Abbildung 3.1: Simulierter Bestand an Robotern für 1985, 1990 und 1995 - differenziert nach Einsatzgebieten ... 329

Abbildung 3.2: Simulierter Bestand an Robotern für 1985, 1990 und 1995 - differenziert nach Anwenderbranchen - ... 330

Abbildung 3.3: Veränderung der Beschäftigung insgesamt durch die Diffusion von Industrierobotern 333

Abbildung 3.4: Beschäftigungswirkungen der Diffusion von Industrierobotern - unterteilt nach Komponenten - 334

Tabelle 3.2: Veränderung der Kostenstrukturen durch die Diffusion von Industrierobotern in den Anwenderbranchen gegenüber dem Referenzlauf 338

Abbildung 3.5: Beschäftigungswirkungen der Diffusion von Industrierobotern - mit und ohne Berücksichtigung zusätzlicher Kompensationseffekte - 340

Tabelle 3.3: Veränderung der Beschäftigung in den Adoptorbranchen und für ausgewählte Berufe durch die Diffusion von Industrierobotern bei Berücksichtigung zusätzlicher Kompensationseffekte 341

TANDEM: Simulationen zum Funktionskreis Innovation-Wachstum-Beschäftigung (Frühstück/Wagner):

Abbildung 2.1: Blockdiagramm zu TANDEM 1 352

Tabelle 2.1: Die Gleichungssysteme von TANDEM 1 353

Abbildung 2.2: Blockdiagramm zu TANDEM 2 355

Tabelle 2.2: Die Gleichungssysteme von TANDEM 2 356

Tabelle 2.3: Sektorengliederung von TANDEM 1 und TANDEM 2 357

Tabelle 3.1: Elastizitäten der Innovationsfunktion 360

Tabelle 5.1: Produktionsfunktion 366

Tabelle 6.1: Makroökonomische Multiplikatoren 368

Tabelle 7.1: Standardszenario und problemorientierte Szenarien 371

Tabelle 7.2: Kontrastwirkungen 372

Perspektiven der gesamtwirtschaftlichen Entwicklung bei verstärkten und bei unterlassenen Innovationsanstrengungen (Blazejczak):

Tabelle 3.1: Entwicklung wichtiger Kennziffern im Innovationsszenario und im Szenario unterlassener Innovationen 386

Beschäftigungswirkungen moderner Technologien

Vielfältige Befunde und Ansätze zu einer analytischen Integration

Ronald Schettkat, Michael Wagner

Technischer Fortschritt beeinflußt ein breites Spektrum jener Faktoren, die von den Wirtschaftswissenschaften zur Erklärung ökonomischer Prozesse herangezogen werden: Neue Produkte werden entwickelt, und zusätzliche Konsummöglichkeiten eröffnen sich; die Produktion der Güter und Dienstleistungen kann effektiver gestaltet werden, was zu Einkommenssteigerungen und geringeren Arbeitszeiten führt; neue Qualifikationsanforderungen werden sichtbar, traditionelle Qualifikationen dagegen teilweise entwertet.

So umstritten wie die Auswirkungen des technischen Fortschritts sind auch die Faktoren, die ihn selbst vorantreiben. Welche Faktoren führen zur Einführung neuer Techniken in den Unternehmen? Welche Auswirkungen ergeben sich im einzelnen Betrieb? Führt der technische Fortschritt zu einer Dequalifizierung der Beschäftigten oder zu Reprofessionalisierung? Wie verlaufen die Anpassungsprozesse an neue Qualifikationserfordernisse? Wird die Beschäftigtenzahl durch die Anwendung moderner Technologien vermindert, oder ist der technische Fortschritt die Voraussetzung für steigende Beschäftigung?

Dies sind nur einige der zahlreichen Fragen, die in der Diskussion um die Arbeitsmarktwirkungen moderner Technologien von Bedeutung sind und in diesem Buch behandelt werden.

1. Technologieindikatoren

Die wirtschaftswissenschaftliche Forschung sieht sich häufig gezwungen, den technischen Fortschritt als "black box" (Rosenberg 1982) zu behandeln. Teils wurde er als Trend in ökonometrische Schätzungen eingebracht, teils wurde er schlicht als Restkategorie definiert. Ausgehend von der Überlegung, daß Unternehmen die Produktionsfaktoren Arbeit und Kapital immer in einer kostenminimalen Kombination einsetzen und diese beiden Produktionsfaktoren substituierbar sind, wird derjenige Teil der empirisch beobachteten Faktorsubstitution, der nicht (modellimmanent) durch Faktorpreisvariationen erklärt werden kann, als technischer Fortschritt deklariert: ein "measure of ignorance" (Abramowitz 1956), weil durch die Definition des technischen Fortschritts als Restgröße gerade die positive Messung einer für die wirtschaftliche Entwicklung zentralen Variablen unterlassen wird. Je nachdem, ob die Restgröße "technischer Fortschritt" zu höherem, zu geringerem oder zu unverändertem Faktoreinsatz führt, wird von faktornutzendem, faktorsparendem oder faktorneutralem technischen Fortschritt gesprochen.

Die Preise der unterschiedlichen Produktionsfaktoren werden gleichzeitig auch als Richtungsweiser für den technischen Fortschritt angesehen. Der technische Fortschritt entwickelt sich in eine Richtung, die den jeweils relativ teureren - weil knapperen - Produktionsfaktor ersetzt (Kugler/Müller/Sheldon in diesem Band). Diese Sicht des technischen Fortschritts als ein Element, das die Wirtschaft zum Gleichgewicht hinführt, wird von anderen Konzeptionen in Zweifel gezogen (Rosenberg 1976). Die Abweichung vom Gleichgewicht und das Erschließen neuer Märkte durch neue Produkte sowie die damit möglichen hohen Gewinne wurden von Schumpeter (1926) als Triebfeder des technischen Fortschritts angesehen.

In den beiden skizzierten Theorierichtungen stehen jeweils unterschiedliche Arten von Innovationen im Vordergrund: (1) Prozeßinnovationen und (2) Produktinnovationen. Prozeßinnovationen wird eine Effektivierung des Produktionsprozesses (Rationalisierung) zugeschrieben, während Produktinnovationen als Voraussetzung für die Erschließung neuer Märkte und damit als Motor für das Wirtschaftswachstum angesehen werden. Reine Prozeßinnovationen und reine Produktinnovationen finden sich empirisch praktisch nicht, weil in der Regel die Einführung eines neuen Produktes mit der Veränderung des Produktionsprozesses einhergeht. Umgekehrt läßt die Einführung neuer Produktionsanlagen die Qualität des Produktes nur selten unverändert, so daß mit der Prozeßinnovation auch gleichsam automatisch das Produkt verändert wird (Ewers/Becker/Fritsch in diesem Band, Höflich-Häberlein/Häbler in diesem Band).

Moderne Volkswirtschaften sind zudem in hohem Maße arbeitsteilig organisiert, weshalb die Innovationen in der Produktionskette ihren Charakter verändern. Die Produktinnovation der vorgelagerten Stufe wird zur Prozeßinnovation in der nachgelagerten Produktionsstufe. Produktinnovationen im Maschinenbau sind beispielsweise für die Automobilindustrie Prozeßinnovationen. Ob eine Innovation eine Produkt- oder eine Prozeßinnovation ist, hängt von der Perspektive des Betrachters ab, und in der volkswirtschaftlichen Betrachtung verwischt die Differenzierung.

1.1 Technikorientierte Meßgrößen

Zwei prinzipielle Arten der Messung des technischen Fortschritts lassen sich differenzieren: Indikatoren, die auf konkreten, genau spezifizierten Innovationen basieren, sowie solche, die sich auf universelle Größen - in der Regel Wertgrößen - beziehen (Hansen 1986).

Häufig werden einzelne Techniken - wie aktuell etwa Industrieroboter oder Computer - für die Analyse der Wirkungen des technischen Fortschritts herausgegriffen. Diese Vorgehensweise erlaubt zwar eine detaillierte Untersuchung, wirft jedoch auch Probleme auf: Selbst bei spezifischen Techniken entsteht rasch eine unübersichtliche Vielfalt, weil im Detail zumeist recht deutliche Unterschiede sichtbar werden. Industrieroboter können beispielsweise für die verschiedensten Verwendungszwecke - Lackierarbeiten, Montagearbeiten, Schweißarbeiten - eingesetzt werden (siehe Edler et al. in diesem Band). Je nach Verwendung derselben Technologie ergeben sich deshalb recht unterschiedliche Auswirkungen auf Qualifikationsanforderungen, Arbeitsbelastungen und das Beschäftigungsniveau.

In Abhängigkeit vom Erkenntnisinteresse der Analyse gilt es daher sowohl nach dem Verwendungszweck als auch nach "Maschinengenerationen" zu differenzieren. Diese Detailliertheit kann für andere Analysezwecke störend sein. Denn wie sollen allgemeinere Zusammenhänge und Wirkungen herausgefunden werden, wenn das Spezifische über das Gemeinsame gestellt wird? Selbstverständlich sind spezifische Indikatoren sinnvolle Maße für die Analyse von Diffusion oder Wirkungen spezifischer Techniken, etwa in Surveys oder Fallanalysen. Auf gesamtwirtschaftlicher Ebene besteht aber die Gefahr, daß spektakulären Innovationen eine besonders hohe Aufmerksamkeit gewidmet wird, obwohl sie quantitativ kaum ins Gewicht fallen. So wurde beispielsweise gezeigt (Fishlow 1966), daß Fortschritte im schienengebundenen Transportwesen nur in geringem Maße auf die eigentliche Erfindung der Eisenbahn zurückzuführen sind. Produktivitätsfortschritte wurden vielmehr vor allem durch "Detailverbesserungen", wie die Verringerung der Waggongewichte, die Verwendung von Stahl statt Eisen und die Fortentwicklung der Lokomotiven, ermöglicht. Weniger die eigentliche spektakuläre technische Erfindung als vielmehr die nachfolgenden zahlreichen Innovationen im "Detail" waren es in diesem Beispiel also, die zu den Produktivitätsgewinnen im Transportwesen führten.

1.2 Wertbezogene Indikatoren

Spezifische (physische) Indikatoren sind in der Regel auf Branchenebene oder auf gesamtwirtschaftlicher Ebene sowie bei Berücksichtigung verschiedener Techniken unbrauchbar, weil kein Normierungskriterium, das die Voraussetzung für die Vergleichbarkeit wäre, existiert. Es werden deshalb auch technikunspezifische Meßgrößen verwendet, die als Indikatoren für den technischen Fortschritt dienen. So finden Wertgrößen (z.B. der Aufwand für Innovationen) oder die Zahl der FuE-Mitarbeiter als Indikator für die Innovationsaktivität Verwendung. Neben dem Grad der Spezifität lassen sich Indikatoren dahingehend differenzieren, ob sie den "Input", den "Throughput" oder den "Output" von Innovationen messen (Scholz et al. in diesem Band).

Aufwendungen für Forschung und Entwicklung oder die Zahl der in diesem Bereich beschäftigten Mitarbeiter (Physiker, Chemiker, Ingenieure etc.) sind reine Input-Maße, die keine direkte Aussage über den Erfolg von Innovationsanstrengungen zulassen. Patentanmeldungen eines Unternehmens etwa sagen ebenfalls noch nichts über den wirtschaftlichen Erfolg von Innovationen aus, dokumentieren aber, daß bereits eine Invention stattgefunden hat. Sie werden zu den "Throughput"-Maßen gezählt. Als "Output"-Maße, also als Indikatoren für den Erfolg von Innovationen, können beispielsweise die Anteile von neuen Produkten am Umsatz eines Unternehmens herangezogen werden.

Unterschiedliche Innovationsindikatoren haben jeweils spezifische Vor- und Nachteile. Empirische Analysen stehen zudem vor dem Problem, daß die idealerweise gewünschten Informationen häufig nicht verfügbar sind, was insbesondere für Studien gilt, die einen längeren, in die Vergangenheit zurückreichenden Zeitraum abdecken sollen. Eine universelle Meßgröße des technischen Fortschritts, die für alle Analysezwecke und Analyseebenen gleich gut geeignet ist, steht jedenfalls nicht zur Verfügung. Vielmehr ist es notwendig, jeweils adäquate Technologieindikatoren einzusetzen. In der Meta-Studie wurden je nach Zweck, Ebene, Analyseinstrument und Beobachtungszeitraum verschiedene Innovationsindikatoren verwendet, die im folgenden kurz skizziert werden sollen.

1.3 Innovationsindikatoren in der Meta-Studie

In den Fallstudien und Survey-Analysen im Rahmen der Meta-Studie wurden spezifische Technikindikatoren verwendet. Das IfS analysierte beispielsweise die Diffusionsdichte und Diffusionsgeschwindigkeit von computergestützten Techniken in den verschiedenen Industriebranchen (und ging innerhalb von vier ausgewählten Branchen der innerbetrieblichen Diffusion dieser Techniken nach; Ewers/Becker/Fritsch in diesem Band). Vom DIW wurden die Auswirkungen des Einsatzes von Industrierobotern unter Berücksichtigung der intersektoralen Wirtschaftsverflechtung mit Hilfe von Input-Output-Analysen untersucht (Edler et al. in diesem Band). Diese Untersuchungen konzentrieren sich auf sehr spezifische Techniken. Das Ifo-Institut erhebt seit 1979 für das Verarbeitende Gewerbe in der Bundesrepublik Daten über die Innovationsaktivitäten. Ähnlich wie bei seinem Investitions- und Konjunkturtest stützt sich das Ifo-Institut dabei auf Befragungen von Unternehmen. Es wird ein weitgefaßter Innovationsbegriff verwendet, anhand dessen die Testteilnehmer aufgrund ihrer eigenen Einschätzung als Innovatoren oder Nichtinnovatoren klassifiziert werden. Darüber hinaus werden auch spezifische Innovationsaktivitäten und die dafür getätigten Aufwendungen erfaßt. Gefragt wird vom Ifo-Institut nach Neuerungen oder wesentlichen Verbesserungen bei Produkten (Produktinnovationen) und/oder bei den Fertigungs- und Verfahrenstechniken (Prozeßinnovationen). Mit diesen Befragungen ist es möglich, repräsentativ für das Verarbeitende Gewerbe in der Bundesrepublik wirtschaftszweigspezifische Innovationsaktivitätsniveaus zu identifizieren (Scholz et al. in diesem Band).

Die Innovationswerte des Ifo-Instituts waren für eine Reihe von Projektteams der Meta-Studie die wesentliche Datengrundlage (Warnken/Ronning in diesem Band, Schettkat/Bangel in diesem Band, Frühstück/Wagner in diesem Band). Die Innovationsaufwandswerte umfassen nicht nur den von den Unternehmen selbst durchgeführten Innovationsaufwand (direkter Innovationsaufwand), sondern auch die zugekauften Innovationen aus anderen Wirtschaftszweigen (indirekter Innovationsaufwand). Durch die Integration der Innovationstestdaten in ein Input-Output Modell ist es gelungen, intersektorale Liefer- und Innovationsverflechtungen (Scholz et al. in diesem Band) zu berücksichtigen. Die auf diese Weise gewonnenen Innovationsaufwandsdaten können nach Produkt- und Prozeßinnovation sowie nach direktem und indirektem Innovationsaufwand differenziert werden.

In der Meta-Studie kamen auch FuE-Aufwandsdaten, die in einer längeren Zeitreihe durch Arbeiten des Stifterverbandes der Deutschen Wissenschaft zur Verfügung stehen, zur Anwendung. Das DIW konstruierte auf dieser Grundlage eine FuE-Kapitalstockmatrix, in der Aufwendungen für Forschung und Entwicklung wirtschaftszweigspezifisch kumuliert erfaßt werden, und verwendete diese Daten als Innovationsindikatoren in Modellanalysen (Erber/Horn in diesem Band). Mit Hilfe des Aufbaus einer Technologieverflechtungsmatrix wird dabei zwischen selbst durchgeführter und bezogener Forschung und Entwicklung unterschieden.

In Übersicht 1.1 sind die in der Meta-Studie verwendeten Innovationsbegriffe, die Datenbasis, das Erhebungsintervall und der Erhebungszeitraum sowie die Erhebungsebenen und Analyseebenen dargestellt. Auf den unterschiedlichen Analyseebenen, die in der Meta-Studie behandelt werden, kamen verschiedene Innovationsindikatoren zur Anwendung, was aufgrund der differierenden Aggregationsniveaus und der unterschiedlichen Fragestellungen notwendig war. Dies ist kein Nachteil, denn einen Innovationsindikator, der allen Anforderungen gerecht wird, wird man vorläufig nicht konstruieren können. Gleichwohl müssen die Differenzierungen bei der Interpretation der Analyseergebnisse berücksichtigt werden.

2. Auswirkungen moderner Technologien auf das Beschäftigungsniveau

Zur Beurteilung der Beschäftigungswirkung neuer Technologien kann zwischen den direkten (primären) Beschäftigungseffekten, die unmittelbar mit dem Einsatz der neuen Technologie auftreten, und den indirekten (sekundären) Effekten, die erst vermittelt über andere Mechanismen wirksam werden, differenziert werden (Hagemann 1985).

Die Abgrenzung der Analyseeinheit in organisatorischer, räumlicher und zeitlicher Dimension ist für die Analyse der Beschäftigungswirkungen neuer Technologien von außerordentlicher Bedeutung. Was einzelbetrieblich als Beschäftigungsfiasko erscheint, kann gesamtwirtschaftlich zu Beschäftigungsgewinnen führen, wenn auf vor- oder nachgelagerten Produktionsstufen oder in Konkurrenzunternehmen zusätzliche Beschäftigung entsteht. Umgekehrt bedeutet die direkte Beobachtung einer positiven Beschäftigungswirkung infolge des Einsatzes neuer Technologien im Einzelbetrieb nicht zwingend zusätzliche Beschäftigung in der Volkswirtschaft. Vielmehr kann das Gegenteil der Fall sein, wenn die einzelbetrieblichen Beschäftigungsgewinne zu Lasten der Konkurrenz oder von Lieferanten und Abnehmern gehen (Edler et al. in diesem Band).

Analytisch sind hinsichtlich der Beschäftigungswirkung die Hersteller, die ein neues Produkt produzieren (Produktinnovatoren), und die Anwender der neuen Technologien, die ihren Produktionsprozeß verändern (Prozeßinnovatoren), zu unterscheiden. Bei beiden kann es zu Beschäftigungswirkungen gegenüber der Verwendung oder Herstellung der alten Technologie kommen, weil

- der notwendige Beschäftigungseinsatz je Produktionseinheit reduziert wird (steigende Produktivität) oder
- die Menge der hergestellten Produkte verändert wird.

Übersicht 1.1: Innovationsbegriffe, Erhebungsebene und Analyseebene

Projekt (Autoren)	Innovationsbegriff	Erhebung/ Quelle	Erhebungs-intervalle (Zeitraum)	Erhebungsebenen der verwendeten Daten	Analyseebenen
DIW-Find (Erber/Horn)	FuE-Ausgaben, FuE-Kapitalstock	Stifterverband, eigene Berechnungen	jährlich 1971-85	Betrieb/Wirtschaftszweig	Wirtschaftszweig
DIW-Langfrist (Blazejczak)	Wirkung von Innovationen auf der Makroebene	Mikro-Befunde		Betrieb/Wirtschaftszweig	Gesamtwirtschaft (Szenarien)
DIW-IO-Analyse (Edler et al.)	Veränderungen der Inputs, Veränderungen der Nachfrage, ausgewählte Techniken: Industrieroboter, CNC; FuE-Matrix	Erhebungen des DIW und IfS, Expertenbefragungen eigene Berechnungen	1987	Betrieb, Abteilung Wirtschaftszweig	Wirtschaftszweig
DIW Mikroelektronik	spezifische Techniken	DIW-Erhebung	1985	Betrieb	Betrieb/Wirtschaftszweig
BAK/FAI (Kugler/ Müller/Sheldon)	Veränderung des Faktoreinsatzes, Veränderung der Faktorknappheit	Statistisches Bundesamt	jährlich	Unternehmen	Wirtschaftszweig
Ifo (Scholz et al.)	Direkter Innovationsaufwand Indirekter Innovationsaufwand	Innovations-, Konjunktur- und Investitionstest Experten- und Infratest-Betriebsbefragung	jährlich 1979-1985 1980, 1986	Betrieb	Betrieb/Wirtschaftszweig Funktionsbereich/ Betriebe
IfS (Ewers/Becker/Fritsch)	Einsatz von computergestützten Techniken	postalische Erhebung und Betriebsinterviews	1986 1987	Betrieb	Wirtschaftszweige des Verarbeitenden Gewerbes
Infratest (Höflich-Häberlein/Häbler)	Einsatz ausgewählter Techniken bzw. Technikinvestitionen	COMTEC-Panel, Fallstudien, Betriebsinterviews	jährlich (1982-85) 1987	Betrieb	Dienstleistungsbranchen
ISG (Warnken/Ronning)	Direkter Innovationsaufwand, Indirekter Innovationsaufwand Innovative Investitionen	Ifo-Tests Ifo-I-Matrix Ifo-Investitions-Matrizen	jährlich (1979-85) jährlich	Betrieb Wirtschaftszweig	Wirtschaftszweig
IWS (Frühstück/Wagner)	Direkter Innovationsaufwand, FuE-Kapitalstock	Ifo-Test, Stifterverband		Betrieb	Wirtschaftszweig Gesamtwirtschaft
WZB (Schettkat/Bangel)	Anteil innovativer Betriebe, Direkter Innovationsaufwand, Indirekter Innovationsaufwand Innovative Investitionen spezifische Techniken	Ifo-Test Ifo-Tests Ifo-I-Matrix Ifo-Investitions-Matrizen BIBB/IAB	jährlich (1979-85) jährlich (1979-85) jährlich 1979	Betrieb Betrieb Wirtschaftszweig Person	Wirtschaftszweig Wirtschaftszweig Gesamtwirtschaft

Sowohl vom Hersteller wie auch vom Anwender der neuen Technologien gehen wiederum Wirkungen auf ihre jeweiligen Zulieferer und Abnehmer aus. Neue Produkte und Produktionsprozesse erfordern in der Regel veränderte Vorleistungsstrukturen, wie beispielsweise einen vermehrten Einsatz elektronischer Komponenten, oder sie ermöglichen die Integration vor- oder nachgelagerter Produktionsschritte in das eigene Unternehmen (Höflich-Häberlein/Häbler in diesem Band).

Prozeßinnovationen wird vornehmlich eine Rationalisierungswirkung zugeschrieben, während Produktinnovationen eher als beschäftigungsfördernd angesehen werden. Aber auch bei Produktinnovationen ist nicht automatisch von einer Ausweitung der Märkte auszugehen, denn teilweise ersetzen neue Produkte andere, bereits am Markt gehandelte, weil sie deren Funktion ganz oder partiell substituieren oder weil die Einkommen begrenzt sind (Mettelsiefen/Bahrens 1987). Reine Zusatzbedarfsprodukte lassen sich nur schwer finden, denn zumindest teilweise tritt in der Regel eine Substitutionskonkurrenz zu anderen bereits am Markt gehandelten Produkten auf.

Von Prozeßinnovationen gehen primär Rationalisierungswirkungen - also eine Reduzierung des Arbeitseinsatzes - aus. Aber diese Primäreffekte können durch kompensierende Effekte auf den vor- und nachgelagerten Märkten oder auch durch Einkommens- und Nachfrageveränderung ausgeglichen werden.

Primäre Beschäftigungseffekte lassen sich noch relativ leicht direkt in den einzelnen Unternehmen beobachten. Die sekundären Effekte bei Zulieferern, Abnehmern und Konkurrenten dagegen lassen sich schon auf der betrieblichen Ebene schwer erfassen. Die neue Technologie kann arbeitssparend sein, aber dennoch muß ihr Einsatz nicht zum Beschäftigungsabbau führen, weil die (primäre) Rationalisierungswirkung durch Sekundäreffekte (z.B. durch eine Absatzsteigerung) kompensiert wird. Anders als die Primäreffekte sind Sekundäreffekte aber meist schwierig und methodisch sehr aufwendig zu ermitteln. Aber gerade die Sekundäreffekte sind es, die letztlich für die Beurteilung der Beschäftigungswirkungen neuer Technologien entscheidend sind.

Die primäre Rationalisierungswirkung von Prozeßinnovationen kann sowohl auf vor- wie auch auf nachgelagerten Produktionsstufen durch gegenläufige Effekte kompensiert werden. Zur Realisierung von Prozeßinnovationen sind Investitionen notwendig, die auf den vorgelagerten Produktionsstufen Nachfrage und damit auch Arbeitsplätze schaffen. Es treten auch Veränderungen im Vorleistungsbezug der Unternehmen - wie etwa dem Energieeinsatz - auf; zudem können Vorleistungen in Unternehmen integriert oder auch zuvor selbst erbrachte Leistungen ausgegliedert werden. Sinken die Produktionskosten, so können Preissenkungen zu einem erhöhten Absatz der Produkte führen.

Die produktivitätssteigernden Rationalisierungseffekte der Prozeßinnovationen lassen sich in Form höherer Löhne, kürzerer Arbeitszeiten oder höherer Gewinne nutzen. Steigt die Lohnsumme, so ist mit einer erhöhten Konsumgüter- und Dienstleistungsnachfrage zu rechnen. Die Kompensationseffekte werden also nicht nur im Ursprungssektor, sondern zunächst vor allem in den Konsumgütersektoren auftreten. Desgleichen sind Gewinnerhöhungen zu beurteilen, die dann, wenn sie zu Investitionen genutzt werden, im Investitionsgütersektor zusätzliche Nachfrage und Beschäftigung ermöglichen. Werden die höheren Gewinne aber nicht investiert, dann werden sie zunächst der volkswirtschaftlichen Nachfrage entzogen und verhindern kompensierende Effekte. Schließlich wird auch angeführt (Kugler/Müller/Sheldon in diesem Band), daß die Kosten von Arbeit und Kapital sich an die durch den technischen Fortschritt entstandene neue Situation anpassen können, so daß als Reaktion auf Rationalisierungen der Preis für Arbeit (der Lohn) gesenkt werden muß, damit die Rationalisierung entweder nicht weiter fortschreitet oder sogar rückgängig gemacht werden kann.

Um diese unterschiedlichen Ebenen der direkten und sekundären Beschäftigungswirkungen moderner Technologien erfassen zu können, wurden in der Meta-Studie verschiedene Methoden eingesetzt. Dabei kam es insbesondere darauf an, den Brückenschlag zwischen den Wirkungen auf der Mikroebene - im Einzelbetrieb - und den Wirkungen auf der Meso- und Makroebene - im Wirtschaftszweig bzw. in der Volkswirtschaft - herzustellen. Nur durch die Berücksichtigung der unterschiedlichen Wirkungsebenen kann eine verläßlichere Einschätzung der relativen Bedeutung von Freisetzungs- und Kompensationseffekten des Einsatzes neuer Technologien gelingen.

In den betriebsspezifischen Analysen des IfS, von Infratest, von Ifo und DIW wurden die Beschäftigungsniveauentwicklungen von Technikanwendern und Nichtanwendern kontrastiert, und es wurde in Modellanalysen der Einfluß der Innovationsaktivität auf die Beschäftigungsniveauveränderung ermittelt. In den Branchenanalysen wurden sowohl die direkten Effekte des technischen Fortschritts ermittelt (Kugler/Müller/Sheldon in diesem Band, Erber/Horn in diesem Band) als auch mögliche sektorspezifische Nachfragekompensationseffekte analysiert.

Um die intersektorale Verflechtung der Wirtschaftssektoren zu berücksichtigen, wurden empirisch gestützte Input-Output-Analysen für den Einsatz von Industrierobotern durchgeführt (Edler et al. in diesem Band). Dabei kam auch die dynamische Input-Output-Analyse (Leontief/Duchin 1986) zum Einsatz. Einkommenseffekte und außenwirtschaftliche Zusammenhänge wurden in Szenarien, die auf dem DIW-Langfrist-Modell basieren, berücksichtigt (Blazejczak in diesem Band).

3. Veränderungen der Qualifikationsprofile

Mit der Diffusion moderner Technologien in den Produktionsprozeß verändern sich die Qualifikationsanforderungen, die an die Beschäftigten gestellt werden. Die Richtung der Qualifikationsveränderung ist dabei kaum technisch determiniert, sondern vielmehr ein sozial gestalteter Prozeß mit zahlreichen Freiheitsgraden (Doeringer/Piore 1971, Lutz 1986, Kern/Schumann 1985). Die Freiheitsgrade hinsichtlich der Gestaltbarkeit der Qualifikationswirkungen nehmen mit dem verstärkten Einsatz von Mikroelektronik eher zu, weil diese selbst zu sehr viel flexibleren Einsatzmöglichkeiten führt (Sorge et al. 1982).

Der hochgradig arbeitsteilige Produktionsprozeß erfordert über die für die eigentliche Arbeitsverrichtung notwendigen Kenntnisse hinaus auch Wissen um die Produktionsabläufe, Kooperationsbereitschaft und Kommunikationsfähigkeit der Beschäftigten. So werden funktionale und extrafunktionale (Dahrendorf 1963), prozeßgebundene und nicht prozeßgebundene (Kern/Schumann 1970) sowie formelle und informelle Qualifikationen (Lutz 1969) unterschieden. Prozeßgebundene Qualifikationen sind eng mit der aktuellen Ausgestaltung des Produktionsprozesses verknüpft und deshalb bei Änderungen des Produktionsprozesses auch eher von einer Entwertung bedroht. Qualifikation ist also eine vieldimensionale Größe, deren empirische Abbildung deshalb auf Schwierigkeiten stößt.

Die empirische Abbildung von Qualifikationen erfolgt zumeist nach dem formellen Bildungsniveau (höchster Schulabschluß, abgeschlossene Berufsausbildung, Fachschul- oder Hochschulabschluß), nach der Berufsklassifikation (Drucker, Schlosser, Mechaniker, Chemiker etc.), nach der Stellung im Beruf (Arbeiter, Meister, Angestellter) oder der Zuordnung nach Leistungsgruppen (leitende oder einfache Angestellte, Arbeiter mit einfachen oder mit schwierigen Tätigkeiten) sowie nach der überwiegenden Tätigkeit oder dem Tätigkeitsmix (Produktionstätigkeiten, produktionsbegleitende Tätigkeiten etc.). In spezifischen Analysen wird deshalb auch versucht, Kombinationen von Arbeitsmitteln und Tätigkeitsschwerpunkten zu entwickeln (Stooß 1984). Alle Konzepte der Qualifikationsabbildung haben spezifische Vor- und Nachteile, die vor dem Hintergrund der jeweiligen Fragestellung zu bewerten sind, die aber auch nicht zuletzt durch die Verfügbarkeit von Daten ihre Legitimation gewinnen. In der Meta-Studie sind unterschiedliche Qualifikationsindikatoren zur Anwendung gekommen (Ewers/Becker/Fritsch, Höflich-Häberlein/Häbler, Warnken/Ronning, Kugler/Müller/Sheldon, Schettkat/Bangel, König/Weißhuhn in diesem Band).

Veränderte Qualifikationsanforderungen führen zu Anpassungsprozessen am Arbeitsmarkt. Für die mit dem Einsatz neuer Technologien verbundenen Niveau- und Struktureffekte eignen sich bestandgrößenorientierte Analysen hervorragend (deNeubourg 1987). Für die Analyse von Arbeitsmarktprozessen sind sie jedoch weniger geeignet, denn sie lassen keine Schlüsse auf die sich vollziehenden Anpassungsprozesse zu. Die Differenz zweier Bestandsmassen gibt nur das Ergebnis der Prozesse an, verdeckt aber die dahinterstehenden Bruttoströme (Freiburghaus 1978). Die Datenbasis für die Analyse von Arbeitsmarktströmen ist in der Bundesrepublik sehr begrenzt. Auf gesamtwirtschaftlicher Ebene liegen durch die Arbeiten des IAB (Reyher/Bach 1986) Ströme zwischen den Arbeitsmarktaggregaten vor. Diese sind jedoch nicht sektoral differenzierbar.

Im Anpassungsprozeß an technologisch-strukturelle Veränderungen wird es zu Mobilität am Arbeitsmarkt kommen, die sich zwischen den Arbeitsplätzen eines Betriebes oder Wirtschaftszweiges oder auch zwischen den Wirtschaftszweigen vollziehen kann. Die Mobilität kann über das Beschäftigungssystem hinausgehen und in Arbeitslosigkeit oder Nichterwerbstätigkeit (Rente, Hausfrauenrolle, Bildungsteilnahme, Stille Reserve) münden. Gleichzeitig zum Abstrom aus dem Beschäftigungssystem tritt auch ein Zustrom in das Beschäftigungssystem hinein auf. Es kann darüber hinaus auch zu einem direkten Austausch zwischen Arbeitslosigkeit und Nichterwerbstätigkeit kommen. Das Erwerbspersonenpotential der Volkswirtschaft insgesamt wird zudem auch in qualifikatorischer Hinsicht durch Wanderungen über die Landesgrenzen hinweg verändert.

Ein Teil der qualifikatorischen Flexibilität kommt dadurch zustande, daß ein ständiger Zustrom aus dem Bildungssystem in das Beschäftigungssystem hinein erfolgt. Für die beschäftigten Arbeitnehmer ist offensichtlich eine durch den technologisch-strukturellen Wandel bedingte Mobilität aus dem Beschäftigungssystem hinaus eine besonders schmerzliche Anpassungsform. Die interne Qualifikationsanpassung in den Unternehmen oder in den Wirtschaftszweigen kommt ihren Interessen dagegen eher entgegen. Es ist also eine besonders relevante Frage, ob der technologisch-strukturelle Wandel durch interne Flexibilität (Sengenberger 1987) möglich ist oder ob externe Flexibilität und damit eine hohe Arbeitsmarktmobilität notwendig für den Innovationsprozeß sind.

Der Zusammenhang zwischen Innovationsaktivität und Arbeitsmarktmobilität, insbesondere für die Mobilität über das Beschäftigungssystem hinaus (in Arbeitslosigkeit und Nichterwerbstätigkeit), wurde im Rahmen der Meta Studie vom WZB/AMB untersucht (Schettkat/Bangel in diesem Band). Diese auf der Wirtschaftszweigebene angesiedelte Analyse wird in der Meta-Studie mit Mikroanalysen des Anpassungsprozesses von IfS für das Verarbeitende Gewerbe (Ewers/Becker/

Fritsch in diesem Band) und von Infratest für den Dienstleistungssektor (Höflich-Häberlein/Häbler in diesem Band) detailliert untersucht.

4. Funktionsbeziehungen zwischen einzelnen Wirkungsfeldern

Bei der Ausschreibung der Meta-Studie als Forschungsprojekt ist der wissenschaftliche Beirat von einer modularen Perspektive ausgegangen. Diese kann als Ansatzpunkt für ein Verständnis der einzelnen Beiträge dieses Bandes verstanden werden. Im Laufe der Forschungsarbeiten hat sich indes ein zweiter analytischer Rahmen als nützlich erwiesen. Der Vorteil dieser zweiten Betrachtungsweise liegt darin, daß in ihr potentielle und tatsächlich im Rahmen der Meta-Studie realisierte Schnittstellen zwischen einzelnen Projekten sichtbar werden.

4.1 Modulare Ausgangsperspektive

Auf der Grundlage einer Pilotstudie zum Stand der laufenden Forschung (Friedrich/Ronning 1985) wurde das Gesamtprojekt in vier Module aufgeteilt, die jeweils eine besondere Fragestellung markieren.

Modul 1: Analyse der Diffusionsbreite und -geschwindigkeit von Prozeß- und Produktinnovationen sowie ihrer Bedingungen und Auswirkungen in den Unternehmen (Stand und zeitlicher Verlauf der Verbreitung ausgewählter neuer Techniken; hemmende und fördernde Faktoren ihres betrieblichen Einsatzes; quantitative und qualitative Auswirkungen auf die Beschäftigung).

Modul 2: Analyse der Determinanten und des Umfangs der betrieblichen Faktorsubstitution (Veränderungen des betrieblichen Faktoreinsatzes; wirtschaftliche und unternehmerische Einflußgrößen, die die Veränderung des Faktoreinsatzes bestimmen; Untersuchungen auf der Grundlage aggregierter Daten zur Überprüfung der Determinanten der Nachfrage nach Arbeitskräften, bezogen auf Branchen und Qualifikationen; ökonometrische Bestimmung der Substitutionselastizitäten).

Modul 3: Statistische Auswertungen. (Das amtlichen Statistiken zugrundeliegende Datenmaterial enthält Informationen, die wichtige Aufschlüsse über die Arbeitsmarkt- und Beschäftigungswirkungen moderner Technologien ermöglichen, zum Teil jedoch nicht entsprechend ausgewertet werden. Es sind Konzepte zu entwickeln und Arbeitsschritte einzuleiten, um diese Quellen für disaggregierte Analysen der Beschäftigungsstruktur und -entwicklung nutzbar zu machen.)

Modul 4: Verknüpfung der Technologiefolgenabschätzung mit gesamtwirtschaftlichen Entwicklungen und den Trends in einzelnen Wirtschaftsbereichen (Berücksichtigung der gesamtwirtschaftlichen und strukturellen Rahmenbedingungen sowie der Wechselbeziehungen zwischen Wirtschafts- und Technologieentwicklung; plausible Annahmen für Varianten von Szenarien; Simulationsrechnungen).

Schon die Formulierung der Teilfragestellungen verdeutlichte, daß der Bundesminister für Forschung und Technologie, der Auftraggeber der Meta-Studie, im Projektverbund recht unterschiedliche wissenschaftliche Leistungen erbracht wissen wollte. Diese liegen weder konzeptuell noch von den Verfahren her auf einer Ebene.

Die schon in der Fragestellung angelegte Heterogenität zeigt sich auch bei den vorliegenden Berichten. Beiträge des IfS, von Infratest und des DIW rechnen sich selbst Modul 1 zu; zu Modul 2 gehören Studien von Ifo, BAK/FAI, ISG, WZB/AMB und des DIW; die Themenstellung von Modul 3 wird ebenfalls von Ifo und ISG, ferner von der Technischen Universität Berlin/HHI aufgegriffen; die gesamtwirtschaftlichen Zusammenhänge des Moduls 4 sind in Beiträgen des DIW und IWS aufgenommen worden.

Trotz der modularen Gestaltung der Problemaufgliederung war von Anfang an klar, daß die Meta-Studie auch einen Mikro-Makro-Brückenschlag versuchen sollte. Dies hat es erforderlich gemacht, parallel zu den Modulen der Teilfragen eine Art verbindendes Funktionsschema zu entwickeln. Dessen Aufbau skizziert der folgende Abschnitt.

4.2 Analytischer Rahmen

Die Aufgabe des folgenden Funktionsschemas besteht darin, zu zeigen, wie die in die Meta-Studie aufgenommenen Beobachtungsfelder miteinander inhaltlich verknüpft sind. In Abbildung 4.1 wird ein solcher analytischer Rahmen skizziert. Die zehn Felder stellen die Beobachtungsbereiche dar; diese sind durch Pfeile verbunden, mit deren Hilfe auf Funktionalbeziehungen hingewiesen wird. Dieses analytische Schema ist ein offener Funktionskreis, der allerdings eine zirkuläre Rückkoppelung zwischen den einzelnen Beobachtungsfeldern miteinschließt. Im Rahmen der Meta-Studie ist es gelungen, für jeden der Pfeile einen quantitativ spezifizierten Funktionszusammenhang zu erschließen.

Ein zentrales Merkmal dieses analytischen Schemas besteht darin, daß insbesondere der Mikro-Makro-Verknüpfung große Beachtung geschenkt wird; darin ist auch eine wichtige Aufgabe der Meta-Studie II gelegen.

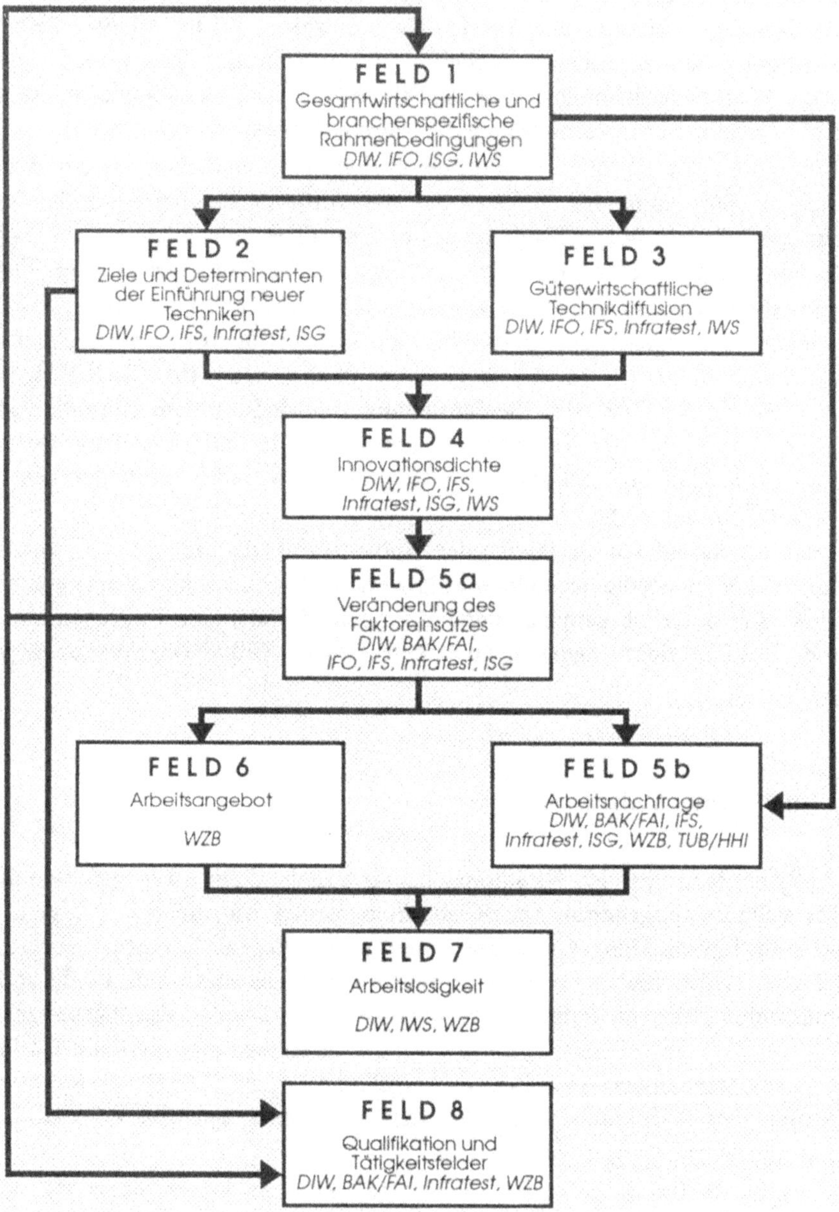

Abbildung 4.1: Die Beobachtungsbereiche der Meta-Studie im Überblick

Feld 1: Gesamtwirtschaftliche und branchenspezifische Rahmenbedingungen

Die Einführung neuer Techniken hängt in hohem Maß von den wirtschaftlichen Rahmenbedingungen ab; das gilt gleichermaßen für die "aktiven" Innovationsanstrengungen wie für die "passive" Aufnahme neuer Techniken im Rahmen der güterwirtschaftlichen Verflechtung. Im allgemeinen läßt sich ein positiver Zusammenhang zwischen jenen Faktoren, von denen die Investitionen insgesamt begünstigt werden, und dem Ausmaß an Innovationsaktivitäten erkennen.

Auch in der umgekehrten Richtung besteht ein klar identifizierbarer Wirkungszusammenhang: Die Einführung neuer Techniken beeinflußt die wirtschaftlichen Rahmenbedingungen. Denn die veränderten Faktorproduktivitäten rufen lohnpolitische Reaktionen hervor, die in nahezu allen zentralen makroökonomischen Bereichen spürbar werden.

Besondere Bedeutung kommt in diesem Zusammenhang den außenwirtschaftlichen Beziehungen zu: Einerseits wirken die veränderten Faktorproduktivitäten auf die preisliche Konkurrenzfähigkeit im Außenhandel, andererseits stellen Produktinnovationen ein wichtiges Element im internationalen Qualitätswettbewerb dar; diese beiden Effekte können durchaus in unterschiedlichen Richtungen spürbar werden.

Diesen Untersuchungsbereich haben das DIW mit Hilfe des DIW-Langfrist-Modells und das IWS durch Simulationen mit TANDEM in den Mittelpunkt ihrer Analysen gestellt.

Vor allem die Beiträge von Erber/Horn und Blazejczak in diesem Band gehen auf die damit verbundenen Fragen ein.

Feld 2: Ziele und Determinanten der Einführung neuer Techniken

Die Einführung moderner Techniken betrifft ein breites Feld betrieblicher Aktivitäten. Herkömmlich wird zwischen Produkt- und Prozeßinnovationen unterschieden; dabei ist der Begriff der Prozeßinnovation so weit zu fassen, daß er auch alle Organisationsveränderungen miteinschließt. Wie immer der Versuch einer Abgrenzung zwischen Produkt- und Prozeßinnovationen vorgenommen wird, es bleibt stets ein breiter definitorischer Unsicherheitsbereich bestehen. Zudem gilt im allgemeinen, daß beide Zielrichtungen des Einsatzes neuer Techniken miteinander eng verknüpft sind. Insbesondere im Dienstleistungsbereich fällt selbst die theoretische Trennung von Produkt- und Prozeßinnovation schwer.

Die Nutzung neuer Techniken ist Teil einer umfassenden Bewältigung sich verändernder Umweltbedingungen auf Unternehmensebene. Die Impulse zu Innovationsaktivitäten kommen für die große Mehrzahl der Betriebe direkt aus den Produkt- bzw. Faktormärkten, auf denen die betreffenden Unternehmen operieren. Die Entwicklungen auf Produktmärkten zwingen die Unternehmen immer wieder zu qualitativen Produktvariationen bzw. zu einer kompetitiven Anpassung ihrer Preise. Das Ausmaß dieses Innovationsdrucks hängt von der Marktstruktur (und diese wieder von den durch Innovationsanstrengungen möglicherweise hochgehaltenen Eintrittsbarrieren) ab.

Der Einsatz neuer Techniken verlangt stets Investitionen; in diesem Sinn hängt er in hohem Ausmaß von jenen Bestimmungsgrößen ab, die das Investitionsverhalten von Unternehmen ausmachen. Indes beeinflussen auch Faktoren allgemeinerer sozialer Art (gesellschaftliche Orientierungen, Organisationskultur) die Innovationsaktivitäten einer Wirtschaft.

Folgende Themenbereiche sind hier von Interesse: Innovations- und Investitionsziele bzw. -hemmnisse, Innovationsaufwand; Anteil und Art der Produkt- bzw. Prozeßinnovationen, erwartete bzw. tatsächliche Auswirkungen von Innovationen (in bezug auf Beschäftigung, Vorleistungsstruktur, Marktchancen, Unternehmenskultur, Betriebsorganisation), weitere geplante Innovationen.
Im Rahmen der Meta-Studie wurden die Themen auf folgende Weise behandelt:
- Fallstudien des IfS (im Verarbeitenden Gewerbe),
- Fallstudien und Intensivbefragung von Infratest (im Dienstleistungssektor),
- spezielle Ergebnisse aus dem Ifo-Innovations- und Investitionstest,
- Ergebnisse des DIW-Teilprojekts 'Betrieb und Innovation'.

Einen Einblick in die Datenbasen, Methoden und Resultate geben in diesem Band die Beiträge von Ewers/Becker/Fritsch, Höflich-Häberlein/Häbler und Scholz et al.

Feld 3: Güterwirtschaftliche Technikdiffusion

Die Verbreitung moderner Technik läßt sich unter zwei Aspekten sehen: Einerseits versuchen Unternehmen gezielt, neue Techniken zu entwickeln, andererseits übernehmen Unternehmen das von Dritten geschaffene Know-How in ihren Bereich der Leistungserstellung. In diesem Sinn kann die Innovationsdichte auf der "Entwicklungsseite" von jener auf der "Verwendungsseite" einer Wirtschaft unterschieden werden. Diese Differenzierung ist insbesondere im Investitionsgüterbereich nützlich:

Die Produktinnovationen der Maschinenhersteller werden zu den Prozeßinnovationen der Maschinenanwender. Je rascher der "aktive" Fortschritt bei den Produzenten ausfällt, desto mehr an "geronnener" Innovation wird von den beziehenden Wirtschaftszweigen "passiv" empfangen. Als Diffusionsmedium dienen die Investitionsgüterkäufe der einzelnen Branchen. Bei dieser Betrachtung werden zwei Bestimmungsgrößen der Innovationsdichte sichtbar: erstens, das Ausmaß der geschaffenen Innovationspotentiale und, zweitens, der Nutzungsgrad in Form von Investitionsgüterkäufen. So mag die Innovationsdichte einer Wirtschaft bei einem deutlichen Rückgang der Investitionen zurückgehen, obwohl die Innovationsaufwendungen der Investitionsgüterhersteller zunehmen.

Der Grundgedanke der Technikdiffusion aufgrund güterwirtschaftlicher Verflechtung läßt sich (wenn auch nicht in jedem Fall gleichermaßen einleuchtend) über den Investitionsgüterbereich hinaus ausdehnen; dies gilt nicht zuletzt für Innovationen bei Werkstoffen. Je höher der Verflechtungsgrad einer Wirtschaft, desto breiter diffundiert die innovatorische Wirkung einer neuen Technik, wobei im allgemeinen eine Betrachtung der Innovationsdichte von der Entstehungsseite deutliche Unterschiede gegenüber jener der Verwendungsseite ergibt.

Geeignete Kenngrößen sind Innovationsstatistiken, die auf der Struktur der güterwirtschaftlichen Verflechtung bzw. ihrer Veränderung über die Zeit aufbauen. Konkrete Ansätze dazu sind die Versuche, die Diffusion von neuen Technologien mit der Vorleistungs- oder Investitionsgütermatrix zu analysieren. Dazu wurden im Rahmen der Meta-Studie folgende Resultate erzielt:

- die Innovationsverflechtungs-Matrix des Ifo (Verknüpfung von Innovationstestdaten mit der Vorleistungsverflechtungsmatrix),
- ein Innovationsverflechtungs-Index des ISG (Quantifizierung der Diffusion "innovativer" Warengruppen mit Hilfe der Investitionsmatrix),
- die Forschungs- und Entwicklungs-Kapitalstöcke des DIW.

Eine Auswahl der in diesem Analysefeld erzielten Resultate findet sich in den Beiträgen von Erber/Horn und Scholz et al.

Feld 4: Dichte und Geschwindigkeit von Innovation

Jede Einführung von neuen Techniken ist mit hohen Risiken behaftet; dies gilt gleichermaßen auf Branchen- wie auf Unternehmensebene. Deshalb entschließen sich vorerst nur wenige Unternehmer eines Wirtschaftszweiges zum Einsatz spezifischer neuer Techniken. Auch diese "Pioniere" müssen sich vorerst auf einen experimentellen Zugang beschränken. Bewährt sich die betreffende Innovation (im Produktgestaltungs- oder Produktionsbereich), dann entsteht ein Anreiz zum unternehmens- bzw. branchenweiten Einsatz. Dies erfolgt indes nicht durch bloße Imitation. Vielmehr kommt es zu einer laufenden Weiterentwicklung und Adaption neuer Techniken.

Der Konkurrenzmechanismus legt es nahe, die Diffusion neuer Techniken nach einem "Ansteckungsmodell" zu interpretieren: Die Innovationsbereitschaft verbreitet sich unter den Betrieben und Abteilungen umso rascher, je offensichtlicher die Vorteile einer neuen Technik zu Tage treten. Die faktische Einführung stößt jedoch auf Beschränkungen. Dazu zählen insbesondere Finanzierungsschranken und betriebsorganisatorische Hürden. Denn die Einführung neuer Techniken berührt die Interessenslage des Betriebspersonals zuweilen erheblich; es kommt zu Auf- bzw. Abwertungen bestimmter Tätigkeiten und Funktionsbereiche. Sind zusätzliche Qualifikationen der Belegschaft notwendig, so besteht immer wieder die Gefahr, daß "alte" Personalgruppen durch Neurekrutierung langfristig verdrängt werden.

Das Wechselspiel zwischen den Anreizen zu und den Widerständen gegen modernen Technikeinsatz erzeugt jeweils branchenspezifische Muster der Innovationsdichte. Die sich daraus ergebende Dynamik und der Stand der Diffusion von innovativen Aktivitäten innerhalb einer Branche (oder bezüglich einer Technik) kann mit Hilfe von quantitativen Meßgrößen dargestellt werden. Darunter fallen:

- Indikatoren, die die Verbreitung (d.h. Anwendung einer bestimmten Technik) messen,
- Indikatoren, die, wie z.B. die Höhe der Aufwendungen für FuE, nicht notwendigerweise unmittelbar wirksame Innovationsaktivitäten erfassen.

Dieser Bereich wird im Rahmen der Meta-Studie mehrfach abgedeckt. Die Ifo-Längs-/Querschnittserhebungen ermöglichen u.a. die Quantifizierung

- des Anteils von Innovatoren und Nicht-Innovatoren, Produkt- und Prozeßinnovationen,
- des Verhältnisses von Innovationsaufwendungen und Umsatz oder Beschäftigung,
- der Struktur der Innovationsaufwendungen,
- Aussagen zu Innovationszyklen.

Die Erhebungen des IfS zeigen den Anteil von Adoptoren bestimmter Techniken im Verarbeitenden Gewerbe zu jeweils verschiedenen Zeitpunkten, wodurch Aussagen über den vergangenen und künftigen Diffusionsverlauf gewonnen werden. Die Auswertungen von Infratest quantifizieren die Anwendung bestimmter Techniken im Dienstleistungsbereich. Die Input-Output-Analysen des DIW ermöglichen quantitative Aussagen zur Innovationsdynamik in ausgewählten Sektoren; zusätzliche

Informationen enthalten die Branchenblätter, die das ISG in seinem umfassenden Projektbericht dargestellt hat.

In den Beiträgen von Scholz et al., Höflich-Häberlein/Häbler, Frühstück/Wagner, Ewers/Becker/Fritsch und Edler et al. in diesem Band sind ausgewählte Befunde zu diesem Bereich dargestellt.

Feld 5: Veränderung des Faktoreinsatzes

Die Einführung moderner Techniken verändert die Struktur der betrieblichen Leistungserstellung; es kommt zu einer Veränderung der Einsatzproportionen der einzelnen Produktionsfaktoren. Im Rahmen der neoklassischen Mikroökonomie ist es sogar üblich, Ausmaß und Richtung des technischen Fortschritts anhand seiner Auswirkungen auf die Faktornachfragefunktionen der Unternehmer eines Wirtschaftszweiges zu charakterisieren. Dabei gewinnt auch der Einfluß des technischen Fortschritts auf die Preiselastizität der Faktornachfrage besonderes Interesse.

Die Inhomogenität der Produktionsfaktoren legt eine über die Dreiteilung in "Vorleistung", "Kapital" und "Arbeit" hinausgehende Differenzierung nahe. Dabei zeigt sich, daß die Einführung neuer Techniken nicht auf alle Leistungsgruppen von Beschäftigten in gleicher Weise wirkt. Die Implementation neuer Techniken erfordert häufig zusätzliches hochqualifiziertes Personal, während gleichzeitig in bestimmten Bereichen Arbeitsstunden eingespart werden können.

Eine weitere wichtige Differenzierung betrifft jene zwischen der Nachfrage nach Arbeitsstunden und der nach Beschäftigten. Betriebe haben eine Vielzahl von Anpassungsstrategien, um eine Veränderung der Stundennachfrage bei gleichbleibendem Beschäftigungsstand abzudecken. Deshalb können Effekte des technischen Fortschritts auf die Stundennachfrage nicht unmittelbar auf das Beschäftigungsverhalten der Betriebe übertragen werden.

Im Rahmen der Meta-Studie sind sowohl aggregierte makroökonomische als auch branchenspezifische Analysen und die Aufspaltung der Einsatzfaktoren in Subkategorien vorgenommen worden. Dazu zählen:

- die sektorale Längsschnittuntersuchung der BAK/FAI (Kugler/Müller/Sheldon in diesem Band),
- das FIND-Modell des DIW (Erber/Horn in diesem Band),
- die Input-Output-Analyse des DIW (Edler et al. in diesem Band),
- die Schätzung des IWS für TANDEM (Frühstück/Wagner in diesem Band).

Feld 6: Arbeitsangebot

Die Implementation moderner Technologien kann Reaktionen des Arbeitsangebotes zur Folge haben, wenn beispielsweise Qualifikationen entwertet werden oder ein Rückgang des Beschäftigungsniveaus eintritt. Der Alters- und Geschlechtsstruktur kommt besondere Bedeutung zu, wenn neue Technologien andere Qualifikationen verlangen und diese nicht gleichmäßig über die Altersgruppen und Geschlechter verteilt sind. Der alters- und geschlechtsspezifische Abstrom aus der Erwerbstätigkeit in die Nichterwerbstätigkeit ist, neben dem Strom aus Beschäftigung in Arbeitslosigkeit, zentral für die Beurteilung der wirtschaftszweigspezifischen und gruppenspezifischen Arbeitsmarktchancen in Verbindung mit dem Einsatz moderner Technologien und daran geknüpfte Veränderungen in den Qualifikationsanforderungen.

Das realisierbare Arbeitsangebotspotential ist nur schwer bestimmbar und wird durch vielfältige kulturelle, soziale, politische und ökonomische Faktoren beeinflußt. Sehr viel leichter läßt sich das realisierte Arbeitsangebot analysieren, das durch die Erwerbsstatistik laufend erhoben wird und differenziert analysiert werden kann. Hieraus läßt sich zumindest indirekt auf Er- und Entmutigungseffekte schließen. Die oben angeführten Ströme aus dem Beschäftigungssystem hinaus lassen sich mit vorliegenden Statistiken analysieren, und in Verbindung mit z.B. den Altersstrukturen in den Wirtschaftszweigen lassen sich durchaus Schlußfolgerungen ziehen.

Dies ist in den Analysen des WZB/AMB geschehen; es betrifft:

- wirtschaftszweigspezifische Abströme aus Beschäftigung in Rente,
- wirtschaftszweigspezifische Abströme aus Beschäftigung in andere Nichterwerbstätigkeit,
- alters- und geschlechtsspezifische Erwerbsbeteiligungsveränderungen.

Ausgewählte Resultate dokumentiert der Beitrag von Schettkat/Bangel in diesem Band.

Feld 7: Arbeitslosigkeit

Die Diffusion moderner Technologien in den Produktionsprozeß wird in direktem Zusammenhang mit der Arbeitslosigkeit diskutiert. Die Verbindung ergibt sich zum einen vermittelt über die Veränderung des Beschäftigungsniveaus und zum anderen über die Veränderung der Beschäftigungsstruktur. Im ersten Falle sind technologisch bedingte Niveauverschiebungen der Beschäftigung und der Arbeitslosigkeit zu untersuchen, während im zweiten Falle neben der veränderten Struktur von Beschäftigung und Arbeitslosigkeit vor allem der Arbeitslosigkeitsprozeß zu analysieren ist, der Form und Ausmaß der externen Arbeitsmarktanpassung aufzeigen kann.

Hinter den Arbeitslosenbestandszahlen, die normalerweise zur Beschreibung der Arbeitslosigkeit herangezogen werden, steht eine erhebliche Dynamik, die im Zu- und Abstrom sowie in der Dauer der Arbeitslosigkeit zum Ausdruck kommt. Der Zustrom in Arbeitslosigkeit relativ zu den potentiell Betroffenen ist ein Indikator für das Risiko, arbeitslos zu werden, das nach Wirtschaftszweigen streut und in Abhängigkeit vom Grad der externen Anpassung der Belegschaften an neue Qualifikationsanfordernisse mit der Innovationsaktivität und der Beschäftigungsentwicklung in den Wirtschaftszweigen variiert. Die Dauer der Arbeitslosigkeit ist dagegen nur sehr indirekt mit der Innovationsaktivität in den Herkunftswirtschaftszweigen verknüpft, weil Arbeitslose nicht zwangsläufig in ihre Herkunftswirtschaftszweige zurückkehren, sondern in andere Wirtschaftszweige abwandern oder aus dem Erwerbsleben ausscheiden (Stille Reserve/Rente) können.

Zur Beurteilung der Auswirkungen moderner Technologien auf die Arbeitslosigkeit ist also neben den Bestandsdaten auch die Arbeitsmarktdynamik heranzuziehen, um den Prozeß berücksichtigen zu können, der hinter den Bestandsveränderungen steht. Ein geeignetes Differenzierungskriterium der Arbeitsmarktindikatoren sind die Wirtschaftszweige, wobei zusätzlich nach dem Geschlecht differenziert werden soll, um so geschlechtsspezifische Unterschiede, die ihre Ursachen auch in Hintergrundvariablen haben können, zu identifizieren.

Im Rahmen der Meta-Studie standen im Mittelpunkt:

- Arbeitslosenbestandsveränderungen,
- Arbeitslosigkeitszugangsrisiken und Arbeitslosigkeitsdauer nach Herkunftswirtschaftszweigen werden durch das WZB/AMB in der Meta-Studie II auf der Grundlage der Daten der Bundesanstalt für Arbeit berechnet,
- analytische Verknüpfungen der Arbeitsmarktindikatoren mit Innovationsaktivitäten wurden ebenfalls vom WZB/AMB durchgeführt.

Zentrale Ergebnisse enthalten die Beiträge von Blazejczak, Frühstück/Wagner und Schettkat/Bangel in diesem Band.

Feld 8: Veränderung von Qualifikationen und Tätigkeiten und die Vermittlung neuer Qualifikationen

Die Veränderung von Qualifikationen und Tätigkeiten ist von besonderer Bedeutung für die Beurteilung der Arbeitsmarktwirkungen moderner Technologien. Die (vermutete) Richtung der Qualifikationsanforderungen ist zentral für die Diskussion in bezug auf die Arbeitsanforderungen und die Qualität der Arbeitsplätze. Zudem liegen in den qualifikatorischen Veränderungen Ursachen für (vermutete) nachgehende Anpassungsprozesse am Arbeitsmarkt.

Neben den unmittelbar am Arbeitsplatz eingesetzten Qualifikationen sind auch die Qualifikationen zu berücksichtigen, die nur mittelbar zum Einsatz kommen. Hier wäre beispielsweise an die sozialen Interaktionsfähigkeiten oder an das "Strukturwissen" zu denken, das in komplexen Arbeitsprozessen zunehmend an Bedeutung gewinnt.

Vieldimensionale Phänomene führen zu dem Problem, daß sie sehr schwer und praktisch meist nur unzulänglich erfaßt und abgebildet werden können, weshalb in theoretischen und empirischen Analysen immer nur Teilaspekte hervorgehoben werden.

Berufsklassifikationen sind beispielsweise ein häufig verwendeter Indikator für die Abbildung von Qualifikationsveränderungen, die allerdings nicht nur Qualifikationen und Tätigkeiten beschreiben, sondern auch soziale Wertschätzungen. Zudem sind sie im Qualifikations- und Aufgabenprofil über die Zeit nicht homogen, sondern unterliegen selbst laufenden Veränderungen. Alle denkbaren Indikatoren haben spezifische Vor- und Nachteile, und kein Indikator ist für sich in der Lage, die Komplexität von Qualifikationen abzubilden. Dennoch sind im Rahmen der Meta-Studie Teilaspekte qualifikatorischer Veränderungen näher analysiert worden.

Das ISG analysierte die Beschäftigtenstatistik mit einem eigens konstruierten Qualifikationsindex, der eine Kombination aus Stellung im Beruf und Ausbildungsvariablen ist. Das DIW ermittelte im Rahmen der Input-Output-Studie die Veränderungen der Berufsstrukturen, wobei nicht nur direkte Technikeffekte, sondern dann auch indirekte Effekte berücksichtigt wurden. Die DIW-Studie "Mikroelektronik und Mitarbeiterqualifikation" liefert Informationen über die Qualifikationsprozesse. ISG, BAK/FAI und IWS arbeiteten mit Leistungsgruppen für Arbeiter und Angestellte, die aus entsprechenden Daten des Statistischen Bundesamtes stammen. ISG und WZB/AMB verwendeten Berufsklassifikationen zur Analyse der Qualifikationsveränderungen.

Die Beiträge von Warnken/Ronning, Kugler/Müller/Sheldon und Schettkat/ Bangel geben einen Überblick über die in diesem Analysefeld erzielten Ergebnisse.

5. Ausblick

Die Beiträge der einzelnen Forschungsteams geben eine Momentaufnahme eines sich rasch entwickelnden Gebietes der wirtschaftswissenschaftlichen Technologiefolgenforschung. Diese Momentaufnahme ist in mehrfacher Hinsicht recht selektiv. Sie gibt nur einen kleinen Ausschnitt aus der reichhaltigen Forschung auf diesem Gebiet für die Bundesrepublik Deutschland wieder; es sind zwar während der Projektarbeit mehrere Querverbindungen zu anderen Forschungsteams geschlagen worden, doch findet dies in den vorliegenden Kurzbeiträgen nur beschränkt Berücksichtigung.

Zur Frage nach dem Entwicklungspotential des durch die Meta-Studie eröffneten Terrains lohnt es abschließend, einige Überlegungen zu skizzieren. Diese betreffen die (durchaus subjektive) Einschätzung der Herausgeber zu den vier Bereichen "Konzepte", "Analysefelder", "Modelle" und "Daten".

Was die "Konzepte" betrifft, sieht die ökonomische Innovationsforschung noch ein breites Aufgabenfeld vor sich. Dabei ginge es nicht darum, den fruchtbaren Begriffspluralismus durch einen einzigen Geniestreich in ein geschlossenes taxonomisches Gerüst zu überführen. Vielmehr sind einzelne zentrale inhaltliche Fragen zu beantworten. Dazu zählen etwa: Auf welche Weise "ersetzt" neues Wissen schon verfügbare Kenntnisse? Kann "Innovation" als eigener dispositiver Produktionsfaktor interpretiert werden? In welchen Medien (Information, Investitionsgüter, Humankapital) werden neue Technologien weitergegeben? Unter welchen Bedingungen kann die Vielzahl technischer Veränderungen durch ein (in Preisgrößen ausdrückbares) Ausmaß an "technischem Fortschritt" dargestellt werden?

Hinsichtlich der "Analysefelder" bedürfen die Beiträge der Meta-Studie insbesondere in den Bereichen Arbeitszeit, Arbeitsangebot und Arbeitsbedingungen einer Abrundung. Daß diese Themen schon in der ursprünglichen Projektausschreibung kaum Berücksichtigung gefunden haben, hat sich als schmerzliche Einschränkung erwiesen; zumal die Beschäftigungswirkungen neuer Technologien nicht zuletzt über ihre Auswirkungen auf Arbeitszeitarrangements sichtbar werden. Zu dieser Frage nach der "Arbeitszeit" gibt es im Rahmen der vorliegenden Beiträge ebenso vielfältige Anschlußmöglichkeiten wie zu den Analysefeldern "Arbeitsangebot" und "Arbeitsbedingungen". Erst unter Einschluß dieser Bereiche und der vertieften Analyse von Anpassungsprozessen ließe sich von den "Arbeitsmarktwirkungen" neuer Technologien sprechen.

Die Arbeit an "Modellen" zur Darstellung von Wirkungen des technischen Fortschritts ist im Rahmen der Meta-Studie so weit vorangekommen, daß sich schon jetzt absehen läßt, wohin die nächsten Schritte führen werden. Die Konstruktion von güterwirtschaftlichen Innovationsverflechtungs-Matrizen ist auf Anhieb erfolgreich gewesen. Dieser gelungene Brückenschlag bedarf nun im wesentlichen nur mehr der Absicherung. Eine noch offene Frage betrifft dagegen die weitgehende Endogenisierung von Innovationsaktivitäten im Rahmen von disaggregierten makroökonomischen Modellen. Erst wenn simultan die Preis- und Mengeneffekte, einschließlich makroökonomischer Rückkoppelungen, explizit modelliert sind, kann die ökonomische Innovationsforschung beanspruchen, den geltenden Standard empirisch orientierten makroökonometrischen Modellbaus erreicht zu haben.

In bezug auf die Daten bestätigt die Meta-Studie die Erfahrung, daß teils der Mangel, teils aber auch die Vielfalt an heterogenen Informationen die analytischen Fähigkeiten der Wissenschaft herausfordern. Vor diesem Hintergrund sind die interessierten Stellen der öffentlichen Hand auf jeden Fall gut beraten, die Fortführung jener Aktivitäten zu unterstützen, die den Aufbau kohärenter Datensätze zum technischen Fortschritt und zum Arbeitsmarktgeschehen in der Bundesrepublik sichern. Für die Entwicklung der Sozialwissenschaften insgesamt wird die Bereitstellung einer solchen Infrastruktur zukünftig noch an Bedeutung gewinnen.

TEIL I

BETRIEBSEBENE

Der Kontext entscheidet: Wirkungen des Einsatzes computergestützter Techniken in Industriebetrieben

Hans-Jürgen Ewers, Carsten Becker, Michael Fritsch

1. Einführung

Der Wert der im folgenden zusammengefaßten Ergebnisse unserer Untersuchung über die Wirkungen des Einsatzes computergestützter Techniken in der Industrie ist nicht etwa darin zu sehen, daß anhand dieser Studie der Streit um die "Job-Killer"-Hypothese nunmehr entschieden werden könne. Wir halten diesen Streit für ebenso müßig wie etwa die Debatten darüber, ob die Innovationsaktivitäten der Wirtschaft "science-pushed" oder "demand-pulled" oder ob Großunternehmen innovativer seien als kleine und mittlere Unternehmen (bzw. umgekehrt). Angesichts der vielschichtigen Realität sind solche "Alles-oder-Nichts"-Fragen einfach zu schlicht und dabei einem differenzierten Verständnis der Funktionsweise wirtschaftlicher Erneuerungsprozesse wohl eher hinderlich. Der besondere Wert unserer Ergebnisse ist vielmehr vor allem darin zu sehen, daß sich die unterschiedlichen Bedingungskonstellationen, welche zur Nutzung neuer technischer Möglichkeiten führen und dann bestimmte Wirkungsmuster erzeugen, genauer unterscheiden lassen und damit Ansatzpunkte zur Steuerung der Technikwirkungen offengelegt werden, welche sich einer undifferenzierten Hypothese über "die" Technikwirkung entziehen.

In der Diskussion über die Wirkungen neuer Techniken hat sich inzwischen die Erkenntnis durchgesetzt, daß eine neue Technik nicht plötzlich über die Wirtschaft hereinbricht, die etablierten Strukturen schlagartig umstößt und die Entwicklung in eine neue, durch die Technik geprägte Richtung lenkt. Die inzwischen zahlreichen Studien zu den Wirkungen neuer Techniken im allgemeinen und des Computers im speziellen haben hinreichend Beispiele dafür geliefert, daß es einen Technikdeterminismus im oben charakterisierten Sinne offenbar nicht gibt (vgl. hierzu insbesondere Lutz 1987). Wie breit das Wirkungsspektrum einer neuen Technik ist und welche Wirkungsmuster sich im Zeitablauf beobachten lassen, hängt zum einen von der Vielseitigkeit ab, welche die Technik selber für potentielle Anwendungen eröffnet, zum anderen aber insbesondere von den jeweiligen Engpaßsituationen, welche die Anwender neuer Techniken mit Hilfe dieser Techniken zu beseitigen versuchen. Denn neue Techniken werden vorrangig als willkommene Hilfsmittel zur Beseitigung vorhandener Engpässe im Rahmen der etablierten Strukturen eingesetzt und verstärken insoweit bereits vorhandene Trends ("Trendverstärkerhypothese"). Dies schließt keineswegs aus, daß im Laufe der Zeit auch ein eigenständiges, techniktypisches Wirkungsmuster erkennbar wird. Denn im Zuge des Einsatzes einer neuen Technik zur Beseitigung aktueller Engpässe wird gleichzeitig auch nach weiteren, sinnvollen Anwendungsmöglichkeiten der Technik gesucht (oder solche Anwendungsmöglichkeiten werden eher zufällig entdeckt), und erst im Laufe der Zeit schälen sich die besonderen "Begabungen" der betreffenden Technik heraus und induzieren entsprechende Anwendungen und Strukturveränderungen, welche dann als "technikspezifische" Wirkungen interpretiert werden können. Die Identifikation solcher technikspezifischen Wirkungen erfordert allerdings einen relativ langen Analysezeitraum. Für die Feststellung derartiger technikspezifischer Wirkungen bei den computergestützten Techniken dürfte es heute wohl allein schon deshalb noch zu früh sein, weil die überwiegende Nutzung dieser Techniken noch gar nicht über das Stadium der ersten Engpaßbeseitigung hinaus ist.

Bei aller Differenziertheit der Technikwirkungen, welche im folgenden darzulegen sind, erscheinen vor allen Dingen zwei Schlußfolgerungen für eine auf die Gestaltung des Technikeinsatzes gerichtete Wirtschaftspolitik besonders bemerkenswert:

- Zum einen zeigt sich deutlich, daß wirtschaftspolitische Maßnahmen zur Gestaltung von Technikwirkungen notwendig auch das Umfeld des Technikeinsatzes einbeziehen müssen. Denn die Wirkung des Technikeinsatzes folgt weitgehend der Logik der Situation, in der sich die Nutzer der Technik befinden, bzw. dem Ziel, welches sie mit der Einführung dieser Technik verfolgen. Insofern wundert es wenig, wenn das Muster der Technikwirkungen zumindest in den Frühphasen der Techniknutzung gut bekannte Züge trägt. Denn es reflektiert (und verstärkt) die Wirkungsweise jener Rahmenbedingungen (wie z.B. die veränderte weltwirtschaftliche Arbeitsteilung, die Tendenz zur Tertiarisierung der Industrieproduktion sowie zur Differenzierung des Angebots), welche aller Wahrscheinlichkeit nach auch ohne die Technik das Erscheinungsbild der Wirtschaft bestimmt hätten. Unter diesem Gesichtspunkt sind Auseinandersetzungen um die "Job-Killer"-Hypothese oder um entsprechende gegenteilige Behauptungen reine Stellvertreter-Diskussionen, die den Sack prügeln, weil sie den Esel nicht benennen können oder wollen: Wer bestimmte Technikwirkungen nicht will (oder besonders befördern möchte), muß an den Rahmenbedingungen ansetzen, welche auf der Mikroebene der Unternehmen und Betriebe für bestimmte Formen der Techniknutzung ursächlich sind.

- Zum anderen wird bei aller Unterschiedlichkeit der Technikwirkungen im einzelnen deutlich, daß so gut wie jede Form des Technikeinsatzes die bereits bekannten Selektions- und Filterprozesse auf dem Arbeitsmarkt erheblich beschleunigt, und zwar in mehrfacher Hinsicht: Wenn es zu technikbedingten Entlassungen kommt, sind gering Qualifizierte wesentlich stärker betroffen als höher Qualifizierte. Umgekehrt werden dort, wo technikbedingte Neueinstellungen vorgenommen werden, überwiegend höher Qualifizierte eingestellt. Schließlich folgt auch die technikbedingte Weiterqualifikation in den Betrieben dem gleichen Muster: Gering Qualifizierte sind weit unterproportional an technikbedingten Weiterqualifikationsmaßnahmen beteiligt und werden in geringerem Ausmaß (gemessen an der Schulungszeit) weitergebildet als höher Qualifizierte.

Damit kann von der zukünftig zu erwartenden stärkeren Nutzung computergestützer Techniken, selbst wenn die direkten, kurzfristigen Arbeitsplatzeffekte per saldo positiv sein sollten (was sich auf unserer Analyseebene kaum kontrollieren läßt), ein Beitrag zur Lösung des drängendsten Arbeitsmarktproblems, nämlich der Dauerarbeitslosigkeit gering Qualifizierter, nicht erwartet werden. Im Gegenteil ist damit zu rechnen, daß sich dieses Problem durch die stärkere Nutzung der Technik in einer Übergangszeit eher noch verschärfen wird, bevor dann eine (u.a. demographisch bedingte) höhere Auslastung des Erwerbspersonenpotentials durch die Nachfrage möglicherweise eine allmähliche Wiedereinbeziehung auch dieses heute besonders betroffenen Personenkreises in das Beschäftigungssystem bewirken mag. Bis dahin kann freilich die Arbeitsmarktpolitik nicht untätig bleiben. Denn die in der "Übergangszeit" entstehenden neuen Jobs sind - insbesondere auch wegen des verstärkten Vordringens computergestützter Techniken - durch qualitative Anforderungen gekennzeichnet, welche die meisten, die heute arbeitslos sind oder zukünftig noch arbeitslos werden, nicht erfüllen können. Es bedarf also auf längere Zeit einer kompensatorischen Politik für diejenigen, welche beim Aufbruch zu einer neuen Produktionsstruktur auf absehbare Zeit hintanstehen werden.

Wir haben diese Zusammenfassung der leichteren Lesbarkeit und der Kürze wegen von Querverweisen auf die an anderer Stelle veröffentlichte Langfassung ebenso wie von detaillierten Quellenverweisen freigehalten. Wer die Überschriften der folgenden Abschnitte neben die Gliederung der Langfassung unserer Studie legt, wird ohne Probleme die ihn interessierenden Details finden können. Im folgenden beschreiben wir zunächst kurz die unserer Untersuchung zugrundeliegende Datenbasis (Punkt 2) und gehen dann unter Punkt 3 auf die Verbreitung computergestützter Techniken im Verarbeitenden Gewerbe der Bundesrepublik Deutschland ein; neben den Bestimmungsgründen bzw. Motiven für die Technik-Übernahme behandeln wir dabei auch die innerbetriebliche Diffusion der Technik-Anwendung. Abschnitt 4 beschäftigt sich mit den allgemeinen Wirkungen des Einsatzes computergestützter Techniken in den Betrieben, und Punkt 5 analysiert darauf aufbauend die direkten Arbeitsplatzeffekte. Punkt 6 behandelt das Ausmaß der Weiterqualifikation infolge der Nutzung computergestützter Technik in den Betrieben, und unter Punkt 7 ziehen wir dann ein Resümee der von uns festgestellten Auswirkungen des Technik-Einsatzes auf die betriebliche Arbeitsplatzentwicklung.

2. Datengrundlagen

Unsere Analysen basieren auf zwei Datengrundlagen: Zum einen handelt es sich hierbei um eine postalische Befragung zu "Entwicklungsproblemen von Industriebetrieben im Strukturwandel" in ausgewählten Regionen der Bundesrepublik Deutschland, welche u.a. die Nutzung computergestützter Techniken in verschiedenen Funktionsbereichen erfaßte und aus der Antworten von etwas mehr als 3.300 Industriebetrieben vorliegen (ausführlich hierzu Fritsch 1989; die unserer Arbeit u.a. zugrundeliegende postalische Befragung von Industriebetrieben wurde von der Deutschen Forschungsgemeinschaft unter dem Aktenzeichen Ew 16/2 gefördert); darauf aufbauend wurden die Wirkungen der Nutzung computergestützter Techniken in 274 Interviews (teils mit Fallstudiencharakter) mit Betrieben in ausgewählten Branchen eingehend untersucht.

Zielgruppe der postalischen Erhebung waren Industriebetriebe mit mindestens zehn Beschäftigten und eigener Fertigung am Standort; reine Vertriebs- und Verwaltungsstandorte von Industrieunternehmen blieben unberücksichtigt. Der Fragebogen zielte primär auf die Ermittlung betrieblicher Entwicklungsbedingungen und erfaßte neben der Umsatz- und der Arbeitsplatzentwicklung eine ganze Reihe verschiedener Merkmale der Betriebe (z.B. Ressourcenausstattung, Produktprogramm, Produktionsweise). Um die Varianz der Standortbedingungen möglichst in ihrer ganzen Breite zu erfassen, wurde bei der Auswahl der Untersuchungsregionen versucht, verschiedenartige Raumtypen zu berücksichtigen. Da die Standortgegebenheiten (z.B. Charakteristika des Arbeitsmarktes, des örtlichen Dienstleistungsangebotes, der Infrastrukturausstattung sowie der Verfügbarkeit von Informationen) in der Regel sehr stark mit dem Verdichtungsgrad variieren, orientierte sich die Regionsauswahl zum einen an der räumlichen Dichte bzw. der Siedlungsstruktur; darüber hinaus wurden innerhalb der verschiedenen Verdichtungsgrad-Typen jeweils Regionen mit besonders positiver und mit besonders negativer Arbeitsplatzentwicklung im Sekundärsektor ausgewählt.

Eine Beurteilung von Rücklaufquote und Repräsentativität des Samples ist vor allem deshalb schwierig, weil keine genauen Informationen über die Grundgesamtheit der für die Befragung relevanten Betriebe (Industriebetriebe mit Fertigung am Standort) verfügbar sind. Rückfragen bzw. Absagen angeschriebener Betriebe legen die Vermutung nahe, daß neben sehr jungen Betrieben auch Betriebe von Mehr-Betrieb-Unternehmen mit geringer örtlicher Entscheidungskompetenz im Sample unterrepräsentiert sind. Ausgehend von der Grundgesamtheit der von uns angeschriebenen Betriebe schätzen wir den Anteil der "verwertbaren" Antworten an den angeschriebenen "sinnvollen" Adressaten auf ca. 25%, wobei Betriebe mit bis zu 50 Beschäftigten etwas unterrepräsentiert und Betriebe mit mehr als 500 Beschäftigten leicht überrepräsentiert sein dürften.

Die EDV-Nutzung wurde im Rahmen der postalischen Erhebung erfaßt mit der Frage "Setzen Sie in einem der folgenden Bereiche elektronische Datenverarbeitung ein?"; die Frage enthielt die Antwortkategorien "Kaufmännischer Bereich", "Maschinensteuerung (CNC)", "Fertigungssteuerung" sowie "Konstruktion (CAD)". Sofern die Betriebe diese Frage mit "ja" beantworteten, wurde auch nach dem Jahr der Einführung in dem jeweiligen Funktionsbereich gefragt. Die Frage "Nutzen Sie in Ihrem Betrieb einen der nachfolgend genannten Telekommunikations-Dienste?" stellte auf die Übernahme neuer Telekommunikationstechniken (NTK) durch die Betriebe ab; als neue Telekommunikations-Dienste wurden "Telefax", "Teletex", "Datex" sowie "Bildschirmtext" vorgegeben. Da sich diese Techniken erst im Frühstadium ihres Diffusionsverlaufs befinden, wurde hier auf eine Erhebung des Jahres der Einführung verzichtet.

Im Rahmen der vertiefenden Fallstudien/Interviews mit Anwendern computergestützter Techniken wurde den Auswirkungen des Technik-Einsatzes vor allem in den Funktionsbereichen "Büro/Fertigungssteuerung", "Maschinensteuerung" und "Konstruktion" intensiv nachgegangen. Daneben wurden auch Wirkungen der Anwendungen computergestützter Techniken in den Bereichen "Montage", "Qualitätskontrolle" sowie "Lager" erfaßt; da Anwendungen computergestützter Techniken in diesen Bereichen derzeit noch wenig verbreitet sind, enthält das Sample hierzu nur eine relativ geringe Anzahl an Fällen. Interviewt wurden Betriebe, welche im Rahmen der postalischen Befragung angaben, daß sie computergestützte Techniken im Bereich der Maschinensteuerung und/oder in der Konstruktion nutzen. Um ein gewisses Mindestmaß an Homogenität der Produktionsbedingungen bzw. von sektorspezifischen Besonderheiten des Technikeinsatzes zu gewährleisten, blieben die Interviews auf Betriebe bestimmter Branchen beschränkt. Als Auswahlkriterium für diese Sektoren diente vor allem die allgemeine Nachfrageentwicklung seit Mitte der 70er Jahre. Die Konzentration auf Branchen mit unterschiedlicher allgemeiner Nachfrageentwicklung sollte es insbesondere ermöglichen, auch die Bedeutung der

Marktbedingungen sowie des sonstigen Umfeldes für die Technikwirkung mit zu analysieren.

Ausgewählt wurden zum einen die Branchen Maschinenbau und Elektroindustrie, welche durch eine vergleichsweise positive Nachfrageentwicklung seit Mitte der 70er Jahre gekennzeichnet sind, sowie zum anderen die Branchen Holzbe- und -verarbeitung und die Textilindustrie, für welche während der letzten zehn Jahre eine relativ negative Nachfrageentwicklung zu verzeichnen war. Der Schwerpunkt der 274 Fallstudien/Betriebsinterviews lag in der Maschinenbau- (46,7% der Fälle) und der Elektroindustrie (34,3% der Fälle). 11,7% aller Fälle waren Betriebe der Holzbe- und -verarbeitung, und 7,3% der interviewten Betriebe gehörten der Textilindustrie an. Da Großbetriebe computergestützte Techniken häufig schon relativ intensiv anwenden und Kleinbetriebe eher Spätadoptoren darstellen, sind die Großen im Sample der interviewten Anwender-Betriebe eher überrepräsentiert. Dennoch haben immerhin gut 30% (72,6%) der interviewten Betriebe weniger als 50 (200) Beschäftigte, so daß der Bereich der kleinen und mittleren Betriebe, welcher in anderen Studien zu Wirkungen computergestützter Techniken häufig weitgehend ausgeblendet bleibt, hier noch vergleichsweise gut repräsentiert ist.

Im Rahmen der Fallstudien bzw. Interviews wurde versucht, die Wirkungen der Anwendung computergestützter Techniken sowohl auf der ("Mikro-")Ebene des Gesamtbetriebes als auch auf der ("Mikro-Mikro-")Ebene einzelner Funktionsbereiche bis hin zu einzelnen Arbeitsplätzen bzw. Verrichtungen zu untersuchen. Die Verfolgung der Technikwirkungen, ausgehend vom Ort des ersten innerbetrieblichen Technikeinsatzes (wo gewissermaßen der "Stein ins Wasser fällt"), ermöglicht eine relativ genaue und zuverlässige Identifikation der ausgelösten Effekte. Bei Betrieben, welche die Technik bereits seit geraumer Zeit intensiv anwenden, stößt man mit dieser Vorgehensweise im Rahmen einer retrospektiven Befragung allerdings relativ schnell auf Grenzen. Die Erhebung von Nutzungen und Wirkungen computergestützter Techniken auf der gesamtbetrieblichen Ebene ergänzt die Wirkungsanalyse auf der "Mikro-Mikro"-Ebene einzelner Verrichtungen bzw. Funktionsbereiche und kann solche (auch indirekten) Effekte der Techniknutzung erfassen, welche auf der Verrichtungsebene nicht mehr genau nachzuvollziehen sind.

3. Zur Diffusion computergestützter Techniken

3.1 Die Verbreitung computergestützter Techniken im Verarbeitenden Gewerbe der Bundesrepublik Deutschland

Obwohl bereits 80% der postalisch befragten Betriebe des Verarbeitenden Gewerbes der Bundesrepublik Deutschland in mindestens einem Funktionsbereich computergestützte Technik nutzen, ist der Verbreitungsgrad (gemessen am Anteil der nutzenden Betriebe) ebenso wie die Diffusionstiefe (d.h. die Intensität der Nutzung; vgl. Punkt 3.3) in den meisten betrieblichen Funktionsbereichen noch relativ gering. Wie Tabelle 3.1 zeigt, betreffen die meisten der im Rahmen der postalischen Befragung angegebenen Nutzungen den kaufmännischen Bereich: 75,8% der befragten Betriebe bezeichneten sich hier als Anwender. Dagegen sind die Anwendungsraten in anderen Funktionsbereichen erheblich niedriger: Durchschnittlich nur jeder vierte Industriebetrieb (26,8%) nutzt computergestützte Maschinensteuerung in der Fertigung, jeder fünfte Betrieb (22,0%) nutzt den Computer für die Fertigungssteuerung, und nur jeder zehnte Betrieb (10,1%) setzt bereits EDV in Konstruktion bzw. Entwicklung ein. Knapp ein Drittel der postalisch befragten Betriebe (32,9%) gibt an, zumindest über eine der "neuen" Telekommunikationstechniken (Telefax, Teletex, Datex, Btx) zu verfügen, wobei die Masse der Anwendungen Telefax und Teletex betrifft.

Differenziert man die Adoptionsraten für die Anwendung computergestützter Techniken in verschiedenen betrieblichen Funktionsbereichen nach Branchen, so ist - wie aus Tabelle 3.1 hervorgeht - insbesondere hinsichtlich der EDV-Nutzung im Bereich "Konstruktion" eine relativ starke Streuung der Adoptionsraten zwischen den verschiedenen Branchen feststellbar. Diese Unterschiede sind wohl vor allem als Hinweis darauf zu interpretieren, daß der Anteil derjenigen Betriebe, die EDV in der "Konstruktion" sinnvoll nutzen können und somit als potentielle Adoptoren anzusehen sind, branchenmäßig relativ stark differiert. Potentielle Adoptoren einer Technik sind solche Betriebe, für die es sich unter dem Gesichtspunkt der objektiven Profitabilität (d.h. gemessen an Preis und Leistungsspektrum der Technik sowie der Art der in dem Betrieb durchgeführten Aktivitäten) lohnen würde, die Technik zu übernehmen. So dürften denn auch die vergleichsweise gering ausgeprägten Unterschiede der Adoptionsraten zwischen den Branchen für EDV-Anwendungen im "kaufmännischen Bereich" damit zusammenhängen, daß hier vermutlich sämtliche Betriebe (in allen Branchen) als potentielle Adoptoren anzusehen sind.

Tabelle 3.1: Adoptionsraten verschiedener Nutzungen computergestützter Techniken nach Branchen*
- in Prozent -

	Anwendungsbereich					
	kaufmänn. Bereich	Fertig.-steuerung	Masch.-steuerung	Konstruktion	EDV insgesamt	Neue Telek.-technik
Anteil der Nutzer an sämtlichen Betrieben in v.H.	75,8	22,0	26,8	10,1	80,0	32,9
nach Branchen						
Mineralöl**	100,0	16,7	33,3	0,0	100,0	66,7
Steine und Erden	75,0	20,6	22,2	4,4	77,0	16,5
Eisenschaffende**	92,3	30,8	46,2	7,7	92,3	69,2
NE-Metall	86,7	33,3	46,7	20,0	93,3	60,0
Gießerei	76,5	27,5	23,7	3,9	78,4	37,3
Ziehereien usw.	68,4	17,3	32,7	4,1	75,5	30,6
Stahl- u. Leichtmetall	72,5	10,0	18,8	8,8	75,0	35,0
Maschinenbau	75,7	23,9	48,9	19,4	82,7	46,6
Straßenfahrzeugbau	81,2	33,3	42,0	8,8	82,6	52,2
Schiffbau	87,5	50,0	31,1	37,5	87,5	56,3
Luft- u. Raumf.**	92,9	64,3	57,1	57,1	92,9	78,6
Elektrotechnik	84,8	30,4	31,6	29,4	89,6	43,4
Feinmechanik	83,9	30,1	44,1	16,1	92,5	44,1
Eisen/Blech/Metall	70,3	21,8	36,2	7,0	79,5	28,8
Musikinstr./Spiele	70,5	7,7	19,2	1,3	74,4	17,9
Chemie	85,8	21,6	10,4	6,0	86,6	42,5
Büromaschinen/DV	75,0	50,0	25,0	54,2	75,0	62,5
Feinkeramik	83,3	29,2	12,5	0,0	83,3	33,3
Glas	78,4	21,6	29,7	16,2	78,4	37,8
Holzbearbeitung	52,9	10,3	14,9	1,1	60,9	13,6
Holzverarbeitung	72,7	22,5	19,8	4,3	75,9	20,3
Zellstoff**	71,4	14,5	42,9	0,0	78,6	64,3
Papier und Pappe	80,7	15,8	10,5	5,3	82,5	29,8
Druckindustrie	66,2	13,2	22,1	5,9	72,1	33,8
Kunststoff	72,5	19,8	32,9	3,9	75,4	36,2
Gummiverarbeitung	94,1	23,5	17,6	5,9	94,1	47,1
Leder	85,7	14,3	3,6	3,6	85,7	14,3
Textil	72,6	20,4	16,1	3,8	74,7	28,0
Bekleidung	69,7	17,4	5,3	4,5	70,5	18,2
Ernährung	79,4	19,7	15,4	0,6	82,6	21,7
Tabak**	85,7	14,3	0,0	0,0	85,7	42,9

* angegeben ist jeweils der prozentuale Anteil der Adoptoren an sämtlichen befragten Betrieben der betreffenden Branche.

** weniger als 15 Fälle.

Die Streuung der Adoptionsraten zwischen den Branchen kann zum Teil auch auf entsprechende Unterschiede in der Größenstruktur der Betriebe innerhalb dieser Branchen zurückzuführen sein. Differenziert man die Adoptionsraten für EDV nach Beschäftigtengrößenklassen der Betriebe, so bestätigt sich das bereits in diversen anderen Diffusionsstudien festgestellte Muster: Die Adoptionsraten weisen einen mit der Größe (Beschäftigtenzahl) deutlich ansteigenden Verlauf auf. Besonders stark ausgeprägt sind die größenmäßigen Unterschiede für die EDV-Anwendungen in den Bereichen "Fertigungssteuerung" und "Konstruktion". Hinter der Größe als Determinante der Technik-Übernahme verbergen sich vielfältige Eigenschaften: Große Betriebe sind in der Regel weit eher durch standardisierte und massenhafte Informationsflüsse gekennzeichnet als Kleinbetriebe - nach wie vor eine wichtige Voraussetzung für die Profitabilität des Computereinsatzes. Sie verfügen auch über relativ gut qualifiziertes Personal und große Investitionsbudgets, so daß sie sich das "Ausprobieren" neuer Techniken problemloser leisten können als kleine Betriebe. Große Betriebe investieren nicht zuletzt auch regelmäßiger im Zeitablauf und können deshalb unmittelbar nach Auftauchen einer neuen Technik "zusteigen".

Eingehende Analysen der Unterschiede zwischen Adoptoren und Nichtadoptoren computergestützter Techniken auf der Grundlage der postalischen Erhebung zeigen, daß die Ergebnisse solcher Gegenüberstellungen relativ stark von der Abgrenzung des Kreises der potentiellen Adoptoren abhängig sind. Je nachdem, wie eng oder wie weit man den Kreis dieser potentiellen Adoptoren abgrenzt, erhält man andere Ergebnisse. Bei "weiten" Abgrenzungen (bei denen das Sample im Zweifel auch viele Betriebe enthält, welche gemessen an der objektiven Profitabilität des Computereinsatzes keine potentiellen Adoptoren sind) setzen sich in Vergleichen von Technikadoptoren und Nichtadoptoren stärker die Determinanten der objektiven Profitabilität der Technikübernahme durch, bei relativ "engen" Abgrenzungen dagegen stärker diejenigen sozio-ökonomischen Charakteristika, welche unabhängig von der objektiven Profitabilität der jeweiligen Technik eine Übernahme begünstigen bzw. behindern. Unsere in verschiedenen Abgrenzungen durchgeführten Analysen zeigen, daß die feststellbaren Unterschiede zwischen Adoptoren und Nichtadoptoren computergestützter Techniken im Zweifel als Determinanten der objektiven Profitabilität der Technik-Anwendung interpretierbar sind. Trotz der relativ vielfältigen Informationen über die Betriebe, die aus der postalischen Befragung vorliegen, konnten kaum solche Determinanten des Adoptionsverhaltens identifiziert werden, welche nicht mit der objektiven Profitabilität im Zusammenhang stehen. Sofern es solche sonstigen Einflußfaktoren gibt, sind sie entweder von eher untergeordneter Bedeutung und/oder wurden von uns nicht adäquat erfaßt. Daß auch verschiedene andere, ähnlich angelegte Analysen (z.B. Thwaites/Edwards/Gibbs 1982, Müdespacher 1987) zu dem gleichen Ergebnis kamen, deutet darauf hin, daß standardisierte postalische Befragungen offenbar kein ergiebiger Weg sind, um den Einfluß von Unterschieden in den "Attitüden" des Managements, der Organisationsstruktur etc. auf das Adoptionsverhalten herauszuarbeiten - sofern diesen Faktoren tatsächlich eine wesentliche Bedeutung zukommen sollte.

Vergleicht man Industriebetriebe, die Computeranwendungen in den Jahren 1985/86 übernahmen, mit solchen Betrieben, die Ende 1986 noch zu den Nichtanwendern gehörten, so zeigt sich, daß die Anwender im Vergleich zu den Nichtanwendern

- im allgemeinen größer sind, d.h. höhere Beschäftigten- und Umsatzzahlen aufweisen;
- in den Jahren 1980 - 1985 stärker gewachsen sind;
- in größerem Umfang in Forschung und Entwicklung engagiert sind;
- höhere Anteile an Personal mit Fachhochschul- und Universitätsabschluß aufweisen;
- häufiger Dienstleistungen von anderen Unternehmen zukaufen;
- stärker differenzierte Produktprogramme haben und mehr ergänzende Dienstleistungen anbieten;
- höhere Umsatzanteile mit Produkten in den frühen Phasen des 'Lebenszyklus' haben und stärker auf neue Produkte und Qualitätssteigerungen orientiert sind;
- stärker auf Auslandsmärkten engagiert sind;
- Fertigungstiefe und -flexibilität in den vergangenen Jahren stärker gesteigert haben;
- in größerem Umfang schriftlich fixierte Planungen betreiben;
- Engpässe vor allem im Mangel an Fach- und Führungskräften und in innerbetrieblichen Organisationsdefiziten sehen;
- die künftige Entwicklung im Hinblick auf die Beschäftigtenzahl wesentlich positiver einschätzen.

Bei den Adoptoren computergestützter Technik handelt es sich also vor allem um solche Betriebe, die im Trend des laufenden Strukturwandels liegen und dabei eher positiv (etwa im Hinblick auf Beschäftigtenzahlen und Umsätze) abgeschnitten haben.

3.2 Motive für die Einführung computergestützter Techniken

Im Rahmen der Fallstudien/Interviews mit Anwender-Betrieben wurde mittels einer standardisierten Frage ("Worin bestanden die wesentlichen Gründe bzw. Anlässe für die Einführung computergestützter Techniken in diesem Betrieb ?") nach den Motiven für die Technik-Übernahme gefragt. Die Frage enthielt 13 vorformulierte Antwortkategorien sowie die Möglichkeit zur Nennung von "Sonstigem". In Abbildung 3.1 sind die verschiedenen Antwortkategorien entsprechend ihrer relativen Bedeutung von oben (links) nach unten (rechts) abgetragen. Die Balken in jeder Zeile geben diejenigen (horizontal abgetragenen) Merkmale an, zu welchen kein statistisch signifikanter Unterschied festgestellt werden kann. Die Antwortkategorien links (rechts) von diesen Balken sind signifikant (un-)bedeutender als die Antwortkategorien der jeweiligen Zeile.

Wie aus Abbildung 3.1 hervorgeht, nehmen die Antwortkategorien "Verringerung der Fertigungskosten je Einheit" und "Verbesserung der Produktqualität" die ersten beiden Ränge unter den Motiven ein, wobei sich zwischen diesen beiden Antwortkategorien kein statistisch signifikanter Bedeutungsunterschied feststellen läßt. Als ebenfalls gleichrangig ergibt sich das Motiv "Fertigungszeiten verkürzen". Der relativ hohe Rang für die Motive "positive Umsatzerwartungen", "Verbesserung der Fertigungsorganisation" und "Kapazitätsengpässe" sowie der letzte Rang für "rückläufiger Umsatz/Marktanteil" weisen darauf hin, daß computergestützte Techniken offenbar häufig mit dem Ziel der Kapazitätserweiterung und selten im Sinne einer "defensiven Rationalisierungsstrategie" als Reaktion auf Nachfrageengpässe eingeführt werden. Auch der siebte Rang für das Motiv "Überwindung von Personalengpässen" deutet auf die Wichtigkeit des Expansionsmotivs hin. Das Motiv "Erprobung neuer Verfahren" nimmt lediglich den achten Rang ein, was darauf schließen läßt, daß technische Neugier bzw. Experimentierfreude allenfalls von mittlerer Bedeutung bei der Einführung computergestützter Techniken ist. Als relativ unbedeutend ergeben sich die Antwortkategorien "Abnehmer verlangen neue Prozeßtechniken", "Konkurrenz stellt ebenfalls um", "Alte Anlage war defekt bzw. abgeschrieben" sowie "Günstige Finanzierung war möglich" (Abbildung 3.1).

Korrelations- und Faktoranalysen ergeben vier verschiedene Motiv-Gruppen für die Einführung computergestützter Techniken, denen jeweils eine bestimmte Engpaßsituationen zugrunde liegt. Am bedeutsamsten ist hierbei wohl das "Erweiterungsmotiv", d.h. die Technik wird im Zuge von Erweiterungsinvestitionen primär zur Beseitigung von Kapazitätsengpässen (inbesondere von Personalengpässen) eingeführt. Den zweiten Rang nimmt das "Ersatz- und Rationalisierungsmotiv" ein; hier steht die Verringerung der Fertigungskosten je produzierter Einheit und/oder die Erneuerung alter bzw. defekter Anlagen im Vordergrund. Weniger als Kosten- und stärker als Qualitätsproblem wird der betriebliche Engpaß beim "Konkurrenzdruck-Motiv" der Einführung computergestützter Techniken gesehen, welches an dritter Stelle steht. Im Unterschied zum Ersatz- und Rationalisierungsmotiv wird der Engpaß hier wenige in den Produktionskosten als in der Produktqualität gesehen.

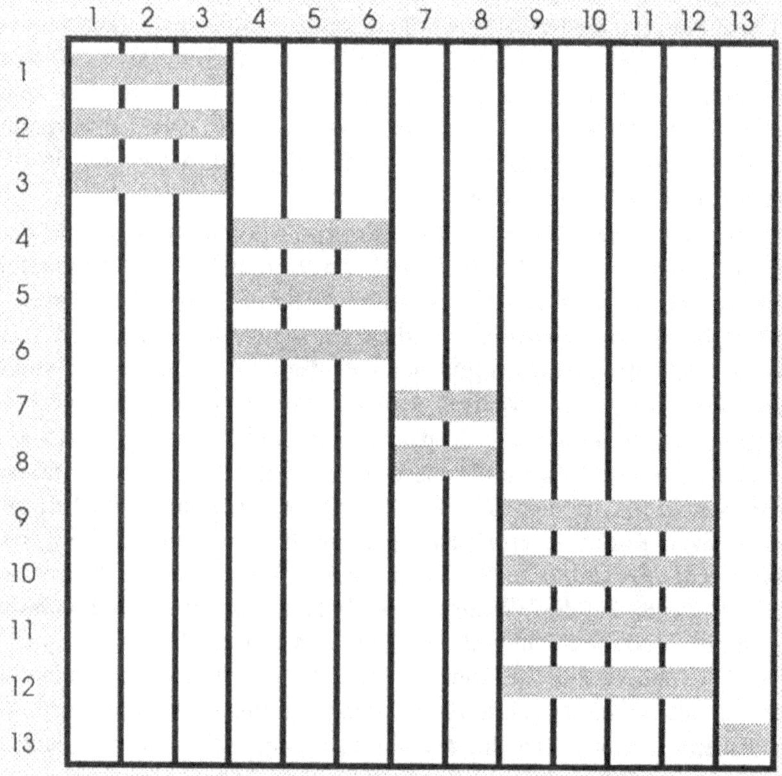

1 = Verringerung der Fertigungskosten
2 = Verbesserung der Produktqualität
3 = Fertigungszeiten verkürzen
4 = Positive Umsatzerwartung
5 = Verbesserung der Fertigungsorganisation
6 = Kapazitätsengpässe
7 = Überwindung von Personalengpässen
8 = Erprobung neuer Verfahren
9 = Abnehmer verlangen neue Prozeßtechniken
10 = Konkurrenz stellt ebenfalls um
11 = Alte Anlage war defekt bzw. abgeschrieben
12 = Günstige Finanzierung war möglich
13 = Rückläufiger Umsatz, Marktanteil

Abbildung 3.1: **Rangfolge der Motive für die Einführung computergestützter Techniken und signifikante Bedeutungsunterschiede**

Eine vierte Engpaßkonstellation schließlich liegt dem zugrunde, was man als "Experimentier-Motiv" der Einführung computergestützter Techniken bezeichnen kann: Bei positiven Umsatzerwartungen und guten Finanzierungsmöglichkeiten erproben die Betriebe neue Verfahren, wobei vor allem die Hoffnung eine Rolle spielt, die Fertigungsorganisation zu verbessern, die Produktqualität zu erhöhen, aber auch die Durchlaufzeiten zu verkürzen. Kostensenkungen stehen hierbei eher im Hintergrund des Interesses.

Offenbar sind die Gründe für die Übernahme computergestützter Technik nicht unerheblich durch die jeweiligen Umfeldbedingungen geprägt. So betonen etwa Betriebe, die am Markt relativ starker Preiskonkurrenz unterliegen, die Möglichkeiten zur "Verringerung der Fertigungskosten je Einheit" als Motiv für die Einführung der Technik; je größer die Bedeutung der Produktqualität für die Marktstellung eines Betriebes, desto stärker wird das Motiv "Verbesserung der Produktqualität" gewichtet. Die Bedeutung "kurzer Lieferzeit" für den Markterfolg geht mit einer entsprechenden Betonung von "Durchlaufzeiten/Fertigungszeiten verkürzen" als Ziel des Technik-Einsatzes einher.

Tabelle 3.2: Nennungen zu der Frage "Warum haben Sie nicht noch mehr computergestützte Technik(en) eingeführt?"
- Mehrfachnennungen möglich -

	Anteil der Nennungen (%)
Wäre im Rahmen des gegebenen Produktprogramms nicht rentabel bzw. sinnvoll einsetzbar	54,1
Mangelnde Liquidität	33,7
Auslastung der Anlage(n) ist zu unsicher	31,1
Mangel an entsprechend qualifiziertem Personal	30,0
Unsere Managementkapazität ist durch andere Projekte bereits ausgelastet	29,3
Am Markt verfügbare Anlagen sind noch nicht ausgereift	26,7
Der vorhandene Maschinenpark hat sich noch nicht hinreichend amortisiert	18,1
Widerstände seitens der Belegschaft	5,6

Die Frage, warum man nicht noch mehr an computergestützter Technik im jeweiligen Betrieb nutzt, läßt sich gewissermaßen als Umkehrung der Frage nach den Motiven für die Einführung der Technik auffassen und gibt auch Aufschluß über eventuell vorhandene Engpässe. Wie Tabelle 3.2 zeigt, geben die meisten der befragten Anwender-Betriebe (54,1%) an, daß sie deshalb nicht mehr computergestützte Technik einsetzen, weil dies im Rahmen des gegebenen Produktprogramms nicht sinnvoll bzw. rentabel wäre. An zweiter Stelle steht - von 33,7% der Betriebe genannt - der Engpaß "mangelnde Liquidität"; 31,1% der Betriebe geben an, daß der Engpaß für die Einführung von mehr computergestützter Technik in der unsicheren Auslastung der betreffenden Anlage(n) bestehe (Engpaß: "Nachfragemangel").

Bei immerhin 30% der befragten Betriebe wird die intensivere Nutzung computergestützter Techniken durch einen Mangel an entsprechend qualifiziertem Personal behindert; bei kaum weniger Betrieben (29,3%) besteht der Engpaß in der dazu erforderlichen Management-Kapazität, welche "durch andere Projekte bereits ausgelastet" sei. 26,7% der Befragten halten die am Markt verfügbaren Anlagen für noch nicht hinreichend ausgereift, und 18,1% sehen einen wesentlichen Engpaß darin, daß sich der vorhandene Maschinenpark noch nicht hinreichend amortisiert hätte, was in vielen Fällen wohl als Erklärung für "mangelnde Liquidität" anzusehen ist. "Widerstände seitens der Belegschaft" werden nur von sehr wenigen (5,6%) der Betriebe als Engpaß für die intensivere Nutzung computergestützter Techniken genannt; lediglich zwei Betriebe (0,7% aller Betriebe) nennen diesen Engpaß an erster Stelle. Alles in allem deutet der hohe Anteil an Betrieben, welche angeben, daß computergestützte Techniken im Rahmen des gegebenen Produktprogramms nicht rentabel eingesetzt werden können, bzw. daß die auf dem Markt verfügbaren Anlagen noch nicht ausgereift sind, darauf hin, daß eine weitere Ausdifferenzierung des Angebotes auf dem Investitionsgütermarkt eine nicht unerhebliche Intensivierung des Einsatzes computergestützter Techniken in der Industrie bewirken kann.

3.3 Die innerbetriebliche Diffusion der Technik-Anwendung

In den meisten Betrieben fand die erste Anwendung computergestützter Technik im kaufmännischen Bereich statt, was kaum darauf zurückzuführen sein dürfte, daß entsprechende Anlagen bereits seit den fünfziger und sechziger Jahren verfügbar sind und der Diffusionsprozeß für andere Anwendungen erst beträchtlich später einsetzte: Betrachtet man nämlich nur solche Betriebe, die zwischen Anfang 1985 und dem Zeitpunkt der postalischen Befragung (Sommer/Herbst 1986) erstmalig computergestützte Technik angewendet haben, so zeigt sich, daß auch heute noch in 91,1% aller Fälle die EDV zuerst im kaufmännischen Bereich eingesetzt wird.

Zwar stellt der kaufmännische Bereich auch von der Nutzungsintensität her gesehen nach wie vor das Hauptanwendungsgebiet computergestützter Techniken dar, jedoch werden - wie die Angaben der Betriebe zu ihren Planungen zeigen - die anderen Funktionsbereiche in den kommenden Jahren kräftig nachziehen. Die geplanten Steigerungsraten der Nutzungsintensität sind über alle Branchen und Betriebsgrößen hinweg vor allem in jenen Bereichen besonders groß, in denen die heutige Nutzungsintensität noch relativ gering ist. Dies betrifft insbesondere die Bereiche "Montage", "Qualitätskontrolle" sowie "Lager" und "Transportwesen". Als eine zusätzliche Qualität computergestützter Technik wird in den kommenden Jahren die informationstechnische Vernetzung sowohl innerhalb betrieblicher Funktionsbereiche als auch zwischen Funktionsbereichen bzw. zwischen dem Betrieb und seinen Marktpartnern immer größere Bedeutung gewinnen. Das Niveau der informationstechnischen Vernetzung ist zwar bei der ganz überwiegenden Mehrzahl der Betriebe zur Zeit noch recht gering, dennoch gibt es bereits heute Betriebe, welche auf diesem Gebiet erstaunlich weit fortgeschritten sind. Überraschend ist dabei vor allem der heute bereits realisierte Stand informationstechnischer Vernetzung zwischen dem kaufmännischen Bereich und der Produktionsplanung und -steuerung, der in der allgemeinen Euphorie von Diskussionen um die Realisation von CIM-Konzepten (Computer Integrated Manufacturing) offenbar häufig übersehen wird. So sind etwa bei den von uns interviewten Betrieben PPS-Systeme (Produktions- und Planungssysteme) häufiger mit Funktionen im kaufmännischen Bereich vernetzt als mit Funktionen im technischen Betriebsbereich. Ähnliches gilt auch für die Vernetzung mit CAP-Systemen (Computer Aided Planning).

Es kann wenig überraschen, daß das absolute Ausmaß der Ausstattung der Betriebe mit computergestützter Technik (gemessen etwa an den absoluten Anlagenwerten, der Anzahl der Anlagen oder der Anzahl der an diesen Anlagen Beschäftigten) eng mit der Betriebsgröße korreliert ist. Dagegen ist der Zusammenhang von Betriebsgröße und relativer Nutzungsintensität (etwa gemessen an Beschäftigten- oder Budgetanteilen) in den verschiedenen betrieblichen Funktionsbereichen uneinheitlich. Hinsichtlich der Anwendungen im Bereich "Büro/Fertigungssteuerung" zeigt sich ein positiver Zusammenhang zwischen Größe und der relativen Nutzungsintensität (gemessen als Anteil, den ein Betrieb von seinem Gesamtbudget für Investitionen in computergestützter Technik in dem jeweiligen Funktionsbereich verwendet). Im Bereich "Konstruktion" und in der "Teilefertigung" nimmt die Intensität der Nutzung computergestützter Technik hingegen mit der Betriebsgröße tendenziell ab.

Eine erste Erklärung für dieses Ergebnis ergibt sich aus dem sehr ausgeprägten Zusammenhang zwischen dem Ersteinsatzzeitpunkt computergestützter Techniken in einem Funktionsbereich und der Nutzungsintensität: Je früher ein Betrieb in einem bestimmten Funktionsbereich computergestützte Technik übernommen hat, umso höher ist auch seine heutige relative Nutzungsintensität in diesem Funktionsbereich. Dieses für alle Funktionsbereiche und Betriebsgrößen geltende Ergebnis ist ganz offenbar Ausdruck der beträchtlichen Rationalisierungs- und Ertragssteigerungspotentiale, welche einem durchgängigen Einsatz der computergestützten Technik in einem Funktionsbereich innewohnen. Da die frühen Übernehmer computergestützter Techniken vor allem die größeren Betriebe sind und die meisten Betriebe den Einstieg in die EDV-Technik über den Bereich "Büro/Fertigungssteuerung" genommen haben, wird verständlich, warum die größeren Betriebe auch heute noch dazu tendieren, bei ihren Investitionen in computergestützte Technik einen Schwerpunkt in diesem Funktionsbereich zu setzen. Ganz offenkundig sind die Anreize (bzw. Zwänge), durchgehende Datenflüsse zu schaffen, nach einmal begonnener Umstellung von Teilfunktionen auf die Technik sehr groß.

Eine zweite, nicht minder wichtige Erklärung für die besonders hohe Nutzungsintensität der großen Betriebe im kaufmännischen Bereich kann in einem ebenfalls über alle Funktionsbereiche und Betriebsgrößen geltenden Verhaltensmuster gesehen werden, welches auch bei der zwischenbetrieblichen Diffusion beobachtet werden konnte: das Bestreben der Betriebe nämlich, die neue Technik vorrangig in solchen Funktionsbereichen einzusetzen, welche als betriebliche Engpässe empfunden werden. Dies zeigt sich in einer hohen Korrespondenz zwischen Einführungsmotiven und funktionsbereichsspezifischer Nutzungsintensität. So ist etwa die Nutzungsintensität computergestützter Techniken im Funktionsbereich "Büro/Fertigungssteuerung" dann relativ niedrig, wenn als Einführungsmotive "Verringerung der Fertigungskosten", "Kapazitätsengpässe", "Verbesserung der Produktqualität", "Umstellungsaktivitäten der Konkurrenz" und/oder "Wünsche der Abnehmer nach neuer Prozeßtechnik" von besonderer Bedeutung sind. Diese Einführungsmotive verweisen auf einen Schwerpunkt der Investitionsaktivität bei computergestützten Techniken im technischen Betriebsbereich. Dagegen ist die Nutzungsintensität computergestützter Techniken im Funktionsbereich "Büro/Fertigungssteuerung" immer dann signifikant höher, wenn der "Breite der Angebotspalette", dem Ausmaß an "Beratung/Service" und/oder der "Art und Intensität der Vertriebsanstrengungen" für die Marktstellung der Betriebe besondere Bedeutung zukommt. Bei denjenigen interviewten Anwendern, welche diese Aspekte ihrer Marktstellung als besonders wichtig ansehen, handelt es sich besonders häufig um Großbetriebe, welche offenkundig ihre komplexen Außenbeziehungen über den verstärkten Einsatz computergestützter Technik besser in den Griff zu bekommen versuchen.

Anders als bei der innerbetrieblichen Diffusion computergestützter Techniken im Funktionsbereich "Büro/Fertigungssteuerung" steht die (relative) Nutzungsintensität computergestützter Techniken in der Teilefertigung und der Konstruktion vor allem mit dem Umsatzwachstum im Zusammenhang. Insofern wundert es auch nicht, wenn gerade kleine bzw. relativ junge Betriebe zu überdurchschnittlichen Nutzungsintensitäten in diesen beiden Funktionsbereichen tendieren, denn gerade diese Gruppe ist durch eine besonders stark ausgeprägte Expansionsneigung gekennzeichnet. Diejenigen Betriebe, welche CAD und/oder CNC relativ intensiv anwenden, sind durch eine Reihe von Merkmalen gekennzeichnet, die dem Klischee von einem "besonders gut im Trend des Strukturwandels liegenden" Betrieb nahezu (man möchte fast sagen: zu) perfekt entsprechen: Sie weisen einen relativ hohen Umsatzanteil mit Produkten in der "Markteinführungs-" bzw. "Wachstumsphase" auf, betreiben vorwiegend Einzel- bzw. Kleinserienfertigung, verfügen über relativ hohe Anteile an qualifiziertem Personal und betonen die Bedeutung von "Flexibilität bei besonderen Kundenwünschen" für ihre Marktstellung.

Es kann hierbei wohl wenig Zweifel geben, was Ursache und was Wirkung ist: Die strategische Positionierung und das damit verbundene Umsatzwachstum ermöglichen den Betrieben einen relativ schnellen und breiten Einstieg in die Technik, ja zwingen sie gewissermaßen dazu, weil nur so die wachstumsbedingten Engpässe beseitigt werden können. Mittels der Technik können die Betriebe ihre Marktstellung weiter verbessern und haben somit wiederum relativ gute Voraussetzungen für eine weitere Expansion.

4. Wirkungen des Einsatzes computergestützter Techniken

Dieser Abschnitt behandelt die allgemeinen Wirkungen des Einsatzes computergestützter Techniken in den von uns interviewten Anwender-Betrieben, außer den direkten Arbeitsplatzeffekten, welche Gegenstand von Abschnitt 5 sind. Dabei unterscheiden wir zwischen allgemeinen Wirkungen des Einsatzes computergestützter Techniken auf der Betriebsebene und speziellen Wirkungen des Einsatzes bestimmter Typen computergestützter Techniken, CAD-Systeme und CNC-gesteuerte Fertigungsanlagen, auf der Ebene von einzelnen Funktionsbereichen.

Tabelle 4.1: Übersicht über die Antworten auf die Frage "Welche Auswirkungen sind nach Einführung computergestützter Technik(en) in Ihrem Betrieb aufgetreten bzw. werden noch erwartet?"

	Gleich zu Anfang eingetreten	Im Laufe der Zeit eingetreten	Noch erwartet	Trifft nicht zu
Personaleinsparung	19,5	29,9	13,3	37,3 (50,6)
Größere Kontroll- und Überwachungsmöglichkeiten	26,2	31,0	10,0	32,8 (42,8)
Entlastung von Routinetätigkeiten zugunsten kreativer Tätigkeiten	30,9	40,5	11,2	17,4 (28,6)
Veränderungen der Lohnform (Zeit-, Prämienlohn etc.)	3,7	5,6	8,9	81,8 (90,7)
Eigene Erbringung bisher von Externen bezogener Vorleistungen	15,6	12,6	3,7	68,1 (71,8)
Verbesserte Kalkulationsgrundlagen	26,8	36,1	16,4	20,7 (37,1)
Reduzierung der Lagerbestände	7,8	27,2	20,5	44,5 (65,0)
Höhere Termintreue	17,6	40,8	18,4	23,2 (41,6)
Erhöhung der Produktqualität	49,4	27,1	4,5	19,0 (23,5)
Diversifikation des Produktprogramms	18,6	18,2	8,2	55,0 (63,2)
Verstärkung der Arbeitsteilung im Betrieb	8,5	20,7	9,3	61,5 (70,8)
Höherer Formalisierungsgrad der Betriebsabläufe	18,8	29,5	14,3	37,4 (51,7)

In Klammern: Anteil der Anwender, bei denen die entsprechende Wirkung bislang nicht eingetreten ist (Summe der beiden letzten Spalten).

4.1 Allgemeine Wirkungen des Einsatzes computergestützter Techniken im Betrieb

Mit der Frage "Welche Auswirkungen sind nach Einführung computergestützter Techniken in diesem Betrieb aufgetreten bzw. werden noch erwartet?" wurde versucht, die relative Bedeutung verschiedener möglicher Wirkungen des Einsatzes computergestützter Techniken für den Betrieb insgesamt zu ermitteln. Von besonderem Interesse dabei war, wann die jeweiligen Wirkungen eingetreten sind und welche Wirkungen die Betriebe von der Techniknutzung noch erwarten.

Wie aus Tabelle 4.1 hervorgeht, werden am häufigsten relativ schwer quantifizierbare Wirkungen des Technikeinsatzes wie etwa "Entlastung von Routinetätigkeiten zugunsten kreativer Tätigkeiten" (82,6%), "Erhöhung der Produktqualität" (81,0%), "Verbesserte Kalkulationsgrundlagen" (79,3%) und "Höhere Termintreue" (76,8%) genannt. Deutlich niedriger ist der Anteil der Betriebe, die "Personaleinsparung" (62,7%) als Wirkung des Einsatzes computergestützter Technik angeben; mit Abstand am niedrigsten ist der Anteil jener Technikanwender, die eine Veränderung der Lohnform infolge der Technikanwendung nennen bzw. dies noch erwarten (18,2%).

Der ebenfalls aus Tabelle 4.1 erkennbare zeitliche Bezug des Eintritts verschiedener Technikwirkungen verdeutlicht, in welchem Umfang Umstellungs- und Lernprozesse Voraussetzung für die verschiedenen Technikwirkungen sind.

- 61% jener Technikanwender, die eine "Erhöhung der Produktqualität" als Wirkung angeben bzw. noch erwarten, stellen entsprechende Effekte bereits in der Installationsphase fest (gleich zu Anfang eingetreten). Offenbar können Erhöhungen der Produktqualität als Folge der Einführung computergestützter Technik leicht ohne besondere (mit Zeitaufwand verbundene) betriebliche Anpassungsmaßnahmen realisiert werden. Beispielhaft hierfür ist der Einsatz von CNC-gesteuerten Fertigungsanlagen, die aufgrund der hohen Wiederholgenauigkeit der Teilefertigung in der Regel unmittelbar zu Qualitätsverbesserungen führen.
- Andere Technikwirkungen setzen dagegen ein gewisses Maß an "Einbettung" der Technik in die betrieblichen Abläufe voraus. So ist beispielsweise bei 77,1% der Technikanwender, welche eine "Erhöhung der Termintreue" reklamieren, diese Wirkung erst im Laufe der Zeit eingetreten bzw. wird noch erwartet. Entsprechendes ist auch für die Technik-Wirkungen "Verstärkung der Arbeitsteilung im Betrieb", "Höherer Formalisierungsgrad der Betriebsabläufe", "Verbesserte Kalkulationsgrundlagen" sowie "Entlastung von Routinetätigkeiten zugunsten kreativer Tätigkeiten" feststellbar. Ähnliches gilt auch für die Wirkung "Personaleinspa-

rung": Bei 68,9% der Technikanwender kam es dazu erst im Laufe der Zeit, bzw. eine Einsparung von Arbeitskräften infolge des Einsatzes computergestützter Technik wird noch erwartet.

Offenbar fördert der Einsatz computergestützter Techniken tendenziell die organisatorische Ausdifferenzierung in den Betrieben (Tabelle 4.2):

- 2,2% der interviewten Betriebe geben an, daß sich die Anzahl der Abteilungen infolge der Technik-Anwendung verringert habe, hingegen sind bei 29,5% der Technikanwender zusätzliche Abteilungen entstanden.
- Soweit überhaupt eine Veränderung der Zuordnung von Entscheidungskompetenzen im Zuge der Nutzung computergestützter Technik erfolgt ist, ergibt sich eher eine Dezentralisierung als eine Zentralisierung: 7,1% der interviewten Betriebe geben an, daß Entscheidungskompetenzen zentralisiert wurden, 16,1% nennen dagegen eine Dezentralisierung von Entscheidungskompetenzen.

Bei knapp der Hälfte (47,3%) der interviewten Technikanwender kam es zu Veränderungen der Ablauforganisation; sie geben an, daß der Einsatz computergestützter Techniken wesentliche Veränderungen der Aufgabenzuteilung zu Arbeitskräften bzw. zu Funktionsbereichen bewirkt habe.

Tabelle 4.2: Nennungen zu der Frage "Hatte der bisherige Einsatz computergestützter Techniken Veränderungen der Aufbauorganisation zur Folge?"
- Anteil der Nennungen in Prozent -

	Nein	bisher eingetreten	noch zu erwarten
Es entstanden zusätzliche Abteilungen	67,9	29,5	2,6
Die Anzahl der Abteilungen hat sich verringert	97,4	2,2	0,4
Entscheidungskompetenzen wurden zentralisiert	91,0	7,1	1,9
Entscheidungskompetenzen wurden dezentralisiert	82,8	16,1	1,1
Sonstige Veränderungen der Aufbauorganisation	96,3	3,7	0,0

Änderungen der Aufbau- und Ablauforganisation stehen dabei in einem deutlichen Zusammenhang mit der Betriebsgröße. So beträgt etwa der Anteil derjenigen Betriebe, welche eine Veränderung der Aufgabenzuteilung infolge der Nutzung computergestützter Technik nennen, in der Gruppe der Betriebe mit weniger als 20 (50) Beschäftigten lediglich 24,1% (37,8%), bei den Betrieben mit mehr als 500

(1.000) Beschäftigten hingegen 71,4% (84,1%). Ebenso werden sämtliche Typen einer Änderung der Aufbauorganisation (Zentralisation/Dezentralisation von Entscheidungskompetenzen; Erhöhung/Verringerung der Anzahl der Abteilungen) signifikant häufiger von den Großbetrieben genannt.

Nachteile der Nutzung computergestützter Technik werden vor allem in einer "stärkeren Abhängigkeit von der Technik" (21,0%), insbesondere in einer "stärkeren Störung des Arbeitsablaufs im Gesamtbetrieb bei Ausfall einer Anlage" (22,5 %) gesehen (Tabelle 4.3). Immerhin 16% der Betriebe nennen hier auch eine "stärkere Abhängigkeit von bestimmten Mitarbeitern". Nur knapp 10% meinen, der Einsatz von computergestützter Technik habe zu "organisatorischen Reibungsverlusten" geführt, und 7,9% aller interviewten Betriebe geben "längere Ausfallzeiten" als wesentlichen Nachteil der Nutzung computergestützter Techniken an. Interessanterweise wird eine "stärkere Abhängigkeit von der Technik" vor allem von den Kleinbetrieben genannt, während es sich bei der "stärkeren Abhängigkeit von bestimmten Mitarbeitern" im besonderen Maße um ein Problem von Großbetrieben zu handeln scheint. Möglicherweise schlägt sich hier das größere Ausmaß an Arbeitsteilung, verbunden mit entsprechendem "Spezialistentum", bei den großen Betrieben nieder. Hinsichtlich der übrigen in Tabelle 4.3 aufgeführten potentiellen Nachteile computergestützter Technik ist allerdings kein Zusammenhang mit der Betriebsgröße feststellbar.

Tabelle 4.3: Nennungen zu der Frage "Sehen Sie wesentliche Nachteile infolge der Einführung computergestützter Techniken?"
- Mehrfachnennungen möglich -

	Anteil der Nennungen (%)
Stärkere Störung des Arbeitsablaufs im Gesamtbetrieb bei Ausfall einer Anlage	22,5
Stärkere Abhängigkeit von der Technik	21,0
Stärkere Abhängigkeit von bestimmten Mitarbeitern	16,6
Organisatorische Reibungsverluste	9,7
Längere Ausfallzeiten	7,9

Bei der Suche nach Bestimmungsgründen für die verschiedenen Wirkungen des Einsatzes computergestützter Techniken ergeben sich weitere Hinweise, daß der Technikeinsatz vor allem mit dem Ziel der Engpaßbeseitigung erfolgt. So sind etwa eine Reihe von statistisch signifikanten Zusammenhängen zwischen den Einführungsmotiven und den Wirkungen bzw. zwischen den aus der betrieblichen Sicht wesentlichen Aspekten der Marktstellung und den Wirkungen feststellbar. Dabei sind die von den Betrieben angegebenen Wirkungen zwar je nach der die Technikeinführung auslösenden Engpaßsituation unterschiedlich, aber konsistent mit den Einführungsmotiven und mit den für die Verbesserung der Marktstellung für wichtig gehaltenen Eigenschaften:

- So steht etwa die Nennung der Wirkung "Personaleinsparung" in einem signifikant positiven Zusammenhang mit der Gewichtung des Einführungsmotivs "Verringerung der Fertigungskosten (Kostendruck)" sowie mit der Gewichtung des Marktstellungsaspektes "Preisgestaltung".
- Zwischen den Wirkungen "Erhöhung der Produktqualität" bzw. "Diversifikation des Produktprogramms" und dem Einführungsmotiv "Verbesserung der Produktqualität" besteht ebenso ein positiver Zusammenhang wie zwischen der Wirkung "Erhöhung der Produktqualität" und dem Marktstellungsaspekt "Produktqualität".
- Schließlich besteht je eine positive Korrelation zwischen der Nennung der Wirkung "höhere Termintreue" und der Wichtigkeit der beiden Einführungsmotive "Verkürzung der Durchlaufzeiten/Fertigungszeiten" und "Verbesserung der Fertigungsorganisation". Gleiches gilt für den Zusammenhang zwischen dieser Einzelwirkung und dem Aspekt der Marktstellung "Termintreue".

4.2 Wirkungen des Einsatzes computergestützter Techniken in verschiedenen betrieblichen Funktionsbereichen

Detaillierte Analysen des gesamten Wirkungsspektrums computergestützter Techniken wurden für die Funktionsbereiche "Konstruktion" und "Fertigung" durchgeführt. Dabei stehen sowohl Produktivitätswirkungen (relative Veränderung des Zeitaufwandes) als auch ein differenziertes Bündel jeweils technikspezifischer Wirkungen auf die Funktionserfüllung in den "innovierenden" Funktionsbereichen ebenso wie in den indirekt von dieser Innovation betroffenen anderen betrieblichen Funktionsbereichen zur Debatte.

Tabelle 4.4: Nennungen zur Frage "Wie hat sich im Zuge der CAD-Anwendung - im Vergleich zur konventionellen Arbeitsweise - der Zeitaufwand insgesamt sowie bei einzelnen Anwendungen verändert?"
- Veränderung des Zeitaufwandes in Prozent -*

	Perzentile												
	5	10	20	25	30	40	50	60	70	75	80	90	95
Zeitveränderung insgesamt	-69	-60	-50	-35	-30	-20	0	0	+20	+25	+43	+60	+76
Erstellung der ersten Zeichnung	-71	-50	-25	-18	-10	0	0	0	0	+10	+20	+50	+56
Änderung vorhandener Zeichnungen	-90	-86	-64	-50	-50	-20	0	0	+18	+45	+50	+76	+90
Durchführung von Berechnungen	-75	-50	-11	0	0	0	0	0	0	0	+14	+47	+89
Erstellen von Stücklisten/Arbeitsplänen	-80	-50	-11	0	0	0	0	0	0	0	+14	+50	+76

* Lesebeispiel für die Angabe in Spalte 1, Zeile 1: 5 % der Anwender haben Zeitersparnisse von mindestens 69 %.

4.2.1 Wirkungen des CAD-Einsatzes

Sowohl im Hinblick auf die technikinduzierten Änderungen des Zeitaufwandes bei Konstruktionsaktivitäten als auch im Hinblick auf viele andere von den Betrieben erfragte sonstige Wirkungen des CAD-Einsatzes ist das Spektrum der Antworten so breit, daß von "der" Technikwirkung des CAD-Einsatzes schlechthin wohl keine Rede sein kann. Dies schlägt sich etwa - wie Tabelle 4.4 zeigt - in den Angaben zur Veränderung des gesamten Zeitaufwandes für Konstruktionsaufgaben infolge der Nutzung computergestützter Technik nieder. Zum Beispiel gilt für die Zeitveränderung insgesamt, daß rund 40% der Anwender Zeitersparnisse realisieren, rund 20% praktisch keine Zeitveränderung erfahren und schließlich weitere 40% der Anwender im Vorher-Nachher-Vergleich eine Zeiterhöhung realisieren. Das breite Wirkungsspektrum ist offenbar Ausdruck des Umstandes, daß CAD-Systeme zwar die Option zur Rationalisierung der Konstruktionsaktivität beinhalten, jedoch gleichzeitig auch neue konstruktive Möglichkeiten eröffnen, welche den Betrieben bislang verschlossen waren. Einführung von CAD bei gleichzeitiger Umstellung des Produktprogramms kann daher per saldo zur Steigerung des Zeitaufwandes für konstruktive Aktivitäten führen, die man durchaus als technikinduziert ansehen kann.

Tabelle 4.5: Nennungen zu der Frage "Welche Wirkungen gehen von der CAD-Anwendung in Ihrem Betrieb aus?"
- Anteil der Nennungen an sämtlichen CAD-Anwendern in Prozent; Mehrfachnennungen möglich -

Verbesserte Arbeitsunterlagen für andere Bereiche	48,1
Vermehrt komplizierte Konstruktionsaufgaben in Angriff genommen	29,0
Erhöhung der Termintreue	27,6
Veränderung der Teilequalität	23,6
Tendenz zu "Schubladenlösungen"	23,6
Weniger Modell- und Versuchsaufbauten	21,5
Reduzierung der Teiletypen	18,9
Erweiterung der Produktpalette	17,4

Tabelle 4.6: Nennungen zu der Frage "Wie hat sich die Durchlaufzeit im Zuge der CNC-Anwendung durchschnittlich verändert?"
- Veränderung des Zeitaufwandes in Prozent -

	Perzentile												
	5	10	20	25	30	40	50	60	70	75	80	90	95
Durchlaufzeit insgesamt	-70	-60	-50	-50	-40	-30	-25	-5	0	0	+20	+50	+70
Speziell Transport- und Liegezeit	-70	-50	-20	-10	0	0	0	0	0	0	0	0	0
Speziell Kontrollzeit	-50	-50	-17	-10	-5	0	0	0	0	0	0	0	0
Speziell Rüstzeit	-62	-50	-38	-30	-20	-10	0	0	0	0	+4	+27	+50
Speziell Bearbeitungszeit	-80	-75	-60	-54	-50	-45	-32	-25	-30	-2	0	0	+14

Die Antworten zur Frage nach sonstigen Wirkungen des CAD-Einsatzes (Tabelle 4.5) unterstreichen die Vielfältigkeit des Wirkungsspektrums der CAD-Anwendung. Überraschenderweise betrifft die am häufigsten genannte Wirkung gar nicht den eigentlichen Funktionsschwerpunkt der Nutzung computergestützter Techniken in der Konstruktion, sondern andere betriebliche Funktionsbereiche: 48,1% der CAD-Anwender benennen "Verbesserte Arbeitsunterlagen für andere Bereiche" als Wirkung, davon 75% als wichtigste bzw. zweitwichtigste Wirkung überhaupt.

Nahezu von jedem dritten Anwender wird als Wirkung "Vermehrt komplizierte Konstruktionsaufgaben in Angriff genommen" genannt (29,0%). Auch an der hohen Bedeutung dieser Wirkung wird deutlich, daß die CAD-Technik nur u.a. ein Rationalisierungsinstrument ist; mindestens ebenso wichtig sind qualitative Veränderungen der Konstruktionstätigkeit.

4.2.2 Wirkungen des CNC-Einsatzes

Ähnlich wie für die CAD-Nutzung festgestellt, weist auch das Spektrum der Wirkungen des CNC-Einsatzes bei der Teilefertigung eine beträchtliche Spannbreite auf. Wie Tabelle 4.6 verdeutlicht, gilt auch für den Einsatz CNC-gesteuerter Fertigungsanlagen nicht, daß sie per se zu einer Verkürzung der Durchlaufzeiten oder ihrer Komponenten (Transport- und Liegezeit, Kontrollzeit, Rüstzeit, Bearbeitungszeit) führen. So geben z.B. 40% der interviewten Anwender an, daß sich die Durchlaufzeit entweder nicht verändert hat oder gar gestiegen ist. Noch geringer ist der Anteil der Technik-Anwender, die bei den verschiedenen Komponenten der Durchlaufzeit eine relative Zeitersparnis angeben: Lediglich 25% der CNC-Anwender geben eine Verkürzung der Transport- und Liegezeit an, und nur in 30% der Fälle kommt es zu einer Verringerung der Kontrollzeit.

Relativ klar und eindeutig zeigen sich dagegen die positiven Wirkungen des CNC-Einsatzes auf die Produktqualität. 89,2% der Anwender geben an, daß die Produktqualität infolge der CNC-Anwendung gestiegen sei; 44,5% bezeichnen diese Steigerung sogar als "erheblich", gut 10% stufen die Qualitätsverbesserung als nur "gering" ein.

Der häufig vermutete Trend zu geringeren Losgrößen infolge des CNC-Einsatzes kann auf der Grundlage unserer Erhebungen nicht bestätigt werden. Bei ca. der Hälfte aller Anwender hat sich die Losgröße nicht verändert, mehr als 21% der Anwender haben die Losgröße sogar erhöht, und nur rund ein Viertel der befragten Anwender (27,9%) gibt eine Verringerung der Losgröße an. Ein ähnlich diffuses

Bild zeigt sich bei den Antworten auf die Frage, welche Losgrößen - im Vergleich zum konventionellen Maschinenpark - vorrangig auf CNC-Anlagen gefertigt werden: Knapp die Hälfte der Anwender fertigt eher größere Stückzahlen, ein kaum geringerer Anteil vorwiegend kleinere Stückzahlen auf CNC-gesteuerten Anlagen.

Daß das Flexibilitätspotential der CNC-Technik nicht zwingend zu Produktdiversifikation führt, belegen die Antworten auf die Frage, inwieweit sich das Spektrum der gefertigten Teile im Zuge der CNC-Anwendung verändert hat. Nur 52,2% der Anwender haben das Teilespektrum erhöht, hingegen geben 44,5% keine bzw. keine wesentliche Veränderung an; bei 3,3% der befragten CNC-Anwender kam es zu einer Verringerung des Teilespektrums infolge des Technik-Einsatzes.

Auch von einer Reduktion der Lagerbestände als allgemeiner Wirkung des CNC-Einsatzes (wie sie häufig behauptet wird) kann nicht die Rede sein. Bei 71,1% der Technikadoptoren haben sich per saldo die Lagerbestände nicht verändert, während der Anteil der CNC-Anwender, welche eine Senkung der Lagerbestände angeben, mit 16,1% außerordentlich bescheiden ausfällt und zudem nur wenig größer ist als der Anteil derjenigen Anwender, welche eine Erhöhung der Lagerbestände infolge der CNC-Anwendung angeben (12,8%).

Tabelle 4.7 Nennungen zu der Frage: "Welche sonstigen Wirkungen gehen von der Nutzung computergestützter Techniken in der Teilefertigung in diesem Betrieb aus?" - Anteil der Nennungen an sämtlichen CNC-Anwendern in Prozent; Mehrfachnennungen möglich -

Verringerter Nachbearbeitungsaufwand	54,3
Geringere Qualitätsschwankungen	43,6
Erhöhung der Termintreue	36,9
Eigenfertigung vormals extern gefertigter Teile	29,9
Einsparung von Sondermaschinen	25,7
Erweiterung der Produktpalette	25,2
Größere Freiheitsgrade bei der Konstruktion der Teile	23,0
Verringerter Materialverbrauch	21,0
CNC-gerechtere Konstruktion der Teile	15,7

In Tabelle 4.7 ist die Verteilung der Antworten auf die Frage nach sonstigen Wirkungen des CNC-Einsatzes zusammengestellt. Überraschend ist, daß die am häufigsten genannte sonstige Wirkung der CNC-Einführung erst in nachgelagerten

Arbeitsstufen zur Geltung kommt: 54,3% der CNC-Anwender geben "verringerter Nachbearbeitungsaufwand" als wichtigste Wirkung an. An zweiter Stelle folgt die Wiederholgenauigkeit der Teilefertigung ("geringere Qualitätsschwankungen") mit einem Anteil von 43,6%. Vergleichsweise häufig wird auch eine "Erhöhung der Termintreue" als Folge der CNC-Anwendung (36,9%) genannt. Knapp ein Drittel der Befragten gibt schließlich die Einlagerung von Fertigungkapazitäten (Eigenfertigung vormals extern gefertigter Teile) an (29,9%). Dies ist wohl als ein Indiz dafür anzusehen, daß die Arbeitsplatzfolgen möglicher Rationalisierungseffekte u.a. über die Betriebsgrenzen hinausgeschoben werden.

4.3 Bestimmungsgründe der Wirkungen computergestützter Techniken

4.3.1 Wirkungen des CAD-Einsatzes

Geht man der Frage nach, wovon die konkreten Wirkungen des CAD-Einsatzes (insbesondere die Produktivitätsveränderungen im Sinne von relativen Zeitveränderungen bei Konstruktionsaktivitäten) im Einzelfall abhängen, so bestätigt sich der entscheidende Einfluß der konkreten Nutzungsweise der Technik sowie der jeweiligen betrieblichen Rahmenbedingungen. So führt der CAD-Einsatz vor allem dann zu Zeitersparnissen, wenn die Konstruktionsaktivitäten durch Rationalisierungs- und/ oder Standardisierungsbestrebungen gekennzeichnet sind und es zu einer "Reduzierung der Teiletypen" bzw. zu einer "Tendenz zu Schubladenlösungen" kommt. Deutlich geringer fallen die Zeitersparnisse dann aus, wenn wesentliche "Veränderungen der Teilequalität" erfolgen, "vermehrt komplizierte Konstruktions-Aufgaben in Angriff genommen" werden und/oder eine "Erweiterung der Produktpalette" stattfindet.

Die konkrete Nutzungsweise der CAD-Technik und damit mittelbar die jeweilige Produktivitätsentwicklung ist sehr wesentlich von den spezifischen betrieblichen Rahmenbedingungen geprägt. Dies wird deutlich, wenn der situative Kontext genauer durchleuchtet wird; im folgenden stellen wir beispielhaft Einflüsse des jeweils relevanten Marktumfeldes bzw. der Wettbewerbsstrategie der Techniknutzer dar (vgl. zu weiteren Einflußfaktoren Ewers/Becker/Fritsch 1988).

Die relativ großen CAD-Anwender betonen als Wirkungen des Technik-Einsatzes "Verringerung der Teiletypen" sowie "Erhöhung der Termintreue", "Erweiterung der Produktpalette" und "Veränderung der Teilequalität". Der diesen Betrieben weitgehend gemeinsame Engpaß ist vor allem in verschärften Wettbewerbsbedingungen bei gleichzeitig stagnierender oder gar rückläufiger Beschäftigten- bzw. Absatzentwicklung zu sehen. Je nach den weiteren Randbedingungen zeichnen sich in dieser Ausgangslage verschiedene Wege ab, wie die CAD-Technik zur Überwindung dieser Engpässe eingesetzt werden kann, mit entsprechend unterschiedlichen Auswirkungen auf die Produktivitätsentwicklung. Für einen Teil der größeren CAD-Anwender geht vom Marktumfeld kein Einfluß in Richtung auf Produktdiversifikation aus. Eine breite Angebotspalette und/oder eine hohe Produktqualität ist nicht gefordert, weshalb hier eher die Rationalisierung des Konstruktionsprozesses (Verringerung der Teilevielfalt/-typen) im Vordergrund der Techniknutzung steht. Dagegen überwiegen die qualitativen Aspekte des CAD-Einsatzes, d.h. die Erhöhung der Teilequalität und/oder die Erweiterung der Produktpalette, im Zusammenhang mit einer gewissen Kundennähe, unter anderem daran erkennbar, daß Beratung/Service für die Marktstellung von hoher Bedeutung ist.

Ob dabei eher der Erhöhung der Qualität vorhandener Produkte oder einer Erweiterung der Produktpalette der Vorzug gegeben wird, scheint wiederum durch die weiteren betrieblichen Rahmenbedingungen beeinflußt zu werden. Insbesondere die älteren Betriebe unter den größeren CAD-Anwendern sind beispielsweise eher verschärfter Preiskonkurrenz ausgesetzt. Für einen Teil dieser Adoptoren zeigt sich, daß sie im Zuge der Erweiterung der Produktpalette gerade dieser Preiskonkurrenz auszuweichen versuchen. Die spezielle Einsatzweise der CAD-Technik erklärt, warum diese Gruppe von CAD-Adoptoren keine Zeitersparnisse (im Vergleich zur konventionellen Arbeitsweise) angibt.

Speziell für CAD-Adoptoren mit höherem Anteil an Fließfertigung, für die in unserem Sample ein relativ hoher Umsatzanteil auf stagnierenden Märkten typisch ist, zeichnen sich solche verschärften Wettbewerbsbedingungen (Preiskonkurrenz) nicht ab. Für sie trifft zu, daß sie eher in der qualitativen Verbesserung des vorhanden Produktprogrammes einen Weg sehen (Erhöhung der Teilequalität; vermehrt komplizierte Konstruktionsaufgaben in Angriff genommen). Da es sich hier insbesondere um größere Betriebe handelt, die zudem ihr Teileprogramm im Zeitablauf seltener verändern dürften, sind dann per saldo (über alle Einzelaktivitäten) Zeitersparnisse aufgrund von realisierten "economies of scale" und/oder "economies of scope" trotz der qualitativen Verbesserungen plausibel.

Dagegen haben die CAD-Anwender mit hohem Anteil an mittleren Serien, wie entsprechende Korrelationsanalysen zeigen, keine Probleme mit Produkten auf stagnierenden Märkten. Für diese CAD-Anwender besteht deshalb vergleichsweise weniger die Notwendigkeit, das bestehende Produktprogramm tiefgreifend zu verändern, dagegen spielen Vertriebsanstrengungen eine weitaus gewichtigere Rolle. In Anbetracht dieser spezifischen Rahmenbedingungen ist plausibel, daß das Gewicht der Konstruktionsaktivität viel stärker auf die Rationalisierung gelegt werden kann: Diese CAD-Adoptoren realisieren bei allen differenzierten Zeitgrößen Ersparnisse.

Im Gegensatz zu größeren Betrieben gelten für kleinere Betriebe - speziell für solche CAD-Adoptoren mit hohem Anteil an Einzel- bzw. Kleinstserienfertigung - gänzlich andere Marktbedingungen. Da "Flexibilität bei besonderen Kundenwünschen" von dieser Gruppe besonders gefordert ist und deshalb ständig neue Konstruktionsaufgaben zu bewältigen sind, ist die für diese Gruppe feststellbare Erhöhung des Zeitaufwandes bei allen verschiedenen Zeitgrößen in der Konstruktion nicht unerwartet. Schließlich lassen sich bei diesen CAD-Anwendern Einlagerungsaktivitäten infolge der CAD-Anwendung beobachten, die den höheren Zeitaufwand computergestützter Konstruktion ebenfalls erklären.

4.3.2 Wirkungen des CNC-Einsatzes

Wie stark der Kontext des Technik-Einsatzes über die Technikwirkung entscheidet, wird auch bei der Suche nach den Bestimmungsgründen der oben beschriebenen CNC-Wirkungen deutlich. Dies kann beispielhaft anhand der technikinduzierten Produktivitätsentwicklung (Veränderung der Durchlaufzeit sowie deren Einzelkomponenten Transport- und Liegezeit, Kontrollzeit, Rüstzeit, Bearbeitungszeit), den Veränderungen der Losgröße und des Teilspektrums sowie der Veränderung der Lagerbestände gezeigt werden.

Betrachtet man die Unterschiede zwischen den CNC-Anwendern hinsichtlich der Veränderungen der Durchlaufzeit, so zeigt sich, daß diese direkt weder mit der Betriebsgröße noch mit der vorherrschenden Losgröße in der Fertigung (Einzel-, Serien-, Fließfertigung) und/oder mit der Absolutzahl der eingesetzten Fertigungsanlagen in Zusammenhang stehen. Zusammenhänge zeigen sich jedoch zu den spezifischen fertigungstechnischen Einsatzbedingungen der Technik, wie sich an den folgenden Beispielen verdeutlichen läßt.

- Je höher der Automatisierungsgrad der Teilefertigung, desto eher (bzw. um so stärker) verkürzt sich auch die Durchlaufzeit, wobei diese Durchlaufzeitverkürzung insbesondere auf der gleichgerichteten Entwicklung der Transport- und Liegezeit beruht.
- Individuelle Anpassungen gekaufter Anlagen an die gegebenen Fertigungsbedingungen sowie ein allgemein hoher Standard der Produktionsanlagen schlagen sich ebenfalls positiv in einer entsprechend stärkeren Durchlaufzeitverkürzung nieder.
- Eine Verkürzung der Durchlaufzeit fällt schließlich dann relativ gering aus (oder es kommt sogar zu einer Durchlaufzeit-Erhöhung), wenn die Organisationsform der Werkstattprogrammierung gewählt wird.

Diese Zusammenhänge mit den jeweils spezifischen Rahmenbedingungen des Technik-Einsatzes gelten in ähnlicher Weise auch für die einzelnen Zeitkomponenten der Durchlaufzeit. Besonders offensichtlich sind solche unterschiedlichen fertigungstechnischen Einsatzbedingungen im Zusammenhang mit Veränderungen der Transport- und Liegezeit sowie der Rüstzeit. CNC-Anwender mit relativ hohem Anteil an Einzel- bzw. Kleinserienfertigung (meist relativ kleine Betriebe) geben tendenziell geringere Zeitersparnisse oder sogar Erhöhungen der Transport- und Liegezeit infolge des Technik-Einsatzes an. Andererseits sind für CNC-Anwender mit verhältnismäßig hohem Anteil an Fertigung in mittleren, jeweils wechselnden Serien (meist eher größere Betriebe) relativ hohe Zeitersparnisse kennzeichnend. Bei Betrieben, welche vorwiegend Einzelfertigung betreiben, kommt es schließlich in der Regel zu einer Erhöhung der Rüstzeit infolge der Nutzung von CNC-Anlagen.

Betrachtet man die spezifischen Rahmenbedingungen der CNC-Anwender mit relativ hohem Anteil an Einzelfertigung, so lassen sich solche "Abweichungen" vom bislang in der Literatur allgemein vermuteten Wirkungsmuster der CNC-Technik erklären. Kennzeichnend für das Marktumfeld dieser Anwender-Gruppe ist die Notwendigkeit eines relativ hohen Maßes an "Flexibilität bei besonderen Kundenwünschen". Häufig wechselnde Fertigungsaufgaben bedingen entsprechend häufige Rüstvorgänge. Diese Anwender führen typischerweise (auch bei relativ komplizierten Fertigungsaufträgen) Werkstattprogrammierung durch. Bei Programmierung an der Maschine dürfte dieser Zeitaufwand häufig der Rüstzeit selbst zugerechnet werden, weswegen dann eine Rüstzeiterhöhung infolge des CNC-Einsatzes plausibel ist. Da weiterhin die Betriebe mit einem relativ hohen Anteil an Einzelfertigung die durchschnittliche Losgröße im Zuge der CNC-Anwendung eher erhöht haben, stiegen in diesen Fällen insbesondere auch die Liegezeiten an den Bearbeitungsstationen.

Unterschiedliche Kontexte stehen auch hinter den festgestellten Unterschieden hinsichtlich der technikinduzierten Veränderung der durchschnittlichen Losgröße.

- Insbesondere für größere CNC-Adoptoren, welche konventionell in relativ großen Serien gefertigt haben, ist infolge des Technik-Einsatzes eine Tendenz zur Verringerung der Losgröße festzustellen; im Bereich hoher Losgrößen ist die Ausschöpfung des Flexibilisierungspotentials schon unter dem Aspekt einer geringeren Kapitalbindung durch verringerte Lagerbestände unmittelbar profitabel. Daß zwischen dem Anteil an Fließfertigung und der Veränderung der Losgröße kein eindeutiger Zusammenhang feststellbar ist, zeigt, daß diese Option auch von den größeren CNC-Adoptoren nicht zwingend genutzt wird.
- Daß die kleineren CNC-Anwender mit vergleichsweise hohem Anteil an Einzelfertigung die durchschnittliche Losgröße eher steigern, ist angesichts des oben über die Veränderung der Durchlaufzeiten dieser Gruppe Gesagten unter

Rentabilitätsaspekten durchaus plausibel. Zudem wäre im Bereich kleiner Lose eine technikinduzierte Reduktion der Losgröße ohnehin nicht zu erwarten.

Bei den Kleinbetrieben unter den CNC-Anwendern, welche einen relativ hohen Anteil an Einzelfertigung aufweisen, führte die Technikeinführung meist zu keiner Erhöhung des Teilespektrums - was aufgrund eines ohnehin breiten Produktspektrums auch naheliegend ist. Dagegen zeigt sich für die (tendenziell größeren) CNC-Adoptoren mit einem vergleichsweise hohen Anteil an Fließfertigung und/oder Serienfertigung, daß das Teilespektrum im Zuge des CNC-Einsatzes eher erhöht wurde.

Schließlich stehen auch die Veränderungen der Lagerbestände mit der Handlungsweise der Technikadoptoren in bezug auf die Variation des Teilespektrums und/oder mit Veränderungen der Losgröße in einem eindeutigen Zusammenhang: Verringert sich infolge der CNC-Nutzung die Losgröße, so nehmen auch die Lagerbestände ab; eine Verbreiterung des Teilespektrums ist hingegen mit einer Tendenz zur Erhöhung der Lagerbestände verbunden. Entsprechend den oben aufgezeigten Reaktionsweisen der CNC-Adoptoren ergibt sich somit für CNC-Anwender mit relativ hohem Anteil an Einzelfertigung per saldo eher eine Erhöhung der Lagerbestände, während größere CNC-Adoptoren und/oder Betriebe mit verhältnismäßig hohem Anteil an Fertigung in mittelgroßen Serien die Lagerbestände per saldo eher verringern. Für Betriebe mit einem relativ hohen Anteil an Fließfertigung ist hinsichtlich der Entwicklung der Lagerbestände kein eindeutiger Trend feststellbar, was wohl vor allem darauf zurückzuführen ist, daß diese Betriebsgruppe auch durch keine einheitliche Tendenz hinsichtlich der Variation der durchschnittlichen Losgröße infolge der CNC-Anwendung gekennzeichnet ist.

5. Direkte quantitative Arbeitsplatzeffekte computergestützter Techniken

Bei der folgenden Behandlung der direkten quantitativen Arbeitsplatzeffekte der Nutzung computergestützter Technik unterscheiden wir zwischen der Struktur und dem Niveau der Wirkungen. Dabei verstehen wir unter der "Struktur" der Arbeitsplatzeffekte die Mischung der verschiedenen durch den Technikeinsatz erzeugten (z.T. gegenläufigen) Arbeitsplatzbewegungen (Neueinstellungen, betriebsinterne Übernahme von Arbeitskräften zur Arbeit an computergestützten Anlagen, innerbetriebliche Umsetzungen oder Austritte aus dem Betrieb). Das "Niveau" der Arbeitsplatzeffekte wird durch das absolute bzw. relative (auf die Gesamtbeschäftigung des Betriebes bzw. des jeweiligen betrieblichen Funktionsbereiches bezogene) Ausmaß der verschiedenen technikinduzierten Arbeitsplatzbewegungen beschrieben.

5.1 Struktur der Arbeitsplatzbewegung infolge des Einsatzes computergestützter Techniken

Knapp die Hälfte der interviewten Anwender computergestützter Technik (48,6%) gibt an, im Zusammenhang mit der Technik-Einführung Neueinstellungen vorgenommen zu haben (Tabelle 5.1). Der Fall, daß der Bedarf an Arbeitskräften zur Bedienung computergestützter Anlagen ausschließlich durch Neueinstellungen gedeckt wird, ist allerdings relativ selten (3,9% der befragten Anwender). Eine große Rolle spielt die betriebsinterne Übernahme von Arbeitskräften für die Arbeit an computergestützten Anlagen: 30% der Betriebe decken ihren technikbedingten Personalbedarf ausschließlich betriebsintern.

Tabelle 5.1: Struktur der quantitativen Arbeitsplatzbewegungen bei Anwendern computergestützter Techniken auf gesamtbetrieblicher Ebene
- Anteil der jeweiligen Anwendungsfälle in Prozent -

Nur Neueinstellungen	3,9
Nur Übernahme	30,0
Übernahme/Neueinstellungen	26,5
Übernahme/Abgänge	21,4
Neueinstellungen/Abgänge	1,2
Neueinstellungen/Übernahme/Abgänge	17,0

Betrachtet man die Struktur der Arbeitsplatzbewegungen nicht auf gesamtbetrieblicher Ebene, sondern auf der Ebene von Funktionsbereichen, so fällt auf, daß der Bedarf an Mitarbeitern zur Bedienung computergestützter Anlagen im Bereich "Konstruktion" relativ häufig durch Neueinstellungen gedeckt wurde: 35,3% aller interviewten CAD-Anwender haben im Zusammenhang mit der Technik-Einführung Neueinstellungen vorgenommen, 8,4% haben den entsprechenden Personalbedarf sogar ausschließlich durch Neueinstellungen gedeckt.

Der Anteil der Anwendungsfälle, in denen es zu Abgängen aus den betreffenden betrieblichen Funktionsbereichen - d.h. zu innerbetrieblichen Umsetzungen und/oder Austritten aus dem Betrieb - kam, liegt auf gesamtbetrieblicher Ebene bei 39,6%. Auf der Ebene von Funktionsbereichen hat diese Quote eine erhebliche Varianz: Nur 10% der CAD-Anwender geben technikinduzierte Abgänge aus dem Bereich "Konstruktion" an, hingegen haben sämtliche interviewten Nutzer computergestützter Technik im Bereich "Lagerhaltung" Abgänge zu verzeichnen (Bürobereich/Fertigungssteuerung: 24,1%, Teilefertigung: 33,6%, Montage: 46,7%).

Tabelle 5.2: Struktur der Austritte aus dem Betrieb bei gesamtbetrieblicher Betrachtung - Anteil an den Betrieben mit Austritten in Prozent -

Form des Austritts	ausschließlich	unter anderem
Entlassung	23,2	51,8
Freiwillige Kündigung	19,6	51,8
Vorruhestandsregelung	14,3	39,4
Sonstige Abgänge	7,1	12,5

Kommt es infolge der Nutzung computergestützter Technik zu einer Freisetzung von Arbeitskräften, so spielen innerbetriebliche Umsetzungen eine mindestens ebenso große Rolle wie Austritte aus dem Betrieb. Auf gesamtbetrieblicher Ebene führen bei 45,1% der Technik-Anwender Freisetzungen ausschließlich zu innerbetrieblichen Umsetzungen; bei 74,5% kommt es u.a. zu innerbetrieblichen Umsetzungen. Nur in 25,5% der Fälle führen Abgänge ausschließlich zu Austritten aus dem Betrieb. Sofern die Einführung computergestützter Technik zu Austritten aus dem Betrieb führt, sind freiwillige Kündigungen mindestens ebenso bedeutend wie (vom Arbeitgeber ausgesprochene) Entlassungen (Tabelle 5.2). Auch Vorruhestandsregelungen stellen eine wesentliche Form des Austrittes aus dem Betrieb dar.

5.2 Das Niveau der direkten Arbeitsplatzeffekte computergestützter Techniken

Tabelle 5.3 gibt einen Überblick über das Niveau der direkten technikinduzierten Arbeitsplatzbewegungen auf gesamtbetrieblicher Ebene, und zwar sowohl in absoluten als auch in relativen (d.h. auf die Gesamtbeschäftigung des jeweiligen Betriebes bezogenen) Größen. Den größten Block der technikinduzierten Arbeitsplatzbewegungen stellt mit Abstand die Übernahme von Arbeitskräften dar, gefolgt von Austritten und Umsetzungen. Dabei ist das Niveau der Austritte durchgehend höher als das Niveau der Neueinstellungen.

Tabelle 5.3: Technikinduzierte quantitative Arbeitsplatzbewegungen auf gesamtbetrieblicher Ebene

Absolute Beschäftigtenzahl

	Perzentile										
	10	20	25	30	40	50	60	70	75	80	90
Neueinstellungen	1	1	1	1	2	2	3	4	5	5	14
Umsetzungen	1	1	2	2	2	3	5	8	10	17	30
Austritte	1	1	1	2	3	4	6	8	10	20	42
Übernahme	2	3	4	5	7	10	15	23	30	40	83

Anteil an der Gesamtbeschäftigung

	Perzentile										
	10	20	25	30	40	50	60	70	75	80	90
Neueinstellungen	0,4	0,8	0,9	1,1	2,0	3,3	4,4	5,8	6,5	8,6	16,7
Umsetzungen	0,5	1,0	1,4	1,7	2,2	2,7	3,5	4,5	6,2	6,9	12,6
Austritte	0,3	0,9	1,2	1,3	2,3	4,0	6,2	7,9	10,0	11,0	17,6
Übernahme	2,6	5,4	6,5	7,5	10,2	13,4	17,6	22,5	25,0	27,6	39,6

Dennoch ist die arbeitsmarktwirksame Nettobewegung, d.h. der Saldo aus Neueinstellungen und Austritten aus dem Betrieb, bei 45,6% aller von uns untersuchten Anwender gleich Null (Tabelle 5.4). Auf der Ebene von einzelnen betrieblichen Funktionsbereichen ist der Anteil "arbeitsmarktneutraler" Fälle mit Werten in der Regel zwischen ca. 60% und 70% sogar noch größer. Der Anteil der Technikadoptoren, welche Nettozugänge verzeichnen, ist (außer für Anwendungen im Bereich "Montage") im allgemeinen doppelt so hoch wie der Anteil der Technikadoptoren, welche Nettoabgänge verbuchen.

Stellt man die Summe der Nettoabgänge der Summe der Nettozugänge gegenüber, so ergeben sich erhebliche Unterschiede zwischen den verschiedenen Funktionsbereichen. So übersteigen die Nettoabgänge die Nettozugänge eindeutig im Bereich "Büro/Fertigungssteuerung" (um das 2,5-fache) und in der "Montage" (um das 12-fache). Zwar ergibt sich auch für die "Teilefertigung" ein deutlicher Überhang der Nettoabgänge gegenüber den Nettozugängen; allerdings ist dieses Ergebnis durch einen Einzelfall mit einer besonders hohen Anzahl an Austritten geprägt. Eliminiert man diesen Fall, so entsprechen Nettoabgänge und Nettozugänge im Bereich "Teilefertigung" nahezu einander. Für die Anwendung computergestützter Technik im Funktionsbereich "Konstruktion" und in der "Qualitätskontrolle" überwiegen hingegen die Nettozugänge und übertreffen die Nettoabgänge um das 14,5- bzw. um das 2,5-fache. Auf gesamtbetrieblicher Ebene ergibt sich ein Überhang der Nettoabgänge im Vergleich zu den Nettozugängen um das 2,6-fache. Wiederum verzerren allerdings zwei große Betriebe als "Ausreißer" das Ergebnis; ohne diese Fälle sind beide Nettobewegungen etwa gleich groß.

Tabelle 5.4: Struktur der arbeitsmarktwirksamen Nettobewegungen im Zuge des Einsatzes computergestützter Techniken
- Anteil der Anwendungsfälle in Prozent -

	Netto-abgänge	Netto-bewegungen gleich Null	Netto-zugänge
Bürobereich/Fertigungssteuerung	12,1	63,2	24,7
Konstruktion	2,1	68,8	29,1
Teilefertigung	9,1	67,7	23,2
Montage	18,9	62,2	18,9
Qualitätskontrolle	6,9	77,2	15,9
Gesamtbetrieb	16,4	45,6	38,0

Offenbar ist der Technik-Einsatz vor allem in solchen Funktionsbereichen, die durch einfache manuelle Tätigkeiten gekennzeichnet sind (z.B. "Montage"), mit ausgeprägten Einsparungseffekten verbunden; für Funktionsbereiche, in denen auch kreative geistige Arbeit gefragt ist (z.B. "Konstruktion"), ist der Saldo der Arbeitsplatzbilanz eher positiv.

5.3 Determinanten der direkten quantitativen Arbeitsplatzeffekte

Die Ergebnisse unserer Analysen zu den Bestimmungsgründen für das relative Ausmaß von technikinduzierten Freisetzungen (also von innerbetrieblichen Umsetzungen und/oder Austritten aus dem Betrieb, bezogen auf die jeweils insgesamt

Beschäftigten) sind relativ eindeutig. Sieht man einmal von einigen (eher geringfügigen) Unterschieden zwischen den einzelnen Typen computergestützter Technik ab, so ist der Anteil der Freisetzungen umso höher, je größer die Betriebe sind und je höher die (absolute und relative) Intensität der Technik-Nutzung. Was den Fall der Umsetzung vom Fall des Austritts unterscheidet, ist vor allem der Marktkontext: Betriebe, welche durch relativ hohe Anteile an Endprodukten auf stagnierenden bzw. schrumpfenden Märkten (und eine entsprechend stagnierende Umsatz- und Beschäftigtenentwicklung) gekennzeichnet sind, können beschäftigungswirksame Rationalisierungseffekte des Technikeinsatzes offenbar in weitaus geringerem Maße innerbetrieblich auffangen als Betriebe mit einem dynamischen Marktumfeld. Betriebe mit einem relativ hohen Anteil an Austritten haben zudem insofern "anonymere" Außenbeziehungen, als Aspekte der Marktstellung wie "Beratung/Service" und zum Teil auch "Art und Intensität der Vertriebsanstrengungen" eine lediglich untergeordnete Rolle spielen. Insbesondere die älteren (großen) Technikadoptoren zeigen eine Tendenz zu hohen Anteilen an Austritten aus dem Betrieb.

Der Anteil technikinduzierter Neueinstellungen ist in der Regel umso größer, je höher die relative Nutzungsintensität der Technik, je expansiver die allgemeine Umsatz- und Arbeitsplatzentwicklung des Betriebes und je bedeutsamer "positive Umsatzerwartung" als allgemeines Einführungsmotiv der Technik eingestuft wird (die Technik-Einführung somit den Charakter einer Erweiterungsinvestition hat). Relativ hohe Anteile von Neueinstellungen ergeben sich insbesondere bei vergleichsweise jungen Betrieben, eine Gruppe, welche - wie bereits erwähnt - durch eine besondere Expansionsneigung gekennzeichnet ist.

Neben allgemein expansionsbedingt höheren Neueinstellungsquoten im Zuge der Technik-Anwendung stehen technikinduzierte höhere Anteile an Neueinstellungen noch mit anderen betrieblichen Rahmenbedingungen in Verbindung. So nehmen (größere) CAD- und CNC-Anwender häufig dann Neueinstellungen vor, wenn sie ihr Produktprogramm stark diversifizieren und/oder qualitativ verbessern.

6. Weiterqualifikation infolge des Einsatzes computergestützter Technik und Probleme bei der Bewältigung des Weiterqualifikationsbedarfs

Die Nutzung einer neuen Technik durch einen Betrieb setzt voraus, daß zumindest einige der Mitarbeiter die entsprechenden Anlagen bedienen können. Verfügen die bereits in dem Betrieb vorhandenen Arbeitskräfte nicht über das erforderliche Know-How, so können entsprechende Qualifikationen entweder durch die Einstellung neuer Mitarbeiter mit entsprechendem Qualifikationsprofil (u.U. bei gleichzeitiger Entlassung von Mitarbeitern mit obsoleten Qualifikationen) oder mittels Maßnahmen der Weiterqualifikation bereitgestellt werden.

In 74,8% aller interviewten Betriebe wurden infolge der Einführung computergestützter Technik Maßnahmen der Weiterqualifikation durchgeführt, welche über reines "training on the job" hinausgingen. Bezogen auf die Gesamtzahl der im Jahr 1987 in den interviewten Betrieben tätigen Arbeitnehmer beträgt der Anteil der Weiterqualifizierten 10,8%; bezieht man die Anzahl der Weitergebildeten nicht auf die Gesamtzahl der in den Betrieben Beschäftigten, sondern auf diejenigen Mitarbeiter, welche unmittelbar an computergestützten Anlagen tätig sind, so ergibt sich eine Weiterqualifikationsquote von 41,6%.

Tabelle 6.1: Anteil der weiterqualifizierten Mitarbeiter nach Ausgangsqualifikation an allen Weiterqualifizierten insgesamt sowie Dauer der Weiterqualifikation nach Ausgangsqualifikation der Teilnehmer nach betrieblichen Funktionsbereichen

Funktionsbereich a b	insgesamt	davon			
		Univers.-abschluß	Fachhoch-schul-abschluß	Fachkraft	Ungelernte/Angelernte
insgesamt	10,8 -	11,8 2,1	11,8 10,3	11,3 68,1	6,8 19,6
Büro/Fertigungssteuerung	7,7 -	9,5 1,3	9,0 10,9	7,6 74,3	6,5 13,5
Konstruktion	14,2 -	12,7 10,4	16,2 39,0	15,7 49,9	16,5 0,7
Teilefertigung	11,6 -	6,7 0,2	11,7 1,9	14,9 76,4	6,4 21,5
Montage	14,7 -	- -	20,0 4,1	18,3 38,2	12,1 57,7
Qualitätskontrolle	7,4 -	8,1 1,7	9,0 10,2	10,0 25,1	6,1 63,1
Lager	6,9 -	- -	10,0 4,3	8,4 69,7	2,2 26,1

a: zeitliche Dauer der Weiterqualifikation (Personen-Tage).
b: Anteil der Weiterqualifizierten mit der betreffenden Ausgangsqualifikation an sämtlichen Weiterqualifizierten.

Wie aus Tabelle 6.1 hervorgeht, zeigen sich zwischen den verschiedenen Funktionsbereichen erhebliche Unterschiede: Während im Bereich "Konstruktion" 75,1% aller direkt an den Anlagen tätigen Mitarbeiter an Maßnahmen der Weiterqualifikation teilgenommen haben, beträgt dieser Anteil in der "Montage" 56,9% und im "Bürobereich" lediglich 31,5%; für die "Teilefertigung" fällt der Anteil der Weiterqualifizierten mit 44,7% wahrscheinlich deshalb verhältnismäßig niedrig aus, weil hier nicht nur Maschinenbediener und Programmierer, sondern auch Instandhalter, Einrichter und Aufspanner in der Anzahl der an den Anlagen Tätigen enthalten sind. Bei denjenigen Betrieben (15,3% aller Betriebe), welche im Zusammenhang mit der Einführung computergestützter Technik weder eine spezielle Weiterqualifikationsmaßnahme durchgeführt noch neue Mitarbeiter zur Bedienung der Anlagen eingestellt haben, handelt es sich vor allem um relativ kleine Betriebe mit verhältnismäßig geringer Nutzungsintensität.

Sowohl hinsichtlich der Auswahl der Beschäftigten, welche weiterqualifiziert werden, als auch im Hinblick auf die Dauer der Fortbildung zeigt sich ein eindeutiges Selektionsmuster: Es sind vor allem Mitarbeiter mit "mittelhohen" Ausgangsqualifikationen, welche von den Betrieben weiterqualifiziert werden. Und deren Weiterbildung wird - gemessen an der Dauer der Weiterbildungsaktivitäten - wesentlich intensiver betrieben als die Weiterbildung der geringer qualifizierten Arbeitskräfte. So beträgt - wie Tabelle 6.1 zeigt - der Anteil der un- und angelernten Mitarbeiter an den weiterqualifizierten Mitarbeitern nur 19,6%, wohingegen ihr Anteil an den insgesamt Beschäftigten mit ca. 38% fast doppelt so hoch liegt. Demgegenüber beläuft sich der Anteil der Fachkräfte (der Beschäftigten mit Fachhochschulabschluß) an den insgesamt weiterqualifizierten Mitarbeitern auf 68,1% (10,3%), verglichen mit einem Anteil an den insgesamt Beschäftigten von unter 55% (5,1%).

Die zeitliche Dauer der Weiterqualifikationsmaßnahmen pro Beschäftigten stellt ein Maß für die Intensität der Weiterqualifikation dar. Der durchschnittliche Weiterqualifikationsaufwand beträgt über sämtliche Funktionsbereiche und Qualifikationsgruppen 10,8 Personentage (PT). Während der so gemessene durchschnittliche Weiterqualifikationsaufwand für Teilnehmer mit Universitätsabschluß bzw. Fachhochschulabschluß sowie für die Fachkräfte mit 11,8 PT bzw. 11,3 PT in etwa gleich hoch ausfällt, beträgt die durchschnittliche Dauer der Weiterqualifikation bei un- und angelernten Teilnehmern nur 6,8 PT (Tabelle 6.1). Un- und Angelernte sind also nicht nur hinsichtlich der Teilnahme an Weiterqualifikationsmaßnahmen unterrepräsentiert; auch dann, wenn sie an Weiterqualifikationsmaßnahmen teilnehmen, ist die Schulungsintensität vergleichsweise gering. Am niedrigsten ist der durchschnittliche Weiterqualifikationsaufwand in den Bereichen "Büro/Fertigungssteuerung", "Qualitätskontrolle" und "Lager"; demgegenüber fällt der Weiterqualifikationsaufwand in den Bereichen "Konstruktion" und "Montage" relativ hoch aus. Sieht man einmal von der Weiterqualifikation im Bereich "Konstruktion" ab, so sind auch die Beschäftigten mit Universitätsabschluß bei den Weiterqualifikationsmaßnahmen unterrepräsentiert. Die Unterrepräsentation der Hochschulabsolventen dürfte vor allem darauf zurückzuführen sein, daß diese häufig hochrangige Management-Aktivitäten durchführen und dabei nicht in einer Weise an computergestützten Anlagen tätig sind, welche eine explizite Weiterqualifikation zur Bedienung der Anlage erfordert. Neben der bereits vorhandenen Ausgangsqualifikation der Mitarbeiter wurden von den Betrieben im Rahmen der vertiefenden Interviews als weitere Selektionskriterien das Alter der Mitarbeiter sowie Freiwilligkeit und Motivation genannt. Nicht selten wird die Durchführung einer Weiterqualifikation von der Betriebsleitung als Auszeichnung verstanden, mit der sie auf erkennbare Interessen einzelner Mitarbeiter an der Erlernung des Umgangs mit neuen Techniken reagiert.

Tabelle 6.2: Probleme bei der Bewältigung des Weiterqualifikationsbedarfes*
- Anteil der Nennungen in Prozent -

Vorbildung der Mitarbeiter reicht nicht aus/ Mitarbeiter werden häufig überfordert	30,9
Träger nicht in räumlicher Nähe bzw. verkehrsmäßig schlecht angebunden	19,6
Mangelnde Bereitschaft der Mitarbeiter zur Fortbildung	18,6
Schwierigkeiten bei der arbeitsorganisatorischen Bewältigung externer Fortbildung	18,6
Es werden nicht die gewünschten Fachrichtungen angeboten	9,3
Fortbildungsangebote sind zu teuer	7,8

* Anteil der Nennungen an sämtlichen Betrieben, welche im Zusammenhang mit der Nutzung computergestützter Techniken Weiterbildungsmaßnahmen durchgeführt haben; Mehrfachnennungen möglich.

Gut die Hälfte aller Betriebe, welche im Zusammenhang mit der Nutzung computergestützter Techniken Weiterbildungsmaßnahmen durchgeführt haben, wiesen auf Engpässe bei der Bewältigung des Weiterqualifikationsbedarfs hin. Da es sich hierbei vor allem um größere Betriebe mit relativ intensiver Techniknutzung handelt, dürfte das Vorhandensein von Problemen bzw. Engpässen bei der Bewältigung des Weiterqualifikationsbedarfs z.T. einfach durch das größere absolute Ausmaß der Weiterqualifikationsaktivitäten erklärbar sein. Wie aus Tabelle 6.2 hervorgeht, wird als häufigstes Einzelproblem bei der Bewältigung des Weiterqualifikationsbedarfs (von 30,9% aller Betriebe mit Weiterqualifikationsmaßnahmen) eine unzureichende Vorbildung der Mitarbeiter genannt. 19,6% der weiterbildenden Betriebe sehen ein Hindernis der Fortbildung darin, daß deren Träger nicht in räumlicher Nähe angesiedelt bzw. verkehrlich schwer zu erreichen sind. Jeweils 18,6% klagen über mangelnde Bereitschaft der Mitarbeiter zur Fortbildung bzw. sehen Schwierigkeiten bei der arbeitsorganisatorischen Bewältigung des Weiterqualifikationsbedarfs. Gegenüber diesen Problembereichen wird nur gelegentlich (lediglich von 9,3% der Betriebe, welche Weiterqualifikationsmaßnahmen durchgeführt haben) bemängelt, daß "nicht die gewünschten Fachrichtungen" angeboten werden. Der Preis der Fortbildungsangebote scheint die Durchführung von Weiterqualifikationsmaßnahmen nicht ernsthaft in Frage gestellt zu haben; lediglich 7,8% aller weiterqualifizierenden Betriebe nennen diesen Engpaß, und nur 1,5% (vier Betriebe) messen diesem Problem den ersten Rang bei.

In gut der Hälfte aller befragten Betriebe (54,5%), in denen Weiterqualifikationsmaßnahmen durchgeführt wurden, kam es zu Lohn- und Gehaltserhöhungen von Mitarbeitern als direkte Folge der Weiterqualifikation. Damit dürften die Auswirkungen der Weiterqualifikation auf die Entlohnung allerdings unterschätzt sein, da - inbesondere in Großbetrieben - die Weiterqualifikation in einer Reihe von Fällen zu schnellerer Beförderung führt. Das mit der Beförderung in der Regel verbundene höhere Gehalt bezieht sich dann auf andere Tätigkeitsmerkmale, weshalb die entsprechende Einkommensdifferenz nicht mehr direkt der Weiterqualifikation zugerechnet werden kann. In ca. der Hälfte aller Fälle, in denen Weiterqualifikation zu Lohn- und Gehaltserhöhungen führt, beträgt die Steigerung bis zu 10%; eine Erhöhung um 20% und mehr erfolgte nur in 10% dieser Fälle. Erhöhungen um mehr als 30% stellen eine äußerst rare Ausnahme dar. Erscheint der Versuch einer Weiterqualifikation von Mitarbeitern zur Bedienung computergestützter Anlagen nicht erfolgversprechend oder steht entsprechendes Personal bereits in hinreichendem Ausmaß zur Verfügung, so bemüht man sich in den Betrieben meist sehr darum, für die durch die Einführung computergestützter Anlagen an ihrem alten Arbeitsplatz obsolet gewordenen Mitarbeiter eine andere Aufgabe innerhalb des Betriebes zu finden.

7. Zu den Auswirkungen des Technik-Einsatzes auf die betriebliche Arbeitsplatzentwicklung

Während wir die direkten technikinduzierten Arbeitsplatzeffekte des Einsatzes computergestützter Techniken in den von uns interviewten Betrieben relativ exakt beschreiben konnten, fällt die Abschätzung der Wirkungen des Einsatzes computergestützter Techniken auf die Arbeitsplatzentwicklung des Betriebes insgesamt aus verschiedenen Gründen schwer. Zunächst einmal ist unser Sample durch einen sogenannten "Survivor-Bias" geprägt, d.h. es enthält nur "überlebende" Betriebe, wodurch die Arbeitsplatzentwicklung in diesem Sample positiver als die Arbeitsplatzentwicklung der Gesamtwirtschaft ausgewiesen wird (ausführlicher zu den Auswirkungen eines solchen "Survivor-Bias" Fritsch/Hull 1987). Eine weitere Fehlrepräsentation ergibt sich daraus, daß wir uns bei den Interviews (aus guten Gründen) bewußt auf Anwender computergestützter Techniken beschränkt haben. Sofern diese Betriebe infolge der Nutzung computergestützter Technik - worauf unsere Ergebnisse zu den Auswirkungen des Technik-Einsatzes deutlich hinweisen - eine erhöhte Wettbewerbsfähigkeit am Markt erlangen, kann dies zu Arbeitsplatzverlusten bzw. Stillegungen bei den "Verlierern" im Wettbewerbsprozeß führen, wobei zu vermuten wäre, daß es sich bei diesen Verlierern insbesondere um Spätadoptoren oder Nichtanwender der Technik handelt.

Der direkte Effekt der Anwendung computergestützter Technik nach Abschluß der Installationsphase (welche einen z.T. erheblichen zusätzlichen Arbeitsaufwand erfordert) dürfte "arbeitssparend" sein: Man kann mittels der computergestützten Technik bei gleichem Arbeitseinsatz qualitativ höherwertigen (und somit am Markt teureren) Output erzeugen und dabei u.U. gleichzeitig die Breite der Produktpalette verändern. Aus diesem Grunde ist direkt am Ort der Anwendung bei konstantem Output eine Verringerung des Arbeitseinsatzes infolge der Anwendung computergestützter Technik zu erwarten.

Eine quantitative Bestimmung des Ausmaßes des durch die Technik-Anwendung ausgelösten Rationalisierungseffektes wird nun allerdings dadurch erschwert, daß die neuen Anlagen häufig eine erhöhte Produktionskapazität aufweisen, die sich z.T. allein schon aus Zeitersparnissen der Produktion (z.B. Verkürzung der Umrüst- bzw. der Durchlaufzeiten) ergibt, und die Betriebe bestrebt sind, diese höhere Kapazität möglichst auszulasten, um die damit verbundenen Vorteile der Fixkosten-Degression zu realisieren. So kommt es relativ häufig vor, daß der Output einer computergestützten Anlage im Vergleich zur entsprechenden konventionellen Anlage bei konstanter Anzahl von Anlagenbedienern steigt. Da die Anschaffung computergestützter Anlagen - wie unter Punkt 2.2 erwähnt - häufig wesentlich durch das Erweiterungsmotiv geprägt ist, kommt es dann, wenn eine neue Anlage zusätzlich zu den bereits vorhandenen Anlagen eingesetzt wird, nicht zu einer Verminderung, sondern sogar zu einem Anstieg der Arbeitsplatzzahl, wobei fraglich ist, inwieweit man solche Zuwächse dann als "technikinduziert" ansehen kann.

Führt die Einführung computergestützter Technik zu Freisetzungen, so sind die Betriebe - insbesondere wenn von den Freisetzungen relativ qualifizierte Mitarbeiter betroffen sind - häufig bestrebt, diese Mitarbeiter anderweitig im Betrieb einzusetzen; Ziel der Betriebe ist also nicht nur die Auslastung der vorhandenen Anlagen, sondern sehr oft (in der Regel?) auch die des vor der Einführung computergestützter Anlagen vorhandenen Personals bzw. die Vermeidung von Entlassungen, woraus sich dann wiederum ein Impuls zur Absatzsteigerung bzw. zur Intensivierung der Markterschließungs-Bemühungen (bei konstanter Anzahl an Arbeitskräften) und/ oder zu einer Erhöhung der Fertigungstiefe ergibt.

Selbst wenn die Zahl der Anlagenbediener konstant bleibt, so folgen aus der durch den Einsatz computergestützter Anlagen bewirkten Ausweitung der Produktionskapazität relativ häufig expansive Arbeitsplatzeffekte für andere vor- oder nachgelagerte betriebliche Funktionsbereiche. Ein typisches Beispiel hierfür, welches wir in den von uns interviewten Betrieben relativ häufig antrafen, betrifft die Einführung von CNC-Maschinen in der Teilefertigung. Die höhere Produktionskapazität der CNC-Maschinen im Vergleich zu konventionellen Anlagen führt häufig dazu, daß nun auch das Aktivitätsniveau in anderen Bereichen, wie z.B. Lager, Versand, Vertrieb, Büro sowie insbesondere Montage, ansteigt und hier dann unter Umständen zusätzliche Arbeitskräfte eingestellt werden müssen. Viele der indirekten Effekte der Technik-Nutzung für andere betriebliche Funktionsbereiche lassen sich nur schwer quantifizieren und eindeutig der Technik zurechnen. Unsere Ergebnisse zu den Wirkungen des Einsatzes computergestützter Technik in der Teilefertigung sowie in der Konstruktion (vgl. hierzu die Ausführungen unter Punkt 4.) belegen deutlich, daß solche indirekten Effekte (z.B. verbesserte Arbeitsunterlagen für andere Bereiche, verringerter Nachbearbeitungsaufwand) relativ weit verbreitet sind.

Vor kaum lösbaren Aufgaben steht man hinsichtlich der Abschätzung solcher indirekter Wirkungen der Anwendung computergestützter Technik, welche sich aus erhöhter Wettbewerbsfähigkeit infolge von Verbesserungen der Produktqualität bzw. von Sortimentsänderungen ergeben. Um die Auswirkungen solcher Steigerungen der Wettbewerbsfähigkeit eindeutig der Technik zurechnen zu können, müßte man als Referenzmaßstab eigentlich die Entwicklung des Produktprogrammes ohne die betreffende Technik-Anwendung kennen, wobei dann insbesondere zu fragen wäre, welche Bedeutung technikinduzierten Änderungen des Produktprogrammes für die Absatz- und damit für die Betriebsentwicklung zukommt. Wie bedeutend die qualitätssteigernden Wirkungen des Einsatzes computergestützter Technik sind, zeigt sich einmal darin, daß der "Verbesserung der Produktqualität" als Motiv für die Einführung computergestützer Techniken der gleiche Rang wie einer Senkung der Fertigungskosten beigemessen wird (Abbildung 3.1); unsere Untersuchungen haben weiter ergeben, daß die Veränderungen von Produktqualität bzw. Produktprogramm als Folge des Technik-Einsatzes z.T. ein ganz erhebliches Ausmaß haben und in nicht wenigen Fällen bereits während der Installationsphase einsetzen. Die vielfältigen und häufig kaum im Ansatz quantifizierbaren indirekten Effekte der Nutzung computergestützter Technik dürfen beim Versuch einer Abschätzung der Technik-Wirkungen nicht vernachlässigt werden. Wir vermuten, daß sie nicht selten von ebenso großer, wenn nicht sogar von größerer Bedeutung für die Betriebsentwicklung sind als die reinen Einsparungseffekte.

Der Netto-Effekt der Anwendung computergestützter Technik auf die betriebliche Arbeitsplatzdynamik ist offenbar sehr eng mit der Absatzentwicklung und den Anwendungsbedingungen der Technik verzahnt, wobei das absolute Ausmaß der Änderung bei der ganz überwiegenden Mehrzahl der Technik-Anwender alles andere als dramatisch ausfällt. Aus diesem Grunde ist es auch kaum möglich, Arbeitsplatzeffekte der Technik-Anwendung, welche über den reinen arbeitssparenden Rationalisierungseffekt hinausgehen, genauer zu quantifizieren. Die wesentlichen Technik-Wirkungen ergeben sich eher längerfristig aus der Art und Weise der Technik-Anwendung, wobei es jeweils sehr fraglich ist, inwiefern diese längerfristigen, eher indirekten Wirkungen (wie etwa Veränderungen von Produktqualität und Spektrum der Produktpalette) der Technik an sich zurechenbar sind.

Auch wenn die genaue Zurechnung von Freisetzungen bzw. Neueinstellungen zur Anwendung computergestützter Technik in Einzelfällen fraglich erscheinen mag, so zeigt sich zumindest bei der Differenzierung nach der Qualifikation der jeweils betroffenen Mitarbeiter ein eindeutiges Muster: Während die Relation "Neueinstellungen zu Freisetzungen (Austritte aus dem Betrieb) infolge der Anwendung computergestützter Technik" für die un- und angelernten Arbeitskräfte -20,5 (-14,0) beträgt (d.h. die Freisetzungen/Austritte überwiegen), fällt der entsprechende Wert für die Beschäftigten mit Universitätsabschluß mit 6,8 (4,2) sowie für die Fachhochschulabsolventen mit 2,3 (1,5) positiv aus. Bemerkenswerterweise scheint auch die Gruppe der Fachkräfte negativ vom Einsatz computergestützter Techniken betroffen zu sein; hier weist die Relation "Neueinstellungen/Freisetzungen bzw. Austritte" mit -2,8 (-1,9) einen negativen Wert auf, d.h. die interviewten Betriebe haben infolge des Einsatzes computergestützter Technik per saldo die Anzahl der Fachkräfte leicht reduziert.

Diffusion neuer Technologien und ihre Auswirkungen im privaten Dienstleistungssektor

Lisa Höflich-Häberlein, Hubertus Häbler

1. Material und angewandte Analysemethoden

Die Meta-Studie wurde bei Infratest Sozialforschung in einer Arbeitsgruppe (in der neben den Autoren Matthias Thomae für Comtec-Analysen zuständig war und Ulrich Pfeiffer beratend bei der Konzeption und Gestaltung mitwirkte) in mehreren Bausteinen bzw. Elementen bearbeitet. Als Makro-Grundlagendaten wurde die als Panel aufbereitete Comtec-Erhebung für die Jahre 1982 bis 1985 verwendet. Im Comtec werden jährlich etwa 4.500 Betriebe befragt. Für das Panel konnten etwa 3.000 Datensätze Verwendung finden. Die Comtec-Daten geben einen Überblick über die quantitative Diffusion von Daten- und Textverarbeitungstechniken sowie Kommunikationstechniken in den einzelnen Branchen des Verarbeitenden Gewerbes und des Dienstleistungssektors.

Daneben wurden in insgesamt 38 Betrieben leitfadengestützte Fallstudien durchgeführt, die besonders auf die wesentlichen Entwicklungsdeterminanten der Technikdiffusion im Betrieb sowie deren qualitative, quantitative und organisatorische Beschäftigungswirkungen eingingen.

Auf Basis der Fallstudienergebnisse und der Comtec-Analysen wurden sieben Branchen für eine Betriebsbefragung ausgewählt, die besonders interessante Ergebnisse im Hinblick auf die Nutzung von IuK-Techniken versprachen. Auswahlkriterium für die Branchen war einerseits die durchschnittliche Größe der dort am Markt aktiven Betriebe und zum anderen das bisherige Investitionsverhalten sowie die Nutzung von IuK Techniken. Telefonisch oder mündlich befragt wurden hier insgesamt 238 Anwender und 74 Nicht-Anwender von IuK-Techniken, zumeist mehrere Einzelpersonen im Unternehmen (Tabelle 1.1). Ein Teil der Betriebe antwortete schriftlich.

Tabelle 1.1: Befragte nach Branchen

Branchen	Fallstudien	Betriebsbefragung Anwender	Betriebsbefragung Nicht-Anwender	Experten
Finanzdienstleister	9	56	12	5
Banken	6	93	3	6
Großhandel/Speditionen	9	29	5	5
Reisemittler	2	25	2	5
Apotheken	1	9	10	2
Ingenieur-/Architekturbüros	3	16	10	2
Arztpraxen	-	10	32	2
Sonstige	8	-	-	6
Gesamt	38	238	74	30

Zur Untermauerung der festgestellten Zusammenhänge zwischen Technikdiffusion, Prozeß- und Produktionnovationen sowie deren quantitativen und qualitativen Beschäftigungswirkungen wurden zusätzlich rund 30 Expertengespräche mit Verbandsvertretern, Unternehmensexperten und Wissenschaftlern geführt.

2. Motive und Ziele des Einsatzes von Mikroelektronik und übergreifende betriebliche Wirkungen

2.1 Produktivitätsentwicklung und Dienstleistungssektor

Es ist seit langer Zeit eine feststehende These, daß die Beschäftigung im tertiären Sektor ständig steigen müsse, weil anders als im produzierenden Gewerbe im Dienstleistungssektor keine oder nur geringe Produktivitätsfortschritte erzielbar seien. Dieses im Jargon als "Baumols Desease" bezeichnete Phänomen ging auf eine Analyse Baumols (1967) aus dem Jahre 1967 zurück. Baumol stellt in seiner Analyse zwei Sektoren gegenüber: In dem einen Sektor wächst die Produktivität im Zeitablauf ständig an. Im anderen Sektor wird der Output als Volumen des Inputs gemessen. Hier ist das Produktivitätswachstum Null oder nahe Null, weil in dieser Wirtschaft der Sektor mit konstanter Produktivität einen konstanten Anteil am volkswirtschaftlichen Output behalten will und daher vom produktiven Sektor immer mehr Ressourcen absorbiert. Auf Dauer nähert sich dadurch, daß fast alle Ressourcen in dem Sektor mit niedriger Produktivität gebunden sind, die Gesamtwachstumsrate der Wirtschaft asymptotisch einem Nullniveau an. Es kommt zu einer ständigen Beschäftigungsverschiebung in Richtung auf den Sektor ohne Produktivitätswachstum. Baumol hat den Sektor konstanter Produktivität nicht eindeutig empirisch definiert. Seine Analyse bezieht sich im wesentlichen auf einen Staatssektor mit nicht wachsender Produktivität. Genau so wurden aber auch private Dienste als Sektoren mit stagnierender Produktivität angesehen. Empirisch hat die Analyse nach wie vor eine gewisse Relevanz, denn es gibt nach wie vor Sektoren ohne Produktivitätswachstum. Die Aufführung eines Violinkonzerts erlaubt keine Produktivitätssteigerung. Ähnlich ist es bei anderen persönlichen Dienstleistungen mit bestimmter Qualität.

Dennoch hat die Einführung der IuK-Techniken die klassische Unterscheidung zwischen einem industriellen Sektor mit hoher Produktivitätssteigerung und einem Dienstleistungssektor mit stagnierender Produktivität obsolet werden lassen. Die IuK-Techniken bringen vor allem bei der Informationsverarbeitung ständige Rationalisierungsgewinne. Traditionelle Positionen über Beschäftigungsentwicklung im tertiären Sektor müssen vor diesem Hintergrund revidiert werden.

Die inzwischen mehrjährige Erfahrung zeigt, daß verschiedene Bereiche eine unterschiedliche Affinität gegenüber der Einführung von IuK-Techniken haben. Am besten geeignet sind die Bereiche der Massenverarbeitung und des Massentransfers von Informationen, etwa im Bereich der Geldüberweisungen. Allerdings haben sich die IuK-Techniken als sehr anpassungsfähig erwiesen. Inzwischen sind alle Verwaltungstätigkeiten, in denen Informationen in größerem Umfang verarbeitet und Texte erstellt werden müssen, durch den Technisierungsprozeß erfaßt.

Nach einer Einführungsphase dringen die IuK-Techniken immer weiter in die Bereiche der privaten Haushalte, aber auch in die Humandienste vor. Homebanking ist keine Utopie mehr. In Arztpraxen werden Daten über Patienten inzwischen mit PCs verarbeitet. Computer werden auch bei der Betreuung von Patienten eingesetzt, so etwa zur Überwachung von Medikamentenprogrammen oder Auswertung von Analysen bzw. für die übersichtliche Verarbeitung von Analyseergebnissen. Der Sickerprozeß in alle Bereiche, in denen Informationen verarbeitet werden, ist noch längst nicht abgeschlossen. Die Anwendung von Lernprogrammen in den Schulen steht erst am Anfang. Viele Bereiche der privaten Haushalte sind gar nicht berührt.

Es wäre zu einseitig, wollte man die Ausbreitung der IuK-Techniken als einen reinen Rationalisierungsprozeß fassen. Vor allem entstehen immer weiterverzweigte Netze. Durch gestiegene Verarbeitungsfähigkeiten und -kapazitäten entwickelt sich eine neue Form der Infrastruktur. Bezogen auf diese Infrastruktur bilden sich neue Verhaltensgewohnheiten von Unternehmen und privaten Haushalten heraus. Es kommt zu neuen Abgrenzungen von Branchen und Unternehmen.

Damit werden aber auch Aussagen über die langfristige Beschäftigungsentwicklung im tertiären Sektor wieder schwieriger. Während Rationalisierungen über

Prozeßinnovationen Beschäftigung einschränken, ermöglichen Produktinnovationen neue Beschäftigungsmöglichkeiten. Die stärkere Nutzung der neuen Infrastruktur eröffnet Beschäftigungsfelder in neuen Bereichen.

Mit den Begriffen Prozeßinnovation oder Rationalisierung bzw. Produktinnovation ist die Gesamtheit dieser Veränderungen jedoch nur unzureichend erfaßbar. In den neuen Kommunikationssystemen und aus den neuen Austauschbeziehungen entstehen neue Produkte aufgrund neuer Nachfrage. Neben Prozeßinnovationen und Produktinnovationen entstehen neue Lebensgewohnheiten und neue Ansprüche an die Qualität von Dienstleistung bzw. an die Dichte von Kommunikation und die Aktualität und Reichhaltigkeit von Informationen.

2.2 Motive der Einführung von Mikroelektronik

IuK-Techniken werden in einem komplexen Umfeld und mit vielfältigen Motiven und Zielen eingeführt. Sie sind Retter gegen Überlastung, befreien von lästiger Routine, sollen Kostendruck auffangen, Qualifikationsdefizite überwinden helfen, zu einem modernen Image beitragen oder einen besseren Service und bessere Kundenkontakte ermöglichen. In vielen Fällen sind sie überhaupt Voraussetzung der Teilnahme am Wirtschaftsleben für die betroffenen Unternehmen.

Bei der Einführung von IuK-Techniken ist zu unterscheiden zwischen der Einführungssituation und der Einführungsmotivation. In der Einführungssituation treten in der Regel folgende Fälle auf:

- Die notwendige Massenverarbeitung von Informationen macht die Einführung von technischen Hilfsmitteln und deren laufende Aktualisierung unausweichlich. Für zahlreiche Dienstleistungsbereiche wird die Nutzung von IuK-Techniken zur Existenzvoraussetzung.
- Die Komplexität der geschäftlichen und organisatorischen Beziehungen im Betrieb legt die Einführung und laufende Anpassung nahe.
- Eine erhöhte Qualität der Beratung durch kundenorientierte Mitarbeiter macht eine hochwertige Ausstattung der Arbeitsplätze mit Hard- und Software zu einem unverzichtbaren Instrument im Wettbewerb mit anderen Anbietern.
- Die notwendige Schnelligkeit und Reaktionsflexibilität macht die Einführung/Anpassung erforderlich.

Generell muß danach unterschieden werden, ob IuK-Techniken eingesetzt werden

- im kundennahen Bereich, und dort verstärkt für die Beratung, die Erhöhung der Schnelligkeit von Dienstleistungen oder zur Erhöhung der Informationssicherheit (z.B. Beratungsterminals), oder

- im ausführenden Bereich zur präziseren, schnelleren und rationelleren Verarbeitung von Informationen (z.B. Textverarbeitung, Statistik) oder
- im organisatorisch-übergeordneten Bereich zur Verbesserung der Betriebsorganisation, des Controlling (z.B. DV-Analyse etc.).

Bei den Einführungsmotiven ist zu unterscheiden zwischen

- ökonomisch-rationalen Motiven, die aktiv oder passiv formuliert sein können im Sinne von betrieblichen Entscheidungen, die entweder auf eigenen Kalkulationen oder auf Beobachtung des Konkurrenzverhaltens basieren, und
- subjektiven Motiven, die stärker kulturell bedingt sind, im Sinne eines "Mithalten-Wollens", um nicht den Anschluß zu verlieren, oder des Image-Transfers wegen.

Neben der Einführungssituation und der Einführungsmotivation spielen beim Einsatz von IuK-Techniken besonders die Anwendungsbreite und -tiefe sowie der Anwendungsort im Betrieb eine besondere Rolle für die Beurteilung von Beschäftigungswirkungen.

Bei der Analyse der Beschäftigungswirkungen infolge des Einsatzes von IuK-Techniken im Dienstleistungssektor ist also ein komplexes Ursache-Wirkungsbündel zu berücksichtigen. Dies gilt ebenso für die Beurteilung von Produkt- oder Prozeßinnovationen infolge des Einsatzes von IuK-Techniken. Während das Ifo-Institut als Prozeßinnovationen nur solche Investitionen bezeichnet, deren Charakter von den Unternehmen als innovativ angegeben wird, betrachten wir jede leistungsfähige Neuanschaffung von Datenverarbeitung, moderner Textverarbeitung oder Kommunikationstechnik als Prozeßinnovation. Angesichts des Veränderungsschubes, den IuK-Techniken in den Unternehmen des Dienstleistungssektors hervorrufen, erscheint uns diese Betrachtung für die gegenwärtige Phase als gerechtfertigt.

2.3 Rationalisierung durch Mikroelektronikeinsatz

Die Frage nach Produktinnovationen und Prozeßinnovationen klingt für die meisten befragten Dienstleistungsunternehmen sehr theoretisch. Während im Verarbeitenden Gewerbe eine computergestützte Steuerungstechnik z.B. eingeführt wird, um die Qualität des Produktes, die Losgröße, die Fertigungsart oder den Fertigungsprozeß zu verändern oder zu rationalisieren, resultiert die Einführung von Informations- und Kommunikationstechniken im Dienstleistungssektor zumeist aus komplexen Überlegungen und Anforderungen, die sich vor allem auf die Verbesserung des Service beziehen.

Der größte Block einer Prozeßinnovation im Dienstleistungssektor beruht auf der vereinfachten, automatischen Übertragung von Daten in großen integrierten Netzen aufgrund kompatibler Sprache und Programme und der Bearbeitung dieser Daten. Alle Dienstleistungsbereiche, die größere Datenmengen bearbeiten müssen und auf Datenaustausch angewiesen sind, wurden von diesem Rationalisierungsprozeß erfaßt. Die Dateneingabe wird weitgehend ein Teil der Sachbearbeitung. Statistisch äußert sich dies im Rückgang der Beschäftigung bei Datentypistinnen und bei reinem Buchungspersonal.

Der zweite große Rationalisierungsbereich umfaßt die Textverarbeitung. Hier wurden Rationalisierungen einmal durch die bessere Ausstattung der Schreibarbeitsplätze erzielt. In Zukunft wird jedoch die Integration von Sachbearbeitung und Schreibvorgang, zum Teil unterstützt durch die Anwendung von Textbausteinen, immer wichtiger. Mit der weiteren Erhöhung der Anwendungsdichte und der steigenden Nutzung von Terminals und PCs werden Sachbearbeitung, Textformulierung und Textverarbeitung immer mehr zusammenwachsen und immer höhere Stufen in hierarchischen Umsetzungen erreichen. Schon heute gibt es z.B. Bausparkassen ohne Schreibdienst, weil die gesamte Textverarbeitung in die Sachbearbeitung integriert ist.

Bei der Produktinnovation gibt es keine einfach schematisierbare Situation. Geldautomaten, die außerhalb der Schalterstunden benutzt werden können, bedeuten ein neues Produkt. Telefonische Platzbuchungen bei Flugreisen bringen für Kunden eine Innovation und beschleunigen gleichzeitig die Abfertigung am Flugschalter.

Im Bereich der Geldanlagen bieten Kreditinstitute differenziertere Möglichkeiten der Vermögensanlage. Die fachliche Bewältigung dieser Differenzierung wäre ohne die Ausstattung zahlreicher Arbeitsplätze mit PCs nicht möglich. IuK-Techniken haben in der Regel Qualifikationsverbesserung und Differenzierung vorhandener Produkte mit sich gebracht. Dies gilt weniger für Leistungen der Ärzte oder Architekten, aber mehr für Reisebüros und erst recht für Kreditinstitute und Versicherungen.

2.4 Systemische Innovationen durch Mikroelektronikeinsatz

Selbst wenn man die gesamte Palette der einzelnen Prozeßinnovation und Produktinnovationen erstellen würde, so bliebe dennoch ein Charakteristikum des Rationalisierungsprozesses und des Innovationsprozesses im Dienstleistungssektor unberücksichtigt. Kennzeichen der IuK-Techniken ist die Vernetzung von verschiedenen Anbietern (Reisebüros und Fluggesellschaften, Banken und ihre Kunden, Spediteure und ihre Nachfrager). Dementsprechend sind Rationalisierungen nicht begrenzt auf bestimmte Arbeitsplätze oder Folge verbesserter Ausstattung mit IuK-Techniken an diesen Arbeitsplätzen.

Rationalisierungen können aus veränderten Kooperationsbeziehungen, die sich auf Informations- und Kommunikationsnetze stützen, entstehen. Solche systemischen Rationalisierungen (vgl. dazu Baethge/Overbeck 1986) entstehen, weil Anbieter Veränderungen des Kundenverhaltens in der eigenen internen Informationsverarbeitung oder sogar veränderte Organisationsformen anregen oder voraussetzen oder weil Kooperations- oder Lieferbeziehungen gestützt auf vernetzte IuK-Systeme exakter aufeinander abgestimmt vorgenommen werden. Der Verkauf an einer Ladenkasse wird gleichzeitig als Verringerung des Lagerbestandes registriert. Die Unterschreitung von Mindestmengen löst einen automatischen Bestellvorgang aus, der im Informationsverarbeitungssystem des Lieferanten auf gleiche Weise automatisch oder zumindest computergestützt weiterbearbeitet wird. Buchung und Auftragserteilung sowie Lieferbeziehungen zwischen Unternehmen wachsen zu einem integrierten System zusammen.

Als Ergebnis solcher integrierter Systeme werden Rationalisierungen möglich, die sich aus einzelnen Teilen zusammensetzen. Hier erscheint es angemessen, von einer systemischen Rationalisierung zu sprechen, weil die jeweiligen Teile aufeinander bezogen sind und die wesentlichen Veränderungen in den Beziehungen von Marktpartnern liegen. Kapazitäten zur Marktsteuerung, der Marktantizipation nehmen zu. Es entsteht ein Verbund zwischen Kunden, Lieferanten oder Kooperationspartnern.

Dennoch schien es uns sinnvoll, dem analytischen Ansatz der systemischen Rationalisierung einen Ansatz der systemischen Innovation komplementär zuzuordnen. Mit System-Innovation bezeichnen wir einen Prozeß, der über längere Zeitfristen Unternehmen in ihren Beziehungen und Kooperationsformen nach außen und daraus abgeleitet in ihren Wirkungen nach innen verändert. System-Innovation bedeutet also zunächst eine veränderte Nachfrage. Daraus kann z.B. das Entstehen neuer Märkte und anders aufgeteilter Märkte folgen. Dabei gilt:

- Die Technologie ist wesentlicher Bestandteil der Beziehungen zwischen Unternehmen und Kunden.
- Die Technologie ist wesentlicher Bestandteil einer neuen IuK-gestützten Arbeitsteilung zwischen verschiedenen Anbietern.
- Die Technologie ist wesentlicher Bestandteil des Anspruchsverhaltens der Kunden.
- Die Technologie ist wesentlicher Bestandteil der Leistung des Unternehmens.
- Die Technologie ist wesentlicher Bestandteil des Imagetransfers zwischen Unternehmen, Kunden und Marktumfeld.

Wesentliches Kennzeichen der System-Innovation ist zudem, daß sie nicht von einzelnen Akteuren bewußt gestaltet wird. Vielmehr führt die Nachfrageänderung oder führen die veränderten Ansprüche der Kunden zu einer Reaktion im Unternehmen, damit wiederum zu einer Reaktion der Kunden etc. (Anpassungsstrategien).

Systemische Innovation bedeutet in erster Linie eine organisatorische Anpassung der Unternehmen an veränderte Marktstrukturen. Im Handel betrifft dies beispielsweise die Sortimentsbreite und -tiefe. Der durchschnittliche Lebensmittel-Store vor zehn Jahren und der durchschnittliche Lebensmittel-Store von heute sind in dieser Hinsicht überhaupt nicht mehr zu vergleichen. Die Technologien haben die gesamte Organisation des Unternehmens verändert, und das Warenangebot ist unter anderem technologiegestützt verbreitert und verändert worden. Die Kunden haben ihrerseits ihr Verhalten auf dieses veränderte Angebot hin angepaßt (Häufigkeit des Einkaufs, Art der gekauften Güter, Bündelung verschiedener Einkaufssortimente).

Vor allem das Zusammenspiel von geänderter Organisation und geändertem Angebot und mit den daraufhin umorientierten Verhaltensweisen der Kunden macht es schwer, einzelne Innovations- und Rationalisierungseffekte zu separieren.

In gewisser Weise ähneln die Vorgänge der Einführung des Telefons. Auch hier könnte man versuchen, Substitutionen von direkter Kommunikation durch indirekten telefonischen Informationsaustausch zu ermitteln. Bei der Einführung des Telefons wurde auch befürchtet, daß die Dichte der physischen Kontakte abnehmen müsse. Demgegenüber hat sich gezeigt, daß durch Anpassung an die erleichterten Kommunikationsmöglichkeiten die Reichweite und Häufigkeit der Kontakte zwischen Telefoninhabern zunimmt. Dies wiederum hat Folgen für die Häufigkeit und die Differenzierung der Direktkontakte. Im Ergebnis wird die Frage der Rationalisierung durch Einsparung von Wegezeiten unergiebig, weil durch das neue Kommunikationsnetz andere Lebensgewohnheiten entstanden sind.

Das Konzept der System-Innovation löst die partielle Betrachtungsweise bei der Analyse von Produktinnovationen auf. Dem Dienstleistungssektor und dem IuK-Technikeinsatz ist dies Konzept angemessen, denn das herausragende Merkmal sind die neu entstandenen Kommunikations- und Kontaktnetze, auf die Anbieter wie Nachfrager reagieren. Indem sie sie für veränderte Verhaltensweisen und Dienstleistungsformen nutzen sowie die systemische Rationalisierung bereits Einsparungen aufgrund verbesserter Kooperationsformen zwischen Unternehmen ermöglicht, bringen systemische Innovationen neue Nachfrage und zusätzliche Beschäftigungsmöglichkeiten hervor. Dabei ändern sich auch die Qualifikationen.

Durch die Einführung des Begriffs "System-Innovation" werden Wirkungsanalysen bezüglich Produkt- und Prozeßinnovationen nicht aufgegeben. In vielen Fällen ist dies nützlich und ausreichend. So ist z.B. der Geldautomat bei Banken ein neues

Produkt bzw. eine neuartige Dienstleistung. Durch einen Bildschirmarbeitsplatz werden gleiche Arbeitsvorgänge rascher und zügiger abgewickelt. Die Sicherheit der Bearbeitung nimmt zu. Analysen dieser genau abgegrenzten Vorgänge müssen jedoch ergänzt werden durch das Konzept systemischer Veränderungen, in denen sich veränderte Verhaltensweisen herausbilden, die es erschweren, eine Vorher-Nachher-Analyse durchzuführen.

Folge der nichtbewußten Gestaltung von systemischer Innovation in den einzelnen Unternehmen ist es, daß solche Innovationsprozesse von den befragten Unternehmen in der Regel nicht erkannt wurden bzw. der "Verbesserung des Service" zugeordnet werden. Hinter diesem oft genannten Motiv des Mikroelektronikeinsatzes verbirgt sich exakt eine Anpassungsstrategie des betreffenden Unternehmens an sich verändernde Märkte und Marktumfelder. Am Beispiel mehrerer Branchen soll dieser Zusammenhang noch verdeutlicht werden.

2.5 Motive und Ziele des Mikroelektronikeinsatzes in einzelnen Funktionsbereichen

Den theoretischen Begriffen der Rationalisierung und Innovation entsprechen in der betrieblichen Praxis in der Regel die Ziele "Kosteneinsparung" oder "Entstehung neuartiger Leistung". In der Infratest-Betriebsbefragung wurden Technikanwendungen und ihre Ziele abgefragt.

Technikanwendungen greifen heute hauptsächlich in der Eigenverwaltung für buchhalterische und kaufmännische Aufgaben. Der kaufmännische Sektor stellt deshalb in unseren Analysen auch einen Schwerpunkt der Betrachtungen dar. 79 % der befragten Anwenderbetriebe nutzen hier die Unterstützung durch Datenverarbeitung.

In der Eigenverwaltung zielen Technikanwendungen mehrheitlich auf Kosteneinsparungen. Nur in etwa jedem fünften Betrieb gelten Anwendungen in der Kalkulation, bei der Erstellung von Statistiken und bei der Unterstützung organisatorischer bzw. koordinierender Aufgaben als neuartige Leistungen. Umgekehrt läßt sich die Motivation im Bereich Marketing interpretieren: Hier dominiert die Zielsetzung, mit Hilfe von Computertechnik neuartige Leistungen zu erbringen, besonders im Bereich der kundennahen Aktivitäten und im Bereich des inner- und zwischenbetrieblichen Informationsaustausches. Über die Hälfte der befragten Dienstleistungsbetriebe mit IuK-Technikeinsatz setzten Mikroelektronik im kundennahen Bereich ein. Während im kundennahen bzw. im verkäuferischen Bereich der Mikroelektronikeinsatz hauptsächlich der Entwicklung neuartiger Leistungen dient, spielt in allen auf innerbetriebliche Arbeiten gerichteten Funktionsbereichen das Motiv der Kosteneinsparung die dominierende Rolle (Tabelle 2.1).

Besonders interessant ist, daß gerade jene Bereiche, in denen die Technikanwendungen auf neuartige Leistungen zielen, von den befragten Betrieben auch überdurchschnittlich häufig als Bereiche bezeichnet werden, in denen die Anwendung für die Konkurrenzfähigkeit besonders wichtig ist. Dies betrifft vor allen den Informationsaustausch, Kundenbetreuung und -beratung sowie Marketingfunktionen. Bereiche, in denen der Technikeinsatz überwiegend auf Kosteneinsparung zielt und die für die Konkurrenzfähigkeit besonders wichtig gehalten werden, sind bei allen Betrieben Aufgaben der Kalkulationen und der Textverarbeitung, bei Nicht-Banken die Beschaffung, Bestellungen bzw. Bestellannahmen sowie das Warenwirtschaftssystem, bei Banken das Archiv und die Kundenbuchführung.

Schwellenanwender sehen die größten Chancen für einen betriebsinternen Computereinsatz im Bereich der Buchhaltung und der Textverarbeitung. Der Unterschied zwischen Anwendern und Nicht-Anwendern besteht im Hinblick auf die Einführungsmotive also offensichtlich darin, daß die Schwellenanwender, also diejenigen Betriebe, die heute noch keinen Mikroelektronikeinsatz im Betrieb realisieren, stärker als die bisherigen Anwender an Kosteneinsparungen interessiert sind. Dies stützt die Hypothese, daß Frühanwender als innovativere und dynamischere Unternehmen die Mikroelektronik stark in ihre Expansionsstrategien einbeziehen, während Spätanwender sich an geänderte Marktsituationen bzw. an ein geändertes Nachfrageverhalten ihrer Kunden anpassen müssen.

2.6 Motive und Ziele des Mikroelektronikeinsatzes in ausgewählten Branchen

2.6.1 Banken

Banken sind bezüglich ihrer technischen Ausstattung einer der innovativsten Sektoren im Dienstleistungsbereich insgesamt. Neue IuK-Techniken werden von Banken überwiegend im Bereich der internen Buchhaltung bzw. des betrieblichen Rechnungswesens (85%), der Erstellung von Statistiken (78%), aber auch sehr stark in der Beratung (87%) und bei der Kundenbetreuung (77%) eingesetzt. Für die Konkurrenzfähigkeit ist gerade die Technikunterstützung in den letztgenannten Funktionsbereichen besonders erheblich. Bezüglich der Beratung gaben 80%, bezüglich der Kundenkontakte 69% der befragten Banken an, daß für diese Arbeit die Technikunterstützung für die Konkurrenzfähigkeit des Unternehmens besonders wichtig sei.

Tabelle 2.1: Technikanwendungen und ihre Ziele nach Funktionsbereichen (in %)
- Anwenderbetriebe -

	Technik-anwendung[1]	Technikanwendung[2] zielt auf ...	
		Kosten-einsparung	neuartige Leistungen
Eigenverwaltung			
Buchhaltung/Rechnungswesen	79	81	7
Kalkulation	40	57	19
Statistiken	68	58	18
Personalwesen	51	69	6
Organisation/Koordination	38 (53)*	53	21
Leistungen und Abwicklung			
Beschaffung	14	64	15
Archiv/Datenbank	34	64	15
Lager	11	60	8
Warenwirtschaftssystem	11	56	15
Schreiben/Korrespondenz	65	62	11
Informationsaustausch	34 (49)*	28	40
Bestellungen/Bestellannahme	19	41	37
Kundenkontakte/Kundenbetreuung	57 (77)*	18	56
Beratung	54 (87)*	12	64
Kundenbuchführung	49 (72)*	55	18
Logistik	10	46	29
Marketing			
Akquisition	42	10	64
Kundenbetreuung im Außendienst	26	18	50
Präsentation	21	65	7
Werbung/Medien	16	19	35
Verkaufsförderung	31	18	58

( )* = Werte für Banken (siehe auch Tabelle 3.4)

1 Senkrechtprozente
2 Querprozente bezogen auf Betriebe mit Anwendungen (Rest auf 100 = keine Angabe)

Quelle: Betriebsbefragung 1987.

Während im Bereich der kaufmännischen Eigenverwaltung das Anwendungsziel der IuK-Techniken überwiegend bei den Kosteneinsparungen liegt, ließ sich im Bereich der Kundenbetreuung und -beratung feststellen, daß hier überwiegend Produktinnovationen und bessere Beratung als Anwendungsziel genannt wurden. Dies gilt daneben auch für die Akquisition.

Die Banken können mit Hilfe moderner Technik, also beispielsweise des Einsatzes von DV, bei der Beurteilung verschiedener Anlage-Angebote schnellere und präzisere Beratung bieten. Im Ergebnis ist diese Beratung auch den Kundenwünschen flexibler angepaßt (63%). Für die Leistungserstellung wesentlich ist auch die Zeit, die zwischen Kundenanfrage und Erstellung eines Leistungsangebotes liegt. 85% qualifizierten diese Leistungseigenschaft als besonders wesentliche Produktinnovation.

Gerade in Sparkassen, vor allem in Stadtsparkassen in großstädtischen Räumen und den entsprechenden Kreditgenossenschaften, ist die Ausstattung sehr weit fortgeschritten: Jeder Kassenplatz ist mit einem Kassenterminal ausgestattet, SB-Kontoauszugsdrucker stehen gerade in großstädtischen Regionen in jeder Schalterhalle. Die Berater werden weitgehend durch Bildschirm und Drucker unterstützt.

Die Sparkassen haben in diese Intensivausstattung investiert, um sich selbst im Wettbewerb der Konkurrenz gegenüber zu behaupten und um in den Routinebereichen Kostensenkungen zu erreichen. Sie leiden besonders unter der negativen Wertschöpfung, die im Bereich der Gehaltskontenbearbeitung entsteht. Deshalb sind sie auch die führenden Institute in bezug auf Technikdiffusion im SB-Bereich.

Der Bereich der Gehaltskontenbearbeitung "frißt" bei allen Kreditinstituten mit Privatkundschaft die Gewinne, die sie aus der Zinsspanne zwischen Soll und Haben erzielen, beinahe vollständig auf. Umgekehrt bedeutet dies: Diejenigen Banken, die ihre Aufgaben im Bereich der Routinebearbeitung, also der Gehaltskontenbearbeitung und Kundenberatung, am stärksten senken können, können für dieselben Kunden die attraktivsten Soll- als auch Habenzinsen bieten. Sparkassen mit ihrem hohen Anteil an Gehaltskontenbearbeitung sind insofern gegenüber beispielsweise den Großbanken oder Privatinstituten benachteiligt. Die Sparkassen haben auf diese Situation reagiert und heute zum Teil bis über 90% der Privatkundschaft an Selbstbedienungsterminals heranführen können.

In ähnliche Richtung wirken auch die Point-of-Sale-Kassen, bei denen kartengestützte Zahlungsvorgänge von der Kasse direkt auf die Konten der Kunden übertragen werden können. Gegenüber den Firmenkunden mit einer ständig großen Zahl von Überweisungen ist zudem seit längerem ein belegloser Zahlungsverkehr mittels des direkten Datenträgeraustausches möglich (Cash-Management). Ziel der Freisetzung von Bearbeitungszeit ist es bei den Banken vornehmlich, mehr Zeit für die umfassende Beratung ihrer Kunden im Hinblick auf alle möglichen Bereiche von Finanzierung zu erreichen. Die Erhöhung der Kundenkontakte und "mehr Zeit für individuelle Kundenberatung" stehen deshalb auf der Prioritätenliste bei der Einführung von Mikroelektronik im Bankensektor ganz oben.

2.6.2 Handel

Im Gegensatz zur verbreiteten Anwendung der Datenverarbeitung im Verwaltungsbereich werden die eigentlichen Leistungen des Großhandels und der Speditionen nur in einem (noch) kleineren Teil aller Betriebe dieser Branchen unter Nutzung der neuen IuK-Techniken erbracht. Während dabei Bestellannahmen und Bestellungen sowie die damit mögliche Kundenbuchführung, die Lieferscheinschreibung und buchhalterische Funktionen - also die EDV-gemäße Auftragsabwicklung - in der Mehrheit der mittelgroßen Unternehmen (nach Umsatz und Zahl der Beschäftigten) bereits Anwendung findet, sind erst in größeren Betrieben (ab ca. 100 Beschäftigten) die Beziehungen auch zum Lager/Fuhrpark in diese Auftragsabwicklung einbezogen.

Hierauf sind allerdings auch die Anstrengungen der mittelgroßen Unternehmen in jüngerer Zeit verstärkt gerichtet. Es geht dabei um den Aufbau eines Warenwirtschaftssystems, das von der Bestellannahme bis zur Abrechnung bzw. Fakturierung und Debitorenbuchhaltung alle Funktionsbereiche miteinander verknüpft und schließlich über Datenaustausch auch mit dem Außendienst, mit Kunden und Lieferanten bzw. Herstellern vernetzt werden kann. Damit soll ein lückenloses Informationssystem für das Management entwickelt werden, das die betrieblichen Entscheidungs- und Ablaufprozesse grundlegend effektiviert.

Erst noch in den Anfängen steckt die Anwendung von IuK-Techniken in Marketing-Bereichen, also in der Akquisition, der Kundenbetreuung, der Präsentation, der Werbung sowie der Verkaufsförderung. Die Betreuung und Beratung von Kunden soll computerunterstützt qualifiziert werden. Wenn die neuen IuK-Techniken erst in dieser Richtung genutzt werden können, so erwarten die Experten, werden qualitativ neuartige Leistungen durch die Unternehmen möglich und im Wettlauf um die Gunst der Kunden wettbewerbsentscheidend sein.

Auch im Urteil der Betriebe zielen die nach außen gerichteten Aktivitäten, die mit IuK-Techniken unterstützt werden, eher darauf, neuartige Leistungen zu erbringen, während IuK-Technikanwendungen in der Eigenverwaltung und für intern erstellte Leistungen vorwiegend mit dem Ziel einer Kosteneinsparung und damit auch der Personaleinsparung verfolgt werden.

Für den Einzelhandel wurden Apotheken untersucht, da hier die Wirkungen des Mikroelektronikeinsatzes nicht überlagert werden durch eine Änderung der Verkaufsbedingungen (Bedienungshandel).

Die neuen IuK-Techniken in den Apotheken sind in der Regel in den Verkaufsvorgang einbezogen. Hier erlangen sie ihre wesentliche Bedeutung. Meist ist die Buchhaltung (bzw. das Rechnungswesen) schon seit etlichen Jahren an ein Servicebüro ausgelagert und wird daher von den Befragten nicht als Anwendungsbereich begriffen.

Grundsätzlich gehen die Apotheken davon aus, durch Einführung eines Warenwirtschaftssystems ihre Fixkosten senken zu können. Kurzfristig stehen dabei Lagerhaltungskosten im Vordergrund, auf mittlere Sicht auch Personalkosten. Die Regel lautet: Der Computer ersetzt uns einen halben Mann. Allerdings signalisieren die häufigen Enthaltungen auf die Frage, ob die Technikanwendungen eher auf Kosteneinsparungen oder auf neuartige Leistungen zielen, daß diese Ziele bei der Implementierung von Warenwirtschaftssystemen nicht alternativ, sondern gleichzeitig verfolgt werden.

2.6.3 Ingenieur- und Architekturbüros

In erster Linie zielt die Technikanwendung in Ingenieur- und Architekturbüros auf Kosteneinsparungen. Man will die Aufträge rationeller und produktiver abwickeln, die Leistungen besser und gründlicher dokumentieren können. Wenn Routinearbeiten einmal informatisiert sind, ergeben sich in der Regel auch Möglichkeiten, bisher nicht übliche neuartige Leistungen anzubieten und zu erbringen. Mit Netzplantechniken kann das Projektmanagement optimiert werden. Mehr Zeit kann dann darauf verwendet werden, Alternativen "durchzuspielen" und diese dem Kunden zu präsentieren. Der Kunde kann aktiver werden, kann sich beispielsweise über Datenaustausch fortlaufend in die Leistungserbringung einschalten. Damit kann es zu einem kontrollierenden Einfluß kommen, der die Abhängigkeit der Ingenieur- und Architekturbüros von den Kunden verstärkt. Zugleich kann die Einbindung des Kunden aber auch zu einer Stärkung der eigentlichen und wesentlichen Aufgaben von Ingenieur- und Architekturbüros, der Kompetenz zur Lösung von Problemen, führen.

2.7 Wirkungen des Mikroelektronikeinsatzes auf die Leistung der Unternehmen

Im nachhinein hat sich der Technikeinsatz im Urteil der befragten Betriebe in erster Linie auf die Verbesserung des Service gegenüber den Kunden ausgewirkt. Nur einige wenige Betriebe sehen die wichtigste Wirkung in der Veränderung der Produkt-/Leistungspalette oder in der Personaleinsparung. Immerhin ein knappes Drittel kann sich nicht entscheiden und bewertet alle drei Wirkungen gleichgewichtig (Tabelle 2.2).

Die Schwellenanwender erwarten durch die Nutzung neuer IuK-Techniken vor allem eine Service-Verbesserung, Kontrollmöglichkeiten, Qualitätssteigerungen sowie die Möglichkeit, neuartige Leistungen zu erbringen. Deutlich verhaltener sind ihre Erwartungen hinsichtlich ökonomischer Effekte (Tabelle 2.3).

Tabelle 2.2: Wichtigste Wirkung der Technikanwendungen
- Banken und Nicht-Banken - *

	Banken	Nicht-Banken
Veränderung der Produkt-/ Leistungspalette	3 %	4 %
Möglichkeit, mit weniger Arbeitskräften auszukommen	7 %	12 %
Verbesserung des Service gegenüber den Kunden	58 %	51 %
Alles gleich wichtig	32 %	28 %
Keine Angabe	-	5 %
	100 %	100 %

* Diese Trennung wurde vorgenommen, weil Banken in der Betriebsbefragung überrepräsentiert waren und es sich zudem zumeist um Betriebe von größeren Unternehmen handelt.

Quelle: Betriebsbefragung 1987.

Tabelle 2.3: Erwartete Wirkungen der Nutzung neuer IuK-Techniken auf die betriebliche Leistung (in % der Nennungen)
- Schwellenanwender -

Serviceverbesserung	97 %
Kontrollmöglichkeiten	83 %
Qualitätssteigerungen	70 %
Neuartige Leistungen	55 %
Gewinnsteigerung	45 %
Kostensenkung	40 %
Umsatzsteigerung	27 %
Summe (Mehrfachnennungen)	417 %

Quelle: Betriebsbefragung 1987.

Tabelle 2.4: Eingetretene und erwartete Wirkungen des Technikeinsatzes auf die Qualität der Produkte/Leistungen
- Banken, Nicht-Banken, Schwellenanwender -

	Eingetretene Wirkungen		Erwartete Wirkungen
	Anwender		
Produkte sind/werden:	Banken	Nicht-Banken	Schwellen-anwender
- billiger	19 %	11 %	14 %
- schneller lieferbar	85 %	69 %	33 %
- variabler, d.h. kleinere Losgrößen	13 %	9 %	14 %
- in mehr Variationen lieferbar	40 %	23 %	19 %
- den Kundenwünschen flexibler angepaßt	63 %	46 %	33 %
- zeitunabhängiger lieferbar	33 %	15 %	17 %
- termingerechter lieferbar	39 %	33 %	28 %
- standardisierter	25 %	18 %	31 %
- weniger fehlerhaft	55 %	53 %	42 %
Summe (Mehrfachnennungen)	372 %	277 %	231 %

Quelle: Betriebsbefragung 1987.

Die Produkte bzw. Leistungen der Anwender neuer IuK-Techniken sind - werden Vorgaben abgefragt - im Urteil der Mehrheit der Betriebe schneller lieferbar und weniger fehlerhaft sowie den Kundenwünschen flexibler angepaßt (Tabelle 2.4). Vielfältigere Änderungen haben sich für Banken als für Nicht-Banken ergeben. Die Werte für die Schwellenanwender lassen eine deutlich reservierte Erwartungshaltung an Qualitätsveränderungen erkennen. Offensichtlich besteht hier eine geringere Komplexität der Dienstleistungen bzw. der Anwendungsmöglichkeiten.

3. Zwischen- und innerbetriebliche Diffusion von Mikroelektronik

3.1 Kriterien des Diffusionsprozesses in den einzelnen Branchen

Generell gehören all jene Betriebe des privaten Dienstleistungsgewerbes überdurchschnittlich häufig zu den Frühanwendern computergestützter Techniken, in denen Massen von Informationen erhoben, bearbeitet und vermittelt werden müssen. Diese Aufgaben fallen im gesamten Arbeitsablauf an, sind hochstandardisierbar und haben Bedeutung sowohl innerbetrieblich (Büroautomation) als auch kundenorientiert (Vernetzung). Hier ist in erster Linie an die Kreditinstitute bzw. Banken, Sparkassen, Bausparkassen u.ä., die Versicherungen und große (Groß- und Einzel-) Handelsunternehmen zu denken (Tabelle 3.1).

Zu den Frühanwendern zählen darüber hinaus aber auch häufiger Großunternehmen unterschiedlichster Branchen, die zu ihrer Leistungserstellung keine Massenverarbeitung von Informationen benötigen und in ihren Kerntätigkeiten auf distributive oder konsumbezogene Dienstleistungen konzentriert sind: Sie sind ab einer bestimmten Betriebsgröße im verwaltungsinternen Bereich (Eigenverwaltung) häufig schon frühzeitig mit Datenverarbeitung und anderen neuen Bürotechniken ausgestattet (z.B. Speditionen, Reiseveranstalter, Hotels, Verlage etc.). Sie wenden dann aber auch bald diese neuen Techniken an, um den intensiven Informationsaustausch mit der Außenwelt zu standardisieren und zu managen.

Die Frühanwender neuer IuK-Techniken verschaffen sich gegenüber Spätanwendern Vorteile auch durch qualifizierte Erneuerung ihrer Ausstattung und ihres Personals im Zeitverlauf. Dabei konnten sie Erfahrungen mit den neuen Techniken gewinnen, ihre Effektivität für verschiedene Anwendungsbereiche erproben, Soft- und Hardware organisch aufeinander abstimmen und Auslastungen ausreizen. Schließlich konnten sie sich mit technologisch qualifizierten Arbeitskräften versehen, ihr bisheriges Arbeitskräftepotential umstrukturieren und entsprechend der Erfahrung optimieren und diese Veränderung der Qualifikationsstruktur auch als

Tabelle 3.1: IuK-Techniknutzung der Betriebe nach der Branchenzugehörigkeit der Unternehmen - in Prozent -

	Comtec-Panel*				Comtec-Retro*	
	1982		1985		1987	
	DV**	IuK-Tech.	DV**	IuK-Tech.	DV**	IuK-Tech.
Gesamt	5,6	8,1	8,2	17,1	10,0	22,4
Verarbeitendes Gewerbe	9,1	14,0	9,9	20,0	10,2	24,3
Bau	2,4	3,0	3,5	6,3	3,8	12,0
Großhandel	12,6	17,6	21,4	39,0	16,4	38,2
Einzelhandel	2,7	4,1	8,4	11,8	9,9	15,4
Verkehr und Kommunikation	6,7	13,7	10,8	25,0	13,0	29,8
Banken	13,3	13,7	62,3	65,3	38,2	44,8
Versicherungen***	1,1	7,4	7,3	14,1		
Private Dienstleistungen (Verlage, Gaststätten etc.)	1,4	2,0	2,5	4,5	3,0	12,9
Freiber. Dienste	6,7	8,9	11,8	18,9	5,8	26,0
Gesundheit, Wissenschaft, Erziehung	3,5	4,6	5,5	13,2	6,4	18,8
Öffentl. Verkehr/gemeinn. Org./ Sozialvers.träger	7,7	11,2	19,9	25,0	21,3	29,5

* Comtec-Panel-Daten basieren auf der gleichen Stichprobe, Comtec-Retro ist eine eigene Stichprobe.

** DV insgesamt oder als Insellösung realisiert oder in speziellen Ausstattungskombinationen, also in Verbindung mit Kommunikations- oder PC-Nutzung.

*** Einschließlich Versicherungsmakler.

Quelle: Comtec.

Akzelerator für die Entwicklung neuer Dienstleistungsangebote im Wettbewerb gegenüber konkurrierenden Spätanwendern nutzen.

Klassische Informationsbearbeiter, wie beispielsweise Makler, Spediteure und teilweise auch Anlageberater, haben sich offenbar relativ spät zum DV-Einsatz entschlossen. Ihnen ist gemeinsam, daß der Computereinsatz erst dann wirklich fruchtbar ist, wenn möglichst alle Unternehmen in einem Markt bzw. die wichtigsten Kunden oder Genehmigungsinstanzen (bei Spediteuren) ebenfalls über entsprechende Installationen verfügen und ein Netz bzw. eine Datenbank aufbauen können.

Kleineren Unternehmen fallen solche Investitionsentschlüsse offenbar schwerer als Großunternehmen. Die hohe Investitionsschwelle beruht nicht allein auf der erforderlichen Vernetzung, sondern auch auf den vergleichsweise hohen Investitionssummen.

Diesen Investitionssummen steht auf der anderen Seite auch ein hohes Rationalisierungspotential gegenüber, das die auf den jeweiligen Märkten tätigen Unternehmen teilweise schon als Frühanwender wahrnehmen, wenn entsprechende Betriebsgrößen, herausgehobene Marktstellung und/oder expansive Marktstrategie - Kapitalausstattung sowie Kapitalertrag vorausgesetzt - dies zulassen oder ermöglichen (z.B. Großmakler).

In anderen Branchen fällt zwar ebenfalls die Verarbeitung vieler Informationen an. Im Unterschied zur ersten Branchenkategorie erlangen etwa bei Finanzdienstleistern, Unternehmensberatern, Ärzten, Rechtsanwälten, Architekten u.a. die Erhebung und Vermittlung von Informationen in der Regel nur vor- oder nachgelagert zur eigentlichen Kerntätigkeit Bedeutung. In erster Linie stehen hier personale, nicht oder nur wenig standardisierbare Dienstleistungen (Humandienste) im Zentrum des Arbeitsablaufs. Die Dienstleistungen sind auf individuelle Anforderungen bezogen und verlangen qualifizierte bzw. spezialisierte Tätigkeiten.

Abseits dieses Bereichs ist die Anwendung neuer Techniken im internen, aber vom Kerndienst gesehen, peripheren Verwaltungsbereich heute schon verbreiteter und nimmt zu. Wegen des großen Unterschieds zwischen Kerntätigkeit und "Overhead"-Tätigkeiten wird die Entscheidung zur Rationalisierung der Eigenverwaltung relativ rasch getroffen. Allerdings tendieren einige dieser Branchen, insbesondere ab einer bestimmten Betriebsgröße, zur Nutzung von IuK-Techniken auch im Kernbereich der Dienstleistung. Hier ergeben sich durch Vernetzungen, Dezentralisierungen und branchenspezifische Software-Applikationen neuartige Dienstleistungsangebote (Produktinnovationen).

Bei den professionellen Diensten (genauso wie in den Banken) wird die Produktion der Dienstleistungen oft von sogenannten Expertensystemen unterstützt. Dies gilt beispielsweise für die Einkommenssteuerfolgen bestimmter Finanzanlagen oder bei der Ermittlung von Gesamtrenditen von bestimmten Portefolios im Zeitablauf. Durch die neuen Technologien sind bestimmte Formen von Beratungen überhaupt erst möglich geworden, d.h. hier handelt es sich um Produktinnovationen. Der ganze Bereich der internationalen Kapitalanlagen, zu dem jeweils noch Wechselkursschwankungen, Zinsdifferenzen, Terminmarktkurs u.ä. hinzukommen, ist in seiner heutigen Form ein Produkt der neuen Technologien, weil die jeweils erforderlichen Optimierungsrechnungen bei der Entscheidung und Verwendung von Kapital nur mit Computern und gestützt auf entsprechende Programme möglich sind.

Bei "intelligenten, innovativen" Unternehmen wie Software-Entwicklungsbüros, Ingenieurbüros etc. ist in der Regel ein "vernünftiger" Technikeinsatz Voraussetzung. Allerdings lassen sich hier klare Bereiche abstecken: Zu den Frühanwendern in ihrer Branche gehören besonders Unternehmen, die überwiegend für andere Unternehmen arbeiten, teilweise Arbeiten übernommen haben, die von einem anderen Industrieunternehmen ausgelagert worden sind (z.B. Ingenieurbüro oder Werbeagentur). Später kommen Unternehmen dazu, die nicht oder weniger stark in solche Satellitensysteme eingebunden sind.

Eine dritte Kategorie von Branchen - private Dienstleistungen - nutzt die neuen IuK-Techniken (ebenfalls in Abhängigkeit von der Größe der Betriebe) nur in geringem Maße im internen Bereich der Verwaltung. Beispiele hierfür sind Theater, Friseure, Fahrschulen, Wäschereien, Hotels, Restaurants u.ä. In vielen dieser Branchen sind die meisten Betriebe wegen ihrer geringen Beschäftigtenanzahl - Ausnahmen sind also die größeren Betriebe -, ihrem kleinen Kundenkreis sowie ihrem geringen betrieblichen Output noch nicht Nutzer neuer IuK-Techniken. Branchenspezifische Applikationen sind hier noch selten, da sie in der Regel eine bestimmte Betriebsgröße, professionelle Marketing-Strategien und damit Organisationsbedarf voraussetzen.

Die Diffusion von neuen IuK-Techniken in den Büros des privaten Dienstleistungssektors ist nach Branchen unterschiedlich. Während die Kategorie der Branchen mit Massenverarbeitung von Informationen in der Regel bereits seit den 70er Jahren, gelegentlich auch seit den 60er Jahren, über Datenverarbeitung und seit den frühen 80er Jahren über Textverarbeitung und Telekommunikationsmedien verfügt, hat die Diffusion in der zweiten Kategorie (professionelle Dienstleister mit hohem Anwendungspotential) und mit zeitlichem Abstand in einigen privaten Dienstleistungs-Branchen der dritten Kategorie - bis auf die Ausnahmen der Großunternehmen - erst zu Beginn der 80er Jahre eingesetzt. Hier wurden bzw. werden häufig noch elektronische Schreibmaschinen (mit und ohne Speicherkapazität) und Telex-Geräte eingesetzt, bevor die Entscheidung für eine Datenverarbeitungsanlage sowie Textverarbeitungssysteme und Fernkopierer heranreift. Die Buchhaltung und die

Adresskarteien sind bis dahin häufig über Rechenzentren oder kommerzielle Datenverarbeitungsunternehmen (z.B. Datev) ausgelagert.

Die Größe der Unternehmen entscheidet in der Regel mit darüber, ob sich die Erbringung der betrieblichen Leistung mittels neuer Techniken effektivieren oder steigern läßt. Spezifische Vorteile bietet die Computertechnik aber auch besonders den Mehrbetriebs-Unternehmen. Filialen und Töchter von Unternehmen übernehmen häufig Hard- und Software der Zentralen und werden zunehmend über Stand- oder Postwählleitungen an die Zentralen angebunden. Dadurch können Filialbetriebe auch mit kleiner Mannschaft zu den technisch intensiv ausgestatteten Betrieben zählen und Wettbewerbsvorteile erlangen.

Bei Einbetriebs-Unternehmen dagegen besteht erst mit zunehmender Größe die Neigung, neue Techniken zu installieren, wenn mit diesen betriebsinterne Verwaltungsleistungen effektiviert werden können. Geringere Bedeutung hat die Größe des Unternehmens dann, wenn der Kernbereich ganz oder im Grundsatz ebenfalls standardisierbar ist, d.h. wenn die neuen Techniken die Erstellung der Dienstleistungen selbst fördern, indem Leistungen aufgrund der Anwendung neuer Techniken auch diversifiziert werden können bzw. neue Leistungsangebote möglich werden (Produktinnovationen), und nicht nur der internen Rationalisierung/Effektivierung dienen (Prozeßinnovationen). Allerdings stellen die immer noch hohen Aufwendungen für die Hardware und die steigenden Aufwendungen für die geeignete Software auch für viele in diesem Sinne geeigneten Betriebe eine hohe Investitionsschwelle dar.

3.2 Innerbetriebliche Diffusion

Im Dienstleistungssektor sank die Zahl der installierten Terminals in Anwenderbetrieben von durchschnittlich 5,7 in 1982 auf 3,8 in 1985. Dagegen stieg sie im Verarbeitenden Gewerbe von 6,5 auf 9,3 an. Dies läßt vermuten, daß sich im Dienstleistungssektor eher eine Tendenz zur PC-Nutzung ergibt, während sich im Verarbeitenden Gewerbe ein Trend zur intensiveren DV-Nutzung abzeichnet. (PCs werden in der Comtec-Datenbasis gesondert von Terminals gezählt.)

Die folgende Tabelle (Tabelle 3.2) zeigt die Zahl der Terminals pro Angestellten nach Branchen und Betriebsgrößenklassen für 1982 und 1985. Die Betriebsgrößenklassen sind dabei über die Zahl der Angestellten definiert. Die Abnahme der Quote "Terminal pro Angestellten" in kleinen Betrieben läßt sich dadurch erklären, daß Frühanwender mit einer besonders intensiven Grundausstattung "eingestiegen" sind. Im Verkehrsbereich, besonders in Speditionen, ist die verstärkte PC-Nutzung für den Rückgang der Quote verantwortlich. Zunahmen gab es dagegen bei Banken, bei Freiberuflern und auch im Verarbeitenden Gewerbe. Dabei werden in den Anwenderbetrieben unterschiedlich intensive Nutzungen sichtbar: In den kleinen Betrieben des Großhandels ist mit 0,7 Terminals pro Angestellten eine Sättigungsgrenze erreicht, da unter Einbeziehung der Teilzeit- und Hilfskräfte fast jedem Angestellten ein Terminal zur Verfügung steht. In Banken und Versicherungen ist inzwischen jeder dritte Arbeitsplatz mit einem Terminal ausgestattet. Dabei ist jedoch zu berücksichtigen, daß Kassenterminals von mehreren Angestellten gleichzeitig genutzt werden können, so daß die Zahl der Anwender deutlich höher sein dürfte als die Zahl der Workstations.

Tabelle 3.2: Terminals pro Angestellten nach Branchen und Größenklassen 1982 und 1985 - in Anwenderbetrieben -

	1-9 Angestellte		10-99 Angestellte		100 u.m. Angestellte	
	1982	1985	1982	1985	1982	1985
Insgesamt	0,90	0,41	0,15	0,16	0,07	0,13
Verarbeitendes Gewerbe	0,19	0,31	0,10	0,17	0,06	0,15
Bau	-	0,30	0,08	0,12	0,03	0,06
Großhandel	1,60	0,73	0,20	0,19	0,07	0,14
Einzelhandel	0,25	0,25	0,10	0,13	0,04	0,06
Verkehr	0,33	0,28	0,21	0,15	0,02	0,03
Banken/Versicherungen	0,28	0,35	0,13	0,28	0,17	0,32
Private Dienstleistungen	0,50	0,43	0,22	0,24	0,11	0,15
Freiberufliche Dienstleistungen	0,27	0,42	0,20	0,29	0,00	0,10
Sonstiges	-	0,34	0,29	0,09	0,07	0,06

Quelle: Comtec.

Der Zuwachs der Terminalisierung gerade bei den Banken auf inzwischen ein Drittel der Arbeitsplätze ist darauf zurückzuführen, daß in verstärktem Umfang nicht nur Kassen-Terminals, sondern auch Berater-Terminals eingeführt werden, die unmittelbar im Kundenkontakt genutzt werden können.

Bei den Freiberuflern, also Ärzten, Rechtsanwälten, Steuerberatern, Architekten etc., läßt sich ebenfalls ein Trend zur terminalunterstützten Arbeit an jedem Angestellten-Arbeitsplatz nachweisen. Die Ausstattung von mittlerweile jedem 2,5ten

Arbeitsplatz in kleinen Anwenderbetrieben zeigt auch hier ein erhebliches Potential in der Veränderung der Qualifikation bzw. der Anforderung an die hier beschäftigten Arbeitskräfte.

Ausgenommen von dem beeindruckenden Trend zur Terminalisierung der Arbeitsplätze in den Anwenderbetrieben sind bislang der Einzelhandel, der Bau sowie auch der Verkehrsbereich, wo es zwischen Großanwendern, wie z.B. Einzelhandelsketten, und Schwellenanwendern auch in der Marktabgrenzung erhebliche Differenzen gibt. Im Einzelhandel wird gerade bei Neugründungen von Beginn an ein Terminal bzw. teilweise sogar ein PC eingesetzt, um das Bestellwesen abzuwickeln. Mit breiter Einführung von Breitbandnetzen der Post wird es auch hier bei den Survivor-Betrieben zu einer erheblichen Beschleunigung der Diffusion kommen.

Präzisen Aufschluß über die Zahl bzw. den Anteil der Workstations an allen Angestellten-Arbeitsplätzen - also in Anwender- und in Nicht-Anwenderbetrieben - gibt die Tabelle 3.3. Sie zeigt die Zahl der Angestellten 1982 und 1985 insgesamt und stellt diesem Wert die Zahl der an Terminals, am PC oder an Textverarbeitungssystemen (Workstations insgesamt) Beschäftigten gegenüber. Während 1982 erst gut 2% der Angestellten an Workstations gearbeitet haben, waren es 1985 bereits knapp 9%. Bezüglich der Branchen bestätigt sich: Banken und Großhandel sind Vorreiter bei der Nutzung von IuK-Techniken.

Die innerbetriebliche Diffusion hängt davon ab, wie stark die Organisation des Betriebes bzw. die Arbeitsplatzprofile bereits zum Zeitpunkt der Einführung auf den DV-Einsatz vorbereitet waren. Stehen formalisierte Tätigkeiten im Mittelpunkt des betrieblichen Interesses - wie z.B. bei Versicherungen, Reisebüros oder im Großhandel -, sind die Arbeitsstrukturen relativ leicht in DV-Systematiken zu übertragen.

3.3 Anwendungsbereiche

Bei den Anwendungen - also den DV-unterstützten Tätigkeiten - dominiert der kaufmännische Bereich. Die Comtec-Nacherhebung zeigte für den Dienstleistungsbereich folgende Reihenfolge des Einsatzes von DV:

1. Finanzen/Buchhaltung
2. Sonstige kaufmännische Bereiche
3. Unterstützung der Geschäftsleitung bei Führungs- und Managementaufgaben
4. Verkauf/Vertrieb
5. Kundendienst
6. Rechenzentrum
7. Lager.

Tabelle 3.3: Anteil der Angestellten, die an DV- oder Text-Endgeräten arbeiten - nach Branchen 1982 und 1985 -

	Angestellte insg.*	an Terminals	an PCs	an Textsystemen	Anwender insg.
1982					
Verarbeitendes Gewerbe	2.843.533	72.020	5.291	7.290	3,0 %
Bau	420.071	1.695	823	-	0,6 %
Großhandel	1.007.537	88.290	23.645	1.028	11,2 %
Einzelhandel	1.630.819	6.876	1.366	987	0,6 %
Verkehr	984.129	6.120	635	-	0,7 %
Banken/ Versicherungen	884.759	23.136	2.280	1.188	3,0 %
Private Dienstleistungen	1.033.759	5.304	2.058	666	0,8 %
Freiberufliche Dienstleistungen	1.387.417	19.449	2.087	437	1,6 %
Sonstiges	4.181.381	34.447	19.888	3.750	1,4 %
1985**					
Verarbeitendes Gewerbe	3.051.054	305.011	32.182	28.132	12,0 %
Bau	475.095	9.324	5.603	485	3,2 %
Großhandel	1.114.034	138.173	42.271	10.670	17,2 %
Einzelhandel	1.858.381	61.215	12.565	5.320	4,3 %
Verkehr	1.005.717	28.685	3.267	1.955	3,4 %
Banken/ Versicherungen	923.651	218.645	7.301	8.358	25,4 %
Private Dienstleistungen	1.175.681	16.951	3.938	706	1,8 %
Freiberufliche Dienstleistungen	1.590.843	102.308	40.830	29.872	10,9 %
Sonstiges	4.429.667	149.518	97.052	14.967	5,9 %

* Die Angestelltenzahl ergab sich analog der Comtec-Survivor-Analyse mit der Gewichtung auf Basis des Jahres 1984. Deshalb weichen die Absolutzahlen von den Werten ab, wie sie in der Beschäftigtenstatistik aufgeführt sind. Zur Anteilsbildung mußten jedoch die ermittelten Anwender den im Comtec ermittelten Angestellten gegenübergestellt werden.

** Bezogen auf Survivor-Betriebe.

Quelle: Comtec.

Neue IuK-Techniken werden also in den Büros des privaten Dienstleistungssektors häufig zuerst im verwaltungsinternen Bereich eingesetzt und angewandt. Dabei fungieren erprobte und daher risikolose Implementierungen im Bereich der Buchhaltung (einschließlich Lohn-, Finanz-, Kreditor- und Debitorenbuchhaltung) als Einstieg. Wenn dieser Bereich ausgelagert ist, wird er gelegentlich aus Kostengründen wieder in den Betrieb integriert. Daneben finden erste Anwendungen der Aufbau von Kunden- und Waren- bzw. Objekt-Dateien sowie die Korrespondenz (Tabelle 3.4).

Häufig sind die nächsten Schritte, die Auftragsbearbeitung und Auftragsverwaltung über EDV zu standardisieren, um sich ansatzweise ein Informationssystem (Erfassung aller betrieblich anfallender Daten) aufzubauen. Mit diesem werden auch Statistiken erstellt und die Kontrolle der Leistungen nach Produkt- und Warengruppen, gegebenenfalls nach Filialen und Abteilungen sowie nach Mitarbeitern organisiert. Schließlich ergeben sich hiermit in der Regel neue Gestaltungsmöglichkeiten in der Kundenbetreuung (einschließlich fortlaufender Angebote/Spezialofferten).

Neuerdings werden über Personal Computer computerunterstütztes Be- und Verarbeiten von Informationen bis hin zum präsentationsreifen Ausdruck per Laserdrucker (Desk-Top-Publishing) möglich und bereits z.B. in Unternehmensberatungen und Werbeagenturen genutzt. In den letzten zwei bis drei Jahren werden vermehrt zusätzliche Personal Computer für Spezialaufgaben (Kalkulationen, Statistiken, Präsentationsunterlagen) eingesetzt. Im Kundendienst werden Portables genutzt.

Unternehmen mit mehrjähriger Erfahrung in der Anwendung neuer IuK-Techniken gehen vermehrt dazu über, ihre Software selbständig ihrem Bedarf anzupassen. In der Regel werden dabei Bausteine vorhandener Programme hinsichtlich der Aspekte Bedienerfreundlichkeit und Fehlerausschlüsse umgeschrieben.

Über innerbetriebliche Vernetzungen (wodurch unter anderem auch die Textverarbeitung zentralisiert wird) und die Vernetzungen mit Filialen, Zentrale, Zulieferern und Abnehmern sowie Stammkunden werden in den Betrieben zunehmend neue Qualitäten der Anwendung der neuen IuK-Techniken implementiert (vom Automations- zum Informations- und Kommunikationsinstrument). Bis dahin dominierten Insellösungen, teilweise sogar nicht-kompatible Installationen; interne und externe Kommunikationen liefen auf traditionellem Wege (Telefon, Face-to-Face).

An neueren Entwicklungen werden verfolgt:

- die Integration von Datenverarbeitung, Textverarbeitung und Nachrichtentechnik an multifunktional eingerichteten Arbeitsplätzen,
- die Möglichkeit des Informationszugriffs und -austausches zwischen einzelnen Arbeitsplätzen,

Tabelle 3.4: Technikanwendungen nach Funktionsbereichen (in %)
- Anwenderbetriebe -

		Branchen				
	Alle Betriebe (n=238)	Banken (93)	Fin* (56)	GH/Sp* (29)	Rm* (25)	I/A* (16)
Eigenverwaltung						
Buchhaltung/Rechnungswesen	79	85	70	97	88	100
Kalkulation	40	47	27	63	12	50
Statistiken	68	79	51	83	68	25
Personalwesen	51	61	35	60	44	44
Organisation/Koordination	38	53	33	17	32	13
Leistungen und Abwicklung						
Beschaffung	14	9	-	20	48	13
Archiv/Datenbank	34	34	36	20	44	13
Lager	11	7	4	30	4	-
Warenwirtschaftssystem	11	11	2	20	4	6
Schreiben/Korrespondenz	65	65	84	37	60	94
Informationsaustausch	34	49	20	23	56	13
Bestellungen/Bestellannahme	19	8	2	43	72	-
Kundenkontakte/Kundenbetreuung	57	77	50	33	68	25
Beratung	54	87	31	7	80	19
Kundenbuchführung	49	72	33	43	40	6
Logistik	10	9	2	43	4	-
Marketing						
Akquisition	42	60	50	17	32	19
Kundenbetreuung im Außendienst	26	36	31	23	8	13
Präsentation	21	24	31	10	12	25
Werbung/Medien	16	19	20	10	12	6
Verkaufsförderung	31	38	33	20	40	6

* Fin = Finanzdienstleiter
GH/SP = Großhandel/Spedition
Rm = Reisemittler
I/A = Ingenieur-/Architekturbüros

Quelle: Betriebsbefragung 1987.

- der dezentrale Zugriff auf das Leistungsangebot der zentralen Anlage über die technische Verbindung von Systemen untereinander und/oder von Systemen mit zentralen Datenanlagen bzw. Datenbanken,
- die dezentral nutzbare Computer-Leistung an jedem Arbeitsplatz mit spezifischen Anforderungen - auch für gering strukturierte Tätigkeiten mit individueller Aufgabenorientierung.

Etwa jeder vierte Betrieb verzeichnet in den letzten Jahren keine wichtige Neu- oder Reorganisation seiner Technikausstattung. Die meisten Betriebe erneuerten ihre Hardware oder installierten erstmalig neue IuK-Techniken. Im Urteil der Betriebe ging es dabei vorrangig um eine verbesserte Leistungsfähigkeit; Banken statteten häufiger als Nicht-Banken mehr bzw. alle Büroarbeitsplätze mit dem Zugang zu neuen Techniken aus. Etwa jeder dritte Betrieb - auch hier häufiger Banken als Nicht-Banken - war mit der Integration verschiedener IuK-Techniken bzw. mit Vernetzungen beschäftigt (Tabelle 3.5).

Tabelle 3.5: Richtung der Neu-/Reorganisation von Technikanwendern
- Banken und Nicht-Banken -

Richtung der Neu-/Reorganisation	Banken (n=93)	Nicht-Banken (n=145)
Ausstattung mit mehr bzw. allen Büro-Arbeitsplätzen mit Technik	70 %	45 %
Verbesserte Leistungsfähigkeit/Schnelligkeit	82 %	84 %
Integration von Text-, Datenverarbeitung und Kommunikation	40 %	28 %
Dialogverkehr zwischen einzelnen Arbeitsplätzen	26 %	4 %
Innerbetriebliche Vernetzungen	26 %	15 %
Vernetzungen mit Zulieferunternehmen		10 %
Vernetzungen mit Zentrale/Filialen	33 %	9 %
Anschluß an Datenbanken	26 %	13 %
Summe (Mehrfachnennungen)	303 %	208 %

Quelle: Betriebsbefragung 1987.

3.4 Diffusion in ausgewählten Branchen

3.4.1 Banken

Von den befragten Banken waren praktisch alle mit Informations- und Kommunikationstechniken ausgestattet. 63% verfügten über Textverarbeitungssysteme und 97% über Terminals sowie 68% über PCs. BTX nutzten bereits 47%, 42% verfügten über Datex-L- oder Datex-P-Leitungen und 62% über HFD-Mietleitungen. Damit sind Banken bezüglich ihrer technischen Ausstattung einer der innovativsten Sektoren im Dienstleistungsbereich insgesamt.

Am Beispiel der Sparkassen läßt sich die Diffusion von Realzeitinstallationen anschaulich zeigen: Innerhalb von zehn Jahren (1973 - 1983) stieg die Anwenderquote von 5% auf 97%. Die Zahl der online-Schaltermaschinen stieg im genannten Zeitraum um das Achtfache, die Zahl der Datensichtgeräte nahm dagegen erst Ende der 70er Jahre stark zu. Seit 1983 stieg die Anwenderquote kaum noch, jedoch war noch einmal eine Verdoppelung der Datensichtgeräte (Terminals) zu beobachten (Diffusion nach innen). Die 80er Jahre brachten den Beginn und die rasche Ausbreitung der Kundenselbstbedienung. Gemessen an der Zahl von rund 45.000 Bankstellen bedeuten jedoch rund 2.500 Geldautomaten (1986) und rund 6.300 Kontostandausdrucker (1986) erst einen Anfang.

Der Übergang zum heutigen System vollzog sich in mehreren Stufen. Schon in den 60er Jahren wurden zur Bewältigung des rasch ansteigenden Zahlungsverkehrs zentrale EDV-Anlagen zur Abwicklung der Kontokorrentbuchungen eingeführt. Antriebskraft war hier die Einführung der bargeldlosen Lohn- und Gehaltszahlungen, die zur Explosion der Datenerfassung der Kontoführungen oder Überweisungen führte. Ohne den Einsatz zentraler Datenverarbeitungsanlagen wäre es nach Auffassung aller befragten Experten nicht möglich gewesen, diese anfallenden Mengen terminsicher und zuverlässig zu bewältigen.

Eine weitere Stufe der Automatisierung und der Einsparung von wertvoller Bearbeitungszeit wurde Anfang der 80er Jahre durch die Einführung der Selbstbedienungsmöglichkeiten im Verkehr mit den Kunden erreicht.

3.4.2 Großhandel/Speditionen

Datenverarbeitung wurde im Großhandel und in Speditionen bereits in den 60er Jahren eingesetzt. Mit Magnetkonten- bzw. Lochkarten-Computern wurden große Mengen an Daten für die Finanzbuchhaltung, die Fakturierung und die Debitorenbuchhaltung, später auch für die Lohnbuchhaltung verarbeitet. Damals waren DV-Anwender vor allem Großbetriebe mit einer großen Kundenzahl und regelmäßigen Bestellungen bzw. Geschäftsvorgängen.

In den 70er Jahren wurde zusätzlich (in der Regel unter Nutzung neuer DV-Anlagen) die Auftragsabwicklung in die Datenverarbeitung integriert, um beim Auftragseingang bereits jene Daten am Terminal zu erfassen, die für das Schreiben von Kommissionier- und Lieferscheinen, für die Fakturierung sowie für Statistiken Bedeutung erlangen. Wenn in den 70er Jahren, besonders in den späten 70ern, erstmalig eine DV-Anlage genutzt wurde, konnten - da Erfahrungen mit der DV nicht vorlagen - in der Regel integrierte Auftragsabwicklungen noch nicht angegangen werden. Hier waren dann weiter isolierte Anwendungen in der Finanz- und Lohnbuchhaltung und in der Fakturierung üblich. Ein zunehmender Teil von Großhandels- und Speditionsunternehmen ließ ihre Verwaltungsarbeit über Rechenzentren abwickeln.

Erst in den frühen 80er Jahren hatten Erstanwender von DV (in der Regel mit Dialogdatenverarbeitung) die Möglichkeit, auf erprobte Software-Lösungen zurückzugreifen und damit relativ umgehend integrierte Auftragsabwicklungen zu implementieren und gleichzeitig erste Schritte - unter Einbeziehung des Lagers - in Richtung eines Warenwirtschaftssystems zu gehen. Auch solche Unternehmen bzw. Betriebe waren jedoch in der Regel zumindest mittelgroß.

DV-Anwender aus den 60er und frühen 70er Jahren hatten bei diesen Schritten den Vorteil, bereits langjährige Erfahrung zu besitzen und somit die besonders bei hoher Artikelanzahl, schnellem Warenumschlag und vielen Kunden komplizierte Bestandsaufnahme und -fortschreibung ohne wesentliche Brüche umzusetzen. Dabei kommt ihnen nicht zuletzt die relativ früh gebundene bzw. entwickelte Qualifikation (häufig mit Kompetenzen zur Software-Entwicklung) ihrer Beschäftigten zugute. Frühe DV-Anwender nutzen vielfach schon seit mehreren Jahren auch andere Informations- und Kommunikationstechniken wie Personal Computer und Textverarbeitungssysteme.

Das Gros der heutigen DV-Anwender unter den Großhandels wie Speditionsunternehmen hat sich jedoch erstmals in den Jahren 1983 und 1984 mit eigener Datenverarbeitung und erst in den Jahren 1986 und 1987 mit Personal Computern für spezielle Aufgaben ausgestattet. Erst in den letzten Jahren gehen die Bemühungen darüber hinaus, partikular und insular Teilbereiche und Teilprozesse der Gesamtleistungen über DV abzuwickeln. Vermehrt geht es um die gezielte Integration aller Instrumente und Bereiche des Betriebsablaufs mittels des Gesamts an Informations- und Kommunikationstechniken, wobei der Datenaustausch mit vor- und nachgelagerten Betrieben, Kunden oder Filialen, also die Kommunikation entlang der Transport- bzw. Handelskette, besondere Bedeutung erhält.

Comtec-Ergebnisse liegen für die Technikausstattung des Großhandels und der Speditionen für die Jahre 1982 und 1985 vor. Danach sind in den Betrieben bzw. Arbeitsstätten des Großhandels und der Speditionen deutliche Diffusionen der Informations- und Kommunikationstechniken festzustellen. So waren im Jahre 1985 39% der Großhandels-Betriebe und fast 48% der Speditionen (einschließlich der Betriebe der Verkehrsvermittlung, also der Reisebüros und Reiseveranstalter) mit zumindest einer dieser Techniken ausgestattet.

Die Betriebsbefragung ergab für die Anwender von IuK-Techniken unter den Großhandels- und Speditions-Betrieben folgendes Bild: 83% waren mit einem PC oder einem größeren Computer ausgestattet, und die gleiche Anzahl hatte Terminals. Mit elektronischen Schreibmaschinen waren 86%, mit Textverarbeitungssystemen 31% ausgestattet. An Telekommunikation existierten zu 76% Telex-, zu 7% Teletexgeräte, jeder dritte Betrieb verfügte über Telefax und jeder fünfte Betrieb über BTX.

3.4.3 Reisemittler

Die Einführung eines Reservierungssystems im Markt der Reisemittler war vor allem eine Frage des Betriebskapitals und der Kooperation aller wichtigen Reiseveranstalter.

Das bedeutendste Reservierungs- und Buchungssystem - genannt Start - wurde Ende 1987 in fast 2.500 Reisebüros genutzt; über HFD-Standleitungen waren dort etwa 5.000 Terminals zur monatlichen Miete angeschlossen. Neben Start gibt es noch einige andere Reservierungssysteme, die aber in der Regel eher als Inhouse-Lösung im Filialsystem eines großen Veranstalters (z.B. ITS, NUR) eingesetzt werden.

Start wurde 1979 durch die Lufthansa, TUI, den marktführenden Reiseveranstalter, durch die Deutsche Bundesbahn und die Veranstalter-Reisebüros abr, Hapag-Lloyd und DER in den Reisebüros zur Reservierung und Buchung ihrer Veranstaltungen implementiert. Mittlerweile können die angeschlossenen Reisebüros neben den Angeboten der Initiatoren (und Eigentümer) auch die Angebote fast aller anderen großen Reiseveranstalter, der Autovermieter, Reiseversicherer oder von Hotels bzw. Hotelketten abfragen, direkt buchen und sich zum größten Teil auch umgehend bestätigen lassen. Darüber hinaus werden über Start auch all jene Anwendungsmöglichkeiten geboten, die der Unternehmensleitung als Informationssystem dienen, wie z.B. die Sammlung von Kundendaten oder Statistiken über Verkäufe/Umsätze nach Leistungsbereichen je Monat.

Seit 1984 wird BTX als ergänzende Technik eingesetzt, das heißt, daß Ende 1987 noch einmal 1.200 Reisebüros mit Agentur-Lizenzen über BTX auf das Start-System zugreifen können. Insgesamt sind BTX-Geräte nach unterschiedlichen Expertenschätzungen in etwa 3.500 bis 4.000 Reisebüros - zusätzlich oder eigenständig - installiert.

Start ist nicht nur ein Informations- und Reservierungssystem, sondern auch ein Drucksystem. Die Druckfunktionen von Start werden sehr intensiv genutzt. Die Zahl der Belege ist mittlerweile (in 1986) auf 37 Mio. angestiegen. Darunter sind 13 Mio. Verkaufsbelege, etwa 6 Mio. Flugscheine, 15 Mio. Fahrkarten, 1,4 Mio. Reisebestätigungen und 1,3 Mio. sonstige Belege.

Durch die zunehmende Ausstattung der Reisebüros mit Start-Terminals wird es für Reiseproduzenten und andere Touristik-Unternehmen immer wichtiger, in diesem Reservierungssystem als Anbieter aufzutreten. So wird trotz Unsicherheiten bei der Kosten-Nutzen-Analyse (die "Einstiegsgebühr" betrug Ende 1987 200.000 DM, die über Gebührenverrechnungen - pro Buchung 10 DM - abgegolten wird) die permanente Verfügbarkeit auf dem Touristik-Markt vorwiegend unter Marketing-Aspekten bedeutsam. Veranstalter, die hier erst spät zu Leistungsträgern im Start-System werden, müssen mit langfristigen Amortisierungen rechnen.

Ohne den Anschluß an ein Rechenzentrum kommt also ein Reisebüro, das sich im Bereich der Vermittlung von Flugreisen bewegt, nicht mehr aus. Auch für Veranstalter bzw. Mittler von Bahn- und Busreisen liegt der Vorteil eines DV-Anschlusses auf der Hand. So ist es nicht verwunderlich, daß in der Betriebsbefragung fast alle Reisemittler bzw. Reisebüros Start-Terminals installiert haben, während nur jedes dritte dieser Unternehmen bzw. dieser Betriebe auch über BTX verfügt. Darüber hinaus nutzen fast alle elektronische Schreibmaschinen und Telex-Geräte. 8% der Betriebe verfügen über einen PC, 13% über einen anderen Computer.

3.4.4 Ingenieur- und Architekturbüros

Der preismäßige Verfall der Hardware sowie die vielfältig standardisierbaren und durch Detail- bzw. Routinearbeiten geprägten Arbeitsvorgänge in Ingenieur- und Architekturbüros wie Planung und Kalkulation, Ausschreibung und Erstellung eines Leistungsverzeichnisses, Prüfen der Angebote, Vergabe, Ausführung, Bauleitung, Konstruktionen, Beratung, Gutachten sowie Abrechnungen haben hier zu einer zunehmenden Nutzung von EDV mit Mikrocomputern bzw. PCs geführt.

Bis 1981 waren erst zwei bis drei Prozent der etwa 20.000 Architekturbüros laut einer Umfrage der Bundesarchitektenkammer (vgl. Deutsches Architektenblatt 1982/5, S. 596) mit EDV ausgestattet. Heute wird geschätzt, daß es mittlerweile an die 15% sind, die in ihrer täglichen Arbeit Computer benutzen. In den Ingenieurbüros ist die Diffusion schon sehr viel weiter fortgeschritten. Hier sind nach Expertenschätzungen etwa 90% aller Büros mit EDV ausgestattet. Büros, die sowohl Architektur- als auch Ingenieuraufgaben übernehmen, sind nach Schätzungen etwa zu 40 - 50% mit Computern ausgestattet.

Der Einstieg in die Computer-Anwendung vollzog sich in den 70er Jahren in größeren Ingenieur- und Architekturbüros in den Bereichen Ausschreibung, Vergabe, Abrechnung. Daneben liefen Spezialprogramme für Konstruktionen und Statik. Computerunterstütztes Zeichnen und Entwerfen (CAD) fand sehr selten Anwendung.

Erst die Miniaturisierung der Hardware, die enormen Preissenkungen sowie die verbesserte Software haben dann Anfang der 80er Jahre zur Anwendung der EDV auch in mittelgroßen und zum Teil auch in kleineren Ingenieur- und Architekturbüros geführt.

Zunehmendes Interesse besteht an preislich günstigen und dennoch hochleistungsfähigen Schreibtisch-Computern für die Textverarbeitung, die Kostenkontrolle und das Projektmanagement. CAD-Lösungen sind für viele in Frage kommende Büros immer noch zu teuer. Allerdings wird der Druck der Klienten der Ingenieur- und Architekturbüros zunehmen, mit CAD zu planen, da z.B. ein auf Band gespeichertes Bauwerk für die Bauverwaltung und eine mögliche spätere Umrüstung wesentliche Vorteile gegenüber Baubestandsplänen bietet.

Nach der Betriebsbefragung verfügt etwa ein Drittel der IuK-Technikanwender unter den Ingenieur- und Architekturbüros über eine Datenverarbeitungsanlage mittlerer Größe, der Rest nutzt einen oder mehrere PCs. Jeder zweite Betrieb hat eine Textverarbeitungsanlage installiert, und ebenfalls gut jeder zweite Betrieb verfügt über Telekommunikationsmedien wie Telex, Teletex oder Telefax.

4. Mikroelektronikeinsatz und Beschäftigungswirkungen

4.1 Funktionsbereichsanalysen in ausgewählten Branchen

4.1.1 Die Veränderung in bankbetrieblichen Funktionsbereichen

In den Fallstudien und Interviews mit Experten wurde anhand von Einzelbeispielen versucht, typische Indikatoren für die Entwicklung des Arbeitskraftbedarfs aufgrund eines spezifischen Technikeinsatzes zu entwickeln.

Nach Auskunft von Experten führt die Einführung der Bildschirmarbeitsplätze insbesondere in den Schalterhallen dazu, daß durch die Rationalisierung der Datenerfassung (Buchungen und Übertragen der Daten) bezogen auf den einzelnen Bildschirmarbeitsplatz etwa 20% bis 30% der Arbeitskräfte hätten eingespart werden können, um das gleiche Geschäftsvolumen zu bewältigen.

Allerdings entstehen solche rechnerischen Einsparungseffekte nicht vollständig an dem unmittelbar betroffenen Arbeitsplatz. Vielmehr entsteht der Rationalisierungseffekt je nach "Vernetzung" an mehreren Stellen im Betrieb. Die befragten Betriebe konnten auf diese Frage nicht präzise antworten.

- Rationalisierungseffekte entstehen auch aufgrund spezieller bzw. partieller technischer Möglichkeiten. So wird z.B. die Zuordnung bestimmter Kontengruppen zu einem Mitarbeiter aufgelockert, wenn sich Bildschirme durchsetzen, bei denen neben Kontostand und sonstigen Informationen auch die Unterschrift auf dem Bildschirm erscheint. Eine solche Informationsanreicherung der Bildschirminformation würde es z.B. ermöglichen, daß etwa bei Auslandsüberweisungen die kontoführende Stelle, der die Unterschrift bisher vorliegt, nicht mehr beteiligt werden muß. Im Schalterbereich werden die Einsatzmöglichkeiten der einzelnen Mitarbeiter flexibler. Dadurch entstehen insgesamt Rationalisierungseffekte, die aber nicht quantifiziert werden konnten. Wie spezifisch die Wirkungen zum Teil sind, macht der Hinweis eines Experten deutlich, nach dem durch den Wegfall des Einsortierens von Buchungsbelegen in Filialen mit sieben bis zehn Beschäftigten pro Tag ein bis eineinhalb Stunden Zeitersparnis entstehen können.
- Komplexer sind die Rationalisierungswirkungen bei zusammengesetzten Arbeitsabläufen wie etwa einer Kreditgewährung. Hier wurde die These vertreten, daß etwa durch die Vereinfachungen bei der Abwicklung eines Immobilienkredites der Arbeitseinsatz um bis zur Hälfte verringert werden kann.

Solche einzelnen analytisch ermittelten Rationalisierungseffekte sind jedoch nicht flächendeckend und nur in einzelnen Instituten bekannt. Außerdem sind diese Angaben über partielle Rationalisierungseffekte nicht gleichzusetzen mit einer tatsächlichen Rationalisierungswirkung. In der politischen Diskussion begegnet man häufig der Vorstellung, daß bei der Einführung neuer Technologien in einer Art Vergleichsrechnung der Einsparungseffekt an Arbeitskräften den Mehrkosten gegenübergestellt werden kann. Danach wird die Rationalisierung aufgrund des Technikeinsatzes in eine entsprechende Personaleinsparung umgesetzt. Tatsächlich sind solche Rationalisierungseffekte oft nicht bekannt, weil sie nicht an der Stelle eintreten, an der die neue Technik am Arbeitsplatz installiert wird. Die Rationalisierungseffekte diffundieren vielmehr durch das gesamte Netz der Arbeitsbeziehungen innerhalb einer Bank (systemische Rationalisierung). Der gesamte Rationalisierungseffekt kann deshalb auch durch die befragten Experten nur schwer abgeschätzt werden, weil solche Verflechtungsanalysen im Bankensektor bislang nicht systematisch durchgeführt werden. Bisher liegen nichteinmal präzise Informationen über die Zahl der in den vorab genannten Funktionsbereichen tätigen Mitarbeiter vor.

Schwierig für die Beurteilung der entstandenen Rationalisierungseffekte ist vor allem die ständige Umorientierung einzelner Arbeitsplätze: Zunehmende Beratungsleistungen, perfektere individuell zugeschnittene Angebote, besserer Service führen de facto dazu, daß entstehende Rationalisierungen im Betrieb "aufgefressen" werden. Die einzig sichtbare Veränderung entsteht durch Qualifikationsveränderungen im "back office".

Die Hinweise auf die zahlreichen verschiedenen partiellen Rationalisierungseffekte machen gleichzeitig deutlich, daß in der Verknüpfung zwischen verschiedenen Elementen und aus der engen Kooperation mit Kunden systemische Rationalisierungseffekte entstehen können. Allein die Tatsache, daß die Informationen über Kunden und Konten ständig verfügbar sind und daß der Informationsaustausch zwischen Arbeitsplätzen und Kunden rascher und umfassender möglich wird, bringt Rationalisierungsgewinne, die sich aus vielen kleinen Zeitersparnissen in der Bearbeitung von einzelnen Vorgängen ergeben.

Besteht erst einmal eine Direktleitung zum Unternehmen, dann können durch Zugriff auf Datenbanken und Nutzung anderer Dienste weitere Einsparungen oder Leistungsverbesserungen entstehen. Eine einmal aufgebaute Kooperation bringt Folgekooperationen. Durch die Vernetzung entstehen in der Tendenz mehr systemische Rationalisierungen und auch - infolge veränderter Arbeitsteilung zwischen den verschiedenen Unternehmen - systemische Innovationen.

4.1.2 Funktionsbereichsanalyse bei Finanzdienstleistern

Anders als beispielsweise Bankfilialen haben Versicherungsagenten oder auch Anlageberater nur einen teilweisen Kontakt zu ihren Kunden. Um diesen nicht abreißen zu lassen, ist eine computerunterstützte regelmäßige Information sinnvoll, um den Kunden "bei der Stange zu halten" und ihn bei Gelegenheit auch über andere Leistungen des eigenen Unternehmens zu informieren. Der Technikeinsatz bringt den Finanzdienstleistern im Hinblick auf die von ihnen angebotenen Leistungen aus den folgenden Gründen erhebliche Innovationsvorteile:

- Sie können die Kunden schneller bedienen.
- Sie können sich stärker der Rundumsachbearbeitung bzw. der Rundumbetreuung des Kunden widmen.
- Sie können auf individuelle Wünsche ihrer Kunden eingehen.

In größeren Unternehmen, also in größeren Anlageberatungsgesellschaften oder bei Versicherungsmaklern, wie in Versicherungsgesellschaften selbst, ließ sich feststellen, daß die Kundensachbearbeiter durch den online-Zugriff auf Datenbanken in die Lage versetzt wurden, einen Teil der bislang im Sekretariat oder im "back office" abgewickelten Arbeiten selbst mitzuübernehmen, ohne daß dadurch ihre eigentliche Qualifikationsanforderung gemindert würde. Daraus läßt sich ableiten, daß die allgemeinen Verwaltungstätigkeiten auch im Bereich der Finanzdienstleistungen eher stagnieren bis abnehmen werden, wohingegen der Bereich der Beratung und der intelligenten Analyse von Informationen stark expandieren wird.

Dadurch ergeben sich veränderte Anforderungen an die Qualifikation: Kundenberater müssen nicht mehr ausgewiesene Wertpapierhändler oder Anlageprofis sein. Vielmehr wird gefordert, daß ein Anlageberater mit breitem Hintergrundwissen ausgestattet ist, das ihm im Kontakt mit dem Kunden einen sicheren Umgang ermöglicht.

Das notwendige Fach- und Systemwissen lernen die Kundenberater in der Regel im training-on-the-job. Auch die Software-Entwicklung läuft darauf hinaus, zunehmend anwenderfreundlicher zu werden und den Beratern möglichst viel technisches Wissen abzunehmen. Unsere Fallstudienpartner erwarteten deshalb auch, daß es in Zukunft nicht mehr im bisherigen Umfang zu Engpaßsituationen bei der Suche nach Kundenberatern kommen wird.

Bezüglich der Arbeitsorganisation ergibt sich aus dieser Veränderung an die Qualifikationsanforderungen eine veränderte hierarchische Struktur:

- Die Berater mit umfangreichem Fach-, Sach- und Systemwissen werden seltener, gleichzeitig für den Betrieb auch wertvoller, da nur mit ihnen zusammen die Software-Entwicklung optimiert werden kann.
- Darunter gibt es aber einen breiten Bereich von Beratern, die zwar hochqualifiziert sind, aber im Prinzip ausführende Tätigkeiten verrichten.

Damit läßt sich für den expansiven Sektor der Finanzdienstleistungen im Trend eine Polarisierung von Qualifikationsanforderungen feststellen.

Die etwa 250.000 nebenberuflichen Agenten werden gegenüber den hauptberuflichen Agenten eher an Bedeutung verlieren, solange sie nicht mit Terminals ausgestattet sind. Weil auf nähere Sicht kaum zu erwarten ist, daß die nebenberuflichen Vertreter den Terminalisierungstrend im selben Umfang betreiben können wie die hauptberuflichen Vertreter, wird hier eine Differenzierung des Geschäfts stattfinden. Während sich die nebenberuflichen Vertreter noch stärker als bislang auf die reine Akquisition und Kontaktvermittlung konzentrieren, werden die hauptberuflichen Vertreter möglicherweise sogar Partner-Agenten von Nebenberuflern. Heute schon boomen sogenannte Terminierungsunternehmen, die nebenberufliche Agenten allein für die telefonische Kontaktherstellung beschäftigen. Den Kontakt selbst übernimmt dann ein hauptberuflicher Agent.

Quantitative Beschäftigungsfolgen, die aus dem Einsatz von IuK-Techniken resultieren, lassen sich in diesem - sich stark veränderndem - Markt nur indirekt ableiten. Offensichtlich geht der Trend dahin, Sekretariatsarbeiten, "back-office-Tätigkeiten" und sonstige "Overhead-Arbeiten" auf den Anlageberater bzw. Makler selbst zu verlagern. Das Kostenstellendenken mündet hier also in eine Konzentration auf Personen. Damit werden Organisationsstrukturen, also die Zurechnung von Kosten und Erträgen, einfacher und klarer. Die Folgen auf das gesamte Niveau der Beschäftigung bleiben jedoch offen, da bisher kaum erkennbar ist, ob aus der genannten Verlagerung quantitative Beschäftigungseffekte entstehen. Auf mittlere Sicht führt allein die verbesserte Erfolgskontrolle und Auslastungssteuerung jedoch zu einer - ceteris paribus - erhöhten Produktivität und damit zu einem eher mit einem negativen Vorzeichen versehenen Beschäftigungseffekt.

4.1.3 Funktionsbereichsanalyse im Großhandel und in Speditionen

Im Vergleich mit anderen Branchen hat sich der Technikeinsatz im Großhandel und in Speditionen in deutlich geringerem Maße auf den Service gegenüber Kunden und Lieferanten ausgewirkt. Immerhin jeder vierte Betrieb sieht überhaupt keine Verbesserungen, und von den zahlreichen Vorgaben ist meist nur ein oder zwei Aspekten der Service-Verbesserungen durch Technikeinsatz im Betrieb zugestimmt worden. Einzig beim Timing bzw. der Termingestaltung sieht ein größerer Teil der Betriebe des Großhandels und der Speditionen als andere Dienstleister eine Service-Verbesserung. Die Beratungsleistungen haben sich dagegen bisher offensichtlich nur bei ganz wenigen Betrieben dieser Branchen durch den Technikeinsatz nachhaltig erhöht (Tabelle 4.1).

Tabelle 4.1: Wirkungen des Technikeinsatzes auf den Service
- Großhandel und Speditionen -

Schnellere/aktuellere Korrespondenz	33 %
Regelmäßige Informationen/mehr Kundenkontakte	23 %
Verbessertes Layout der Korrespondenz/Briefe	20 %
Besseres Timing/präzisere Termingestaltung	37 %
Umfangreichere Beratung	7 %
Mehr Zeit für individuelle Kundenkontakte	10 %
Service konnte nicht verbessert werden	27 %

Quelle: Betriebsbefragung 1987.

Besonders im Bereich der Besorgung von Transport- und Umschlagsleistungen spielt die Kommunikation mit Kunden und Carriern eine erhebliche Rolle. Diese Kommunikation konnte im Zuge des Einsatzes von großen Telefonanlagen, von Telefonspeicheranlagen und einem unmittelbaren Anschluß von EDV- und Telefonanlagen deutlich vereinfacht werden. Das gleiche gilt für die Sammeltätigkeit und die Lagerhaltung sowie die Lagerbesorgung. Zum Beispiel ist es heute über Datenfernübertragung mit PC-Anschluß möglich, eine Zollabfertigung bei der Oberfinanzdirektion Frankfurt bzw. der Bundesanstalt für Gewerbliche Wirtschaft innerhalb eines halben Tages abzuwickeln. Im normalen Postverkehr waren dazu in der Regel zwei Wochen nötig. Entsprechend konnte die notwendige Lagerzeit der beförderten Güter deutlich verkürzt werden, der logistische Aufwand bei den Kunden sank. Die Zusammenarbeit zwischen Carriern und Frachtvermittlern hat sich ebenfalls durch den Aufbau von Informationsnetzen stark vereinfacht. So konnten durch Informationsnetze die Kosten der Kommunikation deutlich gesenkt werden (Telex/Telefax in mehreren räumlichen Stufen). Außerdem bietet ein Informationsnetz den Vorteil, daß ein Frachtvermittler nicht jede Spedition extra kontakten muß, um die günstigste Route für ein bestimmtes Produkt herauszufinden, sondern daß dies über die Leitstelle automatisch ausgeworfen wird.

Diese allgemeinen Rahmenbedingungen am Markt haben dazu geführt, daß die leistungsstarken Speditionen sich jeweils sehr rasch mit der notwendigen Technik ausgerüstet haben, die für den Anschluß an die Informationsnetze bzw. Abfertigungsstellen Voraussetzung war. Trotz der starken Anreize läßt sich jedoch feststellen, daß die Diffusion von Kommunikationstechniken im Bereich der Speditionen relativ langsam vor sich ging. So waren eineinhalb Jahre nach Einrichtung der Zollabwicklung über Datenfernübertragung in Verbindung mit einem PC nur acht internationale Speditionen, und darunter fünf mittelgroße, an dieses System angeschlossen. Gleichzeitig wird aber erwartet, daß innerhalb der nächsten fünf Jahre alle internationalen Speditionen sich an dieses System anschließen werden. Im Bereich des Handels ist der Produktinnovationsanteil am Produktionswert schwer zu schätzen, weil sich nicht die Produkteigenschaften selbst, aber Distribution, Lagerhaltung, Vertriebssteuerung und Sortimentsgestaltung geändert haben.

Am direktesten läßt sich wohl ein Zusammenhang zwischen Produktinnovation und Sortimentsgestaltung feststellen. Mit Hilfe der im Großhandel bei den voll bzw. gehoben ausgestatteten Unternehmen eingeführten Logistik lassen sich Sortimentsbreiten und Sortimentstiefen vorhalten, die das Angebot eines Großhandelsunternehmens deutlich ausweiten. Demzufolge können mehr und andere Produkte vorgehalten und verkauft werden, durch Lager- und Einkaufsoptimierungsprogramme sinkt zudem die Kapitalbindung, und die Produkte sind schneller lieferbar. Damit sind drei wesentliche Eigenschaften für Produktinnovationen erfüllt. Diese Produktinnovationen infolge der im Großhandel eingesetzten umfassenden Logistik machen - so belegen die bei Infratest durchgeführten Fallstudien deutlich - den Großhandel unabhängiger von Kunden und Lieferanten - wie ein Fallstudienpartner sich ausdrückte: "Die Logistik ist heute meine Existenzberechtigung."

Ein Großteil der Arbeitsleistungen im Großhandel und in Speditionen ist stark standardisierbar bzw. Routine. Es handelt sich dabei um die Auftragsannahme, die Bestellung, die Lieferscheinschreibung und Fakturierung, die Rechnungslegung sowie die Buchhaltung. Programme der Auftragsabwicklung erfassen die Aufträge mit einer Kunden- und Artikelnummer sowie der Menge und bearbeiten sie umgehend, so daß die Bestellungen zum jeweils festgesetzten Zeitpunkt und ohne weitere Aufbereitung der Daten erfolgen können. Damit werden teilweise Tätigkeiten in der Auftragsabwicklung hinfällig.

Bei integrierten Warenwirtschaftssystemen, d.h. wenn Lieferanten oder Kunden über Daten- oder Textkommunikationsnetze in die Abwicklung einbezogen sind, entfallen weitere dieser informatisierbaren Tätigkeiten. Betroffen sind bei diesen

Tätigkeiten insbesondere Schreibkräfte, Bürohilfs- und -fachkräfte sowie Kontoristen. Zu Entlassungen bzw. zur Ausnutzung der natürlichen Fluktuation kommt es dabei eher bei niedrig qualifizierten Hilfskräften. Häufig erfolgt eine Personalumschichtung, in deren Verlauf höher qualifizierte Kaufleute eingestellt werden. Grundsätzlich sollen sie vermehrt Aufgaben in der Betreuung und Beratung der Kunden übernehmen, Arbeitsvorgänge, die durch die programmierte Auftragsabwicklung noch wesentlich größere Bedeutung erlangen werden.

Zu Personaleinsparungen kann es vor allem auch durch die Datenfernübertragung kommen. Die bereits in den 70er Jahren einsetzende Ausstattung von z.B. Apotheken und Buchhandel mit Bestellkärtchen-Terminals führte im Großhandel zum Wegfall von Arbeitsplätzen in der Auftragsannahme. Ähnliche Wirkungen gibt es im Großhandel für Nahrungs- und Genußmittel, seit in den letzten Jahren vermehrt mobile Datenerfassungsgeräte im Einzelhandel Einsatz finden.

Im Einkauf und Verkauf wurden in den Betrieben des Großhandels und der Speditionen häufig neue Arbeitskräfte, in der Regel qualifizierte Arbeitskräfte, neu eingestellt. Zudem sind in vielen mittleren und großen Unternehmen aufgrund der Durchdringung der Betriebe mit neuen IuK-Techniken neue Anwendungsgebiete entstanden. Dafür mußten zur Betreuung und stetigen Anwendung neuer Programme auch neue Arbeitsplätze für EDV-Personal geschaffen werden.

Im Urteil der meisten befragten Speditionen und Großhandelsbetriebe hat die Anwendung neuer IuK-Techniken zu Änderungen in der Qualifikationsstruktur der Beschäftigten geführt: DV-Kenntnisse sind ganz allgemein wichtiger geworden und gelten als wichtiges Einstellungskriterium. Für jeden zweiten Betrieb sind Maßnahmen der Weiterbildung notwendig geworden. Einen Wegfall von Arbeitsplätzen mit geringerem Qualifikationsniveau vermerken allerdings nur wenige Befragte: Hier waren es überwiegend Hilfstätigkeiten in der Verwaltung oder im Lager, die Personalumschichtungen ermöglichten.

Durch die Auftragsentwicklung und Warenwirtschaftssysteme sind Teile der Disposition redundant geworden; bisher hier Tätige wurden jedoch vielfach in den Einkauf bzw. Verkauf umgesetzt. Größere Beschäftigungsrückgänge sind - nach den Fallstudien - vor allem im Lager und im Fuhrpark aufgetreten, wenn eine teilweise oder völlige Integrierung dieser Bereiche in die Leistungsabwicklung arbeitsorganisatorisch gelungen war. Durch Einführung logistischer Systeme hat sich das jeweils auf Lager gehaltene Volumen vermindert und die Lagerzeit deutlich verkürzt. Die Kontrolle des Lagers erfolgt in der Regel mit Hilfe von Archivierungssystemen und durch einen Angestellten. Dadurch sind im Lager selbst nur noch Blue-Collars beschäftigt, die für die Beladung der Fahrzeuge und die Rangierarbeiten zuständig sind. Insgesamt ist aus den Fallstudien erkennbar, daß im Großhandel und auch in den Speditionen der Effekt der Produktinnovation den Effekt der Prozeßinnovation überlagert.

Arbeitssparende Rationalisierungseffekte ergeben sich jedoch im vor- und nachgelagerten Bereich, z.B. bei den Kunden der Speditionen durch die Beschleunigung der Lagerumschlagzeiten und die Verminderung des logistischen Aufwandes sowie bei den Carriern durch die Verringerung des Auftragsanfragevolumens und schließlich im Einzelhandel durch die Verminderung des Aufwandes für die Datenfernübertragung.

4.2 Beschäftigungswirkungen infolge von Prozeß- und Produktinnovationen

Durch den Einsatz von IuK-Techniken entstehen in den meisten Fällen Beschäftigungswirkungen. Die Intensität der quantitativen und qualitativen Wirkungen auf die Beschäftigten ist immer davon abhängig, wie groß der qualitative Sprung im Hinblick auf Produktivität, Organisation und Betriebsergebnis ist, der durch den Einsatz der Technik verwirklicht werden kann. Darüber hinaus ist die Qualität und die Spezialität der zur Anwendung kommenden Software neben dem Installationsniveau ein weiteres, die Beschäftigungswirkungen determinierendes Kriterium.

Quantitative Beschäftigungswirkungen können entstehen

- durch schnellere, effektivere, flexiblere Bewältigung der Arbeitsleistung an einer Workstation (bessere Kontrolle, schnellerer Zugriff auf Informationen, geringerer arbeitsplatzinterner Overhead-Aufwand),
- durch Wegfall von Funktionen zwischen vor- und nachgelagerten Workstations (z.B. durch Online-Zugriff von Sachbearbeitern aus verschiedenen Abteilungen auf ein Datenarchiv, durch Implementierung geeigneter Software-Programme, die z.B. Kontrollinstanzen nicht mehr notwendig machen etc.),
- durch geringere Verwaltungsleistungen/Koordinationsleistungen außerhalb der Anwender-Workstations (z.B. Kostenkontrolle direkt am Textverarbeitungs-PC, dadurch Wegfall der externen Kostenkontrolle).

Entsprechend dieser Dreiteilung von Beschäftigungswirkungen werden nicht alle Beschäftigungseffekte direkt sichtbar. Auffallend sind Rationalisierungseffekte an den Anwender-Workstations. Diese Rationalisierungseffekte werden im Hinblick auf die dort beschäftigten Mitarbeiter jedoch häufig dadurch aufgefangen, daß diesen Mitarbeitern zusätzliche Aufgaben überantwortet werden. So entsteht beispielsweise durch die Umstellung eines Sekretariats von normalen elektronischen Schreibmaschinen auf die PC-Textverarbeitung zunächst ein unmittelbarer Rationalisierungseffekt (Prozeßinnovation), da größere Speicherungsmöglichkeiten genutzt werden können, die Disketten flexibler zu handhaben sind als die herkömmlichen Magnetspeicher und Korrekturen erleichtert werden. Gleichzeitig eröffnet die Text-Software bezüglich Umbruch, Bündigkeit des Schreibens und Schreibtyp neue Möglichkeiten (mittelbarer Rationalisierungseffekt).

Damit einher geht aber auch eine Erhöhung der Anforderungen an Briefe bzw. Manuskripte. Die technischen Möglichkeiten schaffen eine stärker differenzierte Nachfrage nach gut gestalteten Texten: In der Folge steigen auch die Anforderungen an die Qualität des Outputs der Sekretariate. Dies läßt sich kaum als echte Produktinnovation bezeichnen. Vielmehr schmälert die veränderte Nachfrage den Rationalisierungseffekt der Prozeßinnovation.

Bei der Umstellung auf PCs können weitere Möglichkeiten der Anlage genutzt werden: z.B. die Unterstützung bei der Terminplanung, der internen Kostenkontrolle oder der Archivierung von Schreiben. Bei voller Nutzung des PCs wachsen den Sekretärinnen in der Regel Tätigkeiten aus dem Bereich der Hilfssachbearbeitung zu. Dem theoretischen Rationalisierungseffekt, der ceteris paribus, also bei exakt gleichem Produkt, entstanden wäre, stehen also eine Reihe von innerbetrieblichen Produkt- bzw. Service-Innovationen bzw. Mehranforderungen oder neue Arbeitsverteilungen gegenüber. Diese lassen den tatsächlichen Beschäftigungseffekt an der Anwender-Workstation in anderem Licht erscheinen.

Beschäftigungseffekte, die außerhalb der eigentlichen Anwender-Workstation entstehen, z.B. aufgrund eines veränderten Kommunikationsnetzes im Betrieb, werden in den Fallstudien selten direkt assoziiert. Wenn sie aber genannt werden, so zeigt sich in der Regel ein deutlicher Rationalisierungseffekt, der meist in betriebsorganisatorische Verbesserungen mündet. So konnten im Zuge der Online-Ausrüstung der Arbeitsplätze in Bausparkassen die Arbeitsbereiche Aktentransport, Aktenbearbeitung und Archiv weitgehend entfallen. Der Rationalisierungseffekt des betriebsinternen Netzes konnte an dieser Stelle unmittelbar funktional zugeordnet werden.

Weniger gut messen und zurechnen läßt sich der Effekt, daß über Online-Zugriff zwei Sachbearbeiter gleichzeitig dieselbe Akte abrufen können. Es entfallen betriebsinterne Organisationstelefonate und Störungen im Arbeitsablauf durch Liegenlassen von Akten, es kommt also zu einem Prozeß der systemischen Rationalisierung. Diesem Rückgang steht gleichzeitig eine Erhöhung der Anzahl der Telefonate mit Kunden gegenüber, die aufgrund der technikinduzierten, flexibleren Produktgestaltung (mehrere Tarife, flexible Wahl bei Bausparverträgen) entstanden ist. Die Innenwirkung der Produktinnovation (neue Tarife) erschwert damit die Meßbarkeit der Prozeßinnovation.

Datenverarbeitung bedingt in der Regel durch die höhere Standardisierung auch eine bessere Organisation der Arbeit an einer Workstation. Die Arbeit wird leichter nachvollziehbar, besser kontrollierbar und einschätzbar. Dadurch könnte die Verwaltungsleistung, die im Betrieb dafür aufgewendet wird, Arbeit zu koordinieren, sinken. In den Fallstudien ließ sich jedoch nachvollziehen, daß die erhöhte Informationsmenge und die erhöhten Kontrollmöglichkeiten auch verbesserte Kontrolle nach sich ziehen (Betriebs- sowie Personaldatenerfassungssysteme). Tatsächlich war jedoch noch sehr selten festzustellen, daß diese Datenerfassungssysteme in voller Breite, also z.B. im Zusammenhang mit Tarifverhandlungen oder individuellen Gehaltsverhandlungen, eingesetzt wurden.

Aufgrund der Komplexität der Beschäftigungswirkungen infolge von Prozeßinnovationen läßt sich deshalb für den Dienstleistungssektor nicht generell ein Rationalisierungspotential infolge von Technikeinsatz ausmachen. Dieses Rationalisierungspotential hängt vielmehr sehr stark davon ab, wie das Installationsniveau aussieht (Art und Zahl der Installationen), welche Applikationen zur Anwendung kommen, in welchem Status der Implementierungsprozeß sich gerade befindet und ob der Betrieb eine optimale Organisationsstruktur im Hinblick auf DV-Einsatz bereits verwirklicht hat.

In der Regel haben die von Infratest untersuchten Betriebe per saldo - also trotz Verlusten von Arbeitsplätzen in einigen Bereichen - eine Beschäftigungszunahme, seltener eine Beschäftigungsstagnation oder eine Abnahme zu verzeichnen. Da zugleich mit der Technikinvestition und ihrer Implementierung eine Expansion der betrieblich erbrachten Leistungen und damit des gesamten Betriebes erfolgte, ließ sich häufig nur ein hypothetischer Beschäftigungseffekt ausmachen. Einsparungen an Arbeitskräften - angenommen, die Geschäftstätigkeit wäre nicht ausgeweitet worden - sind dann speziell in den Bereichen Sekretariat (Dateneingabe, Karteiführung, Korrespondenz), der Buchhaltung sowie der einfachen Sachbearbeitung und in einigen Fällen des beratungsintensiven Verkaufs festzustellen. In diesen Bereichen bewirkt die Anwendung neuer IuK-Techniken deutliche Produktivitätseffekte. Je innovativer ein Betrieb - als Frühanwender und mit offensiver Unternehmens- bzw. Marktstrategie - auf dem Markt agiert, desto eher sind Kompensationseffekte für die in diesen Bereichen tätigen Mitarbeiter wirksam. Sie erhalten dann in der Regel neu definierte Aufgaben und Arbeitsplätze. Die Betriebserhebung ergab zudem, daß es in jedem fünften Betrieb mit der Einführung neuer Techniken zu Neueinstellungen kam, dabei bevorzugt zu Neueinstellungen von qualifizierten Angestellten (12%).

Negative Beschäftigungseffekte ergeben sich aus Technikinvestitionen und damit zusammenhängenden expansiven Entwicklungen von Betrieben jedoch bisweilen für vor- bzw. nachgelagerte Märkte. Aus den Fallstudien sind Beispiele bekannt geworden, in denen durch eine Reintegration früher ausgelagerter Schreibarbeiten oder Buchhaltungsarbeiten andere Unternehmen an Aufträgen verloren haben. Im Verlagsbereich werden durch die Anwendung von Textverarbeitung Setzer von Druckereien "überflüssig". In allen diesen Fällen konnte der Effekt jedoch kaum quantifiziert werden. Zu Personaleinsparungen kam es in knapp jedem fünften Betrieb. Ganz überwiegend wurde dabei die natürliche Fluktuation der Mitarbeiter ausgenutzt. Andererseits gab es Hinweise - so durch Experten -, daß im Zuge der Reorganisation von Industriebetrieben auch bestimmte Arbeiten ausgelagert werden, die sich z.B. auf Verpackung, Konstruktion, Daten- und Textverarbeitung, Wartung, Verpflegung, Marketing etc. beziehen. Hierdurch könnten also auch betroffene Unternehmen ihre Auftragsbestände auffüllen.

Rationalisierungseffekte infolge von Prozeßinnovationen bleiben häufig verdeckt, da gewöhnlich die natürliche Fluktuation genutzt wird. Zugleich werden bei Einstellungen häufig DV-qualifizierte Mitarbeiter bevorzugt, so daß per saldo eine Höherqualifikation des gesamten Personals wahrgenommen wird. Gelegentlich wird in der Implementierungsphase sogar ein höherer Beschäftigungsstand erforderlich, da neben den EDV-Fachleuten die bisherigen Mitarbeiter zu beschäftigen sind, die ihr betriebliches Wissen und ihre Erfahrungen weitergeben müssen, um eine optimale Anpassung der Systeme in den Arbeitsablauf sicherzustellen (Beschäftigungsbuckel). Dieser Buckel wird später - nach Ende des Investitionszyklus - wieder abgebaut. Parallel dazu wird ein Teil der Mitarbeiter neu- und umqualifiziert. Dabei werden einerseits Mitarbeiter in einfachen Fähigkeiten und Kenntnissen für standardisierte, repetetive Bedienungsaufgaben (Dateneingabe, Schreibarbeiten) und andererseits Mitarbeiter in höherwertigen Qualifikationen für komplexe, dispositive Arbeitsaufgaben (Planung, Programmierung, Controlling) ausgebildet. In einigen Fallstudienbetrieben wollten insbesondere ältere Mitarbeiterinnen nicht am Bildschirm arbeiten und haben daher mehr oder weniger freiwillig gekündigt.

Direkte Entlassungen als Folge von Rationalisierungsinvestitionen sind aus den Fallstudien nicht bekannt geworden. Hierfür werden in allen Fällen konjunkturell oder betriebswirtschaftlich bedingte Absatz- bzw. Umsatzeinbrüche verantwortlich gemacht.

Meßbare Beschäftigungseffekte resultieren in den Betrieben selten direkt aus der Anwendung neuer IuK-Techniken, vielmehr spielen auch Organisationsstrukturverbesserungen, neuartige Kontroll- und Steuerungsprozesse und der Abbau unrentabler Profit-Center im Zusammenhang mit Technikimplementation eine wichtige Rolle. Ausnahmen beziehen sich vorrangig auf Beschäftigungsgewinne durch neu eingerichtete EDV-Abteilungen bzw. neu eingestellte EDV-Fachleute sowie auf Beschäftigungsverluste durch Büro-Anwendungen neuer IuK-Techniken für Lager- und Versandtätigkeiten (Materialwirtschaftssystem), durch Auflösung von unrentabel arbeitenden Filialen (Betriebsdatenerfassungssystem) sowie durch EDV-Anwendung in der Buchhaltung (Betriebserhebung).

Die "Job-Killer-These" im Hinblick auf den Einsatz von Mikroelektronik ließ sich in den unterschiedlichen Erhebungen also nicht nachweisen. Die Intensität des Einsatzes von Mikroelektronik zeigt für die Betriebe keine signifikanten Unterschiede in der Beschäftigungsentwicklung. Dagegen läßt sich ein sehr enger Zusammenhang zwischen Umsatzdynamik und Mikroelektronikeinsatz herstellen. Hier zeigte sich besonders in den Fallstudien deutlich, daß in der Regel eine Umsatzexpansion und damit auch die Ausweitung oder Stabilisierung der Marktstellung ohne Mikroelektronikeinsatz kaum möglich gewesen wäre.

Dies läßt sich auch dadurch belegen, daß mehr als die Hälfte der befragten Betriebe angeben, ohne Mikroelektronik durchschnittlich ca. 17% mehr Personal zu benötigen. Eine solche Ausweitung der Personalbestände würde jedoch mit erheblich höheren Verwaltungskosten (Beispiel: Bausparkasse) und damit einer deutlichen Verschlechterung der Wettbewerbssituation einhergehen. Technikinduzierte Diversifizierungen hätten nicht vorgenommen werden können.

4.3 Auswirkungen des Einsatzes von Mikroelektronik auf die Qualifikation der Beschäftigten

Generell ist zu beobachten, daß es im Zuge der Einführung von IuK-Techniken zu erheblichen Rückwirkungen auf die Struktur und das Niveau der Arbeitsplätze kommt.

Technikanwendungen wirken sich im Urteil der meisten befragten Betriebe auf Niveau und Struktur der Qualifikation aus. So sehen die meisten Betriebe einen allgemeinen Anstieg des Qualifikations- und Ausbildungsniveaus, der sich infolge des Technikeinsatzes ergeben habe; dafür war häufig eine interne oder externe Fort- bzw. Weiterbildung notwendig; DV-Kenntnisse sind ganz allgemein wichtiger geworden. Nur eine Minderheit ist jedoch der Meinung, daß Flexibilität wichtiger als angelerntes Wissen geworden ist - Fachkenntnisse und Allgemeinbildung zählen immer noch sehr viel. In wenigen Fällen sind durch die DV spezielle Qualifikationen ersetzbar geworden bzw. sind Arbeitsplätze mit geringerem Qualifikationsniveau weggefallen (Tabelle 4.2).

Die wichtigsten Tendenzen der Auswirkungen auf Struktur und Niveau der Arbeitsplätze lassen sich wie folgt beschreiben:

- "Kunde statt Sparte": Die Wiedereinführung der ganzheitlichen kundenorientierten Tätigkeit hat Konjunktur - allerdings nur dort, wo der Rationalisierungseffekt moderner Technik in standardisierbare Tätigkeit und Entscheidungen mündet.
- Der Trend geht zu stärkerer Organisation und Differenzierung der Arbeitsplätze, weil DV-Einsatz eine logische Organisation des Betriebes erzwingt.
- Das Gesamtvolumen an standardisierter Tätigkeit nimmt ab, allerdings oft bei gleichzeitiger Zunahme von Serviceleistungen (schönere Präsentation, mehr Vielfalt in der Außendarstellung).
- Raschere Produktinnovationen bedingen oft mehr Flexibilität und selbständigen Überblick am Arbeitsplatz zu Lasten von dumpferem "Abarbeiten".
- Bis hin in den Bereich der einfachen Qualifikation treten klassische Anforderungsprofile zurück zugunsten der Erfahrung im Umgang mit DV bzw. der Bereitschaft, mit ihr umzugehen.

Tabelle 4.2: Folgen der Technikanwendung auf die Qualifikation der Beschäftigten - Banken und Nicht-Banken -

	Banken (n=93)	Nicht-Banken (n=145)
Qualifikationsanstieg	72 %	52 %
Notwendige Weiterbildung	84 %	49 %
DV-Kenntnisse wichtiger	67 %	59 %
Flexibilität wichtiger	34 %	25 %
Wegfall von Arbeitsplätzen mit geringerem Qualifikationsniveau	10 %	6 %

Quelle: Betriebsbefragung 1987.

Wie aus den Gehaltsstatistiken und aus den vermehrten Ausbildungs- und Fortbildungsbemühungen der Unternehmen deutlich wird, erfordern die IuK-Techniken eine breite Höherqualifizierung. Das Arbeitsvolumen setzt sich weniger aus einfacher Informationsbearbeitung (Schreiben, Dateneingabe), sondern vermehrt aus Sachbearbeitung (Kreditvergabe, Vertragsverhandlungen, Beratung von Kunden) zusammen. Insofern hat sich im Dienstleistungssektor das durchschnittliche Qualifikationsniveau erhöht.

Allerdings ist damit die Veränderung nicht hinreichend beschrieben. Die Ausstattung der Arbeitsplätze mit Bildschirmgeräten und PCs sowie die Anreicherung mit Software als fachlich bezogene Arbeitshilfe haben die Arbeitsbereiche der einzelnen Sachbearbeiter erweitert. Diese Erweiterung ist zum Teil erkauft mit einer Entfachlichung der Bearbeitung, weil ein Teil der inhaltlichen Aufgaben durch die Geräte automatisch durchgeführt wird. Der Kreditsachbearbeiter kann auf diese Weise schnell und ohne Mühe Effektivzinsen darstellen und Kunden die Auswirkung verschiedener Darlehenskonditionen erläutern. Er kann durch Eingabe von wichtigen Indikatoren - Einkommen, monatliche Belastung, Bewertung eines beliehenen Objekts - die Kreditvergabe entscheidend vorbereiten, und er wird durch entsprechende Programme bei schwierigen Abläufen Schritt für Schritt gesteuert. Deshalb begegnet man häufig der Meinung, daß die Technisierung der Arbeitsplätze im Dienstleistungssektor zu einer Reduktion der Fachkompetenz führt. Dennoch steigt die Bearbeitungskompetenz, weil mit gleichem Fachwissen größere Arbeitsbereiche erfaßt und bewältigt werden können. In gewisser Weise tritt anstelle des traditionellen Fachwissens (wie rechne ich eine Zinsstaffel, welche Bestimmungen sind bei einer Zollabfertigung zu berücksichtigen?) neues Bedienungs- oder Systemwissen. Die Sachbearbeiter müssen mit Geräten und Programm umgehen und sie auf verschiedene Fragestellungen anwenden können. Sie müssen in der Lage sein, aus Programmhinweisen Folgerungen für die Bearbeitung zu ziehen. Schließlich müssen sie weiterhin, auch wenn Arbeitsvorgänge automatisch durchgeführt werden, Kunden diese Arbeitsvorgänge erläutern können, d.h. es bleibt zumindest ein passives Fachwissen erforderlich.

Auch in den Banken hat die verbreitete Anwendung von IuK-Techniken erhebliche Veränderungen in der Beschäftigungsstruktur hervorgerufen. Zurückgegangen ist die Zahl der Beschäftigten im Bereich der Dateneingabe oder der Buchungen, d.h. bei einfachen Bürofunktionen.

Vor allem im Bereich der Geldüberweisungen wurden immer mehr Routinefunktionen von Computern übernommen. Gleichzeitig führt die computergestützte Sachbearbeitung zu einer neuen Integration von Tätigkeiten und Fähigkeiten. Die Spezialisierung in den Sparabteilungen, Kontokorrentabteilungen und Darlehensabteilungen im Schalterraum sind zum Teil wieder aufgehoben. Bei den befragten Experten bestand darüber hinaus Übereinstimmung, daß die mittleren Qualifikationsstufen, also Bankkaufleute mit Zusatzausbildung, in Zukunft einen noch höheren Anteil unter den Beschäftigten einnehmen werden, während der Anteil der unteren Qualifikationsstufen immer weiter zurückgeht. Dementsprechend haben sich die Ausbildungsleistungen der Kreditinstitute für ihre Mitarbeiter in der Phase der Einführung von Mikroelektronik erheblich erhöht. Im Geschäftsbericht einer Großbank wird für 1986 darauf hingewiesen, daß insgesamt 20.800 Mitarbeiter und Mitarbeiterinnen an Fortbildungsveranstaltungen im laufenden Jahr teilgenommen haben. Dies entspricht ca. 50% der Mitarbeiter dieser Bank. Für Aus- und Weiterbildung wurden 1986 im gleichen Institut knapp 140 Mio. DM, also über 6% der Lohn- und Gehaltssumme aufgewendet.

Generell wird die Meinung vertreten, daß nach einer Übergangsphase die Weiterbildungsintensität wieder zurückgehen könnte. Dies wird allein dadurch gegeben sein, daß sich die Höherqualifizierung der Mitarbeiter nicht nur durch Fortbildung vollzieht, sondern auch dadurch, daß beim Ausscheiden von weniger qualifizierten Mitarbeitern anschließend höher qualifizierte Arbeitnehmer eingestellt werden. Trotz der im Prinzip positiven allgemeinen Entwicklungen in Richtung auf Höherqualifikation entstehen gerade bei Kreditinstituten, z.B. im Bereich der Kundenbedienung, auch durchaus Dequalifizierungstendenzen, die sich aus der veränderten Bedeutung von Fachwissen, das heute über computergestützte Techniken abgerufen werden kann, ergeben.

Ein Speditionskaufmann kann heute kaum noch ohne DV-Unterstützung einen Abfertigungsantrag oder eine Zollerklärung abfassen. Er braucht sein Programm, das ihm das Muster des Zollantrages vorgibt. Ebenso läßt sich in Banken beobachten, daß Bankkaufleute am Schalter u.U. nicht mehr in der Lage sind, "per Hand" ein Sparbuch abzuschließen.

Nicht selten entwickeln Experten dazu in Gesprächen die Horrorvision, daß beim Ausfall von Computern niemand mehr in der Lage sein werde, komplizierte Geschäftsvorfälle zu bearbeiten. Diese Äußerungen spiegeln wider, daß die befragten Experten noch über längere Facherfahrung verfügen und noch in einem anderen Stadium der Technisierung die noch üblichen Fachaufgaben lösen mußten. Zumindest wird an dieser leicht nostalgisch gefärbten Kritik deutlich, wie sehr sich die Inhalte der Bearbeitung verschoben haben. In der Regel wird von den Beschäftigten außerdem ein höherer Informationsstand verlangt. Es kann offenbleiben, ob der Anstieg des Bedienungs- oder Systemwissens zu einer allgemeinen Höherqualifizierung führt. Auf jeden Fall wird neben dem Fachwissen das neue Bedienungswissen unerläßlich.

Bei diesem Fachwissen muß differenziert werden zwischen

- wesentlichem Wissen, das für das Verständnis der Organisation bzw. des beruflichen Zusammenhanges wichtig ist,
- und dem Wissen, das einfach nicht mehr benötigt wird (Rechnen einer Zinsstaffel).

Diese Differenzierung muß in jedem Einzelfall überprüft werden, bevor generell von einem Trend zur Höherqualifizierung gesprochen werden kann. In den Betrieben ist auf jeden Fall ein dramatischer Umqualifizierungsprozeß im Gange, der zu erheblichen betriebsinternen und externen Schulungsaufwendungen führt. Dieser Umqualifizierungsprozeß wird die bisherigen klassischen Ausbildungsmuster deutlich verändern.

Spezifisch - zum Beispiel beim Einzelhandel - sind in besonderer Weise die Abteilungs-Marktleiter sowie das Verkaufspersonal und auch die Einkäufer/Disponenten in ihren Tätigkeiten von den mit den neuen IuK-Techniken gegebenen, auch arbeitsorganisatorischen Veränderungen betroffen. Für die Abteilungs-Marktleiter ergibt sich durch die mittels Warenwirtschaftssystem forcierte Zentralisierung des Einzelhandels eine Entlastung von Verwaltungsarbeiten, ein weitgehender Entzug von Einkaufskompetenzen sowie eine neue Schwerpunktaufgabe in der Personalführung und -einsatzplanung. Für das Verkaufspersonal und die Einkäufer verändert sich durch Zentral-Controlling vor allem die Zeitorganisation (Einsatzplanung nach Umsatz bzw. Kundenfrequenz) und die Leistungskontrolle (mit ihren disziplinierenden und leistungsanreizenden Wirkungen), was beides zu einer Verdichtung der Arbeit und einer erhöhten Belastung führt.

Die in der Betriebserhebung von den befragten Betrieben stark hervorgehobenen qualitativen Beschäftigungseffekte, die von den Betrieben generell als Höherqualifizierung bewertet wurden, beziehen sich, wie sich in der Fallstudienanalyse zeigt, wohl vorwiegend darauf, daß entsprechend (technisch) qualifizierte Arbeitskräfte knapp werden. Dies gilt jedoch nur kurzfristig.

Im Verlauf des Innovationsprozesses - bei der Umstellung der Textverarbeitung dauerte er nach Auskunft von Experten etwa vier bis fünf Jahre - qualifizieren sich die Arbeitnehmer entsprechend. Während vor vier Jahren gute Sekretärinnen mit System-Kenntnissen noch eher eine Ausnahme waren, ist heute der Markt schon wesentlich ausgeglichener. Bei Neueinstellung wird generell Wert auf Erfahrung im Umgang mit Textverarbeitung gelegt, so daß es bald kaum noch Sekretärinnen oder Schreibkräfte ohne entsprechende Qualifikation geben dürfte.

Durch Technikunterstützung wird aber auch die Rolle des Arbeitnehmers in seinem beruflichen Umfeld verändert. Das Terminal wird in Zukunft derjenige Kollege sein, mit dem der "End-User" am meisten zu tun hat. Seine Selbständigkeit am Arbeitsplatz steigt in dem Maße, wie ganzheitliche Arbeitsstrukturen in die Betriebe reintegriert werden. Die Auswirkungen dieser neuen Selbständigkeit oder Unabhängigkeit in Verbindung mit einer stärkeren externen Kontrolle nicht durch unmittelbare Vorgesetzte, sondern - gerade in größeren Betrieben - durch nicht in den unmittelbaren Arbeitsprozeß eingebundene Controlling-Gruppen muß zu Überlegungen führen, wie sich dadurch die Führungsstruktur eines Betriebes und die Beurteilung der Angestellten ändert.

Es ist zu unterscheiden zwischen zwei Qualifikationsebenen:

- einerseits der Wissensqualifikation (Input-Qualifikation), die durch analytisches Wissen, System-Wissen und Fachwissen umschrieben wird,
- andererseits der Anwendungs- oder Bearbeitungsqualifikation (Ergebnisqualifikation), die durch die Leistung des Angestellten an seinem Arbeitsplatz bestimmt wird.

Während die Ergebnis- oder Bearbeitungsqualifikation in den Betrieben gerade in Verbindung mit dem Einsatz von IuK-Techniken kontrolliert werden kann, ist die Input-Qualifikation sowie auch die dritte Komponente der Qualifikationen, die sogenannte "Soziale Kompetenz", weniger gut überprüfbar. Hatten bei der Beurteilung durch unmittelbare Vorgesetzte Input-Qualifikationen und soziale Kompetenz traditionell ein großes Gewicht, so besteht tendenziell die Gefahr, daß diese Qualifikationsbestandteile an Gewicht verlieren werden.

Betriebsgrößenentwicklungen, Beschäftigungsgewinne und -verluste in den Wirtschaftsbereichen der Bundesrepublik Deutschland 1980-1986

Eine Longitudinalanalyse der Beschäftigung in 1980/86 bestehenden Betrieben und "neuen" sowie "gelöschten" Betrieben

Andreas König, Gernot Weißhuhn, unter Mitarbeit von Jürgen Seetzen

1. Problemstellung

In der aktuellen beschäftigungspolitischen Diskussion über die Rolle der betriebsgrößenspezifischen Arbeitsplatzentwicklung sind die empirischen Ergebnisse (vgl. als Überblick: Fritsch/Hull 1987a) kontrovers. Die Gründe dafür liegen vor allem in den Problemen der empirischen Überprüfung (vgl. dazu z.B. die kritischen Analysen deutscher und angelsächsischer Untersuchungen bei Fritsch/Hull 1987b; Eckart/ v. Einem/Stahl 1987; Storey/Johnson 1987) der Hypothesen über die beschäftigungspolitische Bedeutung von Betrieben bzw. Unternehmen unterschiedlicher Größenklasse. Die Hauptschwierigkeit bilden nach wie vor die verfügbaren statistischen Daten, vor allem Verlaufsdaten über betriebsgrößenspezifische Entwicklungen, denn es müssen Longitudinaldaten über die Betriebe bzw. Unternehmen anstelle von Querschnittsinformationen analysiert werden.

Die vorliegende Untersuchung setzt sich zum Ziel, anhand einer aktuellen Datenbasis Longitudinalbefunde über die betriebsgrößenspezifische Beschäftigtenentwicklung in einzelnen Wirtschaftsbereichen der Bundesrepublik Deutschland zu erarbeiten. Diese Untersuchung entstand als ein Teilergebnis der betriebsgrößenspezifischen Analyse der Beschäftigungsentwicklung, die als Modul 3 (Erarbeitung neuer statistischer Grundlagen) im Rahmen der Meta-Studie II des BMFT ("Arbeitsmarktwirkungen moderner Technologien") durchgeführt wurde. Leitgedanke dieser Analysen war die Vorstellung, daß der Arbeitskräfteeinsatz auf der Betriebsebene erfaßt werden sollte, um damit ein Bindeglied zwischen technischem Wandel, der sich betriebsgrößen- und branchenspezifisch sehr unterschiedlich vollzieht, und der Beschäftigung und deren Struktur zu schaffen.

Die erarbeiteten Ergebnisse sind deskriptiver Natur, d.h. sie stellen branchenspezifische Betriebsentwicklungen (Anzahl) und Beschäftigtenveränderungen (als Beschäftigtendifferenzen) zwischen 1980 und 1986 (Stichtag jeweils 30.6.) dar. Vor dem Hintergrund des DV-Aufwandes, der bei der Verfolgung der einzelbetrieblichen Entwicklungen (bei rund 1,3 Mio. Betrieben in den hier analysierten Wirtschaftssektoren) angefallen ist, mußte an dieser Stelle auf die empirische Überprüfung einschlägiger theoretischer Hypothesen verzichtet werden.

Zweifellos ist die Analyse der Beschäftigtenentwicklung von Unternehmen bzw. Betrieben unterschiedlicher Größenklassen in Phasen hoher Arbeitslosigkeit von Bedeutung. Dabei darf aber nicht übersehen werden, daß dieser Indikator nicht ausreicht, um die wachstumspolitische Bedeutung (Bade 1987) kleiner, mittlerer und großer Unternehmen zu erfassen. Vielmehr wären angebotsseitige Wachstumsbedingungen sowie nachfrageorientierte Aspekte in eine größenspezifische Analyse des Unternehmenswachstums einzubeziehen.

Aus beschäftigungstheoretischer Sicht bleibt außerdem offen, welche Ursachen für diese Entwicklungen verantwortlich sind. Dazu bedürfte es einer ökonometrischen Analyse auf der Basis von kurz- bzw. langfristigen Beschäftigungsfunktionen, um die optimale Nachfrage nach Arbeit zu erklären. Zwar liegen eine Reihe ökonometrischer Schätzungen (Jäger 1980, Schulte zur Surlage 1985, Deutsch 1988) vor, jedoch erfolgen diese entweder auf gesamtwirtschaftlicher oder sektoraler Ebene, nicht aber in größenspezifischer Differenzierung. Dieses Analysedefizit ist vor allem durch das Fehlen geeigneter Daten (z.B. betriebs- bzw. unternehmensspezifische Faktorkosten) bedingt.

Neben den theoretischen Aspekten der Bedeutung von Unternehmen bzw. Betrieben unterschiedlicher Größe spielt auch die Frage nach der Untersuchungseinheit eine wesentliche Rolle. Mehr oder weniger irrelevant ist dabei das Problem der Größenklassifizierung (z.B. gemessen durch die Zahl der Beschäftigten, Umsatz-, Wertschöpfungshöhe), da bei genügender Differenzierbarkeit im Datenmaterial beliebige Aggregationsniveaus gewählt werden können. Wichtig ist hingegen die Unterscheidung nach "Betrieben" oder "Unternehmen". In der vorliegenden Untersuchung muß auf "Betriebe" im Sinne der "örtlichen Arbeitsstätte" abgestellt werden, da die verwendete Datenbasis eine Zusammenfassung nach Unternehmen nicht zuläßt. Ausgeblendet werden dabei die Unternehmensebene (Mehrbetriebsunternehmen) im Sinne rechtlicher Einheiten sowie die Konzerneinbindungen von Unternehmen. Andererseits lassen sich auf der Basis des "Betriebskonzepts" regionalökonomische Fragestellungen adäquater behandeln.

Auf der Grundlage des Datenmaterials (Beschäftigtenstatistik mit dem Zeitraum 1977 - 1985) ist vor kurzer Zeit ebenfalls eine Longitudinalanalyse der betriebsgrößenspezifischen Beschäftigtenentwicklung vorgenommen worden (Cramer 1987, für den Dienstleistungsbereich Tengler/Dahremöller/Cramer 1987). Diese unterscheidet sich von dem hier vorgelegten Beitrag vor allem darin, daß zwar nach Betriebsgrößen (gemessen durch die Anzahl der Beschäftigten) differenziert wird, aber "neue" und "gelöschte" Betriebe nicht nach Branchen differenziert werden. Ferner werden Übergänge der überlebenden Betriebe ("Survivor") zwischen den einzelnen Betriebsgrößenklassen nicht ausgewiesen.

In der vorliegenden Untersuchung wird eine integrierte Gesamtbetrachtung in den einzelnen Branchen (ohne Land- und Forstwirtschaft, Verkehr, Nachrichten und öffentliche Bereiche sowie Organisationen ohne Erwerbscharakter, Private Haushalte) durchgeführt. Im einzelnen wird untersucht (branchen- und betriebsgrößenspezifisch, vgl. die ausgewählten Tabellen 1.1 und 1.2):

a) Wieviele Survivor-Betriebe gibt es im Untersuchungszeitraum (1980-1986)?
b) Wieviele "neue" Betriebe sind hinzugetreten?
c) Wieviele Betriebe sind "gelöscht" worden?

Im Anschluß daran erfolgt die Analyse der Beschäftigungsgewinne bzw. -verluste in den Fällen a) - c), wobei diese zusätzlich nach Betriebsgrößen differenziert werden. In dieser Betrachtungsweise werden demgemäß Beschäftigungsverluste infolge von "Betriebslöschungen" erfaßt - im Gegensatz zu einer ausschließlichen Betrachtung von "Survivor"-Betrieben. Letzte Einengung würde zu einer Verzerrung des Bildes der Arbeitsplatzentwicklung (Survivor-Bias; Fritsch/Hull 1987b) führen. Auch die Ausblendung "neuer" Betriebe führt zu einer Verzerrung, da die Anzahl der insgesamt geschaffenen Arbeitsplätze unterschätzt wird (Fritsch/Hull 1987b).

Eine integrierte Untersuchung erlaubt ferner einerseits eine Zieljahrbetrachtung, d.h. in welche Betriebsgrößenklassen sind die Betriebe übergegangen (bzw. verblieben), in welchen Klassen sind "neue" Betriebe entstanden und welche Beschäftigungsveränderungen waren damit verbunden; andererseits wird eine Basisjahrbetrachtung ermöglicht, d.h. aus welchen Betriebsgrößenklassen des Basisjahres sind die Betriebe gekommen, in welchen Klassen sind Betriebe "gelöscht" worden und welche Beschäftigungsbewegungen sind dabei aufgetreten.

An dieser Stelle muß jedoch auf zwei Einschränkungen der Analyse hingewiesen werden, die bei der Interpretation der Ergebnisse beachtet werden müssen. Die longitudinale Analyse erfolgt anhand der Betriebsnummer des Beschäftigungsbetriebes, wobei dieser aber bestimmte Probleme anhaften (vgl. dazu Einzelheiten unter Abschnitt 2). Ferner konnten aus Datenschutzgründen eine Reihe von einzelnen Felderbesetzungen in den Übergangsmatrizen 1980/86 (Tabellen 1.1 und 1.2) nicht ausgewiesen werden, da sonst Rückschlüsse auf einzelne Betriebe nicht gänzlich ausgeschlossen werden können.

Tabelle 1.1: Betriebsgrößen- und Beschäftigungsentwicklung
Wirtschaftszweig "Eisen-, Stahl-, NE-Metallerzeugung"

	Anzahl der Betriebe												
Größen-klassen 1986:	0	1	2	3	4	5	6	7	8	9	Σ	Σ	Σ
Größen-klasse 1980	(Betriebs-löschun-gen)	1-4	5-9	10-19	20-49	50-99	100-199	200-499	500-999	>999	Sur-vivor 1980	"neue" Be-triebe	Betr. 1980
0 "neue" Betr.	0	73	22	20	15	9	8	*	*	*		147	
1 1- 4	78	72	17	8	*	0	*	0	0	0	97		175
2 5- 9	22	12	30	17	*	*	0	0	0	0	59		81
3 10- 19	18	*	16	44	12	*	*	0	0	0	72		90
4 20- 49	11	*	*	9	53	18	0	0	0	0	80		91
5 50- 99	7	*	*	0	7	28	9	*	0	0	44		51
6 100- 199	*	0	0	0	*	14	39	*	0	0	53		53
7 200- 499	*	*	0	0	*	0	*	44	*	*	44		44
8 500- 999	*	0	0	0	*	0	0	5	28	*	33		33
9 > 999	*	*	0	0	0	0	0	0	10	52	62		62
Σ Survivor 1986		84	63	78	72	60	48	49	38	52	544		
Σ gelöschte B.	136											Betr. 1980: 680	
Σ Betriebe 1986		157	85	98	87	69	56	49	38	52		Betr. 1986: 691	

Zellenbesetzungen von 1-4 Betrieben sind nicht ausgewiesen (*) und in den Summen nicht berücksichtigt.

Fortsetzung Tabelle 1.1

						Zuwachs an Beschäftigten (absolut)							
Größen-klassen 1986:	0	1	2	3	4	5	6	7	8	9	Σ	Σ	Σ
Größen-klasse 1980	(Betriebs-löschun-gen)	1-4	5-9	10-19	20-49	50-99	100-199	200-499	500-999	>999	Sur-vivor 1980	"neue" Be-triebe	Betr. 1980
0 "neue" Betr.	0	133	135	293	445	582	1.220	*	*	*		8.655	
1 1- 4	-135	-13	38	90	*	0	*	0	0	0	281		146
2 5- 9	-136	-39	-7	94	*	*	0	0	0	0	141		5
3 10- 19	-242	*	-74	23	155	*	*	0	0	0	343		101
4 20- 49	-305	*	*	-103	109	367	0	0	0	0	193		-112
5 50- 99	-512	*	*	0	-117	103	283	*	0	0	206		-306
6 100- 199	*	0	0	0	*	-527	130	*	0	0	-515		*
7 200- 499	*	*	0	0	*	0	*	-459	*	*	673		*
8 500- 999	*	0	0	0	*	0	0	-738	-318	*	-1.767		-3.337
9 > 999	*	*	0	0	0	0	0	0	*	-52.342	-68.862		-73.812
Σ Survivor 1986		-3.017	-294	104	-1.252	117	417	-834	-14.979	-49.569	-69.307		
Σ gelöschte B.	-8.799												
Σ Betriebe 1986		-2.884	-159	397	-807	699	1.637	-222	*	*	Besch.zuwachs: -69.451		

Zellenbesetzungen, deren Beschäftigtenveränderung Rückschlüsse auf einzelne Betriebe erlauben würde, sind nicht ausgewiesen (*), aber in den Randsummen enthalten.

Quelle: eigene Sonderauswertungen der Beschäftigtenstatistik 1980 und 1986 (30.6.) im Rahmen der Meta-Studie II.

Tabelle 1.2: Betriebsgrößen- und Beschäftigungsentwicklung
Wirtschaftszweig "Rechts- u. Wirtschaftsberatung, Arch./Ing.büros"

					Anzahl der Betriebe								
Größen- klassen 1986:	0	1	2	3	4	5	6	7	8	9	Σ	Σ	Σ
Größen- klasse 1980	(Betriebs- löschun- gen)	1-4	5-9	10-19	20-49	50-99	100-199	200-499	500-999	>999	Sur- vivor 1980	"neue" Be- triebe	Betr. 1980
0 "neue" Betr.	0	27.962	3.706	1.175	378	68	23	10	*	*		33.322	
1 1- 4	15.590	24.259	4.405	513	65	7	*	0	0	0	29.249		44.839
2 5- 9	2.138	3.747	6.780	1.804	124	5	0	0	0	0	12.460		14.598
3 10- 19	705	438	1.358	3.151	532	18	*	0	0	0	5.497		6.202
4 20- 49	248	67	92	405	1.059	133	15	*	0	0	1.771		2.019
5 50- 99	48	9	5	10	84	181	33	*	0	0	322		370
6 100- 199	16	5	*	0	*	22	85	23	0	0	135		151
7 200- 499	*	*	*	0	*	*	9	39	5	0	53		53
8 500- 999	*	*	0	0	0	0	*	*	8	0	8		8
9 > 999	0	0	0	0	0	0	0	*	*	9	9		9
Σ Survivor 1986		28.525	12.640	5.883	1.864	366	142	62	13	9	49.504		
Σ gelöschte B.	18.745											Betr. 1980: 68.249	
Σ Betriebe 1986		56.487	16.346	7.058	2.242	434	165	72	13	9		Betr. 1986: 82.826	

Zellenbesetzungen von 1-4 Betrieben sind nicht ausgewiesen (*) und in den Summen nicht berücksichtigt.

Fortsetzung Tabelle 1.2

Größenklassen 1986:	0	1	2	3	4	5	6	7	8	9	Σ	Σ	Σ
	Zuwachs an Beschäftigten (absolut)												
Größenklasse 1980	(Betriebslöschungen)	1-4	5-9	10-19	20-49	50-99	100-199	200-499	500-999	>999	Survivor 1980	"neue" Betriebe	Betr. 1980
0 "neue" Betr.	0	47.319	23.508	15.270	10.757	4.621	3.069	2.816	*	*		109.245	
1 1- 4	-25.911	547	13.812	4.942	1.666	*	*	0	0	0	21.635		-4.276
2 5- 9	-13.730	-11.690	894	8.198	2.354	341	0	0	0	0	97		-13.633
3 10- 19	-9.249	-4.302	-6.143	1.402	5.280	*	*	0	0	0	-2.478		-11.727
4 20- 49	-7.247	-1.731	-1.795	-3.666	*	3.540	1.363	*	0	0	-860		-8.107
5 50- 99	-3.217	*	-269	-450	-1.901	396	1.635	*	0	0	-863		-4.080
6 100- 199	-2.158	-638	*	0	*	-846	220	2.084	0	0	45		-2.113
7 200- 499	*	*	*	0	*	*	-860	388	1.463	0	*		-1.611
8 500- 999	*	*	0	0	0	0	*	*	*	0	*		-1.799
9 > 999	0	0	0	0	0	0	0	*	*	2.873	2.493		2.493
Σ Survivor 1986		-19.572	5.447	10.426	7.816	4.095	2.373	3.220	1.008	2.873	17.686		
Σ gelöschte B.	-62.539												
Σ Betriebe 1986		27.747	28.955	25.696	18.573	8.716	5.442	6.036	*	*	Besch.zuwachs: 64.392		

Zellenbesetzungen, deren Beschäftigtenveränderung Rückschlüsse auf einzelne Betriebe erlauben würde, sind nicht ausgewiesen (*), aber in den Randsummen enthalten.

Quelle: eigene Sonderauswertungen der Beschäftigtenstatistik 1980 und 1986 (30.6.) im Rahmen der Meta-Studie II.

2. Datenbasis und Methode

2.1 Beschäftigtenstatistik

Für die vorliegende Untersuchung wurden die Daten der Beschäftigtenstatistik zu den Stichtagen 30.6.1980 und 30.6.1986 ausgewertet. Die zur Verfügung stehenden Dateien enthielten für jeden sozialversicherungspflichtig Beschäftigten folgende Merkmale:
- Betriebsnummer
- Kreis bzw. kreisfreie Stadt
- Geschlecht
- Wirtschaftszweig
- Beruf
- Stellung im Beruf
- Ausbildung
- Alter zum Stichtag.

Das Merkmal Betriebsnummer wurde zur Aggregation der Dateien verwendet und die Beschäftigten je Betriebsnummer zu beiden Stichtagen gezählt. Über die Betriebsnummern wurden die beiden Dateien zu einer Längsschnittdatei verknüpft, so daß der Verlauf der Beschäftigtenzahlen je Betriebsnummer untersucht werden konnte.

Mit dieser Vorgangsweise ist jedoch ein nicht unerhebliches Problem verbunden: Die Nummernvergabe für Betriebe durch die Arbeitsämter erfolgt nicht einheitlich. So kann es vorkommen, daß einem Betrieb mehr als eine Betriebsnummer zugeordnet ist oder daß eine Betriebsnummer infolge eines Inhaber- oder Rechtsformwechsels geändert wird, obwohl unter wirtschaftlichen Gesichtspunkten von einem weiterexistierenden Betrieb gesprochen werden müßte. Umgekehrt können mehrere Betriebe unter einer einheitlichen Betriebsnummer geführt werden, sofern sie verwaltungstechnisch zusammengehören, in der gleichen Gemeinde registriert sind und dem gleichen Wirtschaftszweig zugerechnet werden. Es kann sogar der Fall auftreten, daß ein Arbeitgeber "seine" Betriebsnummer nach einer Betriebsstillegung behält und diese nach dem Erwerb eines anderen Betriebes wieder verwenden darf.

Schließlich ist noch darauf hinzuweisen, daß nicht sozialversicherungspflichtig Beschäftigte (Selbständige, mithelfende Familienangehörige, geringfügig Beschäftigte unter der Sozialversicherungspflichtgrenze sowie Beamte) in der Beschäftigtenstatistik nicht erfaßt werden. Die Frage der Beamten erübrigt sich jedoch in der vorliegenden Untersuchung, da alle staatlichen und quasi-staatlichen Betriebe aus der Untersuchung ausgeklammert wurden (siehe unten).

Es treten deshalb Fehlbeurteilungen sowohl bei überlebenden als auch bei verschwindenden oder neuauftretenden Betriebsnummern auf. Aus diesem Grund stehen die Analysen der Betriebsgrößen unter dem Vorbehalt, daß sie nur dann zutreffende Ergebnisse liefern, wenn die durch die Betriebsnummernvergabe entstehenden Fehler einigermaßen gleich verteilt auftreten.

Das Merkmal Wirtschaftszweig wurde für die vorliegende Untersuchung vom dreistelligen Schlüssel der Bundesanstalt für Arbeit in eine 42 Wirtschaftszweige umfassende Systematik überführt. In dieser Systematik wurde Wert darauf gelegt, daß alle staatlichen Betriebe (Gebietskörperschaften und Sozialversicherung) sowie Betriebe der Organisationen ohne Erwerbscharakter (Gewerkschaften, Wirtschaftsverbände, politische Parteien u.a.) getrennt ausgewiesen werden und aus der Untersuchung herausgenommen werden können. Außerdem wurde nicht nur im Bereich des Verarbeitenden Gewerbes tief differenziert, sondern auch im Bereich des Dienstleistungsgewerbes. Der Sektor Verkehr/Nachrichten wurde ausgeklammert, weil Bundesbahn und Bundespost als öffentliche Unternehmen dort den Schwerpunkt bilden. Der Sektor Land- und Forstwirtschaft wurde ebenfalls nicht näher untersucht, weil dort der Anteil der Selbständigen sehr hoch ist und sehr viele Betriebe keine sozialversicherungspflichtig Beschäftigten aufweisen.

Die übrigen Merkmale der Beschäftigtenstatistik wurden - wie eingangs erwähnt - in dieser Untersuchung nicht ausgewertet. Zunächst wird nur ein deskriptives Bild der größenspezifischen Entwicklungen evaluiert, und erklärende Variable, wie etwa regionale Strukturen (viele/wenige Großbetriebe, regionale Arbeitslosigkeit etc.) oder Qualifikationsstrukturen bzw. deren Veränderung, sollen erst in weiteren Untersuchungen einbezogen werden.

Auszubildende wurden grundsätzlich als Beschäftigte eingestuft. Eine Differenzierung wäre hier zwar wünschenswert, weil bisher keine geeigneten Untersuchungen vorliegen, die Auskunft darüber geben, wie viele und welche Betriebe Ausbildungswerkstätten u.ä. betreiben. Das erhobene Datenmaterial war jedoch so umfangreich, daß auch diese Frage erst in einer weiteren Arbeit angeschnitten werden kann.

2.2 Datenabgleich bei Wechsel des Wirtschaftszweiges

Ziel dieser Arbeit war es, die Betriebsgrößenstrukturen und deren Veränderung in einzelnen Wirtschaftssektoren abzubilden. Für eine konsistente Darstellung sind daher Betriebe, die 1980 und 1986 verschiedenen Wirtschaftszweigen zugeordnet waren, problematisch, so daß eine Bereinigung erfolgen mußte.

In diesem Zusammenhang ist auf eine kleine Gruppe von Betrieben hinzuweisen, deren Beschäftigte in einem Jahr verschiedenen Wirtschaftszweigen zugeordnet waren. Bei diesen Fällen handelt es sich grundsätzlich um Fehlcodierungen, die in einem ersten Schritt der Datenbereinigung nach dem Prinzip der relativen Mehrheit korrigiert wurden. Jeder Betriebsnummer, deren Beschäftigten unter verschiedenen Wirtschaftszweigen registriert waren, wurde prinzipiell derjenige Wirtschaftszweig zugeordnet, der am häufigsten erfaßt war. Bei gleich häufigen Nennungen wurde der zuerst auftretende Wirtschaftszweig zugewiesen. 1980 betraf diese Korrektur 19.468 Beschäftigte in 4.792 Betrieben. Insgesamt hatten diese Betriebe 170.625 Beschäftigte, d.h. es hat eine qualifizierte Mehrheit die Fehlcodierungen "überstimmt". 1986 ergibt ein ähnliches Bild: 10.985 Beschäftigte in 2.926 Betrieben wurden korrigiert, insgesamt waren in diesen Betrieben 117.941 Personen beschäftigt.

Schwieriger war die Bereinigung des Wirtschaftszweigs in den Betrieben, die im Untersuchungszeitraum den Wirtschaftszweig gewechselt haben. Da der in der Beschäftigtenstatistik angegebene Wirtschaftszweig den Schwerpunkt des Unternehmens wiedergibt, kann man nicht davon ausgehen, daß alle Wirtschaftszweigwechsler Irrtümer in der Erfassung darstellen. Vielmehr kann eine geringfügige Verlagerung in andere Wirtschaftsbereiche eine andere Klassifizierung eines Betriebes nach sich ziehen. Die Analyse verlangt daher vorab eine Durchsicht der Daten nach Wirtschaftszweigwechslern, um zu erfassen, aus welchen Bereichen heraus in welche Bereiche gewechselt wurde.

Die anschließende Bereinigung erfolgte derart, daß jedem Betrieb, der sowohl 1980 als auch 1986 registriert war (Survivor), derjenige Wirtschaftszweig zugeordnet wurde, der laut Beschäftigtenstatistik 1986 ausgewiesen wurde.

Dem liegt die Überlegung zugrunde, daß einerseits bei Schwerpunktverlagerungen die Änderung nicht so gravierend gewesen sein muß und zumindest teilweise der Betrieb schon zu Beginn des Untersuchungszeitraums in dem betreffenden Sektor tätig war, andererseits vermutlich ein time-lag zwischen Wechsel des Wirtschaftszweigs und dessen Registrierung vorliegt, sodaß der entstehende Fehler eine zu vernachlässigende Größe darstellt.

Betrachtet man diejenigen Betriebe, die nach der hier vorgeschlagenen Klassifikation in eine andere Kategorie gewechselt haben, so ergeben sich rund 15.000 Betriebe mit knapp 280.000 Beschäftigten (1980). Würde man nach der dreistelligen Systematik der Bundesanstalt für Arbeit differenzieren, wären es rund 20.000 Betriebe mit ca. 460.000 Beschäftigten.

Die größten Verlierer waren netto Groß- und Einzelhandel mit zusammen 1.287 Betrieben "Nettoverlust"; bei den Gewinnern ragt der Fahrzeugbau heraus, "Nettogewinner" waren jedoch auch die Wirtschaftszweige Leichtmetall, Baugewerbe, Verkehr/Nachrichten, Gastgewerbe und Grundstücks-, Wohnungswesen, Vermögensverwaltung.

Über alle Wirtschaftszweige zusammen haben die Wirtschaftszweigwechsler 1986 7.042 Beschäftigte weniger als 1980. Differenziert man das Wachstumsverhalten dieser Betriebe nach Branchen, ergibt sich ein weitestgehend einheitliches Bild ohne auffällige Zu- und Abwächse. Eine Ausnahme bilden die Betriebe, die zwischen Handel und Verarbeitendem Gewerbe gewechselt haben. Einen Beschäftigtenzuwachs verbuchten die Wirtschaftszweigwechsler vom Handel ins Verarbeitende Gewerbe (+2.704 oder 8,6%), während Wechsler in die umgekehrte Richtung Beschäftigte abgebaut haben (-5.538 oder -40%).

Diese Zahlen ergeben noch keinen Einblick, welche Betriebe wohin gewechselt haben. Die Übergangsmatrix über alle 42 Wirtschaftszweige, die diese Wechsel dokumentiert, ist jedoch zu umfangreich und zu schwach besetzt; deshalb sind in Tabelle 2.1 die herausragenden Zellen dieser Matrix wiedergegeben, und zwar die jeweiligen Bewegungen in beide Richtungen.

Tabelle 2.1: Ausgewählte Wirtschaftszweigwechsel

		Betriebswechsel Anzahl der Betriebe (in Klammern Anzahl der Beschäftigten 1986)	
Wirtschafts-zweig "A"	Wirtschafts zweig "B"	Wechsler "A"-->"B"	Wechsler "B"-->"A"
Großhandel	Einzelhandel	692 (9.890)	619 (6.435)
Einzelhandel	Fahrzeugbau	428 (6.622)	101 (1.275)
Großhandel	Fahrzeugbau	362 (6.024)	64 (429)
Einzelhandel	Baugewerbe	257 (2.217)	159 (973)
Fahrzeugbau	Maschinenbau	31 (6.386)	50 (1.211)
Handel	Verarb. Gewerbe	2.071 (34.086)	1.158 (10.833)
Handel	Dienstl. Gewerbe	824 (7.055)	455 (3.782)
Verarb. Gewerbe	Dienstl. Gewerbe	483 (8.153)	480 (15.134)

2.3 Auswertungskonzept

Im Rahmen der integrierten Gesamtbetrachtung wird die Beschäftigtenentwicklung der einzelnen Wirtschaftszweige zwischen 1980 und 1986 in longitudinaler Betrachtungsweise verfolgt. Mit Hilfe der oben skizzierten Längsschnittdatei, die aus der Beschäftigtenstatistik gewonnen wurde, lassen sich folgenden Bewegungen im Zeitverlauf verfolgen:
- "Survivor"-Betriebe (Betriebsnummer ist 1980 und 1986 vorhanden),
- "Gelöschte" Betriebe (Betriebsnummer ist nur 1980 registriert),
- "Neue" Betriebe (Betriebsnummer ist nur 1986 erfaßt).

Anhand dieser Differenzierung können dann die sektoralen Betriebs- und Beschäftigtenzahlentwicklungen der "Survivor"-Betriebe sowie deren Übergänge von einer Betriebsgröße im Basisjahr (1980) in eine andere Betriebsgröße des Berichtsjahres (1986) bzw. der Verbleib in einer bestimmten Betriebsgröße erfaßt werden. Bei den "gelöschten" Betrieben kann der Beschäftigungsverlust sektoral und betriebsgrößenspezifisch und der entsprechende Beschäftigungsgewinn bei "neuen" Betrieben ermittelt werden. In der nachstehenden Abbildung 2.1 werden die entsprechenden Befunde schematisch dargestellt.

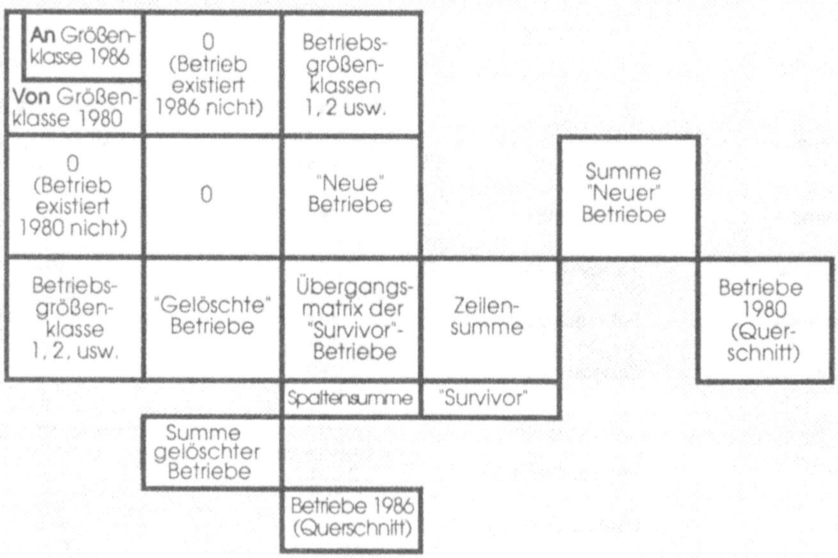

Abbildung 2.1: Anzahl der Betriebe bzw. Beschäftigtengewinne/-verluste (absolut)

3. Zentrale empirische Ergebnisse

3.1 Umfang der erfaßten betriebsgrößenspezifischen Beschäftigtenentwicklung

Im nachstehenden Abschnitt soll zunächst der gesamtwirtschaftliche Umfang der untersuchten Beschäftigungsentwicklung betrachtet werden. Diese Ergebnisse sind in Tabelle 3.1 ausgewiesen. Der gesamte Beschäftigungsverlust (sozialversicherungspflichtig beschäftigte Arbeitnehmer) betrug zwischen 1980 und 1986 (Stichtage 30.6.) rund 223.000 Personen. Diese Entwicklung setzt sich aus zwei Hauptkomponenten zusammen (die Sektoren "Landwirtschaft", "Verkehr und Nachrichten" können wegen geringfügiger Beschäftigungsbewegungen ausgeklammert werden): Im öffentlichen Sektor und in den "non-profit"-Bereichen wuchs die Beschäftigung um rund 328.000 Personen, in den hier untersuchten privaten Sektoren sank die Beschäftigung um rund 554.000 Personen. Im folgenden Abschnitt wird nun die Beschäftigungsentwicklung der privaten Sektoren auf der Basis der erläuterten integrierten Untersuchungsmethodik differenzierter analysiert.

Tabelle 3.1: Sektorspezifische Entwicklung der Beschäftigung in der Bundesrepublik Deutschland 1980 - 1986
- in 1000 Personen -

Anzahl Beschäftigte	1980 (30.6.)	1986 (30.6.)	Veränderung 1980-1986
Ingesamt	20.953,5	20.730,1	-223,4
Land- und Forstwirtschaft	219,2	231,3	12,1
Verkehr und Nachrichten	998,6	994,7	-3,9
Staat, private Organisationen ohne Erwerbscharakter	3.066,5	3.394,0	327,5
Ohne Zuordnung	6,4	1,0	-5,4
Untersuchte Sektoren: Energie, Bergbau, Verarbeitendes Gewerbe, Baugewerbe, Kredit-, Versicherungswesen, Private Dienstleistungen	16.662,8	10.109,1	-553,7

Quelle: eigene Auswertungen der Beschäftigtenstatistik.

Tabelle 3.2: Entwicklung der Beschäftigung 1980 - 1986 (30.6.) nach Betriebsgrößen und Wirtschaftssektoren in "Survivor-Betrieben", "Neuen" und "Gelöschten" Betrieben - absolute Werte -

	Zu- bzw. Abwachs an Beschäftigung					
	Surv.	Surv.	Surv.	Surv.		Gesamt-
		Betriebsgröße 1980			Surv.	1980
Wirtschaftssektor	1-19	20-49	50-499	>499	gesamt	besch.
02 Energie, Wasserversorgung, Bergbau	3.173	3.226	4.783	-12.618	-1.436	482.487
03 Chemie	1.578	1.075	838	-8.241	-4.750	586.160
04 Kunststoffverarbeitung	5.465	2.115	2.981	-3.365	7.196	243.321
05 Gummi, Asbest	365	67	484	-8.810	-78.94	114.253
06 Steine, Erden	-2.439	-6.136	-15.908	-5.624	-30.107	220.518
07 Keramik, Glas	393	-462	-5.251	-14.132	-19.452	156.209
08 Eisen, Stahl, NE-Metall	765	193	364	-70.629	-69.307	333.799
09 Gießereien, Zieh., Oberfl.veredlung	11.660	1.694	-256	-17.055	-3.957	399.531
10 Leichtmet., Montage, Rep.	5.102	-1.810	-8.910	-8.524	-14.142	352.783
11 Maschinenbau	14.056	7.283	4.131	-49.349	-23.879	1.033.783
12 Fahrzeugbau	1.945	-9.610	-4.306	24.553	12.582	973.279
13 Schiffbau	-8	-48	-146	-11.955	-12.157	60.030
14 EDV-Anlagen, E-Technik	11.498	6.963	12.467	-18.891	12.037	1.117.415
15 Feinmechanik, Optik	2.915	-1.526	1.160	-6.402	-3.853	212.985
16 Herstellung EBM-Waren	4.211	1.230	-3.782	-5.357	-3.698	394.853
17 Holz	6.395	-4.432	-22.928	-10.374	-31.339	454.948
18 Papier	519	-532	-4.180	-2.737	-6.930	171.368
19 Druckereien	3.676	-1.390	-4.354	-5.950	-8.018	224.990
20 Leder	491	-1.177	-6.969	-2.084	-9.739	103.210
21 Textil	1.052	-1.213	-20.750	-17.185	-380.96	327.208
22 Bekleidung	537	-3.362	-20.117	-2.737	-25.679	283.505
23 Nahrung und Genußm.	30.396	1.524	-13.896	-16.794	1.230	702.577
24 Tabakverarbeitung	-20	-54	-1.017	-1.346	-2.437	20.171
25 übriges Verarb. Gew.	220	-934	-3.690	-2.953	-7.357	162.729
26 Baugewerbe	7.332	-36.353	-86.216	-17.674	-132.911	1.698.509
27 Großhandel	23.826	-12.897	-39.365	-9.466	-37.902	1.173.869
28 Einzelhandel	7.233	-19.818	-56.591	-41.172	-110.348	1.718.692
30 Kreditinstitute	14.932	10.884	29.123	5.710	60.649	538.204
31 Versicherungsuntern.	3.610	-603	-3.119	-1.170	-1.282	224.019
32 priv. Gastgewerbe, Heime	16.220	2.073	1.141	-87	19.347	425.906
33 priv. Film, Rundfunk, TV	246	-153	-545	2.407	1.955	44.693
34 Buch-, Zeitungsverlage	3.350	228	141	-3.509	210	120.918
35 Bild., Wiss., Kultur, Sport (Untern.)	4.519	1.197	719	132	6.567	73.462
36 priv. Gesundh.-/Veterinärw.	7.385	1.739	7.925	943	17.992	373.961
37 Berat., Arch./Ing.büros	19.254	-860	-1.916	1.208	17.686	415.695
38 Grundstücks-, Wohnungswesen, Verm.verw.	1.014	-1.165	-5.036	-1.182	-6.369	127.236
39 Werbung	2.690	-489	-550	-559	1.092	37.339
40 übrige Dienstl.untern.	19.165	4.722	2.837	-903	25.821	558.163

Tabelle 3.2: Entwicklung der Beschäftigung 1980 - 1986 (30.6.) nach Betriebsgrößen und Wirtschaftssektoren in "Survivor-Betrieben", "Neuen" und "Gelöschten" Betrieben - absolute Werte -

Zuwachs an Beschäftigung					Abwachs an Beschäftigung				
Neue	Neue Betriebsgröße 1986	Neue	Neue	Neue	Gelöscht	Gelöscht Betriebsgröße 1980	Gelöscht	Gelöscht	Gelöscht
1-19	20-49	50-499	>499	gesamt	1-19	20-49	50-499	>499	gesamt
2.154	1.585	4.289	2.228	10.256	-1.797	-1.198	-4.049	-12.794	-19.838
2.767	2.068	7.695	5.544	18.074	-3.011	-2.115	-7.977	-1.217	-14.320
7.549	4.562	8.746	1.718	22.575	-6.456	-5.713	-11.764	-618	-24.551
723	472	1.633	3.012	5.840	-773	-790	-2.019	-1.350	-4.932
7.682	2.675	3.131	1.333	14.821	-11.036	-6.849	-7.867	0	-25.752
1.847	867	4.844	1.382	8.940	-1.683	-1.016	-7.626	-1.609	-11.934
561	445	2.414	5.235	8.655	-513	-305	-1.461	-6.520	-8.799
15.257	5.310	8.042	2.432	31.041	-13.805	-6.391	-16.794	-2.784	-39.774
21.722	8.304	10.731	1.109	41.866	-20.272	-11.269	-19.137	-1.524	-52.202
16.392	9.648	28.353	14.960	69.353	-12.984	-11.604	-40.773	-9.313	-74.674
30.920	7.404	7.585	1.419	47.328	-23.335	-9.116	-10.910	-3.433	-46.794
517	144	1.251	1.090	3.002	-475	-449	-1.894	-2.834	-5.652
18.928	9.700	22.757	23.411	74.796	-12.788	-7.635	-28.074	-24.906	-73.403
14.797	3.766	5.063	1.767	25.393	-7.292	-3.390	-5.677	-2.558	-18.917
7.708	4.161	9.415	2.600	23.884	-7.509	-6.991	-17.779	-5.130	-37.409
23.180	5.826	9.876	0	38.882	-26.850	-13.247	-34.041	-3.370	-77.508
2.023	1.528	5.857	0	94.08	-2.454	-2.317	-8.365	-536	-13.672
10.854	3.673	4.719	785	20.031	-8.857	-4.154	-7.757	-1.403	-22.171
2.933	1.021	4.069	0	8.023	-4.518	-4.081	-9.187	0	-17.786
3.698	2.372	6.511	1.174	13.755	-6.195	-7.188	-29.321	-5.783	-48.487
8.765	7.306	9.437	787	26.295	-14.466	-15.480	-40.552	-1.588	-72.086
30.513	7.614	15.865	1.819	55.811	-44.540	-11.610	-22.484	-3.229	-81.863
24	0	242	585	851	-167	-523	-1.276	0	-1.966
4.836	1.018	2.531	548	8.933	-5.254	-1.960	-4.568	0	-11.782
128.188	40.592	33.324	1.650	203.754	-153.520	-79.589	-92.202	-2.745	-328.056
102.662	27.022	31.722	1.921	163.327	-109.412	-40.019	-40.248	-581	-190.260
210.646	45.392	40.387	4.078	300.503	-196.121	-35.904	-40.267	-2.262	-274.554
8.683	2.060	2.477	1.722	14.942	-10.227	-2.354	-4.754	0	-17.335
10.835	1.093	2.096	0	14.024	-6.552	-2.130	-1.617	0	-10.299
125.359	22.949	19.132	0	167.440	-109.080	-15.224	-8.109	0	-132.413
4.590	830	408	0	5.828	-2.622	-515	-328	0	-3.465
5.037	1.615	3.697	0	10.349	-3.396	-1.419	-2.170	-528	-7.513
18.874	2.695	4.332	1.472	27.373	-10.695	-1.253	-895	0	-12.843
101.422	3.291	5.561	748	111.022	-50.169	-2.175	-3.719	0	-56.063
86.097	10.757	10.506	1.885	109.245	-48.890	-7.247	-5.888	-514	-62.539
26.668	3.432	2.823	960	33.883	-17.826	-2.145	-3.307	0	-23.278
9.853	1.265	543	0	11.661	-5.826	-1.033	-542	0	-7.401
81.770	22.492	31.825	3.635	139.722	-64.064	-12.252	-16.751	-524	-93.591

3.2 Sektorspezifische Muster der betriebsgrößenspezifischen Beschäftigungsentwicklung

Der hohe Beschäftigungsverlust der hier einbezogenen privaten Sektoren wird in longitudinaler Sicht sektorspezifisch getrennt untersucht (Energie-, Industrie-, Bau-, Dienstleistungssektoren), da zu erwarten ist, daß sektorspezifisch sehr unterschiedliche Bewegungen stattgefunden haben. Darüber hinaus erfolgt eine betriebsgrößenspezifische Analyse der "Survivor"-Betriebe sowie der "neuen" und "gelöschten" Betriebe. In Tabelle 3.2 ist hierfür die Beschäftigtenentwicklung der Sektoren nach folgenden aggregierten Betriebsgrößenklassen ausgewiesen: "1-19", "20-49", "50-499", "500 und mehr" und "Summe über Betriebsgrößen". Ferner wird differenziert nach:

- "Survivor"-Betrieben (Beschäftigungsgewinne bzw. -verluste),
- "neuen" Betrieben,
- "gelöschten" Betrieben.

Aus diesen genannten Komponenten setzt sich die gesamte Beschäftigungsentwicklung der einzelnen Sektoren zusammen. Dabei ist die Erarbeitung der Absolutzahlen der Beschäftigungsentwicklung zwar relevant, jedoch ist diese Betrachtung zu ergänzen um folgende relative Kennziffern (sektor- und betriebsgrößenspezifisch):

a) Ermittlung des sektoralen Gesamtwachstums der Beschäftigung der "Survivor"-Betriebe 1986/80 (absolute Beschäftigungsveränderung 1986/80 bezogen auf die Beschäftigung im Basisjahr 1980),
b) Bestimmung des betriebsgrößenspezifischen Wachstums der Beschäftigung der "Survivor"-Betriebe (betriebsgrößenspezifischer Beschäftigungsgewinn/-verlust 1986/80 bezogen auf die gesamte Beschäftigung des jeweiligen Sektors im Basisjahr 1980),
c) Verteilung der Beschäftigungsgewinne "neuer" Betriebe nach aggregierten Betriebsgrößen (Anteilswerte in %),
d) Verteilung der Beschäftigungsverluste "gelöschter" Betriebe nach zusammengefaßten Betriebsgrößen (Anteilswerte in %).

Diese Kennziffern sind in Tabelle 3.3 ausgewiesen.

Für die einzelnen Sektoren ergeben sich sehr differenzierte Muster der betriebsgrößenspezifischen Beschäftigungsentwicklung und deren Komponenten. Eine Aggregation auf große Wirtschaftsbereiche erscheint nicht zweckmäßig, da damit gegenläufige sektorale Entwicklungen verdeckt werden. An dieser Stelle können in Anbetracht der Vielfalt der Ergebnisse nur einige wesentliche Befunde (die angeführten Absolutzahlen (Betriebe, Beschäftigung) sind hier nicht dokumentiert, aber im einzelnen enthalten in Weißhuhn/König/Sakkas/Seetzen 1988) hervorgehoben werden:

- Energie, Wasserversorgung, Bergbau:
  Die Anzahl der Betriebe dieses Sektors erhöhte sich nicht nennenswert, jedoch ergibt sich ein Beschäftigungsverlust von rund 11.000. Bei den "Survivor"-Betrieben war der Beschäftigungsverlust insgesamt gering, wobei aber Betriebe, die 1980 über 500 Beschäftigte hatten, auffällig stark zum Beschäftigtenabbau beigetragen haben. Die negative Bilanz dieses Sektors ergibt sich durch "Löschungen" von Betrieben in den mittleren und oberen Betriebsgrößen, die nicht kompensiert wurden durch "neue" Betriebe, die über die Betriebsgrößen relativ gleich verteilt waren.
- Verarbeitendes Gewerbe:
  Chemie: Die Anzahl der Betriebe ging leicht zurück, jedoch war der gesamte Beschäftigtenverlust (rund 1.000) gering. Dabei war der Beschäftigungsgewinn "neuer" Betriebe deutlich größer als die "Löschungsverluste" (vor allem in mittleren Betriebsgrößen). Auffällig ist der hohe Beschäftigtenabbau von "Survivor"-Betrieben, die 1980 mehr als 500 Beschäftigte hatten.
  Eisen-, Stahl-, NE-Metallerzeugung: Die Betriebszahl erhöhte sich gering, jedoch betrug der Beschäftigungsverlust insgesamt rund 69.000. Die Bilanz der "gelöschten" und "neuen" Betriebe ist fast ausgeglichen (vergleichsweise geringe Verluste und Gewinne). Bei den "Survivor"-Betrieben hingegen beträgt der Verlust rund 69.000 Beschäftigte. Zwar hatten Betriebe, die 1980 in kleinen und mittleren Betriebsgrößenklassen waren, leichte Gewinne; ihre Beschäftigung sehr stark abgebaut haben jedoch Betriebe, die 1980 mit mehr als 500 Beschäftigten registriert waren.
  Stahl- und Leichtmetallbau, Bahnwagenbau, Montage, Reparatur von Lüftungsanlagen u.ä.: Die Betriebsanzahl stieg um rund 700, während der gesamte Beschäftigtenabbau sich auf rund 24.000 beziffert. "Survivor"-Betriebe, 1980 ab 50 Beschäftigte, zeigen hohe Beiträge zum Beschäftigungsabbau. Die Anteile der Löschungen waren in den Betriebsgrößen "1-499" konzentriert und gleichfalls die Anteile der Beschäftigungsgewinne der "neuen" Betriebe.
  Maschinenbau: Die Betriebsanzahl stieg um knapp 600, der gesamte Beschäftigtenverlust belief sich auf rund 29.000. Der Beschäftigtenabbau der "Survivor"-Betriebe hat mit rund 24.000 ein hohes Gewicht, wobei vor allem Betriebe, 1980 mit mehr als 500 Beschäftigten, ihre Beschäftigung stark reduzierten. Beschäftigtenverluste bzw. -gewinne der "gelöschten" bzw. "neuen" Betriebe verteilten sich auf alle Betriebsgrößenklassen, wobei das Gewicht bei "50-499" Beschäftigten liegt.

Tabelle 3.3: Relative Kennziffern der Beschäftigtenentwicklung 1980-1986 nach Betriebsgrößen und Wirtschaftssektoren

	Wachstumsbeitrag bezogen auf gesamte Beschäftigte 1980 je Sektor					Anteile an der Gesamtzahl der Beschäftigten in "neuen" Betrieben				Anteile an der Gesamtzahl der Beschäftigten in "gelöschten" Betrieben			
	Surv.	Surv.	Surv.	Surv.	Surv.	Neue	Neue	Neue	Neue	Gelöscht	Gelöscht	Gelöscht	Gelöscht
	(Betriebsgröße 1980)					(Betriebsgröße 1986)				(Betriebsgröße 1980)			
Wirtschaftssektor	1-19	20-49	50-499	>499	gesamt	1-19	20-49	50-499	>499	1-19	20-49	50-499	>499
02 Energie, Wasserversorgung, Bergbau	0,66	0,67	0,99	-2,62	-0,30	21,0	15,5	41,8	21,7	9,1	6,0	20,4	64,5
03 Chemie	0,27	0,18	0,14	-1,41	-0,81	15,3	11,4	42,6	30,7	21,0	14,8	55,7	8,5
04 Kunststoffverarbeitung	2,25	0,87	1,23	-1,38	2,96	33,4	20,2	38,7	7,6	26,3	23,3	47,9	2,5
05 Gummi, Asbest	0,32	0,06	0,42	-7,71	-6,91	12,4	8,1	28,0	51,6	15,7	16,0	40,9	27,4
06 Steine, Erden	-1,11	-2,78	-7,21	-2,55	-13,65	51,8	18,0	21,1	9,0	42,9	26,6	30,5	0,0
07 Keramik, Glas	0,25	-0,30	-3,36	-9,05	-12,45	20,7	9,7	54,2	15,5	14,1	8,5	63,9	13,5
08 Eisen, Stahl, NE-Metall	0,23	0,06	0,11	-21,16	-20,76	6,5	5,1	27,9	60,5	5,8	3,5	16,6	74,1
09 Gießereien, Zieh., Oberfl.veredlung	2,92	0,42	-0,06	-4,27	-0,99	49,2	17,1	25,9	7,8	34,7	16,1	42,2	7,0
10 Leichtmetall, Montage, Reparatur	1,45	-0,51	-2,53	-2,42	-4,01	51,9	19,8	25,6	2,6	38,8	21,6	36,7	2,9
11 Maschinenbau	1,36	0,70	0,40	-4,77	-2,31	23,6	13,9	40,9	21,6	17,4	15,5	54,6	12,5
12 Fahrzeugbau	0,20	-0,99	-0,44	2,52	1,29	65,3	15,6	16,0	3,0	49,9	19,5	23,3	7,3
13 Schiffbau	-0,01	-0,08	-0,24	-19,92	-20,25	17,2	4,8	41,7	36,3	8,4	7,9	33,5	50,1
14 EDV-Anlagen, E-technik	1,03	0,62	1,12	-1,69	1,08	25,3	13,0	30,4	31,3	17,4	10,4	38,2	33,9
15 Feinmechanik, Optik	1,37	-0,72	0,54	-3,01	-1,81	58,3	14,8	19,9	7,0	38,5	17,9	30,0	13,5
16 Herstellung EBM-Waren	1,07	0,31	-0,96	-1,36	-0,94	32,3	17,4	39,4	10,9	20,1	18,7	47,5	13,7
17 Holz	1,41	-0,97	-5,04	-2,28	-6,89	59,6	15,0	25,4	0,0	34,6	17,1	43,9	4,3
18 Papier	0,30	-0,31	-2,44	-1,60	-4,04	21,5	16,2	62,3	0,0	17,9	16,9	61,2	3,9
19 Druckereien	1,63	-0,62	-1,94	-2,64	-3,56	54,2	18,3	23,6	3,9	39,9	18,7	35,0	6,3
20 Leder	0,48	-1,14	-6,75	-2,02	-9,44	36,6	12,7	50,7	0,0	25,4	22,9	51,7	0,0
21 Textil	0,32	-0,37	-6,34	-5,25	-11,64	26,9	17,2	47,3	8,5	12,8	14,8	60,5	11,9
22 Bekleidung	0,19	-1,19	-7,10	-0,97	-9,06	33,3	27,8	35,9	3,0	20,1	21,5	56,3	2,2

Fortsetzung Tabelle 3.3

	Wachstumsbeitrag bezogen auf gesamte Beschäftigte 1980 je Sektor					Anteile an der Gesamtzahl der Beschäftigten in "neuen" Betrieben				Anteile an der Gesamtzahl der Beschäftigten in "gelöschten" Betrieben			
	Surv.	Surv.	Surv.	Surv.	Surv.	Neue	Neue	Neue	Neue	Gelöscht	Gelöscht	Gelöscht	Gelöscht
	(Betriebsgröße 1980)					(Betriebsgröße 1986)				(Betriebsgröße 1980)			
Wirtschaftssektor	1-19	20-49	50-499	>499	gesamt	1-19	20-49	50-499	>499	1-19	20-49	50-499	>499
23 Nahrung/Genußm.	4,33	0,22	-1,98	-2,39	0,18	54,7	13,6	28,4	3,3	54,4	14,2	27,5	3,9
24 Tabakverarbeitung	-0,10	-0,27	-5,04	-6,67	-12,08	2,8	0,0	28,4	68,7	8,5	26,6	64,9	0,0
25 übr. Verarb. Gewerbe	0,14	-0,57	-2,27	-1,81	-4,52	54,1	11,4	28,3	6,1	44,6	16,6	38,8	0,0
26 Baugewerbe	0,43	-2,14	-5,08	-1,04	-7,83	62,9	19,9	16,4	0,8	46,8	24,3	28,1	0,8
27 Großhandel	2,03	-1,10	-3,35	-0,81	-3,23	62,9	16,5	19,4	1,2	57,5	21,0	21,2	0,3
28 Einzelhandel	0,42	-1,15	-3,29	-2,40	-6,42	70,1	15,1	13,4	1,4	71,4	13,1	14,7	0,8
30 Kreditinstitute	2,77	2,02	5,41	1,06	11,27	58,1	13,8	16,6	11,5	59,0	13,6	27,4	0,0
31 Versicherungsuntern.	1,61	-0,27	-1,39	-0,52	-0,57	77,3	7,8	14,9	0,0	63,6	20,7	15,7	0,0
32 priv. Gastgew., Heime	3,81	0,49	0,27	-0,02	4,54	74,9	13,7	11,4	0,0	82,4	11,5	6,1	0,0
33 priv.Film, Rundfunk, TV	0,55	-0,34	-1,22	5,39	4,37	78,8	14,2	7,0	0,0	75,7	14,9	9,5	0,0
34 Buch-, Zeitungsverlage	2,77	0,19	0,12	-2,90	0,17	48,7	15,6	35,7	0,0	45,2	18,9	28,9	7,0
35 Bild., Wiss., Kultur, Sport (Untern.)	6,15	1,63	0,98	0,18	8,94	69,0	9,8	15,8	5,4	83,3	9,8	7,0	0,0
36 priv., Gesundheits-, Veterinärwesen	1,97	0,47	2,12	0,25	4,81	91,4	3,0	5,0	0,7	89,5	3,9	6,6	0,0
37 Beratung, Arch.-/Ing.-büros	4,63	-0,21	-0,46	0,29	4,25	78,8	9,8	9,6	1,7	78,2	11,6	9,4	0,8
38 Grundstücks-, Wohnungswesen, Verm.verw.	0,80	-0,92	-3,96	-0,93	-5,01	78,7	10,1	8,3	2,8	76,6	9,2	14,2	0,0
39 Werbung	7,20	-1,31	-1,47	-1,50	2,92	84,5	10,8	4,7	0,0	78,7	14,0	7,3	0,0
40 übrige Dienstleistungsunternehmen	3,43	0,85	0,51	-0,16	4,63	58,5	16,1	22,8	2,6	68,5	13,1	17,9	0,6

Straßenfahrzeugbau: Die Anzahl der Betriebe erhöhte sich deutlich um 3.000 und die gesamte Beschäftigung um rund 13.000. Die Bilanz der "neuen" und "gelöschten" Betriebe ist fast ausgeglichen, wobei "neue" Beschäftigungen, aber auch "Löschungen", hauptsächlich in der Betriebsgröße "1-19" von Gewicht sind. "Survivor"-Betriebe, 1980 in mittleren Betriebsgrößen, hatten Verluste, während deutliche Gewinne der Beschäftigung bei Betrieben mit mehr als 500 Beschäftigten auftraten.

EDV-Anlagen, Büromaschinen, Elektrotechnik: Die Anzahl der Betriebe expandierte um rund 1.700, die gesamte Beschäftigung um rund 13.000. Beschäftigungsgewinne der "Neugründungen" und -verluste der "Löschungen" waren etwa ausgeglichen und verteilten sich über alle Betriebsgrößen. "Survivor"-Betriebe (insgesamt 12.000 Gewinn), 1980 in Klassen über 500 Beschäftigte, zeigten Verluste.

Textilgewerbe: 1986 gegenüber 1980 gab es in dieser Branche rund 750 Betriebe weniger, während die Beschäftigung um rund 73.000 zurückging. "Survivor" verloren rund 38.000 Arbeitsplätze, vor allem ab Betriebsgröße "50 und mehr". "Löschungen" betrafen in besonders hohem Maße die Betriebsgrößen ab 50 Beschäftigte. "Neue" Betriebe hatten Beschäftigungsgewinne in den Klassen "1-499".

Bekleidungsgewerbe: Die Zahl der Betriebe war um rund 1.900 rückläufig, die Zahl der Beschäftigten insgesamt um rund 71.000. "Survivor", 1980 nach Betriebsgrößen klassifiziert, weisen einen hohen Beschäftigtenabbau in den mittleren Betriebsgrößen auf. Die Bilanz der "gelöschten" und "neuen" Betriebe ist hoch negativ, wobei die Verluste in den mittleren Betriebsgrößen ("50-499") auffallen. Beschäftigungsgewinne durch "Neugründungen" sind anteilsmäßig hoch in den Klassen "1-499".

- Baugewerbe:
  Die Gesamtzahl der Betriebe sank um rund 4.200, die Beschäftigtenanzahl um rund 257.000. "Survivor" verloren rund 133.000. Diese Betriebe, 1980 nach der Betriebsgröße erfaßt, erhöhten ihre Beschäftigung in der Betriebsgröße "1-19" (rund 29.000), in den übrigen ergaben sich negative Beschäftigungsbeiträge, wobei Großbetriebe ihren Beschäftigtenabbau begrenzten. Der "Löschungsabbau" betraf in sehr hohem Ausmaß die Gruppe "1-499" Beschäftigte, "Gründungsgewinne" zeigten sich in hohem Maße (rund 170.000) in der Spannweite "1-49" Beschäftigte, während kaum neue Großbetriebe entstanden.
- Einzelhandel:
  Dieser Bereich zeigt einen Anstieg der Betriebszahl um rund 2.600, während insgesamt die Beschäftigung um rund 84.000 absinkt. Dieses saldierte Ergebnis resultiert aus hohen Bewegungen bei den "Survivor"-Betrieben und "Löschungen" bzw. "Neugründungen". Im einzelnen verloren die "Survivor" rund 110.000

Beschäftigte. Diese Betriebe, 1980 nach Betriebsgrößen eingeordnet, stellten in Kleinbetrieben Beschäftigte ein, darüber gab es nur Beschäftigtenabbau. "Betriebslöschungen" mit erheblichen Beschäftigungsverlusten konzentrierten sich auf dic Betriebsgrößen "1-499", während nur wenige große Einzelhandelsbetriebe verloren gingen. Größenklassen "1-499" Beschäftigte (Schwerpunkt "19" Beschäftigte) erzielten durch "Neugründungen" erhebliche Arbeitsplatzgewinne.

- Dienstleistungsgewerbe:

  Kreditinstitute: Die Betriebsanzahl dieses Wirtschaftsbereiches sank geringfügig um rund 400, dagegen konnte die Beschäftigung um rund 58.000 erhöht werden. "Survivor"-Betriebe steigerten die Beschäftigung vor allem in mittleren Betriebsgrößen (20-499). "Betriebslöschungen" erfolgten vornehmlich in den Klassen "1-49", entsprechend auch Gewinne.

  Gastgewerbe, Heime (Unternehmen): Die Betriebsstättenzahl expandierte um rund 5000, die Beschäftigung insgesamt um rund 54.000. "Survivor" steigerten insgesamt die Beschäftigung um rund 19.000. Klassifiziert nach Betriebsgrößen im Basisjahr 1980, gewannen fast alle diese Betriebe an Beschäftigung. Die Bilanz von "gelöschten" und "neuen" Betrieben stellt sich positiv dar, jedoch zusammengesetzt aus hohen Beschäftigungsverlusten (rund 132.000) bzw. -gewinnen (rund 167.000). Die starken Verluste konzentrierten sich auf die Betriebsgrößen "1-49", die Gewinne an Beschäftigung gleichfalls.

  Bildung, Wissenschaft, Kultur, Sport (Unternehmen): Die Betriebszahl stieg insgesamt um rund 3600, die Beschäftigung um rund 21.000. "Überlebende" Betriebe zeigten einen Beschäftigungszuwachs von rund 6500, wobei der Wachstumsbeitrag in den Klassen "1-49" lag. "Neue" Betriebe erhöhten die Beschäftigung vor allem in der Betriebsgröße "1-499". "Löschungseinbußen" konzentrierten sich dagegen auf die Betriebsgrößen "1-49" (Schwerpunkt "1-19" Beschäftigte).

  Gesundheits- und Veterinärwesen (Unternehmen): Die Anzahl der Arbeitsstätten stieg um rund 13.000, die Beschäftigung insgesamt um rund 73.000. "Survivor" trugen dazu mit rund 18.000 Beschäftigtenzuwachs bei. Der Wachstumsbeitrag dieser Betriebe lag schwergewichtig in den Betriebsgrößen "1-19" und "50-499". Die Gegenüberstellung der "neuen" Betricbc und der "Löschungen" erbringt den Hauptteil des Beschäftigungsgewinnes dieses Dienstleistungssektors (rund 55.000), wobei der Schwerpunkt der "Neugründungen" bei den Betriebsgrößen "1-19" liegt. "Schließungen" betrafen vor allem die Betriebsgrößen "1-49".

  Rechts- und Wirtschaftsberatung, Architektur- und Ingenieurbüros: In diesem privaten Dienstleistungsbereich stcigerte sich die Zahl der Betricbc um rund 14.600, die Beschäftigung um rund 64.000. "Survivor" stellten rund 18.000 Beschäftigte mehr ein. In der Betriebsgrößenzugehörigkeit von 1980 gemessen, konzentrierten

sich die Zugewinne auf Kleinstbetriebe. Die Bilanzierung von "eröffneten" und "geschlossenen" Betrieben erbringt einen hohen Beschäftigungszuwachs (rund 46.000). "Gründungen" erfolgten schwerpunktmäßig in den Betriebsgrößen "1-499" (vor allem Kleinbetriebe), "Schließungen" betrafen gleichfalls diese Klassen (davon besonders kleine Betriebe mit "1-19" Beschäftigten).
Übrige Dienstleistungsunternehmen (Körperpflege, Reinigung, Fotographisches Gewerbe, Hygienische und ähnliche Einrichtungen, Versteigerungsgewerbe u.ä.): Die Zahl der Betriebsstätten dieses heterogenen Dienstleistungsrestsektors wuchs um rund 5300, die Beschäftigung insgesamt um rund 72.000. "Survivor" steigerten die Beschäftigung um rund 26.000, vor allem in Kleinst- und Mittelbetrieben des Basisjahres 1980. Der Beschäftigungsabbau durch "Schließungen" betrug insgesamt rund 94.000, konzentriert auf die Betriebsgrößen "1-499". Rund 140.000 Arbeitsplätze entstanden durch "neue" Betriebe, wobei kleine und mittlere Betriebe den Schwerpunkt bildeten.

4. Zusammenfassung und Ausblick

In der Gesamtbetrachtung der Beschäftigung 1980 - 1986 (Stichtag 30.6.) war die Beschäftigungsentwicklung bekanntermaßen in den großen Bereichen "Energie- und Wasserversorgung, Bergbau", "Verarbeitendes Gewerbe" (Ausnahmen: Kunststoffverarbeitung, Straßenfahrzeugbau, DV-Anlagen, Elektrotechnik, Feinmechanik, Optik), "Baugewerbe", "Handel" rückläufig, im "Kredit- und Versicherungsgewerbe" sowie im privaten Dienstleistungsbereich zeigten sich Beschäftigungszuwächse. Diese Ergebnisse wurden in der vorliegenden Untersuchung auf der Grundlage von integrierten Auswertungen in den einzelnen Wirtschaftszweigen mit Hilfe einer Longitudinalanalyse "zerlegt".

Dabei zeigt sich, daß sich die Komponenten der gesamten Beschäftigungsentwicklungen eines jeden Sektors außerordentlich differenziert zusammensetzen und typische "Muster" für aggregierte Wirtschaftsbereiche (z.B. Energie, Industrie, Dienstleistungen) letztlich nicht identifiziert werden können. Dies betrifft insbesondere die in der aktuellen Diskussion aufgeworfene Frage nach den typischen betriebsgrößenspezifischen "Trägern" von hinzugewonnener Beschäftigung. In der vorgelegten Untersuchung wird deutlich, daß eine Beantwortung dieser Problemstellung auf eine sektorspezifische Analyse, verbunden mit einer integrierten Longitudinalbetrachtung der Beschäftigungskomponenten, zurückgreifen muß. Dennoch lassen sich thesenartig folgende Hauptlinien der gesamten Beschäftigungsentwicklung und deren Komponenten herausheben:

- Der öffentliche Sektor und die "non-profit"-Bereiche leisteten einen bedeutenden positiven Beschäftigungsbeitrag.
- Im Warenproduzierenden Gewerbe (Energie, Wasserversorgung, Bergbau, Verarbeitendes Gewerbe (Industrie), Baugewerbe) war die Beschäftigtenentwicklung bei den "Survivor"-Betrieben fast durchweg negativ.
- Die negativen Wachstumsbeiträge der "Survivor"-Betriebe zur Beschäftigung im Warenproduzierenden Gewerbe konzentrierten sich auf die Betriebsgrößen "50-499" und "500 und größer". Das Schwergewicht der Beschäftigungsgewinne der "Neuen" Betriebe dieses Bereichs liegt bei Kleinstbetrieben und Betrieben mit "50-499" Beschäftigten, obwohl auch in einigen Sektoren hohe Anteile von Großbetriebsgründungen vorhanden sind. Sehr uneinheitlich ist jedoch das Bild der Beschäftigungsverluste durch "Schließungen", wobei aber Großbetriebe anteilsmäßig ein geringeres Gewicht haben.
- Im Dienstleistungssektor (Keditinstitute, Versicherungen, Private Dienste) zeigen sich bei den "Survivor"-Betrieben fast durchweg positive Beschäftigungsentwicklungen, wobei vornehmlich Kleinstbetriebe ("1-19") positive Beschäftigungsbeiträge erbringen, punktuell auch noch größere Betriebe. Beschäftigungsgewinne durch Neugründungen konzentrieren sich ebenfalls auf Kleinstbetriebe, teilweise noch auf mittlere Betriebsgrößen. Dieser positive Beschäftigungsbeitrag neuer kleinerer und mittlerer Dienstleistungsbetriebe wird aber in erheblichem Maße kompensiert durch Beschäftigungsverluste bei "Löschungen" in diesen Betriebsgrößen.

Einschränkungen der vorgelegten Analyse ergeben sich - wie eingangs erwähnt - aus dem verwendeten Datenmaterial und der deskriptiven Methodik des Ansatzes. In folgenden Arbeiten sollen jedoch die empirischen Befunde auf der Grundlage theoretischer Hypothesen analysiert werden. Darüber hinaus sollen diese Analysen u.a. auch durch die Differenzierung der Beschäftigten (z.B. nach Ausbildungsqualifikationen, Facharbeitern, Teilzeitbeschäftigung) erweitert werden.

TEIL II

BRANCHENSPEKTRUM

Innovation, Wachstum und Beschäftigung

Einzelwirtschaftliche, sektorale und intersektorale Innovationsaktivitäten und ihre Auswirkungen auf die deutsche Wirtschaft in den achtziger Jahren

Lothar Scholz, Horst Penzkofer, Heinz Schmalholz, unter Mitarbeit von Jörg Beutel

1. Theoretischer Bezugsrahmen

Technischer Fortschritt stellt aus wirtschaftswissenschaftlicher Sicht ein komplexes Phänomen dar, das auf vielfältigen Ursachen beruhen sowie sehr unterschiedliche wirtschaftliche und soziale Folgen auslösen kann. Durch die grundlegenden Arbeiten von Robert M. Solow (1957) in den fünfziger Jahren hat die Wirtschaftswissenschaft den entscheidenden Impuls erhalten, sich mit diesem Phänomen aus einem neuartigen Blickwinkel zu befassen. Die Bedeutung des technischen Fortschritts für das Wirtschaftswachstum ließ sich auf der Basis der modernen Produktionstheorie mit Hilfe der Residualmethode empirisch nachweisen. Der technische Fortschritt, als Restkomponente gemessen, stellte in dieser Form jedoch ein "measure of ignorance" (Abramovitz 1956, S. 11) dar. Bis zum heutigen Tag wurde eine Vielzahl von Hypothesen über die Ursachen und Auswirkungen dieses "unerklärlichen" Phänomens aufgestellt, theoretische Erklärungsansätze entwickelt und empirische Erklärungsversuche durchgeführt (d'Alcantara 1986). Und dennoch stellen sich immer noch ungeklärte Fragen (Cyert/Mowery 1987), ohne deren Beantwortung die Wachstumspolitik (Oppenländer 1988) und damit auch die Forschungs- und Technologiepolitik (Nelson/Winter 1977) letztlich keine wirtschaftswissenschaftlich fundierte Grundlage erhalten kann (Gahlen 1972).

Auf welche vielfältigen Erscheinungsformen der technische Fortschritt zurückgeführt werden kann, verdeutlichte Edward F. Denison bereits Anfang der siebziger Jahre (Denison 1974). Schon zuvor hatte Murry Brown (Brown/De Cani 1963, Brown 1966) darauf hingewiesen, daß der technische Fortschritt "a basket of com ponents" darstellt, der sich im Zeitverlauf sehr unterschiedlich zusammensetzen kann, woraus "technological epochs" resultieren, die sich durch verschiedenartige Konstellationen und Auswirkungen kennzeichnen lassen, also zu unterschiedlichen Produktionsfunktionen führen. Er war es auch, der hinter den Parametern der (geschätzten) Produktionsfunktionen eine "abstract technology" (Brown 1966, S. 12) sah. Durch welche konkreten Phänomene diese abstrakte Technologie gekennzeichnet werden könnte, wurde jedoch wegen methodischer Probleme und mangelnder empirischer Daten nicht geklärt.

Die in der Wirtschaftswissenschaft entwickelten Theorien des technischen Fortschritts unterscheiden sich hinsichtlich der unterstellten Prämissen und der mehr oder weniger komplexen Erklärungsansätze. Auf dieser theoretischen Basis ist es zwar gelungen, die Vielfalt des technischen Fortschritts und seiner Folgen systematisch zu strukturieren, aber welche Konstellation mit welchen Auswirkungen zu unterschiedlichen Phasen der wirtschaftlichen und sozialen Entwicklung führt, ist nach wie vor nicht endgültig geklärt. Die Innovationsforschung hat zwar mit einer Vielzahl partialanalytischer Erklärungsansätze empirische Aussagen machen können, die sich jedoch häufig widersprechen und keine generalisierenden Feststellungen erlauben. Insofern hat sich gegenüber dem Stand der Forschung, wie er bei E.M. Rogers bereits zum Ausdruck kam, bislang nichts wesentliches geändert (Nelson 1981).

Die Wachstumstheorie hat sich intensiv mit den aus der Theorie ableitbaren Bedingungen eines "gleichgewichtigen" Wachstums befaßt. Als wissenschaftlicher Fortschritt ist zu werten, daß sie sich auch mit dem Phänomen von Wachstumszyklen - im Gegensatz zu kurzfristigen Konjunkturschwankungen - auseinandergesetzt hat. Die Rate und Richtung des technischen Fortschritts wird in diesem Zusammenhang als wesentlicher Erklärungsfaktor angesehen. Aber wenn man sich bemüht, diesen Faktor mit Erklärungsinhalten zu versehen, dann ist allenfalls bemerkenswert, welche Kreativität darauf verwendet wird, dieses "measure of ignorance" zu benennen. In formalisierten Modellansätzen, die in der Lage sind, solche Wachstumszyklen abzubilden, interpretiert man diesen Schwingungsverursacher zum Beispiel als "Unternehmeraktivität" oder "ökonomischer Aktivitätsgrad" (Krelle 1986, S. 92). Damit ist man jedoch wieder weit davon entfernt, einen Zusammenhang zwischen der "abstract technology" und konkreten Erscheinungsformen des technischen Wandels auf der Grundlage "moderner Technologien" herstellen und ihre Wirkungen analysieren zu können.

2. Methodischer Untersuchungsansatz

2.1 Probleme der Messung des "technischen" Fortschritts

"Technischer" Fortschritt kann in einer Volkswirtschaft aus wirtschaftswissenschaftlicher Sicht selbst dann auftreten, wenn in der Wirtschaft keine technischen Veränderungen zu verzeichnen sind, z.B. quantitative strukturelle Veränderungen im Produktmix (Struktureffekte) oder Vernachlässigung bzw. nicht phasengerechte Zurechnung externer Effekte (z.B. Bildungs- oder FuE-Ausgaben, Umwelteffekte). Solche "Fehler" in der Bestimmung der Rate und Richtung des technischen Fortschritts ließen sich nur vermeiden, wenn diese Zusammenhänge geklärt und entsprechende Daten verfügbar wären.

Die Meta-Studie (Phase II) trägt den Arbeitstitel "Arbeitsmarktwirkungen moderner Technologien". Neben dem technischen Fortschritt gehen von der Wirtschaftspolitik generelle und von der Tarifpolitik spezielle Wirkungen aus, die Folgen auf dem Arbeitsmarkt auslösen können. Solche Effekte lassen sich nur auf der Grundlage gesamtwirtschaftlicher Modellanalysen abbilden. Dabei tritt das Problem auf, daß eine für die Vergangenheit ökonometrisch errechnete Größe für den technischen Fortschritt durch alle Ex-post-Effekte mitbeeinflußt wird. Nur wenn unterstellt wird, daß auch in der Zukunft Richtung und Intensität solcher Einflüsse unverändert auftreten werden, kann gewagt werden, die für die Ex-post-Entwicklung ermittelte Rate des technischen Fortschritts Prognosen oder Simulationsrechnungen zugrundezulegen. Aber ökonometrische Berechnungen haben gezeigt, daß die Fortschrittsrate über längere Zeiträume hinweg durchaus nicht konstant bleibt (Krelle 1986). Damit stellt sich das Problem, einerseits einen "Aktivitätsindex" zu entwickeln, der Veränderungen im Stand der Technik im eigentlichen Sinn erfaßt, und andererseits die dafür erforderlichen Daten zu gewinnen.

Im Rahmen der Theorie des technischen Fortschritts wurde eigentlich immer von einer Definition ausgegangen, die auf qualitative Veränderungen des Outputs bzw. der Produktionsfaktoren abstellt (Ott 1959). Auf der Grundlage ökonometrischer Meßansätze und der verfügbaren Datenbasis war es jedoch nicht möglich, dieser definitorischen Restriktion voll zu entsprechen. Darum war es auch nicht möglich, die theoretischen Erklärungsansätze "sauber" ökonometrisch daraufhin zu testen, ob qualitative Veränderungen des Output (Produktinnovationen) einerseits und/oder der Produktionsfaktoren Arbeit bzw. Kapital (Prozeßinnovationen) andererseits die wirtschaftliche Effizienz der Produktion beeinflussen. Hält man sich aber an die Definition des technischen Fortschritts, die qualitative Veränderungen in

Form von Produkt- und/oder Prozeßinnovationen voraussetzt, dann muß man ein neues Meßkonzept entwickeln.

2.2 Meßansätze für Innovationsaktivitäten

Das Meßkonzept für Produkt- und Prozeßinnovationen, wie es das Ifo-Institut entwickelt hat, trägt Erkenntnissen Rechnung, die in einer Vielzahl von empirischen Untersuchungen auf dem Gebiet der Innovationsforschung gewonnen und bereits in den sechziger Jahren begonnen wurden (Oppenländer 1971). Dabei ist auf der Basis von Fallstudien deutlich geworden, daß Produktinnovationen auch ohne Prozeßinnovationen, Prozeßinnovationen auch ohne Produktinnovationen, vielfach aber auch komplementäre Produkt- und Prozeßinnovationen die Effizienz der Produktion beeinflussen. Dementsprechend wurde ein Strukturierungsansatz für Innovationen entwickelt (Scholz 1974), der auch sogenannte Technik-Variablen (Scholz 1977) enthielt. Damit wurde ein Brückenschlag von den Ingenieurwissenschaften zur ökonomischen Theorie des technischen Fortschritts vorgenommen, um die in Produktionsfunktionen abgebildete "abstract technology" auf technische Veränderungen beim Output und in der Produktion überführen zu können.

Auf der Grundlage von Fallstudien, die singuläre Innovationsprozesse oder "bundles of innovations" (Rogers/Shoemaker 1971, S. 171) analysierten, war es zwar möglich, Art und Auswirkungen technischer Veränderungen in den jeweiligen Funktionsbereichen der innovierenden Unternehmen zu isolieren, aber die Analyse von Ursache-Wirkungszusammenhängen auf der Unternehmensebene und erst recht auf der entsprechenden Markt- und Branchenebene bereitete wegen Isolier- und Aggregationsproblemen unüberwindbare Schwierigkeiten. So aufschlußreich diese Untersuchungsergebnisse im Detail auch waren, sie bildeten allenfalls illustrative Beispiele für Entwicklungen, deren Ursachen aber nicht zurechenbar blieben.

Produkt- und Prozeßinnovationen in Form technischer Veränderungen setzen neues oder neuartig kombiniertes technisches Wissen, also Forschung und Entwicklung (FuE) voraus. Die FuE-Ausgaben der Wirtschaft und des Staates zeigen relativ stetige Entwicklungstrends in der FuE-Statistik des Stifterverbandes für die Deutsche Wissenschaft. Wann dieses FuE-gestützte Wissen zu Erfolgen führt, läßt sich für Teilbereiche der Wirtschaft auf der Grundlage patent-statistischer Analysen (Faust 1987) verdeutlichen. Wann und ob dieses neue Wissen aber wirtschaftlich genutzt wird und einen Beitrag zum technischen Fortschritt leistet, bleibt dabei im Dunkeln. Außerdem kann auch nicht-patentgeschütztes oder nicht-patentfähiges

Wissen auf der Grundlage von Konstruktion und Design die Rate des technischen Fortschritts verändern.

Aus diesen Gründen bildet das Ifo-Institut den für den technischen Fortschritt relevanten "ökonomischen Aktivitätsgrad" (Krelle 1986) mit Hilfe des Indikators "Innovationsaktivität" (Schmalholz/Scholz 1985) ab. Dieser Aktivitäts-Index wird für die "Technologie-Produzenten", nämlich die Unternehmen des Verarbeitenden Gewerbes, erhoben. In dieser Sichtweise sind technische Veränderungen bei Produkten und in der Produktion notwendige, aber nicht hinreichende Bedingungen für den technischen Fortschritt. Ob Produktinnovationen einen Beitrag zum technischen Fortschritt leisten, hängt nämlich nicht nur vom Innovationsangebot, sondern auch von der Innovationsnachfrage (Akzeptanz und Kaufkraft) ab. Außerdem erfordert die effiziente Anwendung von Produkt- und Prozeßinnovationen vielfach die Lösung von Software-Problemen, setzt technisch bedingte organisatorische Veränderungen (Orgware) voraus und stellt die Anwender zum Teil vor Qualifikationsprobleme (Brainware), woraus eine Minderung oder zeitliche Verzögerung der technisch angelegten Effizienzsteigerung resultieren kann. Einerseits muß also ein Innovationsindikator entwickelt werden, der die Struktur und Intensität des Innovations-Angebots erfaßt, andererseits muß der Innovations-Output gemessen werden.

2.3 Intersektorale Innovationsverflechtung

Zielsetzung des Ifo-Instituts im Rahmen der Meta-Studie war es, den Zusammenhang zwischen "Innovation, Wachstum und Beschäftigung" - also nicht bezogen auf die gesamtwirtschaftlichen Arbeitsmarkteffekte - auf der Grundlage

- von einzelbetrieblichen Daten,
- auch auf dem Aggregationsniveau von Branchen und
- im Hinblick auf die Endnachfrage-Sektoren

zu analysieren. Vom Untersuchungsansatz her handelt es sich also um eine mehrstufig aufgebaute Technikfolgen-Studie. Partialanalytische und sektorspezifische Technikfolgen-Studien weisen - neben den bereits angesprochenen Isolations- und Aggregationsproblemen - häufig den Nachteil auf, daß sie nur die in dem jeweils abgegrenzten Untersuchungsbereich erfaßbaren Innovationsaktivitäten in die Analysen einbeziehen. Innovations-Verbundeffekte, die daraus resultieren, daß der innovierende Sektor auf innovative Vorleistungen (intersektorale Produktinnovations-Verflechtung) oder innovative Prozeßtechnologien (Prozeßinnovations-Verflechtung) zurückgreifen kann, sind jedoch für die auf der jeweiligen Sektorebene gemessenen Technikfolgen unter Umständen sehr bedeutsam. Im Extrem kann der Sachverhalt eintreten, daß ein Sektor, dessen Innovationsaktivität bei der direkten Messung als gering anzusehen ist, aufgrund der indirekten Innovationseffekte wirtschaftliche und soziale Folgen aufweist, die unmittelbar nicht auf die Anwendung moderner Technologien zurückgeführt werden können.

Ein Schwerpunkt der Forschungsarbeiten des Ifo-Instituts lag im Rahmen der Meta-Studie darum in der Entwicklung und Analyse von Innovations-Verflechtungsmatrizen für das Verarbeitende Gewerbe und die gesamte Wirtschaft. Grundlage dieses Forschungsschwerpunktes bildete das im Ifo-Institut entwickelte Input-Output-Projektionsverfahren. Die Notwendigkeit, den Fortschritt auf diesem wirtschaftswissenschaftlichen Gebiet in diese Richtung voranzutreiben, haben auch andere Ökonomen (Scherer 1982) erkannt; bereits im Rahmen der sogenannten Kabinettstudie (Ifo/ISI/Infratest 1980), die in den Jahren 1978/79 durchgeführt wurde, war das dafür entwickelte "Technologie-Wirtschaft-Arbeitsmarktmodell" des Ifo-Instituts so konzipiert worden, daß solche intersektoralen Innovationseffekte formalisiert werden konnten - nur fehlte damals noch die empirische Datenbasis.

3. Datenbasis

3.1 Erhebungen des Ifo-Instituts

Das Ifo-Institut verfügt über ein Panel von rund 5.000 Industrie-Betrieben (funktionale Abgrenzung nach Erzeugnisbereichen) und rund 3.000 Industrie-Unternehmen (institutionelle Abgrenzung nach Branchen), für die auf der Grundlage unterschiedlicher Erhebungsinstrumente teilweise Daten über Umsatz, Beschäftigte und Investitionen zur Verfügung stehen. Da sich im Rahmen der Innovationsforschung des Ifo-Instituts sowie der wissenschaftlichen Arbeiten auf dem Gebiet der theoretischen Erklärung und Messung des technischen Fortschritts die wegen fehlender statistischer Daten engen Grenzen dieser Forschungsrichtung abzeichneten, wurde bereits Mitte der siebziger Jahre nach einem Ausweg aus dieser Sackgasse gesucht. In den Jahren 1978/79 wurde die Konzeption des Ifo-Innovationstests entwickelt (Reinhard/Scholz 1979). Die Daten dieser seit 1979 im jährlichen Turnus durchgeführten Erhebung, für die das Panel der Testteilnehmer aus der Industrie die Basis darstellt, bilden die empirische Grundlage für die Analyse der Innovationsaktivitäten in der deutschen Industrie. In den ersten drei Jahren der Erhebung wurde dieses neuartige Instrument "eingefahren" und modifiziert (Schmalholz/Scholz 1985). Im Rahmen der Meta-Studie (Phase II) wurden die bislang getrennten Dateien unterschiedlicher Ifo-Erhebungen in sich konsistent aufeinander abgestimmt und zusammengeführt (Tabelle 3.1).

Damit steht für die Jahre 1979 bis 1986 eine Datenbasis zur Verfügung, die theoretisch fundierte empirische Analysen über die Innovationsaktivitäten der Industrie erlaubt. Die im Rahmen des Industrie-Panel erhobenen Daten konnten mit eigens dafür entwickelten Gewichtungs- und Hochrechnungsverfahren so weit aufbereitet werden, daß sie auch für Branchenanalysen verwendet werden können; die Daten der FuE-Statistik und der Investitions-Statistik konnten dafür zum Teil als "Prüfmaße" herangezogen werden.

Tabelle 3.1: Schnittmengen der Ifo-Dateien für die Jahre 1979 bis 1986

Datei	1979	1980	1981	1982	1983	1984	1985	1986
KT/IT	1538	782	1633	1643	1690	1680	1627	1527
KT/INT	402	526	690	1262	1386	1403	1208	1472
KT/INT/IT	226	293	377	750	845	866	754	874

Anmerkung: KT = Konjunkturtest (Sonderfrage 'Innovation')
IT = Investitionstest
INT = Innovationstest

Quelle: Ifo-Institut für Wirtschaftsforschung.

Die wissenschaftlichen Arbeiten auf dem Gebiet der Innovationsforschung haben offengelegt, daß zwischen Invention, Innovation und Diffusion technischer Neuerungen, also bis sie einen Beitrag zum technischen Fortschritt im ökonomischen Sinne leisten (Abbildung 3.1), erhebliche Zeitverzögerungen auftreten, die mehrere Jahre, wenn nicht sogar Jahrzehnte umfassen (Scholz 1974). Solche Zusammenhänge lassen sich auf einer Datenbasis von lediglich acht Jahren (1979 bis 1986) nicht ausreichend abbilden. Darum wurde der Versuch unternommen, zunächst für das Verarbeitende Gewerbe insgesamt, einen Innovationsindikator - die Innovationsausgaben der Industrie - für die Jahre 1962 bis 1978 zu rekonstruieren. Auch dafür bildeten die FuE-Statistik sowie die Erhebungen im Rahmen des Ifo-Investitionstests die Schätzbasis (Tabelle 3.2).

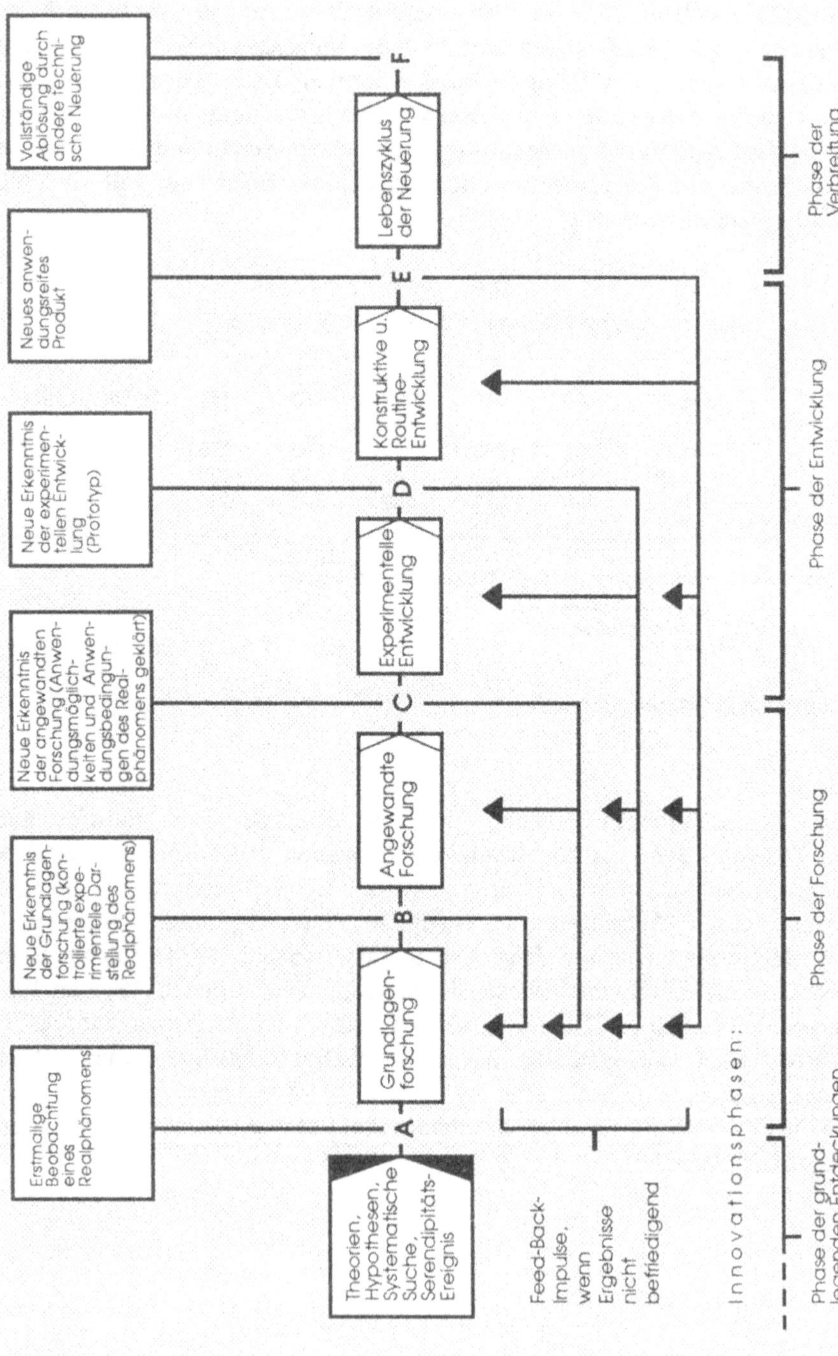

Abbildung 3.1: **Prozeß der Gewinnung und Umsetzung technischen Wissens (Innovationsprozeß)**

Tabelle 3.2: Ausgaben für Investitionen und Innovationen im Verarbeitenden Gewerbe 1962-1986
- Angaben in Mio. DM -

	Bruttowert-schöpfung		Bruttoinvesti-tionen		Innovations-aufwendungen	
Jahr	(1)	(2)	(1)	(2)	(1)	(2)
1962	144.990	252.330	20.950	42.790	18.179	37.096
1963	150.580	257.440	20.650	40.940	17.398	34.493
1964	167.520	280.120	23.000	44.080	19.520	37.411
1965	184.890	302.260	26.040	48.150	21.856	40.413
1966	192.920	307.910	26.960	48.250	22.679	40.588
1967	193.580	301.900	22.950	40.850	21.398	38.088
1968	200.660	333.580	23.670	42.440	21.377	38.329
1969	229.590	373.140	31.740	55.200	24.858	43.231
1970	259.450	392.580	41.100	66.120	30.357	48.837
1971	278.040	396.540	43.530	65.800	31.322	47.346
1972	296.560	409.460	40.060	58.900	34.864	51.235
1973	333.250	435.540	38.540	54.370	34.053	48.040
1974	355.620	432.500	37.290	48.540	34.982	45.536
1975	354.060	412.350	37.010	44.800	35.823	43.363
1976	389.700	443.970	40.720	47.240	36.447	42.283
1977	414.420	453.120	44.090	49.800	37.815	42.712
1978	437.920	461.400	46.150	50.360	45.093	49.207
1979	470.420	482.800	52.600	55.510	49.628	52.374
1980	482.840	482.840	59.680	59.680	56.458	56.458
1981	489.730	475.520	59.410	56.010	50.763	56.946
1982	502.850	464.150	56.190	51.250	62.876	57.348
1983	524.930	469.360	58.520	51.960	66.521	59.064
1984	547.240	482.170	58.870	51.290	73.700	64.135
1985	584.020	499.060	68.640	58.160	78.628	66.646
1986	642.070	511.310	74.968	62.848	84.631	70.949

(1): in jeweiligen Preisen
(2): in konstanten Preisen (Basis: 1980)

Quelle: Ifo-Innovationstest; Ifo-Investitionstest; Stifterverband für die Deutsche Wissenschaft; Statistisches Bundesamt: Fachserie 18 - Volkswirtschaftliche Gesamtrechnung, Reihe S. 8, Revidierte Ergebnisse 1960-1984; Statistisches Bundesamt: Fachserie 18 - Volkswirtschaftliche Gesamtrechnung, Reihe 1, Konten und Standardtabellen 1986; Berechnungen des Ifo-Instituts.

3.2 Innovations-Verflechtungsmatrizen

Zur Analyse der intersektoralen Innovations-Verbundeffekte mußte eine eigenständige Datenbasis erst geschaffen werden. Für die dafür erforderlichen Input-Output-Rechnungen konnte lediglich auf die Input-Output-Tabelle des Statistischen Bundesamtes für das Jahr 1980 zurückgegriffen werden. Es wurde ein Schätzansatz entwickelt, der in seiner Grundidee den RAS- bzw. MODOP-Verfahren entspricht, jedoch den Ansatz der Aktivitätsanalyse nutzt und alle Quadranten der I-O-Tabelle in das Iterationsverfahren einbezieht (Abbildung 3.2). Die Schätzung der I-O-Tabellen für die Jahre 1981 bis 1986 erfolgte auf der Basis bereits verfügbarer Eckdaten der amtlichen Statistik. Dieser Weg wurde eingeschlagen, weil bei den bisher verwendeten Verfahren zur Schätzung von I-O-Tabellen Unzulänglichkeiten - z.B. "unplausible" Koeffizientenveränderungen - auftreten können. Ohne gegenwärtig eine endgültige Aussage darüber treffen zu können, wie zuverlässig das entwickelte Schätzverfahren die tatsächliche Entwicklung wiedergibt und für Prognosen geeignet erscheint, wurde dieser Ansatz gewählt, um einen methodologischen Fortschritt in Richtung Innovations-Verflechtungsanalysen erzielen zu können.

Auf der Grundlage der im Rahmen der Meta-Studie (Phase II) vom Ifo-Institut entwickelten und aufbereiteten Datenbasis sind - wegen der Kürze der Zeitreihe - bislang nur empirische Aussagen für die erste Hälfte der achtziger Jahre möglich. Um diese Innovationsanalysen im gesamtwirtschaftlichen Zusammenhang durchführen zu können, mußten die Innovationsaktivitäten auch von Sektoren, die nicht dem Verarbeitenden Gewerbe angehören, geschätzt werden. Dabei konnte für den Dienstleistungsbereich auf Angaben von Infratest (Modul I) zurückgegriffen werden.

Für den Innovationsgehalt der Importe wurde von der Annahme ausgegangen, daß er im Durchschnitt dem Niveau entspricht, das für die inländischen Sektoren ermittelt worden ist. Diese Hinweise sollen verdeutlichen, daß sich das Forschungsteam des Ifo-Instituts hinsichtlich der Annahmensetzungen und Schätzerfordernisse zum Teil vor vergleichbare Schwierigkeiten gestellt sah, die Robert M. Solow in den fünfziger Jahren - im Hinblick auf seine empirische Datenbasis - den Titel eines "Buschmannes" einbrachten, der sich in einem unzugänglichen Urwald unbeirrt seinen Weg bahnte. Ziel der Meta-Studie sollte es jedoch auch sein, die Grundlage für neuartige methodologische Untersuchungsansätze zu entwickeln - oder zumindest solche Perspektiven zu eröffnen.

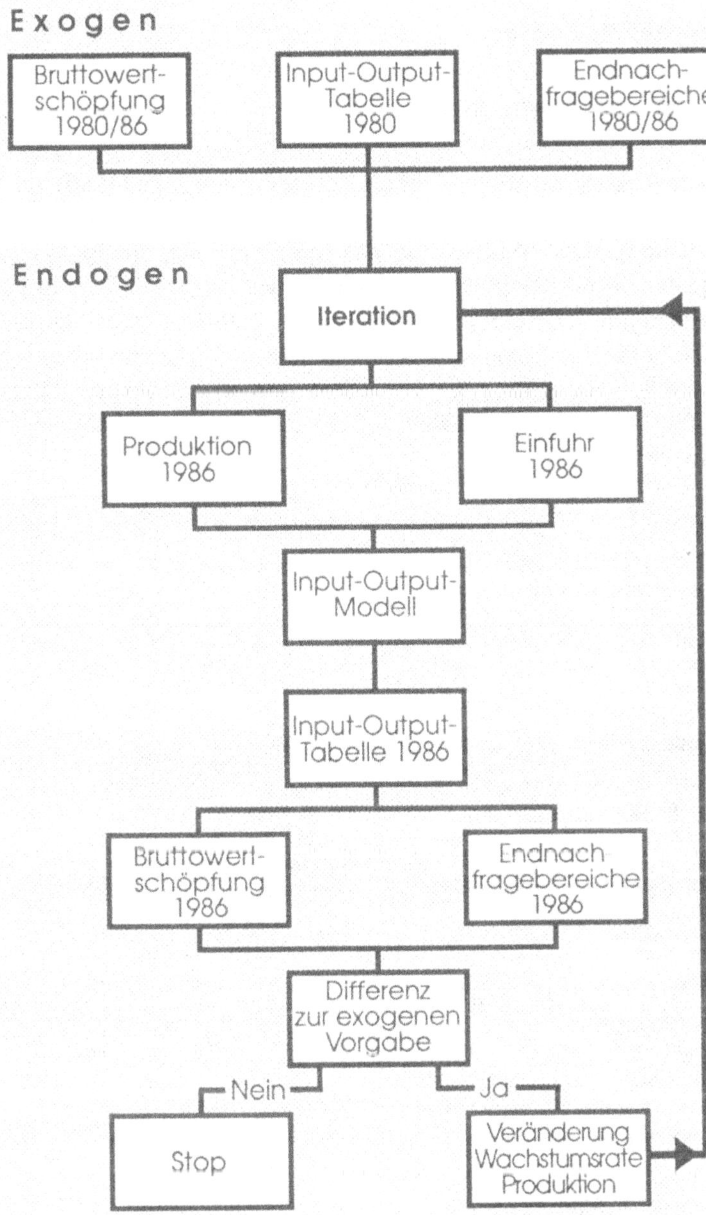

Abbildung 3.2: Projektion der Input-Output-Tabelle 1986

4. Empirische Ergebnisse

4.1 Innovations-Rahmenbedingungen

Folgt man dem wissenschaftstheoretischen Konzept von Krelle (1986) zur Formalisierung des Zusammenhangs von technischem Fortschritt und Wachstum, dann gibt es in diesem Modellansatz drei Exogene: das Arbeitsangebot, die Sparquote und die Forschungsquote. Spar- und Forschungsquote sollen danach "... im wesentlichen durch sozialpsychologische und politische Größen bestimmt" sein, die die "Unternehmeraktivität" oder den "ökonomischen Aktivitätsgrad" determinieren (ebenda, S. 92). In dieser Sichtweise sind es also vor allem die wirtschaftlichen Rahmenbedingungen, die die Innovationsaktivitäten auf der Angebotsseite mehr oder weniger stark beeinflussen.

Tabelle 4.1: Innovationsziele der Produktinnovatoren im Verarbeitenden Gewerbe 1982 - 1986 - Angaben in Prozent -

Innovationsziele	1982	1983	1984	1985	1986
Schaffung von Nachfolgeprodukten für auslaufende Produkte	57,4	62,4	62,0	63,0	55,7
Ausweitung der Produktpalette					
- innerhalb des Erzeugnisschwerpunkts	81,2	75,4	79,1	78,3	80,9
- außerhalb des Erzeugnisschwerpunkts	10,5	14,6	12,8	13,1	12,7
Erhaltung des Marktanteils	70,1	74,7	72,5	68,7	70,1
Erschließung neuer Märkte					
- in internationaler Hinsicht	47,5	46,4	46,8	44,5	50,9
- im Hinblick auf neue Zielgruppen	46,5	40,5	43,5	45,3	41,8

Mehrfachnennungen möglich.

Quelle: Ifo-Innovationstest.

Im Ifo-Innovationstest werden die wirtschaftlichen Rahmenbedingungen qualitativ durch die Innovationsziele, -impulse und -hemmnisse erfaßt. Insgesamt gesehen zeigt sich, daß sich die Innovations-Rahmenbedingungen in der Industrie seit Beginn der achtziger Jahre nicht grundlegend gewandelt haben. Sieht man von sektoralen und größenklassenspezifischen Unterschieden ab, dann ergeben sich folgende empirischen Befunde:

- Innovationsziele: Die am Markt eingeführten neuen oder wesentlich verbesserten Produkte (Produktinnovationen) sollten auf den jeweiligen Märkten der Erzeugnisse die Produktpalette ausweiten (Abrundung des Produktionsprogramms) oder stellten Nachfolgeprodukte für auslaufende Produkte (Produktsubstitution) dar, wobei die Erhaltung des Marktanteils als Innovationszielsetzung überwog (Tabelle 4.1); bei den Prozeßinnovatoren dominierten die Zielsetzungen Verringerung des Lohnkostenanteils (Faktorsubstitution) und Steigerung der Flexibilität der Produktion (Ausgleich von Kapazitätsschwankungen) (Tabelle 4.2).

Tabelle 4.2: Innovationsziele der Prozeßinnovatoren im Verarbeitenden Gewerbe 1982 - 1986
- Angaben in Prozent -

Innovationsziele	1982	1983	1984	1985	1986
Steigerung der Flexibilität der Produktion	72,4	72,3	70,2	77,7	75,7
Verringerung der Produktionskosten durch Verringerung					
- des Lohnkostenanteils	72,6	80,9	83,3	80,8	73,9
- des Materialverbrauchs	53,0	40,6	41,4	47,3	41,0
- des Energieverbrauchs	35,6	28,2	28,3	29,3	28,3
- des Ausschusses	54,3	38,5	49,0	50,5	52,3
Verbesserung der Arbeitsbedingungen	51,7	38,3	40,1	46,0	42,2
Verminderung von Umweltbelastungen	38,2	28,6	29,1	33,6	31,0

Mehrfachnennungen möglich.

Quelle: Ifo-Innovationstest.

- Innovationsimpulse: Besonders kleine und mittlere Unternehmen wurden durch marktnahe, kundenorientierte Anregungen zu Produktinnovationen veranlaßt. Größere Unternehmen geben dem Markt dagegen auch FuE-gestützte Technologieimpulse. Von staatlich gesetzten Rahmenbedingungen, z.B. dem Wissenschaftsbereich, dem Patentwesen, der Gesetzgebung und der Forschungs- und Technologiepolitik, gehen dagegen vergleichsweise geringe Anreize aus (Tabelle 4.3).

Tabelle 4.3: Herkunft der Innovationsideen im Verarbeitenden Gewerbe 1982 - 1985
- Angaben in Prozent -

Innovationsimpulse	1982	1983	1984	1985
Intern				
- Forschung, Entwicklung	62,7	57,3	63,8	63,2
- Produktion, Materialwirtschaft	31,5	34,3	34,9	35,4
- Marketing,Produktbetreuung	71,8	59,2	71,4	68,3
- Betriebliches Vorschlagswesen	9,6	8,4	11,2	8,1
- Firmenleitung	54,4	48,8	49,2	50,1
Extern				
- Verbundenes Unternehmen	17,4	21,0	21,7	18,2
- Konkurrenz	42,7	45,4	47,9	47,5
- Lieferanten	14,8	20,7	15,7	15,0
- Kunden	53,1	58,3	62,1	60,7
- Fachliteratur	13,5	14,3	12,5	15,4
- Wissenschaftsbereich	9,4	10,2	9,2	9,4
- Patentschriften	7,4	5,9	5,8	7,1
- Messen, Kongresse etc.	23,0	24,5	24,3	26,4
- Gesetzgebung	8,3	12,4	14,3	11,1
- Staatliche FuE-Förderprogramme	10,8	12,0	14,7	13,1

Mehrfachnennungen möglich.

Quelle: Ifo-Innovationstest.

- Innovationshemmnisse: Nichtinnovatoren verzeichnen vor allem eine zu geringe Eigenkapitalbasis und erwarten von Produktinnovationen eine zu geringe Rendite (Tabelle 4.4). Das gilt in geringerem Ausmaß auch für Innovatoren, die aber mit zunehmender Tendenz auf Beschaffungsschwierigkeiten von geeigneten FuE-Mitarbeitern hinweisen (Tabelle 4.5).

Für die Forschungs- und Technologie-, aber auch die Wirtschafts- und Finanzpolitik lassen sich aus diesen Befunden Schlußfolgerungen für die Verbesserung der Innovations-Rahmenbedingungen ziehen. Sie erlauben jedoch unmittelbar keine quantitativen Analysen über den Zusammenhang zwischen "ökonomischem Aktivitätsgrad" gerichtet auf Innovationen und dessen Auswirkungen auf Wachstum und Beschäftigung, sondern stellen allenfalls latente Variable dar, die als Innovationsindikatoren in einem gesamtwirtschaftlichen Modell-Ansatz berücksichtigt werden könnten.

4.2 Input und Output von Innovationsaktivitäten

Ziel des Forschungsdesigns des Ifo-Instituts war es, Zusammenhänge zwischen Innovation, Wachstum und Beschäftigung möglichst direkt quantitativ offenzulegen und dabei den zunächst nur qualitativ definierten Innovationsbegriff genauer zu strukturieren. Da die FuE-Ausgaben allein keinen Anhaltspunkt liefern, wann das akkumulierte FuE-gestützte technische Wissen wirtschaftlich genutzt wird, wurde zur "Input-Messung" der Innovationsaktivitäten von den gesamten Innovationsausgaben der Innovatoren ausgegangen; also neben den FuE-Aufwendungen wurden auch die "innovativen Ausgaben" für Konstruktion/Design, Patente/Lizenzen, Produktions- und Marktvorbereitung sowie Prozeßinnovationen erfaßt (Tabelle 4.6). Diese gesamten Innovationsaufwendungen bzw. -ausgaben konnten für die Innovationsaktivitäten, gerichtet auf Produkt- und Prozeßinnovationen, differenziert werden (Tabelle 4.7). Für die "Output-Messung" von Innovationsaktivitäten wurde einerseits von den Umsätzen ausgegangen, die mit Produkten erzielt werden, die sich noch in der Markteinführungsphase (Produktinnovationen) befinden (Tabelle 4.8); andererseits wurde die Entwicklung von Produktion und Beschäftigung insgesamt ermittelt. Auf dieser Datengrundlage erfolgte eine mehrstufige Analyse.

Tabelle 4.4: Hemmnisse bei Nichtinnovatoren 1982 - 1986
- Angaben in Prozent -

Hemmnisse	1982	1983	1984	1985	1986
Fehlendes Eigenkapital	50,4	33,4	50,6	57,4	44,1
Fehlendes Fremdkapital	17,0	8,0	18,4	21,4	18,0
Zu geringe Rendite von Produkt-innovationen, weil					
- Innovationsaufwand zu hoch	34,0	23,7	26,1	35,4	27,7
- Pay-off-Periode zu lang	13,0	9,5	15,9	3,0	10,7
- Marktentwicklung zu unsicher	52,0	44,7	59,3	53,3	29,8
Zu geringe Innovationsbereitschaft					
- der Mitarbeiter	6,7	4,2	7,1	4,6	1,0
- des Betriebsrats	1,9	1,1	3,3	0,5	0,2
- der Führungskräfte	9,0	9,0	12,0	7,5	1,9
Organisationsprobleme	7,4	10,9	7,0	12,9	8,9
Rationalisierungsschutzabkommen	4,9	0,5	0,5	-	0,4
Personalprobleme in Folge von Beschaffungsschwierigkeiten geeigneter Mitarbeiter auf dem Arbeitsmarkt für					
- FuE-Bereich	8,4	7,4	4,9	11,1	2,8
- Produktion	4,1	5,3	10,3	7,5	6,1
- Absatz	3,6	6,3	9,8	5,3	6,4
Mangelnde Kooperationsbereitschaft					
- bei Unternehmen der gleichen Branche	12,3	3,2	2,0	4,8	5,2
- bei Lieferanten bzw. Kunden	5,8	3,2	2,9	8,2	11,5
Keine Innovationsmöglichkeiten wegen ausgereiftem Stand der Technik	7,4	14,1	16,1	12,5	14,7
Fehlende Informationen über extern vorhandenes Know-How	9,1	11,7	6,9	5,4	4,1
Umsetzungsprobleme von technischem Know-How in marktfähige Produkte	13,4	14,7	8,2	7,9	4,4

Mehrfachnennungen möglich.

Quelle: Ifo-Innovationstest.

Tabelle 4.5: Hemmnisse bei Innovatoren 1982 - 1986
- Angaben in Prozent -

Hemmnisse	1982	1983	1984	1985	1986
Fehlendes Eigenkapital	30,4	21,3	23,7	19,9	20,6
Fehlendes Fremdkapital	5,4	4,3	4,2	2,6	2,9
Zu geringe Rendite von Produktinnovationen, weil					
- Innovationsaufwand zu hoch	36,7	31,2	37,6	33,6	39,8
- Pay-off-Periode zu lang	34,4	26,8	30,8	29,8	36,7
- Marktentwicklung zu unsicher	31,5	53,1	51,7	50,0	46,9
Zu geringe Innovationsbereitschaft					
- der Mitarbeiter	5,9	3,5	3,6	5,1	3,8
- des Betriebsrats	2,9	3,0	4,9	3,5	2,2
- der Führungskräfte	4,7	3,5	4,7	6,1	4,3
Organisationsprobleme	14,4	11,9	12,7	15,2	14,5
Rationalisierungsschutzabkommen	4,0	3,4	2,3	1,1	0,8
Personalprobleme infolge von Beschaffungsschwierigkeiten geeigneter Mitarbeiter auf dem Arbeitsmarkt für					
- FuE-Bereich	19,6	27,5	31,7	36,3	39,5
- Produktion	6,6	6,1	9,3	13,4	14,0
- Absatz	6,9	8,2	6,4	9,2	11,3
Mangelnde Kooperationsbereitschaft					
- bei Unternehmen der gleichen Branche	6,8	5,0	5,1	4,1	6,6
- bei Lieferanten bzw. Kunden	3,8	4,0	5,8	5,0	6,5
Keine Innovationsmöglichkeiten wegen ausgereiftem Stand der Technik	11,2	7,1	6,0	8,2	6,8
Fehlende Informationen über extern vorhandenes Know-How	8,5	3,8	3,8	4,5	8,8
Umsetzungsprobleme von technischem Know-How in marktfähige Produkte	16,0	10,7	15,2	14,2	15,6

Mehrfachnennungen möglich.

Quelle: Ifo-Innovationstest.

Tabelle 4.6: Innovationsaufwendungen im Verarbeitenden Gewerbe nach Branchen 1979 - 1986
- Angaben in Mio. DM in jeweiligen Preisen -

Wirtschaftsgruppen	1979	1980	1981	1982	1983	1984	1985	1986
Steine und Erden	702	847	972	719	858	1.009	961	768
NE-Metallindustrie	202	331	343	323	325	466	380	308
Mineralölverarbeitung	426	547	599	659	682	779	861	930
Holzbearbeitung	318	337	343	153	315	370	205	135
Zellstoff-, Papier-/Pappeerz.	119	145	150	181	228	222	291	218
Gummiverarbeitung	161	181	299	362	241	310	322	479
Stahl- und Leichtmetallbau	272	474	391	426	338	434	350	276
Maschinenbau	4.867	5.043	5.367	5.580	5.741	6.304	6.483	6.179
Büromaschinen, ADV-Geräte	1.116	1.162	1.331	1.525	2.343	2.245	2.849	2.610
Straßenfahrzeugbau	9.118	11.094	12.375	13.443	13.604	15.731	16.168	19.961
Schiffbau	220	218	179	147	213	77	68	103
Elektrotechnik	9.169	10.229	11.063	11.278	12.780	13.947	16.491	17.436
Feinmechanik, Optik, Uhren	423	571	754	908	801	1072	1.354	1.380
Stahlverformung	141	172	212	210	307	424	484	562
EBM-Waren	928	1.123	1.137	1.426	1.285	1.693	1.370	1.719
Feinkeramik	150	112	98	89	106	125	149	123
Herstell./Verarb. von Glas	268	387	259	431	381	448	554	647
Holzverarbeitung	350	542	572	600	556	629	658	570
Herstellung von Spielwaren	332	323	319	356	316	401	441	429
Papier-/Pappeverarbeitung	281	262	200	278	210	277	268	253
Druckerei, Vervielfältigung	491	455	354	308	516	529	640	707
Herstellung von Kunststoffwaren	763	793	732	624	726	824	1.128	1.064
Lederindustrie	150	154	139	89	76	101	102	99
Textilgewerbe	982	919	1.010	1.037	1.120	1.336	1.528	1.345
Bekleidungsgewerbe	128	218	294	156	141	225	355	209
Nahrungs-/Genußmittelgewerbe	1.254	1.947	2.159	2.540	2.642	3.196	3.228	3.096
Verarbeitendes Gewerbe (erfaßte Bereiche)	33.331	38.586	41.651	43.848	46.852	53.174	57.688	61.606

Quelle: Ifo-Innovationstest.

Tabelle 4.7: Innovationsaufwendungen für Produktinnovationen im Verarbeitenden Gewerbe nach Branchen 1979 - 1986
- Angaben in Prozent -

Wirtschaftsgruppen	1979	1980	1981	1982	1983	1984	1985	1986
Steine und Erden	50,3	13,0	31,4	20,3	44,0	25,4	27,6	30,1
NE-Metallindustrie	70,9	32,0	53,0	10,0	16,0	13,2	20,7	29,3
Mineralölverarbeitung	5,0	67,0	5,0	9,7	2,0	2,0	25,0	41,0
Holzbearbeitung	49,0	45,0	4,7	64,6	42,0	25,9	32,6	63,7
Zellstoff-, Papier-/Pappeerz.	78,7	57,0	16,3	71,0	51,0	30,5	28,0	10,9
Gummiverarbeitung	72,7	53,0	48,5	27,8	73,5	18,6	37,9	32,9
Stahl- und Leichtmetallbau	62,0	76,0	44,2	45,0	18,9	17,0	17,1	17,3
Maschinenbau	71,3	64,0	72,5	70,8	70,6	66,4	64,6	66,0
Büromaschinen, ADV-Geräte	100,0	55,0	54,1	12,0	35,6	100,0	68,8	71,4
Straßenfahrzeugbau	91,0	70,0	57,0	45,0	44,2	39,7	49,1	54,8
Schiffbau	95,0	95,0	75,3	49,0	57,5	57,6	65,9	81,5
Elektrotechnik	73,7	65,0	66,6	64,0	63,4	55,4	59,6	57,6
Feinmechanik, Optik, Uhren	73,1	68,0	75,0	65,0	62,3	64,9	68,7	58,3
Stahlverformung	22,5	30,0	47,0	30,0	31,1	17,3	9,8	25,7
EBM-Waren	49,4	49,0	49,8	56,7	47,7	50,5	55,7	53,9
Feinkeramik	55,0	55,0	38,7	55,4	42,7	50,4	52,8	62,8
Herst./Verarb. von Glas	19,6	56,0	71,7	23,6	26,6	32,7	18,7	35,4
Holzverarbeitung	76,0	61,0	66,0	64,5	66,8	62,8	69,9	61,2
Herstellung von Spielwaren	71,0	72,0	59,8	57,8	50,7	59,1	60,4	38,0
Papier-/Pappeverarbeitung	38,0	56,0	31,4	83,0	41,0	57,8	53,2	50,3
Druckerei, Vervielfältigung	7,8	12,0	15,7	8,3	3,5	11,8	4,5	11,1
Herstellung von Kunststoffwaren	49,5	51,0	46,0	48,3	50,0	41,6	42,3	49,9
Lederindustrie	79,3	56,0	70,0	77,0	37,0	64,0	51,0	69,6
Textilgewerbe	52,0	41,0	53,6	48,3	54,4	53,8	57,6	44,5
Bekleidungsgewerbe	40,0	50,0	68,0	43,0	19,7	48,9	8,7	35,8
Nahrungs-/Genußmittelgewerbe	66,6	36,0	54,0	38,3	47,3	58,0	49,4	42,6
Verarbeitendes Gewerbe (erfaßte Bereiche)	67,5	56,0	61,0	56,0	49,8	48,9	49,6	49,0

Quelle: Ifo-Innovationstest.

Tabelle 4.8: Produktinnovationsaufwand 1980 und Umsatzanteil in der Markteinführungsphase 1986
- in Prozent -

	Innovations-aufwand*	Produkt-innovations-aufwand*	Umsatz-anteil
Chemische Erzeugnisse	12,10	1,48	8,50
Mineralölerzeugnisse	0,62	0,06	9,70
Kunststoff-, Gummierzeugnisse	2,64	1,35	9,52
Steine, Erden, Feinkeramik, Glas	3,11	0,85	5,28
Eisen und Stahl, NE-Metalle usw.	1,30	0,41	7,65
Stahl- und Leichtmetallbauerzeugnisse	2,20	1,67	5,60
Maschinenbauerzeugnisse	4,11	2,63	11,70
Büromaschinen, ADV-Geräte	16,00	8,80	17,80
Straßenfahrzeuge	8,74	6,12	9,90
Elektrotechnische Erzeugnisse	9,07	5,90	14,50
Feinmechanik, EBM-Waren, Musikinstrumente	3,47	2,04	11,81
Holz, Holzwaren	2,18	1,22	11,27
Papier, Druck	1,79	0,60	3,68
Leder	1,76	0,99	8,70
Textilien	2,78	1,14	11,40
Bekleidung	1,05	0,52	8,80
Nahrungs- und Genußmittel	1,38	0,55	10,09

* Gemessen am jeweiligen Produktionswert.

Quelle: Sonderfrage "Innovation" im Ifo-Konjunkturtest, Ifo-Innovationstest, Ifo-Investitionstest, Statistisches Bundesamt, Stifterverband für die Deutsche Wissenschaft, Berechnungen des Ifo-Instituts.

4.3 Innovation-Output-Ratio

In Analogie zu dem theoretischen Ansatz der "Incremental Capital-Output-Ratio" wurden mit Hilfe der für den Zeitraum 1962 bis 1986 ermittelten Innovationsaufwendungen (Tabelle 3.2) - also für 1962 bis 1978 rekonstruierten Daten - für das Verarbeitende Gewerbe Regressionsanalysen einer "Incremental Innovation-Output-Ratio" durchgeführt. Dabei ergab sich ein statistisch gesicherter Zusammenhang zwischen den Innovationsausgaben und der Bruttowertschöpfung. Auf der gleichen Datenbasis scheiterten jedoch Versuche, kurz- und langfristige Effekte sowie die mittlere Anpassungsdauer zwischen Innovation und Wachstum zu bestimmen. Das kann auf methodischen und datentechnischen Ursachen beruhen, oder es können sich im Zeitraum 1962 bis 1986 zwischen Innovations-Inputs und Produktionswachstum, also der Rate und den Wirkungen des technischen Fortschritts, wesentliche Änderungen ergeben haben. Wegen Fehlens einer genaueren empirischen Datenbasis über die Innovationsaktivitäten der deutschen Industrie im Zeitraum 1962 bis 1978 läßt sich das jedoch nicht genauer überprüfen. Die Forschungsergebnisse von Krelle (1986) sprechen aber für diese Vermutung. Das würde jedoch bedeuten, daß man mit Durchschnittsbefunden der Zusammenhänge zwischen Innovation und Wachstum, die sich auf Ex-post-Berechnungen stützen, nur mit erheblichen Vorbehalten Prognosen erstellen kann.

4.4 Wachstums- und Beschäftigtenentwicklung unterschiedlicher Innovationstypen auf sektoraler Ebene

Gesicherte Daten über die Innovationsaktivitäten der deutschen Industrie liegen auf der Grundlage des Ifo-Innovationstests bislang nur für den Zeitraum 1979 bis 1986 vor. Die darauf beruhenden Analysen zeigten folgende Befunde:

- Ergebnisse des Innovationsprozesses sind auf betrieblicher Ebene überwiegend diskontinuierlicher Natur, aber mit größenklassenspezifisch unterschiedlichen Ausprägungen (Tabelle 4.9).
- Je nach konjunktureller Situation haben innovative Unternehmen (Betriebsdatenanalyse) entweder mehr Arbeitskräfte eingestellt oder weniger abgebaut als der Durchschnitt der Industrie, während die Nichtinnovatoren trotz Umsatzwachstums ihren Personalbestand nicht einmal stabilisieren konnten, sondern in allen Jahren die Mitarbeiterzahl verringert haben (Tabelle 4.10).

Tabelle 4.9: Innovationsverhalten im Zeitverlauf
- in Prozent -

Hauptgruppen Größenklassen	Verteilung der Betriebe mit kontinuierlicher		diskontinuierlicher		keiner	
	Innovationstätigkeit im Zeitraum					
	1979/86	1982/86	1979/86	1982/86	1982/86	1972/86
Verarbeitendes Gewerbe*	23,8	30,3	70,7	58,1	5,5	11,6
Grundstoff- und Produktionsgütergewerbe	4,3	14,4	83,3	60,6	12,4	25,0
Investitionsgüter produzierendes Gewerbe	32,1	36,9	64,9	54,8	3,0	8,3
Verbrauchsgüter produzierendes Gewerbe	12,7	23,6	79,7	61,8	7,6	14,6
Nahrungs- und Genußmittelgewerbe	13,2	16,9	75,2	69,9	11,6	13,2
Betriebe mit						
20-49 Beschäftigten	2,6	12,4	73,9	54,6	23,5	33,0
50-199 Beschäftigten	13,4	19,3	83,4	62,6	3,2	18,1
200-499 Beschäftigten	18,9	26,8	71,8	65,4	9,3	7,8
500-999 Beschäftigten	22,7	30,3	72,8	63,1	4,5	6,6
1000 u.m. Beschäftigten	41,0	45,2	59,0	49,1	-	5,7

* Verarbeitendes Gewerbe, ohne Herstellung und Verarbeitung von Spalt- und Brutstoffen, Eisenschaffende Industrie, Gießerei, Ziehereien und Kaltwalzwerke, Chemische Industrie, Luft- und Raumfahrzeugbau.

Quelle: Sonderfrage "Innovation" im Ifo-Konjunkturtest, Ifo-Investitionstest.

Tabelle 4.10: Entwicklung von Beschäftigten und Umsatz 1979 - 1986 bei innovativen und nichtinnovativen Betrieben

	Prozentuale Veränderung im Zeitraum													
	1979/80		1980/81		1981/82		1982/83		1983/84		1984/85		1985/86	
	bezüglich													
Untersuchungsbereich	B	U	B	U	B	U	B	U	B	U	B	U	B	U
Amtliche Statistik*	0,7	9,4	-2,5	4,5	-3,7	2,5	-4,2	2,1	-0,8	5,7	1,6	7,4	1,9	-0,9
Alle Betriebe*	1,3	8,2	-1,9	3,2	-3,4	2,0	-3,1	2,9	0,0	6,4	1,4	7,4	1,1	0,2
Innovatoren	1,7	8,9	-1,6	3,9	-3,0	1,9	-2,9	3,9	0,9	7,5	2,0	8,7	1,7	0,8
darunter:														
- Produktinnovatoren	1,1	8,4	-1,1	4,7	-3,1	2,3	-2,8	2,6	-1,1	5,5	1,2	6,2	2,0	2,5
- Prozeßinnovatoren	0,6	10,4	-2,3	5,5	-2,0	1,0	-3,0	3,6	-0,2	4,6	-0,2	5,9	-0,3	-3,8
- Kombinierte Produkt- und Prozeßinnovatoren	2,6	8,6	-1,5	3,0	-3,3	2,0	-2,8	4,7	2,1	9,0	2,7	10,3	2,1	1,2
Betriebe mit in Planung befindlichen Projekten	1,5	6,6	-2,5	3,2	-4,2	1,4	-4,0	1,7	-1,1	4,0	0,9	5,1	0,0	-0,9
Nichtinnovatoren	-0,3	7,9	-3,3	-1,8	-3,9	2,8	-3,1	0,1	-2,8	4,6	-0,6	3,4	-0,9	-1,4

B = Beschäftigung
U = Umsatz

* Verarbeitendes Gewerbe, ohne Herstellung und Verarbeitung von Spalt- und Brutstoffen, Eisenschaffende Industrie, Gießerei, Ziehereien und Kaltwalzwerke, Chemische Industrie, Luft- und Raumfahrzeugbau.

Quelle: Sonderfrage "Innovation" im Ifo-Konjunkturtest, Ifo-Investitionstest, Statistisches Bundesamt, Fachserie 4, Reihe 4.1.1., Berechnungen des Ifo-Instituts.

- Auf der Branchenebene verzeichnen die innovationsdynamischen Sektoren stärkere Umsatz- und Beschäftigteneffekte als die übrigen und zählen damit zu den Anteilsgewinnern im sektoralen Strukturwandel (Tabelle 4.11).
- Unternehmen mit kombinierten Produkt- und Prozeßinnovationen verzeichnen in der Tendenz eine günstigere Wachstums- und Beschäftigtenentwicklung als reine Produkt- bzw. Prozeßinnovatoren (Tabelle 4.10).

Tabelle 4.11: Innovationsaufwand und Wachstum
- in Prozent -

	Reale Wachstumsrate 1980/86		Innovationsaufwand in % des Produktionswerts 1980	
Ausgewählte Sektoren	Produktion*	Beschäftigung	direkt	kumulativ**
Chemische Erzeugnisse	2,3	-0,2	12,1	17,4
Mineralölerzeugnisse	0,0	-3,2	0,6	3,0
Kunststofferzeugnisse	3,8	1,5	3,1	7,6
Eisen und Stahl	-2,2	-4,9	1,3	3,0
Maschinenbauerzeugnisse	1,8	-0,5	4,1	6,5
Büromaschinen	10,2	3,9	16,0	19,9
Straßenfahrzeuge	2,5	0,1	8,7	12,4
Luft- und Raumfahrzeuge	4,3	2,0	22,2	28,4
Elektrotechn. Erzeugnisse	3,4	-0,2	9,1	12,0
Textilien	0,0	-4,6	2,8	5,8

* in Preisen von 1980.
** inkl. Vorleistungs-, Investitionsgüter und importierte Waren.

Quelle: Sonderfrage "Innovation" im Ifo-Konjunkturtest, Ifo-Innovationstest, Ifo-Investitionstest, Statistisches Bundesamt, Stifterverband für die Deutsche Wissenschaft, Berechnungen des Ifo-Instituts.

Daß sich auf dieser Datenbasis nicht noch trennschärfere Unterschiede zwischen Innovationsaktivitäten, Wachstum und Beschäftigung ermitteln lassen, kann auf Time-lag-Effekten beruhen, deren Offenlegung jedoch eine längere Zeitreihe der Innovationstest-Erhebungen voraussetzen. In dieser Betrachtungsweise wurden zunächst nur die direkten Effekte von Innovationsaktivitäten auf der Betriebs- bzw.

Branchenebene analysiert. Auf der Grundlage der Innovationsverflechtungsanalysen, mit denen die direkten und indirekten Effekte von Innovationen auf der Sektorebene erfaßt wurden, zeigten Querschnittsanalysen eine zufriedenstellende Anpassungsgüte für den untersuchten Zusammenhang von Produktion und Innovation. Die Beziehung Innovationsaufwendungen zu Beschäftigten wurde anhand von vier Verflechtungstypen (Abbildung 4.1 und 4.2) analysiert. Während die Sektoren mit überdurchschnittlichen direkten und indirekten Innovationsaufwendungen (Typ I) im Zeitraum 1980 bis 1986 gegenüber dem Industriedurchschnitt eine positive Beschäftigtenveränderung bis zu zwei Prozentpunkten verzeichneten, zeigten die Branchen mit unterdurchschnittlichen Innovationsaufwendungen einen Beschäftigtenabbau (Tabelle 4.12).

Tabelle 4.12: Beschäftigten- und Bruttowertschöpfungsveränderung nach Innovationsverflechtungstypen im Zeitraum 1980/1986
- in Prozent -

Produktionsbereich gehörte 1980 dem Typ ... an	alle Wirtschaftszweige		darunter: Verarb. Gewerbe	
	Be	Bws	Be	Bws
I	-0,4	16,6	-0,6	20,7
II	8,2	25,5	-9,4	-4,3
III	-3,8	5,1	-12,1	9,2
IV	-3,5	5,2	-12,1	-2,7
Insgesamt	-2,2	9,3	-8,1	5,6

Erläuterungen: Be = Beschäftigtenveränderung
Bws = Veränderung der Bruttowertschöpfung zu konstanten Preisen von 1980 berechnet

Quelle: Sonderfrage "Innovation" im Ifo-Konjunkturtest, Ifo-Innovationstest, Ifo-Investitionstest, Statistisches Bundesamt, Stifterverband für die Deutsche Wissenschaft, Berechnungen des Ifo-Instituts.

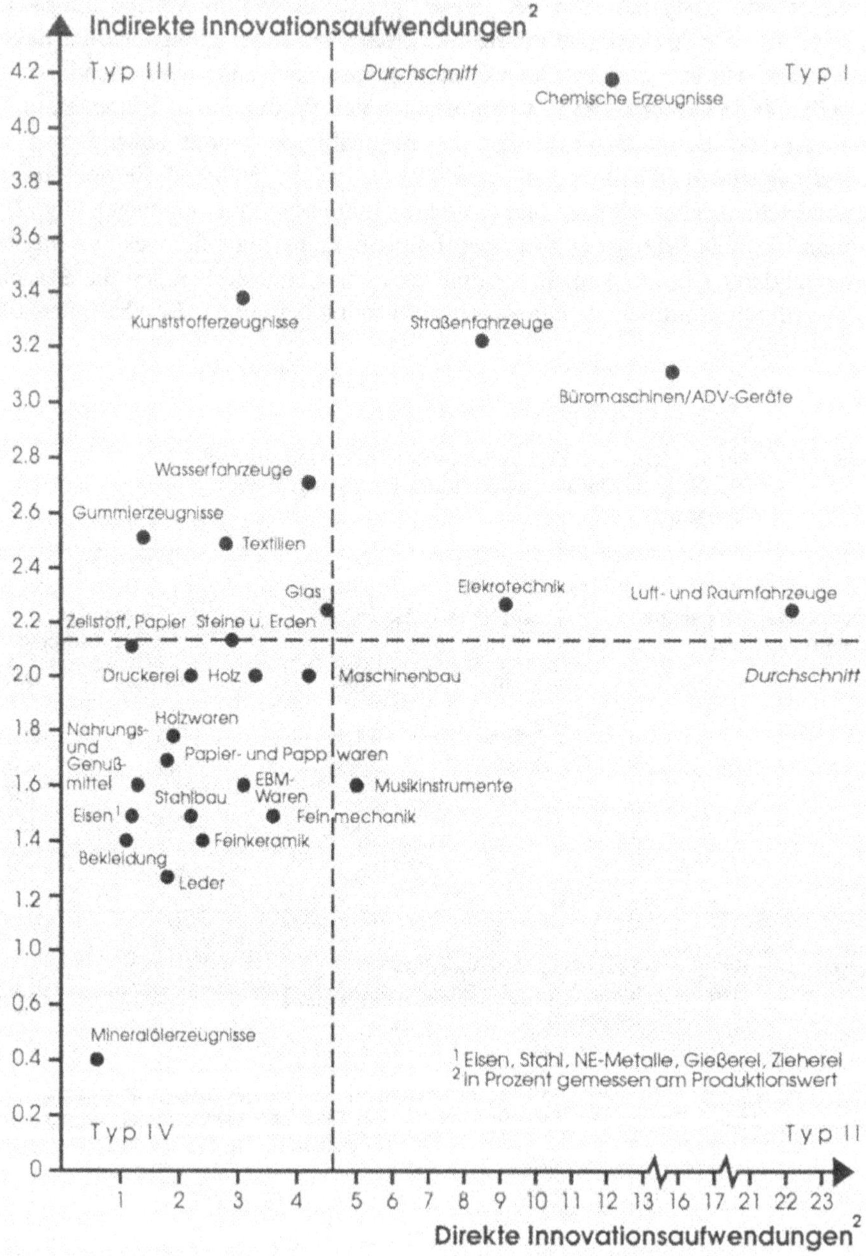

Abbildung 4.1: Innovationsverflechtungs-Portfolio des Verarbeitenden Gewerbes (1980)

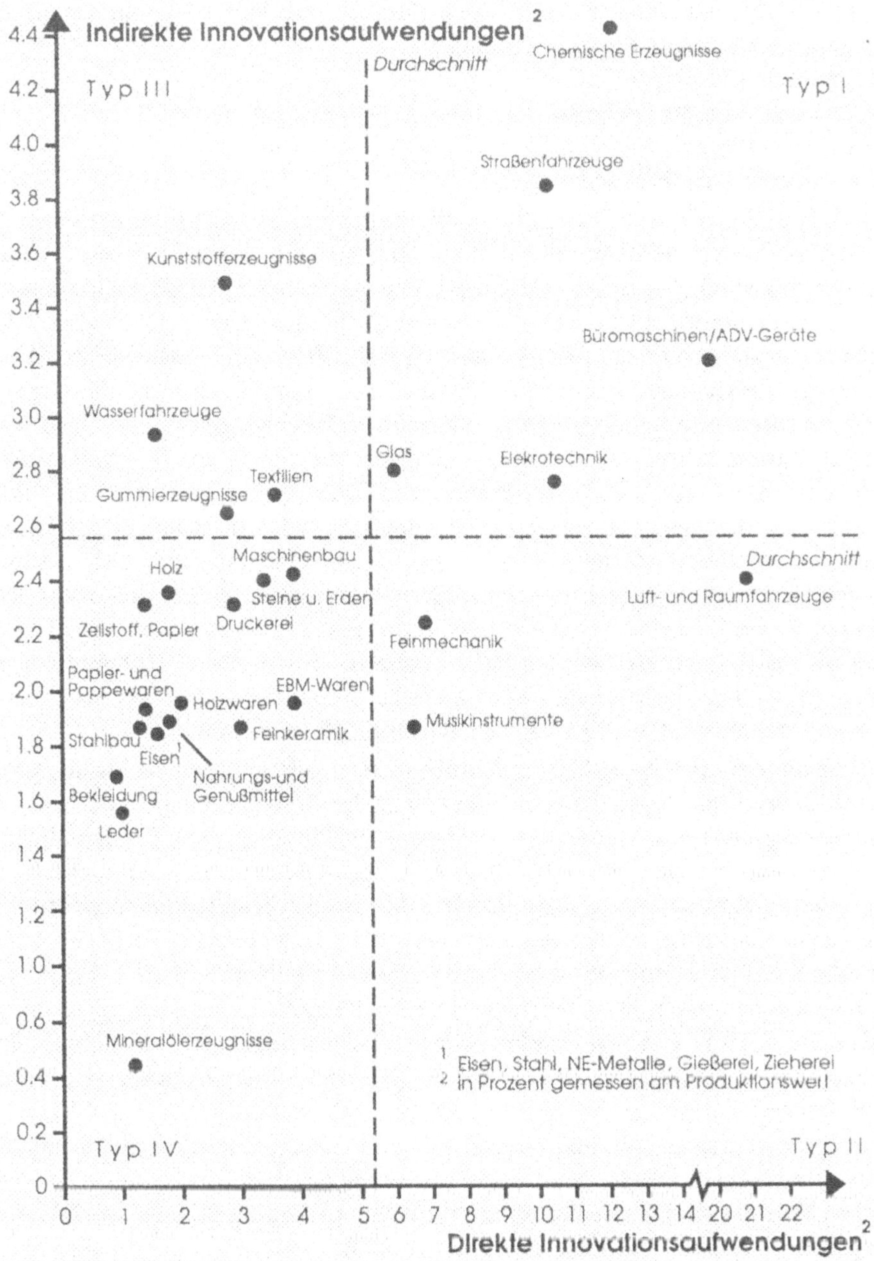

Abbildung 4.2: Innovationsverflechtungs-Portfolio des Verarbeitenden Gewerbes (1986)

Zu den Industriebranchen mit hohen direkten und indirekten Innovationsaufwendungen (Abbildung 4.1 und 4.2) zählen:
- Chemische Erzeugnisse
- Büromaschinen, ADV-Geräte
- Straßenfahrzeuge
- Elektrotechnische Erzeugnisse.

Diese Spitzenreiter in den Innovationsaktivitäten erzielen in der intersektoralen Arbeitsteilung Verbundeffekte, die ihr Wachstum und die Beschäftigtenentwicklung positiv stimulieren. Da es sich hierbei um exportorientierte Industrien handelt, die sich auf dem Weltmarkt in einem intensiven Technologiewettlauf befinden, bildet dieser Innovationsverbund aus gesamtwirtschaftlicher Sicht zugleich auch eine Stütze der internationalen Wettbewerbsfähigkeit. Industriesektoren, die dagegen weder überdurchschnittliche eigene Innovationsanstrengungen verzeichnen noch indirekt Innovationsimpulse erhalten, sind diejenigen, für die die Strukturberichterstattung (Gerstenberger 1988) Wettbewerbsschwächen und einen verstärkten Anpassungsdruck offengelegt hat. Daß der für die deutsche Industrie wirtschaftlich bedeutsame Sektor Maschinenbau ebenfalls zu diesem Innovationstyp zählt, stimmt bedenklich; zumal sich seine Position aufgrund geringerer direkter Innovationsaufwendungen im Untersuchungszeitraum noch etwas verschlechtert hat (Abbildung 4.1 und 4.2). Diese auf der Branchenebene gewonnenen Erkenntnisse verdecken jedoch den Sachverhalt, daß sich das sektorale Produktmix aus hochinnovativen und nichtinnovativen Erzeugnisbereichen zusammensetzen kann.

Vor diesem Hintergrund ist auch zu beachten, daß sich zwar per saldo auf der Branchenebene des Verarbeitenden Gewerbes in der Grundrichtung ein positiver Zusammenhang zwischen Innovation, Wachstum und Beschäftigung für den Untersuchungszeitraum belegen läßt (Abbildung 4.3). Per saldo bedeutet aber zugleich, daß sich auf dem Aggregationsniveau einzelner Märkte die Effekte kompensieren können, wenn innovative auf Kosten nichtinnovativer Unternehmen wachsen. Außerdem können Innovationen in der Industrie einen verstärkten Bedarf an markt- und produktionsorientierten Dienstleistungen nach sich ziehen. Der nicht näher aufgeschlüsselte Sektor "Sonstige marktbestimmte Dienstleistungen" verzeichnete hinsichtlich der Beschäftigtenentwicklung eine überdurchschnittlich günstige Entwicklung. Solche Analysen erfordern intersektorale Untersuchungen über das Verarbeitende Gewerbe hinaus, d.h. innovationsbedingte Freisetzungseffekte in der Industrie können durch eine veränderte Arbeitsteilung sowie durch Folgewirkungen des technischen Fortschritts komplementär auch zu Kompensationseffekten im Dienstleistungsbereich führen (Freeman/Soete 1987, S. 250).

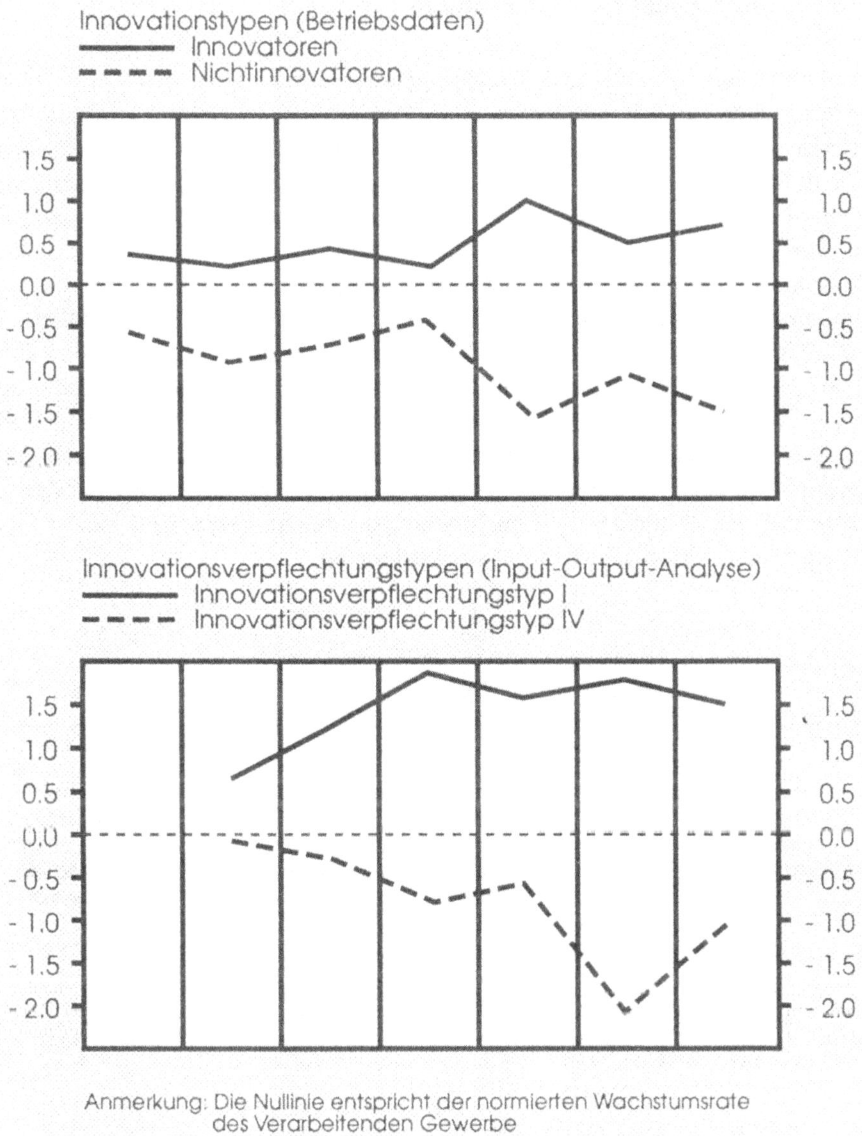

Abbildung 4.3: Beschäftigtenentwicklung ausgewählter Innovations- und Verflechtungstypen - jährliche Wachstumsraten -

4.5 Innovationsgehalt der Endnachfrage

Einem hohen Wettbewerbs- und Strukturanpassungsdruck kann marktkonform vor allem durch Innovationen begegnet werden. Darum ist es aus gesamtwirtschaftlicher Sicht sinnvoll, die Innovationsaufwendungen (Tabelle 4.13) bis zu den Komponenten der Endnachfrage zu verfolgen. Jeweils rund ein Drittel des gesamtwirtschaftlichen Innovationsaufwands vereinigen der private Verbrauch und die Ausfuhr auf sich (Tabelle 4.14). Das verbleibende Drittel entfällt auf die Komponenten Staatsverbrauch, Investitionen und Lagerveränderungen (Korrekturfaktor). Im Untersuchungszeitraum haben sich die Anteile etwas verschoben, und zwar zugunsten des Exports. Geht man von den absoluten Innovationsaufwendungen industrieller Branchen aus, dann wird der private Konsum vor allem von den Sektoren Straßenfahrzeugbau, Chemische Industrie, Elektrotechnische Industrie und Nahrungsmittelindustrie (ohne Getränkeindustrie) durch Innovationen stimuliert. Bezogen auf alle Innovationsaufwendungen, die auf den privaten Verbrauch gerichtet sind, binden die ersten beiden Sektoren über 50 % und die anderen beiden knapp 20 % des konsumorientierten volkswirtschaftlichen Innovationsbudgets.

Tabelle 4.13: Innovationsbudget der Volkswirtschaft 1980-1986
- in Mio. DM zu konstanten Preisen von 1980 -

Jahr	Volkswirtschaft: Innovations-budget	Volkswirtschaft: Brutto-sozial-produkt	Anteil des Budgets am Brutto-sozial-produkt	Verarbeitendes Gewerbe: abs.	Verarbeitendes Gewerbe: in % der Volkswirt-schaft	Investitions-güterindustrie: abs.	Investitions-güterindustrie: in % der Volkswirt-schaft
1980	98.062	1.371.460	7,2	58.760	59,9	31.423	32,0
1981	99.951	1.374.139	7,3	58.616	58,6	32.574	32,6
1982	100.952	1.367.431	7,4	58.837	58,3	32.979	32,7
1983	105.008	1.388.004	7,6	61.617	58,7	34.608	33,0
1984	112.901	1.429.409	7,9	66.695	59,1	37.746	33,4
1985	117.583	1.461.792	8,0	68.835	58,5	39.236	33,4
1986	127.200	1.500.249	8,5	74.701	58,7	42.332	33,3

Quelle: Sonderfrage "Innovation" im Ifo-Konjunkturtest, Ifo-Innovationstest, Ifo-Investitionstest, Statistisches Bundesamt, Stifterverband für die Deutsche Wissenschaft, Berechnungen des Ifo-Instituts.

Tabelle 4.14: Innovationsgehalt der Endnachfrage
- in Mrd. DM -

Komponenten der letzten Verwendung	Insgesamt		Innovations-aufwand		Aufwand pro Einheit	
	1980	1986*	1980	1986*	1980	1986*
Privater Verbrauch	681	736	35	44	5,1	6,0
Staatsverbrauch	298	323	12	15	4,0	4,6
Ausrüstungsinvestitionen	102	107	9	11	8,8	10,3
Bauinvestitionen	193	176	7	7	3,6	4,0
Lagerveränderung	19	12	2	1	10,5	8,3
Ausfuhr	356	460	31	46	8,7	10,0

* in Preisen von 1980

Quelle: Sonderfrage "Innovation" im Ifo-Konjunkturtest, Ifo-Innovationstest, Ifo-Investitionstest, Statistisches Bundesamt, Stifterverband für die Deutsche Wissenschaft, Berechnungen des Ifo-Instituts.

Das exportorientierte Innovationsbudget setzt sich zu drei Vierteln aus den Aufwendungen für chemische Erzeugnisse, Straßenfahrzeuge, elektrotechnische und Maschinenbau-Erzeugnisse zusammen. Die zuletzt genannten drei Sektoren machen auch etwa 75% des Innovationsgehalts aus, der auf Ausrüstungsinvestitionen entfällt.

Die Vergleiche der absoluten Relationen legen jedoch nicht offen, daß der Innovationsgehalt je Outputeinheit (Tabelle 4.14 und 4.15) eine deutliche Investitions- und Exportorientierung der Innovationsaktivitäten der deutschen Industrie aufweist. Der Innovationsaufwand pro Einheit Endnachfrage lag 1980 (1986) bei den Ausrüstungsinvestitionen und der Ausfuhr bei 9% (10%), im Konsumbereich dagegen bei 5% (6%). Ob sich darin ein relativ geringer innovativer Wachstumseffekt bezogen auf die private Nachfrage ausdrückt, läßt sich allerdings nicht ohne weiteres schlußfolgern. Immerhin ist aber festzuhalten, daß die deutsche Industrie relativ mehr Innovationsaufwendungen auf den Investitions- als auf den Konsumbereich richtet. Daß daraus auch ein verstärkter internationaler Wettbewerb via innovativer Investitionsgüterexporte resultiert, ist zu vermuten. Welche Konsequenzen das aus volkswirtschaftlicher Sicht hat, läßt sich nur durch gesamtwirtschaftliche Modellrechnungen erfassen, die auch den Außenhandel entsprechend vertieft abbilden.

Tabelle 4.15: Produktinnovationsgehalt der Endnachfrage

Komponenten der letzten Verwendung	1980 in Mrd. DM	1980 in v.H.	1980 Aufwand pro Einheit	1986 in Mrd. DM*	1986 in v.H.	1986 Aufwand pro Einheit
Privater Verbrauch	9,7	30,0	1,4	11,4	29,1	1,6
Staatsverbrauch	2,1	6,5	0,7	2,6	6,6	0,8
Ausrüstungsinvestition	5,0	15,5	4,9	5,6	14,3	5,2
Bauinvestitionen	2,0	6,2	1,1	1,9	4,8	1,1
Lagerveränderungen	1,1	3,4	5,9	0,7	1,8	6,3
Ausfuhr	12,4	38,4	3,5	17,0	43,4	3,7
Insgesamt	32,3	100,0	2,0	39,2	100,0	2,2

* in Preisen von 1980

Quelle: Sonderfrage "Innovation" im Ifo-Konjunkturtest, Ifo-Innovationstest, Ifo-Investitionstest, Statistisches Bundesamt, Stifterverband für die Deutsche Wissenschaft, Berechnungen des Ifo-Instituts.

5. Innovationsindikatoren

Grundsätzlich läßt sich aus volkswirtschaftlicher Sicht die Feststellung treffen, daß Produktivitätssteigerungen auf der Grundlage von Prozeßinnovationen eine wichtige Voraussetzung für Einkommenssteigerungen darstellen. Ob diese erhöhte Kaufkraft auf den Mehrkonsum von bereits am Markt angebotenen Gütern oder innovative Produkte gerichtet wird, hängt einerseits von den Konsumentenpräferenzen und andererseits vom Innovations-Angebot ab. Regressionsanalysen haben eine enge Beziehung gezeigt zwischen dem Innovationsgehalt der Investitionsgüter (Prozeßinnovationen) und der Entwicklung der Arbeitsproduktivität (Bruttowertschöpfung je Erwerbstätigen). Zugleich war auch ein enger Zusammenhang zwischen den Produktinnovationsaufwendungen und dem Umsatzanteil neuer Produkte in der Markteinführungsphase (Produktinnovationen) festzustellen. Im Rahmen eines gesamtwirtschaftlichen, erst noch zu entwickelnden Modellansatzes könnte somit der Versuch unternommen werden, für das gesamtwirtschaftliche Wachstum "optimale" Innovationsstrategien unter Berücksichtigung innovationsbedingter Terms-of-Trade-Effekte des Außenhandels zu formulieren. Damit würde zugleich die Rate und Richtung des technischen Fortschritts in einer Form offengelegt, die einen Zusammenhang zwischen technologischen Innovationen und wirtschaftlichen sowie sozialen Folgen konkreter abbildet, als das die Wirtschaftswissenschaft bislang leisten kann. Das erforderte jedoch eine noch bessere empirische Datenbasis - auch bezogen auf das Ausland - sowie methodologische Fortschritte. Auf der Grundlage des Ifo-Innovationstests und der gewonnenen methodischen und empirischen Kenntnisse der Meta-Studie ist es aber bereits möglich, Aufschlüsse über die Richtung und Intensität der Innovationsaktivitäten in mittelfristiger Perspektive offenzulegen, denn die am aktuellen Rand erfaßten Innovationsaktivitäten geben darüber Aufschluß. Grundlage solcher Analysen bildet das im Rahmen der Meta-Studie entwickelte System von Innovationsindikatoren (Tabelle 5.1 und 5.2).

Tabelle 5.1: Innovationsindikatoren für die Bundesrepublik Deutschland

	1980		1986	
Indikatoren	in Mrd. DM	in % des BSP	in Mrd. DM*	in % des BSP
Direkter Innovationsaufwand	98,1	7,2	127,2	8,5
- Forschung, Entw., Konstruktion	38,6	2,8	50,2	3,3
- Investition, Marktvorbereitung	59,5	4,3	77,0	5,1
- Produktinnovation	32,7	2,4	39,8	2,7
- Prozeßinnovation	65,4	4,8	87,4	5,8
Indirekter Innovationsaufwand	64,6	4,7	82,0	5,5
- Inländische Vorleistungen	43,2	3,2	55,6	3,7
- Investitionsgüter	10,4	0,8	12,5	0,8
- Eingeführte Vorleistungen	11,0	0,8	13,9	0,9
Direkter und indirekter Innovationsaufwand	162,7	11,9	209,2	13,9

* in Preisen von 1980

Quelle: Sonderfrage "Innovation" im Ifo-Konjunkturtest, Ifo-Innovationstest, Ifo-Investitionstest, Statistisches Bundesamt, Stifterverband für die Deutsche Wissenschaft, Berechnungen des Ifo-Instituts.

Tabelle 5.2: Innovationsindikatoren für ausgewählte Sektoren 1986

Indikatoren	Chemische Erzeugnisse Mio. DM*	v.H.	Straßenfahrzeugbau Mio. DM*	v.H.	Elektrotechnische Erzeugnisse Mio. DM*	v.H.
Direkter Innovationsaufwand	18.167	12,1	15.374	10,3	13.609	11,0
- Forschung, Entwicklung, Konstruktion	6.864	4,6	5.074	3,4	7.519	6,1
- Investition, Marktvorbereitung	11.364	7,5	10.301	6,9	6.090	4,9
- Produktinnovation	2.703	1,8	8.413	5,6	7.835	6,4
- Prozeßinnovation	15.465	10,3	6.961	4,6	5.774	4,7
Indirekter Innovationsaufwand	6.635	4,4	5.714	3,8	3.385	2,7
- Inländische Vorleistungen	6.162	4,1	4.955	3,3	2.757	2,2
- Investitionsgüter	473	0,3	759	0,5	628	0,5
Gesamter indir. Innovationsaufwand	8.546	5,7	6.615	4,4	4.364	3,5
- Inländische Vorleist./Investitionsgüter	6.635	4,4	5.714	3,8	3.385	2,7
- Eingeführte Vorleistungen	1.911	1,3	901	0,6	979	0,8
Direkter und indir. Innovationsaufwand	26.713	17,8	21.989	14,7	17.973	14,6
Innov.aufwand kumuliert 1980-1986	159.423	106,2	126.188	84,3	99.698	80,8
Bruttoanlagevermögen	129.550	86,3	117.510	78,5	83.940	68,0
Bruttoanlageinvestitionen	8.046	5,4	12.458	8,3	10.301	8,3
Erwerbstätige**	613	0,4	975	0,7	1.108	0,9
Produktionswert	150.143	100,0	149.701	100,0	123.379	100,0
- Inländische Vorleistungen	82.739	55,1	79.588	53,2	47.654	38,6
- Importierte Vorleistungen	25.437	16,9	13.238	8,8	12.824	10,4
- Bruttowertschöpfung	41.967	28,0	56.875	38,0	62.901	51,0
Output an neu eingeführten Produkten	12.762	8,5	14.820	9,9	17.890	14,5
Input an neu eingeführten Vorleistungen	6.294	4,2	7.650	5,1	4.784	3,9

* in Preisen von 1980

** 1000 Personen pro Mio. DM Output

Quelle: Sonderfrage "Innovation" im Ifo-Konjunkturtest, Ifo-Innovationstest, Ifo-Investitionstest, Statistisches Bundesamt, Stifterverband für die Deutsche Wissenschaft, Berechnungen des Ifo-Instituts.

Tabelle 5.3: Technologieschwerpunkte gegenwärtiger Innovationsaktivitäten

Bei ... % der Unternehmen waren 1986 für	Produktinnovationen				Prozeßinnovationen in der Produktion			Prozeßinnovationen in Büro/Verwaltung		
	folgende Technologieschwerpunkte bedeutsam									
Wirtschaftsgruppen	Neue Materialien	Neue Vorprodukte	Neue Funktionslösungen	Grundlegend neue Produkte	Neue Produktionstechnik	Weitere Automatisierung	Neue techn.-organ. Strukt.	Datenverarbeitung	Textverarbeitung	Kommunikationstechnik
Gewinnung/Verarbeitung von Steinen/Erden	39,2	21,5	50,1	22,5	80,7	44,3	4,3	95,1	31,5	11,6
NE-Metallind. (mit Gieß.)	62,2	31,1	37,6	25,2	85,2	77,2	22,8	100,0	75,2	71,0
Mineralölverarbeitung	.	.	.	.	.	.	.	.	.	.
Chemische Spezialerzeugnisse	38,9	37,9	56,5	67,0	99,1	93,5	61,6	97,9	80,9	78,9
Gummiverarbeitung	.	.	.	.	.	.	.	.	.	.
Holzbearbeitung	18,1	2,1	64,0	15,8	39,2	66,2	5,4	86,4	27,3	13,6
Zellstoff-, Papier- und Pappeerzeugung	56,6	24,6	28,4	0,0	89,0	70,9	52,7	92,7	65,5	23,7
Stahl-und Leichtmetallbau	17,8	0,0	64,4	17,8	64,1	61,7	33,0	74,5	44,7	12,8
Maschinenbau	18,9	15,2	92,9	26,0	54,3	74,2	40,9	83,3	56,6	41,1
Herst. von Büromasch., ADV-Geräten/Einr.	.	.	.	.	.	.	.	.	.	.
Straßenfahrzeugbau	43,1	17,6	83,7	20,4	63,3	72,8	36,3	97,1	44,0	27,9
Schiffbau	.	.	.	.	.	.	.	.	.	.
Elektrotechnik	23,9	29,6	70,7	46,0	69,0	77,4	26,9	79,8	37,8	39,3
Feinmechanik, Optik, Herst. von Uhren	22,0	8,4	70,7	38,3	62,7	75,1	22,4	81,1	28,2	25,2
Stahlverformung	27,7	23,6	51,3	62,4	69,1	68,5	25,4	66,6	33,9	28,7
Herst. von Eisen-, Blech- und Metallwaren	31,0	22,8	77,4	30,2	63,6	70,5	27,1	85,1	44,3	24,3
Feinkeramik	14,6	17,1	19,5	74,8	82,2	28,2	10,4	36,0	78,5	13,3
Herstellung und Verarbeitung von Glas	0,0	5,9	94,1	48,9	48,6	54,6	3,4	75,1	17,1	53,6
Lederindustrie	66,0	12,2	34,5	23,3	76,3	9,9	38,5	82,9	6,4	39,4
Textilgewerbe	51,1	19,0	52,9	34,2	68,4	62,1	29,4	65,3	44,1	30,6
Bekleidungsgewerbe	76,9	15,5	43,2	35,8	77,9	72,7	56,1	75,7	35,6	48,6
Papier- und Pappeverarbeitung	37,7	16,6	28,1	55,2	34,1	83,4	21,9	91,8	74,5	83,0
Holzverarbeitung	36,5	19,1	75,5	34,2	64,2	58,9	34,3	87,4	41,8	27,5
Herstellung von Kunststoffwaren	50,7	9,3	60,0	31,7	59,4	77,6	15,2	89,1	24,5	40,6
Herstellung von Spielwaren	0,0	42,1	35,1	31,7	42,3	37,6	53,2	100,0	0,0	0,0
Druckerei, Vervielfältigung	41,9	6,6	54,5	42,1	67,9	46,3	23,5	86,8	38,6	28,9
Nahrungs- und Genußmittelgewerbe	21,2	6,3	71,9	41,9	69,0	76,5	12,5	69,7	14,0	1,5
Verarb. Gewerbe (erfaßte Bereiche)	30,5	23,2	73,6	36,0	73,2	74,7	34,0	87,4	46,6	37,1

Anmerkung: "." = Wert vorhanden, aber aus Geheimhaltungsgründen nicht ausgewiesen, jedoch in den Aggregaten enthalten.
Mehrfachnennungen möglich.

Quelle: Ifo-Innovationstest 1986.

Tabelle 5.4: Technologieschwerpunkte künftiger Innovationsaktivitäten

... % der Unternehmen halten für künftige	Produktinnovationen				Prozeßinnovationen in der Produktion			Prozeßinnovationen in Büro/Verwaltung		
	folgende Technologieschwerpunkte bedeutsam									
Wirtschaftsgruppen	Neue Materialien	Neue Vorprodukte	Neue Funktionslösungen	Grundlegend neue Produkte	Neue Produktionstechnik	Weitere Automatisierung	Neue techn.-organ. Strukt.	Datenverarbeitung	Textverarbeitung	Kommunikationstechnik
Gewinnung/Verarbeitung von Steinen/Erden	55,9	21,9	36,3	42,5	82,7	71,5	13,8	89,6	36,9	14,5
NE.-Metallind. (mit Gieß.)	53,0	53,0	23,3	23,7	64,0	82,3	17,7	76,7	37,7	93,9
Mineralölverarbeitung	.	.	.	.	.	.	.	.	.	.
Chemische Spezialerzeugnisse	49,7	38,0	57,8	98,0	90,8	89,8	62,6	58,9	54,7	92,1
Gummiverarbeitung	.	.	.	.	.	.	.	.	.	.
Holzbearbeitung	25,6	2,0	90,3	39,1	44,3	79,1	32,7	63,0	60,0	14,2
Zellstoff-, Papier- und Pappeerzeugung	47,5	4,3	23,4	42,4	82,4	70,3	30,7	100,0	72,4	44,7
Stahl- und Leichtmetallbau	29,9	15,7	77,8	43,2	60,9	67,6	81,2	77,6	30,5	66,4
Maschinenbau	31,4	18,0	81,7	52,8	64,1	80,1	58,8	81,9	45,5	57,9
Herst. von Büromasch., ADV-Geräten/Einr.	.	.	.	.	.	.	.	.	.	.
Straßenfahrzeugbau	69,6	24,5	83,9	41,7	74,7	80,0	66,8	87,0	43,2	66,1
Schiffbau	.	.	.	.	.	.	.	.	.	.
Elektrotechnik	42,6	30,3	80,0	63,3	72,2	68,2	49,2	72,9	45,3	76,4
Feinmechanik, Optik, Herst. von Uhren	36,5	10,7	52,4	73,7	67,9	71,2	57,6	62,3	59,5	54,5
Stahlverformung	36,6	22,5	58,0	75,5	71,6	76,7	42,7	74,9	25,0	46,2
Herst. von Eisen-, Blech- und Metallwaren	34,0	25,8	69,9	52,1	65,7	53,8	42,4	66,6	29,1	53,6
Feinkeramik	78,5	8,2	20,3	75,1	87,0	84,9	15,2	45,0	17,3	79,3
Herstellung und Verarbeitung von Glas	6,1	8,1	91,9	12,1	78,7	65,3	5,7	90,7	0,0	90,7
Lederindustrie	91,7	10,1	44,5	31,7	76,8	49,1	27,0	98,0	35,0	4,0
Textilgewerbe	59,8	18,6	32,5	59,6	60,4	73,8	44,1	87,6	53,0	71,0
Bekleidungsgewerbe	76,3	17,3	35,5	46,1	76,5	76,2	48,7	86,8	33,2	51,8
Papier- und Pappeverarbeitung	37,4	29,3	69,2	56,2	48,4	94,9	47,9	93,7	63,7	91,5
Holzverarbeitung	37,4	19,2	66,4	49,4	63,7	67,8	35,6	78,5	42,0	44,3
Herstellung von Kunststoffwaren	54,6	18,8	61,8	66,6	70,6	72,1	33,5	79,2	44,6	49,9
Herstellung von Spielwaren	14,0	42,1	30,7	31,5	44,8	44,7	46,4	32,3	16,1	56,9
Druckerei, Vervielfältigung	32,7	3,3	66,4	29,3	72,1	77,1	53,4	79,5	36,6	64,1
Nahrungs- und Genußmittelgewerbe	31,3	13,1	57,0	68,0	67,9	76,3	35,1	69,6	40,5	45,7
Verarb. Gewerbe (erfaßte Bereiche)	44,8	25,5	71,4	57,8	72,0	75,0	51,6	77,0	45,7	66,5

Anmerkung: "." = Wert vorhanden, aber aus Geheimhaltungsgründen nicht ausgewiesen, jedoch in den Aggregaten enthalten.
Mehrfachnennungen möglich.

Quelle: Ifo-Innovationstest 1986.

Entsprechend der Zielsetzung des Ifo-Beitrages zur Meta-Studie (Phase II) wurden sektorale und gesamtwirtschaftliche (quantitative) Innovationsindikatoren entwickelt, die den Innovations-Input (direkt und indirekt) auf der Grundlage der getätigten Innovationsaufwendungen und den Innovations-Output mit Hilfe der neu am Markt eingeführten Produkte abbilden. Dies sind quantitative Innovationsindikatoren zur Beschreibung der Innovationsdynamik, die für die Jahre 1980 bis 1986 vorliegen. Dennoch ist diese Zeitreihe noch zu kurz, um ökonometrische Analysen zum Zusammenhang von Innovations-Input und -Output durchführen zu können. Mit jedem weiteren Erhebungsjahr des Ifo-Innovationstests wird jedoch dafür die Grundlage geschaffen.

Das methodische Konzept zur Modellierung sektoraler und gesamtwirtschaftlicher Zusammenhänge zwischen Innovation, Wachstum und Beschäftigung konnte im Rahmen der Meta-Studie weiterentwickelt werden. Die wissenschaftliche Durchdringung solcher quantitativen Zusammenhänge darf jedoch nicht den Sachverhalt aus den Augen verlieren, daß Innovation immer ein qualitatives Phänomen ist. Unter diesem Blickwinkel gewinnen die qualitativen Innovationsindikatoren, die mit dem Ifo-Innovationstest gewonnen werden, an Bedeutung. Dazu zählen insbesondere die für Produkt- und Prozeßinnovationen erfaßten Technologie-Schwerpunkte (Tabelle 5.3 und 5.4). Sie geben Aufschluß über die technologische Struktur der Innovationsaktivitäten. Ändert sich dieses Strukturmuster nicht, können mit den quantitativen, ex-post-gestützten Daten auch Mittelfrist-Prognosen gewagt werden. Ändert sich jedoch das Innovations-Strukturmuster, dann wird damit möglicherweise eine neuartige "technological epoch" eingeleitet. Die Erhebungsergebnisse des Ifo-Innovationstests aus dem Jahre 1986 indizieren, daß sich ein solcher Wandel abzeichnet (Tabelle 5.3 und 5.4). Produktinnovationen, denen neue Materialien zugrundeliegen oder die zu grundlegend neuen Produkten führen, werden nach den Angaben der Innovationstestteilnehmer die Innovationsaktivitäten künftig verstärkt prägen. Prozeßinnovationen werden dagegen - offenbar auch auf der Grundlage moderner Informations- und Kommunikationstechnologien - in größerem Umfang als bisher neue technisch-organisatorische Strukturen erfordern. Vor diesem Hintergrund ist auf die empirischen Befunde der Meta-Studie im Modul I (Mikroanalysen) hinzuweisen, die Anhaltspunkte liefern, ob sich bereits heute ein grundlegender Wandel im Innovations-Strukturmuster vollzieht - oder ob es sich bei diesen Innovationsaktivitäten letztlich nicht doch um eine eher kontinuierliche, schrittweise technische Entwicklung handelt, die die offengelegten Zusammenhänge zwischen Innovation, Wachstum und Beschäftigung der Tendenz nach bestätigt und die Wirkrichtung des technischen Fortschritts nicht verändert.

Wirkungen von Forschung und Entwicklung auf Beschäftigung, Preise und Außenhandel

Georg Erber, Gustav A. Horn

1. Einleitung

Eine gängige Hypothese zu sektoralen Strukturveränderungen durch technologischen Wandel besagt, daß Arbeitsplätze in Wirtschaftsbereichen mit ausgeprägten Rationalisierungsanstrengungen verlorengehen, zugleich allerdings neue Beschäftigungsmöglichkeiten in weniger produktiven Bereichen - vor allem in Dienstleistungsbranchen - entstehen (Baumol 1967 und Baumol et al. 1985). Demnach führt technologischer Wandel zu einer Umstrukturierung in Richtung auf eine Dienstleistungsgesellschaft. Im wesentlichen können zwei Wirkungsketten des durch Forschungs- und Entwicklungsaktivitäten induzierten technologischen Wandels unterschieden werden. Durch Veränderungen der Faktorproduktivität verändert sich auch das Faktoreinsatzverhältnis und führt möglicherweise z.B. zu einer geringeren Nachfrage nach Arbeitskräften (Substitutionseffekt). Allerdings wirkt technologischer Wandel auch auf Preise und Löhne. Folglich bleibt auch die Nachfrageentwicklung nicht unbeeinflußt und löst unter Umständen zum Substitutionseffekt gegenläufige Entwicklungen aus (Einkommenseffekt).

Im ersten Teil der folgenden Untersuchung soll vor allem der Substitutionseffekt bei exogener Nachfrageentwicklung auf Sektorebene analysiert werden. Hier kann die Hypothese nicht zurückgewiesen werden, daß technologischer Wandel zu einer erheblichen Einsparung von Arbeitskräften führt. Die sich anschließende empirische Analyse der Preiswirkungen führt zu dem Ergebnis, daß technologischer Wandel vor allem über geringere Lohnkosten einen preisdämpfenden Effekt aufweist.

Um mögliche, die Einsparungen von Arbeitskräften kompensierende Folgen zu ermitteln, wurden die Auswirkungen von Forschung und Entwicklung auf den sektorspezifischen Außenhandel der Bundesrepublik untersucht. Es zeigt sich zwar, daß verstärkte Anstrengungen auf diesem Gebiet in der Regel auch zu verbesserten Exportchancen führen, die jedoch keinesfalls ausreichen, um die negativen Substitutionseffekte vollständig zu kompensieren.

Diese empirischen Überprüfungen sind nur im Rahmen eines sektoral gegliederten ökonometrischen Modells möglich. Daher wurden Teile des im DIW entwickelten FIND-Modells, das die Verhaltensweisen von 51 Sektoren abbildet, zur Ermittlung der relevant erscheinenden Effekte eingesetzt.

Die vorliegende Untersuchung verwendet als Indikator des technologischen Wandels den Kapitalstock der FuE-Aufwendungen und folgt damit einem eher inputorientierten Konzept. Qualitative Veränderungen des Outputs, wie z.B. das Entstehen völlig neuer Produktpaletten, werden daher im folgenden nicht berücksichtigt.

Im folgenden Kapitel werden die Hypothesen sowie die Messung des technologischen Wandels diskutiert. Dann werden in den folgenden Kapiteln die Ergebnisse für die jeweiligen Modelle zu Beschäftigung, Preisbildung und Außenhandel erläutert.

2. Die Beschäftigungswirkungen des technologischen Wandels

2.1 Die ökonometrischen Schätzungen

Zur Messung des technischen Wandels werden im wesentlichen zwei Größen verwendet. Zum einen wird unterstellt, daß die kumulierten Aufwendungen für Forschung und Entwicklung einen entscheidenden Beitrag zu Veränderungen der Produktionstechnologie leisten. Dabei wird in einigen wichtigen Sektoren zwischen sektoreigenen und über Investitionsgüterkäufe bezogenen FuE-Aufwendungen unterschieden. Ferner wird der sogenannte Modernitätsgrad des Ausrüstungsvermögens, d.h. das Verhältnis von laufenden Investitionen zum Kapitalstock des Ausrüstungsvermögens, berücksichtigt.

Die ökonometrischen Schätzungen der Arbeitsnachfrage führen in der Regel nicht zu einer Zurückweisung der Hypothese, daß FuE-Anstrengungen eine Reduzierung des Arbeitsvolumens zur Folge haben (Meyer-Krahmer 1989). Insbesondere Käufe von Investitionsgütern mit höherem FuE-Gehalt rufen arbeitssparende Effekte hervor. Zwar werden die Wirkungen aufgrund des Trendcharakters des FuE-Kapitalstocks möglicherweise überzeichnet. Die Wirkungsrichtung ist jedoch, falls der geschätzte Koeffizient statistisch signifikant ist, eindeutig negativ.

Im Handel und bei den Kreditinstituten ist allerdings keinerlei signifikante Wirkung festzustellen. Bei den Sektoren Verkehr und Versicherungsunternehmen ist hingegen, wenn auch zumeist in geringem Umfang, ein arbeitssparender technologischer Wandel zu beobachten.

Eigene und bezogene FuE-Aufwendungen wirken zumeist in unterschiedliche Richtung. Mit Ausnahme des Sektors Maschinenbau haben Bezüge Arbeitseinsparungen zur Folge. Vor allem der Kauf technologisch höherwertiger Investitionsgüter dient somit eindeutig der Rationalisierung. Sektoreigene Aufwendungen ziehen hingegen in der Regel einen verstärkten Arbeitseinsatz nach sich. Produktinnovationen oder durch eigene Forschung veränderte Produktionstechnologie haben somit positive Beschäftigungseffekte. Dieser Befund wird auch durch die neuere Untersuchung von Flaig/Stadler (1987) und von Scherer (1985) bestätigt, die ebenfalls zu dem Ergebnis kommen, daß FuE-Aufwendungen im gleichen Sektor die Beschäftigung erhöhen.

Eine zusätzliche Erklärung für dieses Ergebnis besteht darin, daß FuE-Aufwendungen zu einem großen Teil der Absorption neuer Techniken dienen und zur Erlangung der hierfür notwendigen Fertigkeiten und Kenntnisse durchgeführt werden. Auch in diesem Fall sind Rationalisierungsbemühungen nicht vorrangiges Ziel von sektoreigenen FuE-Anstrengungen.

2.2 Die Rationalisierungswirkungen

Anhand der Ergebnisse läßt sich ermitteln, ob die von modernen Technologien ausgehenden Rationalisierungseffekte z. B. durch eine erhöhte Nachfrage kompensiert werden. Das Modell enthält keinerlei Kausalitätsbeziehungen zwischen den exogenen Variablen. Es muß daher völlig offen bleiben, inwieweit die Kompensation durch technologischen Wandel verursacht wurde oder auf andere Einflüsse, etwa Außenhandelsentwicklungen oder staatliche Aktivitäten, zurückging. Hierin ist eine wichtige Begrenzung der vorgelegten Analyse zu sehen, die nur durch Schätzungen der sektoralen Nachfragefunktionen aufgehoben werden kann. Mit Hilfe der ökonometrischen Schätzungen lassen sich nunmehr Beschäftigungsveränderungen verschiedenen Einflußfaktoren zurechnen.

Es zeigt sich, daß Veränderungen des FuE-Kapitalstocks von 1970 bis 1983, beschränkt man sich auf deren Rationalisierungseffekt, einen relativ großen Einfluß auf die Beschäftigungsentwicklung genommen haben. Wenn die übrigen Einflußfaktoren gegenüber 1970 unverändert geblieben wären, so könnte bei konstant gebliebenen Löhnen, Preisen und effektiver Arbeitszeit pro Beschäftigten in Gesamtwirtschaft ohne Staat, sonstige Dienstleistungen und Wohnungsvermietung der Output des Jahres 1970 im Jahr 1983 mit einer um ca. drei Millionen verringerten Zahl von Arbeitskräften hergestellt werden. Tatsächlich hat die Beschäftigung aber während jenes Zeitraums um lediglich 2,7 Mio. abgenommen, so daß offensichtlich gegenläufige Einflüsse aufgetreten sind. Hier sind vor allem die Verkürzungen der effektiven Arbeitszeit (2,3 Mio. Zuwachs an Beschäftigten) sowie die Nachfrageentwicklung zu nennen (ca. 2 Mio. Zuwachs), die einen deutlichen Impuls in Richtung auf eine höhere Beschäftigung ausgelöst haben. Auf diese Weise sind die Auswirkungen arbeitssparender neuer Technologien nicht zu jedem Zeitpunkt auf dem Arbeitsmarkt spürbar gewesen. Es kann an dieser Stelle - wie gesagt - allerdings keine Aussage über Kausalitäten zwischen den exogenen Variablen gemacht werden.

Von 1970 bis 1980 wurden die Rationalisierungseffekte am Arbeitsmarkt z.B. durch Arbeitszeitverkürzungen und Nachfrageanstieg sogar überkompensiert, so daß von diesen drei Größen sogar ein entlastender Effekt auf die Arbeitslosigkeit ausging. Daß dennoch die Beschäftigung stark abnimmt, liegt an der (relativen) Lohnentwicklung, die insbesondere während der ersten Hälfte der siebziger Jahre starke Beschäftigungseinbrüche hervorgerufen hat. Es ist dabei jedoch zu berücksichtigen, daß die Lohn- und Nachfrageentwicklung im Faktornachfragemodell exogen sind. Daraus folgt, daß im Gegensatz zum gesamtwirtschaftlichen Ansatz von Blazejczak (1989) z.B. die kaufkraftsteigernde Wirkung höherer Löhne nicht berücksichtigt wird. Löhne treten hier lediglich als Kostenfaktoren auf und führen damit ausschließlich zu einer Rentabilitätsminderung und zur relativen Verteuerung des Faktors Arbeit, die Substitution zur Folge haben. Aus den Ergebnissen kann daher keinesfalls geschlossen werden, daß eine Politik der Lohnzurückhaltung eine höhere Beschäftigung zur Folge hätte, denn unter Umständen würde die Kostenentlastung durch eine Nachfrageminderung überkompensiert. Das gesamtwirtschaftlich konzipierte DIW-Langfristmodell, das den Simulationen von Blazejczak in dieser Studie zugrunde liegt, weist einen weitaus geringeren Einfluß der relativen Preise und Löhne aus. Im wesentlichen dürfte dies auf die Berücksichtigung ihrer Kaufkraftwirkung im Langfristmodell zurückgehen, wohingegen im sektoralen FIND-Ansatz Nachfrage ebenso wie relative Preise und Löhne als exogene Variablen behandelt werden.

Seit 1980 hat die Kraft der die Rationalisierung kompensierenden Faktoren jedoch stark nachgelassen. Insbesondere beeinflußt der Rückgang der Nachfrage von 1981 bis 1983 die Beschäftigung nunmehr negativ. Die Rationalisierungseffekte können nicht mehr ausgeglichen werden, und daher kommt es zu einem Beschäftigungsabbau (Tabellen 2.1 und 2.2).

Um durch technologischen Wandel hervorgerufene Strukturverschiebungen zu ermitteln, ist eine Analyse der Rationalisierungseffekte in den einzelnen Sektoren erforderlich. Die absolut größten sind im Sektor Elektrotechnik anzutreffen. Ein Großteil des dort zu beobachtenden Beschäftigungsabbaus beruht auf arbeitssparendem technologischen Wandel. In keiner der betrachteten Subperioden konnten Arbeitszeitverkürzungen oder ein Anstieg der Nachfrage diese Entwicklung ausgleichen.

In abgeschwächtem Umfang läßt sich Ähnliches auch für den Straßenfahrzeugbau aussagen. In diesem Sektor sorgte jedoch eine positive Nachfrageentwicklung von 1976 bis 1980 für einen mehr als ausgleichenden Beschäftigungszuwachs während dieses Zeitraums.

Um eine präzise Vorstellung von der Bedeutung des Rationalisierungseffekts für die einzelnen Sektoren zu bekommen, wurde zusätzlich zu den absoluten Beschäftigungsänderungen ein "Rationalisierungsquotient" gebildet. Diese Größe weist das Verhältnis zwischen dem Anteil eines Sektors an den durch technologischen Wandel verloren gegangenen Arbeitsplätzen zu seinem Anteil an den Beschäftigten aus. Ist der Quotient größer als Eins, so verliert der entsprechende Sektor durch technologischen Wandel einen höheren Anteil an Arbeitsplätzen, als er an den Beschäftigten aufweist. In diesem Wirtschaftszweig findet also ein relativ starker technologisch bedingter Arbeitsplatzabbau statt. Je größer der Wert des Quotienten ist, desto ausgeprägter ist somit der Rationalisierungseffekt. Von 1970 bis 1975 ist der Rationalisierungsquotient z.B. im Sektor Stahlbau gleich 1,01. Die Entwicklung der FuE-Aufwendungen in diesem Sektor führt somit zu einem Beschäftigungsrückgang, der in etwa proportional zu seinem Anteil an der Gesamtbeschäftigung ist.

Die in der Tabelle ausgewiesenen Werte machen deutlich, daß die Behauptung, technologischer Wandel führe vor allem im Verarbeitenden Gewerbe zu Rationalisierungseffekten, nicht zurückgewiesen werden kann.

Im Verarbeitenden Gewerbe weisen, wie die absoluten Werte bereits vermuten ließen, vor allem die Firmen im Sektor Elektrotechnik und im Straßenfahrzeugbau einen starken Rationalisierungseffekt auf. Hier liegt der Anteil der aus diesem Grund verloren gegangenen Arbeitsplätze um bis zu mehr als dem Vierfachen über dem Anteil dieses Sektors an der Beschäftigung. In der Regel liegt der entsprechende Wert nur etwas über Zwei.

Besonders hohe Effekte sind auch noch im Bereich der Chemie, außer der Chemischen Industrie selbst, sowie im gesamten Bereich der Elektroindustrie mit Ausnahme der Feinmechanik festzustellen.

Es gibt jedoch Sonderentwicklungen in einigen wichtigen Wirtschaftszweigen des Verarbeitenden Gewerbes. Die Unternehmen der Chemischen Industrie sowie der Büromaschinen/ADV-Herstellung weisen z.B. sogar Beschäftigungsgewinne durch technologischen Wandel auf. Da die Büromaschinenindustrie einer der wichtigsten Lieferanten von Investitionsgütern ist, führt technologischer Wandel hier vor allem zu Mehrarbeit und in geringerem Ausmaß zu Rationalisierung.

Tabelle 2.1: Beschäftigungswirkung - Gesamtwirtschaft ohne Staat
- Beschäftigte in Tausend -

	Änderung (insgesamt)			Nachfrage			Löhne			FuE			Übrige		
Sektoren	1970-75	76-80	81-83	1970-75	76-80	81-83	1970-75	76-80	81-83	1970-75	76-80	81-83	1970-75	76-80	81-83
7 Chem. Industrie	16	-26	-25	47,2	26,1	-1,1	-185,7	-97,2	-33,3	82,1	32,6	16,7	72,4	36,8	8,7
15 NE-MET	-15	-10	-7	11,2	0,0	-0,9	-9,0	2,4	1,0	-15,8	-15,6	-8,6	-1,4	21,5	2,3
18 Stahlbau	-13	0	-26	5,2	18,7	-20,0	-5,9	7,6	-2,5	-12,6	-11,5	-6,4	0,3	-6,2	-8,3
19 Maschinenbau	-13	-43	-76	87,8	42,0	-30,4	-19,3	-51,1	-3,5	-182,1	-49,4	-13,0	100,6	49,2	2,3
20 BM, ADV	-7	-13	-1	-1,6	5,6	3,6	-11,6	-5,3	-4,2	1,0	1,3	1,0	5,2	4,6	1,4
21 Straßenf.bau	13	132	-36	130,4	229,7	39,5	-87,8	48,3	-26,4	-139,2	-151,0	-106,4	109,6	-5,1	50,6
24 Elektrotechnik	22	-33	-105	115,4	205,5	-7,1	-94,5	77,9	45,5	-261,5	-219,3	-160,3	262,6	-37,3	-9,8
33 Textil	-169	-63	-66	-17,5	7,4	-11,9	-10,1	10,3	-2,6	-69,6	-49,6	-26,3	-71,8	18,0	5,1
40 Großhandel	-30	34	-70	75,7	59,4	-9,6	-128,9	-32,2	0,8	-8,8	-8,9	-5,7	32,0	2,0	-5,0
41 Einzelhandel	60	111	-113	19,8	22,9	-1,3	-51,4	21,9	-5,8	-11,5	-12,6	-8,3	103,1	12,4	14,6
46 Kreditinstitute	100	44	23	44,8	62,7	11,7	-44,1	-5,1	-13,5	-14,4	-17,2	-11,4	113,7	4,4	8,2
47 Versicherungen	16	7	0	9,3	7,5	2,1	-0,2	3,3	-5,2	-13,9	-16,0	-10,9	20,8	2,2	1,8
Rest	-1454	-328	-778	372,7	717,0	-349,3	-1003,0	-225,7	75,9	-664,5	-570,1	-304,3	-159,2	-103,3	78,3
Summe	-1474	-188	-1280	900,4	1404,5	-374,7	-1651,5	-244,9	26,2	-1310,8	-1087,3	-643,9	587,9	-0,8	150,2

Die Größe "Übrige" enthält die Beschäftigungsänderungen, die durch Veränderungen der Arbeitszeit, des Modernitätsgrades, der Kapazitätsauslastung und durch Anpassungsprozesse ausgelöst wurden.

Tabelle 2.2: Rationalisierungsquotient nach Sektoren

Wirtschaftssektor	1970-75	1976-80	1981-83
Landwirtschaft	-0,78	-0,91	-0,92
Elektrizitätsversorgung	3,52	4,22	3,49
Gasversorgung	23,40	32,10	29,31
Wasserversorgung	3,33	3,51	2,49
Kohlebergbau	1,40	1,25	1,05
Chemie	-2,24	-2,21	-0,84
Mineralölverarbeitung	3,44	4,46	3,44
Kunststoffverarbeitung	3,40	3,47	3,28
Gummiverarbeitung	1,49	1,42	1,30
Steine, Erden	2,08	2,17	2,06
Feinkeramik	1,86	1,80	1,68
Glas	2,79	2,91	2,86
Eisen	0,49	0,60	0,52
NE-Metalle	2,57	3,72	3,32
Gießereien	1,94	2,06	1,82
Ziehereien	1,84	1,88	1,64
Stahlbau	1,01	1,14	1,01
Maschinenbau	2,45	0,61	0,35
BM/ADV	-0,15	-0,31	-0,39
Straßenfahrzeugbau	2,43	2,95	3,16
Schiffbau	-0,50	-0,53	-0,52
Luftfahrzeugbau	3,32	3,28	3,67
Elektrotechnik	3,32	3,39	4,23
Feinmechanik	0,27	0,29	0,27
EBM-Waren	2,72	2,81	2,59
Musikinstrumente	2,30	2,25	1,79
Holzbearbeitung	0,41	0,44	0,40
Holzverarbeitung	-0,22	-0,23	-0,20
Zellstoff	0,75	0,88	0,89
Papierverarbeitung	1,71	1,75	1,66
Druck	0,76	0,85	0,82
Textil	2,18	2,57	2,46
Leder	0,87	0,82	0,73
Bekleidung	3,29	3,56	3,35
Ernährung	1,21	0,66	-0,90
Tabak	0,88	1,04	0,98
Bauhauptgewerbe	0,20	0,23	0,24
Ausbau	0,45	0,42	0,44
Großhandel	0,10	0,12	0,12
Einzelhandel	0,09	0,11	0,11
Eisenbahnen	0,37	0,47	0,44
Schiffahrt	0,84	1,16	1,10
Straßenverkehr	1,62	2,32	2,97
Bundespost	1,94	2,61	2,25
Kreditinstitute	0,48	0,64	0,60
Versicherungen	1,10	1,50	1,47

Der Rationalisierungsquotient errechnet sich als das Verhältnis des Anteils eines Sektors an den durch technologischen Wandel verlorengegangenen Arbeitsplätzen zu seinem Anteil an der Beschäftigung.

In der Chemischen Industrie überwiegen die arbeitnutzenden Wirkungen sektoreigener FuE-Aufwendungen, so daß auch hier keinerlei Rationalisierung durch höhere Forschungs- und Entwicklungsaktivitäten auftritt. Überraschender ist das Ergebnis für den Sektor Maschinenbau, in dem für die letzten Jahre lediglich ein sehr geringer Rationalisierungseffekt nachgewiesen wird, obwohl die Schätzung zumindest einen deutlich signifikanten Zusammenhang aufgezeigt hatte. Da die Firmen in diesem Bereich die wichtigsten Produzenten von Investitionsgütern sind, ist eigentlich zu erwarten, daß im gleichen Sektor arbeitssparende neue Technologien eingesetzt werden. Zwar läßt sich auch hier ein dem technologischen Wandel zurechenbarer arbeitsparender Impuls beobachten, der von 1970 bis 1983 zu einer Verminderung der Beschäftigungsnachfrage um ca. 240.000 Personen führt, der allerdings durch die Nachfrageentwicklung teilweise kompensiert wird.

Die Berechnung des Rationalisierungsquotienten zeigt ebenfalls, daß die Wirkungen des technologischen Wandels bei den Unternehmen des Maschinenbaus zwischen 1976 und 1983 sehr stark nachgelassen haben. Während bis 1975 noch in relativ hohem Ausmaß Arbeitsplätze durch Rationalisierung eingespart wurden, hat sich die Situation seither grundlegend gewandelt. Mittlerweile liegt der Quotient nur bei ca. ein Drittel und zeigt an, daß die Branche in sehr unterproportionaler Weise Arbeitsplätze verliert. Dies liegt daran, daß die sektoreigenen FuE-Aufwendungen, die hier zu einem Abbau von Arbeitsplätzen führen, während der letzten Subperioden geringer ansteigen als die arbeitvermehrenden FuE-Bezüge aus anderen Sektoren. Offenbar besteht im Maschinenbau zwischen 1976 und 1983 nur noch ein geringes Rationalisierungspotential, vielmehr werden die moderneren Maschinen nunmehr in andere Sektoren verkauft und führen dort zu technologisch induzierten Veränderungen der Beschäftigung.

Außerhalb des Verarbeitenden Gewerbes sind Arbeitsplatzverluste vor allem in der Energiewirtschaft und im Verkehrs- und Nachrichtenwesen zu beobachten. Handel und Dienstleistungsbereiche sind dagegen während des Untersuchungszeitraums lediglich in sehr geringem Umfang durch Arbeitsplatzverluste aufgrund von technologischem Wandel gekennzeichnet gewesen. Ob dies auf mangels Einfallsreichtum unterlassenen Innovationen beruht oder aber ein strukturelles Phänomen dieser Sektoren ist, kann nicht durch eine quantitative Analyse geklärt werden.

Eine interessante Fragestellung ist, ob in solchen Sektoren, die während der letzten Jahre einen hohen Beschäftigungsrückgang zu verzeichnen haben, Rationalisierungseffekte besonders stark ausgeprägt sind. Betrachtet man die Textil- und Bekleidungsindustrie sowie das Baugewerbe und den Einzelhandel, kann man feststellen, daß dies nicht generell der Fall ist. Im Baugewerbe ist es vor allem die mangelnde Nachfrage, die den Beschäftigungseinbruch verursacht hat. Im Einzelhandel spielt der Abbau von Überkapazitäten ein große Rolle; somit geht auch hier der negative Einfluß eher von einer unzureichenden Absatzentwicklung aus.

Für die Textil- und Bekleidungsindustrie trifft hingegen die Aussage zu, daß in erster Linie Rationalisierungsanstrengungen verstärkt durch eine ebenfalls rückläufige Nachfrage von Bedeutung sind. Offenbar führte die starke internationale Konkurrenzsituation, die für diese Sektoren eine ausgesprochen wichtige Rolle spielt, zu verstärkten Anstrengungen, die Produktion zu verbilligen.

Der durch technologischen Wandel hervorgerufene Strukturwandel führt zu einer höheren Beschäftigung in Dienstleistungs- und Handelssektoren im Vergleich zum Verarbeitenden Gewerbe. Innerhalb des Verarbeitenden Gewerbes weisen Elektrotechnik, Straßenfahrzeugbau und die Textilindustrie einen starken Beschäftigungsrückgang auf, während die Chemische Industrie und - für die letzten Jahre - der Maschinenbau keine oder lediglich geringe Einbußen zu verzeichnen haben.

3. Die Preiswirkungen des technologischen Wandels

Falls die Preisbildung einen, wenn auch unvollkommenen, Beitrag zur Markträumung leistet, führen Produktinnovationen zu Preissteigerungen, da bei jedem Preis eine höhere Nachfrage einem unveränderten Angebot gegenübersteht. Die Anbieter gewinnen daher Spielraum für gewinnsteigernde Preiserhöhungen, ohne daß sie Absatzprobleme zu fürchten hätten.

Als Kennziffer für die Intensität der Produktinnovation dient wiederum der Kapitalstock der FuE-Aufwendungen (RD). Dies ist, sofern die im jeweiligen Sektor geleisteten Aufwendungen zum Tragen kommen, unproblematisch. Die Berücksichtigung der Bezüge von FuE-Kapital wirft jedoch Probleme auf. Da diese Größe, insbesondere da die Investitionsgüterverflechtung zu ihrer Ermittlung eingesetzt wurde, im wesentlichen Prozeßinnovationen abbildet, ist sie für die hier zu analysierende Fragestellung nicht sehr geeignet. Die Schätzergebnisse bestätigen diese Vermutung, weil sie nur in sehr wenigen Sektoren, für welche die Bezüge an FuE-Kapital verwendet wurden, signifikante oder theoretisch sinnvolle Ergebnisse liefern. In den meisten Sektoren wurden daher auch Schätzungen ohne diese Variable durchgeführt. Zur Interpretation werden nur jene Sektoren herangezogen, in denen eigene Aufwendungen berücksichtigt werden konnten.

Die Preiswirkungen von Prozeßinnovationen werden nur indirekt ermittelt. Entscheidend ist die Entwicklung der Stückkosten, in die sowohl die Aufwendungen für Vorleistungen als auch die Lohnsumme eingehen. Die Lohnsumme setzt sich qua definitionem aus dem Stundenlohnsatz und der Arbeitsstundennachfrage zusammen, die beide in unterschiedlicher Weise durch modernere Techniken beeinflußt werden. Zur Quantifizierung der Preiswirkungen werden daher die Auswirkungen von technologischen Veränderungen auf Vorleistungen, Arbeitsstundennachfrage und Lohnsätze untersucht.

Einerseits können verbesserte Techniken zu einer höheren totalen Faktorproduktivität führen, verringern also die Stückkosten (STK) der Produktion (Stoneman 1983 und Nelson 1987), wenn die Firmen ihren Vorleistungsaufwand oder ihre Arbeitsstundennachfrage aufgrund neuer Produktionsverfahren reduzieren. Die Produzenten erhöhen dann ihre Gewinne, solange die übrigen Rahmenbedingungen unverändert bleiben. In einer Konkurrenzwirtschaft ist die Gewinnerhöhung jedoch nicht von Dauer, da bei einer Verbreitung der produktiveren Technik die Unternehmen mittels Preisreduktionen höhere Marktanteile anstreben können, ohne ihren Gewinn im Vergleich zum status quo ante zu verringern. Es besteht somit zum einen eine Tendenz zu Preissenkungen aufgrund geringerer Vorleistungsaufwendungen oder geringerer Arbeitsstundennachfrage. Die Preissenkungen fallen umso höher aus, je intensiver der Wettbewerb auf den entsprechenden Märkten und je größer die Stückkostensenkung ist. Zum anderen entstehen durch produktivere Techniken auch Freiräume für höhere Lohnabschlüsse, die, wie gezeigt, auch genutzt werden. Hierdurch erhöhen sich aber die Lohnstückkosten und lösen somit tendenziell Preissteigerungen aus. Die letztendlich für die Preiswirkung entscheidende Veränderung der Lohnsumme hängt damit von der Stärke des Lohnanstiegs im Vergleich zur Reduzierung der Arbeitsstundennachfrage ab.

Es zeigt sich, daß lediglich in den Sektoren Maschinenbau und Elektrotechnik signifikante und mit den theoretischen Vorüberlegungen zu vereinbarende Ergebnisse für die Preiswirkungen von Produktinnovationen nachzuweisen sind. Höhere eigene FuE-Aufwendungen in diesen Sektoren führen zu Preissteigerungen, die sich als Bereitschaft der Abnehmer interpretieren läßt, für technologisch höherwertige Produkte auch einen höheren Preis zu zahlen, und als Absicht der Produzenten, den höheren Preis zu verlangen. Da diese beiden Wirtschaftszweige die bedeutendsten Lieferanten für Investitionsgüter sind, haben sich Qualitätsverbesserungen vor allem in diesem Güterbereich preissteigernd ausgewirkt.

In den übrigen Sektoren läßt sich die theoretische Hypothese nicht verifizieren. Preissteigerungen aufgrund von Qualitätsverbesserungen sind, soweit dies in diesem Rahmen betrachtet werden konnte, kein allgemein anzutreffendes Phänomen.

Wesentlich bedeutsamer für die Erklärung von Preisänderungen sind die Wirkungen, die neue Technologien über die Kostenentwicklung entfalten. Jedoch besitzen Vorleistungs- und Lohnsummeneffekte sehr unterschiedliche Relevanz. Dies zeigen die Erkenntnisse, die sich unter Berücksichtigung der Lohnsummenentwicklung und der Veränderung der Vorleistungen, die sich aus dem Faktornachfrage- bzw. Lohnbildungsmodell ergeben, gewinnen lassen.

Die Veränderungen der Vorleistungsaufwendungen durch neuere Technologien fallen so geringfügig aus, daß kaum eine meßbare Preiswirkung zu beobachten ist. Ihr Erklärungsgehalt für Preisbewegungen liegt unterhalb des Prozentniveaus. Einsparungen, die bei den Vorprodukten erzielt werden, spielen offensichtlich als Impuls für Preisreduzierungen keine bedeutende Rolle.

Die Entwicklung der Lohnsumme als Folge eines veränderten FuE-Kapitalstocks erklärt hingegen einen nicht zu vernachlässigenden Anteil der Preisbewegungen von 1970 bis 1983. Die Wirkungsrichtung ist je nach Sektor sehr unterschiedlich. In einigen gesamtwirtschaftlich bedeutenden Bereichen, wie Chemische Industrie, Maschinenbau, Elektrotechnik und Straßenfahrzeugbau, haben die zusätzlichen FuE-Anstrengungen seit 1970 nicht zu einer Verringerung der Lohnsumme geführt. Im Gegenteil, der durch die Produktivitätssteigerungen hervorgerufene, im Vergleich zu den übrigen Sektoren teilweise starke Anstieg des Stundenlohns wurde nicht durch eine entsprechende Verringerung der Nachfrage nach Arbeitsstunden kompensiert, so daß sich die Lohnsumme sogar erhöhte.

Daher ist in diesen Sektoren eine preiserhöhende Tendenz des technologischen Wandels festzustellen, die bis zu 12% (Chemische Industrie) der gesamten Preiserhöhungen eines Sektors erklärt.

In dieser Branche, die einen hohen Anteil an Vorleistungslieferungen aufweist, ist der Anstieg der Lohnsumme aber nicht auf höhere Löhne, sondern auf die verminderte Arbeitsproduktivität durch verstärkte FuE-Aufwendungen zurückzuführen. Daher stieg in diesem Sektor die Arbeitsnachfrage und führte somit für den betrachteten Zeitraum zu höheren Arbeitskosten, die sich dann zum Teil in erhöhten Preisen niederschlugen.

Unter diesen Umständen kommen die wirtschaftlichen Vorteile produktivitätssteigernder Techniken nicht den Käufern der jeweiligen Produkte, sondern den liefernden Firmen in Form höherer Gewinne oder deren Beschäftigten als Lohnsteigerungen zugute. Eine derartige Verteilungswirkung ist vor allem im Bereich der Investitionsgüter zu beobachten.

In anderen Sektoren zeigen die FuE-Aufwendungen jedoch preisdämpfende Wirkungen. Insbesondere in den Bereichen Kunststoffwaren, NE-Metalle und Textilindustrie wären die Preise ohne technologischen Wandel erheblich stärker gestiegen. Zwar haben sich auch in diesen Wirtschaftszweigen die Stundenlohnsätze seit 1970 erhöht, Arbeitskräfte wurden jedoch in einem Ausmaß eingespart, das die Lohnkosten insgesamt erheblich sinken ließ. Diese Kostenvorteile schlagen sich in den ausgewiesenen Preiseffekten nieder. Mit Ausnahme der Versicherungsunternehmen lassen sich im Dienstleistungsbereich lediglich relativ geringe Preis- und Lohnimpulse durch technologischen Wandel feststellen. Die Ursache besteht wiederum in den geringen Produktivitätssteigerungen in diesem Bereich.

Im Sektor ADV und Büromaschinen sind die Preise (im Vergleich zu 1970) im Gegensatz zu allen übrigen Branchen gesunken. Die Preiseffekte des technologischen Wandels erklären gleichwohl nur im Rahmen einer längerfristigen Betrachtungsweise einen nicht geringen Anteil dieser Preisbewegungen; kurzfristig gibt es keine nachweisbaren Ursachen dieser Preisentwicklung. Nach Ablauf der in dieser Branche erheblichen Anpassungsprozesse ist freilich etwas mehr als ein Viertel der Preisreduktionen auf technologischen Wandel zurückzuführen.

4. Wirkungen des technologischen Wandels auf den Außenhandel

Ein zentrales Problem der Analyse der Beschäftigungswirkungen des technologischen Wandels liegt in den Außenhandelswirkungen, die sich aus der internationalen Konkurrenz mit anderen Nationen ergeben. Für die Bundesrepublik Deutschland ist diese Fragestellung von besonderer Bedeutung, da sie große Teile ihrer Produktion nur auf Auslandsmärkten - sei es im Rahmen der EG oder der übrigen Welt - absetzen kann. Dies unterscheidet sie von den USA und zum Teil auch von Japan, deren Voraussetzungen hierfür günstiger sind. Inwieweit und wie schnell die Schaffung eines europäischen Binnenmarktes ab 1992 diese Situation verändern wird, bleibt abzuwarten. Ein Verlust wesentlicher Exportmärkte aufgrund eines Verlusts technologischer Wettbewerbsfähigkeit in Branchen, in denen Schlüsseltechnologien entwickelt werden, hätte sofort auch Beschäftigungswirkungen (Rosenberg 1982).

In der Diskussion um die Beschäftigungswirkungen des technischen Wandels wird vielfach die These vertreten, daß durch gesteigerte internationale Wettbewerbsfähigkeit Arbeitsplatzverluste, die durch Rationalisierung der Produktion im Inland eintreten, durch gestiegene Nachfrage des Auslands kompensiert werden können, bzw. daß umgekehrt der Verlust der technologischen Wettbewerbsfähigkeit in den wichtigsten Hochtechnologiebereichen langfristig drastische Arbeitsplatzverluste kosten werde. Daher wurde der Einfluß veränderter FuE-Aufwendungen auf den Außenhandel einzelner Wirtschaftsbereiche, in denen die Bundesrepublik einen bedeutenden Teil ihrer Warenexporte erzielt, untersucht, und zwar im Vergleich mit der japanischen und der amerikanischen Entwicklung.

Die Arbeit ist ein Beitrag auf der Grundlage der Neo-Technologie-Theorien des Außenhandels (Vernon 1966, Posner 1961), ohne vollständig deren Fragestellung speziell zum Produktlebenszyklus (PLC - product life cycle) nachzuvollziehen

(Aquino 1981). Der Zusammenhang zwischen Technologieintensität und Außenhandel ist bereits von zahlreichen Untersuchungen als empirisch signifikant nachgewiesen worden (Keesing 1967, Gruber/Mehta/Vernon 1967, Mansfield/Romeo/Wagner 1979, Horn 1977 sowie zusammenfassend Hughes 1986). Die vorliegende Untersuchung zeigt erneut, daß für die Erkärung des Außenhandels der Bundesrepublik Deutschland die Neo-Technologie-Theorien einen besseren Beitrag leisten als die traditionellen Außenhandelstheorien mit Hilfe von "terms of trade"-Effekten (vgl. hierzu auch die Ergebnisse von Erber 1986).

Es ist versucht worden, mit Hilfe eines Innovationsszenarios die Größenordnung der außenwirtschaftlich induzierten Beschäftigungseffekte zu bestimmen. Dabei wurden die indirekten Beschäftigungswirkungen, die durch eine Steigerung der Arbeitsproduktivität den außenwirtschaftlichen Nachfrageeffekt kompensieren, berücksichtigt.

Da der technologische Fortschritt in einem Land wie der Bundesrepublik immer mehr durch ein internationales Technologietransfersystem vorangetrieben wird, sind Import wie Export von Technologie von entscheidender Bedeutung. Der Außenhandel mit Waren und Dienstleistungen erfaßt allerdings nur indirekt und zum Teil dieses Transfersystem neben den Patent- und Lizenzzahlungen sowie den Direktinvestitionen an das und aus dem Ausland (vgl. hierzu z. B. Börnsen, Glismann, Horn 1985). Weder die absoluten noch die relativen FuE-Aufwendungen (relativ zum Anteil am Bruttosozialprodukt in der Bundesrepublik) geben genügend Auskunft darüber, ob diese ausreichen, damit die Bundesrepublik Deutschland im internationalen Wettbewerb auf lange Sicht bestehen kann. Dies gilt umso mehr, wenn die Bundesrepublik, wie in den vergangenen Jahren, weiterhin ein geringeres Wirtschaftswachstum als die USA und Japan zu verzeichnen hat.

4.1 FuE-Aufwendungen der Bundesrepublik Deutschland, Japans und der USA

Betrachtet man zunächst die Entwicklung der gesamten realen FuE-Aufwendungen der drei Länder in den letzten fünf Jahren, so zeigt sich, daß Japan den stärksten Zuwachs zu verzeichnen hatte. Dabei waren die Steigerungen zu Beginn der achtziger Jahre besonders ausgeprägt. In der Bundesrepublik und den USA ist hingegen ein etwa gleich großer durchschnittlicher Zuwachs zu verzeichnen. In Japan betrug der reale durchschnittliche Zuwachs in der Periode 1987/83 6,9%, in der Bundesrepublik Deutschland 4,4% und in den USA 4,2%. In den letzten Jahren ist bei allen drei Ländern eine Verlangsamung des Wachstums zu beobachten.

Gemessen am Anteil der FuE-Aufwendungen am Bruttoinlandsprodukt ergeben sich keine dramatischen Unterschiede zwischen den Ländern. Es läßt sich bei allen eine stetig steigende Tendenz der FuE-Aufwendungen relativ zum Bruttoinlandsprodukt beobachten (1977: USA 2,25%, Japan 1,98%, Bundesrepublik Deutschland 2,24%; 1987: USA 2,99%, Japan 3,03%, Bundesrepublik Deutschland 2,93%). Dabei ist jedoch der raschere Anstieg in Japan unverkennbar. Für die Analyse der Wirkungen der FuE-Aktivitäten auf den Außenhandel wurden im Rahmen eines Außenhandelsmodells die entscheidenden Zusammenhänge ökonometrisch modelliert (Meyer-Krahmer 1989).

4.2 Direkte Effekte von FuE-Aktivitäten auf den Außenhandel ausgewählter Wirtschaftssektoren

Zur Absicherung der mit dem aggregierten Modell entworfenen Innovationsszenarien wurde ein gleichfalls aggregiertes Außenhandelsmodell geschätzt, das den Einfluß von FuE-Kapitalbestandsänderungen in der Bundesrepublik, Japan und den USA auf die reale Ausfuhr und Einfuhr von Waren und Dienstleistungen und deren Preise erfaßt.

Es lassen sich folgende Ergebnisse auf aggregierter Ebene konstatieren:

- Steigende FuE-Aufwendungen, die zu steigenden FuE-Kapitalbeständen in der Bundesrepublik führen, erhöhen den realen Nettoexport der Bundesrepublik.
- Des weiteren führt der Anstieg der FuE-Aufwendungen zu steigenden Ausfuhrpreisen, insbesondere dann, wenn eine Beschleunigung im Wachstum des bundesdeutschen FuE-Kapitalbestands gegenüber dem des Technologieführers USA stattfindet.
- Die Ausfuhrpreise steigen rascher als die Einfuhrpreise aufgrund höherer FuE-Aufwendungen. Damit steigen die nominalen Nettoexporte schneller als die realen.
- Steigende FuE-Aufwendungen führen zu einer Beschleunigung der Beteiligung der Bundesrepublik Deutschland an der fortschreitenden internationalen Arbeitsteilung. Sowohl das reale wie das nominale Handelsvolumen der Bundesrepublik mit der übrigen Welt steigen aufgrund intensivierter FuE-Anstrengungen.

Das Außenhandelsmodell wurde mit einem Beschäftigungsmodell, das den Einfluß von FuE-Kapitalbeständen und deren Auswirkungen auf die TFP (totale Faktorproduktivität) und Arbeitsproduktivität abbildet, gekoppelt.

4.3 Beschäftigungswirkungen erhöhter FuE-Aufwendungen auf den Außenhandel

4.3.1 Die Annahmen eines Ex-post-Szenarios erhöhter FuE-Aufwendungen

Das Szenario untersucht die Beschäftigungswirkungen veränderter FuE-Aufwendungen in der Bundesrepublik Deutschland auf den Außenhandel der vier ausgewählten Wirtschaftsbereiche auf der Grundlage des Außenhandelsmodells. Es unterstellt - in Abstimmung mit den im vorhergehenden Abschnitt getroffenen Annahmen (Meyer-Krahmer 1989) - eine Steigerung der FuE-Aufwendungen zu Preisen von 1980 von 10% für die Dauer von fünf Jahren in allen Wirtschaftsbereichen im Zeitraum von 1973 bis 1977. Die kumulierten zusätzlichen Aufwedungen für die vier Wirtschaftsbereiche betragen für den gesamten Zeitraum 7,12 Mrd. DM. Auf die Chemie entfallen hierbei 2,396 Mrd. DM, auf den Maschinenbau 1,262 Mrd. DM, auf den Straßenfahrzeugbau 1,041 Mrd. DM und den Sektor Elektrotechnik 2,421 Mrd. DM. Nach Abschluß des FuE-Pushs hat sich der FuE-Kapitalbestand damit insgesamt auf 5,362 Mrd. DM zu Preisen von 1980 erhöht. Dies entspricht einer Steigerung von 6,2% beim Straßenfahrzeugbau, bis zu 6,8% bei der Chemie und Elektrotechnik.

Entsprechend ergeben sich relative Steigerungen gegenüber den FuE-Budgets Japans und der USA bzw. deren FuE-Kapitalbeständen. Beim Sektor Chemie impliziert die Änderung einen Anstieg des Technologieindexes von 6,97% gegenüber Japan und 6,43% bei den USA. Für den Maschinenbau liegt die Änderung bei 6,61% für Japan und 6,29% für die USA. Im Straßenfahrzeugbau führen die zusätzlichen FuE-Aufwendungen zu einem 6,74%- und 5,49%-Anstieg und bei der Elektrotechnik zu 7,07% und 5,87% bei den Technologieindizes gegenüber Japan und den USA.

Das FuE-Szenario wurde über den Zeitpunkt des Jahres 1977 hinaus bis zum Jahr 1984 fortgeführt, wobei in der Periode von 1978 bis 1984 die gleichen Annahmen wie für das Referenzszenario beibehalten wurden. Dieser Zeitraum demonstriert daher die Folgewirkungen des vorangegangenen FuE-Programms. Aufgrund der 15%igen Abschreibung liegt für alle betrachteten Wirtschaftsbereiche der FuE-Kapitalbestand auch noch im Jahr 1984 um mehr als ein Prozent über dem des Referenzszenarios. FuE-Aufwendungen haben aufgrund ihres kumulativen Charakters eine langandauernde Wirkung auf die FuE-Kapitalbestände eines Landes.

4.3.2 Durch Außenhandel induzierte Beschäftigungseffekte

In den Tabellen 4.1 bis 4.4 sind die Ergebnisse des Szenarios bezüglich der Beschäftigungseffekte in den vier Wirtschaftsbereichen zusammengefaßt. Bei der Darstellung des Beschäftigungseffekts wurden immer zwei Varianten miteinander verglichen.

Beim Szenario ohne Produktivitätseffekt wurde unterstellt, daß keine produktivitätssteigernden Wirkungen auftreten und nur die induzierte zusätzliche Auslandsnachfrage in zusätzliche Beschäftigung umgesetzt wird. In der Chemischen Industrie würde eine solche Betrachtung des "reinen" Nachfrageeffekts zunächst 2.000 zusätzliche Beschäftigte im Jahre 1973 induzieren und die Beschäftigung bis zum Jahr 1977 auf 6.000 ansteigen lassen.

Beim Szenario mit Produktivitätseffekt wird nun der durch Rationalisierungen der Produktion entstehende kompensierte Nettoeffekt ermittelt. Die durch Produktivitätssteigerungen entstandene zusätzliche Beschäftigung ist jetzt deutlich geringer und schwankt unterhalb von 1.000 zusätzlichen Erwerbstätigen.

Beim Maschinenbau treten im Unterschied zur Chemie Freisetzungseffekte zusätzlicher FuE-Aufwendungen auf. Im Szenario ohne Produktivitätseffekt findet diese Freisetzung erst zum Ende des FuE-Programms im Jahr 1977 mit sehr geringer Freisetzung von 1.000 Beschäftigten statt. Bei Berücksichtigung des Produktivitätseffekts hingegen haben wir auch einen kumulaltiv steigenden Freisetzungseffekt, der um 3.000 Erwerbstätige auf 9.000 Personen ansteigt. Mit Beendigung des FuE-Programms dauern die Freisetzungswirkungen auch noch für etliche Jahre an.

Beim Straßenfahrzeugbau lassen sich aufgrund der verbesserten preislichen Wettbewerbsfähigkeit positive Beschäftigungseffekte beobachten. Ohne Berücksichtigung der Produktivitätssteigerungen würden 15.000 Personen aufgrund gestiegener Auslandsnachfrage und der Importsubstitution Beschäftigung finden. Der Produktivitätseffekt reduziert diese von 15.000 auf 6000 im Jahr 1977. Auch noch nach Auslaufen des hier unterstellten FuE-Programms sichert die gestiegene internationale Wettbewerbsfähigkeit einen positiven Beschäftigungszuwachs über mehrere Jahre.

In der Elektrotechnik steht einem positiven "reinen" Nachfrageeffekt ein negativer Rationalisierungeffekt von zusätzlichen FuE-Aufwendungen gegenüber. Statt 11.000 zusätzlichen Erwerbstätigen werden aufgrund der Rationalisierungswirkung 9.000 Personen weniger beschäftigt. Ähnlich wie beim Maschinenbau, wo aufgrund ungenügender Nachfrageexpansion ein Beschäftigungsdefizit hingenommen werden mußte, reichen auch im Bereich der Elektrotechnik die Nachfragewirkungen nicht aus, um die Beschäftigung in diesem Bereich in der Bundesrepublik zu sichern.

Tabelle 4.1: Chemie einschließlich der Herstellung und Gewinnung von Spalt- und Brutstoffen
- Erwerbstätige in Tausend. -

	Referenz (1)	+10% F&E mit Produktivitätseffekt (2)	+10% F&E ohne Produktivitätseffekt (3)	Diff. mit Produktivitätseffekt (4)	Diff. ohne Produktivitätseffekt (5)
1973	632	632	634	0	2
1974	637	638	640	1	3
1975	629	630	634	1	5
1976	601	601	606	0	5
1977	605	606	611	1	6
1978	599	600	603	1	4
1979	595	596	599	1	4
1980	592	593	595	1	3
1981	570	570	572	0	2
1982	567	567	569	0	2
1983	532	532	534	0	2
1984	521	522	522	1	1

Legende: (4) = (2) - (1); (5) = (3) - (1); Schätzmethode: SUR - Seemingly Unrelated; Regression des Außenhandelsmodells des Sektors Chemie.

Tabelle 4.2: Maschinenbau
- Erwerbstätige in Tausend -

	Referenz (1)	+10% F&E mit Produktivitätseffekt (2)	+10% F&E ohne Produktivitätseffekt (3)	Diff. mit Produktivitätseffekt (4)	Diff. ohne Produktivitätseffekt (5)
1973	1164	1161	1168	-3	1
1974	1115	1110	1124	-5	0
1975	1076	1069	1087	-7	0
1976	1090	1082	1102	-8	0
1977	1060	1051	1075	-9	-1
1978	1028	1020	1027	-8	-1
1979	1042	1035	1041	-7	-1
1980	1065	1059	1064	-6	-1
1981	1013	1009	1012	-6	-1
1982	969	966	968	-3	-1
1983	954	951	953	-3	-1
1984	933	931	932	-2	-1

Legende: (4) = (2) - (1); (5) = (3) - (1); Schätzmethode: SUR - Seemingly Unrelated; Regression des Außenhandelsmodells des Sektors Maschinenbau.

Tabelle 4.3: Straßenfahrzeugbau
- Erwerbstätige in Tausend -

	Referenz (1)	+10% F&E mit Produktivitätseffekt (2)	+10% F&E ohne Produktivitätseffekt (3)	Diff. mit Produktivitätseffekt (4)	Diff. ohne Produktivitätseffekt (5)
1973	882	884	886	2	4
1974	879	883	888	4	9
1975	843	848	854	5	11
1976	813	818	825	5	12
1977	841	847	856	6	15
1978	875	880	887	5	12
1979	893	897	903	4	10
1980	926	930	935	4	9
1981	881	885	888	4	7
1982	853	856	858	3	5
1983	883	885	888	2	5
1984	899	901	903	2	4

Legende: (4) = (2) - (1); (5) = (3) - (1); Schätzmethode: SUR - Seemingly Unrelated; Regression des Außenhandelsmodells des Sektors Straßenfahrzeugbau.

Tabelle 4.4: Elektrotechnik
- Erwerbstätige in Tausend -

	Referenz (1)	+10% F&E mit Produktivitätseffekt (2)	+10% F&E ohne Produktivitätseffekt (3)	Diff. mit Produktivitätseffekt (4)	Diff. ohne Produktivitätseffekt (5)
1973	1204	1200	1208	-4	4
1974	1221	1215	1227	-6	6
1975	1158	1151	1166	-7	8
1976	1102	1093	1112	-9	10
1977	1105	1096	1116	-9	11
1978	1084	1077	1093	-7	9
1979	1087	1081	1094	-6	7
1980	1093	1088	1098	-5	5
1981	1077	1073	1082	-4	5
1982	1022	1018	1025	-4	3
1983	1004	1001	1006	-3	2
1984	1004	1002	1006	-2	2

Legende: (4) = (2) - (1); (5) = (3) - (1); Schätzmethode: SUR - Seemingly Unrelated; Regression des Außenhandelsmodells des Sektors Elektrotechnik.

In der Summe betrachtet erhalten wir aufgrund gesteigerter FuE-Aufwendungen in den vier Wirtschaftsbereichen keine zusätzliche Beschäftigung. Dies liegt an dem größeren Gewicht der Beschäftigungsverluste in den Bereichen Maschinenbau und Elektrotechnik gegenüber der Chemie und dem Straßenfahrzeugbau. Der "reine" Nachfrageeffekt von 31.000 zusätzlichen Erwerbstätigen wird durch den Rationalisierungseffekt von 42.000 freigesetzten Erwerbstätigen überkompensiert. Im Ergebnis sinkt daher die Beschäftigung auf das Jahr 1977 bezogen um 11.000 Personen.

5. Resümee

Ausgehend von den theoretischen Vorüberlegungen zu den Wirkungen des technologischen Wandels erscheint nunmehr eine Beurteilung der Resultate aus dem Blickwinkel der verschiedenen Ansätze möglich.

Die empirische Analyse macht deutlich, daß die vorwiegend im Rahmen neoklassischer Ansätze unterstellten Preisreaktionen nur in sehr geringem Ausmaß festzustellen sind. Daraus folgt aber auch, daß technologischer Wandel nicht notwendigerweise zu preiswerteren Produkten führt. Allenfalls werden neue, möglicherweise qualitativ bessere Güter angeboten, eine unmittelbare Preisreaktion bei den bestehenden Angeboten ist aber zumindest auf sektoraler Ebene im Rahmen des FIND-Modells nicht meßbar.

Deutlich meßbar sind hingegen die Lohnreaktionen auf technologischen Wandel. Erhöhungen der Stundenproduktivität durch technologischen Wandel haben häufig zu proportionalen Lohnerhöhungen geführt, so daß die Produktionskostenentlastung, die über den produktiveren Einsatz von Ressourcen erreicht wurde, durch die Lohnentwicklung zumindest teilweise kompensiert wurde. Die positiven Nachfrageeffekte dieser Lohnerhöhungen bleiben jedoch vor allem während der letzten Jahre aus.

Der erste, in dieser Analyse auch nachgewiesene Grund dafür besteht in dem Beschäftigungsabbau der Unternehmen als Reaktion auf Lohnerhöhungen. In den hier durchgeführten Simulationen sind die Steigerungen der Nominallöhne fast immer auch relative Lohnsteigerungen. Da die Zinsen exogen sind und die Investitionen nicht eindeutig auf die technologischen Entwicklungen reagieren, verändern sich die Kapitalnutzungskosten kaum, so daß das Verhältnis von Löhnen zu den Kapitalkosten sich in Richtung der Lohnänderungen bewegt. Damit verteuert sich aber der Faktor Arbeit im Verhältnis zum Kapitaleinsatz. Der hieraus resultierende Beschäftigungsabbau durch Substitution vermindert die Arbeitseinkommen und damit zumindest die Konsumnachfrage.

Obwohl die Kausalität zwischen Lohn- und Nachfrageentwicklung im Rahmen dieses Modellansatzes noch nicht befriedigend berücksichtigt wird, lassen Plausibilitätsüberlegungen darauf schließen, daß die nachfragesteigernde Wirkung der Lohnerhöhung keinesfalls die dämpfenden Effekte des Beschäftigungsrückgangs kompensieren wird. Hier kann nur ein komplett modelliertes makroökonomisches Kreislaufmodell weitere Aufschlüsse liefern (Blazejczak 1989). Die Ergebnisse der Simulationen mit einem makroökonomischen Modell weisen auf höhere Kompensationseffekte hin.

Die Nachfrageentwicklung wird aber nicht allein durch Veränderungen der Arbeitseinkommen beeinflußt. Nicht zuletzt die Investitionsnachfrage wie auch die wirtschaftspolitischen Rahmenbedingungen sind weitere wesentliche Determinanten. Gerade die unterschiedlichen Resultate für die Perioden vor und nach 1980 deuten darauf hin, daß diese Rahmenbedingungen sich geändert haben und für den Zeitraum von 1980 bis 1983 nicht mehr auf eine Nachfrageexpansion ausgerichtet waren. Daher führen die Rationalisierungswirkungen während dieser Jahre zu einer deutlich verschlechterten Beschäftigung, wobei jedoch erhebliche sektorale Unterschiede bestehen. Die Dienstleistungs- und Handelssektoren weisen keine nennenswerten Rationalisierungseffekte auf, während vor allem die Elektroindustrie, der Straßenfahrzeugbau und die Textilindustrie aufgrund des technologischen Wandels erheblich weniger Arbeitskräfte benötigen.

Damit lassen sich "Gewinner" und "Verlierer" der durch technologischen Wandel ausgelösten Entwicklungen skizzieren. Vorteile erlangen die innovierenden Unternehmen durch Steigerung ihrer Gewinne. Ferner profitieren die dort weiterhin Beschäftigten durch die teilweise erheblich höheren Löhne. Die Kunden dieser Unternehmen erlangen allenfalls dadurch Vorteile, daß neue, qualitativ bessere Produkte angeboten werden, die, sofern die Produkte Investitionsgüter sind, auch bei ihnen zu Kostenreduzierungen führen können. Zudem führt technologischer Wandel zu einem höheren Anteil der Dienstleistungs- und Handelsunternehmen an der Gesamtbeschäftigung.

Nachteile dieser Entwicklungen haben all jene vormals Beschäftigten, die durch die Rationalisierungen ihren Arbeitsplatz verlieren, und jene, die Arbeit suchen, für die aber die Wahrscheinlichkeit, auch Arbeit zu finden, aufgrund des niedrigeren Arbeitskräftebedarfs nunmehr gesunken ist.

Die in dieser Studie ermittelten negativen Beschäftigungswirkungen des technologischen Wandels sollten nicht zu dem voreiligen Schluß verleiten, auf technologischen Wandel in Zukunft grundsätzlich zu verzichten oder ihn zumindest nicht weiter zu fördern. Denn es ist nicht untersucht worden, wie die Beschäftigungsentwicklung ohne technologischen Wandel verlaufen würde. Es ist zu befürchten, daß der Verlust von Konkurrenzfähigkeit vor allem auf internationalen Märkten noch weitaus negativere Entwicklungen herbeiführen würde.

Allerdings hat die Untersuchung auch ergeben, daß Innovationen Beschäftigungsprobleme zumindest auf kurze Sicht nicht lösen, sondern eher verschärfen können, falls keine beschäftigungsfördernden flankierenden Maßnahmen ergriffen werden. Daher sind wirtschaftspolitische Rahmenbedingungen erforderlich, die die Konsequenzen der Innovationsanstrengungen abfedern, um langfristige Unterbeschäftigungszustände zu verhindern.

Das vorgestellte Szenario zu den Beschäftigungswirkungen von FuE-Aufwendungen im Außenhandel ist ein Versuch, mit der Methode eines ökonometrischen Modells zu einer Beurteilung der Bedeutung der internationalen Wettbewerbsfähigkeit von wichtigen Exportindustrien auf den Arbeitsmarkt in der Bundesrepublik Deutschland zu gelangen. Es zeigt, daß unter dem verwendeten theoretischen Konzept der Neo-Technologie-Theorien des Außenhandels für die wichtigsten an der Ausfuhr von Waren und Dienstleistungen beteiligten Wirtschaftsbereiche - d.h. Maschinenbau und Elektrotechnik - keine Steigerung der Beschäftigung nachgewiesen werden konnte. Im Gegenteil traten hier Freisetzungseffekte auf. In den beiden anderen Wirtschaftsbereichen hingegen lassen sich durchaus positive Beschäftigungswirkungen nachweisen, die jedoch das Gesamtergebnis nicht positiv werden lassen.

Hieraus folgern zu wollen, daß zum Erreichen eines positiven Beschäftigungseffekts FuE-Aufwendungen eher in die Bereiche mit positiven Beschäftigungseffekten gelenkt werden sollten, wäre jedoch unangemessen. Es wäre in diesem Zusammenhang untersuchenswert, ob nicht auch ein bisher nicht ausreichend erfaßter Zusammenhang zwischen Nachfrageelastizität und technologischem Niveau eines Wirtschaftsbereichs besteht. Des weiteren bliebe zu prüfen, ob nicht die raschere Expansion des Handels mit Dienstleistungen und die wachsende Bedeutung des Intrahandels und der Direktinvestitonen einbezogen werden müßten, um Technologiepolitik als Teil einer Beschäftigungspolitik adäquat thematisieren zu können.

Arbeitsmarktwirkungen moderner Technologien - eine ökonometrische Untersuchung für die Bundesrepublik Deutschland

Peter Kugler, Urs Müller, George Sheldon

1. Einleitung

Vor dem Hintergrund anhaltend hoher Arbeitslosigkeit ist die Frage zu den Auswirkungen des technischen Wandels auf den Arbeitsmarkt zu einem zentralen und aktuellen Thema in der Bundesrepublik geworden. Die Meinungen sind vielfältig. In Anlehnung an Blattner (1986) läßt sich ein Bogen spannen von den Optimisten, die in der Einführung neuer Technologien den Start in einen langfristigen Aufschwung mit Vollbeschäftigung erblicken, bis zu den Pessimisten, die für die politisch relevantere Mittelfrist mit einer Dominanz von Freisetzungseffekten rechnen.

Die Meinungen zu den Beschäftigungsfolgen neuer Technologien teilen sich unter anderem an der Beantwortung folgender Kernfragen der Technologiediskussion:

- Inwiefern ist der technische Fortschritt arbeitssparend bzw. arbeitsnutzend? Die Einführung neuer Technologien kann die relativen Produktivitäten von Arbeit und Kapital im Produktionsprozeß und damit das optimale Einsatzverhältnis zwischen den Produktionsfaktoren verändern. Dieser sogenannte Bias des technischen Fortschritts hat zur Folge, daß sich die Nachfrage nach dem Faktor Arbeit auf Kosten der Nachfrage nach dem Faktor Kapital erhöht (arbeitsnutzend) bzw. zugunsten jener Nachfrage senkt (arbeitssparend).
- Wie elastisch reagiert das Beschäftigungssystem auf Veränderungen der optimalen Faktoreinsatzverhältnisse, d.h. in welchem Umfang ist es in der Lage, sich produktionstechnischen Entwicklungen und Verschiebungen in den Faktorpreisrelationen anzupassen? Hier sind die Substitutionsbeziehungen zwischen den Produktionsfaktoren sowie die Eigen- und Kreuzpreiselastizitäten ihrer Nachfrage angesprochen.
- Wie schnell vollzieht sich die technologische Erneuerung? Wie rasch steigt die optimale Faktorproduktivität? Über welche Zeiträume erstreckt sich die Anpas-

sung der Produktionsprozesse und -strukturen an veränderte optimale Faktoreinsatzverhältnisse? Kurzfristig sind die Substitutionsmöglichkeiten aus produktionstechnischen, organisatorischen und zum Teil aus arbeitsrechtlichen Gründen sehr stark eingeschränkt. Die Art und der Grad der Substitutionsbeziehungen zwischen den Produktionsfaktoren hängen somit von der Fristigkeit der Betrachtung ab.
- Wie wirkt der technische Fortschritt auf die Preise und auf die Qualität der erzeugten Güter und Dienstleistungen, und wie reagiert die Nachfrage darauf? Die mit der Einführung neuer Technologien bewirkte Erhöhung der totalen Faktorproduktivität ermöglicht Einkommenssteigerungen. Diese vollziehen sich direkt bei den Gewinnen und Löhnen oder indirekt über Produktpreissenkungen. Je nach der Einkommens- und Preiselastizität der Nachfrage steigt der Absatz daraufhin unterschiedlich stark an. Bei einer entsprechenden Höhe der Nachfrageelastizität kann die Absatzsteigerung so stark ausfallen, daß ein rationalisierungsbedingter Rückgang der Nachfrage nach dem Produktionsfaktor Arbeit annähernd oder sogar mehr als kompensiert wird.

Die vorliegende Arbeit befaßt sich mit den ersten drei der hier angesprochenen Wirkungszusammenhängen.

Die Auswirkungen des technischen Wandels auf die Beschäftigung kann auf vielfältige Weise empirisch untersucht werden. In Anlehnung an Weißhuhn (1986) lassen sich drei Hauptansätze ausmachen:
- deskriptive Studien, die Fallstudiencharakter tragen und sich vielfach auf Betriebsbefragungen stützen,
- limitationale Ansätze wie die Input-Output-Analyse und der Manpower-Requirements-Approach, die Substitutionsmöglichkeiten zwischen den Produktionsfaktoren zumindest implizit ausschließen, und
- ökonometrisch-produktionstheoretische Untersuchungen, die, gestützt auf ein theoretisches Modell des unternehmerischen Faktornachfrageverhaltens, die Beschäftigungsfolgen der Einführung neuer Technologien mit Hilfe von hochentwickelten statistischen Verfahren zu quantifizieren versuchen.

Alle drei Untersuchungsansätze haben ihre Stärken und Schwächen. Ohne Zweifel ermöglichen sie alle interessante Einblicke in den sich vollziehenden Wandel der Beschäftigungsstruktur. Bei den deskriptiven Untersuchungen werden diese zuweilen gar auf der Ebene der Einzelfirma gewährt. Darin liegt allerdings zugleich die Schwäche von Fallstudien. Denn inwiefern sich die dargebotenen Einsichten auch auf nicht untersuchte Industriezweige und Zeiträume übertragen oder generalisieren lassen, bleibt bei derartigen Untersuchungen weitgehend ungewiß. In dieser Hinsicht bieten limitationale Ansätze einige wichtige Ergänzungen.

Bei einer limitationalen Vorgehensweise werden mögliche Veränderungen der Beschäftigungsstruktur im Zuge des technischen Wandels durch die Vorgabe alternativer Arbeitskoeffizienten simuliert, woraus sich dann eine Reihe von Vergleichsszenarien ergibt. Da dabei die vielfältigen Verflechtungsstrukturen zwischen den einzelnen Branchen der Volkswirtschaft Berücksichtigung finden, ist diesen Studien wohl nicht wie den Fallstudien der Vorwurf zu machen, daß sie stark partialanalytisch vorgehen. Dennoch vermögen limitationale Szenarienstudien nicht ganz zu befriedigen, da der Zusammenhang zwischen dem technischen Fortschritt und den ausgewählten Arbeitskoeffizienten weitgehend unerklärt bleibt. Hinzu kommt, daß limitationale Untersuchungen - wie auch Fallstudien - nicht unterscheiden, ob eine bestimmte Veränderung in den Faktoreinsatzverhältnissen auf den technischen Fortschritt zurückgeführt werden muß, oder ob die normalen Prozesse der knappheitsgesteuerten Substitution, wie sie für eine Marktwirtschaft typisch sind, dafür verantwortlich sind. So könnten sich beobachtete Freisetzungsvorgänge, die in solchen Arbeiten als Beispiele für die Verdrängung gewisser Qualifikationen aufgrund neuer Produktionstechnologien vorgebracht werden, lediglich als Folge eines preisgesteuerten Substitutionsprozesses entpuppen.

Gerade im Versuch, die Auswirkungen der technischen Erneuerung von denjenigen des Substitutionsprozesses zu trennen, liegt die Stärke des ökonometrisch-produktionstheoretischen Ansatzes. Dieser Vorteil gegenüber den beiden anderen Ansätzen wird allerdings durch eine Reihe von a-priori-Annahmen erkauft, die mancherorts als zu restriktiv bzw. wirklichkeitsfremd erachtet werden. Bei dieser Kritik wird aber gelegentlich vergessen, daß infolge der Komplexität des Untersuchungsgegenstands keine Form der empirischen Sozialforschung ohne problemvereinfachende Arbeitshypothesen auskommen kann. Zudem ist zu berücksichtigen, daß die Entwicklung des ökonometrisch-produktionstheoretischen Untersuchungsansatzes während des letzten Jahrzehnts seit der kritischen Analyse von Bombach und Blattner (1976) durch eine stetige Erweiterung des Modellrahmens gekennzeichnet ist, die ein breiteres Spektrum von Verhaltensweisen zuläßt. Ferner ist zu bedenken, daß mit einem ökonometrisch-produktionstheoretischen Ansatz meistens nicht das Verhalten eines Einzelnen abgebildet werden soll, sondern dasjenige eines Aggregats. Viele Einflußfaktoren, die in einer einzigen Entscheidungssituation durchaus eine große Rolle spielen können, verlieren erfahrungsgemäß an Bedeutung, wenn ihre Wirkung über eine Vielzahl von Fällen gemittelt wird.

Die vorliegende Studie ist der Gruppe der ökonometrisch-produktionstheoretischen Ansätze zuzuordnen. Ziel der Untersuchung ist es, die Auswirkungen des technologischen Wandels, insbesondere diejenigen der Prozeßinnovationen, auf die Qualifikationsstruktur der Beschäftigung in der Bundesrepublik zu analysieren. Zu diesem Zweck werden disaggregierte Faktornachfragegleichungen für die sieben Hauptgruppen des Warenproduzierenden Gewerbes geschätzt. Dabei wird der Faktor Kapital in Bauten und Ausrüstungen und der Faktor Arbeit in sieben Qualifikationskategorien unterteilt. Die Untersuchung erstreckt sich über den Zeitraum von 1960 bis 1984.

Im Mittelpunkt der Analyse stehen drei Wirkungskanäle:
- Der unmittelbare, d.h. der bei konstanten Faktorpreisrelationen geltende Wirkungszusammenhang in Form des faktorspezifischen Bias des technischen Fortschritts. Die durch die technologische Erneuerung bewirkte Verschiebung der relativen Faktorproduktivitäten und damit die Veränderung der optimalen Faktorkombination haben zur Folge, daß die auf ihren Gewinn bedachten Firmen jene Faktoren, deren Produktivität relativ stärker steigt, auf Kosten der anderen verstärkt einsetzen.
- Ein indirekter Wirkungskanal über die preisgesteuerten Substitutionsbeziehungen zwischen den Produktionsfaktoren. Der Freisetzungseffekt des technischen Fortschritts verändert die relativen Knappheitsverhältnisse auf den Faktormärkten und über kurz oder lang damit auch die Faktorpreisrelationen. Die Veränderung der relativen Faktorpreise löst ihrerseits Substitutionsprozesse aus, die den direkten Freisetzungseffekten entgegenwirken (negative Rückkopplungen).
- Ein weiterer indirekter Wirkungspfad über das preisgesteuerte Tempo des technischen Fortschritts. Faktorpreisänderungen, die den kostensenkenden Effekt des technischen Wandels vorwegnehmen (gefährden), haben zur Folge, daß den Firmen die technische Erneuerung weniger dringend (dringender) erscheint und deshalb langsamer (schneller) vorangetrieben wird. Demzufolge führen Faktorpreissenkungen (-erhöhungen) bei den eingesparten bzw. Faktorpreiserhöhungen (-senkungen) bei den verstärkt eingesetzten Faktoren zu einer Verlangsamung (Beschleunigung) des Wachstums der totalen Faktorproduktivität. Es entsteht dadurch ein zweiter negativer Rückkopplungseffekt.

Der Nachfrageeffekt der Produktivitätserhöhung, die eingangs als die vierte Kernfrage der Technologiediskussion genannt wurde, findet keine Berücksichtigung im Rahmen der vorliegenden Untersuchung.

Die Arbeit gliedert sich wie folgt: Im zweiten Kapitel wird der ökonometrisch-produktionstheoretische Untersuchungsansatz erläutert und die in der vorliegenden Arbeit implementierte Modellvariante dargestellt. Die zur Schätzung der Modellparameter verwendeten Daten sowie das Schätzverfahren werden im dritten Kapitel beschrieben. Die Präsentation und die Interpretation der Schätzresultate erfolgen in Kapitel 4. Die Arbeit schließt mit einer Zusammenfassung der Untersuchungsergebnisse und mit Hinweisen auf wirtschaftspolitische Implikationen der Resultate.

2. Theoretischer Ansatz

Ökonometrisch-produktionstheoretische Untersuchungen der Beschäftigungsfolgen neuer Technologien beruhen auf einem theoretischen Modell des unternehmerischen Faktornachfrageverhaltens. Moderne Faktornachfragemodelle (Berndt 1981) gehen von einer strikt quasi-konkaven und zweifach differenzierbaren Produktionsfunktion der allgemeinen Form

$$y = f(x_1, x_2, \ldots, x_J, t)$$

aus, die den Produktionsausstoß (y) als eine Funktion der dafür minimal notwendigen Faktormengen ($x_1, x_2, \ldots, x_J$) und eines Technologieindexes (t) darstellt. Diewert (1974) zeigt, daß unter diesen Bedingungen ein kostenminimierendes Verhalten der Firmen eine der Produktionsfunktion duale Kostenfunktion impliziert. Unter der Annahme, daß die Branchenproduktionsfunktion das Ergebnis eines zum langfristigen gewinnlosen Gleichgewicht führenden Konkurrenzmechanismus darstellt und somit konstante Skalenerträge aufweist, läßt sich die duale Kostenfunktion auch als Stückkostenfunktion (c) oder als Preisfunktion (Jorgensen 1986) darstellen:

$$q = c(p_1, p_2, \ldots, p_J, t)$$

Der Outputpreis (q) wird durch die Faktorpreise ($p_1, p_2, \ldots p_J$) und den Stand der Technologie (t) bestimmt. Die Dualitätsbeziehung impliziert, daß die Preisfunktion zweifach differenzierbar, linear homogen in den Faktorpreisen sowie konkav und monoton steigend bezüglich der einzelnen Inputpreise ist.

Um den theoretischen Ansatz empirisch nutzbar zu machen, muß das Verhaltensmodell stärker strukturiert werden. Zunächst ist die Form der Produktionsfunktion zu bestimmen. Dabei erweisen sich Spezifikationen vom Typ Cobb-Douglas oder CES zur Beschreibung von Produktionstechnologien mit mehr als zwei Inputgütern als kaum geeignet, da sie die Substitutionsmöglichkeiten stark einschränken. So sind die partiellen Substitutionselastizitäten bei den genannten Produktionsfunktionen für alle Faktorpaare identisch und konstant. Um die Substitutionsmöglichkeiten nicht von vornherein festzulegen und die Forschungsergebnisse damit nicht zu präjudizieren, muß die Wahl auf sogenannte flexible Funktionsformen (verallgemeinerte Leontief-Funktion, Translog-Funktion usw.) fallen.

Nun stellt sich die Frage nach dem Grad der Faktordisaggregation. Um ein möglichst vollständiges Bild der faktorpreisgesteuerten Substitutionsbeziehungen zu erhalten, ist es natürlich wünschbar, die Inputfaktoren so weit zu disaggregieren, wie es die Daten zulassen. Substitutionsstudien aus den USA (Hamermesh und Grant 1979) zeigen zudem, daß zwischen Kapital und Arbeitskräften mit höherer Qualifikation eine komplementäre Beziehung besteht, während zwischen Kapital und niedrig qualifizierten Arbeitskräften sowie zwischen Beschäftigten mit hohem und niedrigem Qualifikationsniveau jeweils eher substitutive Beziehungen existieren. Auch in bezug auf den technischen Fortschritt ist der Faktor Arbeit vermutlich nicht homogen. Die Disaggregation stößt jedoch insofern an Grenzen, als die Zahl der zu schätzenden Parameter stark überproportional zunimmt. Ein nützlicher Ausweg besteht in der Spezifikation mehrstufiger Produktionsfunktionen. Dabei wird zuerst auf einer oberen Ebene über das Einsatzverhältnis zwischen Faktoraggregaten und danach auf einer unteren Ebene über die Aufteilung innerhalb dieser Faktoraggregate entschieden. Diese sogenannte schwache Separabilitätsannahme ermöglicht die Analyse von Substitutionsbeziehungen auch bei einer großen Zahl von Produktionsfaktoren.

Auch im Hinblick auf den technischen Fortschritt gibt es im Rahmen des ökonometrisch-produktionstheoretischen Untersuchungsansätzes mehrere Möglichkeiten der Modellierung (Stoneman 1983, S. 3 ff.). Der technische Fortschritt kann faktorgebunden (Stichwort Vintage-Modelle) oder faktorungebunden (als zusätzlicher Produktionsfaktor) modelliert werden. Zusätzlich kann unterschieden werden zwischen Modellen, in denen der technische Fortschritt exogen ist, und solchen, die eine Endogenisierung versuchen. Vintage-Modelle fallen aus Datengründen außer Betracht, jedoch wird im ökonometrischen Modell der faktorungebundene technische Fortschritt endogenisiert werden.

Schließlich gilt es zu überlegen, wie realistisch die Annahme ist, daß die Unternehmungen ihre Faktoreinsatzverhältnisse innerhalb einer Beobachtungsperiode (Quartal, Jahr) auf veränderte Preise und Produktionsniveaus vollständig anpassen. Im Rahmen eines dynamischen Modells können Anpassungskosten implizit oder explizit spezifiziert werden. Implizit bedeutet dabei, daß die Anpassungskosten als Grund für ein partielles Anpassungsmodell dienen. Im anderen Fall werden die Kosten des Anpassungsprozesses explizit spezifiziert und ins Optimierungskalkül der Firmen miteinbezogen. Neben einem statischen Modell wird auch ein erweitertes partielles Anpassungsmodell Verwendung finden.

Nach diesen allgemeinen Vorbemerkungen steht nun die Parameterisierung des statischen Modells im Vordergrund. Für die empirische Analyse muß eine spezifische Funktionsform für die Stückkosten- bzw. Preisfunktion gewählt werden. Es wird im folgenden unterstellt, daß die Preisfunktion die von Christensen, Jorgensen und Lau (1973) entwickelte Translog-Form annimmt. Demnach gilt:

$$\ln q = \alpha_0 + \sum_i \alpha_i \cdot \ln p_i + \frac{1}{2} \sum_i \sum_j \beta_{ij} \cdot \ln p_i \cdot \ln p_j$$

$$+ \sum_i \beta_{it} \cdot \ln p_i \cdot t + \alpha_t \cdot t + \frac{1}{2} \beta_{tt} \cdot t^2 \qquad i,j = 1,\ldots,J$$

Im Kostenminimum der Faktornachfrager ergibt die logarithmische Form von Shephards Lemma Nachfragefunktionen nach den Produktionsfaktoren in der Gestalt von Faktorkostenanteilsgleichungen:

$$\frac{\delta \ln q}{\delta \ln p_i} = \frac{x_i \cdot p_i}{y \cdot q} = v_i = \alpha_i + \sum_j \beta_{ij} \cdot \ln p_j + \beta_{it} \cdot t$$

$$i,j = 1,\ldots,J$$

Wird die Translog-Preisfunktion statt nach den logarithmierten Faktorpreisen nunmehr nach dem Zeitindex t abgeleitet, so nimmt die Gleichung für die negative Wachstumsrate der totalen Faktorproduktivität folgende Form an:

$$-\frac{\delta \ln y}{\delta t} = \frac{\delta \ln q}{\delta t} = -v_t = \alpha_t + \sum_i \beta_{it} \cdot \ln p_i + \beta_{tt} \cdot t$$

Darin erscheint die Geschwindigkeit des technischen Fortschritts (v_t) als eine Funktion der Faktorpreise und der Zeit. Die Wachstumsrate der totalen Faktorproduktivität wird somit endogenisiert. Sie bleibt innerhalb dieses Modellrahmens dennoch faktorungebunden insofern, als sie als unabhängig von der Altersstruktur der Produktionsfaktoren behandelt wird.

Das ökonometrische Modell besteht somit aus den J Faktornachfragefunktionen (Anteilsgleichungen) und der Gleichung für die Geschwindigkeit des technischen Fortschritts. Nochmaliges Ableiten der bisher einfach abgeleiteten logarithmierten Preisfunktion nach den Faktorpreisen und dem Technologieindex ermöglicht eine einfache Interpretation der zu schätzenden Parameter.

Nach Hicks ist bei gegebener Produktionsfunktion technischer Fortschritt für einen Faktor faktornutzend (bzw. neutral oder faktorsparend), wenn bei konstant bleibenden Faktoreinsatzverhältnissen die Grenzproduktivität dieses Faktors zunimmt (bzw. konstant bleibt oder abnimmt). Da sich die optimale Inputkombination dadurch verschiebt, verändert sich die tatsächliche Faktoreinsatzstruktur entsprechend. Dies führt dazu, daß bei faktornutzendem technischen Fortschritt und konstanten Faktorpreisverhältnissen der Kostenanteil des begünstigten Faktors steigt, Bei faktorsparendem dagegen sinkt der Kostenanteil desselben Faktors, während er bei neutralem technischen Fortschritt konstant bleibt. Die Folgen des Hicks'schen Bias des technischen Fortschritts für die Kostenstruktur lassen sich durch ein zweimaliges Differenzieren der logarithmierten Preisfunktion nach den logarithmierten Faktorpreisen und dem Technologieindex bestimmen:

$$\beta_{it} = \frac{\delta^2 \ln q}{\delta \ln p_i \ \delta t} = \frac{\delta v_i}{\delta t} = - \frac{\delta v_t}{\delta \ln p_i} = \beta_{ti} \qquad i = 1,\ldots,J$$

Mit Blick auf die letzte Ableitung ist auch eine alternative, aber gleichwertige Interpretation des Bias möglich. Demnach mißt er aufgrund unserer Modellannahmen zugleich die Veränderung der Rate des technischen Fortschritts in Abhängigkeit von relativen Faktorpreisveränderungen. Daraus wird ersichtlich, daß neben den Inputkoeffizienten und den Faktorkostenanteilen auch das Tempo der technologischen Erneuerung von den Faktorpreisen und dem jeweiligen Stand der Technologie abhängt. Dies stellt den dritten in der Einleitung genannten Wirkungskanal des technischen Wandels dar.

Zweimaliges Ableiten der logarithmierten Preisfunktion nach den logarithmierten Faktorpreisen liefert in Form von preisgesteuerten Anteilselastizitäten Informationen über die Faktorsubstitution:

$$\beta_{ij} = \frac{\delta^2 \ln q}{\delta \ln p_i \ \delta \ln p_j} = \frac{\delta v_i}{\delta \ln p_j} \qquad i,j = 1,\ldots,J$$

Das aus der Translog-Preisfunktion abgeleitete Kostenanteilsmodell liefert einen sehr flexiblen Rahmen für die Analyse der Faktorsubstitution. Dies läßt sich wie folgt demonstrieren: Wenn die J Produktionsfaktoren überhaupt nicht substituierbar sind, hat die Erhöhung eines Faktorpreises p_i bei gegebenem Produktionsniveau keine Wirkung auf die Inputmengen. In diesem Fall steigt der Kostenanteil des Faktors x_i, dessen Preis sich erhöht, während die Kostenanteile der anderen Faktoren, deren Preise konstant bleiben, sinken. Sind hingegen die anderen Faktoren Substitute des Faktors x_i, dann erfolgt eine entgegengesetzte Mengenreaktion. Somit wird die preisbedingte Veränderung der Kostenanteile zumindest gedämpft. Bei einem hohen Substitutionsgrad kann der Kostenanteil des teurer gewordenen Faktors konstant bleiben ($\beta_{ii} = 0$) oder sogar sinken ($\beta_{ii} < 0$). Bleiben alle Faktorkostenanteile nach der Erhöhung des Preises des Faktors x_i unverändert ($\beta_{ij} = 0$ für alle i und j), so weist die Translog-Preisfunktion eine Cobb-Douglas Form auf. Bei Komplementarität eines Produktionsfaktors x_j mit dem sich verteuernden Faktor x_i ergibt sich eine Abnahme des Kostenanteils von x_j.

Diese Überlegungen zeigen, daß der Grad der Substitution zwischen den Produktionsfaktoren anhand der Parameter β_{ij} beurteilt werden kann. Mit den Kostenanteilen v_i und den β_{ij} lassen sich sogenannte Allensche partielle Substitutionselastizitäten (AES) folgendermaßen darstellen (Berndt und Wood 1975, S. 261):

$$\sigma_{ii} = \frac{\beta_{ii} + v_i^2 - v_i}{v_i^2} \qquad i = 1,\ldots,J$$

$$\sigma_{ij} = \frac{\beta_{ij} + v_i v_j}{v_i v_j} \qquad i,\ j = 1,\ldots,J \quad i \neq j$$

Eine AES mißt die (normierte) relative Änderung der Einsatzmenge des Faktors x_i, die sich unter Einhaltung der Minimalkostenkombination für eine vorgegebene Produktionsmenge aus einer relativen Änderung des Preises des Faktors x_i bzw. x_j ergibt. Formal handelt es sich um mit Kostenanteilen normierte Preiselastizitäten. Die Normierung bewirkt, daß $\sigma_{ij} = \sigma_{ji}$ ist. Ist σ_{ij} $(i \neq j)$ negativ, so besteht zwischen den betreffenden Faktoren eine komplementäre Beziehung; positive Werte implizieren Substitution.

Wenn man die logarithmierte Preisfunktion schließlich zweimal nach dem Technologieindex ableitet, erhält man ein Maß für die Veränderung der Rate des technischen Fortschritts bei einer Änderung des Stands der Technologie:

$$\beta_{tt} = \frac{\delta^2 \ln q}{\delta t^2} = -\frac{\delta v_t}{\delta t}$$

Zusätzlich sei bemerkt, daß die verwendete Translog-Preisfunktion über die Zeit konstante Werte für den Bias des technischen Fortschritts β_{it}, für die Anteilselastizitäten β_{ij} und für die Veränderung der Rate des technischen Wandels unterstellt.

Das oben dargestellte Modell für die J Kostenanteile und die negative Rate des technischen Fortschritts ist rein statischer Natur. Es basiert auf der Annahme, daß sich die Kostenanteile in jeder Periode vollständig an die veränderten Preise und technologischen Bedingungen anpassen. Dies ist vermutlich eine recht unrealistische Annahme, erstreckt sich doch die Anpassung der Produktionsprozesse und -strukturen an veränderte Daten erfahrungsgemäß über relativ lange Zeiträume. Deshalb wird das statische Modell in das folgende modifizierte partielle Anpassungsmodell umformuliert:

$$v_{it} = \alpha_i(1 - \lambda) + \sum_j (\beta_{ij0} \cdot \ln p_{jt} + \beta_{ij1} \cdot \ln p_{j,t-1}) + \beta_{it} \cdot t + \lambda \cdot v_{i,t-1}$$

$$-v_{tt} = \alpha_t(1 - \lambda_t) + \sum_i \beta_{it} \cdot \ln p_{it} + \beta_{tt} \cdot t - \lambda_t \cdot v_{t,t-1}$$

$$i,j = 1,\dots,J$$

Der gegenüber dem klassischen partiellen Anpassungsmodell zusätzliche verzögerte Preisterm in der Anteilsgleichung trägt dem Umstand Rechnung, daß relative Preisveränderungen den Kostenanteil vorübergehend in die "falsche" Richtung verschieben können. Dies äußert sich in verschiedenen Vorzeichen des Koeffizienten des unverzögerten und des verzögerten Preisterms. Steigt beispielsweise der relative Lohnsatz an, so dürfte sich kurzfristig auch der Kostenanteil der Arbeit erhöhen, weil die Substitutionsmöglichkeiten kurzfristig sehr beschränkt sind. Mittel- bis langfristig wird dieser Anstieg infolge Substitution in Richtung Kapital teilweise abgebaut oder sogar überkompensiert, was bei entsprechenden Werten für die Anteilselastizitäten schließlich in einen tieferen Kostenanteil gegenüber der Ausgangssituation resultiert.

Technisch gesprochen mißt der Parameter λ die Trägheit der Kostenanteile, während $1-\lambda$ die konstante Anpassungsrate an veränderte Preiskonstellationen darstellt. Die Koeffizienten β_{it} respektive β_{ij0} repräsentieren den kurzfristigen Bias des technischen Wandels respektive die kurzfristigen Anteilselastizitäten. Die entsprechenden langfristigen Werte lassen sich wie folgt berechnen:

$$\frac{\beta_{it}}{1-\lambda} \quad \text{respektive} \quad \frac{\beta_{ij0} + \beta_{ij1}}{1-\lambda} \qquad i,j = 1,\dots,J$$

Aus den langfristigen Anteilselastizitäten lassen sich analog zu oben ebenfalls langfristige Substitutionselastizitäten herleiten. Der Anpassungsparameter λ erlaubt zudem eine Abschätzung der Dauer des Anpassungsprozesses an veränderte Faktorpreise.

Der ökonometrisch-produktionstheoretische Ansatz zur Untersuchung der Beschäftigungsfolgen neuer Technologien ist in der Bundesrepublik bislang kaum implementiert worden. Es liegen zwar einige neuere Studien dazu vor (u.a. von Friede 1978, Griffin und Gregory 1976, Hansen 1983, Jäger 1980, Nakamura 1984, Pindyck 1979 und Schulte zur Surlage 1985), doch die uns hier interessierende Fragestellung steht dort nicht im Vordergrund. Zudem vernachlässigen diese Untersuchungen im allgemeinen Qualifikationsunterschiede zwischen Arbeitskräften, indem sie den Faktor Arbeit als ein homogenes Aggregat behandeln. Die Arbeiten von Jäger und Schulte bilden in dieser Hinsicht eine Ausnahme. Allerdings beruhen beide Studien auf einigen restriktiven Annahmen, die keine Antwort auf die Frage nach den Beschäftigungsfolgen neuer Technologien erlauben. Jägers Ansatz schließt die Substitution von Arbeit unterschiedlicher Qualifikation aus, während Schulte einen möglichen Bias des technischen Fortschritts unberücksichtigt läßt. Darüber hinaus wird in beiden Arbeiten implizit unterstellt, daß die Unternehmen den Faktoreinsatz innerhalb einer Periode an Faktorpreisveränderungen anpassen. Die verwendeten Modelle sind somit statisch.

Im Unterschied zu den Arbeiten von Jäger und Schulte wird im Rahmen der vorliegenden Studie für die Möglichkeit verzögerter Anpassungen kontrolliert. Weiterhin wird eine Modellspezifikation gewählt, die sowohl nichtneutralen ("biased") technischen Fortschritt als auch komplexe Substitutionsbeziehungen zuläßt. Dabei wird die Rate des technischen Fortschritts endogenisiert. Schließlich wird durch die Unterteilung des Faktors Arbeit in verschiedene Qualifikationsgruppen erstmals ökonometrisch untersucht, welche Wirkung der technische Wandel auf die Qualifikationsstruktur der Beschäftigung in der Bundesrepublik ausübt.

3. Empirisches Vorgehen

Zur empirischen Implementierung des theoretischen Analysemodells werden Angaben über Produktionsmengen, Herstellerpreise, Faktormengen und Faktorpreise benötigt. Damit zuverlässige Ergebnisse über die wahren Substitutionsbeziehungen zwischen den Produktionsfaktoren erzielt werden können, ist zudem erforderlich, daß die Inputs in produktionstheoretisch möglichst homogene Kategorien unterteilt werden. Dieser Datenbedarf übersteigt das in der Bundesrepublik Deutschland allgemein zugängliche Zahlenangebot. Die Modellschätzung erfordert deshalb speziell für diesen Zweck aufbereitete Daten. In der vorliegenden Studie wurden zwei Datensätze verwendet.

Der eine Datensatz ist im Rahmen von Forschungsarbeiten des Sonderforschungsbereichs 3 am Lehrstuhl von Professor Hujer an der Universität Frankfurt erstellt worden und hat bei neueren ökonometrischen Untersuchungen (Bauer 1985, Schulte 1985) über das unternehmerische Faktornachfrageverhalten in der Bundesrepublik Verwendung gefunden. Bei diesem Zahlenmaterial handelt es sich um Jahresdaten, die den Zeitraum von 1960 bis 1981 abdecken. Angaben zum Faktoreinsatz beschränken sich auf Kapital und Arbeit. Da Angaben zu den Vorleistungen fehlen, muß bei der Verwendung dieses Datenmaterials unterstellt werden, daß zwischen der Bruttowertschöpfung, die nunmehr den Produktionsausstoß mißt, und den Vorleistungen schwache Separabilität besteht.

Das vom Sonderforschungsbereich 3 stammende Zahlenmaterial bietet mit 22 Beobachtungsperioden eine zu schmale Datenbasis an, um die dynamische Spezifikation unseres Modells zu schätzen. Deshalb haben wir einen zweiten Datensatz aufbereitet, der aber auf die gleichen Datenquellen zurückgreift, die als Basis des Zahlenmaterials des Sonderforschungsbereichs 3 dienten. Neu dagegen sind die Berücksichtigungen von Vorleistungen als weiterem Produktionsfaktor, das veränderte Basisjahr (1980 statt 1976) der Daten, ihr aktueller Zeitbezug (1970-1984 statt 1960-1981) und ihre höhere Periodizität (Quartals- statt Jahresdaten). Da viele Originärdaten nur auf Jahresbasis vorliegen, war es in den entsprechenden Fällen erforderlich, die amtlichen Angaben mit Hilfe von eigens für diesen Zweck geschaffenen Indikatormodellen zu quartalisieren.

Inhaltlich läßt sich das Datenmaterial sowohl nach Produktionsfaktoren als auch nach Wirtschaftssektoren untergliedern. Die Produktionsfaktoren umfassen Arbeit (unterteilt in Arbeiter und Angestellte), Kapital (unterteilt in Bauten und Ausrüstungen) sowie Vorleistungen (nur im zweiten Datensatz). Zusätzlich werden die Arbeiter in drei und die Angestellten in vier Leistungsgruppen unterteilt (siehe Fachserie 16, Reihe 2 des Statistischen Bundesamtes). Dabei bedeutet eine Leistungsgruppe mit einer höheren Zahl eine tiefere Qualifikation.

Die verfügbaren Angaben zum Faktor Arbeit bestimmen die branchenmäßige Aufteilung der Daten. Es handelt sich hierbei um die sieben Hauptgruppen des Warenproduzierenden Gewerbes (SYPRO): Energie und Wasserversorgung, Bergbau, Grundstoff- und Produktionsgütergewerbe, Investitionsgütergewerbe, Verbrauchsgütergewerbe, Nahrungs- und Genußmittelgewerbe sowie Baugewerbe. Da für die Gruppen Energie und Wasser sowie Baugewerbe keine geeigneten Quartalsindikatoren gefunden wurden, konnten diese beiden Branchen im zweiten Datensatz nicht berücksichtigt werden. Für eine ausführliche Darstellung der umfangreichen Datenaufbereitungsarbeiten sei auf den vollständigen Schlußbericht dieses Projekts verwiesen.

Schließlich werden zur empirischen Implementierung des theoretischen Modells Angaben zur Wachstumsrate der totalen Faktorproduktivität (v_t) benötigt. Dabei besteht das Problem, daß die Rate des technischen Fortschritts nicht direkt beobachtbar ist. In Anlehnung an Jorgenson (1986) läßt sie sich jedoch als die Differenz zwischen der gewichteten relativen Veränderung der Inputpreise und der relativen Änderung des Outputpreises von zwei aufeinanderfolgenden Perioden definieren. Steigt der Outputpreis weniger stark an, als er dies aufgrund einer linear homogenen Preisfunktion müßte, so wird diese Differenz in Übereinstimmung mit unserem theoretischen Modell dem technischen Fortschritt zugeschrieben. Das Vorgehen wird bei der Schätzung zu berücksichtigen sein.

Das komplette Schätzmodell besteht aus J Kostenanteilsgleichungen und einer Gleichung für die negative Wachstumsrate der totalen Faktorproduktivität. Jede Gleichung wird um einen stochastischen Störterm erweitert, der dem unsystematischen Einfluß nichtberücksichtigter Bestimmungsfaktoren und/oder unsystematischen Optimierungsfehlern der Firmen Rechnung trägt. Die statische Spezifikation des Schätzmodells hat somit folgendes Aussehen:

$$v_i = \alpha_i + \sum_j \beta_{ij} \cdot \ln p_j + \beta_{it} \cdot t + \varepsilon_i \qquad i,j = 1,\ldots,J$$

$$-v_t = \alpha_i + \sum_i \beta_{it} \cdot \ln p_i + \beta_{tt} \cdot t + \varepsilon_t$$

Bei der dynamischen Spezifikation werden die Anteilsgleichungen um verzögerte Preisvariablen und Kostenanteile, die Gleichung für den technischen Fortschritt dagegen lediglich um eine verzögerte Fortschrittsrate ergänzt.

Im Hinblick auf die Schätzung sind einige Aspekte erwähnenswert. Da sich die J Störterme der Anteilsgleichungen in jeder Periode zu Null summieren, ist die entsprechende Kovarianzmatrix singulär. Deshalb wird bei der Schätzung (arbiträr) eine Anteilsgleichung weggelassen. Zusätzlich müssen einige Parameterrestriktionen erfüllt sein, damit das Modell eine Produktionstechnologie im Sinne der Produktionstheorie beschreibt. Demzufolge müssen alle Schätzgleichungen homogen vom Grade Null in den Faktorpreisen sein (: Verändern sich alle Faktorpreise im selben Ausmaß, so bleiben die relativen Preise und somit die Kostenstruktur unverändert). Weiter bedeutet Produktausschöpfung, daß die Summe der Kostenanteile stets Eins beträgt, und schließlich muß aufgrund der Vertauschbarkeit der partiellen Ableitungen zweiter Ordnung die Koeffizientenmatrix ß symmetrisch sein.

Wegen der Endogenität der Faktorpreise in diesem nur die Nachfrageseite berücksichtigenden Ansatz muß das Modell unter beschränkter Information geschätzt werden. Deshalb werden in einem ersten Schritt die Faktorpreise instrumentiert, was überdies einen allgemeinen Test der Modellspezifikation erlaubt (Hansen 1982). Sofern die zu schätzenden Parameter identifiziert sind (d.h. genügend Instrumente verwendet werden), kann das Modell mit einer nichtlinearen dreistufigen Kleinstquadratmethode (Jorgenson und Laffont 1974) geschätzt werden.

Wie bereits im zweiten Kapitel erwähnt, steigt die Zahl der zu schätzenden Parameter stark überproportional zur Anzahl der Produktionsfaktoren an. Deshalb wird der Faktoreinsatzprozeß zweistufig modelliert. Demnach entscheidet eine Firma auf der oberen Ebene über das Faktoreinsatzverhältnis von Angestellten, Arbeitern, Ausrüstungen, Bauten (im zweiten Datensatz auch über Vorleistungen). Danach wird auf der unteren Ebene über das Einsatzverhältnis der vier Leistungsgruppen innerhalb des Aggregates Angestellte sowie über das Einsatzverhältnis der drei Leistungsgruppen innerhalb des Aggregates Arbeiter entschieden. Somit werden für die oben angegebenen Branchen diese drei Kostenanteilsgleichungssysteme mit je zwei Datensätzen und je statisch wie dynamisch geschätzt.

Die Berücksichtigung der Funktion für die Rate des technischen Fortschritts kompliziert das empirische Vorgehen erheblich. Die Schätzung mit zeitlichen Durchschnitten verursacht einen Moving-Average-Fehler, dessen Struktur zwar bekannt ist, dessen Behebung aber aufwendige Datentransformationen erfordert (Jorgenson 1986). Hinzu kommt, daß nunmehr nicht nur die laufenden Preisvariablen instrumentiert werden müssen, sondern auch die um eine Periode verzögerten.

Die Berechnung der Rate des technischen Fortschritts v_t erfordert eine Datenreihe für den Outputpreis. Da für die Produktionsbeiträge der Angestellten und Arbeiter keine von den Faktorpreisen unabhängig erhobene Preisreihe existiert, kann in diesen Fällen kein Index für die Wachstumsrate der totalen Faktorproduktivität ermittelt werden. Daher muß in den Schätzmodellen für Angestellte und Arbeiter die Funktion für den technischen Fortschritt gestrichen und somit auf eine Schätzung der Veränderungsrate der Geschwindigkeit des technischen Fortschritts $ß_{tt}$ verzichtet werden. Natürlich vereinfacht sich in diesen Fällen das Schätzproblem, da nicht mit zeitlichen Durchschnitten gearbeitet werden muß.

4. Schätzergebnisse

Die numerischen Ergebnisse aller geschätzten Kostenanteilsysteme sind viel zu umfangreich, um hier dargestellt zu werden. Deswegen soll im folgenden versucht werden, mittels qualitativer Übersichten die wesentlichen Resultate dieser Analyse zu vermitteln. Voran seien jedoch einige Bemerkungen zur statistischen Güte der geschätzten Modelle gestellt.

Für die Schätzung dynamischer Modelle erwies sich die erste Datenbasis mit 22 Jahreswerten als zu schmal. Die Schätzungen waren vielfach durch Konvergenzprobleme und sehr ungenaue Parameterschätzwerte gekennzeichnet. Deshalb werden die Resultate dieser Schätzversuche im folgenden nicht berücksichtigt. Die im letzten Kapitel angesprochene Überprüfung der generellen Modellspezifikation mit Hilfe der überidentifizierenden Restriktionen (Hansen 1982) zeigt, daß mit Ausnahme des Subaggregats Angestellte die dynamische Spezifikation durchweg besser abschneidet. Die statischen Modelle müssen oft verworfen werden, was auf eine Mißspezifikation des Modells hindeutet. Zudem erweist sich Autokorrelation der Residuen nur bei den statischen, nicht jedoch bei den dynamischen Modellen als problematisch. Andererseits führt die große Anzahl der in den dynamischen Modellen zu schätzenden Parameter zu teilweise recht hohen Standardfehlern der einzelnen Koeffizienten. Aus diesen Überlegungen heraus scheint es auf der Suche nach robusten Ergebnissen sinnvoll, sowohl die statischen als auch die dynamischen Modelle in Betracht zu ziehen.

Was den Erklärungsgehalt der einzelnen Kostenanteilsgleichungen anbelangt, so liegt das Bestimmtheitsmaß meistens über 0,9, was als sehr gut bezeichnet werden darf. Ganz anders sieht es bei den Gleichungen für die Rate des technischen Fortschritts aus, wo das Bestimmtheitsmaß stets nahe bei Null liegt. Die Preisabhängigkeit der von uns gewählten Messung von v_t ist somit nur sehr schwach und die Endogenisierung des technischen Fortschritts empirisch unbefriedigend.

In erster Linie interessiert uns der Bias des technischen Fortschritts, also die Verschiebung der Faktorkostenanteile lediglich aufgrund technologischer Innovationen. Bei der hier gewählten Translog-Spezifikation der Stückkostengleichungen ist der Bias des technologischen Wandels am Vorzeichen des Koeffizienten β_{it} der Trendvariablen in den Kostenanteilsgleichungen abzulesen. Ein positives Vorzeichen zeigt an, daß der technische Fortschritt faktornutzend ist (positiver Bias), wohingegen ein negatives Vorzeichen auf faktorsparenden technischen Fortschritt (negativer Bias) hinweist.

Tabelle 4.1: Bias des technischen Fortschritts

	Angestellte			Arbeiter			Ausrüstungen			Bauten			Vorleistungen
Hauptgruppe	(1)	(2)	(3)	(1)	(2)	(3)	(1)	(2)	(3)	(1)	(2)	(3)	(3)
Energie und Wasserversorgung	--	.	.	--	.	.	--	.	.	++	.	.	.
Bergbau	-	++	+	--	--	--	+	-	-	++	++	+	+
Grundstoff- und Produktionsgüter	++	-	--	--	+	--	+	+	-	++	-	--	++
Investitionsgüter	+	-	--	--	+	--	++	+	+	++	+	--	++
Verbrauchsgüter	+	+	+	--	-	--	++	++	+	++	-	-	++
Nahrungs- und Genußmittel	-	++	-	--	--	-	++	++	+	++	-	-	+
Baugewerbe	++	.	.	--	.	.	++	.	.	++	.	.	.

Ansatz:
(1) = statisch, Jahresdaten von 1960 bis 1981, ohne Vorleistungen
(2) = dynamisch, Quartalsdaten von 1970 bis 1984, ohne Vorleistungen
(3) = dynamisch, Quartalsdaten von 1970 bis 1984, mit Vorleistungen

Zeichen:
\+ = faktornutzender technischer Fortschritt
\- = faktorsparender technischer Fortschritt
. = keine Angaben wegen Datenmangels

Eine Verdopplung des Vorzeichens bedeutet, daß die Neutralitätsannahme mit einer Irrtumswahrscheinlichkeit von fünf Prozent zu verwerfen ist.

In den Tabellen 4.1 bis 4.3 werden die Schätzergebnisse für den Bias des technischen Fortschritts zusammengefaßt dargestellt. Die mit (1) gekennzeichneten Spalten geben die Resultate, beruhend auf mit Jahresdaten des Sonderforschungsbereichs 3 geschätzten statischen Spezifikationen, an. In den anderen Spalten der Tabellen erscheinen Schätzergebnisse der dynamischen Modellspezifikationen, die sich auf Quartalsdaten stützen. Dabei wird auf der höchsten Aggregationsebene zwischen Modellen mit und ohne Vorleistungen unterschieden.

Wir betrachten zunächst Tabelle 4.1. Eine Verdoppelung der dort und in den nachfolgenden zugehörigen Tabellen erscheinenden Vorzeichen bedeutet, daß die Neutralitätshypothese (kein Bias) mit einer Irrtumswahrscheinlichkeit von höchstens fünf Prozent abzulehnen ist. Demnach weisen die Ergebnisse, beruhend auf einer Schätzung des statischen Modells auf der Basis von Jahresdaten, auf einen signifikant arbeitersparenden Bias des technischen Fortschritts hin. Ein ähnlich eindeutiges Bild ergibt sich für die beiden Kapital-Subaggregate, die mit einer Ausnahme (Energie und Wasserversorgung) einen positiven Bias des technischen Fortschritts aufweisen. Für das Aggregat der Angestellten ergibt sich im statischen Modell kein eindeutiges Ergebnis über alle Hauptgruppen hinweg: Branchen mit faktornutzendem stehen Branchen mit faktorsparendem technischen Fortschritt gegenüber.

Wie die mit (2) gekennzeichneten Spalten in Tabelle 4.1 zeigen, ist das Biasmuster nach einem Wechsel der Modellspezifikationen (von statisch zu dynamisch) und des Zeitraums (von 1960-1981 auf 1970-1984) weniger stark ausgeprägt. Der Bias läßt sich zwar weiterhin weitgehend als arbeitersparend und maschinennutzend bezeichnen, das Vorzeichen für Bauten ist aber viel weniger einheitlich, und bei den Angestellten machen sich Anzeichen eines faktornutzenden Bias bemerkbar.

Im Unterschied zu den Spalten (1) und (2) bezieht sich der in den Spalten (3) angesprochene Bias nicht auf Wertschöpfungs-, sondern auf Bruttoproduktionswertanteile. Auch bei einem derartigen Modellwechsel erweist sich der technische Fortschritt weiterhin als eindeutig arbeitersparend. Bei den Faktoren Angestellte und Ausrüstungen ist keine ausgeprägte Richtung des Bias zu erkennen. Umso deutlicher in Erscheinung tritt dafür der Bias des technischen Fortschritts zum Nachteil der Bauten und zugunsten der Vorleistungen. Letzteres weist auf faktorpreisunabhängige Produktionsauslagerungsprozesse in der verarbeitenden Industrie hin.

Faßt man die Resultate aus allen drei Spalten zusammen, so läßt sich ein arbeitersparender Bias des technischen Fortschritts eindeutig konstatieren. Ferner gibt es viele Anzeichen dafür, daß der technische Fortschritt mit einem verstärkten Einsatz von Ausrüstungen und Vorleistungen einhergeht. Bei Angestellten und Bauten ist keine eindeutige Richtung des Bias zu erkennen.

Umso deutlicher richtet sich dafür der technische Fortschritt nach Maßgabe der Tabellen 4.2 und 4.3 gegen Arbeit mit tieferer Qualifikation. Sowohl innerhalb der Gruppe der Angestellten (Tabelle 4.2) als auch des Arbeiteraggregats (Tabelle 4.3) ist tendenziell ein Bias zugunsten der höher qualifizierten Leistungsgruppen festzustellen.

Tabelle 4.2: Bias des technischen Fortschritts bei Angestellten

	LG II		LG III		LG IV		LG V	
Hauptgruppe	(1)	(2)	(1)	(2)	(1)	(2)	(1)	(2)
Energie- und Wasserversorgung	++	.	--	.	-	.	--	.
Bergbau	++	+	-	-	--	+	-	-
Grundstoff- und Produktionsgüter	++	++	--	--	--	--	--	--
Investitionsgüter	++	++	++	--	--	--	--	-
Verbrauchsgüter	++	+	-	+	-	-	++	-
Nahrungs- und Genußmittel	++	+	--	+	-	--	-	-
Baugewerbe	+	.	-	.	+	.	-	.

LG: Leistungsgruppe (vgl. hierzu Kapitel 3)

Ansatz: (1) = statisch, Jahresdaten von 1960 bis 1981
(2) = dynamisch, Quartalsdaten von 1970 bis 1984

Zeichen: + = faktornutzender technischer Fortschritt
- = faktorsparender technischer Fortschritt
. = keine Angaben wegen Datenmangels

Eine Verdopplung des Vorzeichens bedeutet, daß die Neutralitätsannahme mit einer Irrtumswahrscheinlichkeit von fünf Prozent zu verwerfen ist.

Wie weiter oben bereits dargelegt wurde, mißt der Bias des technischen Fortschritts gleichzeitig die Faktorpreisabhängigkeit der Geschwindigkeit des technischen Wandels. Vor diesem Hintergrund weisen die Ergebnisse zum Bias des technischen Fortschritts - gesamthaft betrachtet - darauf hin, daß eine Verteuerung wenig qualifizierter Arbeit bzw. des Arbeitereinsatzes den technischen Fortschritt ceteris paribus beschleunigt, während eine Erhöhung des Preises für höher qualifizierte Arbeit respektive Kapital die technische Erneuerung bremst. Der hier angesprochene

Zusammenhang wird auch einleuchtend, wenn man bedenkt, daß sich der finanzielle Anreiz, die technische Erneuerung zu forcieren, für die Firmen verstärkt (senkt), wenn sich der eingesparte (genutzte) Faktor verteuert (verbilligt). So betrachtet haben die Freisetzungseffekte des technischen Fortschritts über die damit verbundene relative Verbilligung des verstärkt eingesparten Faktors zur Folge, daß sich diese Freisetzungseffekte verlangsamen. Danach birgt die technische Erneuerung in sich selbst den Keim ihres Rückgangs. Allerdings deutet der vorhin erwähnte niedrige empirische Erklärungsgehalt der Gleichung für die Rate des technischen Fortschritts v_t darauf hin, daß die Geschwindigkeit des technischen Wandels durch Veränderungen der relativen Faktorpreise nur am Rande berührt wird.

Tabelle 4.3: Bias des technischen Fortschritts bei Arbeitern

	LG I		LG II		LG III	
Hauptgruppe	(1)	(2)	(1)	(2)	(1)	(2)
Energie und Wasserversorgung	++	.	--	.	+	.
Bergbau	+	++	-	--	-	--
Grundstoff- und Produktionsgüter	++	++	-	--	--	--
Investitionsgüter	+	+	-	-	-	+
Verbrauchsgüter	--	+	++	-	+	-
Nahrungs- und Genußmittel	+	++	++	-	--	--
Baugewerbe	++	.	-	.	-	.

LG: Leistungsgruppe (vgl. hierzu Kapitel 3)
Ansatz: (1) = statisch, Jahresdaten von 1960 bis 1981
(2) = dynamisch, Quartalsdaten von 1970 bis 1984

Zeichen: + = faktornutzender technischer Fortschritt
- = faktorsparender technischer Fortschritt
. = keine Angaben wegen Datenmangels

Eine Verdopplung des Vorzeichens bedeutet, daß die Neutralitätsannahme mit einer Irrtumswahrscheinlichkeit von fünf Prozent zu verwerfen ist.

Der vorherige Abschnitt befaßt sich mit den direkten Auswirkungen des technischen Fortschritts auf die Struktur der Faktornachfrage sowie mit dem negativen rückkoppelnden Effekt der Faktorpreisabhängigkeit des technischen Wandels. Neben diesem zweiten, indirekten Einfluß des technischen Fortschritts existiert ein weiterer mittelbarer Wirkungskanal über die preisgesteuerte Faktorsubstitution. Die durch einen positiven Bias des technischen Fortschritts verstärkt eingesetzten Faktoren werden sich über kurz oder lang gegenüber den vermehrt freigesetzten verteuern. Dies kann die Nachfrage nach den eingesparten Faktoren nachträglich erhöhen oder nochmals senken, je nachdem, ob die Substitutionsbeziehungen zum sich verteuernden Faktor substitutiv (zur Faktorpreisänderung gleichläufiger Mengeneffekt) oder komplementär (gegenläufiger Mengeneffekt) sind.

In diesem Zusammenhang ist vor allem die aus der US-Literatur (Hamermesh und Grant 1979) stammende Hypothese von Interesse, daß Arbeit mit tieferer Qualifikation mit Kapital in einer substitutiven Beziehung steht, wohingegen höher qualifizierte Arbeit zu Kapital komplementär ist. Würde dieses Bild auch auf die Bundesrepublik passen, würde dies bedeuten, daß die Verknappung bzw. Verteuerung der vom positiven Bias betroffenen Ausrüstungen zur Stabilisierung der Beschäftigung der infolge des technischen Fortschritts verstärkt freigesetzten Arbeiter und niedrig qualifizierten Arbeitskräfte beitragen würde. In Tabelle 4.4 wird die Gültigkeit des aus der US-Literatur bekannten Substitutionsmusters für die Bundesrepublik überprüft.

In der Tabelle erscheinen die Vorzeichen der geschätzten Allenschen partiellen Substitutionselastizitäten (AES, vgl. Kapitel 3). Ein positives Vorzeichen bedeutet, daß die Erhöhung des Preises des einen Faktors zu einem verstärkten Einsatz des jeweils anderen führt (gleichläufige Mengenreaktion), was auf eine bestehende Substitutionsbeziehung zwischen beiden Inputs hinweist, während ein negatives Vorzeichen das Gegenteil, d.h. eine gegenläufige Mengenreaktion bzw. eine Komplementaritätsbeziehung, anzeigt. Eine Verdoppelung des Vorzeichens bedeutet, daß der Schätzwert der jeweiligen Substitutionselastizität den zugehörigen Standardfaktor mindestens um das 1,7fache übersteigt. Bei einer Unterstellung normalverteilter Elastizitätsschätzungen entspricht dieser Wert einem Signifikanzniveau von zehn Prozent.

In Tabelle 4.4 werden die gleichen Modellspezifikationen wie in Tabelle 4.1 verglichen. Für die auf dem statischen Modell beruhenden Elastizitätsschätzungen wurden keine Standardfehler berechnet. Die statistische Signifikanz dieser Schätzwerte bleibt somit unbekannt.

Die Ergebnisse aus der Schätzung des statischen Modells mit Jahresdaten weisen eindeutig auf substitutive Beziehungen zwischen Arbeitern und Ausrüstungen bzw. zwischen Arbeitern und Angestellten hin. Eine komplementäre Beziehung zwischen Angestellten und Ausrüstungen, die aus den Ergebnissen US-amerikanischer Studien bekannt ist, läßt sich dagegen nur für einzelne Branchen bestätigen.

Das Ergebnis der Spalten (1), wonach Arbeiter und Ausrüstungen substitutive Produktionsfaktoren darstellen, wird durch die Resultate des dynamischen Modellansatzes, die in den Spalten (2) und (3) erscheinen, weitgehend bestätigt. Dagegen scheint die substitutive Beziehung zwischen Arbeitern und Angestellten, die die Schätzung des statischen Modells zu Tage förderte, im Lichte der Resultate des dynamischen Modells weniger stark ausgeprägt zu sein. Dafür ist eine komplementäre Beziehung zwischen Angestellten und Ausrüstungen anhand der Ergebnisse der dynamischen Modellspezifikation umso deutlicher zu erkennen. Zusammenfassend betrachtet sprechen die Ergebnisse eindeutig für eine substitutive Beziehung zwischen Arbeitern und Ausrüstungen und zumindest mehrheitlich für eine komplementäre Beziehung zwischen Angestellten und Ausrüstungen. Die Beziehung zwischen der Nachfrage nach Angestellten und Arbeitern läßt sich dagegen nicht eindeutig charakterisieren.

Tabelle 4.4: Substitutionsbeziehungen zwischen Angestellten (W), Arbeitern (B) und Ausrüstungen (E)

	W - B			W - E			B - E		
Hauptgruppe	(1)	(2)	(3)	(1)	(2)	(3)	(1)	(2)	(3)
Energie- und Wasserversorgung	+	.	.	+	.	.	+	.	.
Bergbau	+	+	+	-	--	-	+	-	+
Grundstoff- und Produktionsgüter	+	-	--	+	-	--	+	+	++
Investitionsgüter	+	-	-	+	+	--	+	-	++
Verbrauchsgüter	+	+	++	-	--	-	+	++	+
Nahrungs- und Genußmittel	+	+	-	-	-	--	+	+	++
Baugewerbe	+	.	.	+	.	.	+	.	.

Ansatz: (1) = statisch, Jahresdaten von 1960 bis 1981, ohne Vorleistungen
(2) = dynamisch, Quartalsdaten von 1970 bis 1984, ohne Vorleistungen
(3) = dynamisch, Quartalsdaten von 1970 bis 1984, mit Vorleistungen

Zeichen: + = faktornutzender technischer Fortschritt
- = faktorsparender technischer Fortschritt
. = keine Angaben wegen Datenmangels

Eine Verdopplung des Vorzeichens bedeutet, daß die Neutralitätsannahme mit einer Irrtumswahrscheinlichkeit von fünf Prozent zu verwerfen ist.

Bei den dynamischen Spezifikationen ist es interessant anzumerken, daß das Modell bezogen auf Wertschöpfungsanteile und das Modell bezogen auf Bruttoproduktionswertanteile zu weitgehend einheitlichen Ergebnissen führen. Dies spricht für eine gewisse Berechtigung für die Annahme schwacher Separabilität zwischen Vorleistungen und Wertschöpfung. Das diametral entgegengesetzte Substitutionsverhältnis zwischen Arbeitern und Ausrüstungen einerseits und zwischen Angestellten und Ausrüstungen andererseits, das in Tabelle 4.4 zu erkennen ist, weist dagegen darauf hin, daß sich Arbeiter und Angestellte zu keinem produktionstechnisch konsistenten Aggregat zusammenfassen lassen. Substitutionsstudien, die es dennoch versuchen, laufen Gefahr, verzerrte Ergebnisse zu erzeugen. Wie eine Sichtung der entsprechenden Schätzergebnisse zeigt, gilt diese Warnung auch in bezug auf die Subaggregate Ausrüstungen und Bauten: Ausrüstungen stehen nach unseren Ergebnissen in einer substitutiven (komplementären) Beziehung zu Arbeitern (Angestellten), während sich die Nachfrage nach Bauten komplementär (substitutiv) zu jener nach Arbeitern (Angestellten) verhält.

Innerhalb der Subaggregate Angestellte und Arbeiter überwiegen zwischen benachbarten Leistungsgruppen komplementäre Beziehungen, wohingegen zwischen Leistungsgruppen stark unterschiedlichen Qualifikationsniveaus substitutive Beziehungen dominieren. Besonders deutlich tritt dieses Muster im Subaggregat Angestellte in Erscheinung, wo die höchste und die niedrigste Leistungsgruppe in allen Branchen produktionstechnische Substitute darstellen.

Im Rahmen der dynamischen Modelle ist nicht nur das Vorzeichen der Substitutionselastizitäten von Interesse, sondern auch die Geschwindigkeit der Anpassung an sich ändernde Faktorpreise. Anhand des Anpassungskoeffizienten λ der dynamischen Spezifikation läßt sich abklären, wie lange es geht, bis sich die Anpassung der Kostenanteile nach einem Faktorpreisschock zu 90 Prozent vollzogen hat. Diese Zeitspanne liegt bei den Modellen der oberen Ebene bei knapp zwei Jahren, beim Subaggregat Angestellte etwas darunter, und bei den Arbeitern dauert es etwas länger.

Nachdem nun dargestellt worden ist, wie der Bias des technischen Fortschritts und die Substitutionselastizitäten die Kostenanteile beeinflussen, stellt sich die Frage, welcher dieser beiden Faktoren in der jüngeren Vergangenheit mehr Gewicht hatte. Zur Bestimmung der relativen Bedeutung der preisgesteuerten Faktorsubstitution und des Bias des technischen Wandels für Veränderungen der Faktorkostenstruktur wurden deshalb Simulationen durchgeführt, die der tatsächlichen Entwicklung der Faktorpreisverhältnisse und des Zeittrends Rechnung tragen. Zu diesem Zweck wurden zunächst Ex-post-Schätzungen für die Faktorkostenanteile der Angestellten und der Arbeiter im dynamischen Modell der oberen Ebene vom 1. Quartal 1982 bis zum 4. Quartal 1984 als Kontrollszenario erstellt. Alsdann wurden zwei

Szenarien erstellt, in denen nur der Trend bzw. nur die Faktorpreise in Übereinstimmung mit ihrer tatsächlichen Entwicklung variieren durften, während der jeweils andere Wirkungskanal konstant gehalten wurde. Durch Vergleich dieser beiden Szenarien mit dem Kontrollszenario wird ersichtlich, welcher dieser beiden Wirkungskanäle im Simulationszeitraum stärker war. In Tabelle 4.5 steht bei der entsprechenden Position ein P, wenn die preisgesteuerte Substitution, und TF, wenn der Bias des technischen Fortschritts dominant war. Die Ergebnisse der oberen Ebene in den mit "Total" überschriebenen Spalten zeigen, daß bei den Arbeitern in allen Wirtschaftszweigen der (negative) Bias des technischen Fortschritts die Entwicklung stärker beeinflußt hat als Preisänderungen, während bei den Angestellten ein sehr uneinheitliches Bild erscheint.

Dasselbe Simulationsvorgehen wurde auch auf der unteren Ebene für die verschiedenen Leistungsgruppen der beiden Arbeitsaggregate durchgeführt. Dabei zeigt es sich beispielsweise, daß bei den Angestellten im Bergbau in allen Leistungsgruppen der Preiseffekt stärker war, oder daß im Bergbau wie auch im Grundstoff- und Produktionsgütergewerbe bei den Arbeitern alle Leistungsgruppen vom Bias des technologischen Wandels dominiert wurden.

Tabelle 4.5: Relative Bedeutung von Faktorpreisänderungen und Bias des technischen Fortschritts für Veränderungen der Arbeitskostenanteilsstruktur (1982 - 1984)

	Angestellte					Arbeiter			
Hauptgruppe	Total	LG II	LG III	LG VI	LG V	Total	LG 1	LG 2	LG 3
Bergbau	P	P	P	P	P	TF	TF	TF	TF
Grundstoff- und Produktionsgüter	TF	TF	P	TF	TF	TF	TF	TF	TF
Investitionsgüter	TF	TF	TF	TF	P	TF	TF	P	P
Verbrauchsgüter	P	P	P	TF	P	TF	P	P	TF
Nahrungs- und Genußmittel	P	P	P	TF	P	TF	TF	P	TF

Da der technische Wandel nicht ein Charakteristikum der Vergangenheit darstellt, mag mit Blick auf die Zukunft noch eine weitere Frage von Interesse sein: Wie stark müssen (ceteris paribus) die relativen Preise der Produktionsfaktoren mit negativem Bias reduziert werden, um den Freisetzungseffekt des technischen Fortschritts zu kompensieren? Oder anders gefragt: Wo ist in nächster Zeit aufgrund der vorliegenden Modellschätzungen mit dem größten Preisanpassungsdruck nach unten zu rechnen? Diese Analyse beschränkt sich auf die beiden Produktionsfaktoren Angestellte und Arbeiter auf der oberen Ebene der Modellhierarchie. Zur Konstanthaltung des Anteils der betreffenden Arbeitskategorie muß die Lohnsenkung umso höher ausfallen, je höher das Tempo des negativen Bias und je unelastischer die Preiselastizität ist. Aufgrund dieser Überlegungen ist der größte Lohnanpassungsdruck in Zukunft im Grundstoff- und Produktionsgütergewerbe zu erwarten. Generell kann festgehalten werden, daß die relativen Lohnsenkungen zur Kompensation des negativen Bias des technischen Fortschritts bei den Angestellten höher ausfallen müssen als bei den Arbeitern, was im wesentlichen auf das Gefälle der Eigenpreiselastizitäten zurückgeführt werden kann.

5. Zusammenfassung und Schlußfolgerungen

Die vorliegende Arbeit verfolgte das Ziel, die Auswirkungen des technischen Fortschritts auf die Qualifikationsstruktur der Beschäftigung in der Bundesrepublik empirisch zu analysieren. Als Ausgangspunkt der Untersuchung diente ein allgemein formuliertes Modell des Faktornachfrageverhaltens der Firmen. Im Rahmen dieses Untersuchungsansatzes lassen sich drei Hauptwirkungskanäle des technischen Wandels ausmachen:

- Einen direkten Einflußweg über den Bias des technischen Fortschritts. Die technologische Erneuerung kann die relativen Produktivitäten der Produktionsfaktoren und damit auch die von den Firmen gewählte Inputstruktur verändern. Dies geschieht zugunsten einiger Faktoren und auf Kosten anderer. Im ersten Fall spricht man von einem positiven Bias bzw. von faktornutzendem technischen Fortschritt, im zweiten von einem negativen Bias bzw. von faktorsparendem technischen Fortschritt.
- Eine indirekte Beziehung über die preisgesteuerte Faktorsubstitution. Die durch einen positiven Bias des technischen Fortschritts verstärkt eingesetzten Faktoren verteuern sich gegenüber den vermehrt freigesetzten. Dies kann die Nachfrage nach den eingesparten Faktoren nachträglich erhöhen oder nochmals senken, je nachdem, ob sich die Nachfragebeziehungen zwischen den eingesparten Faktoren und den sich verteuernden substitutiv (zur Verteuerung der Faktoren mit positivem Bias gleichläufiger Mengeneffekt) oder komplementär (gegenläufiger Mengeneffekt) gestalten.
- Einen weiteren Wirkungskanal über die Faktorpreisabhängigkeit der Geschwindigkeit des technischen Wandels. Faktorpreisveränderungen, die den kostensen-

kenden Effekt der technischen Erneuerung vorwegnehmen bzw. ihm entgegenlaufen, schaffen negative respektive positive Anreize für die Firmen, den technischen Wandel zu forcieren.

Die hier genannten Wirkungskanäle standen im Mittelpunkt der vorliegenden Studie. Nicht untersucht wurden hingegen die Beschäftigungsfolgen von Steigerungen der Güternachfrage, die ebenfalls als Folge der technischen Erneuerung erwartet werden können.

Für die empirische Implementierung mußte die Struktur des allgemein formulierten Modells näher spezifiziert werden. Daraus ergab sich ein ökonometrisches Modell der Faktornachfrage, das sich durch folgende Elemente auszeichnet:

- nichtneutralen ("biased") technischen Fortschritt im Sinne von Hicks,
- eine Endogenisierung der Geschwindigkeit des technischen Wandels,
- eine funktionale Form, die einen sehr flexiblen Rahmen zur Untersuchung der Substitutionsbeziehungen zwischen den Produktionsfaktoren bietet, und
- eine dynamische Spezifikation, die verzögerten Anpassungen der Firmen auf veränderte Faktorpreise Rechnung trägt.

Das ökonometrische Modell ist hierarchisch aufgebaut. Auf der oberen Stufe besteht das Modell aus Faktornachfragegleichungen für Arbeiter, Angestellte, Bauten, Ausrüstungen und Vorleistungen sowie aus einer Gleichung für die Rate des technischen Wandels, auf der unteren Ebene hingegen aus Nachfragegleichungen für nach Leistungsgruppen unterteilte Arbeiter und Angestellte. Es wurden insgesamt 20 Gleichungssysteme untersucht. Sie beziehen sich auf die sieben Hauptgruppen des Warenproduzierenden Gewerbes gemäß SYPRO.

Zur Schätzung der Modellparameter wurden zwei Datensätze verwendet. Der eine besteht aus Jahresdaten für den Zeitraum von 1960 bis 1981. Er wurde vom Sonderforschungsbereich 3 der Deutschen Forschungsgemeinschaft erstellt und fand bei früheren ökonometrischen Studien über die Faktornachfrage in der Bundesrepublik Deutschland Verwendung. Der zweite Datensatz wurde von den Verfassern aufbereitet. Es handelt sich um Quartalsdaten für den Zeitraum von 1970 bis 1984, die auf die gleichen Datenquellen zurückgreifen, auf denen das vom Sonderforschungsbereich 3 erstellte Datenmaterial beruht.

Die Hauptergebnisse der ökonometrischen Untersuchung lassen sich wie folgt zusammenfassen:

- Der technische Fortschritt war im Untersuchungszeitraum eindeutig arbeitersparend. Für das Subaggregat der Angestellten zeigte sich kein eindeutiges Ergebnis: Branchen mit faktornutzendem standen solchen mit faktorsparendem technischen Fortschritt gegenüber.

- Innerhalb der Gruppe der Arbeiter bzw. Angestellten richtete sich der Bias des technischen Fortschritts eindeutig gegen Arbeit tieferer Qualifikation. Sowohl bei den Angestellten als auch bei den Arbeitern war ein Bias zugunsten der höher qualifizierten Leistungsgruppen deutlich zu erkennen.
- Die Geschwindigkeit des technischen Fortschritts wurde durch Veränderungen der relativen Faktorpreise kaum berührt; das heißt, eine Faktorpreisabhängigkeit der Rate des technischen Wandels ließ sich nicht nachweisen.
- Die Ergebnisse zeigen einheitlich auf ein substitutives Verhältnis zwischen Arbeitern und Maschinen hin und wiesen zumindest mehrheitlich eine komplementäre Beziehung zwischen Angestellten und Ausrüstungen auf. Demnach rufen Preisänderungen des Faktors Ausrüstungen eine gegenläufige Mengenreaktion beim Faktor Angestellte und eine gleichläufige beim Faktor Arbeiter hervor. Das Resultat deutet darauf hin, daß die Faktorsubstitution den Freisetzungseffekten des Bias des technischen Fortschritts in der Vergangenheit entgegenlief.
- Die Substitutionsbeziehungen zwischen Angestellten und Arbeitern ließen sich nicht eindeutig charakterisieren. Doch innerhalb der beiden Subaggregate war zu erkennen, daß Arbeit höherer und tiefer Qualifikation im Untersuchungszeitraum substitutiv zueinander standen.
- Ergebnisse der dynamischen Modellspezifikation gaben zu erkennen, daß sich die Anpassung des Faktoreinsatzes auf Faktorpreisvariationen im Durchschnitt über eine Periode von rund sieben Quartalen erstreckte. Eine deutliche Abweichung hiervon war lediglich innerhalb des Subaggregats Arbeiter festzustellen, wo die Anpassung im Mittel etwa ein halbes Jahr länger dauerte.
- Das quantitative Ausmaß der Reaktion des Faktoreinsatzes auf Faktorpreisänderungen erwies sich auf der oberen Ebene unseres zweistufigen Modells als bescheiden. Die Eigen- und Kreuzpreiselastizitäten der Nachfrage nach Arbeitern und Angestellten weisen einen Absolutwert unter Eins auf. Merklich höher liegen die entsprechenden Werte innerhalb der Subaggregate Arbeiter und Angestellte. Zwischen Arbeitern unterschiedlicher Leistungsgruppen konnten Absolutwerte zwischen zwei und sechs gemessen werden. Das heißt, Faktorpreisänderungen innerhalb der Gruppe der Arbeiter rufen zwei- bis sechsmal höhere Mengenreaktionen hervor. Es gilt zu betonen, daß die Elastizitätsschätzungen zum Teil recht hohe Unsicherheitsmargen ("Standardfehler") aufweisen.
- Eine Untersuchung der relativen Bedeutung der preisgesteuerten Faktorsubstitution und des Bias des technischen Fortschritts im Allokationsprozeß zeigte, daß im Dreijahreszeitraum von 1982 bis 1984 der Bias des technischen Fortschritts für Veränderungen der Faktoranteile der Arbeiter und der Arbeiterleistungsgruppen bestimmend war. Bei den Angestellten war eine Dominanz einer der beiden Marktkräfte nicht zu erkennen.

- Mit Blick auf die Zukunft zeigen unsere Resultate, daß der größere Lohndruck künftig bei den Angestellten bestehen wird, wenn eine Sicherung der infolge des technischen Wandels redundant werdenden Arbeitsplätze ausschließlich im Lohnmechanismus gesucht wird.

Die vorliegende Arbeit bildet lediglich einen Teil der gesamten Meta-Studie II. Insofern wäre es sicherlich voreilig, beschäftigungspolitische Schlußfolgerungen aus den wenigen und vor allem partialanalytisch gewonnenen Ergebnissen dieser Arbeit ziehen zu wollen, zumal einige wichtige Wirkungskanäle, in erster Linie der dem Freisetzungseffekt diametral entgegenlaufende Kompensationseffekt einer infolge des technischen Wandels gesteigerten Güternachfrage, im Rahmen der vorliegenden Untersuchung ausgeblendet werden. Trotzdem scheinen einzelne Resultate ausreichend robust zu sein, daß sie auch im Lichte der Ergebnisse anderer Arbeiten der Meta-Studie II bestehen bleiben dürften. In dieser Hinsicht ist auf die Resultate betreffend den Bias des technischen Fortschritts und die Substitutionsbeziehungen zwischen den Produktionsfaktoren zu verweisen.

Einerseits zeigt die Analyse der preisgesteuerten Faktorsubstitution, daß der Bias des technischen Fortschritts entschärft werden kann, wenn die Preise der eingesparten Faktoren, in diesem Fall Arbeit niedrigerer Qualifikation, relativ zu den Preisen der verstärkt genutzten (sprich Ausrüstungen und Arbeit höherer Qualifikation) fallen. Da nach unseren Befunden Arbeit tieferer Qualifikation gegen Arbeit mit höherer bzw. gegen Maschinen substituierbar ist, ist davon auszugehen, daß sich allfällige, aus den Freisetzungseffekten resultierende Faktorpreisänderungen zugunsten der zunächst eingesparten Faktoren auswirken. Den gleichen Beschäftigungseffekt müßte demnach eine Lohnsubventionspolitik zur Erhöhung der Vermittlungsfähigkeit redundant gewordener Arbeitskräfte haben. In Anbetracht des zwischen den Produktionsfaktoren bestehenden Substitutionsgefüges dürfte eine solche Politik allenfalls zu einem verminderten Einsatz höher Qualifizierter führen und zudem investitionshemmend wirken. In diesem Fall läuft eine auf niedrig Qualifizierte ausgerichtete Lohnsubventionspolitik Gefahr, sich letztlich als eine Politik der schlechten Stellen zu entpuppen. Zur Erhaltung der internationalen Wettbewerbsfähigkeit einer Volkswirtschaft scheint es vor dem Hintergrund unserer Ergebnisse deshalb sinnvoller zu sein, soziale Härten bei den freigesetzten Arbeitskräften nicht durch preispolitische Maßnahmen abzumildern, sondern durch direkte Einkommenszuwendungen. Andererseits zeigt der Bias des technischen Fortschritts zugunsten höher qualifizierter Arbeit, daß die Höherqualifizierung wegrationalisierter Arbeitskräfte deren Beschäftigungschancen deutlich steigern könnte. Diese in der aktuellen Diskussion in der Bundesrepublik häufig vorgetragenen Vorschläge finden in den Ergebnissen unserer Untersuchung eine weitere Bestätigung.

Technischer Wandel und Beschäftigungsstrukturen

Jürgen Warnken, Gerd Ronning

1. Einführung

Es ist in der sozioökonomischen Diskussion relativ unumstritten, daß die direkten Beschäftigungseffekte moderner Techniken - tendenziell - negativer Art sind, d.h. die Nutzung neuer Techniken an den direkt betroffenen Arbeitsplätzen meist produktivitätssteigernd und damit beschäftigungsmindernd (ceteris paribus) wirkt. Gleichzeitig besteht jedoch weitgehend Einigkeit darüber, daß über vielfältige Mechanismen auf sektoraler und gesamtwirtschaftlicher Ebene Kompensationen dieser Beschäftigungsverluste wirksam werden. Uneinigkeit besteht allenfalls hinsichtlich des Umfangs und der zeitlichen Verzögerung kompensierender Beschäftigungseffekte (einen Überblick hierüber vermitteln Mettelsiefen und Barens 1987). Ins Zentrum der Technikfolgenabschätzung rückt damit mehr und mehr die Frage nach den Auswirkungen der Nutzung neuer Techniken auf die Struktur des Arbeitskräfteeinsatzes, d.h. die Frage nach technikinduzierten Umschichtungen zwischen einzelnen Kategorien des Faktors Arbeit - z.B. Alter, Geschlecht, Qualifikation oder betrieblicher Tätigkeit. (Dies betont z.B. auch der Beitrag von Ewers, Becker und Fritsch in diesem Band.) Es war - im Rahmen der breit angelegten Gesamtkonzeption der Meta-Studie II - die Zielsetzung der Untersuchungen der Projektgemeinschaft ISG/Prof. Ronning, die wesentlichen Faktoren herauszuarbeiten, die im Zusammenhang mit technisch-organisatorischen Innovationen diese betrieblichen Substitutionsbeziehungen bestimmen und verändern. Die Rolle der Technik im Produktionssystem wird dabei auf zwei, in zeitlicher und sachlicher Hinsicht zu unterscheidenden Ebenen untersucht:

- Zum einen werden auf der Stufe der betrieblichen Planungs- und Entscheidungsprozesse die Determinanten der Planung und Konkretisierung des Technikeinsatzes sowie des Diffusionsprozesses auf Branchenebene beleuchtet;
- zum zweiten wird auf der Stufe der konkreten Techniknutzung analysiert, wie sich im Zusammenhang mit Produkt- und Prozeßinnovationen die einzelnen Arbeitskategorien zueinander entwickeln.

Dies impliziert, daß die Nutzung moderner Techniken als quasi "endogener" Teil des ökonomischen Systems betrachtet wird, d.h. - bezogen auf die betriebliche Ebene - als Element des unternehmerischen Planungs- und Entscheidungsprozesses. Sieht man technische Neuerungen nicht mehr, wie in vielen Ansätzen der Produktivitätsanalyse, als "Manna" an, das vom Himmel fällt, so gewinnt das Phänomen "Technik" an Komplexität, und es gilt neben den - qualifikationsspezifischen - Beschäftigungseffekten der Innovationen auch die ökonomischen und institutionellen Faktoren zu berücksichtigen, die den technologischen Wandel bestimmen.

Die Untersuchung der Projektgemeinschaft ISG/Prof. Ronning ist den skizzierten Fragen sowohl auf der Grundlage ökonometrischer Modellrechnung als auch - da sich ein großer Teil relevanter Einflüsse nicht in befriedigender Weise quantifizieren ließ - anhand sogenannter "analytisch-interpretierender" Verfahren nachgegangen. In diesem Beitrag sollen schwerpunktmäßig zwei Aspekte der Arbeit herausgegriffen werden:

- zum einen die vergleichende Analyse verschiedener Umschichtungen in den horizontalen, d.h. tätigkeitsorientierten Qualifikationsstrukturen, wie sie sich im Zusammenhang mit dem Einsatz moderner Techniken in den 80er Jahren ergeben (Abschnitt 2.);
- zum anderen die Erörterung und ansatzweise Quantifizierung des Einflusses industrieller Beziehungen auf die Planung und den konkreten Einsatz moderner Techniken sowie deren beschäftigungsrelevante Effekte in den 80er Jahren (Abschnitt 3.).

Die Ergebnisse der umfangreichen ökonometrischen Modellrechnungen bezüglich der Verschiebungen zwischen einzelnen Qualifikationsniveaus werden dagegen an dieser Stelle nur in ihren grundsätzlichen Tendenzen dargestellt, da ähnliche Analysen mit vergleichbaren Ergebnissen im Rahmen der Meta-Studie II auch von einem anderen Teilprojekt durchgeführt wurden (Kugler/Müller/Sheldon 1987). Der interessierte Leser sei deshalb auf die Langfassung des Projektberichts verwiesen. Im übrigen wird in dieser zusammenfassenden Darstellung aus Gründen der Übersichtlichkeit auf eine genauere Erläuterung der verwendeten Wirtschaftszweig-, Berufs- und Tätigkeitssystematiken sowie der vorgenommenen Branchengruppierungen verzichtet.

2. Betriebliche Tätigkeitsstrukturen im Technisierungsprozeß

Gemeinhin werden in der wissenschaftlichen Literatur horizontale und vertikale Qualifikationsverschiebungen unterschieden. Beiden Aspekten ist die hier vorgestellte Studie nachgegangen. Mit Blick auf die Zusammensetzung des Arbeitskräfteeinsatzes nach - vertikalen - Qualifikationsstufen (gemessen an den Leistungsgruppen der Lohn- und Gehaltsstatistik) war allerdings - auf der Grundlage ökonometrischer Modellrechnungen - festzustellen, daß sich diese zwar auf längere Sicht verschieben, die Innovationstätigkeit hierzu jedoch in den 70er und 80er Jahren vergleichsweise wenig beigetragen hat. Insgesamt ist bei Angestellten und - mit Abstrichen auch bei Arbeitern - im Verarbeitenden Gewerbe eine Umschichtung von weniger qualifizierten zu höherqualifizierten Arbeitskräften festzustellen. Die Innovationstätigkeit - insbesondere im Bereich von Verfahrensinnovationen - hat diesen Umstrukturierungsprozeß verstärkt, allerdings in relativ geringem Umfang (Abbildung 2.1). Die Auswirkungen moderner Techniken auf die Zusammensetzung des Personalbestands nach Qualifikationsgruppen werden zudem wesentlich durch die Entwicklung sektoraler (nachfrageseitiger) Faktoren überlagert.

Parallel zu solchen "vertikalen" Veränderungen der Qualifikationsanforderungen vollzieht sich ein Wandel der "horizontalen" Struktur der Arbeitsanforderungen, d.h. hinsichtlich der beruflich-funktionalen sowie sogenannter "extra-funktionaler" Fähigkeiten und Fertigkeiten der beschäftigten Personen. Seine Analyse gibt vor allem Hinweise darauf, welche konkreten Ausbildungs- und betrieblichen Qualifikationsinhalte das Arbeiten mit modernen Techniken erleichtern können bzw. erst ermöglichen. Für die Konstruktion von Indikatoren eines solchen "horizontalen" Qualifikationswandels, der sich parallel und in Abhängigkeit von einem technisch-organisatorischen Wandel, aber auch in Abhängigkeit von der Nachfrageentwicklung vollzieht, kann es sinnvollerweise nicht ausreichen, die Qualifikation der Arbeitskräfte allein an deren erlerntem Beruf zu beurteilen. Einmal angesammelte berufliche Fähigkeiten lassen sich in vielfältiger Weise in verschiedenen Tätigkeitsschwerpunkten und über unterschiedliche Mobilitätskanäle im Beschäftigungssystem umsetzen.

Die für die Bundesrepublik verfügbaren Statistiken tragen dem Rechnung, indem normalerweise der tatsächlich ausgeübte und nicht der erlernte Beruf ausgewiesen wird. Weiter werden im Rahmen der Mikrozensen in unregelmäßigen Abständen die tatsächlichen Tätigkeitsmerkmale der Arbeitskräfte, und damit ein vermutlich exakterer Indikator für die Qualifikation, als ihn der Beruf darstellt, erfaßt. Schließlich erlaubt eine Kombination der Ausbildungsmerkmale der sozialversicherungspflichtig Beschäftigten mit der konkreten Stellung im Betrieb, also einer eher (arbeits-)angebotsdeterminierten Größe, mit einer aus der (Arbeits-) Nachfrage abgeleiteten Charakterisierung Einblicke in einen speziellen Aspekt der Entwicklung der Qualifikationsstrukturen.

Tabelle 2.1: Zur Charakterisierung der Wirtschaftszweige bezüglich ihrer Innovationstätigkeit

Dynamische Innovatoren	a	b	Zögernde Innovatoren	a	b	Zurückhaltende Innovatoren	a	b
ADV-Industrie	1	I	Papiererzeugung	16	V	Staat	35	--
Elektrotechnik	2	II	Gesundheitswesen	17	--	Gaststätten, Beherb.	36	--
NE-Metallerzeugung	3	--	Chemie	18	III	Bekleidungsgewerbe	37	IV
Glasgewerbe	4	III	Druckgewerbe	19	V	Gießereien	38	--
Mineralölverarbeitung	5	III	Versicherungen	20	--	Steine und Erden	39	V
Energieversorgung	6	--	Kreditinstitute	21	--	Straßenverkehr (übr.)	40	--
Nachrichtenübermittl.	7	--	Gummiverarbeitung	22	III	Einzelhandel	41	--
Schiffahrt	8	--	NuG-Gewerbe	23	IV	Eisenbahnen	42	--
Luftfahrzeugbau	9	--	Textilgewerbe	24	IV	Holzverarbeitung	43	IV
Musikinstrumente etc.	10	II	Maschinenbau	25	II	Leder	44	V
Straßenfahrzeugbau	11	II	Ziehereien, Kaltwalzw.	26	IV	Schiffbau	45	II
Stahlerzeugung	12	--	Kunststoffverarbeitung	27	IV	Stahl- u. Leichmet.bau	46	V
Wissenschaft/Bildung	13	--	Feinkeramik	28	I	Baugewerbe	47	--
EBM-Waren	14	II	Großhandel	29	--			
Feinmechanik/Optik	15	II	Papierverarbeitung	30	IV			
			Holzbearbeitung	31	V			
			Landwirtschaft	32	--			
			Bergbau	32	--			
			Übrige Dienstleist.	32	--			

a: Rangziffern anhand der Innovationsaufwendungen.
b: Nummer des Branchenclusters anhand der Innovatorenanteile.

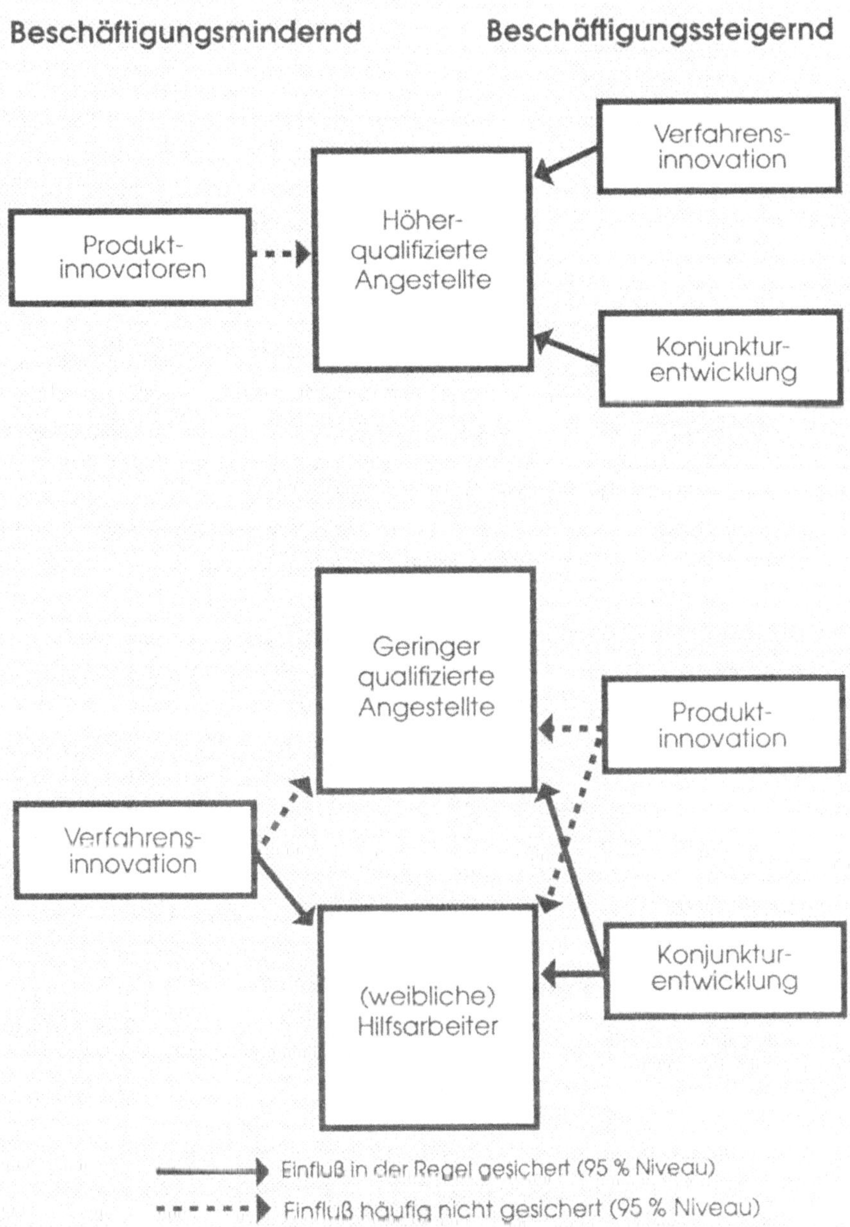

Abbildung 2.1: Determinanten der Beschäftigungsentwicklung im Verarbeitenden Gewerbe - nach ausgewählten Qualifikationsstufen -

2.1 Berufliche Einsatzstrukturen

Als ein erster grober Indikator der Qualifikation gilt der jeweilige Beruf der Arbeitskräfte. Bei der Interpretation der auf dieser Basis erzielten Ergebnisse ist allerdings zu berücksichtigen, daß der technische und sozioökonomische Wandel und seine Auswirkungen auf das Beschäftigungssystem durch Berufe bzw. die Veränderungen von Berufsstrukturen nur teilweise charakterisiert werden können. Aus der meist historisch festgelegten - und aus einem kaum mehr gültigen handwerklich geprägten System resultierenden - Berufsbezeichnung kann oft nicht auf die tatsächlichen Tätigkeitsinhalte geschlossen werden. Die Tätigkeitsprofile werden darüber hinaus an veränderte technisch-organisatorische Arbeitsbedingungen angepaßt, ohne daß sich dies in der Regel in der Berufsbezeichnung niederschlägt, da sich die Expansion des Einsatzes programmgesteuerter Arbeitsmittel zunehmend bei sogenannten gelegentlichen Anwendern vollzieht. "Die Zahl der Arbeitsplätze, an denen ganztags und überwiegend moderne Arbeitsmittel genutzt werden, wächst ... bei weitem nicht so rasch an, wie jene der gelegentlichen Nutzer solcher Geräte" (Stooß/Troll 1988, S. 31).

Der sich damit abzeichnenden Unschärfe der Berufsklassifikation hat die Studie zumindest teilweise dadurch Rechnung getragen, daß in den der Analyse zugrundeliegenden Wirtschaftszweig-Berufsmatrizen für die Jahre 1980 und 1985 die Beschäftigtenzahl nach 51 Berufskategorien differenziert wurde, die zwar prinzipiell aus der amtlichen Berufsklassifikation abgeleitet und uneingeschränkt in diese überführbar sind, aber in ihrer Aufgliederung eher einem in Ansätzen funktionalen Konzept des IAB folgen. Die einzelnen Berufe werden durch diese Vorgehensweise in sinnvollerer Weise aggregiert, als es durch die in verschiedene Berufshierarchieebenen gegliederte Klassifikation des Statistischen Bundesamtes geleistet werden kann.

Die Einflüsse moderner Produktions- und Kommunikationstechniken auf die beruflichen Arbeitseinsatzstrukturen werden naturgemäß relativ unmittelbar bei technischen Berufen sichtbar, die neben einigen anderen Berufskategorien (z.B. Büroarbeitskräfte) als typische Querschnittsberufe gelten können. Arbeitskräfte mit solchen Berufen gehörten weitgehend zu den Gewinnern des technisch-organisatorischen Wandels im Beschäftigungssystem, denn

- zum einen haben sie sich vor dem Hintergrund einer rückläufigen Beschäftigungsentwicklung zwischen 1980 und 1985 weitgehend behaupten können;
- zum anderen fanden Angehörige technischer Berufe überproportional viele zusätzliche Arbeitsplätze in Branchen, die als vergleichsweise innovationsstark einzustufen sind (Abbildung 2.2).

Abbildung 2.2: **Zur Entwicklung der Beschäftigung in technischen Berufen - 1980 bis 1985 -**

Zur Gruppe der "dynamischen Innovatoren" sind vor allem die investitionsgüterproduzierenden Sektoren des Verarbeitenden Gewerbes - allerdings ausschließlich des Maschinenbaus -, aber auch beispielsweise die Mineralölverarbeitung und - aus dem Dienstleistungsbereich - die Nachrichtenvermittlung und das Verlagswesen ("Wissenschaft, Kunst, Publizistik") zu zählen. Im Gegensatz dazu sind z.B. eine Reihe von Konsumgüterbranchen (hauptsächlich das Leder- und das Bekleidungsgewerbe sowie die Holzverarbeitung), aber auch z.B. der Stahl- und Leichtmetallbau, der Schiffbau sowie das Baugewerbe aufgrund ihrer Innovationstätigkeit in den 80er Jahren als "zurückhaltende Innovatoren" zu charakterisieren. Die Zuordnung der Wirtschaftszweige zu den drei unterschiedenen Innovationstypen "dynamische", "zögernde" und "zurückhaltende" Innovatoren erfolgte aufgrund verschiedener analytischer Gruppierungsverfahren, unter anderem einer Clusteranalyse. Der Vergleich der Beschäftigungsentwicklung in den drei unterschiedenen Innovationstypen läßt hinsichtlich des Einsatzes technischer Berufe einige gravierende Unterschiede erkennen. Diese gelten so oder in ähnlicher Form auch für den engeren Bereich des Produzierenden Gewerbes, wo 1985 immerhin zwei Drittel aller Arbeitskräfte mit technischen Berufen tätig waren. Für diesen speziellen Bereich bestätigt sich dabei der in den ökonometrischen Modellrechnungen gefundene - technikinduzierte - Höherqualifizierungsprozeß:

- Insgesamt waren 1985 in Wirtschaftszweigen, die eine ausgeprägte Innovationstätigkeit entfalteten, 3,5% mehr Arbeitskräfte in technischen Berufen tätig als 1980 (+17.000). In Branchen mit vergleichsweise geringer Innovationsaktivität schrumpfte dagegen der entsprechende Arbeitskräftebestand um 1,8% oder knapp 6.000 Personen (Abbildung 2.2).
- Hiervon profitierte vor allem der akademisch geprägte Teil dieser Gruppe von Berufen - zumindest soweit Konstruktionsaufgaben wahrgenommen werden (Tabelle 2.2). Ingenieure aus dem Konstruktionsbereich (Maschinenbau- sowie Elektroingenieure) fanden bei einer Gesamtbeschäftigungsausweitung in der ersten Hälfte der 80er Jahre von knapp 24.000 allein in innovationsstarken Branchen per saldo 18.600 zusätzliche Beschäftigungsmöglichkeiten (+19,3%).

Tabelle 2.2: Zur Entwicklung technischer Berufe in ausgewählten Branchengruppen - 1980 bis 1985 -

	Dynamische Innovatoren		Zögernde Innovatoren		Zurückhaltende Innovatoren	
	abs.	in %	abs.	in %	abs.	in %
Technische Berufe insgesamt	17.239	3,5	17.200	2,9	-5.938	-1,8
darunter:						
Ingenieure (Konstruktion)	18.659	19,3	6.015	6,4	29	0,0
darunter:						
- Maschinenbauingenieure	7.171	24,5	3.876	8,0	361	2,4
- Elektroingenieure	11.339	17,9	4.804	30,7	977	16,3
Maschinenbautechniker	1.242	5,3	1.545	3,1	-514	-3,7
Elektrotechniker	3.439	6,2	4.662	18,2	1.143	8,5
übrige Ingenieure	310	3,8	1.188	6,6	397	4,4
darunter:						
- Fertigungsingenieure	434	10,0	566	4,7	482	17,1
übrige Techniker	2.261	3,0	1.683	1,5	-3.676	-5,2
fertigungssteuernde Berufe	-10.218	-6,7	-6.609	-5,8	-4.830	-13,4
darunter:						
- Industrie- und Werkmeister	652	1,2	-3.904	-5,9	-2.782	-11,9
Technische Zeichner	440	1,5	2.211	3,4	1.386	3,9

- Schließlich wird deutlich, wie stark der Einsatz moderner Techniken die Arbeitsweise im Bereich der Produktentwicklung und des Designs verändert. Der Beruf des Technischen Zeichners konnte sich mit Abstand am besten in Wirtschaftszweigen behaupten, die als wenig innovativ einzustufen sind, während in den innovationsdynamischen Branchen offensichtlich erste Auswirkungen computergestützten Designs in den Arbeitskräftestrukturen sichtbar werden. In den Branchen des Produzierenden Gewerbes wurde der Einsatz Technischer Zeichner an vielen Stellen sogar absolut eingeschränkt. Dies deutet an, daß Konstruktion und Design nicht nur zunehmend mit Hilfe von leistungsfähigen Computerprogrammen durchgeführt werden können, sondern offensichtlich teilweise auch aus dem Bereich des Produzierenden Gewerbes ausgelagert werden: Technische Zeichner erlebten vor allem im Dienstleistungssektor einen erheblichen Aufschwung (+3.300 oder 5,9%) - trotz des Einsatzes von computergestützten Hilfsmitteln, und damit allerdings vermutlich mit veränderten Arbeitsanforderungen.

Unter den Vorzeichen eines wachsenden Einsatzes von Bürokommunikationstechniken, also z.B. von Datenverarbeitungsanlagen, Personal Computern, Textverarbeitungssystemen sowie den neuen Kommunikationsdiensten wie Teletex, Telefax und BTX, werden die Strukturen des Bürobereichs mittlerweile besonders stark durch moderne Techniken tangiert, nachdem lange Zeit der Büro- und Verwaltungsbereich als gegenüber Automatisierungstendenzen und allgemein dem technischen Fortschritt relativ resistent gelten konnte. Die Expansion der Zahl von Büroarbeitskräften - sie umfassen sowohl Personen in Sachbearbeiterfunktionen als auch Bürohilfskräfte - kam dabei weitgehend zum Stillstand, zumindest bei dynamischen Innovatoren des Produzierenden Gewerbes. Im Zuge des Einsatzes moderner Techniken wurden vor allem Hilfskräfte des Bürobereichs, also Arbeitskräfte, denen normalerweise Routinetätigkeiten ohne eigene Entscheidungs- und Gestaltungsbefugnisse übertragen sind, freigesetzt. Per saldo reduziert sich der Bestand solcher Arbeitskräfte in Branchen mit hoher Innovationsdynamik um nahezu 16% (Abbildung 2.3), im Produzierenden Gewerbe sogar um knapp 20%. Viele der Routineaufgaben sind offensichtlich - wie allgemein erwartet - durch den Einsatz neuer Bürokommunikationstechniken redundant geworden bzw. in das Aufgabenspektrum der Arbeitskräfte auf der Sachbearbeiterebene übergegangen, deren Beschäftigung im Zuge dieses Prozesses bei dynamischen Innovatoren leicht anwuchs oder - im Produzierenden Gewerbe - nur durchschnittlich zurückging.

Bemerkenswerterweise erweisen sich Schreibkräfte und Stenotypistinnen, deren Funktion bei der Erstellung von Schriftstücken durch die zunehmende Verbreitung des Einsatzes von Textverarbeitungssystemen und betrieblichen Informationssystemen allgemein als stark gefährdet angesehen wurde, bisher - an den globalen Berufszahlen beurteilt - als nur wenig durch den Einsatz dieser oder anderer moderner Techniken betroffen. Zwar ist ihre Zahl insgesamt rückläufig, sie reduzierte sich zwischen 1980 und 1985 um etwa 30.000 oder 6,5%; der Beschäftigtenanteil ging dabei allerdings nur unwesentlich zurück, und es lassen sich kaum gravierende Unterschiede zwischen dynamischen und zurückhaltenden Innovatoren nachweisen. Die Nutzung von Textverarbeitungssystemen mit Speichertechniken mit ihrer recht problemlosen Handhabung läßt unter Umständen - so wäre zu folgern - das Aufkommen an Schriftstücken tendenziell steigern. Darüber hinaus haben vermutlich zusätzliche, mitunter nicht mehr rein auf Schreibarbeiten bezogene Tätigkeiten Eingang in das Aufgabenspektrum von Schreibkräften gefunden.

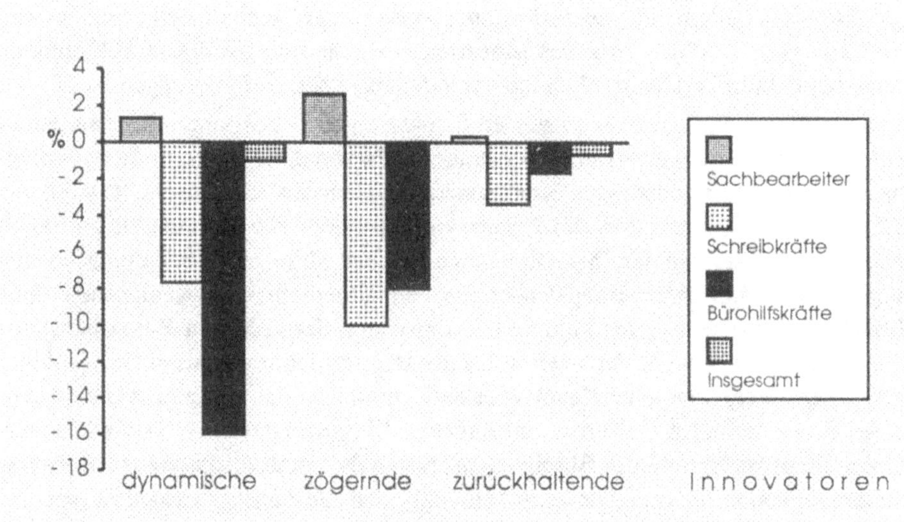

Abbildung 2.3: Büroarbeitskräfte und Innovation
- Veränderungen 1980 bis 1985 -

Ebenfalls - zumindest im weiteren Sinne - unter die Büro- und Verwaltungsberufe einzuordnen sind die Arbeitskräfte mit Managementaufgaben. Hierunter kann zum einen die Berufskategorie der unternehmerisch-planenden Berufe (Geschäftsleiter, Werbefachleute) subsumiert werden, zum anderen sind hier auch sogenannte "externe Unternehmensfachleute" (Berater und Organisatoren - sowohl auf kaufmännisch-organisatorischer als auch auf technischer Ebene) zu berücksichtigen. Beide Berufskategorien haben in der ersten Hälfte der 80er Jahre ihre Stellung im Beschäftigungssystem ausgebaut, mit anderen Worten, sie wurden von der allgemeinen (gesamtwirtschaftlichen) Beschäftigungsreduktion nur unterdurchschnittlich bzw. überhaupt nicht erfaßt (Tabelle 2.3). Durch den technisch-organisatorischen Wandel, aber auch aufgrund unsicherer Erwartungen bezüglich der Unternehmensentwicklung sind zusätzliche Aufgaben für das Management entstanden bzw. werden alte intensiver wahrgenommen. Dies war - wie am Beispiel der unternehmerisch-planenden Berufe ersichtlich - nicht unabhängig von der Höhe der Innovationsaktivitäten. Die Beschäftigungsentwicklung bei sogenannten "Externen Unternehmensfachleuten", also in erster Linie bei Beratern und Organisatoren im kaufmännisch-organisatorischen Bereich, spiegelt daneben den hohen Stellenwert wider, der einer intensiveren Unterstützung unternehmerischer Planungsprozesse im technisch-organisatorischen Wandel zukommt. Insgesamt fanden zwischen 1980 und 1985 fast 29.000 zusätzliche Unternehmens- und Organisationsfachleute eine Beschäftigung. Das Schwergewicht ihrer Expansion lag dabei eindeutig im Dienstleistungsbereich. Es ist davon auszugehen, daß dies nicht zuletzt Ausfluß der Tatsache war, daß entsprechende Leistungen von den Unternehmen (vornehmlich der Warenproduktion) schwerpunktmäßig als externe Serviceleistungen in Anspruch genommen werden. Ein Blick auf die entsprechende Entwicklung im Produzierenden Gewerbe zeigt allerdings auch, daß - erwartungsgemäß - eine direkte Anstellung zusätzlichen Managementpersonals von den Produktionsunternehmen um so eher erwogen wird, je stärker sie selber innovative Aktivitäten entfalten (Tabelle 2.3). Zurückhaltende Innovatoren haben kaum auf das Mittel der Akquirierung zusätzlichen Managementwissens zurückgegriffen.

Bemerkenswert ist vor dem Hintergrund der angerissenen beruflichen Umstrukturierungen, daß - gemessen anhand verschiedener Maße der Strukturverschiebungen (z.B. dem Shannon-Informationsmaß) - in Branchen mit ausgeprägter Innovationstätigkeit insgesamt nur ein vergleichsweise geringer Berufsstrukturwandel zu verzeichnen war. Dynamische Innovatoren haben per saldo - an diesen Kennziffern beurteilt - die Zusammensetzung ihres Personals nach Berufen wesentlich weniger umgeschichtet als zögernde oder gar zurückhaltende Innovatoren (Tabelle 2.4); d.h. in Wirtschaftszweigen mit ausgeprägter Innovationstätigkeit arbeiteten 1985 vergleichsweise mehr Arbeitskräfte im gleichen Beruf als 1980. Dies mag in erheblichem Umfang durch die Gesamtbeschäftigungsentwicklung der einzelnen Branchen mitbestimmt sein. Während zurückhaltende Innovatoren im Zuge ihres drastischen Beschäftigungsabbaus augenscheinlich einen erheblichen berufsstrukturellen Personalausleseprozeß eingeleitet haben, bestätigt sich für die dynamischen Innovatoren in der Tendenz, daß vor dem Hintergrund einer relativ günstigen Beschäftigungsentwicklung Arbeitskräfte (formal) in ihrem Beruf verbleiben und sich die neuen Techniken eher in einer Akzentverschiebung und Erweiterung, denn in einer grundsätzlichen Neudefinition des beruflichen Aufgabenspektrums niederschlagen.

Tabelle 2.3: Zur Entwicklung der Beschäftigung in unternehmerischen Berufen 1980 bis 1985

	Dynamische Innovatoren		Zögernde Innovatoren		Zurückhaltende Innovatoren	
	abs.	in %	abs.	in %	abs.	in %
- Alle Wirtschaftszweige						
Unternehmerisch-planende Berufe insgesamt	-526	-0,8	-3.371	-2,0	-7.479	-7,1
darunter:						
- Unternehmer, Geschäftsleiter	-721	-1,3	-4.072	-2,6	-7.306	-7,1
Externe Unternehmensfachleute	3.379	12,7	24.850	28,7	-606	-2,4
darunter:						
- Berater, Organisatoren	1.810	25,1	22.528	41,2	130	3,2
- Produzierendes Gewerbe						
Unternehmerisch-planende Berufe insgesamt	-859	-1,7	-3.201	-4,5	-3.228	-8,5
darunter:						
- Unternehmer, Geschäftsleiter	-1.096	-2,4	-2.842	-4,3	-3.223	-8,7
Externe Unternehmensfachleute	2.901	12,8	943	6,8	-103	-2,9
darunter:						
- Berater, Organisatoren	1.664	26,2	667	19,3	54	6,4
- Dienstleistungen						
Unternehmerisch-planende Berufe insgesamt	234	2,5	-1	0,0	-4.251	-6,2
darunter:						
- Unternehmer, Geschäftsleiter	260	3,3	-1.064	-1,2	-4.083	-6,3
Externe Unternehmensfachleute	163	7,7	23.833	33,2	-503	-2,3
darunter:						
- Berater, Organisatoren	90	18,1	21.841	42,7	76	2,4

Tabelle 2.4: Zum beruflichen Strukturwandel* 1980 bis 1985

	Dynamische Innovatoren	Zögernde Innovatoren	Zurückhaltende Innovatoren
Alle Wirtschaftszweige	0,509	1,298	1,112
darunter:			
- Produzierendes Gewerbe	0,492	0,976	1,234
- Dienstleistungen	1,069	1,490	0,989

* gemessen am Shannon-Informationsmaß auf der Basis von 142 Berufskategorien

2.2 Tätigkeitsstrukturen in den Wirtschaftszweigen

Der weitergehende Aspekt des Tätigkeitsstrukturwandels kann über eine Differenzierung der sektoralen Beschäftigungsentwicklung nach Tätigkeitsmerkmalen erfaßt werden - wie sie etwa u.a. dem Konzept des IAB zur Verbesserung der Erfassung beruflicher Aufgabenstrukturen zugrundeliegt (Stooß/Troll 1988). Hierzu war es allerdings notwendig, die Tätigkeitsstrukturen der Berufe (insgesamt wurden 37 sich teilweise überlappende Tätigkeitskategorien unterschieden), wie sie sich in den 70er Jahren aus den Mikrozensen ergaben, bis zum Jahr 1985 auf der Grundlage logarithmischer Trends fortzuschreiben und mit der entsprechenden Wirtschaftszweig-Berufsmatrix für 1985 zu verknüpfen. In Tabelle 2.5 ist dargestellt, welche Tätigkeitskategorien unterschieden werden, und vor allem auch, wie diese für die konkrete Analyse weiter verdichtet wurden.

Dieser - funktionale - Analyseansatz verdeutlicht, daß der Einsatz moderner, mikroelektronik-gestützter Techniken von einer, wenn auch nur leichten Entkoppelung von betrieblichen Herstellungsprozessen und vom Arbeitskräfteeinsatz begleitet war. Dies drückt sich z.B. darin aus, daß die Nutzung moderner Techniken - schwerpunktmäßig im Produzierenden Gewerbe, d.h. in den innovativen Branchen der Investitionsgüterherstellung sowie einigen anderen Wirtschaftszweigen - eine beschleunigte Reduktion von Personal mit direkten Produktionsaufgaben (Maschinenbedienung) auslöst, der Arbeitskräfteeinsatz sich gleichzeitig zunehmend in den Bereich produktionsbegleitender Tätigkeiten verschiebt und im Produktionsbereich allenfalls noch Restfunktionen der Wartung und Reparatur des Maschinenparks (sogenannte indirekt-produzierende Tätigkeiten) übrigbleiben (Abbildung 2.4):

- Beispielsweise reduzierten Wirtschaftszweige mit einer ausgeprägten Innovationstätigkeit - zumindest im Produzierenden Gewerbe - den Einsatz von Arbeitskräften mit (direkten) Fertigungsaufgaben in vergleichsweise großem Umfang. Der Anteil dieser Tätigkeitskategorie an der Gesamtgruppe der direkt und indirekt produzierenden Arbeitskräfte (Produktionsarbeitskräfte), der bei dynamischen Innovatoren der Warenproduktion 1980 ohnehin schon relativ gering war (56%), schrumpfte um weitere zwei Prozentpunkte. Dies war gleichbedeutend mit einer Beschäftigungsreduktion um gut 11%, d.h. die Zahl der Arbeitskräfte mit Fertigungstätigkeiten wurde bei dynamischen Innovatoren wesentlich stärker abgebaut als die Gesamtbeschäftigtenzahl (-6,1%). In Branchen mit zurückhaltender Innovationstätigkeit war im Gegensatz dazu 1980 noch ein wesentlich größerer Teil der Produktionsarbeitskräfte mit (direkten) Fertigungstätigkeiten befaßt (69%). Ihr Beschäftigungsanteil ging darüber hinaus nur um 1,6 Prozentpunkte zurück.

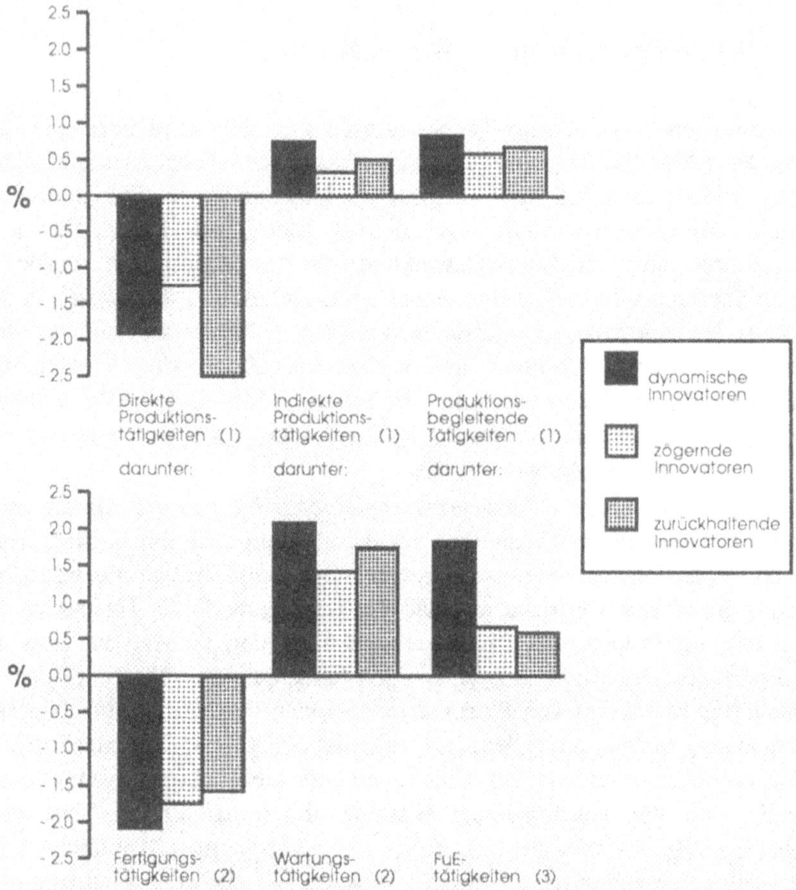

(1) bezogen auf alle beruflichen Funktionen einschl. Auszubildende und nicht zuordenbare Arbeitskräfte
(2) bezogen auf Produktionstätigkeiten
(3) bezogen auf produktionsbegleitende Tätigkeiten

Legende:

Direkte Produktionstätigkeiten:	umfassen alle direkten Fertigungstätigkeiten (z.B. handwerkliches oder maschinelles Fertigen) sowie alle Dienstleistungstätigkeiten (z.B. Reinigen,Ordnungstätigkeiten oder Behandlungs - und Beratungstätigkeiten)
Indirekte Produktionstätigkeiten:	umfassen alle Wartungstätigkeiten (Maschinenbedienung und Reparaturtätigkeiten) sowie Lager- und Transporttätigkeit
Produktionsbegleitende Tätigkeiten:	umfassen Konstruktion und Entwicklung (FuE), Fertigungsplanung und -überwachung, Handelstätigkeit sowie Verwaltungstätigkeiten

Abbildung 2.4: Anteilsveränderungen in ausgewählten beruflichen Funktionen des Produzierenden Gewerbes

Tabelle 2.5: Liste der Tätigkeitsmerkmale und ihre Aggregation zu "beruflichen Funktionsbereichen"

Tätigkeitskategorie		Klassifikationsnummer*	beruflicher Funktionsbereich	
1	Reinigung, Hauswirtschaft	051, 052		
2	Ausbilden usw.	053		
3	Ordnen, Bewachen, Rechtspflege	055, 056	1	Dienstleistungen (051 bis 058)
4	Physisch, psychisch behandeln/beraten	054, 057		
5	Publizieren usw.	058		
6	In Ausbildung	059		
7	Dienstleistungen insgesamt			
8	Primärproduktion	111, 112	2	Güterfertigung (111 bis 116)
9	Handwerk, Fertigung	114 bis 116		
10	Maschinelle Fertigung	113		
11	Kontroll- und Anleitungsfunktion in der Produktion	117, 630 bis 636, 639		
12	Fertigungstätigkeiten			
13	Maschinenbedienung	2	3	Wartung (2, 3)
14	Reparaturtätigkeit	3		
15	Lager- und Versandtätigkeiten	430 bis 433, 435 bis 438		
16	Transporttätigkeiten	434, 439	4	Lager und Transport (4)
17	Verkaufstätigkeiten allgemeiner Art	530 bis 532, 536		
18	Produktbezogene Handelstätigkeit	533 bis 535		
19	Kundenbezogene Mittlertätigkeit	537 bis 539		

Fortsetzung Tabelle 2.5

	Tätigkeitskategorie	Klassifikationsnummer*		beruflicher Funktionsbereich
20	Handel			
21	Forschung und Entwicklung	.42	5	Konstruktion und Entwicklung (.42)
22	Verwaltungstätigkeit in der Beschaffung	.41		
23	darunter: Bürotätigkeit	741		
24	Fertigungsplanung und -steuerung	.43	6	Fertigungsplanung und -überwachung (117, 630 bis 636, 639, .43)
25	darunter: Bürotätigkeit	743		
26	Verwaltungstätigkeit im Vertrieb	.44	7	Handel (530 bis 539, .41, .44)
27	darunter: Bürotätigkeit	744		
28	Verwaltungstätigkeit im Rechnungswesen	.45	8	Verwaltung (.45, .46, .48, .49)
29	darunter: Bürotätigkeit	745		
30	Sachverwaltung	.48	9	In Ausbildung (059)
31	darunter: Bürotätigkeit	748		
32	EDV-Tätigkeit	.46		
33	darunter: Bürotätigkeit	746		
34	Organisation, Geschäftsleitung	.49		
35	darunter: Bürotätigkeit	749	10	Übrige Funktionen
36	Verwaltungstätigkeiten	7 bis 9		
37	darunter: Bürotätigkeit	7		
38	Alle Tätigkeitskategorien	11		Alle beruflichen Funktionen

* Nummer der amtlichen Klassifikation der Tätigkeitsmerkmale; vgl. Statistisches Bundesamt, Fachserie 1, Reihe 4.1.2, Beruf, Ausbildung und Arbeitsbedingungen der Erwerbstätigen 1980 (Ergebnisse des Mikrozensus), Stuttgart und Mainz 1981, S. 114.

- Im Gegenzug zur Entwicklung bei (direkten) Fertigungstätigkeiten konnten Arbeitskräfte mit Wartungsaufgaben ihre Beschäftigungsposition in warenproduzierenden Wirtschaftszweigen mit ausgeprägter Innovationstätigkeit besser behaupten bzw. ausbauen als in Branchen mit nur wenig intensiven Neuerungsbemühungen. Bei dynamischen Innovatoren verloren zwischen 1980 und 1985 per saldo nur knapp 10.000 Arbeitskräfte (-1,4%) mit Wartungstätigkeiten ihren Arbeitsplatz; in diesen Wirtschaftszweigen waren damit 1985 mehr als 30% aller Produktionsarbeitskräfte mit Wartungsaufgaben betraut. Bei zurückhaltenden Innovatoren betrug die entsprechende Beschäftigungsreduktion mehr als 50.000 Personen (oder -9,7%). Damit erhöhte sich zwar der Beschäftigungsanteil dieser Tätigkeitsgruppe - bezogen auf alle Produktionsarbeitskräfte - auch bei den weniger innovativen Branchen, er erreichte dort allerdings auch 1985 erst gut 23%. Wartungsaufgaben erlangen somit im Zuge der Implementation neuer Techniken eine wachsende Bedeutung - dies gilt tendenziell auch für den Dienstleistungssektor.

Schon die Analyse einzelner Berufskategorien hat gezeigt, daß sich nicht zuletzt auch im Bereich produktionsbegleitender Tätigkeiten relativ ausgeprägte Arbeitskräfteumschichtungen im Gefolge des Technikeinsatzes vollziehen. Wirtschaftszweige mit ausgeprägter Innovationstätigkeit haben die Beschäftigung von Arbeitskräften mit produktionsbegleitenden Tätigkeiten zwischen 1980 und 1985 vergleichsweise stark erhöht. Als besondere Gewinner des Tätigkeitsstrukturwandels in Wirtschaftszweigen mit ausgeprägter Innovationstätigkeit und damit als innovationsfördernder und -unterstützender Faktor erweisen sich dabei die FuE-Tätigkeiten. Arbeitskräfte mit einem solchen Aufgabenschwerpunkt stellten schon 1980 bei dynamischen Innovatoren einen größeren Teil des produktionsbegleitenden Personals (14,4%) als bei zurückhaltenden Innovatoren (12,8%); vor allem aber wurde ihre Zahl im Untersuchungszeitraum in innovativen Branchen des Produzierenden Gewerbes relativ deutlich ausgeweitet (Abbildung 2.4): Die Zahl der Arbeitskräfte mit FuE-Aufgaben wuchs zwischen 1980 und 1985 bei dynamischen Innovatoren der Warenproduktion um etwa 7%; der Beschäftigtenanteil konnte dabei um weitere 1,5 Prozentpunkte gesteigert werden.

Eine weitere auffällige Entwicklung ist für den Verwaltungsbereich zu registrieren: In innovationsstarken Branchen vollzieht sich die relative Expansion der Zahl der Arbeitskräfte mit Verwaltungstätigkeiten, d.h. konkret mit Aufgaben aus dem Bereich des Rechnungswesens, der Sachverwaltung, der Organisation und Disposition sowie der EDV-Anwendung, vorwiegend auf der Ebene höherqualifizierter Tätigkeiten. Arbeitskräfte aus dem Verwaltungsbereich sind hier in stärkerem Maße als in weniger innovativen Branchen mit Tätigkeiten des Projektierens, Konstruierens, Kalkulierens und Planens sowie des Koordinierens, Organisierens, Führens und Verhandelns beschäftigt: Die Zahl der Beschäftigten mit Verwaltungsaufgaben expandierte insgesamt in allen drei hier unterschiedenen Innovationstypen (Warnken und Ronning 1988, Kap. 2.6.) etwa im gleichen Umfang, d.h. ihr Beschäftigtenanteil wuchs in etwa gleichem Maße (1,5 bis 2 Prozentpunkte). Im Zuge dieser Entwicklung haben sich technisch-organisatorische Umstellungen jedoch in entscheidendem Maße im Anteil von weitgehend routinemäßig abzuwickelnden Bürotätigkeiten unter den Verwaltungstätigkeiten niedergeschlagen (Tabelle 2.6):

- Zum einen verrichteten bei dynamischen Innovatoren der Warenproduktion schon 1980 vergleichsweise weniger Arbeitskräfte mit Verwaltungstätigkeiten solche Routineaufgaben des Bürobereichs, wie etwa Buchhalten, Registrieren, Maschineschreiben oder Korrespondieren. Ihr Anteil betrug knapp 61%; gleichzeitig waren in Wirtschaftszweigen mit zurückhaltender Innovationstätigkeit noch fast 67% aller "Verwaltungsarbeitskräfte" mit Routineaufgaben befaßt;
- zum anderen reduzierte sich - vor dem Hintergrund eines rasch wachsenden Verwaltungsbereichs und eines entsprechend hohen zusätzlichen Bedarfs an Arbeitskräften in diesem betrieblichen Funktionsbereich - im Produzierenden Gewerbe der Anteil routinemäßiger Bürotätigkeiten bei dynamischen Innovatoren wesentlich rascher (-3 Prozentpunkte) als in nur wenig innovativen Branchen (-0,9 Prozentpunkte).

2.3 Betriebliches Humankapital und Techniknutzung

Die angedeuteten Umschichtungen der beruflichen Tätigkeitsstrukturen dürften in vielen Fällen auch mit einer Veränderung des Ausbildungsstandes und des betrieblichen Status der betroffenen Arbeitskräfte verbunden gewesen sein. In innovationsstarken Wirtschaftszweigen besteht generell eine im Vergleich zu anderen Branchen besonders ausgeprägte Tendenz zur Beschäftigung besser qualifizierter Arbeiter und - besonders - Angestellter, die sich sowohl in deskriptiven Analysen als auch in den durchgeführten ökonometrischen Modellrechnungen nachweisen ließ, dabei allerdings - wie angedeutet - nicht allein auf den Einsatz moderner Techniken (Innovation) zurückzuführen ist. Ergänzend dazu ist festzustellen, daß fachliche - durch die Berufsausbildung erworbene - Qualifikationselemente an Bedeutung verlieren und durch sogenannte extrafunktionale Qualifikationen abgelöst bzw. ergänzt werden. Dies wirft auch ein Schlaglicht auf die Art und den Umfang betrieblicher Humankapitalinvestitionen als Voraussetzung für eine effiziente Nutzung moderner Techniken.

Tabelle 2.6: Zur Entwicklung von Bürotätigkeiten, Veränderung 1980 bis 1985

	Dynamische Innovatoren		Zögernde Innovatoren		Zurückhaltende Innovatoren	
	Beschäftigte in %	Beschäftigten-anteil in %-Punkten	Beschäftigte in %	Beschäftigten-anteil in %-Punkten	Beschäftigte in %	Beschäftigten-anteil in %-Punkten
- Alle Wirtschaftszweige						
Bürotätigkeit insgesamt*	-2,9	-1,7	-1,3	-1,5	-3,6	-0,8
darunter:						
- Handelstätigkeit**	-17,3	-3,0	-17,4	-2,2	-18,9	-1,7
- Verwaltungstätigkeit***	0,1	-2,2	1,4	-2,6	-0,3	-1,3
- Produzierendes Gewerbe						
Bürotätigkeit insgesamt*	-8,0	-2,5	-7,0	-1,6	-8,8	-0,7
darunter:						
- Handelstätigkeit**	-21,9	-3,5	-21,3	-2,3	-24,5	-3,0
- Verwaltungstätigkeit***	-4,9	-3,0	-3,7	-2,1	-5,4	-0,9
- Dienstleistungssektor						
Bürotätigkeit insgesamt*	8,2	0,6	1,1	-1,7	-2,3	-0,7
darunter:						
- Handelstätigkeit**	-5,1	-2,2	-15,0	-2,1	-17,5	-1,5
- Verwaltungstätigkeit***	10,8	-1,1	3,4	-2,9	1,0	-1,5

* bezogen auf alle Handels- und Verwaltungstätigkeiten
** bezogen auf alle Handelstätigkeiten
*** bezogen auf alle Verwaltungstätigkeiten

Dieser Aspekt, der gerade unter den Bedingungen stagnierender Märkte, steigender Kosten und sich verändernder Kundenwünsche, die in den 70er und 80er Jahren für die wirtschaftliche Entwicklung in der Bundesrepublik typisch waren, an Bedeutung gewinnt (Staudt 1988), wird meist allein anhand formaler Bildungsabschlüsse untersucht. Dies ist sicherlich problematisch, da betriebliche Weiterbildungselemente in der Mitarbeiterqualifikation auf diese Weise nicht erfaßt werden können. Schon anhand einer solchen Meßgröße zeigt sich allerdings - zumindest für das Produzierende Gewerbe - eine eindeutig bessere Humankapitalbasis der dynamischen Innovatoren gegenüber Branchen mit zögernder bzw. zurückhaltender Innovationstätigkeit: Der Anteil von Fachhochschul- und Hochschulabsolventen an allen Vollzeitbeschäftigten lag 1980 im Produzierenden Gewerbe bei dynamischen Innovatoren mit 4,3% überdurchschnittlich hoch. Bei zögernden (2,8%) bzw. zurückhaltenden Innovatoren (1,5%) wiesen dagegen relativ weniger Arbeitskräfte eine akademisch geprägte technische oder kaufmännische Qualifikation auf (Tabelle 2.7).

Tabelle 2.7: Zur Entwicklung von Kennziffern des betrieblichen Status der Arbeitskräfte im Produzierenden Gewerbe 1980 bzw. 1980 bis 1985

	Dynamische Innovatoren		Zögernde Innovatoren		Zurückhaltende Innovatoren	
	Anteil 1980 in %	Veränderung 1980-85 in %-Punkten	Anteil 1980 in %	Veränderung 1980-85 in %-Punkten	Anteil 1980 in %	Veränderung 1980-85 in %-Punkten
Arbeiter zu Vollzeitbeschäftigten	69,4	-2,4	67,9	-1,8	80,9	-1,7
Facharbeiter zu Arbeitern	39,6	4,2	44,5	3,1	64,8	4,6
Facharbeiter ohne Berufsausbild. zu Facharbeitern	13,5	3,1	15,1	-2,4	10,8	-2,0
Nichtfacharbeiter mit Ausbild. zu Nichtfacharbeitern	24,1	5,2	17,4	5,6	13,2	4,1
Meister zu Vollzeitbeschäftigten	2,9	0,1	3,3	-0,1	3,6	0,2
Angestellte zu Vollzeitbeschäftigten	27,1	2,3	28,3	2,0	15,1	1,5
Angestellte ohne Ausbildung zu Angestellten	12,0	-3,3	8,9	-1,9	7,7	-1,2
Fach-/Hochschulabsolventen zu Beschäftigten insgesamt	4,3	1,2	2,8	0,6	1,5	0,3
Teilzeitbeschäftigte zu Beschäftigten insgesamt	2,9	0,1	3,9	0,3	2,7	0,3

Praxisbezogen erworbene (technische) Qualifikationen können allerdings wichtiger für die erfolgreiche Planung und Implementation moderner Produktionsmittel sein als das theoretisch orientierte Wissen hochqualifizierten, universitär geprägten Personals (Kleine 1980). Die ausschließliche Betrachtung eines Akademikeranteils als Indikator der Humankapitalausstattung wird deshalb - wie erwähnt - der Frage nach der Höhe der Humankapitalausstattung nicht völlig gerecht und muß durch weitere, die berufliche Tätigkeit berücksichtigende Analysen ergänzt werden.

Ein Blick auf die Tätigkeitsprofile der drei unterschiedenen Branchengruppen verdeutlicht beispielsweise, daß Forschungs- und Entwicklungstätigkeiten (FuE-Tätigkeiten) 1980 (wie auch 1985) für dynamische Innovatoren einen etwa doppelt so großen Stellenwert besaßen wie für zurückhaltende Innovatoren (Abbildung 2.5). Ein vergleichsweise großes Potential an FuE-Fachpersonal erweist sich somit offensichtlich als eine der wesentlichen Voraussetzungen für die Nutzung neuer Techniken, wobei offenbleiben muß, ob das mit einem solchen Tätigkeitsschwerpunkt beschriebene Beschäftigungssegment tatsächlich ausschließlich mit (direkter) Forschungs- und Entwicklungstätigkeit befaßt ist, oder ob ein entsprechender Personalbestand nicht nur als Humankapitalpotential vorgehalten wird und konkret eher mit der Implementation und Umsetzung fremden (externen), über Investitionsverflechtungen bezogenen technischen Know-Hows befaßt ist.

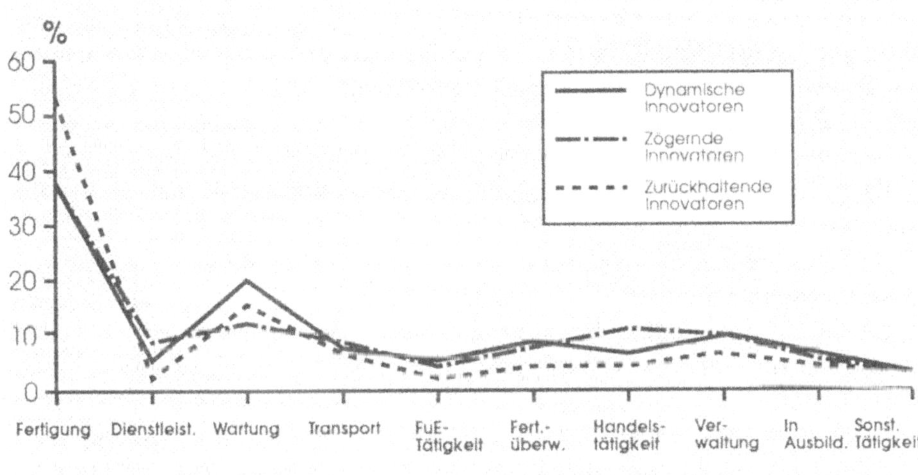

Abbildung 2.5: Tätigkeitsprofile in ausgewählten Branchengruppen
- Produzierendes Gewerbe, 1980 -

Die offensichtliche Notwendigkeit, zur Vorbereitung und Durchführung von Innovationen über hochqualifiziertes Personal mit einem breiten technisch-organisatorischen Wissen zu verfügen, läßt sich auch anhand von Unterschieden in den Berufsstrukturen der drei Innovationstypen belegen, und zwar sowohl im Hinblick auf technische als auch auf kaufmännisch-organisatorische Qualifikationen. Beispielhaft sei in diesem Zusammenhang erwähnt, daß von den etwa 275.000 Ingenieuren mit Konstruktionsaufgaben, also in erster Linie Ingenieuren des Maschinenbaus und der Elektrotechnik, 1980 über 60% im Produzierenden Gewerbe beschäftigt waren. Von diesen wiederum arbeiteten mehr als die Hälfte bei dynamischen Innovatoren.

Sogenannte "externe Unternehmensfachleute" - zu ihnen gehören neben Beratern sowie Organisations- und Verwaltungsfachleuten auch Ingenieure mit beratender bzw. extern-kontrollierender Tätigkeit - sind dagegen im Produzierenden Gewerbe unterrepräsentiert. Der Einsatz dieser Berufskategorien konzentrierte sich im Dienstleistungsbereich, und hier im wesentlichen auf die Branchen der mittleren Innovationsebene, d.h. bei sogenannten zögernden Innovatoren. Die Akkumulation technischen und organisatorischen Wissens findet damit vor allem in der Branchengruppe statt, unter die u.a. Ingenieur- und Consultingfirmen subsumiert sind. Dies unterstreicht zum einen die Bedeutung, die solchen Qualifikationen im Zuge des technisch-organisatorischen Neuerungsprozesses zukommt, macht zum anderen aber auch deutlich, daß solches Know-How vielfach außerhalb der eigentlichen Einsatzbereiche neuer Techniken vorgehalten wird. Insbesondere kleinere oder mittlere Betriebe des Produzierenden Gewerbes dürften oft bei der Beschaffung des für Innovationen notwendigen Know-Hows an finanzielle und organisatorische Barrieren stoßen. Dynamische Innovatoren innerhalb der Warenproduktion verlassen sich allerdings in aller Regel weniger auf die Chance, produktionstechnische und organisatorische Umstellungen mit Hilfe externer Experten und externen Know-Hows durchzuführen; sie haben schon frühzeitig entsprechendes Wissen (Humankapital) intern akkumuliert.

Als eine weitere Grundvoraussetzung für eine erfolgreiche Implementierung neuer Techniken wird stets das Vorhandensein sog. "Bedienungsqualifikationen" angenommen. Arbeitskräfte, die im unmittelbaren oder zumindest nahezu direkten Kontakt mit den komplexen Fertigungsanlagen arbeiten, sollten grundsätzlich mit den technischen Abläufen vertraut sein sowie die Fähigkeit besitzen, sich aufgrund eines relativ breiten Kenntnisspektrums rasch an veränderte Bedienungselemente anpassen zu können. Gemeinhin wird davon ausgegangen, daß eine fachliche Berufsausbildung bzw. eine kombinierte schulisch-praktische Fachschulausbildung als Signal für solche Fähigkeiten dienen kann. Anhand der vorliegenden Analysen läßt sich eine solcher Art begründete determinierende Rolle von Fachkräften für den Technikeinsatz allerdings nicht belegen: Die Beschäftigung von fachlich ausgebildeten Arbeitern - unabhängig davon, ob sie in der betrieblichen Hierarchie auch in Facharbeiterpositionen eingesetzt sind - hat sich als weniger entscheidender Faktor für die Höhe der Innovationstätigkeit (im Produzierenden Gewerbe) herausgestellt.

Der Anteil der Arbeitskräfte mit abgeschlossener Facharbeiterausbildung an allen Vollzeitkräften war 1980 bei zurückhaltenden Innovatoren mit 47% wesentlich höher als bei dynamischen Innovatoren, wo nur jeder dritte Vollzeitbeschäftigte einen beruflichen Abschluß in einem Facharbeiterberuf nachweisen konnte (Tabelle 2.8). Darüber hinaus stehen dynamische Innovatoren hinsichtlich der Beschäftigung von fachlich ausgebildeten Arbeitskräften auch dann noch hinter weniger innovativen Branchen zurück, wenn man die Fachkräftequote - also den Anteil von Arbeitern und Angestellten mit beruflicher Ausbildung - betrachtet: In Wirtschaftszweigen des Produzierenden Gewerbes mit relativ ausgeprägter Innovationstätigkeit stellten die so - anhand ihres formalen Bildungsabschlusses - definierten Fachkräfte 1980 gut die Hälfte aller Arbeitskräfte, und ihr Anteil wuchs bis 1985 auf 55% an. Bei zurückhaltenden Innovatoren waren dagegen schon 1980 knapp 59% Fachkräfte beschäftigt, ihr Anteil erreichte im Laufe der 80er Jahre mehr als 64%.

Tabelle 2.8: Zur Entwicklung der Fachkräftequote nach der Innovationsstärke 1980 bis 1985

	Fachkräftequote*		Anteil fachlich ausgebildeter Arbeiter**	
	1980 in %	Veränderung 1980-1985 in %-Punkten	1980 in %	Veränderung 1980-1985 in %-Punkten
Dynamische Innovatoren	54,4	+3,5	33,3	+1,4
darunter:				
- Produzierendes Gewerbe	52,3	+3,4	33,3	+1,6
- Dienstleistungen	61,1	+4,4	28,5	+0,2
Zögernde Innovatoren	61,0	+4,1	24,8	+1,5
darunter:				
- Produzierendes Gewerbe	53,7	+4,7	31,5	+3,2
- Dienstleistungen	71,4	+2,5	14,0	-0,2
Zurückhaltende Innovatoren	61,9	+4,1	31,6	+1,3
darunter:				
- Produzierendes Gewerbe	58,8	+5,5	46,8	+4,1
- Dienstleistungen	64,2	+2,9	20,6	+1,0
Alle Wirtschaftszweige	60,1	+3,9	28,6	+1,1
darunter:				
- Produzierendes Gewerbe	54,8	+4,3	36,8	+2,7
- Dienstleistungen	66,8	+2,9	18,5	+0,4

* Anteil aller Arbeiter und Angestellten mit abgeschlossener betrieblicher Berufsausbildung bzw. Fachschulabschluß an allen vollzeitbeschäftigten Arbeitskräften

** Anteil aller Arbeiter mit abgeschlossener betrieblicher Berufsausbildung bzw. Fachschulabschluß an allen vollzeitbeschäftigten Arbeitskräften

Auch an dieser Stelle ist allerdings anzumerken, daß zum einen mit dem formalen Bildungsabschluß nicht das gesamte Spektrum beruflicher Qualifikationen erfaßt werden kann. Zum anderen wäre insbesondere die geringe Dynamik des Einsatzes fachlich ausgebildeter Arbeitskräfte, unter Umständen auch im Sinne eines akuten Fachkräftemangels, in den innovationsstarken Wirtschaftszweigen des Produzierenden Gewerbes zu interpretieren. Die Hypothese eines zumindest partiellen Fachkräftemangels erfährt für den Arbeiterbereich eine ansatzweise Bestätigung in der Tatsache, daß in innovativen Branchen des Produzierenden Gewerbes

- zum einen ein relativ geringer Teil der Arbeitskräfte (40%) als Facharbeiter beschäftigt ist (zum Vergleich: bei zurückhaltenden Innovatoren sind etwa zwei Drittel aller Arbeiter in Facharbeiterfunktionen tätig) und
- zum anderen ein vergleichsweise großer Teil der Facharbeiter keine abgeschlossene Berufsausbildung nachweisen kann, und deren Beschäftigungsanteil - im Gegensatz zur Gruppe der zögernden bzw. zurückhaltenden Innovatoren - im Laufe der 80er Jahre sogar noch zunahm.

Es ist somit festzuhalten, daß die in den 80er Jahren besonders innovativen Branchen, wie etwa ein Großteil der Investitionsgüterhersteller sowie einige andere Wirtschaftszweige, ihre Neuerungstätigkeit auf einer vergleichsweise breiten Humankapitalbasis, d.h. einem relativ großen Anteil höher- und hochqualifizierter Arbeitskräfte, aufgebaut haben. Die Verfügbarkeit qualifizierten Personals - sowohl mit technischem als auch mit kaufmännisch-organisatorischem Wissen - erweist sich für die Planungs- und Implementierungsphase neuer Techniken als bedeutender Faktor. Die oftmals betonte Rolle von Facharbeiterqualifikationen für eine erfolgreiche, d.h. effiziente Nutzung moderner Techniken war dagegen anhand des vorliegenden Datenmaterials kaum schlüssig zu belegen. Letzteres könnte Ausdruck eines quantitativen Ungleichgewichts zwischen Facharbeiternachfrage und -angebot sein, sollte aber auch Anlaß sein, über inhaltliche Aspekte der Facharbeiterausbildung und ihre Vereinbarkeit mit den Erfordernissen moderner Techniken nachzudenken.

3. Institutionelle Rahmenbedingungen und Technikadaption

Wie eingangs erwähnt, war es die Zielsetzung des Projekts, nicht nur die Beschäftigungswirkungen von Innovationen, sondern auch die Ursachen der Neuerungsaktivitäten zu analysieren, da sich beide Prozesse gegenseitig bedingen. Zur Erklärung der Innovationstätigkeit wurden ökonometrische Modellrechnungen durchgeführt, deren Ergebnisse sich wie folgt zusammenfassen lassen (Abbildung 3.1):

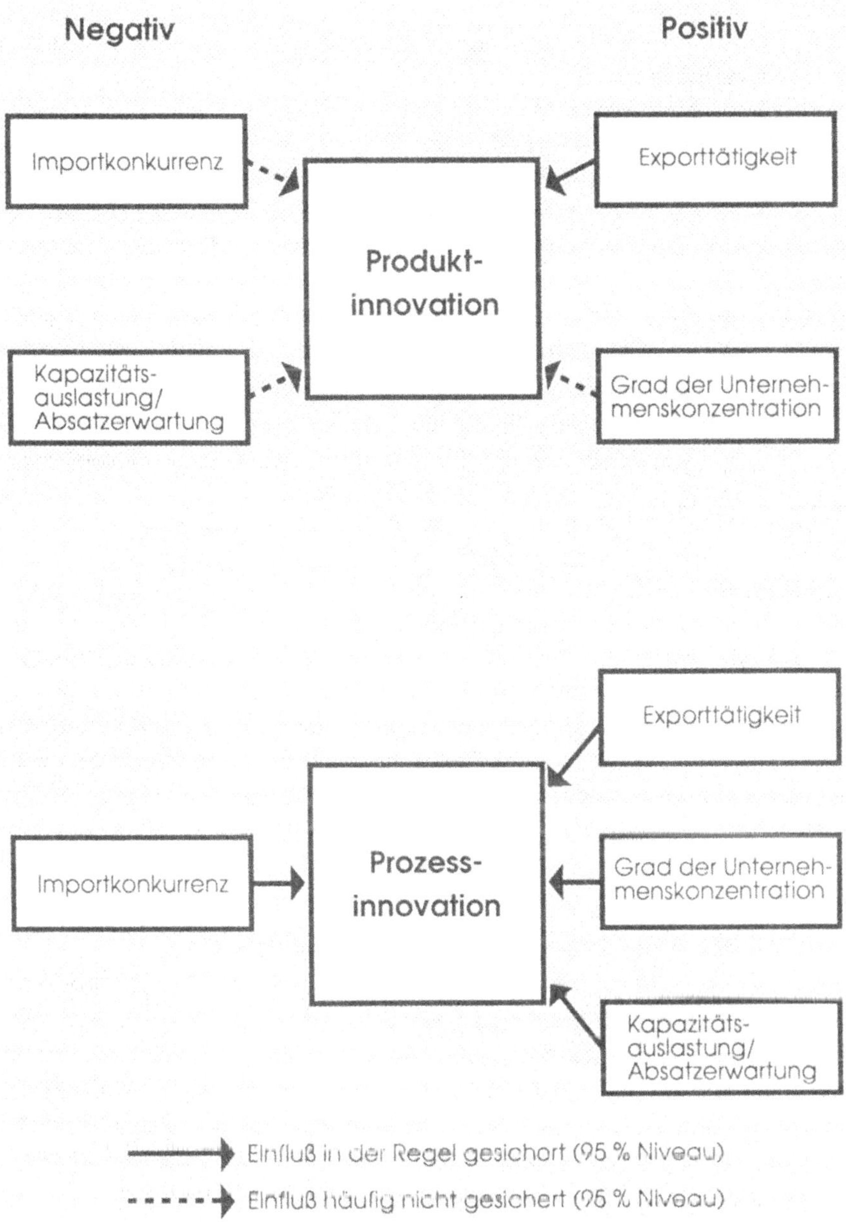

Abbildung 3.1: Determinanten des Technikeinsatzes und ihre Einflußrichtung

- Branchen, die einem starken Wettbewerbsdruck - vor allem auf ausländischen Märkten - ausgesetzt sind, stehen unter einem stärkeren Innovationszwang als Branchen mit weniger intensiven außenwirtschaftlichen Konkurrenzbeziehungen - gemessen am Exportanteil.
- Eine starke Importkonkurrenz auf heimischen Märkten erweist sich dagegen als ein Faktor, der die Innovationstätigkeit tendenziell negativ beeinflußt. Inländische Unternehmen reagieren offensichtlich auf hohen Importdruck in der Regel nicht (mehr) mit verstärkten Anstrengungen der Effizienzsteigerung, sondern ziehen sich tendenziell aus den Märkten der - arbeitsintensiv produzierten - Importgüter zurück.
- Unternehmen, die in einem funktionalen Wettbewerb mit wenigen - in der Regel großen - Konkurrenten stehen, zeigen eine stärkere Neigung bzw. unterliegen einem größeren Zwang, die Produktionsprozesse rationeller zu gestalten.
- Ein innovatives Umfeld, das nicht zuletzt auch aus günstigen Absatzaussichten und einer hohen Kapazitätsauslastung resultiert, erweist sich - insbesondere für Prozeßänderungen - als innovationsfördernder Faktor.

Die institutionellen Bedingungen, unter denen sich die ökonomischen Prozesse vollziehen und die - wie eingangs erwähnt - als ein wesentliches Bündel von bestimmenden Faktoren des Technikeinsatzes und seiner Wirkungsweise im Produktions- und Beschäftigungssystem anzusehen sind, konnten in diesem quantitativen Ansatz jedoch nicht als zusätzliche Determinanten berücksichtigt werden. Auf der Grundlage vorliegender Literatur und einiger vergleichender statistischer Analysen wurde deshalb die Rolle der industriellen Beziehungen zwischen Arbeitgebern und Arbeitnehmern bzw. ihrer Vertreter auf die Gestaltung und die betriebliche "Verarbeitung" (insbesondere hinsichtlich der Altersstrukturen) der Modernisierungsprozesse ergänzend beleuchtet.

3.1 Industrielle Beziehungen und Technikeinsatz

Die neuen mikroelektronik-gestützten Techniken bieten eine Vielzahl von Ansatzpunkten für gestalterische Einflußnahmen. Anders als die Automatisierungsprozesse früherer Jahre sind sie weder durch die technischen Potentiale noch in ökonomischer Hinsicht durch die Kosten- und Konkurrenzsituation an bestimmte Formen der Arbeitsorganisation gebunden, sondern öffnen einen Korridor verschiedener Formen von Arbeitsteilung und Arbeitszuschnitt, die alle mit einer bestimmten Technik vereinbar sind (Lutz/Schultz-Wild 1986). Eine Reorganisation der gesamten betrieblichen Abläufe ist heute vielfach fester Bestandteil der mit dem Technikeinsatz verfolgten Strategie. Hierfür hat sich allgemein der Begriff der "systemischen" Rationalisierung durchgesetzt (Baethge/Overbeck 1986), wobei zu bemerken ist, daß Innovationen - wie in den verschiedenen Teilprojekten der Meta-Studie immer wieder betont wurde - nicht allein auf den Aspekt der Rationalisierung, d.h. der ökonomischen Kostensenkung und Effizienzsteigerung, beschränkt sind.

Industrielle Beziehungen und Ausbildungssystem, die durch die Arbeitnehmer bzw. deren Vertreter (Gewerkschaften, Betriebsräte) entscheidend mitbestimmt werden, sind vor diesem Hintergrund wichtige Determinanten für die Auswahl, Planung und Implementierung neuer Techniken und neuer Produkte. Die Voraussetzungen für eine aktive Einflußnahme der Arbeitnehmervertreter auf den damit angerissenen Gestaltungsprozeß werden für die Bundesrepublik - im internationalen Vergleich - wegen des eine breite (Fach-)Ausbildung betonenden Ausbildungssystems, des weitgehend kooperativen Klimas zwischen Arbeitgebern und Arbeitnehmern - insbesondere auf betrieblicher Ebene - sowie wegen der hier in den vergangenen Jahren weiter verstärkt auf Qualitätswettbewerb ausgerichteten Unternehmensstrategie als vergleichsweise gut eingeschätzt (Sorge/Streeck 1987). Diese Faktoren ermöglichen bzw. erfordern vielfach eine dezentrale und damit den Arbeitnehmerinteressen entgegenkommende Organisationsform (Helfert 1987).

Für die Beteiligung der Arbeitnehmer an diesem Prozeß stehen - neben den Einflußmöglichkeiten auf die Ausgestaltung gesetzlicher Regelungen und Verordnungen - grundsätzlich zwei Ebenen offen. Auf der Ebene der Tarifverhandlungen werden durch unternehmensübergreifende, branchenbezogene Abkommen zusätzliche Rahmenbedingungen für den Technikeinsatz und die Auswirkungen auf die Arbeitnehmer eines Wirtschaftszweiges geschaffen. Auf Betriebsebene stehen dagegen der konkrete Einsatz neuer Techniken durch das Unternehmen und die Folgen für die Betriebsangehörigen im Vordergrund der Arbeit (der Betriebsräte). Auf beiden Ebenen verändern sich allerdings im Zuge des allmählichen Wandels der Innovationsstrategien von der Nutzung von Einzeltechniken zu eher systembezogenen Vorgehensweisen ("systemische" Rationalisierung) die Anforderungen an die Handlungskonzepte der Arbeitnehmervertreter, die ihre Aktivitäten immer weniger an spezifischen Techniken und immer stärker an gesamtbetrieblichen Organisationsfragen orientieren müssen (Bispinck und Helfert 1987). Welche Ansätze hierzu auf beiden Ebenen gegenwärtig vorhanden sind, soll nun kurz dargestellt werden.

Tabelle 3.1: Rationalisierungsschutz in den Wirtschaftszweigen

	Besch. 1985 in 1000	effektiv Begünstigte durch Rationalisierungsschutz in %	Kündigungsschutz in %	Sicherungsniveau in %
Landwirtschaft, Fischerei	231,1	-	-	-
Energiewirtschaft	245,1	23,5	13,3	20,1
Bergbau	227,8	3,6	32,0	13,1
Verarbeitendes Gewerbe	7.814,3	53,4	13,3	40,0
Chemie	574,7	46,6	23,5	38,9
Mineralölverarbeitung	27,8	57,3	27,5	47,3
Kunststoffherstellung	238,6	27,7	19,0	31,1
Gummiverarbeitung	98,8	32,9	9,8	25,0
Steine/Erden	190,4	22,3	8,5	17,7
Feinkeramik	65,0	44,3	11,6	33,4
Glasgewerbe	69,3	9,0	14,1	10,7
Stahlerzeugung	206,2	-	9,0	3,0
NE-Metallerzeugung	60,0	-	-	-
Gießereien	105,6	75,5	10,8	53,9
Zieh., Kaltw., Stahlver.	287,6	74,9	8,7	52,8
Stahl-, Leichtmetallbau	184,4	76,4	8,5	53,7
Maschinenbau	936,8	76,8	10,6	54,7
Herstellung von ADV-Anlagen	78,3	74,8	5,7	51,7
Straßenfahrzeugbau	974,7	74,5	7,2	52,0
Schiffbau	47,2	78,8	11,4	56,2
Luftfahrzeugbau	53,0	77,2	7,6	53,9
Elektrotechnik	997,0	74,9	8,9	52,8
Feinmechanik, Optik	203,9	73,1	8,5	51,5
Herstellung von EBM-Waren	334,3	76,3	10,5	54,3
Herstellung von MSSS-Waren[1]	50,7	75,8	11,4	54,3
Holzbearbeitung	60,3	16,8	12,1	15,2
Holzverarbeitung	350,5	13,6	6,1	11,1
Papiererzeugung	58,7	50,3	25,5	42,0
Papierverarbeitung	97,3	42,6	-	28,4
Druckgewerbe	211,4	81,4	-	54,2
Textilgewerbe	256,7	36,6	11,7	28,3
Ledergewerbe	85,5	39,2	9,2	29,2
Bekleidungsgewerbe	215,8	1,9	7,8	3,9
Ernährungsgewerbe	575,0	5,4	8,9	6,6
Getränkeherstellung	101,7	30,6	24,9	28,7
Tabakverarbeitung	17,2	57,2	25,5	46,6
Bauhauptgewerbe	1.025,1	-	-	-
Ausbaugewerbe	592,3	-	1,0	0,3
Großhandel, Handelsvermittl.	1.113,8	-	10,6	3,5
Eisenbahnen	133,0	3,6	59,6	22,2
Schiffahrt	58,4	-	3,2	1,1
Straßenverkehr	570,5	2,1	3,4	2,5
Nachrichtenübermittlung	233,3	42,0	42,0	42,0
Kreditinstitute	581,8	19,5	7,9	15,6
Versicherungen	222,7	39,5	16,1	31,7
Wohnungsvermietung	132,1	12,4	4,0	9,6
Gaststätten, Hotels	472,8	-	1,0	0,3
Wissenschaft, Kunst, Publizistik	257,5	3,2	0,3	2,2
Gesundheitswesen	435,5	-	-	-
Übrige Dienstleistungen	1.106,6	-	0,2	0,1
Gebietskörperschaften	2.088,0	42,0	42,0	42,0
Sozialversicherung	249,7	3,5	7,1	4,7
Alle Wirtschaftszweige	20.378,4	26,8	12,4	22,6

1 Musikinstrumente, Spielwaren, Sportgeräte, Schmuck

3.1.1 Gewerkschaftliche Tarifpolitik und Innovation

Das auf Zusammenarbeit gerichtete Verhältnis der Tarifpartner in der Bundesrepublik hat vielfältige gesetzliche und tarifvertragliche Regelungen begünstigt, die in erster Linie das Ziel verfolgen, inter- und intrasektorale Umstrukturierungsprozesse möglichst sozialverträglich ablaufen zu lassen und in ihren Arbeitsmarktwirkungen abzufedern. Dies gilt auch für Überlegungen zum tarifvertraglichen Rationalisierungsschutz, die schon relativ früh (1968 in der Metallindustrie) angestellt wurden.

Rationalisierungsschutzabkommen werden für einzelne Branchen bzw. Tarifbereiche abgeschlossen und können auf die spezifischen Bedingungen einzelner Betriebe aus naheliegenden Gründen nicht eingehen; sie sind eher allgemeinverbindlich und breit angelegt und bieten - oft explizit - Raum für betriebliche Vereinbarungen. Erst Ende der 70er Jahre hielten - etwa im RTS-Vertrag der Druckindustrie - spezielle Elemente, die sich gezielt mit einzelnen Techniken und spezifischen Arbeitskräftegruppen befaßten, Einzug in die Rationalisierungsschutzabkommen. Auch dort dominierte allerdings weiterhin das reaktiv-abfedernde (Arbeitsplatzsicherung) gegenüber dem aktiv-gestalterischen Element. Ungeachtet dessen dürfte jedoch von den bestehenden Abkommen ein eher "indirekter" Einfluß auf die Innovations- und Personalentscheidungen ausgehen. Solange sie - ähnliches gilt für die gesetzlich fixierten sozial- und arbeitsmarktpolitischen Regelungstatbestände - von den Unternehmen ausschließlich als zusätzliche Kostenbelastung empfunden werden, wird dadurch unter Umständen die Innovationsbereitschaft und die daran geknüpfte Gewinnerwartung geschmälert. Dieser - auf einer grundsätzlichen Konflikthaltung der Sozialpartner basierenden - Hypothese kann jedoch eine auf kooperative Zusammenarbeit der Tarifpartner bauende Alternativhypothese gegenübergestellt werden: Sicherungsabkommen decken danach für die Unternehmen auch ein Stück ihrer Entscheidungs- und Planungsunsicherheit ab, da sie eine Nutzen-Kosten-Analyse des Technikeinsatzes erleichtern. So gesehen könnten von den Sicherungsabkommen - ebenfalls aus einem durchaus ökonomisch-rationalen Kalkül heraus - auch positive Impulse für die Innovationsbereitschaft ausgehen.

Potentiell gelten in den 80er Jahren (Stand: Anfang 1986) Rationalisierungsschutzabkommen für etwa die Hälfte aller im Rahmen von Tarifverträgen beschäftigten Personen; d.h. in Tarifbereichen und -regionen, für die solche Abkommen bestehen, arbeiten etwa 50% aller tarifvertraglich erfaßten Arbeitskräfte. Sogenannte "Kündigungsschutz- und Verdienstsicherungsabkommen" für ältere Arbeitskräfte galten für potentiell etwa drei Viertel aller durch tarifvertragliche Regelungen erfaßten Personen. Aufgrund der in den meisten dieser Abkommen noch enthaltenen

Koppelungen der Schutzbestimmungen an das Lebensalter und die Dauer der Betriebszugehörigkeit sind naturgemäß nicht alle potentiell begünstigten Arbeitskräfte tatsächlich durch Schutzabkommen abgesichert. Erst in neueren Vereinbarungen in einigen Tarifbereichen (Metallverarbeitung, Druckgewerbe) wird der Schutz nicht mehr auf bestimmte Altersgruppen oder Langzeitbeschäftigte beschränkt. Unter der Annahme, daß ein Großteil der älteren Arbeitnehmer das Kriterium einer genügend langen Betriebszugehörigkeit erfüllt, hat trotzdem schätzungsweise nur etwa ein Viertel der Arbeiter und Angestellten in der Bundesrepublik effektiv Anspruch auf Absicherung durch die bestehenden Rationalisierungsschutzabkommen, und nur etwa 12% fallen aufgrund ihres Alters und der Dauer der Betriebszugehörigkeit unter die Bestimmungen der vielfältigen Kündigungsschutz- und Verdienstsicherungsabkommen.

Insbesondere in den investitionsgüterproduzierenden Branchen, für die ja größtenteils der Metalltarifvertrag gilt, und im Druckgewerbe, aber auch im Umfeld der Chemischen Industrie, der Papiererzeugung sowie im Versicherungsgewerbe und in der Nachrichtenübermittlung (Bundespost) ist ein relativ hoher Prozentsatz der Arbeitskräfte "abgesichert" (Tabelle 3.1), weil hier meist bundeseinheitliche Verträge bestehen und oft ein hoher Anteil älterer Arbeitnehmer zu verzeichnen ist. Diese Branchen weisen ein relativ hohes "Sicherungsniveau" auf, das sich aus einer Kombination der Anteile der jeweils in den Branchen durch Rationalisierungsschutzabkommen bzw. Verdienstsicherungs- und Kündigungsschutzabkommen erfaßten Beschäftigten errechnet. Gruppiert man die untersuchten Branchen in

- solche mit hohem Sicherungsniveau (mehr als 30%),
- solche mit mittlerem Schutz (zwischen 10 und 30%) sowie
- solche mit geringem Rationalisierungsschutz (weniger als 10%),

dann läßt sich in den Wirtschaftszweigen mit relativ starkem Schutz - bei graduellen Unterschieden - keinesfalls eine gegenüber anderen Wirtschaftszweigen zurückhaltendere Innovationstätigkeit erkennen. Eher das Gegenteil war der Fall: Die Investitionen in technikintensive Güter wurden beispielsweise in diesen Branchen um knapp 37% (zwischen 1979/80 und 1984/85) erhöht. In den Branchen mit schwach ausgeprägtem Rationalisierungsschutz (z.B. der Stahlindustrie, der Bekleidungsindustrie, dem Handelssektor oder dem Verkehrssektor) wurden dagegen entsprechende Investitionen nur gut halb so stark ausgedehnt. Ein ähnliches, eher noch ausgeprägteres Bild ergibt sich, wenn man die Innovationstätigkeit im Verarbeitenden Gewerbe in Abhängigkeit von bestehenden Rationalisierungsschutzbestimmungen untersucht, was angesichts der angedeuteten Konzentration solcher Abkommen in diesem Wirtschaftsbereich besonders interessant erscheint. Für diesen Wirtschaftsbereich ließ sich im übrigen auch eine Bereinigung der Innovationstätigkeit einzelner Branchen um den Größenstruktureffekt durchführen, die aufgrund von Erfahrungen aus anderen Untersuchungen zu den Innovationsaktivitäten verschiedener Typen von Unternehmen geboten erschien. Die angedeuteten Unterschiede zwischen Branchen mit hohem und mit geringem Sicherungsniveau werden durch eine solche Bereinigung jedoch nicht grundlegend tangiert (Abbildung 3.2).

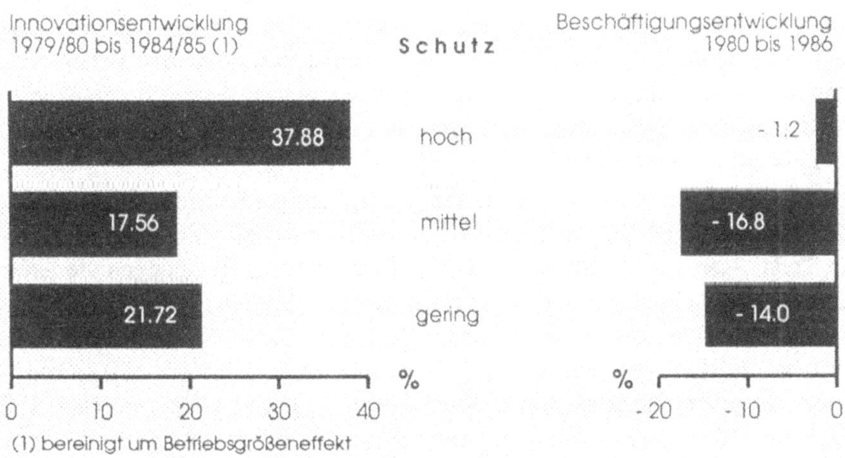

Abbildung 3.2: **Branchengruppen mit unterschiedlichem Rationalisierungsschutz - Verarbeitendes Gewerbe -**

Insgesamt können diese Resultate insofern nicht überraschen, als sich die gewerkschaftlichen Aktivitäten hinsichtlich eines Rationalisierungsschutzes insbesondere auf die Wirtschaftsbereiche konzentriert haben dürften, in denen durch verstärkte Innovationstätigkeit Arbeitsplätze in Gefahr gerieten. Allerdings liegen die konkreten Anlässe hierfür - gerade in den Branchen des Produzierenden Gewerbes - oft schon länger zurück. Je mehr dies der Fall ist, um so mehr dürften die Unternehmen der betroffenen Branchen die bestehenden Abkommen mittlerweile als Teil der allgemeinen Rahmenbedingungen, unter denen sie produzieren, empfinden. Aus diesen Überlegungen heraus läßt sich mit aller gebotenen Vorsicht schlußfolgern, daß das Bestehen von Schutzbestimmungen zur Absicherung der Arbeitskräfte gegen einschneidende Folgen technisch-organisatorischer Umstrukturierungen bei den Unternehmen nicht zu einer meßbaren Innovationszurückhaltung geführt hat, sondern eher das Gegenteil der Fall zu sein scheint. Es ist deshalb zu vermuten, daß die

Schutzabkommen in den Unternehmen dazu beigetragen haben, den Technikeinsatz und seine Folgewirkungen überschaubarer zu gestalten und damit die Akzeptanz zu erhöhen.

Nicht mit letzter Sicherheit ist allerdings - wegen des Fehlens entsprechender Daten für eine Periode ohne Rationalisierungsschutz - zu klären, ob die Innovationstätigkeit bei dynamischen Innovatoren ohne die Sicherungsabkommen (noch) kräftiger gewesen wäre. Die Tatsache, daß immerhin acht von elf Wirtschaftszweigen des Verarbeitenden Gewerbes, die nach der im Rahmen der Forschungsarbeiten vorgenommenen Klassifikation als dynamische Innovatoren gelten (Warnken/Ronning 1988, Kap. 2.6.), ein vergleichsweise hohes Niveau des tarifvertraglichen Rationalisierungsschutzes aufweisen, läßt allerdings die genannte Vermutung als wenig begründet erscheinen.

Sicherlich gibt es eine Vielzahl anderer Einflußfaktoren, die das Innovationsverhalten bestimmen, und sicherlich kommt in den Rationalisierungsschutzabkommen nur ein Teil dessen zum Ausdruck, was an sozialpolitischen Regelungen die Arbeitsmarktbeziehungen allgemein und speziell im Hinblick auf den Einsatz neuer Techniken beeinflußt. Der aufgezeigte positive Zusammenhang zwischen Rationalisierungsschutz und Innovationstätigkeit darf deshalb zwar nicht mit einem kausalen Zusammenhang gleichgesetzt werden, auch wenn sich in ihm eine innovationsfördernde, kooperative Zusammenarbeit zwischen den Tarifpartnern andeutet. Genauso wenig kann er jedoch aufgrund der Tatsache, daß viele der gegenwärtig gültigen Vereinbarungen schon vor längerer Zeit abgeschlossen wurden und mittlerweile als fixer Bestandteil des unternehmerischen Planungsrahmens anzusehen sind, allein in der Richtung interpretiert werden, daß überall dort, wo der Einsatz neuer Techniken realisiert bzw. geplant worden ist, gewerkschaftliche Reaktionen in den Tarifverhandlungen ausgelöst wurden.

Ähnliches gilt im Hinblick auf den Zusammenhang zwischen Sicherungsniveau und Beschäftigung, wenn sich für das Verarbeitende Gewerbe feststellen läßt, daß

- die Branchen des Verarbeitenden Gewerbes, in denen die Arbeitskräfte in vergleichsweise großem Maße Rationalisierungsschutz genießen und die - wie gesehen - in stärkerem Umfang innoviert haben, alles in allem zwischen 1980 und 1986 ihren Beschäftigungsstand etwa aufrechterhalten konnten (-70.000 oder -1,2%);
- Branchen mit mittlerem Sicherungsniveau - vor dem Hintergrund einer geringeren, jedoch durchaus nennenswerten Innovationstätigkeit - ihren Personalbestand dagegen im gleichen Zeitraum um etwa 234.000 oder 16,8% abbauten, während
- Wirtschaftszweige mit geringem Sicherungsniveau bei einer etwa vergleichbaren Innovationstätigkeit die Zahl ihrer Beschäftigten um insgesamt 420.000 oder 14% reduzierten (Abbildung 3.2).

Sicherlich ist bei der Ableitung genereller Schlußfolgerungen aus einer solchen deskriptiven Gegenüberstellung Vorsicht geboten. Auch eine regressionsanalytische Überprüfung des Zusammenhanges zwischen Sicherungsniveau und relativer Beschäftigungsentwicklung läßt jedoch einen - wenn auch nicht besonders starken - positiven Zusammenhang erkennen. Gerade die Entwicklung der Beschäftigtenzahl ist von einer Vielzahl anderer Faktoren (z.B. der Nachfrageentwicklung) beeinflußt; angesichts des Zusammentreffens von relativ ausgeprägter Innovationstätigkeit, vergleichsweise günstiger Beschäftigungsentwicklung und hohem Sicherungsniveau ist jedoch zu vermuten, daß im tarifvertraglich vereinbarten Rationalisierungsschutz zumindest kein bedeutender Hemmschuh der ökonomisch-technischen Entwicklung zu sehen ist.

3.1.2 Industrielle Beziehungen auf betrieblicher Ebene und ihr Einfluß auf den Technikeinsatz

Tarifvertragliche "Rahmen"-Abkommen erreichen schon von ihrer Konzeption her stets nur ein gewisses Maß an Detailliertheit. Dies gilt insbesondere, wenn sie - wie etwa im Falle der Metallindustrie - für ein breites, heterogenes Spektrum von Wirtschaftszweigen abgeschlossen sind. Aber auch z.B. die Umsetzung des sogenannten "RTS-Vertrages" in die betriebliche Praxis der Druckindustrie hat Probleme aufgeworfen, obwohl es sich hierbei doch um eine durchaus schon spezialisierte (schwerpunktmäßig sollte der Einsatz von modernen Texterfassungsgeräten geregelt werden) und auf eine bestimmte Gruppe von Arbeitskräften (die Schriftsetzer) abzielende Vereinbarung handelt (Robak/Schlecht 1983). Dies legt zum einen die Folgerung nahe, daß die Gewerkschaften ihre tarifpolitische Strategie an die veränderten - grundsätzlich auf die gesamten betrieblichen Abläufe ausgerichteten - Anforderungen des Umgangs mit neuen Techniken anpassen müssen. Es unterstreicht jedoch zum anderen ebenso, wie wichtig aus Sicht der Beschäftigten Vereinbarungen auf Betriebsebene sind - sei es in kodifizierter oder auch in informeller Form. Diese bewirken zwar für die Unternehmen - ähnlich wie tarifvertragliche Regelungen - zunächst im allgemeinen eine erhöhte Kostenbelastung, da den Beschäftigten Zugeständnisse bei der Lohnhöhe, der Arbeitszeit usw. gemacht werden. Von ihnen können jedoch aus Unternehmenssicht durchaus auch positive Effekte ausgehen, wenn es durch sie gelingt, die Arbeitnehmer in den Innovations- und Rationalisierungsprozeß einzubinden, ihre Bereitschaft und ihr aktives Interesse an der Gestaltung der Maßnahmen zu fördern und damit die Akzeptanz zu erhöhen. Eine positive Einstellung der Arbeitskräfte zu den Innovationen kann sich dann in höherer Arbeitsproduktivität niederschlagen.

Eine Beteiligung der Betriebsräte am Rationalisierungsprozeß ist durchaus gegeben, ihr Einschaltungsgrad lag - im Bereich der Metallverarbeitung - schon zu Anfang der 80er Jahre bei über zwei Dritteln. Dabei kommt es jedoch nicht auf breiter Front zu einer zwischen Betriebsrat und Unternehmensleitung abgestimmten Personalplanung (nur 35%) (IG Metall 1983). Die Mitsprache der Betriebsräte beschränkt sich also oftmals auf Maßnahmen der "sozialen Abfederung" von Rationalisierungsmaßnahmen und beeinflußt nur in begrenztem Maße die Entscheidung über Art und Umfang der Nutzung neuer Techniken. Aus einer - nicht repräsentativen - Analyse von bestehenden Betriebsvereinbarungen zur Arbeit an Datensichtgeräten (Sedeno-Andres u.a. 1981) läßt sich beispielsweise ablesen, daß von diesen nur 45% eine Information und Partizipation der Betroffenen vorsehen, die zudem oftmals auf ausgewählte Aspekte der Mitsprache beschränkt ist.

Die darin zum Ausdruck kommende Beschränkung der konkreten Mitwirkung betroffener Arbeitnehmer und ihrer betrieblichen Vertreter bei der Gestaltung des Technikeinsatzes ist nicht zuletzt schon durch die Formulierung der Rechte des Betriebsrats im Betriebsverfassungsgesetz (BetrVG) vorgezeichnet. Hier wird eindeutig das Schwergewicht auf (nachträgliche) Korrekturen und Abfederungen der Auswirkungen neuer Techniken gelegt (Döbele-Berger u.a. 1985). Die Gründe dafür, daß bislang eine aktive Mitgestaltung technisch-organisatorischer Umstellungen nur wenig ausgeprägt ist, sind jedoch auch an anderer Stelle zu suchen:

1) Das Spektrum der Mitwirkungsmöglichkeiten ist erstens immer dann beschränkt, wenn die Information über geplante Maßnahmen den Betroffenen bzw. ihren Vertretern erst relativ spät zugeht. Nur im Falle frühzeitiger und umfassender Information setzt bei den Arbeitskräften eine aktive Auseinandersetzung mit den neuen Techniken ein, die sich zum einen relativ häufig in der Formulierung von konkreten Wünschen hinsichtlich der Arbeitsbedingungen äußert und zum anderen auch in einer verstärkten Bereitschaft zum Ausdruck kommt, in Projektgruppen mitzuarbeiten oder zumindest an der innerbetrieblichen Diskussion über die Auswirkungen der neuen Techniken teilzunehmen. Im Zuge der aktiven Auseinandersetzung mit den neuen Techniken ließ sich darüber hinaus eine gesteigerte Sensitivität für die Veränderungen der Arbeitsinhalte beobachten (Hattry/Sydow 1982). Auch in einer Repräsentativbefragung von 28.000 deutschen Erwerbstätigen wurde bei Arbeitskräften, die mit modernen Produktionsmitteln arbeiten, mit 80% eine recht hohe Akzeptanz festgestellt, die allerdings in dem Maße steigt, in dem die Betroffenen beteiligt und weiterqualifiziert wurden (Clauss 1988). Dies geschah jedoch in erster Linie bei Personal in Leitungsfunktionen (52%) und nur relativ selten bei Arbeitern (12%).

2) Zweitens stellt das traditionelle Rollenverständnis der Gewerkschaften bzw. der Betriebsräte einen Faktor dar, der einer gestaltenden Mitarbeit der Arbeitnehmerseite bei der Planung veränderter Produktionsabläufe entgegensteht. Sowohl auf überbetrieblicher als auch auf betrieblicher Ebene sehen die Arbeitnehmervertreter oft ihre primäre, und meist einzige Aufgabe darin, die Beschäftigten gegenüber den Folgen unternehmerischen Handelns abzusichern. Zwar fehlt es nicht an Stimmen, die in dieser Hinsicht die Notwendigkeit einer Neuorientierung betonen (Bleicher 1987) und die Abkehr von einer Absicherungsstrategie, wie sie sich in Rationalisierungsschutzabkommen ausdrückt, hin zu einer offensiven Innovationsstrategie postulieren (Hinz 1986). Ein solcher Strategiewandel kann sich jedoch augenscheinlich nur langsam vollziehen und ist in der gewerkschaftlichen Diskussion keineswegs abgeschlossen (Benz-Overhage 1985, Briefs 1986). Auch auf betrieblicher Ebene sind die abgeschlossenen Vereinbarungen überwiegend "ergebnisbezogen" und selten "prozeßbezogen" (DGB-Abteilung Angestellte und WSI-Projektgruppe HDA 1984).
3) Die Tatsache, daß sich der notwendige Umorientierungsprozeß innerhalb der Gewerkschaften und der betrieblichen Arbeitnehmervertretungen in den letzten Jahren nur zögernd vollzieht, resultiert zu einem großen Teil sicherlich aus der ungünstigen Arbeitsmarktlage der 80er Jahre. Im Zeichen allgemeinen Beschäftigungsabbaus bzw. hoher Arbeitslosigkeit müssen betriebliche und überbetriebliche Arbeitnehmervertreter andere Prioritäten setzen als in Zeiten einer ausreichenden Arbeitskräftenachfrage. Kurzfristige Bemühungen um Arbeitsplatz- und Einkommenssicherung dominieren dann längerfristige Strategien der Schaffung bzw. Absicherung günstiger Arbeitsbedingungen.
4) Hinzu kommt zum vierten, daß unter den Vorzeichen einer allgemeinen Unterbeschäftigung institutionalisierte Partizipation der Arbeitskräfte von den Geschäftsleitungen als Managementinstrument eingesetzt werden kann, weil es an einem aktiven Interesse der Betroffenen für ihre darin enthaltenen Mitspracherechte fehlt. Aus der Sicht der Firmenleitungen wird eine "Benutzerbeteiligung" in diesem Fall de facto als Informationsbeschaffung (Nutzung des Wissens und der Erfahrungen der Arbeitskräfte) und nicht im Sinne einer echten Mitbestimmung interpretiert (Hattry/Sydow 1982).

Ein besonderes Problem bei der Einflußnahme der Arbeitskräfte bzw. ihrer Vertreter auf den Prozeß der Technikeinführung dürfte die mangelnde Information der Betriebsräte darstellen. Neben den angesprochenen zeitlichen Aspekt der Information der Arbeitskräfte bzw. Betriebsräte tritt ein qualitativer Aspekt, denn eine frühzeitige Information - so wichtig sie ist - ist nur dann sinnvoll, wenn sie vollständig und umfassend erfolgt. Für die Mehrzahl betrieblicher Abstimmungsprozesse scheint symptomatisch, was sich in einer Untersuchung für den Bereich des Werkzeugmaschinenbaus ergab. Hier wurde festgestellt, daß in den untersuchten Betrieben zwar durchgängig eine Vorabinformation der Betriebsräte über geplante Modernisierungen stattfand, diese damit jedoch keinesfalls befähigt und angeregt waren, sich an der konkreten Planung der Maßnahmen zu beteiligen (Hildebrandt 1987). Für ein aktives Nachhaken fehlt es den Betriebsräten oft an Kompetenz - sowohl in sachlichen Fragen neuer Techniken als auch in Fragen der Informationsbeschaffung (Hildebrandt 1987): Die neuen Produktions- und Kommunikationstechniken stellen sie vor komplexe Aufgaben, da sie oft bereichsintegrierend wirken und zudem meist in einem sukzessiven Entscheidungs- und Planungsprozeß in die Betriebe "einsickern" (vgl. hierzu die Unterscheidung zwischen herkömmlicher und "systemischer" Rationalisierung bei Baethge/Overbeck 1986). Dabei tun sich von verschiedenen Seiten Hemmnisse auf, die ein effektives, gesamtstrategisches Handeln der Betriebsräte im Unternehmenszusammenhang behindern:

- Noch immer dominieren in der Betriebsratsarbeit - aus einer starken Bindung an traditionelle Gewerkschaftsstrategien resultierend - bestimmte Berufs- und Statusgruppen (Facharbeiter), während andere betriebliche Arbeitnehmergruppen (Techniker, mittleres Management, Angestellte allgemein) sich aus Karriereerwägungen nur wenig in der Betriebsratsarbeit engagieren.
- Die Vielzahl innovativer Maßnahmen, die gleichzeitig ablaufen - wofür die Schaffung von Projektmanagement-Abteilungen in den Unternehmen ein Indiz ist - erfordern die Spezialisierung innerhalb des Betriebsrats. Ein solches "Expertentum" kann jedoch zu institutionellen Problemen und zu einer persönlichen Isolation der betroffenen Betriebsratsmitglieder führen.
- Die für eine umfassende "Unternehmensstrategie" der Betriebsräte notwendigen Informationskanäle zwischen allen Gruppen der Belegschaft und dem Betriebsrat sind nicht fest gefügt, sondern eher zufällig. Dies kann durchaus Ausdruck eines partiellen Konflikts zwischen individuellen Interessen der Arbeitnehmer und gruppenorientierten Interessen der Betriebsräte im Umgang mit neuen Techniken sein (Kern/Schumann 1984).
- Die Möglichkeiten einer externen Informationsbeschaffung (Beratung) sind für den Betriebsrat oft begrenzt, da entsprechende Angebote in nur ungenügendem Umfang zur Verfügung stehen bzw. zu stark schematisiert sind, und damit keine Hilfestellung bei konkreten betrieblichen Fragen der Umsetzung von Arbeitnehmerinteressen im Planungsprozeß geben können.

Ein in diesem Zusammenhang nicht zu vernachlässigender Aspekt ist sicherlich die Betriebsgröße, denn zum einen ist davon auszugehen, daß Klein- und Mittelbetriebe bei der Nutzung neuer Techniken einer tendenziell größeren Unsicherheit unterliegen als Großbetriebe. Diese überträgt sich auf die allgemeine Arbeitsplatzsituation in den Betrieben und macht eine abgestimmte Planung zwischen Geschäftsleitung und

Betriebsrat nur noch dringlicher. Zum anderen gilt das Argument einer eingeschränkten Sach- und Informationskompetenz im Zusammenhang mit neuen Techniken für Arbeitnehmervertretungen in kleinen Betrieben sicherlich in besonderem Maße.

Arbeitnehmervertretungen in kleinen Betrieben, in denen ohnehin Innovationsentscheidungen nur unter vergleichsweise großer Unsicherheit und nur unter weitgehender und zeitraubender Hinzuziehung von externen Beratern getroffen werden (Ott 1985), sind oft sowohl vom zeitlichen Aufwand als auch von ihrer fachlichen Kompetenz - bedingt durch ihre Zusammensetzung nach Statusgruppen - nicht in der Lage, die vielfältigen rechtlichen und technischen Probleme des Einsatzes neuer Techniken vollständig zu erfassen und in ihre Arbeit umzusetzen (Brötz 1983). Hinzu kommt die oftmals höhere Fluktuation bei den Mitgliedern der Betriebsräte in kleineren Betrieben.

3.1.3 Fazit

Abschließend ist somit als Ergebnis einer Auswertung der vorliegenden Literatur und empirischer Fakten zum Einfluß industrieller Beziehungen auf den Einsatz neuer Techniken festzuhalten, daß die Mitwirkung(smöglichkeiten) von Arbeitnehmern bzw. deren Vertretern bei Entscheidungen über den Einsatz neuer Techniken erheblich begrenzt ist. Die Partner des Prozesses industrieller Beziehungen - einerseits die Unternehmen und Verbände sowie andererseits die Arbeitnehmer bzw. Gewerkschaften und Betriebsräte - werden sich erst allmählich der eventuellen Vorteile (effizienter Ressourceneinsatz, verbesserte Arbeitsbedingungen) eines abgestimmten Verhaltens bewußt:

- Die - überbetriebliche - Einflußnahme von Gewerkschaften kann nur Rahmensetzungen erreichen, die für einen gesamten Tarifbereich gelten und die zweifelsohne nicht in der Lage sind, Einzelproblemen, die sich bei der Planung und Realisierung neuer Verfahrenstechniken, aber auch neuer Produkte auftun, Rechnung zu tragen. Tarifvertragliche Regelungen (Rationalisierungsschutzabkommen im weiteren Sinne) können somit ausschließlich eine generelle Absicherung von Arbeitsplätzen und Arbeitsbedingungen im Falle akut drohender negativer Rationalisierungsfolgen garantieren. Das Bestehen solcher Abkommen hat in der Vergangenheit - vorsichtig formuliert - den Innovationsprozeß zumindest nicht behindert, weil sich in ihnen vermutlich ein Stück Planungssicherheit für die Unternehmen ausdrückt.

- Auf betrieblicher Ebene sind dagegen die Arbeitnehmervertreter (Betriebsräte) wesentlich besser mit den spezifischen Einsatzbedingungen neuer Techniken vertraut und könnten somit wesentlich differenzierter auf die konkrete Planung und Realisierung technisch-organisatorischer Umstrukturierungsmaßnahmen einwirken. Dem stehen jedoch eine Vielzahl formeller und informeller Faktoren entgegen, die bisher eine aktive Beteiligung von Betroffenen am längerfristigen Planungsprozeß der Nutzung neuer Techniken nur in Ausnahmefällen zugelassen haben.

3.2 Altersspezifische Verdrängungsmuster

Abkommen zum Rationalisierungsschutz - auf überbetrieblicher wie auf betrieblicher Ebene - sollen zwar grundsätzlich alle Arbeitskräfte vor einschneidenden (negativen) Folgen des Einsatzes moderner Techniken bewahren, primär wurden dabei jedoch ältere Arbeitskräfte als gefährdet angesehen. Von ihnen wird gemeinhin angenommen, daß sie weniger anpassungsfähig auf sich verändernde Arbeitsanforderungen und Arbeitsbedingungen an ihren betrieblichen Arbeitsplätzen reagieren können als jüngere Kollegen, aus Sicht der Betriebe damit zu "Hemmfaktoren" im Innovationsprozeß werden (können) und deshalb eines besonderen Schutzes bedürfen.

Es handelt sich bei einer solchen Kennzeichnung älterer Arbeitskräfte - zumindest im Bereich der Beurteilung der Leistungsfähigkeit - sicherlich in erster Linie um Vorurteile, die sich bei konkreter Überprüfung nur selten als haltbar herausstellen. Am wenigsten von der Hand zu weisen ist das Argument einer nicht ausreichenden oder falschen beruflichen Qualifikation älterer Arbeitnehmer - im Hinblick auf ihre Konfrontation mit bisher ungewohnten und neuartigen Anforderungen. Ein spezifisches Qualifikationsrisiko älterer Beschäftigter im Zusammenhang mit technologischen Änderungen hat - in Einzelfällen - z.B. eine Untersuchung für den Bundesminister für Arbeit und Sozialordnung ermittelt (Naegele 1983); diese Studie hat allerdings ebenso verdeutlicht, daß der Prozeß der Einführung neuer Techniken meist so evolutorisch verläuft, daß ältere Arbeitnehmer trotz eventueller Qualifikationsdefizite und einer Bevorzugung jüngerer Arbeitskräfte auf Arbeitsplätzen, die den Umgang mit modernen Produktionsmitteln erfordern, auch weiterhin (auf wichtigen Funktionen) in den Betrieben verbleiben. Der unter Umständen zur Anpassung der betrieblichen Humankapitalausstattung notwendige Austausch von älteren gegen jüngere Arbeitskräfte erfolgt demnach vornehmlich über natürliche Fluktuationsmechanismen und nur selten über Entlassungen.

Dies konnte durch die Untersuchungen der Projektgemeinschaft ISG/Prof. Ronning bestätigt werden. Demographische Einflüsse auf die Altersstrukturen wurden dabei durch eine "Kohortenanalyse" ausgeschaltet, wobei allerdings das vorliegende statistische Material - Auswertungen aus der Statistik der sozialversicherungspflichtig Beschäftigten - es nur erlaubt, den Arbeitskräftebestand einer - durch eine Fünf-Jahres-Spanne abgegrenzten - Altersgruppe des Ausgangsjahres 1980 (z.B. 40- bis 45jährige) mit dem Bestand der nächsthöheren Altersgruppe (45- bis 50jährige) im Endjahr 1985 zu vergleichen. Zwischenzeitliche Zugänge in diese "Kohorten" und Abgänge aus ihnen heraus, die nicht allein aus ökonomischen Gründen erfolgen, sind damit naturgemäß nicht zu erfassen. Es wurde deshalb angenommen, daß sich diese in etwa die Waage halten und somit durch den Bestandsvergleich ein zumindest ungefähres Bild davon gezeichnet wird, in welchem Umfang einzelne Altersgruppen (Kohorten) an einer allgemeinen Beschäftigungssteigerung bzw. -reduktion partizipieren. Für mittlere und ältere Alterskohorten erscheint eine solche Annahme durchaus gerechtfertigt. Ausgangspunkt war die Überlegung, daß nahezu alle Arbeitskräfte, die sich 1980 im Beschäftigungssystem befanden (ausgenommen wurden nur die über 65jährigen, für die keine Obergrenze der Altersgruppe zu bestimmen ist, die allerdings auch quantitativ kaum von Bedeutung sind), fünf Jahre später (1985) älter als 20 Jahre gewesen sind. Vergleicht man die Zahl der im Jahr 1980 15- bis 65jährigen Beschäftigten mit der Zahl der über 20jährigen Arbeitskräfte des Jahres 1985, so läßt sich per saldo eine Reduktion um gut 10% feststellen. Dem stehen natürlich Neuzugänge in der Altersgruppe der unter 20jährigen gegenüber, so daß die Gesamtzahl der sozialversicherungspflichtig Beschäftigten sich in dem genannten Zeitraum deutlich weniger, nämlich um 2,8%, reduzierte. Diese Entwicklung hat die einzelnen "Alterskohorten" in unterschiedlichem Umfang tangiert:

- Auf die Alterskohorten der im Jahr 1985 40- bis 50jährigen entfiel nur ein unterproportionaler Teil des allgemeinen Beschäftigungsabbaus. In diesen Alterskohorten reduzierte sich die Zahl der Arbeitskräfte zwischen 1980 und 1985 nur um 6 bis 7%.
- Mit Vollendung des 50. Lebensjahres steigt dagegen offensichtlich das Beschäftigungsrisiko, bzw. es nimmt die Neigung zu, Möglichkeiten eines vorzeitigen Ausscheidens aus dem Erwerbsleben zu nutzen - beides ist hier nicht eindeutig voneinander zu trennen: Arbeitskräfte, die zwischen 1980 und 1985 diese Grenze überschritten, verloren zu mehr als einem Zehntel, und damit etwa durchschnittlich, ihren Arbeitsplatz. Gleichzeitig verzeichneten Beschäftigte, die schon 1980 ein Alter von 50 oder mehr Jahren aufwiesen (Altersgruppe der im Jahr 1985 55- bis 60jährigen), einen Beschäftigungsabbau um fast ein Viertel.

Soweit die Entwicklung auf gesamtwirtschaftlicher Ebene, die als Meßlatte für die Beurteilung der strukturellen Verschiebungen in speziellen Gruppen von Branchen dienen soll. In erster Linie ist natürlich die Frage zu stellen, in welchem Umfang sich im Zusammenhang mit dem Einsatz neuer Techniken typische altersspezifische Verdrängungsmuster beobachten lassen, und ob sich die industriellen Beziehungen, d.h. das Bestehen überbetrieblicher (tarifvertraglicher) und betrieblicher Vereinbarungen zum Rationalisierungsschutz, auf die Ausprägung dieser Verdrängungsmuster ausgewirkt haben. Wenn bei der Beantwortung dieser Fragen von der "Kohorte" einer bestimmten Altersgruppe gesprochen wird, so ist damit - auch wenn dies nicht explizit erwähnt ist - stets die Gruppe der Arbeitskräfte gemeint, die sich 1985 in der jeweiligen Altersklasse befanden.

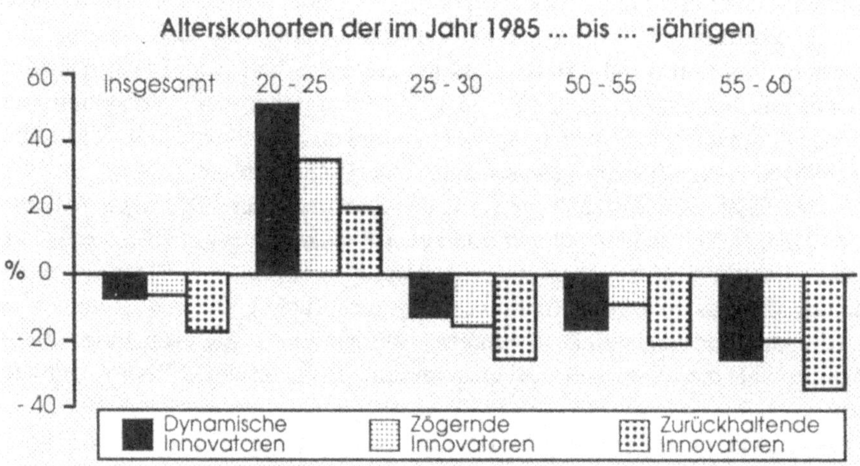

Abbildung 3.3: Beschäftigungsentwicklung nach Alter und Innovationsaktivität im Produzierenden Gewerbe
- 1980 bis 1985, in Prozent -

Vor dem Hintergrund einer quer über alle Branchen zu beobachtenden leichten Erhöhung des Durchschnittsalters der Beschäftigten und einer Intensität der altersstrukturellen Verschiebungen, die in innovationsstarken Wirtschaftszweigen - den sogenannten dynamischen Innovatoren - geringer war als für weniger innovative Branchen (Warnken/Ronning 1988), läßt sich für Branchen mit vergleichsweise ausgeprägter Innovationstätigkeit - gemessen an der Entwicklung einzelner Alterskohorten - eine deutlichere Tendenz zur Verjüngung ihrer Altersstruktur erkennen als für solche mit durchschnittlicher bzw. geringer Innovationstätigkeit:

- Innovationsstarke Wirtschaftszweige haben im betrachteten Zeitraum (1980 bis 1985) in wesentlich stärkerem Maße als andere Branchen Arbeitskräfte im Alter zwischen 20 und 25 Jahren aufgenommen. 1985 waren in dieser Alterskohorte 58% mehr Personen beschäftigt, als sich 1980 in der Altersgruppe der 15- bis 20jährigen befanden (im Produzierenden Gewerbe war dieser Beschäftigungszuwachs mit 51% fast ebenso groß - Abbildung 3.3). Diese Entwicklung ist allerdings - naturgemäß - nicht als Kohortenentwicklung zu interpretieren. Sie dürfte überwiegend aus Übergangsströmen aus dem Bildungssystem in das Beschäftigungssystem resultieren.
- Der (relative) Beschäftigungsrückgang bei den Arbeitskräften, die sich in den Alterskohorten der 1985 25- bis 35jährigen Personen befanden, lag in innovationsstarken Branchen erheblich unter dem durchschnittlichen Beschäftigungsabbau dieser Branchen. Gleichzeitig verzeichneten die gleichen Alterskohorten - zumindest im Produzierenden Gewerbe - in innovationsschwachen Wirtschaftszweigen einen Beschäftigungsrückgang, der in etwa dem des Durchschnitts aller Altersgruppen dieser Branchen entsprach (im Produzierenden Gewerbe -23%).
- Ältere Arbeitskräfte (50 Jahre und mehr), die ja - wie eingangs angedeutet - sowohl im allgemeinen als auch speziell im Gefolge des Einsatzes neuer Techniken als besonders gefährdetes Arbeitsmarktsegment im Strukturwandel gelten, haben zwar wegen des starken Zustroms jüngerer Arbeitskräfte in innovationsstarken Branchen Beschäftigungsanteile verloren, wurden dabei jedoch - prozentual - nicht in stärkerem Umfang freigesetzt als vergleichbare Arbeitskräfte in innovationsschwachen Branchen: In innovationsstarken Branchen des Warenproduzierenden Gewerbes verloren aus der Gruppe der Arbeitskräfte, die zwischen 1980 und 1985 das 50. Lebensjahr überschritten, per saldo etwa 15% ihren Arbeitsplatz, in den weniger innovativen Branchen waren es dagegen nahezu 21%. Ähnliche Unterschiede zwischen innovationsstarken (-32%) und innovationsschwachen Branchen (-36%) zeigen sich in der Alterskohorte der 55- bis 60jährigen.

Im großen und ganzen lassen sich somit in innovationsstarken Branchen des Produzierenden Gewerbes - aber auch der Dienstleistungen - für ältere Arbeitskräfte kaum Freisetzungseffekte erkennen, die auf einen gezielten Personalausleseprozeß zu Lasten dieser Beschäftigtengruppe, etwa wegen der ihnen unterstellten mangelnden Anpassungsfähigkeit, schließen lassen. Sie verlieren hier zwar, bedingt durch den Zustrom jüngerer Arbeitskräfte, mehr Beschäftigungsanteile als in weniger innovativen Branchen, ihre Zahl wird dabei jedoch nicht in stärkerem (relativen) Umfang reduziert als in den übrigen Branchen.

In vielen der innovationsstarken Wirtschaftszweige - schwerpunktmäßig des Warenproduzierenden Gewerbes - haben zudem industrielle Beziehungen in kodifizierter (tarifvertraglich vereinbarter) und informeller Form einen Rationalisierungsschutz hervorgebracht. Dieser Rationalisierungsschutz hat zwar insgesamt - wie erwähnt - den Innovationsprozeß und damit auch eine Beschäftigungsstabilisierung nicht konterkariert. Dem steht allerdings die Tatsache gegenüber, daß die tarifvertraglich geschlossenen Abkommen ihre ursprünglich intendierte Aufgabe, nämlich älteren Arbeitskräften einen besonderen Schutz zu bieten, nur bedingt erfüllen konnten. Bei einer Gruppierung der Branchen des Produzierenden Gewerbes nach der Höhe des institutionalisierten Rationalisierungsschutzes (Abbildung 3.4) ergibt sich ein ähnliches Bild wie bei der oben dargestellten Gruppierung nach der Innovationsstärke; beide Branchentypisierungen überschneiden sich in großem Maße:

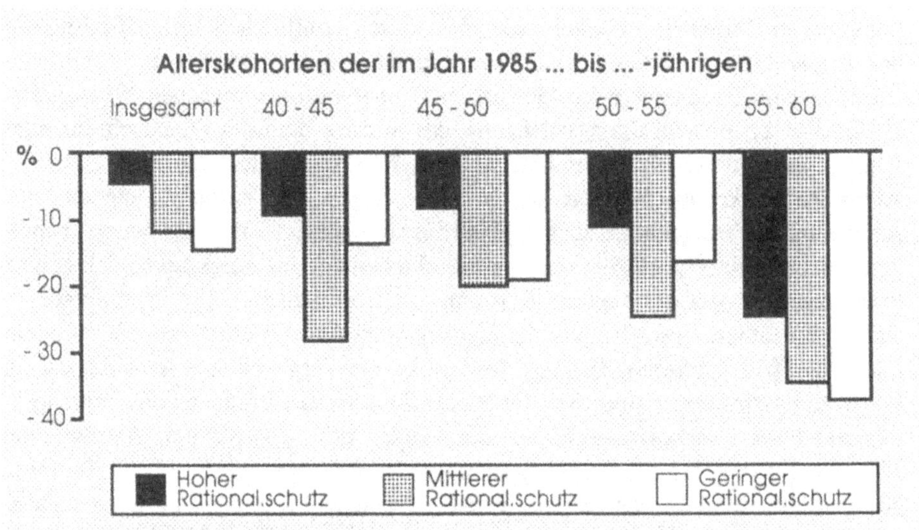

Abbildung 3.4: **Beschäftigungsentwicklung nach Alter und Rationalisierungsschutz im Produzierenden Gewerbe - 1980 bis 1985, in Prozent -**

- Auch die Branchen mit ausgeprägtem Rationalisierungsschutz lassen durchschnittlich eine deutliche Tendenz erkennen, in verstärktem Maße jüngere Arbeitskräfte zu beschäftigen - zumal wenn sie gleichzeitig als innovationsstark zu kennzeichnen sind. Wirtschaftszweige wie die Mineralölverarbeitung, die Herstellung von ADV-Anlagen oder der Luftfahrzeugbau haben in deutlich überdurchschnittlicher Weise junge Arbeitskräfte der Alterskohorte der 20- bis 25jährigen an sich gezogen und haben darüber hinaus sogar noch - im Gegensatz zum Gros der übrigen Industriebranchen - die Beschäftigtenzahl in der Alterskohorte der 25- bis 30jährigen durch Zugänge aufgestockt.

- Angesichts dieser starken Expansion im Bereich jüngerer Arbeitskräfte verwundert es nicht, daß ältere Beschäftigte in Branchen mit ausgeprägtem Rationalisierungsschutz in ihrer Bedeutung zurückgedrängt wurden. Sie verloren zwar nicht in stärkerem Maße ihre Arbeitsplätze als in Branchen mit geringem Schutzniveau, konnten jedoch an der - teilweise sogar in einer absoluten Erhöhung der Zahl der Arbeitsplätze einmündenden - Beschäftigungsentwicklung ihres Wirtschaftszweigs nur wenig teilhaben.

Den tarifvertraglichen Rationalisierungsschutzabkommen ist damit sicherlich eine zumindest teilweise Zielerreichung in defensiver Hinsicht nicht abzusprechen. Sie haben tendenziell dazu beigetragen, die Beschäftigung zu stabilisieren und dabei strukturelle Umschichtungen zwischen den Altersgruppen in Grenzen zu halten. Eine offensive Zielerreichung, etwa im Sinne einer Integration auch älterer Arbeitskräfte in neue oder veränderte Produktionsstrukturen und einer (weiteren) Nutzung ihrer betrieblichen Erfahrungen, kann den Schutzabkommen angesichts der präsentierten Befunde allerdings kaum bescheinigt werden.

Innovation und Anpassungsprozesse am Arbeitsmarkt

Ronald Schettkat, Bettina Bangel

1. Einleitung

Der Einsatz neuer Technologien im Produktionsprozeß verändert laufend die Qualifikationsanforderungen an die Beschäftigten. Lange Zeit dominierte die Dequalifikationsthese die Diskussion (Braverman 1977), nach der an die Mehrheit der Beschäftigten immer geringere Qualifikationsanforderungen gestellt werden. Neuerdings wird aber überwiegend die gegenteilige Entwicklung, die Reprofessionalisierung (Kern/Schumann 1985), für möglich gehalten. Die Entwicklung der Qualifikationsanforderungen, so die übereinstimmende Meinung, ist kaum technisch determiniert, sondern vielmehr das Ergebnis eines sozialen Prozesses (Doeringer/Piore 1971, Lutz 1986). Die neuen Technologien sind sehr viel flexibler einsetzbar als die alten Technologien, weshalb sie die Freiheitsgrade der Arbeitsorganisation weiter erhöhen und keinesfalls einschränken (Sorge et al. 1982).

Mit dem technologisch-strukturellen Wandel kommt es - gleichgültig, ob er zu einer Dequalifizierung oder Reprofessionalisierung führt - zu einer Ent- und Umbewertung alter Kenntnisse und Qualifikationen. Die mangelnde Anpassungsfähigkeit des Arbeitsangebotes an die veränderte Nachfragestruktur am Arbeitsmarkt wird in der Ökonomie unter der Überschrift der strukturellen Arbeitslosigkeit diskutiert und immer wieder als Ursache der wirtschaftlichen Wachstumsschwäche angeführt. Hinter dem Begriff der strukturellen Arbeitslosigkeit verbirgt sich in der Literatur eine schillernde Vielfalt von Sachverhalten (Freiburghaus 1978). Daneben finden sich in der wirtschaftswissenschaftlichen Literatur auch Begriffe wie die wachstumsdefizitäre, die technologische sowie die klassische, keynesianische und die steuerungsdefizitäre Arbeitslosigkeit (Schmid 1980).

"Strukturelle Arbeitslosigkeit" kann in der weitesten Fassung bedeuten, daß die Strukturen der Gesellschaft, der Wirtschaft und des Arbeitsmarktes für Arbeitslosigkeit verantwortlich gemacht werden, wie es beispielsweise in der "Eurosklerosis"-Diskussion (Giersch 1985) getan wird. So allgemein gefaßt ist der Begriff der strukturellen Arbeitslosigkeit "treffsicher", weil er den gesamten Möglichkeitsraum umspannt, zugleich ist er aber gerade deshalb für analytische Zwecke unbrauchbar.

Es wird im Zusammenhang mit dem technologisch-strukturellen Wandel auch von Strukturwandel-Arbeitslosigkeit oder Anpassungsdefizit-Arbeitslosigkeit gesprochen, denn es ist möglich, daß der (regionale, sektorale, technische) Strukturwandel Anpassungsprozesse auf dem Arbeitsmarkt erfordert, denen gegenüber die qualifikatorische Anpassung der Arbeitskräfte zurückbleibt. Wenn sich der Wandel auf der Nachfrageseite des Arbeitsmarktes schneller als auf der Angebotsseite vollzieht, kommt es zu Profildiskrepanzen. Die Qualifikationsstruktur der Arbeitnehmer kann so zum Engpaßfaktor für die wirtschaftliche Entwicklung werden, und ähnlich wie bei einem mangelnden (physischen) Produktionspotential würde eine isolierte Steigerung der globalen Nachfrage in einer solchen Situation zu einer höheren Inflation, aber kaum zu höherer Beschäftigung führen (hierzu Meidner/Hedborg 1984). Dies kann aber nur dann gelten, wenn die in den schrumpfenden Sektoren freigesetzten Arbeitnehmer aufgrund ihrer spezifischen Qualifikationen nicht in die expandierenden Sektoren wechseln können und sich die auf den Arbeitsmarkt tretende neue Generation nicht an neuen Qualifikationserfordernissen orientiert. Keinesfalls gilt die strukturelle, qualifikatorische Begründung der Arbeitslosigkeit aber, wenn es in der Ökonomie aufgrund anderer Faktoren an expandierenden Sektoren überhaupt mangelt (Abraham 1983). Zudem ist zu beachten, daß Fortbildung und Umschulung eine Anpassung an die neuen Erfordernisse ermöglichen (Schmid 1989).

Diese mit dem wirtschaftlichen Strukturwandel einhergehende Entwertung und Umbewertung von Qualifikationen ist weder für reine Neoklassiker noch für die reine "Globalsteuerer" ein ernsthaftes Problem. Beide Schulen fordern, daß nur die von ihnen favorisierten Mechanismen zur Wirkung kommen müssen, um das Anpassungsproblem zu lösen. Für die Neoklassik können Profildiskrepanzen langfristig kein Problem sein, wenn die Marktsignale nur stark genug sind, was über "mehr Markt am Arbeitsmarkt" (Soltwedel 1984) zu erreichen ist. Die Preissignale würden dann für eine optimale Allokation aller Ressourcen sorgen. Allerdings erfordert auch bei starken Preissignalen die Umorientierung Zeit, und selbst dann, wenn damit auf bestehende Problemlagen adäquat reagiert werden kann, versagt der Preismechanismus, wenn es um vorausschauende Anpassung geht (Meidner/Hedborg 1984).

Die Verfechter einer Globalsteuerung sehen zwar weniger im Preismechanismus das adäquate Mittel zur Steuerung des Ausgleichs von Profildiskrepanzen am Arbeitsmarkt, halten dafür aber eine Ausweitung der Absatzmöglichkeiten für ausreichend, um Arbeitslosigkeit zu beseitigen. Wenn sich nur genügend profitable Absatzmöglichkeiten bieten, so werden die Unternehmen aus ihrem Profitinteresse heraus schon selbst für die eventuell notwendige Fortbildung und Umschulung der Arbeitnehmer sorgen, um dadurch eine Anpassung an neue Qualifikationsanforderungen zu erreichen. Öffentliche Qualifizierungsmaßnahmen sind deshalb kaum notwendig und dienen lediglich der Aufrechterhaltung einer Reservearmee (Spahn/ Vobruba 1986).

Ist der Arbeitsmarkt in der Bundesrepublik flexibel genug, um auf durch den technologisch-strukturellen Wandel hervorgerufene Anpassungszwänge reagieren zu können? Wird mehr Mobilität am Arbeitsmarkt benötigt, oder ist die gegebene Mobilität ausreichend, um ein hohes Innovationsniveau zu erreichen? In diesem Beitrag soll der Frage nachgegangen werden, ob ein höheres Innovationsniveau, das als Voraussetzung für mehr Wirtschaftswachstum angesehen wird, mit mehr Mobilität am Arbeitsmarkt einhergeht. Zunächst werden die prinzipiellen Anpassungsmöglichkeiten am Arbeitsmarkt herausgearbeitet, und es wird auf statistische Konzepte Bezug genommen, die die Arbeitsmarktprozesse abbilden können. Für Prozeßanalysen sind stromgrößenorientierte Analyseansätze zu entwickeln, denn Bestandsveränderungen von Arbeitsmarktaggregaten geben nur das Ergebnis, nicht aber die Arbeitsmarktdynamik selbst wieder.

Es wird empirisch überprüft, ob es einen Zusammenhang zwischen der Höhe der Innovationsaktivität in den Wirtschaftszweigen des Verarbeitenden Gewerbes und ihrem externen Arbeitsmarktaustausch gibt. Die Entlassung aus Beschäftigung in Arbeitslosigkeit ist eine besonders relevante Größe in der politischen wie auch in der wissenschaftlichen Diskussion, wenn es um die durch Innovation ausgelösten Anpassungsprozesse in den Unternehmen und damit auch am Arbeitsmarkt geht. Der Strom von Beschäftigung in Arbeitslosigkeit ist aber auch gleichzeitig einer der wenigen Arbeitsmarktströme, über den in der Bundesrepublik relativ differenzierte Informationen vorliegen. Wenn Unternehmen Qualifikationsanpassungen überwiegend über den externen Arbeitsmarkt vornehmen, dann müßten in den innovativeren Wirtschaftszweigen aufgrund des dort erforderlichen größeren qualifikatorischen Anpassungsbedarfs auch höhere Ströme aus Beschäftigung in Arbeitslosigkeit auftreten.

Der Zusammenhang zwischen Innovationsaktivität und dem wirtschaftszweigspezifischen Arbeitslosigkeitszugangsrisiko wird analysiert. Dazu werden neben der Innovation weitere Faktoren wie die Qualifikationsstruktur, die Betriebsgrößenstruktur, die Beschäftigungsentwicklung, die Stellung der Arbeitnehmervertretungen und die Saisonabhängigkeit der Beschäftigung in den Wirtschaftszweigen mitberücksichtigt. Ist die Diagnose richtig, daß der bundesrepublikanische Arbeitsmarkt zu rigide ist und Innovation verhindert, dann wäre zu erwarten, daß die innovativeren Wirtschaftszweige in höherem Maße zumindest von den bestehenden Möglichkeiten der Entlassung bei gleichzeitigen Neueinstellungen Gebrauch machen als die weniger innovativen Wirtschaftszweige. Ob dieses empirisch so ist, wird hier analysiert.

Abschließend wird die berufsgruppenspezifische Arbeitsangebotselastizität untersucht, um der Frage nachzugehen, ob das Arbeitsangebot zu träge auf sich verändernde berufsfachliche Anforderungen reagiert und ob es deshalb in der Bundesrepublik zu einer globalen Qualifikationslücke kommt.

2. Arbeitsmarktprozesse: Mobilität und Flexibilität, Bestands- und Stromgrößen

Der technologisch-strukturelle Wandel erfordert Flexibilität und Mobilität durch eine Anpassung der Arbeitnehmer an die neuen Bedingungen oder eine Anpassung der Arbeitsplätze an die vorhandenen Qualifikationen. Soweit die Anpassungsprozesse auf seiten der Arbeitnehmer angesprochen sind, können sich unterschiedliche Dynamiken der Arbeitsmarktentwicklung ergeben. Dabei sind verschiedene Anpassungsebenen zu unterscheiden, die hinsichtlich der Arbeitsnachfrage- und der Arbeitsangebotsseite differenziert werden können.

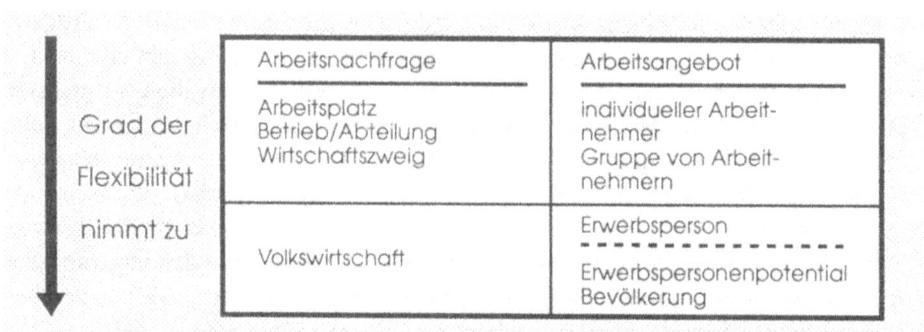

Abbildung 2.1: Flexibilität und Mobilität in Abhängigkeit von der Aggregationsebene

Geht man zunächst von einer statischen Situation in dem Sinne aus, daß eine feste Zuordnung von Arbeitsplatz und Arbeitnehmer gegeben ist, so erfordert jede Änderung der eingesetzten Technologie (sei es eine reine Produkt- oder reine Prozeßinnovation oder eine kombinierte Produkt-/Prozeßinnovation) eine Qualifikations-Flexibilität der Arbeitnehmer. Mit der Größe der Untersuchungsgesamtheit, innerhalb derer die Anpassung vonstatten gehen muß, nimmt die Flexibilität zu, die durch Mobilität erreicht werden kann. Beispielsweise kann in einem Betrieb auch bei gleichbleibender Belegschaftsstärke und Zusammensetzung eine Anpassung an neue Erfordernisse derart erfolgen, daß eine personelle Umbesetzung (innerbetriebliche Mobilität) der Arbeitsplätze erfolgt, so daß individuell gar keine oder nur sehr geringe Umqualifizierungserfordernisse anfallen.

Sehr viel größer wird das Anpassungspotential, das durch Mobilität zu erreichen ist, wenn ganze Wirtschaftszweige oder gar die gesamte Volkswirtschaft betrachtet werden. Je größer das betrachtete System, desto höher ist die qualifikatorische Flexibilität, die durch Mobilität und individuell marginale Anpassungen erreicht werden kann. Im Anpassungsprozeß an strukturelle und technologische Veränderungen wird es zu Strömen (Mobilität) in der Volkswirtschaft kommen. So können betriebsinterne Ströme zwischen den Arbeitsplätzen auftreten, und es kann zu Betriebswechseln innerhalb desselben Wirtschaftszweiges oder in einen anderen Wirtschaftszweig kommen (die Ströme 1 und 2 in Abbildung 2.2). Die Mobilität kann aber auch über das Beschäftigungssystem hinausgehen und in Arbeitslosigkeit (Strom 4) oder auch in Nichterwerbstätigkeit (Strom 3), wie Rente, Hausfrauenrolle, Bildungsteilnahme, Stille Reserve, münden.

Gleichzeitig zu den Abströmen aus dem Beschäftigungssystem hinaus treten aber auch Zuströme in das Beschäftigungssystem hinein auf, die entweder aus der registrierten Arbeitslosigkeit (Strom 5) oder Nichterwerbstätigkeit (Strom 6) kommen. Eine Veränderung der Arbeitslosenzahlen muß nicht mit einer entsprechenden Beschäftigungsveränderung einhergehen, denn es gibt auch direkte Ströme zwischen registrierter Arbeitslosigkeit und den Nichterwerbspersonen (Strom 7). Darüber hinaus kann sich das Erwerbspersonenpotential einer Volkswirtschaft durch Wanderungen über ihre Grenzen hinweg verändern, was ebenfalls zu Qualifikationsanpassungen führen kann. Ein Großteil der qualifikatorischen Flexibilität des Beschäftigungssystems kommt vermutlich nicht zuletzt daher, daß zwischen dem Beschäftigungssystem und der Nichterwerbsbevölkerung ein laufender, zum Teil natürlicher (Generationenwechsel), zum Teil durch institutionelle Arrangements (z.B. Rentenrechtsregelungen) ermöglichter Austauschprozeß besteht.

Die interne Flexibilität (Sengenberger 1984 und 1987) ist dadurch gekennzeichnet, daß die Arbeitnehmer durch Weiter- und Umqualifizierung an neue Tätigkeitsanforderungen bei Verbleib im Wirtschaftszweig, im Betrieb oder sogar am Arbeitsplatz herangeführt werden. Ein Teil der qualifikatorischen Flexibilität wird durch den direkten Austausch von Beschäftigten zwischen den Wirtschaftszweigen erreicht (externe Flexibilität). Die Veränderung von Beständen der einzelnen Aggregate verdeckt diese in Abbildung 2.2 schematisch dargestellte Dynamik am Arbeitsmarkt, denn Bestandsveränderungen geben immer nur die Nettoveränderung an, können aber die sehr viel größeren Ströme nicht wiedergeben. Für die Analyse von Arbeitsmarktprozessen sind deshalb stromgrößenorientierte Untersuchungskonzepte notwendig.

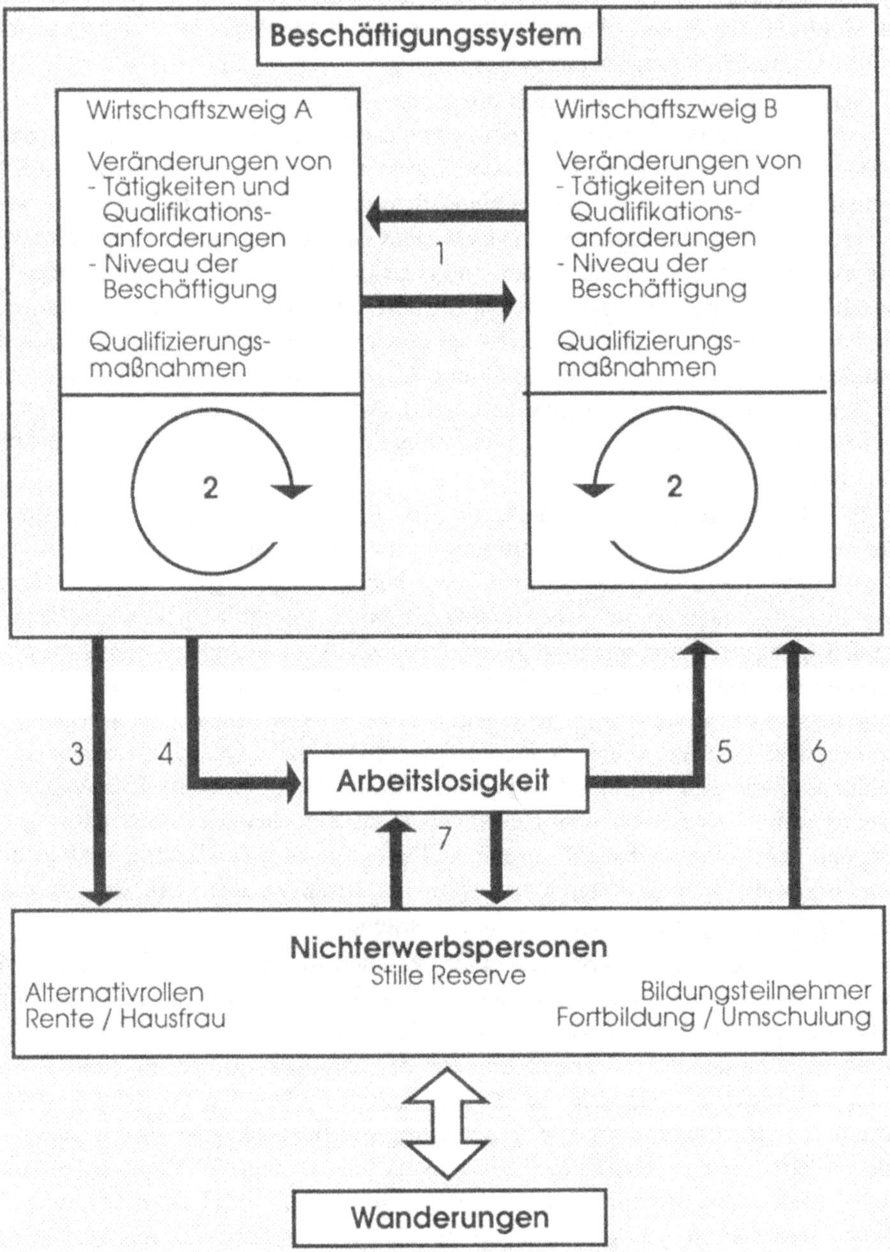

Abbildung 2.2: Technologisch-struktureller Wandel und Arbeitsmarktdynamik

Die sehr hohe Dynamik am Arbeitsmarkt wird beispielsweise bei den Zugängen in und den Abgängen aus Beschäftigung deutlich. 1985 erhöhte sich nach den Berechnungen des IAB (Reyher/Bach 1986) im Verlaufe des Jahres die Zahl der Beschäftigten um rund 200.000 Personen, was aber nur der Nettoeffekt aus einem Zustrom in Beschäftigung von 5,2 Millionen und einem Abstrom von fünf Millionen Fällen war. Dabei kann ein und dieselbe Person mehrmals ein Beschäftigungsverhältnis aufgenommen und wieder beendet haben. Die Veränderungen der Bestände geben also nur den Saldo der Arbeitsmarktbewegungen an und verdecken die tatsächliche Arbeitsmarktdynamik, die im Zusammenhang mit den Anpassungsprozessen an neue Qualifikationsanforderungen besonders relevant ist.

3. Arbeitslosigkeitsrisiken

3.1 Komponenten der Arbeitslosigkeit

Identische jahresdurchschnittliche Arbeitslosenzahlen oder Arbeitslosenquoten können sehr unterschiedliche Dynamiken der Arbeitslosigkeit beinhalten (Freiburghaus 1978, Clark/Summers 1979, Egle 1979, Akerlof/Main 1981). Ein gleich hoher jahresdurchschnittlicher Arbeitslosenbestand kann sich aus identischen Personen zusammensetzen, die alle über das ganze Jahr hinweg permanent arbeitslos sind, oder er kann sich aus sehr viel mehr Personen zusammensetzen, die jeweils nur eine kurze Dauer der Arbeitslosigkeit durchleben, wobei auch mehrere Arbeitslosigkeitsperioden bei einer Person anfallen können (Mehrfacharbeitslosigkeit). Während es im ersten Falle gar keine Austauschprozesse zwischen registrierter Arbeitslosigkeit und dem Umfeld (Beschäftigung, Nichterwerbstätigkeit) gibt, ist dieser Austauschprozeß im zweiten Falle sehr hoch.

Diese unterschiedliche Arbeitsmarktdynamik kann durch die Veränderung des Arbeitslosenbestandes zwischen zwei Stichtagen nicht erfaßt werden, denn die Bestandsveränderung ist der Saldo von Zugängen in und Abgängen aus der Arbeitslosigkeit. Die Differenz zwischen den beiden Bestandszahlen gibt nur die Nettoveränderung des Aggregates an; auf ihrer Grundlage läßt sich keine Aussage über die dahinterstehende Dynamik, also die Bruttoströme, treffen. Die Veränderung des Bestandes ergibt sich aus der folgenden Formel (1):

$$(1)\quad BAL_t - BAL_{t-1} = \sum_{t-1}^{t} (ZUAL) - \sum_{t-1}^{t} (ABAL)$$

mit:
BAL = Bestand an Arbeitslosen
ZUAL = Zugang in Arbeitslosigkeit
ABAL = Abgang aus Arbeitslosigkeit
t = Zeitindex

Das Risiko der Arbeitslosigkeit läßt sich somit in zwei Komponenten zerlegen: eine Komponente, arbeitslos zu werden, also der registrierten Arbeitslosigkeit zuzugehen, und eine Komponente, arbeitslos zu bleiben, also keine erneute Beschäftigung bzw. eine andere Alternative zur Arbeitslosigkeit zu finden. Das Risiko, arbeitslos zu werden, wird durch die Zugangszahlen in Arbeitslosigkeit in Relation zu den Personen, die potentiell arbeitslos werden können (Beschäftigte), bestimmt. Das Risiko, in der Arbeitslosigkeit zu verbleiben, wird durch die Dauer der Arbeitslosigkeit abgebildet.

In der Arbeitslosenstatistik der Bundesanstalt für Arbeit wird die bisher durchlebte Dauer der Arbeitslosigkeit zu bestimmten Stichtagen (30. September) ermittelt. Diese Stichtagsdauer der bisherigen durchlebten Arbeitslosigkeit ist nach oben verzerrt, weil die Wahrscheinlichkeit, an einem beliebigen Stichtag (Bestandsmasse) im Arbeitslosenbestand zu sein, für längerfristig Arbeitslose größer ist als für Arbeitslose, die nur eine kurze Dauer der Arbeitslosigkeit durchleben. Für Arbeitslose, die beispielsweise über das ganze Jahr hinweg arbeitslos sind, ist die Wahrscheinlichkeit, an einem beliebigem Stichtag in der Bestandserhebung zu sein, gleich Eins. Für Arbeitslose mit nur einmonatiger Dauer der Arbeitslosigkeit beträgt diese Wahrscheinlichkeit dagegen nur ein Zwölftel. Aufgrund dieser Verzerrungen ist die durchschnittliche Dauer der abgeschlossenen Arbeitslosigkeit immer deutlich geringer als die durchschnittliche bisherige (noch nicht abgeschlossene) Dauer der Arbeitslosigkeit (Cramer/Egle 1976, Freiburghaus 1978, Egle 1979).

Die beiden Komponenten des Arbeitslosigkeitsrisikos - das Zugangsrisiko und die durchschnittliche Dauer der Arbeitslosigkeit - lassen sich mit Hilfe der Arbeitslosenstatistik der Bundesanstalt für Arbeit - differenziert nach Herkunftswirtschaftszweigen - ermitteln. Die Nettobestandsveränderung der Arbeitslosigkeit kann somit differenziert nach den Wirtschaftszweigen formal folgendermaßen ausgedrückt werden.

$$(2)\quad \sum_{j=1}^{n} (BAL_t^j - BAL_{t-1}^j) = \sum_{j=1}^{n} \left(\sum_{t-1}^{t} (ZUAL^j) - \sum_{t-1}^{t} (ABAL^j)\right)$$

mit: j = Index für die Herkunft nach Wirtschaftszweigen bzw. Nichterwerbstätigkeit

Mit der Zerlegung der Arbeitslosigkeitsdynamik nach Formel 2 läßt sich eine wichtige Komponente wirtschaftszweigspezifisch isolieren: das Risiko, von Arbeitslosigkeit betroffen zu werden, das durch die Relation von Zugängen in Arbeitslosigkeit zu den potentiell von Arbeitslosigkeit Gefährdeten (Beschäftigte) ausgedrückt wird. Dieses Risiko ist mit den verfügbaren Daten wirtschaftszweigspezifisch bestimmbar, indem die Zugänge in Arbeitslosigkeit aus einem Wirtschaftszweig in Relation zu den Beschäftigten dieses Wirtschaftszweiges gesetzt werden. Somit kann überprüft werden, ob das Zugangsrisiko zur Arbeitslosigkeit wirtschaftszweigspezifisch streut, und vor allem, ob es in den innovativen Wirtschaftszweigen über-, unterproportional oder proportional zum Durchschnitt der Wirtschaftszweige ist.

Das Zugangsrisiko ist eine mit den Beschäftigtenzahlen normierte Größe, die intersektoral vergleichbar und kardinal skaliert ist, wobei der untere Wert Null beträgt, denn das Risiko, arbeitslos zu werden, kann nicht negativ sein. Eine Obergrenze gibt es dagegen (theoretisch) nicht, weil der Zustrom in Arbeitslosigkeit im Jahresverlauf sehr viel höher als der Beschäftigtenbestand des Wirtschaftszweiges sein kann (Mehrfacharbeitslosigkeit).

Während der Zugang aus Beschäftigung in registrierte Arbeitslosigkeit einen erheblichen Teil der Abströme aus Beschäftigung insgesamt ausmacht und statistisch gut erfaßt ist, ist der Abstrom aus Arbeitslosigkeit in Beschäftigung in der Statistik nur sehr ungenügend dokumentiert. Zwar beträgt der Zugang in Beschäftigung aus registrierter Arbeitslosigkeit immerhin rund 50% des Zustromes insgesamt (Reyher/Bach 1986), doch weisen die Statistiken der Bundesanstalt für Arbeit nur jene Abgänge aus registrierter Arbeitslosigkeit aus, die durch die Arbeitsämter vermittelt wurden. Dies sind aber wiederum nur rund 50% aller Abgänge aus Arbeitslosigkeit in Beschäftigung. Lediglich in einer Stichprobe (Mai/Juni) jeden Jahres werden umfangreiche Bewegungsanalysen durchgeführt, die auch den Abstrom aus Arbeitslosigkeit qualifizieren. Der Abstrom aus Arbeitslosigkeit nach Zielbereichen ist also differenziert nach Wirtschaftszweigen nicht umfassend bestimmbar.

Eine weitere Komponente des Arbeitslosigkeitsprozesses ist das Risiko, in Arbeitslosigkeit zu verbleiben. Eine lange Verweildauer in Arbeitslosigkeit drückt eine niedrige Wiedervermittlungschance aus, wenn auch darauf hinzuweisen ist, daß Abgänge aus registrierter Arbeitslosigkeit nicht nur in Beschäftigung, sondern auch in Nichterwerbstätigkeit münden können (Abbildung 2.2). Wie oben ausgeführt, ist die in den Strukturanalysen ausgewiesene bisherige Dauer der Arbeitslosigkeit "dauerverzerrt", da Langfristarbeitslose in den Bestandsmassen überrepräsentiert sind. Berechnungen für die abgeschlossene Dauer der Arbeitslosigkeit, die jedoch recht aufwendig sind, wurden in der Bundesrepublik in den 70er Jahren von Cramer/ Egle (1976) und Freiburghaus (1978) durchgeführt (zur Übersicht Buttler 1987).

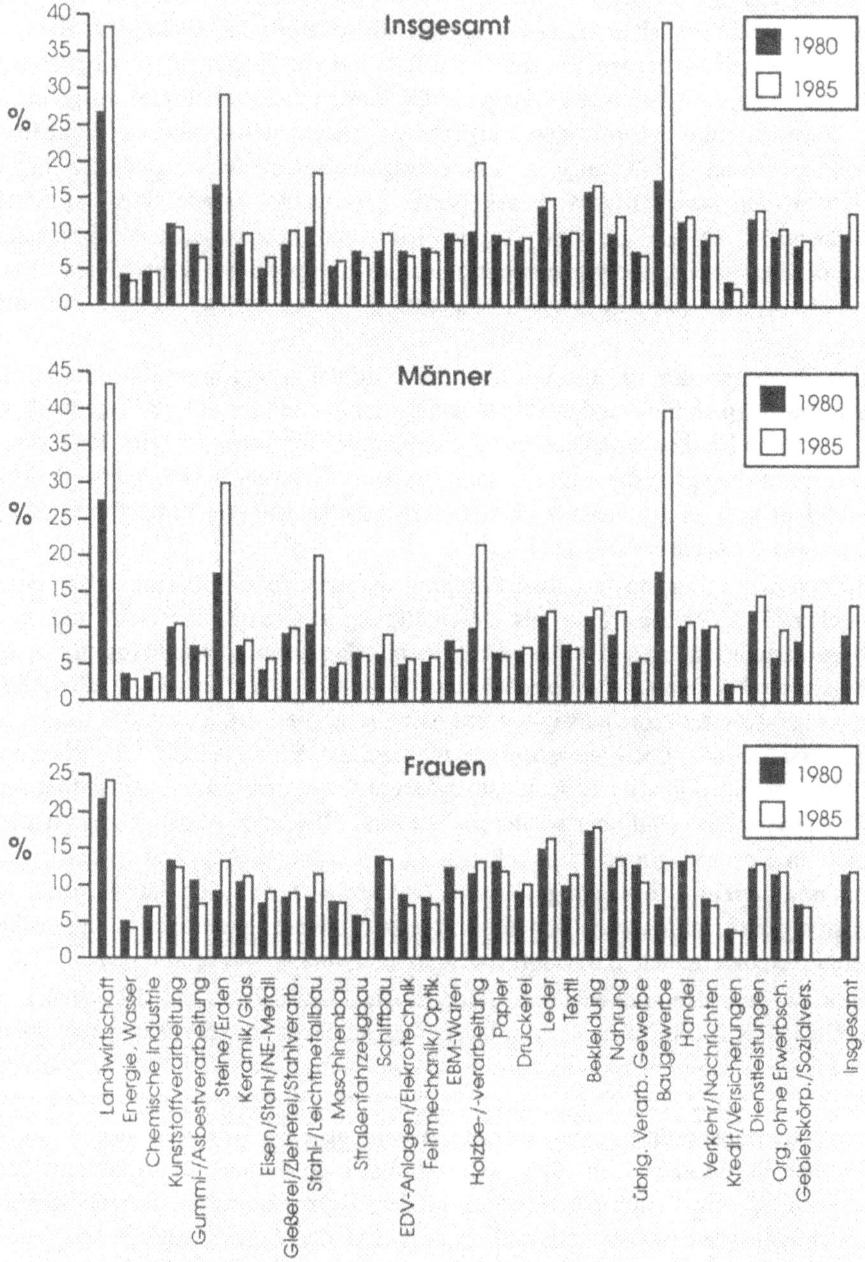

Abbildung 3.1: Arbeitslosigkeitszugangsrisiken nach Wirtschaftszweigen 1980 und 1985

3.2 Das Arbeitslosigkeitszugangsrisiko in den Wirtschaftszweigen

Das Zugangsrisiko zur Arbeitslosigkeit ist eine entscheidende Größe für die Beurteilung der Beschäftigungsstabilität. Es wird durch die Relation des Zustroms in Arbeitslosigkeit zu den potentiell von Arbeitslosigkeit betroffenen Personen, also den Beschäftigten eines Wirtschaftszweiges, bestimmt. Der Zustrom in Arbeitslosigkeit kann auch aus nichtsozialversicherungspflichtiger Beschäftigung erfolgen, so daß die umfassendste Bezugsbasis die Erwerbstätigen eines Wirtschaftszweiges insgesamt wären. Die sozialversicherungspflichtig Beschäftigten stellen aber den überwiegenden Teil der Beschäftigten, so daß sie eine ausreichend genaue Bezugsgröße für das wirtschaftszweigspezifische Arbeitslosigkeitszugangsrisiko sind.

Das Arbeitslosigkeitszugangsrisiko streut zwischen den einzelnen Wirtschaftszweigen erheblich (Abbildung 3.1 und Tabelle 3.1). Im Zeitverlauf zeigt sich ein deutliches konjunkturgeprägtes Muster. Auf dem letzten Höhepunkt der Beschäftigungsentwicklung (1980) war das Zugangsrisiko sowohl insgesamt wie auch für Männer und Frauen am niedrigsten. Umgekehrt war im Tiefpunkt der Beschäftigungsentwicklung (1984) das Zugangsrisiko zur Arbeitslosigkeit relativ hoch. Diese Kopplung des Arbeitslosigkeitszugangsrisikos mit der allgemeinen Beschäftigungsentwicklung zeigt sich auch fast ausnahmslos in allen Wirtschaftszweigen, und lediglich in einigen Fällen wird das Zugangsrisiko von 1980 im Jahre 1985 unterschritten. Gleichzeitig zeigen sich in den 80er Jahren aber auch wirtschaftszweigspezifisch deutlich unterschiedliche Entwicklungen. Klar sind auch die Krisen- und Konsolidierungsphasen in den einzelnen Wirtschaftszweigen, wie z.B. dem Schiffbau, herauszulesen, wo 1983 und 1984 sehr hohe Zugangsrisiken ausgewiesen werden und 1985 offensichtlich eine Konsolidierungsphase auf niedrigem Beschäftigungsniveau eintritt. Außerordentlich niedrige Zugangsrisiken zur Arbeitslosigkeit treten im Wirtschaftszweig "Kredit/Versicherung" und im Wirtschaftszweig "Energie/Wasserversorgung/Bergbau" auf. Innerhalb des Verarbeitenden Gewerbes sind die deutlich niedrigsten Zugangsrisiken in der Chemie festzustellen. Insgesamt ergibt sich im Verarbeitenden Gewerbe aber ein sehr heterogenes Bild der Zugangsrisiken zur Arbeitslosigkeit (Tabelle 3.1).

Auffallend hohe Werte des Arbeitslosigkeitszugangsrisikos ergeben sich in der Landwirtschaft und im Baugewerbe, was mit den dort gegebenen starken saisonalen Schwankungen des Beschäftigungsniveaus zu erklären ist. Der Saisoneinfluß auf das Arbeitslosigkeitszugangsrisiko oder umgekehrt auf die Stabilität der Beschäftigung in Verbindung mit der Art der Arbeit tritt am Beispiel des Baugewerbes ganz besonders bei den unterschiedlich hohen Werten für Männer und Frauen hervor. Das

Tabelle 3.1: Das Zugangsrisiko zur registrierten Arbeitslosigkeit nach Wirtschaftszweigen (Zustrom in registrierte Arbeitslosigkeit in Relation zu den sozialversicherungspflichtig Beschäftigten), insgesamt

Wirtschaftszweig		1977	1978	1979	1980	1981	1982	1983	1984	1985	1986	1987
00-03	Land-, Forstwirtschaft, Fischerei	30,0	31,4	29,6	25,9	30,9	34,4	34,1	32,9	38,2	35,7	36,8
04-08	Energie, Wasserversorgung, Bergbau	4,2	4,1	3,9	3,7	4,3	4,3	4,0	4,2	3,3	3,2	3,5
09-10	Chemische Industrie	5,8	5,6	4,7	4,5	5,1	5,2	5,5	5,1	4,7	4,6	4,4
12	Kunststoffverarbeitung	14,3	14,1	11,6	11,4	13,9	14,1	12,8	11,4	11,3	11,1	10,9
13	Gummi- und Asbestverarbeitung	10,6	9,3	8,8	8,4	10,7	9,0	7,9	6,9	6,8	6,4	6,8
14	Steine, Erden	20,9	20,3	21,6	17,0	23,2	28,0	24,1	21,6	28,4	25,1	23,2
15-16	Herst./Verarb. von Keramik/Glas	9,8	9,4	8,8	8,6	10,7	11,1	11,0	9,0	9,5	9,3	9,3
17-18	Eisen, Stahl, NE-Metallerzeugung	5,7	6,4	5,1	5,0	6,0	7,7	9,3	10,2	6,5	6,7	9,8
19-22	Gießereien, Zieh., Stahlverformung	11,5	11,4	9,4	9,1	11,7	12,3	13,0	11,6	10,2	9,7	11,0
23-25	Stahl- und Leichtmetallbau	17,8	15,6	12,7	10,6	14,5	18,7	19,9	18,7	19,0	16,9	15,8
26-27	Maschinenbau	7,6	7,0	6,0	5,5	6,8	7,7	8,6	8,4	6,1	5,5	6,3
28-30	Straßenfahrzeugbau	7,3	6,8	5,8	6,7	8,1	7,9	8,2	8,1	6,2	5,7	5,5
31	Schiffbau	10,7	11,1	8,8	6,7	7,8	8,3	13,2	20,7	9,6	12,7	15,2
33-34	EDV-Anlagen, Elektrotechnik	8,8	8,0	7,0	6,7	8,6	9,1	9,5	7,5	6,5	6,4	7,1
35-36	Feinmechanik und Optik	8,7	8,2	7,3	7,1	8,3	9,4	11,4	9,0	7,1	6,9	8,2
37	Herstellung von EBM-Waren	12,1	11,7	10,3	10,1	12,7	12,6	11,3	9,0	8,0	7,8	7,9
40-42	Holzbe- und -verarbeitung	12,8	12,2	11,2	10,3	14,5	20,0	18,1	17,0	20,4	19,0	16,6
43	Papiererzeugung und -verarbeitung	11,0	10,8	9,5	9,2	10,4	11,5	10,3	9,2	8,0	8,3	7,7
44	Druckerei und Vervielfältigung	10,5	9,3	7,9	7,8	7,9	11,0	10,8	9,3	8,6	8,8	8,3
45-46	Ledererzeugung und -verarbeitung	16,0	14,9	13,4	13,9	16,3	15,7	15,8	13,9	14,9	15,1	16,7
47-51	Textilverarbeitung	12,3	11,2	10,1	9,3	12,5	14,4	13,6	10,4	9,9	10,3	10,4
52	Bekleidungsgewerbe	20,3	18,3	15,8	16,8	20,6	21,2	20,9	17,1	17,4	17,1	18,1
54-58	Nahrung	12,9	12,2	10,9	10,8	12,2	13,4	13,6	13,0	13,5	13,0	12,9
11, 32, 38 39, 53	Übriges Verarb. Gewerbe	9,9	9,4	7,9	8,1	8,8	10,1	9,7	8,6	7,7	8,2	8,4
59-61	Baugewerbe	28,0	22,9	18,3	17,4	23,1	33,0	32,8	33,2	38,4	34,2	33,2
62	Handel	15,6	14,1	12,6	12,3	14,0	14,5	14,0	13,0	13,2	12,9	12,3
63-68	Verkehr, Nachrichtenübermittlung	11,3	10,9	10,1	9.8	11,8	12,4	11,9	10,81	10,4	10,3	10,5
69	Kreditinstitute, Versicherungen	5,1	4,6	3,9	3,7	4,1	4,1	4,0	3,8	3,5	3,3	3,3
70-86	Dienstleistungen	15,5	14,5	13,3	12,7	14,2	14,9	15,2	14,3	14,2	13,7	13,3
87-90	Organisationen ohne Erwerbscharakter	12,5	11,6	10,8	10,3	10,8	11,1	11,5	11,4	11,7	11,7	11,8
91-94	Gebietskörpersch., Sozialversicherungen	8,0	8,8	8,9	8,2	8,6	9,0	8,8	9,9	10,7	11,	10,9
99	Ohne Wirtschaftszweigzugehörigkeit	-	-	-	-	-	-	-	-	-	-	-
Insgesamt		13,2	12,2	10,8	10,4	12,4	13,9	13,8	13,1	13,1	12,4	12,3

Arbeitslosigkeitszugangsrisiko der Frauen ist im Baugewerbe in allen Jahren sehr viel niedriger als das der Männer, was durch die unterschiedlichen, geschlechtsspezifisch konzentrierten Tätigkeiten zu erklären ist. Frauen sind im Baugewerbe fast ausschließlich in den beschäftigungsstabileren Büroberufen beschäftigt, während die Männer in den stark von saisonalen Einflüssen geprägten eigentlichen Bauberufen beschäftigt sind. Umgekehrt, wenn auch nicht in so drastischen Dimensionen, ist das Verhältnis beim Handel. Hier haben die Männer ein geringeres Zugangsrisiko zur Arbeitslosigkeit, während die Frauen offensichtlich im eher instabilen Segment des Arbeitsmarktes beschäftigt sind.

4. Arbeitslosigkeitszugangsrisiko und Innovation

Dominiert die externe Flexibilität, also die Anpassung der Belegschaften an neue Qualifikationserfordernisse durch Anheuern von Arbeitskräften mit neuen Qualifikationen vom externen Arbeitsmarkt und gleichzeitiger Entlassung der alten Beschäftigten, dann sind in innovativeren Wirtschaftszweigen höhere Arbeitslosigkeitszugangsrisiken zu erwarten als in den innovationsschwachen Wirtschaftszweigen. Überwiegt umgekehrt die interne Flexibilität, werden also die alten Beschäftigten weiter- und umqualifiziert, um sich den neuen Erfordernissen anzupassen, dann ist kein Zusammenhang zwischen Innovationsaktivität und Arbeitslosigkeitszugangsrisiko zu erwarten.

Falls die These richtig ist, daß hohe Innovationsaktivitäten eine hohe externe Arbeitsmarktanpassung (externe oder numerische Flexibilität) erfordern, dann ist ein positiver Zusammenhang zwischen den wirtschaftszweigspezifischen Arbeitslosigkeitszugangsrisiken und den Innovationsaktivitäten zu erwarten. Mit der analytischen Verknüpfung von Innovationsaktivitäten und Arbeitslosigkeitszugangsrisiken in den Wirtschaftszweigen kann also die These überprüft werden, ob eine hohe numerische Flexibilität oder eine hohe Mobilität am Arbeitsmarkt eine Voraussetzung für ein hohes Innovationsniveau ist.

4.1 Innovationsindikatoren

Der technische Fortschritt wurde in den Wirtschaftswissenschaften lange Zeit als unerklärte Restgröße behandelt. Der Teil des sich verändernden Faktoreinsatzverhältnisses, der nicht über die Variation der relativen Faktorpreise modellimmanent zu erklären war, wurde als technischer Fortschritt deklariert. In den

Gesellschaftswissenschaften muß jede Erklärung eines Phänomens durch eine Restkategorie unbefriedigend sein, weshalb auch immer wieder Versuche unternommen wurden, Innovationsaktivitäten zu messen und explizit zu berücksichtigen. In der Bundesrepublik werden für das Verarbeitende Gewerbe seit 1979 Daten über die Innovationsaktivität in den Unternehmen vom Ifo-Institut erhoben. Ähnlich wie bei seinem Investitions- und Konjunkturtest stützt sich das Ifo-Institut dabei auf Befragungen von Unternehmen. Es wird ein weitgefaßter Innovationsbegriff verwendet, anhand dessen die Testteilnehmer aufgrund ihrer eigenen Einschätzung als Innovatoren oder Nichtinnovatoren klassifiziert werden. Gefragt wird vom Ifo-Institut nach Neuerungen oder wesentlichen Verbesserungen bei Produkten (Produktinnovationen) und/oder bei den Fertigungs- oder Verfahrenstechniken (Prozeßinnovationen). Mit diesen Befragungen ist es möglich, repräsentativ für das Verarbeitende Gewerbe wirtschaftszweigspezifische Innovationsaktivitätsniveaus zu identifizieren (ausführlicher Schmalholz/Scholz 1985).

Neben Anteilswerten innovierender Unternehmen in den Wirtschaftszweigen, die keine Angaben und Schlüsse über das Ausmaß der Innovationen zulassen, wurden zusätzlich Innovationsindikatoren entwickelt, die die Dimension der Innovationen berücksichtigen. Diese Indikatoren gehen auf umfangreiche Arbeiten, die im Rahmen der Meta-Studie vom Ifo-Institut durchgeführt wurden, zurück (ausführlicher Scholz et al. in diesem Band). Durch diese Arbeiten, die einerseits auf Ifo-Daten beruhen, die im Rahmen des Innovationstests gewonnen wurden, und andererseits gesamtwirtschaftliche Input-Output-Verflechtungen berücksichtigen, ist es gelungen, Wertangaben für differenzierte Innovationsaktivitäten in den Wirtschaftszweigen für die Bundesrepublik bereitzustellen.

Die Innovationsaufwandswerte des Ifo-Institutes umfassen nicht nur die in den Wirtschaftszweigen selbst durchgeführten Innovationen (direkter Innovationsaufwand), sondern beinhalten auch jene Innovationen, die dem Wirtschaftszweig von anderen Wirtschaftszweigen auf vorgelagerten Produktionsstufen zufließen. Beispielsweise entwickelt der Wirtschaftszweig "Landwirtschaft" kaum neue Produkte und hat deshalb einen geringen direkten Innovationsaufwand. Andererseits bezieht die Landwirtschaft aber Maschinen und Vorleistungen (Dünger etc.) aus anderen Wirtschaftszweigen, die teilweise einen sehr hohen Innovationsaufwand betreiben, so daß die Landwirtschaft vor allem ein Verwender von Innovationen ist.

Um den Gesamteffekt der Innovationsaktivitäten zu berücksichtigen, muß die Innovation, die durch Aktivitäten auf den vorgelagerten Produktionsstufen den einzelnen Wirtschaftszweigen zufließt, mitberücksichtigt werden (Innovationsverflechtung, vgl. hierzu Rosenberg 1979, Scherer 1982). Eine solche empirische Innovationsverflechtungsanalyse ist dem Ifo-Institut im Rahmen der Meta-Studie gelungen

(Scholz et al. in diesem Band), und die Ergebnisse sind in die Arbeitsmarktanalysen eingeflossen.

In diesem Beitrag geht es um den Zusammenhang zwischen Qualifikationsanforderungsveränderungen an die Beschäftigten und Anpassungsprozessen am Arbeitsmarkt und nicht um die Veränderung des Beschäftigungsniveaus. Es ist davon auszugehen, daß die Notwendigkeit von Qualifikationsanpassungen mit der Höhe des getätigten Innovationsaufwandes zunimmt. Der insgesamt getätigte Innovationsaufwand eines Sektors hängt aber deutlich von der Größe des Wirtschaftszweiges ab. Als Normierungsbasis bietet sich die Zahl der Beschäftigten an, da es hier um die Betroffenheit der Beschäftigten geht. Bei der Entwicklung der Indikatoren, die im folgenden ausführlicher definiert werden, wurde die Zahl der Erwerbstätigen, wie sie in der volkswirtschaftlichen Gesamtrechnung in den Sektoren ausgewiesen wird, als Basis verwendet. Das WZB/AMB hat in seinen Analysen unterschiedliche Innovationsindikatoren verwendet, um die Sensitivität der Resultate gegenüber der Indikatorspezifikation herauszuarbeiten und um "Zufallsergebnisse" auszuschließen. Im einzelnen wurden aus den Daten der Innovationsverflechtungsanalysen des Ifo-Institutes die folgenden Wertindikatoren für die Innovationsaktivitäten gebildet:

- insgesamt getätigter direkter Innovationsaufwand bezogen auf die Erwerbstätigen des Wirtschaftszweiges,
- direkter Innovationsaufwand für Produktinnovationen bezogen auf die Erwerbstätigen eines Wirtschaftszweiges (PDI),
- direkter Innovationsaufwand für Prozeßinnovationen bezogen auf die Erwerbstätigen eines Wirtschaftszweiges (PZI),
- indirekter Innovationsaufwand insgesamt bezogen auf die Erwerbstätigen eines Wirtschaftszweiges,
- Innovationsaufwand insgesamt (direkter und indirekter) bezogen auf die Erwerbstätigen eines Wirtschaftszweiges,
- direkter Innovationsaufwand für Produktinnovationen je Erwerbstätigen multipliziert mit dem direkten Innovationsaufwand für Prozeßinnovationen je Erwerbstätigen in den Wirtschaftszweigen (MPIPI).

Neben diesen Indikatoren wurden die oben erwähnten Anteilsindikatoren, die den nach dem Beschäftigtenkonzept gewichteten Anteil innovierender Unternehmen eines Wirtschaftszweiges angeben, verwendet. Die Korrelationskoeffizienten zwischen den unterschiedlichen Indikatoren sind in Tabelle 4.1 für die einzelnen Jahre des Analysezeitraums dargestellt.

Tabelle 4.1: Korrelationskoeffizienten zwischen Innovationsindikatoren

Jahr	MPDPZ mit PROD	MPDPZ mit PROZ	PROD mit PROZ	MPDPZ mit PZI	PROZ mit PZI	PROD mit PDI	MPDPZ mit MPIPI	PZI mit PDI
1981	0,90	0,90	0,64	0,50	0,70	0,60	0,50	0,55
1982	0,90	0,92	0,70	0,22	0,58	0,63	0,42	0,30
1983	0,91	0,94	0,74	0,48	0,76	0,68	0,61	0,51
1984	0,94	0,89	0,71	0,33	0,66	0,63	0,40	0,75
1985	0,94	0,94	0,80	0,27	0,56	0,55	0,31	0,70

MPDPZ = Innovationsvariable, Anteilsindikator (PROZ•PROD)
MPIPI = Innovationsvariable, Wertindikator (PZI•PDI)
PROZ = Prozeßinnovation, Anteilsindikator
PROD = Produktinnovation, Anteilsindikator
PZI = Prozeßinnovation, Wertindikator
PDI = Produktinnovation, Wertindikator

Die Korrelationskoeffizienten der unterschiedlichen Innovationsindikatoren belegen, daß es einen starken Zusammenhang zwischen Produkt- und Prozeßinnovationen gibt und daß gleichzeitig die Anteils- und Werteindikatoren relativ hoch korrelieren. Es kann mit den verfügbaren Daten zwar nach Produkt- und Prozeßinnovation differenziert werden, doch ergeben sich durch die hohe Korrelation zwischen beiden Innovationsaktivitäten ähnliche Ergebnisse, weshalb im weiteren nur die Kombination aus Produkt- und Prozeßinnovation dargestellt wird. Wo Produkt- und Prozeßinnovationen gleichzeitig durchgeführt werden, ist auch ein hoher Qualifizierungsbedarf zu erwarten, und hier sind deshalb bei Dominanz der externen Anpassung auch hohe Arbeitslosigkeitszugangsrisiken zu erwarten.

4.2 Das Analysemodell

Durch Zusammenlegung der Daten aus 21 Wirtschaftszweigen des Verarbeitenden Gewerbes und sechs Beobachtungsjahren ergaben sich insgesamt 126 Beobachtungswerte im kombinierten Längsschnitt- und Querschnittsdatensatz. Bei einer einfachen Regressionsanalyse mit diesem Datensatz muß die Annahme getroffen werden, daß sowohl die Regressionskoeffizienten als auch die Absolutterme der

Schätzgleichung über die Wirtschaftszweige und die Zeit hinweg konstant sind. Um herauszufinden, ob diese Annahme gerechtfertigt ist, können verschiedene Kovarianzmodelle konstruiert werden, die einmal die Annahme der Konstanz der Absolutterme über die Zeit aufgeben, die zum anderen die Annahme konstanter Absolutterme in den Wirtschaftszweigen aufgeben und die schließlich eine Variation der Absolutterme sowohl über die Zeit als auch über die Wirtschaftszweige zulassen (z.B. Johnston 1984, Fomby et al. 1984). Formal dargestellt ergeben sich die folgenden Modelle, die in der empirischen Analyse zur Anwendung kommen.

Mögliche Variationen des Konstanten-Terms in der kombinierten Längsschnitt-/ Querschnittsanalyse:

I. konstante Steigung, konstante Absolutwerte über die Zeit, konstante Absolutwerte über die Wirtschaftszweige
Methode: OLS-Schätzung

$$ALZR_{jt} = \beta_1 + \sum_{i=2}^{n} \beta_i X_{ijt} + \varepsilon_{jt}$$

II. konstante Steigung, keine konstanten Absolutwerte über die Zeit, konstante Absolutwerte über die Wirtschaftszweige
Methode: Regression mit Dummyvariablen für die Zeit

$$ALZR_{jt} = \beta_{1t} + \sum_{i=2}^{n} \beta_i X_{ijt} + \varepsilon_{jt}$$

III. konstante Steigung, konstante Absolutwerte über die Zeit, keine konstanten Absolutwerte über die Wirtschaftszweige
Methode: Regression mit Dummyvariablen für die Wirtschaftszweige

$$ALZR_{jt} = \beta_{1t} + \sum_{i=2}^{n} \beta_i X_{ijt} + \varepsilon_{jt}$$

IV. konstante Steigung, keine konstanten Absolutwerte über die Zeit, keine konstanten Absolutwerte über die Wirtschaftszweige
Methode: Regression mit Dummyvariablen für die Zeit und Wirtschaftszweige

$$ALZR_{jt} = \beta_{1jt} + \sum_{i=2}^{n} \beta_i X_{ijt} + \varepsilon_{jt}$$

mit:

ALZR	=	Arbeitslosigkeitszugangsrisiko
X	=	unabhängige Variable
ε	=	Fehlerterm
i	=	Index für die unabhängige Variable
j	=	Wirtschaftszweigindex
t	=	Zeitindex

Die Berücksichtigung der Dummyvariablen in den Schätzgleichungen hat zwar den Vorteil, daß unterschiedlich hohe Absolutwerte für die verschiedenen Jahre und die einzelnen Wirtschaftszweige berücksichtigt werden können, aber die Koeffizienten weisen nur auf diese Unterschiede hin, können sie aber inhaltlich nicht füllen. Dies ist qualitativen Studien vorbehalten, die diese Niveauunterschiede erklären müssen. Durch die Einführung der Dummyvariablen in die Regressionsgleichung gehen für die Schätzung Freiheitsgrade verloren. Aber dennoch verbleiben selbst in dem Modell, in dem sowohl eine Variation des Absolutgliedes über die Zeit als auch die Wirtschaftszweige zugelassen werden, noch 99 Freiheitsgrade, wenn eine weitere Einflußgröße neben den Dummies berücksichtigt wird, weit mehr Freiheitsgrade als in Querschnittsanalysen für einzelne Jahre verfügbar waren.

4.3 Operationalisierung

Zur Ermittlung des Einflusses von Innovation auf das Zugangsrisiko in Arbeitslosigkeit und das Verbleiberisiko in Arbeitslosigkeit (Arbeitslosigkeitsdauer) wurden vom WZB/AMB Regressionsanalysen über 21 Wirtschaftszweige des Verarbeitenden Gewerbes zu verschiedenen Zeitpunkten durchgeführt. Die Differenzierung der Wirtschaftszweige wurde, um eine optimale Informationsausschöpfung zu erreichen, nach den verfügbaren Daten des Zustromes in Arbeitslosigkeit ausgerichtet. Die Daten zur Innovationsaktivität der Wirtschaftszweige des Ifo-Institutes wurden entsprechend auf diese Wirtschaftszweigabgrenzung aggregiert. Die Anteilsindikatoren wurden mit den Beschäftigtenzahlen gewichtet (Beschäftigtenkonzept), die die adäquate Gewichtungsgröße sind, weil ein Indikator entwickelt werden soll, der die Auswirkungen von Innovation in bezug auf die Beschäftigten darstellt. Die Indikatoren für die Innovationsaufwandswerte wurden, wie oben erwähnt, relativ zu den Erwerbstätigenzahlen gebildet.

Es ist plausibel, daß die Wirkung von Innovationen erst mit einer gewissen Zeitverzögerung auftritt. Um die vom WZB/AMB vorgenommene Wirkungsverzögerung zu verdeutlichen, ist es sinnvoll, die Zeitperioden, die von den Indikatoren erfaßt werden, ausführlich darzustellen. Die Veränderung der Beschäftigung bezieht sich auf die Zahl der sozialversicherungspflichtig Beschäftigten zum Stichtag 30. Juni eines jeden Jahres. Der Juni wurde gewählt, weil dieser Zeitpunkt die Beschäftigung sowohl in ihrer Struktur als auch in ihrem Niveau weitgehend unbeeinflußt von saisonalen Schwankungen widerspiegelt. Das Arbeitslosigkeitszugangsrisiko wurde durch den Zustrom in registrierte Arbeitslosigkeit von Oktober bis September eines jeden Jahres in Relation zur Beschäftigung im Ausgangsjahr ermittelt. Die hier verwendeten Ströme aus Beschäftigung in Arbeitslosigkeit für das Jahr 1980 beziehen sich beispielsweise auf den Zeitraum vom 1. Oktober 1979 bis zum 30. September 1980. Die Angaben zur Innovationsaktivität beziehen sich auf Innovationen, die während eines Kalenderjahres durchgeführt wurden. Die in die Analyse einzubeziehenden Variablen beinhalten also unterschiedliche Zeitraumabgrenzungen, die in der folgenden Abbildung verdeutlicht werden.

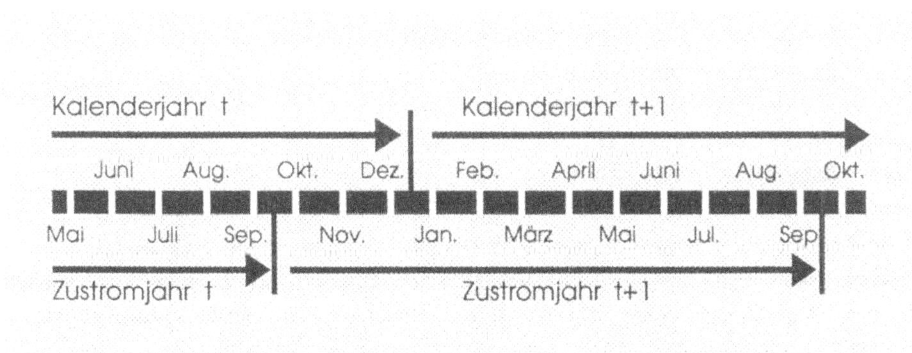

Abbildung 4.1: Zeitraumabgrenzungen für Innovation und Arbeitslosigkeitszugangsrisiko

Bei identischen Jahreszahlen zwischen dem Arbeitslosigkeitszugangsrisiko und den Innovationsindikatoren wäre also eine Voreilung der Innovationen gegeben, d.h. es würden teilweise Innovationsaktivitäten miterfaßt, die noch gar keine Auswirkung auf den Zustrom in Arbeitslosigkeit gehabt haben können. Ein solches Vorgehen ist nicht sinnvoll. Eine Nacheilung der Beschäftigungsreaktion gegenüber der Innovationsaktivität ist dagegen sehr viel plausibler. Wir haben deshalb das Modell derart spezifiziert, daß das Zugangsrisiko in die Arbeitslosigkeit der Periode t, also im Zeitraum von Oktober von t-1 bis September von t, von der Innovationsaktivität im Kalenderjahr t-1 (Januar t-1 bis Dezember t-1) abhängt. Die Wirkung der Innovation auf den Zustrom in Arbeitslosigkeit ist also um durchschnittlich neun Monate verzögert. Es wurden auch längere Wirkungsverzögerungen in den Analysen getestet, die jedoch nicht zu abweichenden Ergebnissen führten.

5. Empirische Analyse des Zusammenhangs zwischen Arbeitslosigkeitszugangsrisiko und Innovation

5.1 Einflußfaktoren

Neben den Einflüssen, die sich aus der Art der Qualifikationsanpassung in Reaktion auf Innovationsaktivitäten ergeben, sind für die Höhe des Arbeitslosigkeitszugangsrisikos insbesondere die folgenden Faktoren relevant:
- Beschäftigungsniveauentwicklung (DB)
- Saisonale Beschäftigungsschwankungen (SAIS)
- Qualifikationsstruktur (UA)
- Betriebsgrößenstruktur (RBGR)
- Industrielle Beziehungen (GEWVAR).

Insgesamt und in den einzelnen Wirtschaftszweigen zeigt sich eine deutliche Konjunkturabhängigkeit der Arbeitslosigkeitszugangsrisiken, weshalb zu erwarten ist, daß Wirtschaftszweige mit günstiger Beschäftigungsentwicklung geringere Arbeitslosigkeitszugangsrisiken aufweisen als solche mit schlechterer Beschäftigungsentwicklung. Diese Einflüsse der Beschäftigungsniveauentwicklung wurden durch die Einbeziehung der relativen Veränderung der Beschäftigtenzahlen von einem Jahr zum nächsten berücksichtigt (DB).

Um die Bedeutung der Saisoneinflüsse auf die wirtschaftszweigspezifischen Arbeitslosigkeitszugangsrisiken zu verdeutlichen, sei an die Definition des Arbeitslosigkeitszugangsrisikos erinnert. Es wird durch die Relation von Strömen aus Beschäftigung in Arbeitslosigkeit zu den potentiell von Entlassungen Betroffenen (Beschäftigte) berechnet. In Wirtschaftszweigen mit hohen Saisoneinflüssen auf Produktion und Beschäftigung wird es zu einem hohen Strom aus Beschäftigung in Arbeitslosigkeit kommen, ohne daß sich das Beschäftigungsniveau zwischen zwei Stichtagen oder im Jahresdurchschnitt verändern muß, denn neben saisonbedingten Entlassungen werden auch saisonbedingte Einstellungen vorgenommen.

Auf Basis von Vierteljahresdaten der Beschäftigtenstatistik wurde der Saisoneinfluß auf die Beschäftigung in den Wirtschaftszweigen als Abweichung vom gleitenden Durchschnitt, also der saisonbereinigten Beschäftigungsentwicklung, ermittelt. Die Standardabweichung der relativen Differenzen der tatsächlichen Beschäftigtenzahlen zum gleitenden Durchschnitt wurden als intersektoral vergleichbares Maß für die Stärke der Saisoneinflüsse in den Wirtschaftszweigen (SAIS) herangezogen.

Geringer qualifizierte Arbeitskräfte tragen bekanntermaßen ein größeres Entlassungsrisiko, was sowohl mit humankapitaltheoretischen und Transaktionskosten-Ansätzen wie auch segmentationstheoretisch begründet wird. Es ist also zu erwarten, daß Wirtschaftszweige mit einem überproportional hohen Anteil ungelernter Arbeitskräfte ein höheres durchschnittliches Arbeitslosigkeitszugangsrisiko aufweisen als solche mit durchschnittlich höher qualifizierten Arbeitskräften. Aber nicht nur vermittelt über Qualifikationsunterschiede, sondern auch durch das Arbeitsrecht werden unterschiedliche Entlassungsrisiken für Arbeiter und Angestellte definiert. Für die Konstruktion eines Indikators, der die unterschiedliche Qualifikationsstruktur in den Wirtschaftszweigen berücksichtigt, wurde die Relation von ungelernten Arbeitern zu Facharbeitern (UA) gebildet. Daneben wurde noch die Relation von ungelernten Arbeitern zu Angestellten berücksichtigt, was aber weniger die Qualifikationsstruktur als die unterschiedlichen arbeitsrechtlichen Absicherungen erfassen sollte.

Unterschiedliche Betriebsgrößenstrukturen in den einzelnen Wirtschaftszweigen können die Zuströme in Arbeitslosigkeit beeinflussen. Einerseits sind die Arbeitnehmervertretungen (beispielsweise Freistellungen von Betriebsräten) und damit auch ihre Einflußmöglichkeiten betriebsgrößenabhängig, und andererseits repräsentiert die Betriebsgröße in der Regel auch eine höhere Finanzkraft. Es ist deshalb möglich, daß größere Betriebe kleinere Produktionsschwankungen leichter überbrücken können, weil sie finanzstärker sind und deshalb auch flexibler sein können. In größeren Betrieben sind auch eher interne Arbeitsmärkte vorzufinden, und schließlich hängen die Potentiale interner Flexibilität auch von der Betriebsgröße ab. Die Betriebsgrößenstruktur (RBGR) wurde in den Analysen durch die durchschnittliche wirtschaftszweigspezifische Betriebsgröße berücksichtigt.

Die Stellung der Arbeitnehmervertretungen in den Wirtschaftszweigen kann einen Einfluß auf die Beschäftigungsstabilität und das Entlassungsverhalten der Unternehmen haben. Wie die meisten sozio-ökonomischen Einflußgrößen ist allerdings auch der Einfluß der Arbeitnehmervertretungen nur sehr schwer operationalisierbar. Mit der Hilfe von Wolfgang Streeck am WZB/AMB (jetzt University of Wisconsin, Madison), der langjährige und umfangreiche Forschungserfahrung auf dem Gebiet industrieller Beziehungen hat, wurde ein Indikator für die Stärke der Gewerkschaften in den einzelnen Wirtschaftszweigen (GEWVAR) mittels Experten-Rating entwickelt. Es gehen selbstverständlich auch subjektive Momente in diesen Indikator mit ein, weshalb von vorneherein nur eine relativ grobe Klassifizierung angestrebt wurde, die in Abhängigkeit vom Grad des gewerkschaftlichen Einflusses Werte zwischen 0 und 2 annehmen kann.

Erst wenn diese Einflußfaktoren in den Analysen berücksichtigt werden, ist es möglich, den spezifischen Einfluß von Innovationsaktivitäten oder besser der spezifischen Form der Qualifikationsanpassung zu analysieren. Im folgenden soll dies mit einem kombinierten Querschnitts-/Längsschnittdatensatz, der 21 Wirtschaftszweige des Verarbeitenden Gewerbes in der Bundesrepublik von 1980 bis 1985 umfaßt, geschehen. Dabei kommen unterschiedliche Kovarianz-Modelle zur Anwendung, um insbesondere zu überprüfen, ob Querschnittszusammenhänge auch im Längsschnitt, also über die Zeit hinweg, Gültigkeit haben. Mit anderen Worten: Es geht darum, ob aus einem beobachteten Querschnittszusammenhang auf einen funktionalen Zusammenhang geschlossen werden kann. In der Ökonomie und den übrigen Gesellschaftswissenschaften gibt es ja zahlreiche Beispiele, die zeigen, daß häufig allzu vorschnell dieser funktionale Bezug aus Querschnittsergebnissen hergestellt wurde. Die Erklärung der Frauenerwerbstätigkeit ist ein solches Beispiel. Im Querschnitt zeigt sich zwar eine negative Einkommenselastizität, aber im Längsschnitt ist die Einkommenselastizität positiv, denn mit steigendem Volkseinkommen hat die Erwerbsbeteiligung der Frauen deutlich zugenommen. Erklärbar ist deshalb der Zusammenhang funktional über andere Größen, was hier aber nicht vertieft werden kann (Schettkat 1987).

5.2 Analyseergebnisse

Die mit dem kombinierten Querschnitts-/Längsschnittdatensatz geschätzten Zusammenhänge sind in Tabelle 5.1 wiedergegeben. Schon bei der einfachen OLS-Schätzgleichung, die noch keine Dummyvariablen enthält, werden rund 70% der Streuung des Arbeitslosigkeitszugangsrisikos bei den Männern und rund 60% bei den Frauen erklärt. Die erklärte Varianz nimmt bei Einbeziehung von Dummies deutlich zu und erreicht rund 90%, wobei die Regressionskoffizienten der Dummies ganz überwiegend signifikant von Null verschieden sind.

Die Innovationsvariable (MPDPZ), die sich auf die Anteile der innovierenden Unternehmen bezieht, ist in allen Schätzgleichungen, die einen stärkeren Querschnittscharakter haben (Modelle I, II in Tabelle 5.1), statistisch hoch signifikant, verliert aber in den Gleichungen, die den Längsschnitt einbeziehen (Modelle III, IV), an Bedeutung, und der Regressionskoeffizient ist statistisch nicht mehr gesichert. Die unterschiedlich hohen Innovationsaktivitäten können offenbar die differierenden Arbeitslosigkeitszugangsrisiken zwischen den Wirtschaftszweigen erklären, gleichzeitig können sie aber die Variation des Arbeitslosigkeitszugangsrisikos über die Zeit nicht erklären.

Die Wirkung der Innovationsindikatoren auf das Arbeitslosigkeitszugangsrisiko im Querschnitt, also über die Wirtschaftszweige, und im Längsschnitt, also innerhalb der Wirtschaftszweige, erscheint zunächst widersprüchlich. Aufklärung für diesen Widerspruch können zwei Argumentationen liefern: Die erste ist statistischer Art und bezieht sich auf die Variation der Innovationsaktivität über die Zeit, die zweite ist inhaltlicher Art und bezieht sich auf die Hintergrundfaktoren, die erst den Zusammenhang zwischen Innovationsaktivität und Arbeitslosigkeitszugangsrisiko herstellen.

Es geht hier um Arbeitsmarktprozesse, die durch Innovationen und nachfolgende Qualifikationsanpassungen ausgelöst werden; es handelt sich also nicht um die Frage, ob Innovationen das Beschäftigungsniveau positiv oder negativ beeinflussen. Die Veränderung des Beschäftigungsniveaus hat selbstverständlich eine Auswirkung auf die Arbeitslosigkeitszugangsrisiken, wie es in den hier vorgestellten Analysen ja auch bestätigt wird, nur hat dieses weniger mit qualifikatorischen Anpassungsprozessen zu tun. Diese können vielmehr unabhängig von der Entwicklung des Beschäftigungsniveaus das Arbeitslosigkeitszugangsrisiko beeinflussen.

Im Querschnitt ergibt sich ein geringeres Arbeitslosigkeitszugangsrisiko in den innovativeren Wirtschaftszweigen, d.h. die qualifikatorischen Anpassungsprozesse erfolgen nicht durch Entlassungen von Beschäftigten in Arbeitslosigkeit, sondern im Gegenteil weisen die negativen Vorzeichen der Regressionskoeffizienten für die Innovationsvariable darauf hin, daß innovativere Wirtschaftszweige sogar einen geringeren Austausch ihrer Beschäftigten mit Arbeitslosigkeit aufweisen als die weniger innovativen Wirtschaftszweige. Hinter diesem Befund stehen sozio-ökonomisch hoch komplexe Wirkungsketten, und es ist nicht zu erwarten, daß sich die Faktoren, die diese Wirkungsketten determinieren, kurzfristig verändern. Vielmehr wird es sich um über die Zeit relativ stabile Wirkungsbeziehungen handeln, die sich nur sehr langsam verändern.

Es ist auch nicht zu erwarten, daß relativ geringe Schwankungen der Innovationsaktivitäten das Arbeitslosigkeitszugangsrisiko im Längsschnitt innerhalb eines Wirtschaftszweiges stark verändern. Bei Verwendung verschiedener Wertindikatoren für die Innovationsaktivitäten in den Wirtschaftszweigen, die eine stärkere Variation über der Zeit aufweisen als die Anteilsindikatoren, ergibt sich insgesamt ein ähnlicher Zusammenhang zwischen dem Arbeitslosigkeitszugangsrisiko und den Innovationsaktivitäten wie mit den Anteilsindikatoren: In allen querschnittsorientierten Modellen (die Modelle I und II) ist der Innovationsindikator signifikant negativ. In den innovativeren Wirtschaftszweigen ist - auch bei Verwendung von Werteindikatoren - das Arbeitslosigkeitszugangsrisiko geringer als in den weniger innovativen Wirtschaftszweigen.

Tabelle 5.1: Regressionsanalyse des Arbeitslosigkeitszugangsrisikos in einem kombinierten Querschnitts-/Zeitreihendatensatz unter Anwendung unterschiedlicher Kovarianz-Modelle

	Konstante	MPDPZ	GEWVAR	RBGR	DB	UA	SAIS	TDUM	WDUM	R^2	R^2_{adj}
						Insgesamt					
I	13,0 (11,2)	-0,9E-3 (-4,7)	-0,7 (-1,9)	-0,2E-1 (-5,7)	-0,6 (-7,4)	0,3E-2 (0,9)	2,2 (8,0)	-	-	70,6	61,1
II	11,5 (8,9)	-0,9E-3 (-4,9)	-0,6 (-1,7)	-0,2E-1 (-5,9)	-0,6 (-6,3)	0,4E-2 (1,1)	2,2 (8,2)	überwieg. signif.	-	72,9	70,3
III	7,8 (4,9)	0,8E-4 (0,4)	- (0,0)	- (0,0)	-0,4 (-8,3)	-0,4E-1 (-0,3)	+ (0,0)	-	alle signif.	91,2	89,2
IV	3,4 (2,8)	0,1E-3 (0,5)	- (0,0)	- (0,0)	-0,5 (-7,9)	+ (0,0)	+ (0,0)	überwieg. signif.	überwieg. signif.	92,3	90,2
						Männer					
I	11,2 (11,5)	-0,9E-3 (-4,5)	-0,1 (-0,3)	-0,2E-1 (-5,6)	-0,5 (-6,4)	0,3E-2 (-0,8)	2,5 (10,2)	-	-	71,2	70,0
II	9,1 (8,5)	-0,9E-3 (-4,8)	-0,8E-1 (-0,2)	-0,2E-1 (-5,9)	-0,5 (-5,8)	0,3E-2 (1,2)	2,5 (10,6)	alle signif.	-	74,7	72,3
III	9,9 (5,7)	0,7E-5 (0,3)	- (0,0)	- (0,0)	-0,4 (-6,1)	-0,8E-1 (-5,1)	- (0,0)	-	alle signif.	91,4	89,4
IV	0,4 (0,3)	0,9E-4 (0,4)	- (0,0)	- (0,0)	-0,4 (-7,5)	- (-1,5)	3,8 (16,1)	alle signif.	überwieg. signif.	92,4	90,3

Fortsetzung Tabelle 5.1

	Konstante	MPDPZ	GEWVAR	RBGR	DB	UA	SAIS	TDUM	WDUM	R^2	R^2_{adj}
					Frauen						
I	11,4 (8,7)	-0,7E-3 (-4,5)	-0,4 (-1,0)	-0,4E-2 (-1,5)	-0,6 (-9,3)	0,8E-2 (3,1)	0,7 (3,5)	-	-	61,2	59,3
II	12,1 (8,3)	-0,7E-3 (-4,4)	-0,3 (-0,8)	-0,5E-2 (-1,9)	-0,7 (-8,1)	0,7E-2 (2,6)	2,5 (3,4)	nicht signif.	-	63,5	59,9
III	6,6 (6,3)	0,4E-4 (0,3E-1)	- (0,0)	- (0 0)	-0,5 (-14,8)	0,1E-1 (1,7)	+ (0,0)	-	überwieg. signif.	92,0	90,2
IV	8.2 (8.6)	-0,2E-4 (-0,1)	- (0,0)	- (0.0)	-0,5 (-10,8)	+ (1,3)	+ (0,0)	nicht signif.	überwieg. signif.	92,1	89,9

MPDPZ = Innovationsvariable, Anteilsindikator
GEWVAR = Indikator für den Einfluß der Arbeitnehmervertretung
RBGR = Betriebsgrößenstruktur
DB = Wirtschaftszweigspezifische Beschäftigungsniveauveränderung
UA = Qualifikationsstruktur
SAIS = Saisonindikator
TDUM = Jahresspezifische Dummies
WDUM = Wirtschaftszweigspezische Dummies
in Klammern = t-Werte

Bei den Kovarianz-Modellen, in denen der Längsschnittaspekt zur Geltung kommt (Modelle III und IV), ergeben sich zwar teilweise positive Vorzeichen für die Regressionskoeffizienten, die aber in der Regel nicht signifikant sind. Eine Ausnahme sind Prozeßinnovationen, die bei den Männern in den Modellen III und IV, also bei Betonung des Längsschnittes, einen positiven signifikanten Regressionskoeffizienten aufweisen. Das heißt: Erhöhte Aufwendungen für Prozeßinnovationen innerhalb eines Wirtschaftszweiges erhöhen das Arbeitslosigkeitszugangsrisiko. Wenn auch hier die Längsschnittanalysen aufgrund der weniger verfügbaren Daten (seit 1981) nur begrenzt aussagefähig sind, zeigen die Analyse-Ergebnisse der kombinierten Querschnitts-/Längsschnittanalysen doch, daß man mit Übertragungen von Querschnittsergebnissen auf den Längsschnitt äußerst vorsichtig sein muß, weil die Verallgemeinerung über die Zeit häufig nicht gilt, ja sogar gegenläufige Zusammenhänge auftreten können (Schettkat 1989).

Ein ähnlicher Zusammenhang wie für Innovationen zeigt sich auch bei dem Indikator für die Stärke der Arbeitnehmervertretung in den Wirtschaftszweigen (GEWVAR). Solange nicht explizit für die Wirtschaftszweige kontrolliert wird (die Modelle I, II in Tabelle 5.1), ist der Regressionskoeffizient dieses Indikators signifikant negativ. Die Stärke der Arbeitnehmervertretung kann also einen Teil der Variation des Arbeitslosigkeitszugangsrisikos zwischen den Sektoren erklären. Innerhalb eines Sektors (Kontrolle für die Wirtschaftszweige, Modelle III, IV, in Tabelle 5.1) verliert jedoch die Stärke der Gewerkschaften für die Erklärung der Variation des Arbeitslosigkeitszugangsrisikos an Bedeutung. Dies ist auch plausibel, weil sich der gewerkschaftliche Organisationsgrad und der Einfluß der Arbeitnehmerschaft im Laufe der Zeit nur sehr langsam verändern und eine Variation über die Zeit bei dem hier verwendeten Indikator auch gar nicht berücksichtigt werden konnte. Die Variation des Arbeitslosigkeitszugangsrisikos über die Zeit innerhalb eines Wirtschaftszweiges muß also durch andere Faktoren erklärt werden. Es ist darauf hinzuweisen, daß die Unterschiede der Wirtschaftszweige in bezug auf den Indikator GEWVAR wie auch beim Innovationsindikator durch die wirtschaftszweigspezifischen Dummies (WDUM) "aufgesogen" werden. Dies gilt für alle Variablen, die spezifisch für den Wirtschaftszweig sind und eine hohe Konstanz über die Zeit aufweisen. Sie verlieren damit nicht ihre Bedeutung für die Erklärung der Abweichungen zwischen den Sektoren, sondern "verschwinden" hier vielmehr in den Werten der Dummyvariablen, die fast ausnahmslos signifikant waren.

Gleiche Überlegungen gelten für die Saisonabhängigkeit der Beschäftigung in den Wirtschaftszweigen. Hier wurde, wie oben beschrieben, ein Indikator konstruiert, der die durch saisonale Faktoren bedingte Variation des Beschäftigungsniveaus erfaßt (ausführlich Schettkat 1989). Die unterschiedliche Saisonabhängigkeit der einzelnen Wirtschaftszweige ist zwar im Querschnitt für die Variation des

Arbeitslosigkeitszugangsrisikos sehr erklärungskräftig, aber sie verliert im Längsschnitt an Bedeutung. Auch dieses Ergebnis ist plausibel, denn die Saisonabhängigkeit eines Wirtschaftszweiges wird sich kaum von einem Jahr auf das andere verändern. Auch die Saison ist wirtschaftszweigspezifisch und wird deshalb von den Wirtschaftszweig-Dummies "aufgesogen".

Relativ geringe Erklärungswerte gehen von der Qualifikationsstruktur (UA) aus. Hier ergeben sich überwiegend nicht signifikante Koeffizienten. Lediglich in den Querschnittsgleichungen bei den Frauen ergeben sich signifikant positive Werte für die Regressionskoeffizienten, d.h. ein höherer Anteil ungelernter Arbeiter im Vergleich zu den Angestellten, die schon aus arbeitsrechtlichen Gründen eine höhere Stabilität ihrer Beschäftigung aufweisen, erhöht das Arbeitslosigkeitszugangsrisiko.

Die Veränderung des Beschäftigungsniveaus hat einen signifikant negativen Einfluß auf das Arbeitslosigkeitszugangsrisiko sowohl in den Querschnitts- als auch in den Längsschnittbetrachtungen und wirkt hier negativ, was bedeutet, daß mit einer Zunahme der Beschäftigung ein Rückgang des Arbeitslosigkeitszugangsrisikos und mit einer Abnahme des Beschäftigungsniveaus eine Erhöhung des Arbeitslosigkeitszugangsrisikos verbunden ist.

Insgesamt kann der Schluß gezogen werden, daß eine hohe Innovationsaktivität keinesfalls einen hohen externen Arbeitsmarktaustausch erfordert. Vielmehr scheint der umgekehrte Zusammenhang zu gelten: Innovativere Wirtschaftszweige weisen geringere Arbeitslosigkeitszugangsrisiken auf. Hinter diesem Befund stehen sozioökonomisch hoch komplexe Wirkungsketten, und es ist nicht zu erwarten, daß sich die die Wirkungsketten determinierenden Faktoren kurzfristig verändern, weshalb auch nicht mit Schwankungen des Arbeitslosigkeitszugangsrisikos über die Zeit bei relativ geringer Variation der Innovationsaktivitäten zu rechnen ist.

6. Übergänge in Nichterwerbstätigkeit

Qualifikatorische Anpassungsprozesse der Belegschaften vollziehen sich auch durch intergenerative Mobilität (Stooß 1984, Berglind 1981). Jüngere Arbeitnehmer verfügen eher über moderne Fähigkeiten und eher über theoretische Kenntnisse, ältere Arbeitnehmer sind dagegen eher in den aktuell weniger gefragten Berufen zu finden. Vor diesem Hintergrund ist zu erwarten, daß in den innovativeren Wirtschaftszweigen eine tendenziell jüngere Belegschaft zu finden ist. Dem Abstrom in Nichterwerbstätigkeit kommt in diesem Prozeß eine besondere Rolle zu: Wenn ältere Arbeitnehmer tendenziell weniger gefragte Qualifikationsprofile aufweisen, dann ist zu erwarten, daß von den Rentenrechtsregelungen möglicherweise besonderer Gebrauch gemacht wird. Vorzeitiges Ausscheiden in Rente wäre dann ein hervorragen'des Instrument zur Qualifikationsanpassung der Belegschaften für die Unternehmen, denn gestützt durch die Rentengesetzgebung und durch das Vorruhestandsgesetz sowie eventuelle Sozialplanregelungen könnte älteren Arbeitnehmern eine finanziell abgesicherte und sozial akzeptierte "Alternativrolle" angeboten werden. Es ist daher ein Zusammenhang zwischen der Innovationsaktivität in den Wirtschaftszweigen und einem überproportional hohen Ausscheiden älterer Arbeitnehmer zu erwarten.

Neben dem möglichen Einfluß der Innovationsaktivität wird die Altersstruktur der Beschäftigten durch weitere Faktoren beeinflußt. So dürfte die Betriebsgrößenstruktur von Bedeutung sein, wobei hier die Wirkungsrichtung nicht a priori feststeht, denn einerseits werden in größeren Betrieben eher Senioritätsregelungen angewendet. Andererseits kommt hier aber auch eher Personalplanung zur Anwendung; darüber hinaus ist der finanzielle Spielraum größer, so daß Sozialplanregelungen für die Arbeitnehmer attraktiver gestaltet werden können und möglicherweise die Verrentungsentscheidungen erleichtern. Zudem dürfte die Entwicklung des Beschäftigungsniveaus und die Qualifikationsstruktur der Beschäftigten von Bedeutung sein, denn das Rentenzugangsalter liegt bei Arbeitern deutlich niedriger als bei Angestellten (Helberger 1977), weshalb ein Einfluß der Qualifikationsstruktur auf die Altersstruktur in den Wirtschaftszweigen zu erwarten ist.

6.1 Altersstruktur

Als zu erklärende Variable wurde in den Analysen sowohl das Durchschnittsalter als auch der Anteil spezifischer Altersgruppen an den Beschäftigten insgesamt verwendet. Die Datenbasis bilden die sozialversicherungspflichtig Beschäftigten (ohne Auszubildende) des Jahres 1982 und 1986. Der Innovationsindikator ist als Durchschnitt über die Jahre von 1980 bis 1982 bzw. von 1982 bis 1986 gebildet worden, weil die Innovationswerte eines Jahres möglicherweise zu Verzerrungen führen können.

Die Regressionsanalysen des Zusammenhangs von Altersstruktur, Innovationsaktivität und weiteren Variablen für das nach 21 Wirtschaftszweigen differenzierte Verarbeitende Gewerbe für die Jahre 1982 und 1986 ergaben, daß das Durchschnittsalter der sozialversicherungspflichtig Beschäftigten, das aus 5-Jahres-Altersgruppen - ohne die Auszubildenden - berechnet wurde, nicht signifikant durch Innovationen oder die Qualifikationsstruktur beeinflußt wird. Aber die Betriebsgrößenstruktur wirkt positiv, das heißt erhöhend, auf das Durchschnittsalter der Beschäftigten. Dieser Zusammenhang ist auf einem Signifikanzniveau von 5% für 1982 statistisch gesichert. Zumindest am Durchschnittsalter ist also der unterstellte Zusammenhang zwischen Innovationsaktivität und Altersstruktur nicht abzulesen.

Für die Anteile der einzelnen Altersgruppen ergaben sich wiederum keine signifikanten Regressionskoeffizienten für den Innovationsindikator und den Qualifikationsstrukturindikator. Die Regressionskoeffizienten der Betriebsgrößenstruktur sind signifikant (5%-Niveau) negativ für den Anteil der über 60jährigen Beschäftigten. In großbetrieblich strukturierten Wirtschaftszweigen ist also der Anteil der 60jährigen signifikant geringer, was möglicherweise mit einer überproportionalen Ausgliederung (Betriebsrente, Abfindungen) erklärbar ist. Eine positive Beschäftigungsentwicklung (DB) kommt offensichtlich eher den jüngeren Arbeitskräften zugute, was an dem positiven Regressionskoeffizienten für die Anteile der unter 55jährigen abzulesen ist (Tabelle 6.1).

6.2 Nichterwerbstätigkeit

Eine weitere Möglichkeit der externen Arbeitsmarktanpassung ist - neben dem Abstrom von Beschäftigten in Arbeitslosigkeit - durch den Abstrom in Nichterwerbstätigkeit gegeben. Zu den Nichterwerbstätigen zählen alle Personen, die weder einer Beschäftigung nachgehen noch arbeitslos sind, sondern sich vom Arbeitsmarkt zurückgezogen haben bzw. noch nicht auf den Arbeitsmarkt getreten sind (Rentner, Hausfrauen und Bildungsteilnehmer, Abbildung 2.2). Die Analyse des Übergangs von Beschäftigung in Nichterwerbstätigkeit ist unter Verwendung des Mikrozensus 1985 möglich. In diesem Jahr wurden die Nichterwerbstätigen in der Mikrozensuserhebung danach gefragt, ob sie in den letzten drei Jahren (von Mai 1982 bis Mai 1985) erwerbstätig waren und in welchem Wirtschaftszweig dies war. Darüber hinaus ist auch der Grund des Ausscheidens aus dem Erwerbsleben abgefragt worden.

Das Statistische Bundesamt hat für das WZB/AMB eine Sonderauswertung des Mikrozensus 1985 durchgeführt, in der der wirtschaftszweigspezifische Übergang in die Nichterwerbstätigkeit abgebildet ist. Allerdings ist einschränkend darauf hinzuweisen, daß der Mikrozensus zwar eine sehr umfangreiche Stichprobe ist (1% der bundesdeutschen Bevölkerung), daß aber selbst dieser große Stichprobenumfang bei Differenzierungen nicht immer zu befriedigenden Zellenbesetzungen führt. So konnte neben den Wirtschaftszweigen und dem Alter nicht mehr nach dem Geschlecht differenziert werden, weil dieses bereits zu unzureichenden Zellenbesetzungen geführt hätte.

Tabelle 6.1: Regressionsanalysen des Zusammenhangs zwischen Altersstruktur und Innovationsaktivität, 1982 und 1986

Abhängige Variable (Erfassungszeitraum)	MPIPI (1980-1982)	DB (1978-1982)	RBGR (1980)	UA (1979-1982)	R^2	R^2_{adj}
			1982			
Durchschnittsalter	0,17 (0,79)	-0,32 (-1,36)	0,40 (1,78)	-	40,2	29,6
	0,21 (0,96)	-0,24 (-0,97)	0,43 (1,86)	0,19 (0,89)	43,0	28,8
Anteile der Altersgruppen an den Beschäftigten insgesamt						
- unter 55 Jahre	-0,17 (-0,79)	0,58 (2,34)	-0,06 (-0,25)	-	34,1	22,5
	-0,19 (-0,79)	0,56 (2,06)	-0,07 (-0,27)	-0,05 (-0,23)	34,4	18,0
- 55 bis unter 60 Jahre	0,19 (1,00)	-0,57 (-2,67)	0,25 (1,20)	-	50,4	41,6
	0,23 (1,13)	-0,51 (-2,21)	0,27 (1,27)	0,16 (0,79)	52,2	40,3
- 60 Jahre und älter	0,03 (0,13)	-0,30 (-1,08)	-0,49 (-1,84)	-	18,1	3,6
	-0,03 (-0,09)	-0,40 (-1,36)	-0,52 (-1,95)	-0,26 (-1,02)	23,1	3,9
			1986			
Durchschnittsalter	0,13 (0,58)	-0,36 (-1,56)	0,38 (1,73)	-	37,6	26,6
	0,17 (0,73)	-0,35 (-1,46)	0,38 (1,66)	0,13 (0,61)	39,0	23,8
Anteile der Altersgruppen an den Beschäftigten insgesamt						
- unter 55 Jahre	-0,15 (0,62)	0,55 (2,17)	-0,007 (-0,03)	-	26,5	13,5
	-0,21 (-0,83)	0,53 (2,06)	0,004 (0,02)	-0,19 (-0,85)	29,6	12,1
- 55 bis unter 60 Jahre	0,20 (0,93)	-0,59 (-2,59)	0,15 (0,70)	-	39,9	29,3
	0,28 (1,25)	-0,56 (-2,50)	0,14 (0,64)	0,24 (1,20)	44,8	31,1
- 60 Jahre und älter	-0,08 (-0,34)	-0,19 (-0,74)	-0,46 (-1,87)	-	22,7	9,1
	-0,10 (-0,36)	-0,19 (-0,73)	-0,46 (-1,81)	-0,04 (-0,16)	22,8	3,6

MPIPI = Innovationsvariable, Wertindikatoren
DB = Wirtschaftszweigspezifische Beschäftigungsniveauveränderung ingesamt
RGBR = Betriebsgrößenstruktur
UA = Qualifikationsstruktur insgesamt
in Klammern: t-Werte

Tabelle 6.2: Regressionsanalysen des Zusammenhangs von Übergangsraten aus Beschäftigung in Nichterwerbstätigkeit und Rente sowie Innovation im Zeitraum von 1982 bis 1985

Abhängige Variable (Erfassungszeitraum)	MPDPZ (1982-1985)	DB (1978-1985)	RBGR (1980)	UA (1979-1985)	R^2	R^2_{adj}
			Übergang in Nichterwerbstätigkeit			
insgesamt	0,28	-0,31	-0,08	-	7,6	-8,7
	(0,11)	(-1,11)	(-0,30)			
	0,09	-0,28	-0,09	0,21	11,3	-10,9
	(0,34)	(-0,98)	(-0,32)	(0,81)		
- unter 55 Jahre	0,05	-0,31	-0,25	-	8,7	-7,4
	(0,18)	(-1,09)	(-0,96)			
	0,15	0,25	-0,26	0,33	17,9	-2,6
	(0,57)	(0,86)	(-1,01)	(1,34)		
- 55 bis unter 60 Jahre	-0,08	0,26	0,11	-	4,3	-12,6
	(-0,28)	(0,87)	(0,42)			
	-0,05	-0,17	0,11	-0,09	5,0	-18,8
	(-0,16)	(-0,64)	(0,40)	(-0,34)		
- 60 Jahre und älter	-0,08	-0,17	0,36	-	21,4	7,5
	(-0,34)	(-0,64)	(1,48)			
	-0,09	-0,17	0,37	-0,01	21,4	1,8
	(-0,32)	(-0,62)	(1,43)	(-0,04)		
			Übergang in Rente			
insgesamt	-0,28	0,20	0,37	-	12,9	-2,4
	(-1,08)	(0,71)	(1,44)			
	-0,17	0,24	0,36	0,34	22,8	3,4
	(-0,64)	(0,88)	(1,44)	(1,43)		
- 55 bis unter 60 Jahre	-0,19	0,23	0,33	-	9,6	-6,4
	(-0,72)	(1,01)	(1,24)			
	-0,13	0,31	0,32	0,19	12,5	-9,3
	(-0,46)	(1,07)	(1,21)	(0,74)		
- 60 Jahre und älter	-0,32	0,27	0,51	-	21,5	7,7
	(-1,29)	(1,03)	(2,05)			
	-0,23	0,30	0,50	0,26	27,3	9,1
	(-0,92)	(1,15)	(2,03)	(1,12)		

MPDPZ = Innovationsindikator
DB = Wirtschaftszweigspezifische Beschäftigungsniveauänderung
RGBR = Betriebsgrößenstruktur
UA = Qualifikationsstruktur
in Klammern: t-Werte

Für die Altersgruppen "unter 55 Jahren", "55 bis 60 Jahre" und "60 bis 65 Jahre" wurde der Abstrom aus Beschäftigung in Nichterwerbstätigkeit differenziert nach den Herkunftswirtschaftszweigen für den Zeitraum von 1982 bis 1985 analysiert. Der Abstrom aus Beschäftigung in Nichterwerbstätigkeit für die erwähnten Altersgruppen wurde zu dem Anfangsbestand der Beschäftigten in Beziehung gesetzt, so daß eine für alle Wirtschaftszweige vergleichbare relative Abstromzahl von Beschäftigung in Nichterwerbstätigkeit konstruiert wurde. Diese Größe wurde als abhängige Variable in den Analysen verwendet und auf die wirtschaftszweigspezifische Innovationsaktivität (MPDPZ), die wirtschaftszweigspezifische Beschäftigungsniveauveränderung (DB), die Betriebsgrößenstruktur (RBGR) und die Qualifikationsstruktur (UA) regressiert. Im oberen Teil der Tabelle 6.2 sind die Ergebnisse der Regressionsanalysen für die Übergänge in Nichterwerbstätigkeit dargestellt.

Es ergaben sich keine statistisch signifikanten Zusammenhänge zwischen der Innovationsaktivität, der Beschäftigungsniveauveränderung, der Betriebsgrößenstruktur und der Qualifikationsstruktur auf die Übergangsraten in Nichterwerbstätigkeit. Es ergab sich aber ein positiver Regressionskoeffizient der Betriebsgrößenstruktur bei den älteren Beschäftigten, der allerdings nur auf dem 10 % Niveau signifikant ist. Das heißt, mit der Betriebsgrößenstruktur nimmt die Tendenz zum vorzeitigen Ausscheiden aus dem Erwerbsleben zu. Dieser Befund korrespondiert mit den Ergebnissen der Altersstrukturanalyse des vorangegangenen Abschnitts, wo sich ein signifikant geringerer Anteil der über 60jährigen in großbetrieblich strukturierten Wirtschaftszweigen zeigte.

In einem weiteren Schritt wurde der Nichterwerbstätigkeitsstatus spezifiziert, und es werden jetzt nur noch diejenigen Nichterwerbstätigen in der Analyse berücksichtigt, die als Ausscheidungsgrund aus der letzten Beschäftigung die "Rente" genannt haben. Im Gegensatz zum unspezifizierten Ausscheiden in Nichterwerbstätigkeit ergibt sich bei Eingrenzung auf die Rentenzugänge ein signifikant posiviter (5%-Niveau) Regressionskoeffizient für die Betriebsgrößenstruktur bei den über 60-jährigen (Tabelle 6.2 unterer Teil). Ein Ergebnis, das mit den Analyseergebnissen zur Altersstruktur korrespondiert und durch Betriebsrentenregelungen, aber auch durch Personalplanung in Großbetrieben erklärbar ist, hier jedoch nicht expliziert und verifiziert werden kann. Die Wirkung der Innovationsindikatoren war wiederum nicht signifikant. Ein signifikanter Zusammenhang zwischen dem Abstrom aus Beschäftigung in Rente und dem wirtschaftszweigspezifischen Innovationsaktivitätsniveau konnte also nicht nachgewiesen werden. Insgesamt ist festzustellen, daß die Modelle keine hohen Erklärungsanteile der Varianzen liefern, was wahrscheinlich auch mit der Datenbasis zu begründen ist.

7. Berufsgruppenspezifische Arbeitsangebotselastizität

In den einzelnen Berufsgruppen haben sich zwischen 1980 und 1985 sehr unterschiedliche Entwicklungen ergeben. Es gab Berufsgruppen, die zu den Gewinnern zählen und die Zahl der Beschäftigten um bis zu 20% erhöhten, während andere Berufsgruppen Beschäftigungseinbußen von rund 20% hinnehmen mußten. Beschäftigungsgewinne traten vor allem in den Dienstleistungsberufen (Gesundheitsdienstberufe, Sozial- und Erziehungsberufe, Dienstleistungskaufleute) und den qualifizierten technikbezogenen Berufen (Ingenieure, Chemiker, technische Sonderfachkräfte) auf, wohingegen in den produktionsnahen Berufen deutliche Beschäftigungsrückgänge zu verzeichnen waren (Tabelle 7.1), ein Ergebnis, das sich auch in anderen Studien zeigt (Baethge 1988, Warnken/Ronning in diesem Band). Auch in den Veränderungen der Beschäftigungsstruktur nach Berufsgruppen spiegeln sich also die festgestellten Funktionsverschiebungen hin zu Dienstleistungen und hin zu produktionsbegleitenden Tätigkeiten zu Lasten der produktionsnahen Tätigkeiten wider.

Eine positive berufsgruppenspezifische Beschäftigungsentwicklung muß aber nicht mit einem proportionalen Abbau der Arbeitslosigkeit in der Berufsgruppe einhergehen. Der allgemeine Zusammenhang zwischen der Beschäftigungsveränderung und der Höhe der Arbeitslosigkeit ist keinesfalls so eng, wie oftmals angenommen wird. Er wird noch lockerer, wenn die Entwicklung in Teilbereichen des Arbeitsmarktes, z.B. in den Berufsgruppen, betrachtet wird. Würde sich ein Beschäftigungsabbau exakt in einem entsprechenden Anstieg der Arbeitslosigkeit widerspiegeln, und würde umgekehrt eine Beschäftigungszunahme zu einer gleich hohen Reduzierung der Arbeitslosigkeit führen, dann ergäbe sich zwischen der berufsspezifischen Beschäftigungsveränderung und der Veränderung der Arbeitslosigkeit ein Korrelationskoeffizient von -1,0. Tatsächlich ergibt sich aber nur ein Korrelationskoeffizient von -0,4. Grundsätzlich können zwischen den Veränderungen der beiden Größen, wenn man die Möglichkeit der Konstanz der Größen einmal außer acht läßt, die folgenden Zusammenhänge auftreten:

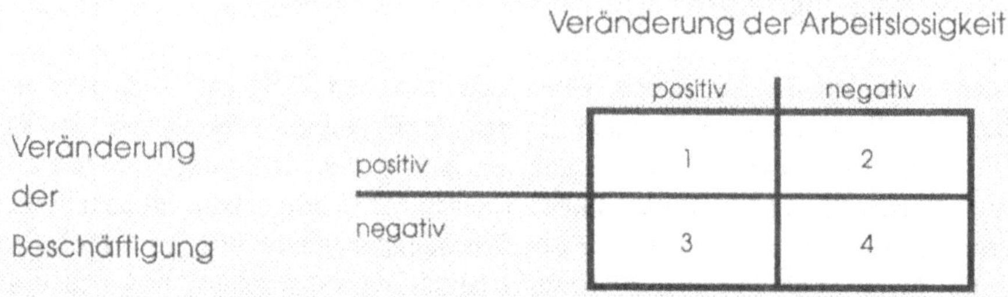

Abbildung 7.1: **Der Zusammenhang zwischen der Veränderung von Beschäftigung und Arbeitslosigkeit**

In Feld 1 nimmt die Beschäftigung zu, aber gleichzeitig steigt auch die Arbeitslosigkeit, was durch ein überproportional steigendes Arbeitsangebot begründet ist. In Feld 2 nimmt die Beschäftigung zu, und die Arbeitslosigkeit geht zurück, was auf einen Erwerbsstatuswechsel von Arbeitslosigkeit in Beschäftigung zurückgeführt werden kann. In Feld 3 nimmt die Beschäftigung ab, und die Arbeitslosigkeit nimmt zu, eine Situation, die normalerweise mit einem Beschäftigungsrückgang assoziiert wird. Es ist hier davon auszugehen, daß die vormals Beschäftigten zu Arbeitslosen werden. In Feld 4 ist eine Situation dargestellt, in der sowohl die Beschäftigung als auch die Arbeitslosigkeit zurückgeht. In dieser Situation muß sich das Arbeitsangebot stärker als der Rückgang der Beschäftigung vermindern. Lediglich in den Feldern 2 und 3 tritt also eine Situation auf, die normalerweise für den Zusammenhang von Beschäftigungs- und Arbeitslosigkeitsniveau assoziiert wird.

In dieser Betrachtung wird die Dynamik in der Arbeitsmarktentwicklung nochmals deutlich. Es handelt sich bei den Erwerbspersonen (Beschäftigte und Arbeitslose) nicht um einen konstanten Block, der den Erwerbsstatus zwischen Beschäftigung und Arbeitslosigkeit wechselt, sondern die Zusammensetzung verändert sich laufend. Es treten neue Erwerbspersonen hinzu, und gleichzeitig scheiden alte Erwerbspersonen aus. Deshalb können auch Situationen, wie sie mit Feld 4 und Feld 1 von Abbildung 7.1 beschrieben werden, auftreten.

Bei der berufsgruppenspezifischen Analyse ist zudem zu beachten, daß eine Mobilität über die Berufsgruppen hinweg besteht. Entlassene Beschäftigte können als Arbeitslose einer bestimmten Berufsgruppe auftauchen und verbleiben auch in dieser Kategorie, solange sie arbeitslos sind, weil die Einstufung der Arbeitslosen nach ihrem letzten Beruf erfolgt. Aus einem berufsspezifischen Beschäftigungsanstieg und einem Rückgang der Arbeitslosigkeit der entsprechenden Berufsgruppe ist aber nicht eindeutig zu schließen, daß die vormals Arbeitslosen dieser Berufsgruppe nun in Beschäftigung mit gleichem Beruf gewechselt sind. Vielmehr kann es sein, daß sie eine Beschäftigung in einem anderen Beruf aufnehmen (die Berufsgruppenzuordnung erfolgt nach der gegenwärtigen Tätigkeit). Die Zunahme der Berufsgruppenbeschäftigung ist dann auf die Integration "Berufsfremder" zurückzuführen und kann mit konstanter oder gar steigender Arbeitslosigkeit dieser Berufsgrupe einhergehen.

In der realen Entwicklung in der Bundesrepublik Deutschland sind lediglich die Felder 1 und 3 der oben dargestellten Vierfelder-Tafel besetzt, weil es in keiner Berufsgruppe zu einem Abbau der Arbeitslosigkeit in dem Fünf-Jahreszeitraum von 1980 bis 1985 gekommen ist. Auch die Berufe, die als "Zukunftsberufe" angesehen werden (z.B. Ingenieure, Chemiker), konnten zwar positive Beschäftigungszuwächse erzielen, aber gleichzeitig stieg auch das Arbeitsangebot in diesen Berufen an, so daß trotzdem die Arbeitslosigkeit zunahm. Dies gilt auch für die dienstleistungsorientierten Berufe.

Bei den Berufen mit negativer Beschäftigungsentwicklung zeigen sich Zunahmen des berufsspezifischen Arbeitsangebotes lediglich bei den Malern, Künstlern, Tischlern, hauswirtschaftlichen Berufen, den Raumausstattern und den Schlossern. In allen anderen Berufsgruppen ist auch die Arbeitsangebotsentwicklung negativ und entspricht damit tendenziell der Nachfrageentwicklung. Der Anstieg des Arbeitsangebotes in den erwähnten Berufen im Gegensatz zu der Beschäftigungsentwicklung (der Nachfrageentwicklung) dürfte hier auch nicht zuletzt auf die Situation am Ausbildungsstellenmarkt zurückzuführen sein, wo bei Knappheit an Ausbildungsplätzen die Wahl deutlich eingeschränkt ist und die Entscheidung dann häufig nach der Verfügbarkeit der Ausbildungsplätze ausgerichtet wird, weil jede Berufsausbildung besser als gar keine ist.

Besonders relevant für die Beurteilung der berufsfachlichen Flexibilität unseres Arbeitsmarktes ist, inwieweit sich die Arbeitnehmer als Gesamtheit an neuen Qualifikationserfordernissen orientieren. Werden die sich abzeichnenden Verschiebungen in den Qualifikationsanforderungen, in den Ausbildungs- und Weiterbildungsentscheidungen der Arbeitnehmer wie auch im Aus- und Weiterbildungsangebot der öffentlichen Bildungseinrichtungen, der Unternehmen und Arbeitsämter nicht berücksichtigt, dann wird das Wirtschaftswachstum möglicherweise aufgrund eines Mangels an geeigneten Arbeitskräften gebremst, und es kommt zu einer qualifikationsbedingten Arbeitslosigkeit. Ist umgekehrt die berufliche Mobilität sehr hoch, wird Arbeitslosigkeit aus dieser Ursache vermieden. Das Arbeitsangebot, also die Zahl der Beschäftigten und Arbeitslosen, müßte bei hoher qualifikatorischer Anpassungsfähigkeit in den Zukunftsberufen zunehmen und in den weniger gefragten Berufen zurückgehen. Beschäftigungs- und Arbeitsangebotsveränderung müßten also positiv korreliert sein.

Tabelle 7.1: Die Veränderung von Beschäftigung, Arbeitslosigkeit und Arbeitsangebot nach 38 Berufsgruppen

Berufsgruppen	Veränderung von 1980 auf 1985 (in %) Beschäftigung	Arbeitslosigkeit	Arbeitsangebot
Gesundheitsdienstberufe	+ 21,0	+ 166,9	+ 25,7
Sozial-/Erzieh./Geistes-/Naturwiss. Berufe	+ 10,6	+ 170,6	+ 21,3
Pflanzenbauer, Tierzüchter, Fischereiberufe	+ 10,1	+ 177,9	+ 20,0
Publizisten, Dolmetscher, Bibliothekare	+ 9,0	+ 105,8	+ 13,0
Ingenieure, Chemiker, Physiker, Mathematiker	+ 8,8	+ 174,2	+ 12,7
Dienstleistungskaufleute und zug. Berufe	+ 8,3	+ 131,4	+ 10,5
Körperpfleger	+ 5,4	+ 184,8	+ 13,4
Technische Sonderfachkräfte	+ 4,8	+ 179,5	+ 9,9
Gästebetreuer	+ 4,4	+ 176,0	+ 16,7
Ordnungs- und Sicherheitsberufe	+ 3,4	+ 110,5	+ 10,2
Elektriker	+ 2,4	+ 233,1	+ 7,2
Ernährungsberufe	+ 2,0	+ 188,0	+ 10,8
Warenkaufleute	+ 0,7	+ 151,8	+ 7,7
Techniker	+ 0,6	+ 179,6	+ 3,2
Organisations-, Verwaltungs-, und Büroberufe	+ 0,3	+ 122,1	+ 4,2
Maler, Lackierer und verwandte Berufe	+ 0	+ 313,4	+ 12,8
Schlosser, Mechaniker und zug. Berufe	- 2,3	+ 281,4	+ 3,6
Tischler, Modellbauer	- 3,0	+ 521,5	+ 8,2
Künstler und zug. Berufe	- 3,0	+ 94,7	+ 5,1
Chemieverarbeiter, Kunststoffverarbeiter	- 4,4	+ 120,9	- 0,6
Hauswirtschaftliche Berufe	- 4,7	+ 129,7	+ 5,6
Bergleute, Mineralgewinner	- 5,7	+ 137,9	- 1,3
Drucker	- 6,0	+ 172,6	- 1,7
Reinigungsberufe	- 6,6	+ 143,2	+ 0
Bau-, Raumausstatter, Polsterer	- 7,2	+ 369,2	+ 5,0
Verkehrsberufe	- 8,5	+ 147,1	- 1,7
Montierer und Metallberufe a.n.g.	- 10,4	+ 67,7	- 3,6
Papierhersteller, -verarbeiter	- 11,3	+ 111,2	- 7,1
Hilfsarbeiter ohne nähere Tätigkeitsangabe	- 11,8	+ 33,3	- 4,3
Warenprüfer, Versandfertigmacher	- 12,1	+ 96,9	- 4,0
Metallerzeuger, -verarbeiter	- 12,2	+ 198,2	- 7,3
Keramiker, Glasmacher	- 13,8	+ 146,9	- 8,6
Maschinisten und zug. Berufe	- 14,9	+ 222,6	- 8,5
Steinbearbeiter, Baustoffhersteller	- 16,7	+ 164,2	- 6,9
Bauberufe	- 18,1	+ 363,5	- 3,3
Holzaufbereiter, Holzwarenfertiger	- 20,8	+ 182,9	- 11,0
Lederhersteller, Leder- und Fellverarbeiter	- 21,4	+ 112,4	- 14,9
Textil- und Bekleidungsberufe	- 21,9	+ 73,8	- 16,1

Berechnung auf Basis der Beschäftigtenstatistik, sozialversicherungspflichtig Beschäftigte und registrierte Arbeitslose; das Arbeitsangebot besteht aus sozialversicherungspflichtig Beschäftigten und registrierten Arbeitslosen.

Für 38 Berufsgruppen wurde eine solche Flexibilitätsanalyse des Arbeitsmarktes vom WZB/AMB im Rahmen der Meta-Studie durchgeführt, die eine sehr hohe berufsfachliche Flexibilität des Arbeitsangebotes in bezug auf die berufsgruppenspezifischen Beschäftigungsveränderungen für den Zeitraum 1980 bis 1985 ergab. Eine globale Qualifikationslücke in den Zukunftsberufen kann also für die Bundesrepublik Deutschland nicht konstatiert werden, denn auch in den gefragten Berufen nahm das Arbeitsangebot stärker zu als die Nachfrage. Das Arbeitsangebot reagiert also sehr flexibel auf die veränderten Qualifikationsanforderungen.

8. Zusammenfassende Schlußfolgerungen

Die Analyse des Zusammenhanges von Innovationsaktivität und Arbeitsmarktdynamik mit Hilfe eines gepoolten Querschnitts-/Längsschnittdatensatzes für 21 Wirtschaftszweige des Verarbeitenden Gewerbes in der Bundesrepublik Deutschland hat gezeigt, daß innovativere Wirtschaftszweige ein geringeres durchschnittliches Arbeitslosigkeitszugangsrisiko aufweisen als weniger innovative Wirtschaftszweige. Der Austausch mit dem externen Arbeitsmarkt ist hier also offenbar geringer. Dieser Befund steht den Vermutungen der "Eurosklerose-Theoretiker" entgegen, die eine mangelnde Anpassungsfähigkeit der bundesrepublikanischen Volkswirtschaft behaupten und diese vor allem auf eine zu geringe Arbeitsmarktmobilität infolge zu starrer arbeitsrechtlicher und wohlfahrtstaatlicher Normen zurückführen. Er ergänzt die Analyse, die den Arbeitsmarktstrukturen wenig Erklärungskraft für die anhaltend hohe Arbeitslosigkeit in der Bundesrepublik zuschreibt (Franz 1987). Offenbar kommen aber gerade die Wirtschaftszweige, die aufgrund ihrer Innovationsanstrengungen als Motor der wirtschaftlichen Entwicklung anzusehen sind, ohne hohe externe Arbeitsmarktmobilität aus.

Neue Qualifikationen werden auch durch den Generationswechsel in das Produktionssystem getragen. Es wäre deshalb zu erwarten, daß innovativere Wirtschaftszweige tendenziell eine jüngere Altersstruktur aufweisen und der Abstrom in Nichterwerbstätigkeit, insbesondere in Rente, hier besonders hoch ist. Diese Zusammenhänge konnten auf der Basis einer Mikrozensus-Sonderauswertung, die vom Statistischen Bundesamt für das WZB/AMB durchgeführt wurde, nicht bestätigt werden. Für das vorzeitige Ausscheiden aus dem Erwerbsleben ist weniger die Innovationsaktivität als vielmehr die Betriebsgrößenstruktur von entscheidender Bedeutung.

Die Elastizität des Arbeitsmarktes in der Bundesrepublik Deutschland ist in qualifikatorischer Hinsicht sehr hoch. In den Berufsgruppen, die eine starke Zunahme ihrer Beschäftigung zu verzeichnen hatten, nahm auch das Arbeitsangebot zu und umgekehrt ging das Arbeitsangebot in den Berufsgruppen mit abnehmender Beschäftigung zurück. Eine globale Qualifikationslücke kann also für die Bundesrepublik nicht konstatiert werden. Der Arbeitsmarkt in der Bundesrepublik ist also in qualifikatorischer Hinsicht höchst elastisch, und ein hohes Innovationsaktivitätsniveau wird offenbar nicht nur über externe Flexibilität, sondern auch über interne Flexibilität erreicht.

TEIL III

GESAMTWIRTSCHAFT

Intersektorale Auswirkungen des Einsatzes von Industrierobotern und CNC-Werkzeugmaschinen: Eine empirisch gestützte Input-Output-Analyse

Dietmar Edler, Renate Filip-Köhn, Frieder Meyer-Krahmer, Reiner Stäglin, Hans Wessels

1. Einleitung

Die Input-Output-Analyse ist eine erprobte Methode der empirischen Wirtschaftsforschung, die bisher auf ein breites Spektrum von Fragestellungen angewendet worden ist (Stäglin 1982). Auch bei der Analyse der Arbeitsmarktwirkungen moderner Techniken werden die Vorzüge der Input-Output-Rechnung deutlich: Sie bildet ein konsistentes, nach Bedarf disaggregierbares Daten- und Analysegerüst, das sowohl (sektoral) differenzierte als auch - mit den differenzierten Ergebnissen konsistente - gesamtwirtschaftliche Aussagen ermöglicht. Die Input-Output-Analyse stellt ein potentielles Bindeglied zwischen den detaillierten, in der Regel jedoch nicht hochrechenbaren Einzel- bzw. Fallstudien, die zudem als Partialmodelle wichtige gesamtwirtschaftliche Wirkungsmechanismen nicht berücksichtigen, und den - die strukturelle Komponente und spezifische Details vernachlässigenden - makroökonomischen Analysen dar. Sie ist damit ein wichtiges Instrument zur Modellierung der sogenannten "Mikro-/Makro-Brücke", einem der methodischen Forschungsschwerpunkte der Meta-Studie.

Die in die Analyse eingeflossenen Daten zur Abbildung der neuen Technologien und des Diffusionsprozesses basieren auf Ergebnissen von Erhebungen im Projektverbund der Meta-Studie, insbesondere der Anwenderbefragung des Instituts für Stadtforschung und Strukturpolitik (IfS), Berlin, auf eigenen Erhebungen des DIW bei Herstellern und bestimmten Anwenderbranchen sowie zu einem erheblichen Teil auf Expertengesprächen und der Auswertung der zur Verfügung stehenden Fachliteratur. Eine weitere Informationsquelle waren die Statistiken über installierte Industrieroboter in der Bundesrepublik Deutschland, die vom Fraunhofer-Institut für Produktionstechnik und Automatisierung (IPA), Stuttgart, herausgegeben werden, und Branchendaten, die von der Fachgemeinschaft Montage-Handhabung-Industrieroboter (MHI) im VDMA, Frankfurt, veröffentlicht werden.

Die vorgelegten Ergebnisse belegen, daß auf der Basis eines derartigen Fächers von Daten technikspezifische mikroökonomische Ergebnisse mittels der Input-Output-Rechnung in makroökonomische Ergebnisse überführt werden können. Gleichzeitig wurde im Laufe der Untersuchung der beachtliche Umfang der benötigten Daten und ihre spezifische, möglichst genau auf die Anforderungen der Input-Output-Methode zugeschnittene Qualität deutlich, so daß für zukünftige Untersuchungen dieses Typs eine noch stärkere Orientierung der Erhebungen auf den technikorientierten Input-Output-Ansatz sinnvoll erscheint.

Untersuchungsgegenstand sind ausgewählte Teilbereiche moderner computergestützter Fertigungs- und Automatisierungstechniken. Aufgrund der Auswahl der untersuchten Techniken und des Typs der angewandten Input-Output-Analyse werden die Ergebnisse in zwei Abschnitten präsentiert. Zunächst werden die Beschäftigungswirkungen des Einsatzes von Schweiß- und Montagerobotern sowie von CNC-Dreh- und -Fräsmaschinen mit Hilfe des statischen Input-Output-Modells dargestellt. Danach werden die Wirkungen der Diffusion von Industrierobotern - differenziert nach elf Einsatzgebieten (Funktionen) - auf Beschäftigung und Berufsstruktur mit Hilfe eines dynamischen Input-Output-Modells untersucht. In den Bereichen, in denen sich inhaltliche Überschneidungen ergeben, also insbesondere bei Schweiß- und Montagerobotern, sind die Untersuchungen inhaltlich aufeinander abgestimmt.

2. Auswirkungen des Einsatzes von Industrierobotern und CNC-Werkzeugmaschinen - Modellrechnungen mit dem statischen Input-Output-Ansatz

2.1 Beschäftigungswirkungen durch Anwendung und Herstellung

Die Abschätzung der Beschäftigungswirkungen bezieht sich auf die im Inland eingesetzten Schweiß- und Montageroboter sowie CNC-Dreh- und -Fräsmaschinen und auf die im Inland für inländische Betriebe hergestellten Maschinen und Geräte. Die jeweiligen Auswirkungen der Anwendung und Herstellung dieser Geräte auf alle vorgelagerten Vorleistungsstufen werden durch den Input-Output-Ansatz miterfaßt. Erstens wurde untersucht, welche Effekte die Anwendung und Herstellung der Industrieroboter und CNC-Werkzeugmaschinen anstelle konventioneller Maschinen und Geräte hat. Um das Ausmaß der Effekte bei unterschiedlicher Verbreitung der Techniken verfolgen zu können und um die technikbedingten Wirkungen von anderen Einflüssen zu isolieren, wurde zweitens als Ausgangspunkt die wirtschaftliche

Situation von 1980 gewählt, da zu diesem Zeitpunkt noch relativ wenige computergestützte Techniken diffundiert waren. Untersucht wurde dann der Diffusionsstand zu unterschiedlichen Zeitpunkten; als Ausgang wurde die wirtschaftliche Struktur von 1980 gewählt. Analysiert wurden die Effekte der ausgewählten Techniken unter der Annahme, daß die Anwendung und Herstellung in den Jahren 1980 und 1986 bzw. nach Erreichen der Sättigungsgrenze bereits 1980 erfolgt wäre. Es wurde unterstellt, daß die Exporte davon nicht tangiert worden wären.

Informationen über die durch die computergestützten Techniken ausgelösten Nachfrageänderungen beim Anwender sind durch Betriebsbefragungen nicht zu erhalten. Es wurden deshalb Elastizitäten der Nachfrage in bezug auf die Absatzpreise berechnet und diskutiert.

Die Tabellen 2.1 und 2.2 zeigen, daß die vier ausgewählten computergestützten Techniken 1980 einen sehr unterschiedlichen Diffusionsstand erreicht hatten. Die beiden Industrieroboteranwendungstypen waren zu dieser Zeit kaum verbreitet - Ende 1979 gab es nur sechs eingesetzte Montageroboter in der Bundesrepublik -, während die CNC-Werkzeugmaschinen schon eine recht große Verbreitung hatten. Bei den Industrierobotern überwogen zu dieser Zeit die positiven Beschäftigungseffekte die negativen unmittelbaren Wirkungen beim Anwender. Die Beschäftigungseffekte werden jeweils gegenüber herkömmlichen Techniken gemessen; das sind in diesen Fällen das Handschweißen bzw. das Vielpunktschweißen, die herkömmliche Montagetechnik bzw. der Einsatz nicht-computergestützter Werkzeugmaschinen.

Durch den Einsatz der CNC-Drehmaschinen und -automaten erfolgte bereits 1980 ein Abbau von 23.000 Arbeitsplätzen, während für die Industrieroboter bedingt durch den geringen Einsatz bei gleichzeitig relativ hohen Investitionen noch ein geringer positiver Effekt berechnet wurde. Beim Diffusionsstand von 1986 wäre mit einer Freisetzung von 32.000 bzw. 31.000 Beschäftigten durch den Einsatz von CNC-Drehmaschinen und -automaten bzw. CNC-Fräsmaschinen zu rechnen gewesen. Der Einsatz der beiden Industrierobotertypen hätte zum Abbau von 6.000 bzw. 1.000 Arbeitsplätzen geführt. Nach Erreichen der Sättigung hätten sich negative Beschäftigungswirkungen für 86.000 bzw. 66.000 Personen durch die CNC-Werkzeugmaschinen und für 17.000 bzw. 32.000 Personen für die beiden Industrierobotertypen ergeben. Die negativen Beschäftigungswirkungen von Schweißrobotern sind im Verhältnis zu ihrem Einsatzvolumen nicht allzu hoch, da Punktschweißroboter - insbesondere im Straßenfahrzeugbau - weitgehend Vielpunktschweißgeräte ersetzen; es entstehen dabei keine Beschäftigungswirkungen beim Anwender.

Tabelle 2.1: **Beschäftigungseffekte bedingt durch Anwendung und Herstellung von Industrierobotern und CNC-Werkzeugmaschinen anstelle konventioneller Techniken, in Personen - Zusammengefaßte Ergebnisse einer empirisch gestützten Modellrechnung -**

Merkmal	Hervorgerufen durch Einsatz in Maschinenbau	Straßenfahrzeugbau	Elektrotechnik	Sonstige Branchen	Insgesamt
1980					
Schweißroboter	0	+234	0	-1	+233
Montageroboter	0	+5	+3	0	+8
CNC-Drehmaschinen	-7.386	-5.308	-1.704	-8.393	-22.791
CNC-Fräsmaschinen	-3.731	-776	-1.032	-2.165	-7.704
1986*					
Schweißroboter	-749	-4.498	-308	-596	-6.151
Montageroboter	-40	-169	-505	-174	-888
CNC-Drehmaschinen	-12.132	-6.157	-2.699	-11.442	-32.430
CNC-Fräsmaschinen	-11.978	-2.048	-2.897	-14.158	-31.081
Nach Erreichen der Sättigungsgrenze*					
Schweißroboter	-2.279	-11.145	-1.142	-2.041	-16.607
Montageroboter	-2.979	-5.743	-14.975	-8.502	-32.199
CNC-Drehmaschinen	-27.149	-15.128	-8.641	-35.565	-86.483
CNC-Fräsmaschinen	-22.513	-4.264	-8.240	-31.193	-66.210

* Berechnet auf der Grundlage der Wirtschaftsstruktur von 1980.

Quellen: Befragungen in Unternehmen und von Experten in Instituten, Literaturauswertung, Input-Output-Rechnung des DIW, eigene Berechnungen.

Im Verhältnis zu den CNC-Drehmaschinen und -automaten stieg der Verbreitungsgrad von 1980 bis 1986 bei den CNC-Fräsmaschinen stärker; es wurde deshalb für letztere für 1986 ein erhöhter Diffusionsstand angenommen; diese Tatbestände zeigen sich auch in den unterschiedlichen Beschäftigungseffekten.

In allen Fällen dominieren die unmittelbaren Beschäftigungseinsparungen beim Anwender. Bei deren Vorlieferanten ergeben sich durch geringfügigen Mehrverbrauch von Vorleistungen durch die Anwendung der Industrieroboter vergleichsweise kleine positive Beschäftigungseffekte; bei der Anwendung der CNC-Werkzeugmaschinen sind sie durch geringen Minderverbrauch von Vorleistungen leicht negativ. Die Herstellung führt unmittelbar und vorleistungsbedingt zu positiven Beschäftigungseffekten; diese werden fast ausschließlich durch eine Erhöhung der Produktion ausgelöst.

Tabelle 2.2: Ausgleichende Nachfrageeffekte und Elastizitäten der Nachfrage in bezug auf die Absatzpreise für durch den Einsatz von Industrierobotern und CNC-Werkzeugmaschinen ausgelöste Beschäftigungseffekte
- Zusammengefaßte Ergebnisse einer empirisch gestützten Modellrechnung -

Merkmal	Hervorgerufen durch Einsatz in: Maschinenbau	Straßenfahrzeugbau	Elektrotechnik	Sonst. Branchen**	Insgesamt***
Ausgleichende Nachfrageeffekte, in v.T.					
1980					
Schweißroboter	0,0	-0,2	0,0	0,0	0,0
Montageroboter	0,0	0,0	0,0	0,0	0,0
CNC-Drehmaschinen	3,7	3,2	0,9	0,6	1,2
CNC-Fräsmaschinen	1,9	0,5	0,6	0,1	0,4
1986*					
Schweißroboter	0,4	2,7	0,2	0,0	0,3
Montageroboter	0,0	0,1	0,3	0,0	0,0
CNC-Drehmaschinen	6,2	3,7	1,5	0,8	1,6
CNC-Fräsmaschinen	6,1	1,2	1,6	1,0	1,6
Nach Erreichen der Sättigungsgrenze*					
Schweißroboter	1,2	6,6	0,6	0,1	0,9
Montageroboter	1,5	3,4	8,2	0,6	1,6
CNC-Drehmaschinen	13,8	9,0	4,7	2,5	4,4
CNC-Fräsmaschinen	11,4	2,5	4,5	2,2	3,3
Ausgleichende Elastizitäten der Nachfrage in bezug auf die Absatzpreise					
1980					
Schweißroboter	.	+7,2	.	-1,0	+6,1
Montageroboter	.	+4,0	+1,0	.	+1,5
CNC-Drehmaschinen	-1,7	-1,7	-1,8	-2,1	-1,9
CNC-Fräsmaschinen	-1,4	-1,5	-1,7	-1,8	-1,5
1986*					
Schweißroboter	-1,6	-1,6	-1,8	-2,0	-1,7
Montageroboter	-1,5	-1,5	-1,9	-2,3	-1,9
CNC-Drehmaschinen	-1,6	-1,7	-1,8	-2,0	-1,8
CNC-Fräsmaschinen	-1,6	-1,7	-1,8	-1,9	-1,8
Nach Erreichen der Sättigungsgrenze*					
Schweißroboter	-1,7	-1,8	-1,9	-2,1	-1,9
Montageroboter	-1,2	-1,2	-1,2	-1,2	-1,2
CNC-Drehmaschinen	-1,7	-1,8	-1,9	-2,1	-1,9
CNC-Fräsmaschinen	-1,6	-1,7	-1,7	-1,9	-1,7

* Berechnet auf der Grundlage der Wirtschaftsstruktur von 1980.
** Bezogen auf das Verarbeitende Gewerbe abzüglich Maschinenbau, Straßenfahrzeugbau und Elektrotechnik.
*** Bezogen auf das gesamte Verarbeitende Gewerbe.

Quellen: Befragungen in Unternehmen und von Experten in Instituten, Literaturauswertung, Input-Output-Rechnung des DIW, eigene Berechnungen.

Von den in den Tabellen ausgewiesenen Produktionssektoren werden die Beschäftigungseffekte bei Schweißrobotern vorwiegend durch den Einsatz im Straßenfahrzeugbau und bei den Montagerobotern durch die Anwendung in der Elektrotechnik ausgelöst. Die beiden CNC-Werkzeugmaschinen werden jeweils besonders im Maschinenbau angewandt.

Die durch den Einsatz der Industrieroboter und der CNC-Werkzeugmaschinen eingetretenen Beschäftigungsänderungen sind mit der Veränderung der Qualifikationsstruktur der Beschäftigten in den Wirtschaftszweigen weitgehend kompatibel (vgl. hierzu Kapitel III.3 in Meyer-Krahmer 1989). Beim Vergleich der Berufe-Wirtschaftszweig-Matrizen von 1976 und 1984 zeigt sich z.B. im Straßenfahrzeugbau eine produktivitäts- und strukturbedingte Verminderung des Einsatzes von Schweißern, Lötern und Nietern, was auf den Einsatz von Schweißrobotern und in früheren Jahren auch von Vielpunktschweißgeräten zurückgeführt werden kann. Auch die Zahl der Schlosser hat sich verringert, was zumindest teilweise in Zusammenhang mit dem Einsatz von Montagerobotern gebracht werden kann. Der Rückgang der spanenden Metallverfahren im Straßenfahrzeugbau läßt sich mit dem Einsatz von CNC-Werkzeugmaschinen erklären.

2.2 Mögliche Veränderung der Nachfrage und dadurch ausgelöste positive Beschäftigungseffekte

Die ermittelten Nachfrageeffekte zeigen, um welchen Anteil die Produktion der einzelnen Produktionssektoren steigen müßte, um die durch die ausgewählten Techniken bei der Anwendung verursachten negativen Beschäftigungseffekte auszugleichen. Sie sind am höchsten nach Erreichen der Sättigungsgrenze. So müßte zum Ausgleich der durch den Einsatz von Schweißrobotern im Straßenfahrzeugbau verursachten negativen Effekte die Erzeugung in diesem Produktionssektor um 6,6 vT steigen. Zum Ausgleich der durch den Einsatz von Montagerobotern in der Elektrotechnik verursachten Beschäftigungseinsparungen müßte die Produktion in diesem Sektor um 8,2 vT angehoben werden. Um die durch den Einsatz von CNC-Drehmaschinen und -automaten bzw. CNC-Fräsmaschinen im Maschinenbau verursachten negativen Beschäftigungswirkungen auszugleichen, müßte dort die Produktion um 13,8 vT bzw. 11,4 vT steigen.

Die in Tabelle 2.2 ausgewiesenen Elastizitäten der Nachfrage in bezug auf die Absatzpreise, die zum Ausgleich der technisch bedingten Freisetzungen erforderlich wären, betragen (mit Ausnahme für die Anlaufzeit bei den Industrierobotern) -1,2 bis -2,3. Für die Absatzpreise wird unterstellt, daß die Kostenänderungen, die sich durch den Einsatz von Industrierobotern ergeben, vollständig weitergegeben werden. Kosteneinsparungen ergeben sich beim Anwender durch Personalkosteneinsparung und Kostenerhöhungen durch höhere Abschreibungen, bedingt durch höhere Investitionen. Bei den Vorleistungen sind bei den Industrierobotern geringfügige Kosteneinsparungen und bei den CNC-Werkzeugmaschinen kleine Kostenerhöhungen angenommen worden.

Die Elastizität der Nachfrage in bezug auf die Absatzpreise, die erforderlich wären, damit die Beschäftigungswirkungen des Einsatzes der neuen Techniken ausgeglichen werden, liegt für alle untersuchten computergestützten Techniken bei allen Produktionssektoren im Falle des Einsatzes nach Erreichen der Sättigungsgrenze bei -1,2 bis -2,1, wobei unterstellt wird, daß die Kosteneinsparungen voll als Preissenkungen weitergegeben werden. Eine Elastizität von mehr als -1 zu erwarten, kann gegebenenfalls schon problematisch sein. Erste vorläufige Ergebnisse des FIND-Modells des DIW kommen im allgemeinen zu geringeren Elastizitäten, als sie hier für den Ausgleich erforderlich berechnet wurden. Auch wenn man bedenkt, daß durch die ausgewählten Techniken das Nachfrageverhalten durch Erhöhung der Produktionsqualität, durch Diversifikation des Produktprogramms und durch eine höhere Termintreue positiv beeinflußt wird, so ist trotzdem nicht damit zu rechnen, daß diese Effekte so stark durchschlagen, daß die technikbedingten Freisetzungen von Beschäftigten durch eine entsprechend hohe Nachfrage ausgeglichen werden.

2.3 Mögliche Beschäftigungseffekte von CNC-Werkzeugmaschinen und Industrierobotern bei Erreichen der Sättigungsgrenze

Schweißroboter und Montageroboter hatten - auf die Stückzahl bezogen - 1986 einen Anteil von 58 Prozent an allen Industrierobotern; nach Erreichen der Sättigungsgrenze wird der Anteil auf 51 Prozent fallen. Berücksichtigt man den Sonderfall, daß Punktschweißroboter weitgehend Vielpunktschweißgeräte ersetzen, ohne daß es zu nennenswerten Beschäftigungseffekten kommt, könnten beim Diffusionsstand von 1986 durch den Einsatz aller Industrieroboter etwa 17.000 und nach Erreichen der Sättigungsgrenze über 100.000 Arbeitsplätze wegfallen, die nicht vollständig durch erhöhte Nachfrage der Anwender von Industrierobotern nach Produkten ausgeglichen würden. Dabei wird unterstellt, daß die Beschäftigungswirkungen von Bahnschweiß- und Montagerobotern ähnlich denen bei allen Industrierobotern (mit Ausnahme von Punktschweißrobotern) ist. Die Größenordnungen stimmen in etwa mit den Berechnungen im folgenden Abschnitt überein. Im Unterschied zu den hier vorgelegten Analysen werden dort die Beschäftigungseffekte bei der Anwendung der

Punktschweißroboter ausschließlich im Vergleich zu den Handschweißgeräten und nicht auch zu Vielpunktschweißgeräten ermittelt.

Die im Inland verbleibende Produktion von NC-Drehmaschinen und -automaten sowie NC-Fräsmaschinen hatte wertmäßig 1986 einen Anteil von etwa einem Drittel an allen NC-Werkzeugmetall-Bearbeitungsmaschinen. Sieht man die CNC-Drehmaschinen und -automaten sowie CNC-Fräsmaschinen als repräsentativ bezüglich der Beschäftigungseffekte an, so könnte die dadurch bedingte Freisetzung von Erwerbstätigen beim Verbreitungsgrad von 1986 190.000 und nach Erreichen der Sättigungsgrenze 450.000 betragen haben. Die negativen Beschäftigungseffekte würden auch hier nicht vollständig durch eine erhöhte Nachfrage aufgrund gesunkener Preise ausgeglichen worden sein.

3. Auswirkungen des Einsatzes von Industrierobotern bis zum Jahr 1995 - Modellrechnungen mit dem dynamischen Input-Qutput-Ansatz

Da die Einführung und Diffusion einer neuen Technik in das bestehende Technikgeflecht einer Volkswirtschaft geradezu den Idealtypus eines dynamischen Prozesses darstellt, stellt die Dynamisierung der Input-Output-Analyse einen bedeutenden methodischen Fortschritt dar. Im Idealfall liefert sie den im Zeitablauf konsistenten methodischen Rahmen, in den die Modellierung des Diffusionsprozesses einer neuen Technik eingebettet werden kann. Jedoch hat die theoretische und empirische Forschung diesen anzustrebenden Zustand bei weitem noch nicht erreicht, weil wesentliche Wirkungszusammenhänge, die bei der Diffusion neuer Techniken eine Rolle spielen, noch unberücksichtigt bleiben müssen.

Für diese Studie wurde erstmalig ein dynamisches Input-Output-Modell für die Bundesrepublik Deutschland implementiert, das Möglichkeiten für derartige technikspezifische Untersuchungen eröffnet. Es entspricht methodisch in großen Teilen dem am Institute for Economic Analysis (IEA), New York University, entwickelten dynamischen Modell für die USA (Leontief/Duchin 1986, Duchin/Szyld 1984).

Wesentliches Kennzeichen des Übergangs vom statischen zum dynamischen Input-Output-Modell ist die endogene Erklärung des Investitionsprozesses mit seinen Auswirkungen auf die Produktionsmöglichkeiten (Kapazitäten) einer Wirtschaft. Die Modellierung des Investitionsprozesses im dynamischen Input-Output-Modell beruht auf einem Akzeleratoransatz auf sektoraler Ebene.

Im Simulationsprozeß werden zu exogen vorgegebenen Werten für die Endnachfrage modellendogen die sektoral differenzierten Entwicklungen von Investitionen, Produktion und Beschäftigung bestimmt. Die simulierten Entwicklungen von

Investitionen, Produktion und Beschäftigung in den Sektoren sind untereinander und mit der sich ergebenden gesamtwirtschaftlichen Entwicklung konsistent. Sie berücksichtigen zu jedem Zeitpunkt die aus strukturellem und technischem Wandel resultierenden Änderungen des Einsatzes von Vorleistungen, Kapitalgütern und Arbeitskräften im Produktionsprozeß. Erfaßt werden auch die hieraus resultierenden direkten und indirekten Wirkungen auf den Investitionsprozeß sowie auf die Entwicklung von Produktion und Beschäftigung. In der derzeitigen Modellversion können die Wirkungszusammenhänge, die über Preis-, Einkommens- und Umverteilungseffekte vermittelt werden, noch nicht berücksichtigt werden (Kapitel III.2 in Meyer-Krahmer 1989). Im letzten Teil der Untersuchung wird aber der Versuch unternommen, grobe Abschätzungen für die Größenordnung dieser unberücksichtigten Wirkungszusammenhänge und der daraus resultierenden Änderung der Beschäftigungsentwicklung zu geben.

Um die Auswirkungen der Diffusion von Industrierobotern bis zum Jahr 1995 analysieren zu können, ist es notwendig, in einem Referenzlauf die Entwicklung bis 1995 ohne Diffusion dieser neuen Technik zu simulieren. Die Effekte der Einführung von Industrierobotern ergeben sich dann als Differenz zur simulierten Entwicklung im Referenzlauf. Notwendig für eine Simulation des dynamischen Modells bis zum Jahr 1995 ist die exogene Vorgabe einer sektoral differenzierten Prognose für die Endnachfrage bis zum Jahr 1995. Hierfür kann auf eine vom DIW in Zusammenarbeit mit Experten in Unternehmen erarbeitete Prognose für den privaten Verbrauch und die Exportentwicklung zurückgegriffen werden, die in ihren gesamtwirtschaftlichen Eckwerten mit dem Referenzszenario der in dieser Studie vorgestellten makroökonomischen Entwicklung abgestimmt ist (Blazejczak in diesem Band). Da keine Informationen über die zukünftige Entwicklung der Parametermatrizen vorliegen, werden diese im Referenzlauf ab 1984 konstant gelassen. Das bedeutet, daß die Volkswirtschaft im Referenzlauf bezüglich der strukturellen und technologischen Verflechtung auf dem Stand von 1984 "eingefroren" wird. Die Struktur von Bruttoproduktion, Investitionen und Beschäftigung verschiebt sich dennoch im Zeitablauf wegen des unterschiedlichen Wachstums in den Endnachfragebereichen. Die Beschäftigungswirkungen der Diffusion von Industrierobotern werden also im Vergleich zu einer Volkswirtschaft gemessen, in der es nach dem Jahr 1984 keine anderen technischen Änderungen mehr gibt.

Es wird von der Hypothese ausgegangen, daß die Güter der neuen Technik in einem zusätzlichen, das alte Sektorschema erweiternden Produktionssektor hergestellt werden. Die Kostenstruktur der Herstellerbranche der neuen Technik wird dadurch bestimmt, in welchem Umfang sie Vorleistungen und Kapitalgüter von den übrigen Sektoren in Anspruch nimmt und wieviel Personen der unterschiedlichen Berufskategorien sie zur Erstellung ihres Produktes einsetzt. Die neue Technik verändert den Produktionsprozeß in der Anwenderbranche, wobei das Ausmaß der Veränderung vom jeweiligen Verbreitungsgrad in der Branche abhängt. Je nachdem, in welchem Umfang die neue Technik im Zeitablauf in der entsprechenden Branche Anwendung findet, resultieren hieraus Veränderungen in den Vorleistungsbezügen und in Niveau und Zusammensetzung des Arbeitseinsatzes. Auch Niveau und Struktur des Kapitalstocks ändern sich im Zuge des Diffusionsprozesses zum einen durch Investitionen in die neue Technik, zum anderen durch ausbleibende Reinvestitionen für die alte, substituierte Technik.

3.1 Diffusion von Industrierobotern

Die mit dem dynamischen Input-Output-Modell simulierten Bestände von Industrierobotern sollen hier kurz beschrieben werden, weil sie Anhaltspunkte für die Güte der Modellierung des Diffusionsprozesses der neuen Technik im Zeitablauf liefern. Nach den Simulationsergebnissen ergibt sich 1985 ein Bestand von rund 7.000 Industrierobotern, der über 24.000 Stück im Jahr 1990 bis auf 47.500 Stück im Jahr 1995 ansteigt.

Die prognostizierten Bestände für 1990 und 1995 erscheinen aus heutiger Sicht realistisch, sie liegen zwischen den prognostizierten Stückzahlen von Hansmann/b Roggon als unterer und denen von Schünemann/Bruns als oberer Begrenzung (Hansmann/Roggon 1984 und Schünemann/Bruns 1986).

Tabelle 3.1: Vergleich von Prognosen zur Diffusion von Industrierobotern in der Bundesrepublik Deutschland

	Bestand an Industrierobotern	
	1990	1995
Hansmann, Roggon	20.400	ca. 35.000
Schünemann, Bruns	29.914	ca. 50.000
Volkholz	39.160	-
Eigene Prognose	24.000	47.500

Quelle: Hansmann/Roggon 1984; Schünemann/Bruns 1986; Volkholz 1982; eigene Berechnungen.

Aufgrund der Entwicklung bis 1987 kann man mit ziemlicher Sicherheit die Prognose von Hansmann/Roggon für das Jahr 1990 als zu niedrig und die von Volkholz auf jeden Fall als zu hoch ansehen.

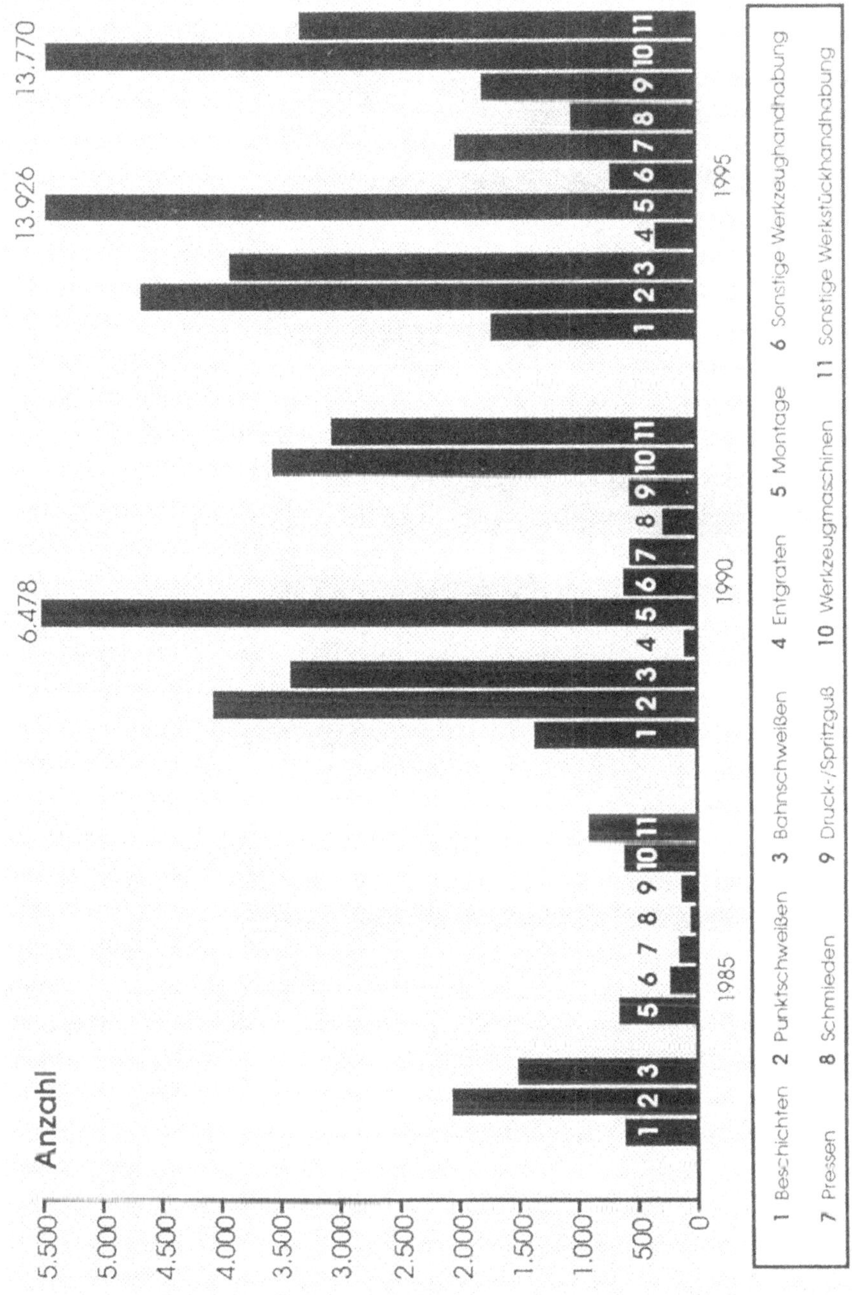

Abbildung 3.1: Simulierter Bestand an Robotern für 1985, 1990 und 1995 - differenziert nach Einsatzgebieten -

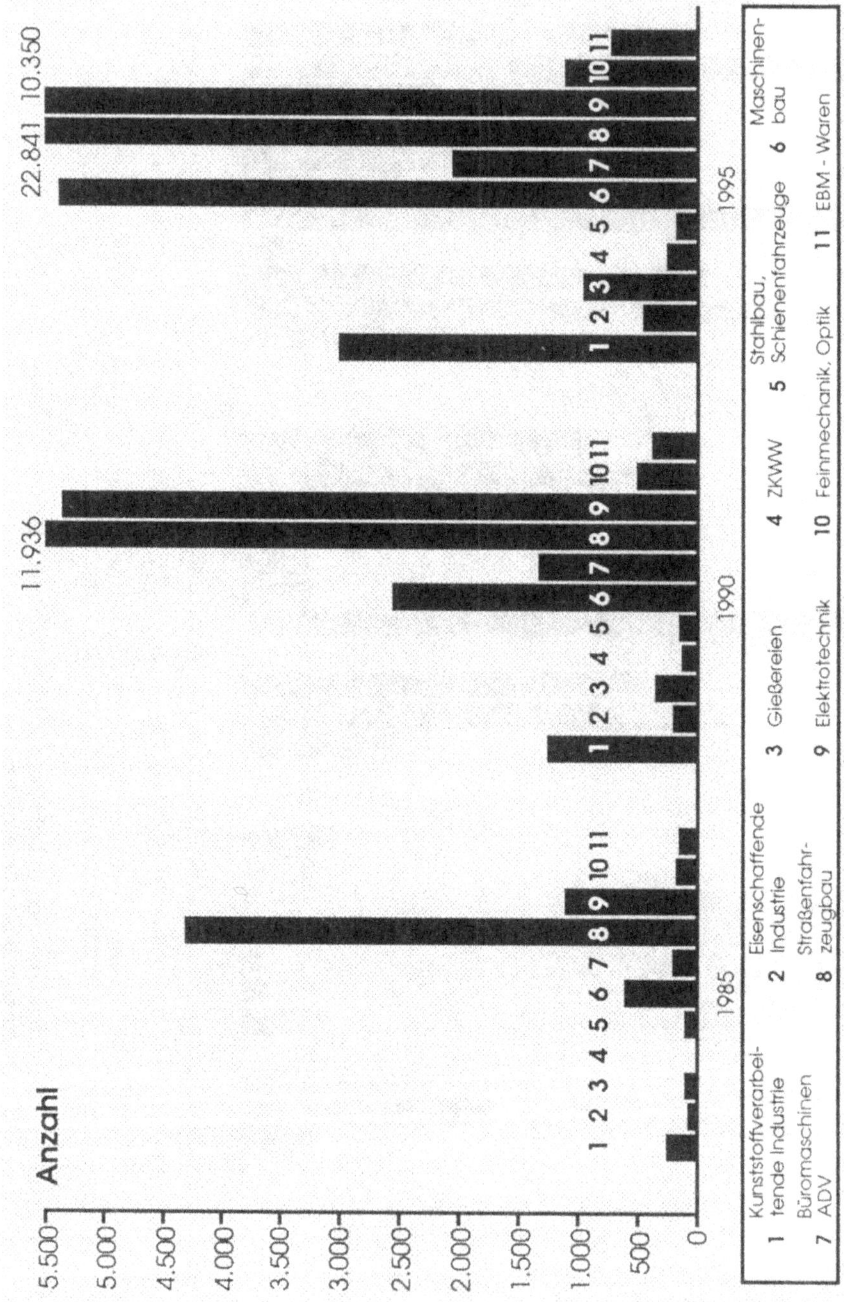

Abbildung 3.2: Simulierter Bestand an Robotern für 1985, 1990 und 1995 - differenziert nach Anwenderbranchen-

Abbildung 3.1 gibt einen Überblick über den simulierten Bestand an Industrierobotern in den Stichjahren 1985, 1990 und 1995, differenziert nach Einsatzgebieten. Deutlich wird, daß sich im Diffusionsprozeß die Gewichte der verschiedenen Einsatzgebiete erheblich verschieben. Im Jahr 1985 dominieren noch eindeutig die Anwendungsfälle für Punkt- und Bahnschweißen, während z.B. der Bereich Montage noch ein sehr bescheidenes Gewicht hat. Im Jahr 1990 haben Montageroboter dagegen schon die höchsten Installationszahlen, gefolgt vom Punktschweißen, das aber nur relativ bescheidene Zuwachsraten aufweist. Stark zugenommen haben dagegen die Gebiete Werkzeugmaschinenbeschickung und sonstige Werkstückhandhabung. Am Ende des Simulationszeitraums stehen eindeutig die Einsatzgebiete Montage und Werkzeugmaschinenbeschickung im Vordergrund. Sie machen zusammen knapp 60 Prozent der Installationen aus. In weitem Abstand folgen nun Punkt- und Schweißroboter, die zusammen deutlich weniger als 20 Prozent aller Andwendungsfälle im Jahr 1995 ausmachen. Ihre Bestandszahlen wachsen nur noch langsam und nähern sich, zumindest im Bereich Punktschweißen, der Sättigungsgrenze.

Deutliche Gewichtsverschiebungen zeigen auch die simulierten Roboterbestände differenziert nach Anwenderbranchen (Abbildung 3.2). Im Straßenfahrzeugbau sind im Jahr 1985 rund 60 Prozent aller Industrieroboter installiert. Er bleibt zwar während des gesamten Analysezeitraums die Hauptanwenderbranche, doch geht sein Gewicht spürbar auf 48 Prozent im Jahr 1995 zurück. Dies mag in der Tendenz sogar noch etwas überhöht sein, doch weist der Straßenfahrzeugbau im dynamischen Input-Output-Modell eine überdurchschnittliche Produktionsentwicklung auf, was auch seine Installationszahlen positiv beeinflußt. Zweitwichtigste Anwenderbranche ist die Elektrotechnik, die ihren Anteil an den Gesamtinstallationen von 16 Prozent im Jahr 1985 auf 22 Prozent im Jahr 1995 deutlich steigert. Auch der Anteil des Maschinenbaus wächst, doch fällt die Steigerung von 9 Prozent auf 11 Prozent geringer aus, etwas kleiner noch als der Anteilsgewinn des Sektors Kunststoffverarbeitung, in dem im Jahr 1995 6,4 Prozent aller Industrieroboter installiert sein werden. Die übrigen Sektoren bleiben, obwohl die Installationszahlen im Diffusionsprozeß kräftig steigen, in ihrem Anteil unter fünf Prozent.

3.2 Die Beschäftigungswirkungen von Industrierobotern bei Herstellern und Anwendern im Diffusionsverlauf

Die aus dem Diffusionsprozeß von Industrierobotern resultierenden Beschäftigungswirkungen führen in der Summe für alle Wirtschaftszweige bis zum Jahr 1995 zu einem deutlichen Rückgang der Beschäftigung gegenüber dem Referenzlauf. Nur in den ersten beiden Jahren der Diffusion kommt es zu geringfügigen positiven Beschäftigungseffekten von 1.200 Personen im Jahr 1980 und 500 Personen im Jahr 1981. Hierin kommt zum Ausdruck, daß die Wirkungen, die von der Herstellung der Güter der neuen Technik ausgehen, den Anwendereffekten im Diffusionsprozeß zeitlich vorgelagert sind. Für jeden Jahrgang von Industrierobotern fallen die direkten (positiven) Wirkungen, die aus ihrer Produktion resultieren, nur im Herstellungsjahr an, während die installierten Roboter ihre in der Regel negativen Beschäftigungswirkungen beim Anwender über ihre gesamte Lebensdauer entfalten. Die dynamische Überlagerung dieser Prozesse für jeden der Investitionsjahrgänge resultiert ab 1983 in insgesamt negativen Beschäftigungswirkungen, die in den ersten Jahren noch bescheiden ausfallen. Mit Fortschreiten des Diffusionsprozesses steigen sie rasch an auf -48.000 Personen im Jahr 1990 und knapp -110.000 Personen im Jahr 1995.

Den zeitlichen Verlauf der Beschäftigungsentwicklung gegenüber dem Referenzszenario zeigt Abbildung 3.3. Im oberen Teil der Abbildung sind die Beschäftigungswirkungen durch den Einsatz von Industrierobotern gegenüber einer Entwicklung ohne Industrieroboter abgebildet, unten die jährlichen Beschäftigungsänderungen gegenüber dem Vorjahr, die nur dazu dienen sollen, die zeitliche Struktur der vom dynamischen Input-Output-Modell simulierten Beschäftigungswirkungen zu verdeutlichen. Bei der Beurteilung der Beschäftigungsentwicklung ist zu berücksichtigen, daß im dynamischen Input-Output-Modell gegenwärtig nur ein Teil der kompensatorisch wirkenden Effekte einer neuen Technik modellimmanent abgebildet werden kann. Im folgenden wird noch zu prüfen sein, inwieweit Annahmen über denkbare kompensatorische Wirkungen - insbesondere Nachfrageeffekte in den Anwenderbranchen - dieses Gesamtergebnis beeinflussen.

Interessant ist die Frage, wie die Beschäftigungswirkungen insgesamt sich auf die einzelnen Wirkungszusammenhänge, die bei der Diffusion von Industrierobotern im dynamischen Input-Output-Modell eine Rolle spielen, aufteilen. Als direkte Herstellereffekte werden die Beschäftigungswirkungen bezeichnet, die direkt bei der Produktion von Industrierobotern im Sektor Roboter anfallen. Die indirekten Herstellereffekte umfassen die durch die Produktion von Industrierobotern in den anderen Sektoren der Volkswirtschaft über die Vorleistungs- und Investitionsverflechtung ausgelösten Beschäftigungseffekte, während die indirekten Anwendereffekte die adoptionsspezifischen Vorleistungsänderungen und die Effekte der substituierten Investitionen alter Techniken enthalten. Die direkten Anwendereffekte sind als die direkt mit dem Einsatz von Industrierobotern verbundenen Beschäftigungseffekte definiert.

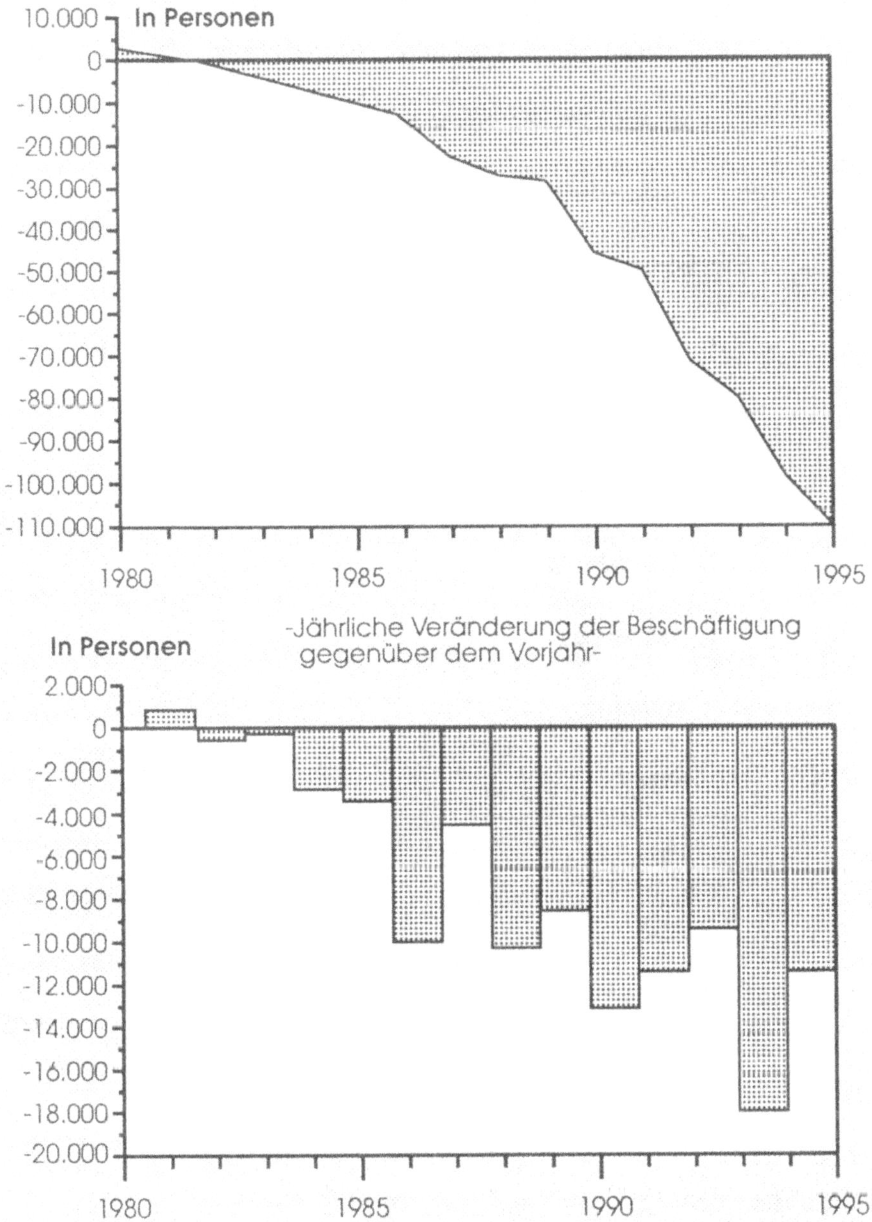

Abbildung 3.3: **Veränderung der Beschäftigung insgesamt durch die Diffusion von Industrierobotern**

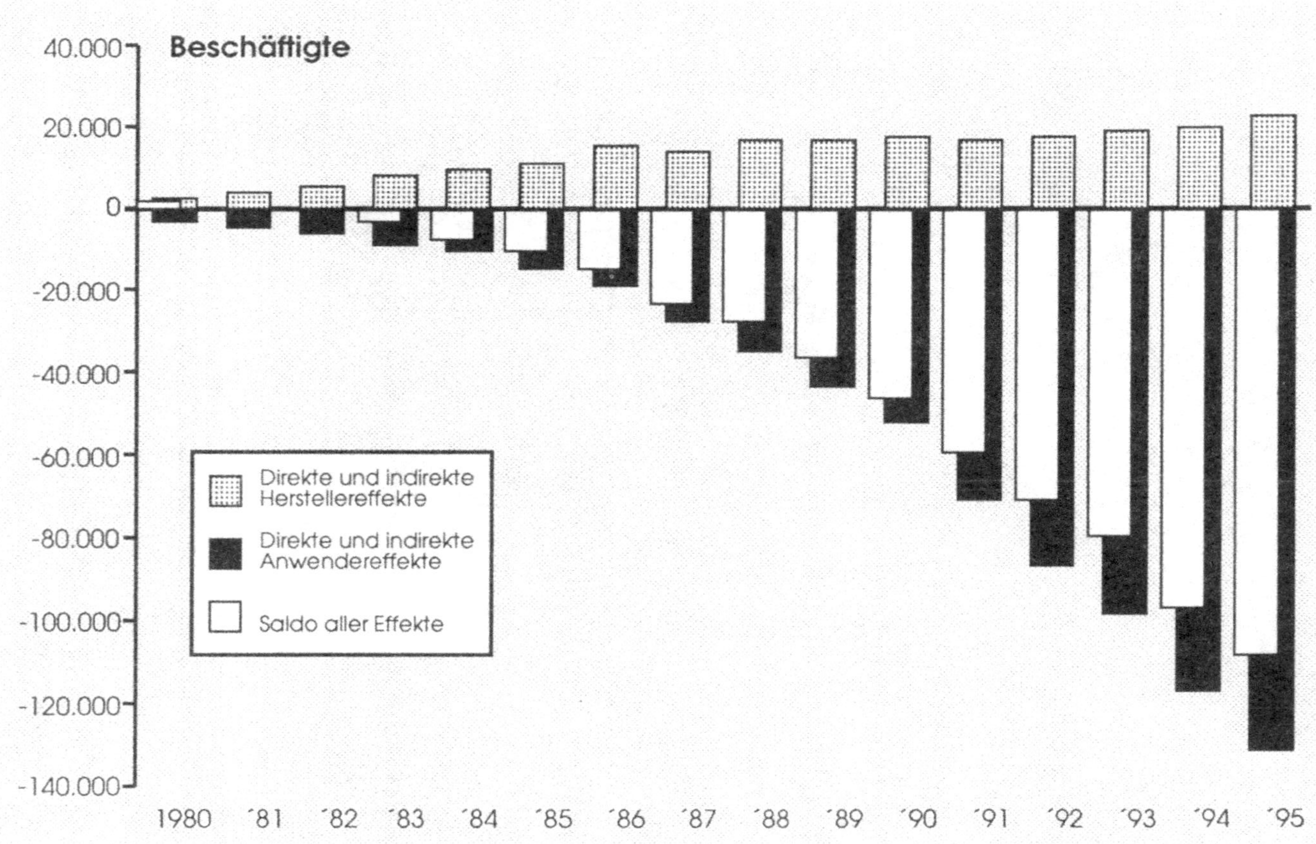

Abbildung 3.4: Beschäftigungswirkungen der Diffusion von Industrierobotern
- unterteilt nach Komponenten -

Abbildung 3.4 zeigt die Bedeutung der einzelnen Komponenten, wobei die direkten und indirekten Hersteller- und Anwendereffekte jeweils zusammengefaßt dargestellt werden. Die Anwendereffekte mit ihren negativen Auswirkungen auf die Beschäftigung gewinnen im Diffusionsprozeß rasch an Bedeutung und dominieren ab 1983 die Entwicklung. Sie nehmen mit den Installationszahlen ständig zu und erreichen über ca. 60.000 Personen im Jahr 1990 ihr Maximum von etwa 130.000 Personen im Jahr 1995. Die Herstellereffekte wachsen unter Schwankungen, die unter anderem Produktionsänderungen und Fluktuationen der Investitionsnachfrage des Sektors Roboter widerspiegeln, von zunächst knapp 2.000 Personen im Jahr 1980 auf ca. 20.000 Personen am Ende des Simulationszeitraums.

Um das unterschiedliche Gewicht und vor allem die Verschiebung der Gewichte der unterschiedlichen Effekte im Diffusionsprozeß zu verdeutlichen, sind die positiven und negativen Beschäftigungswirkungen zu einem Bruttoeffekt addiert worden, so daß die Anteile der einzelnen Effekte sich immer zu 100 Prozent addieren. Im Jahr 1980, in dem wegen der unterstellten Einführungsphase für neuinstallierte Roboter nach dem Modelleinsatz noch keine direkten Anwendereffekte auftreten, machen die direkten Herstellereffekte knapp 40 Prozent, die indirekten Herstellereffekte rund ein Drittel und die indirekten Anwendereffekte rund ein Viertel des Bruttoeffekts aus. Diese Gewichte verschieben sich im Diffusionsprozeß sehr schnell. Im Jahr 1985 machen die direkten und indirekten Herstellereffekte zusammen nur noch knapp ein Drittel aus, während sich die direkten Anwendereffekte schon auf knapp 60 Prozent belaufen. Im Endjahr der Simulation entfallen über 80 Prozent des Bruttoeffekts auf die direkten Anwendereffekte. Die direkten und indirekten Herstellereffekte erreichen jeweils noch rund sieben Prozent, während die indirekten Anwendereffekte mit knapp vier Prozent das geringste Gewicht haben.

3.3 Beschäftigungswirkungen nach Sektoren und Berufskategorien

Die Simulation des Diffusionsprozesses von Industrierobotern mit dem dynamischen Input-Output-Modell erlaubt nicht nur die Analyse der Beschäftigungswirkungen der neuen Technik insgesamt, sondern ermöglicht die Untersuchung der Beschäftigungseffekte sowohl in ihrer sektoralen als auch in ihrer berufsspezifischen Dimension. Dabei ist in beiden Dimensionen die volle Konsistenz der disaggregierten Beschäftigungswirkungen mit dem gesamtwirtschaftlichen Ergebnis zu jedem Zeitpunkt des dynamischen Prozesses gewährleistet. Dies unterstreicht noch einmal die Bedeutung der Input-Output-Methode als konsistenzerzwingendes Instrumentarium zur Überbrückung der Distanz zwischen den verschiedenen Analyseebenen bei der

Untersuchung der Beschäftigungswirkungen moderner Techniken. Dies unterscheidet das dynamische Input-Output-Modell von partialanalytischen Modellen und macht einen wesentlichen Vorzug dieser Methode aus.

Die Diffusion von Industrierobotern betrifft die Beschäftigung in den einzelnen Sektoren sehr unterschiedlich. Die größten Effekte treten erwartungsgemäß in den Anwenderbranchen auf, doch sind über die indirekten Effekte in allen Sektoren der Volkswirtschaft - wenn auch teilweise nur sehr geringfügig - Änderungen der Beschäftigung zu beobachten. Die Veränderungen fallen in den Sektoren kräftiger aus, in denen sich indirekte Hersteller- und Anwendereffekte kumulieren. Ein Beispiel hierfür ist der Sektor Übrige Dienstleistungen, in dem die Beschäftigung aufgrund der Diffusion von Industrierobotern bis zum Jahr 1995 um ca. 1.000 Personen zunimmt. Der Hauptteil der positiven Beschäftigungswirkungen ist im Herstellersektor der neuen Technik konzentriert, der seine Beschäftigung mit Fortschreiten des Diffusionsprozesses kräftig ausbaut. Bezüglich der absoluten Höhe der Beschäftigung gilt es an die Annahme zu erinnern, daß die Arbeitskoeffizienten im Modell ab 1984 unverändert bleiben, so daß die tatsächliche Beschäftigungsentwicklung ab Mitte der achtziger Jahre sicher niedriger verlaufen wird.

Es ist interessant, daß auch in einigen Anwenderbranchen zunächst die positiven indirekten Herstellereffekte die Anwendereffekte überwiegen. Dies gilt z.B. im Sektor Feinmechanik, Optik bis zum Jahr 1984 und im Sektor Elektrotechnik als Hauptvorleistungslieferant des Robotersektors bis zum Jahr 1983. In diesen Branchen setzt, wie im Sektor Büromaschinen, ADV, der Diffusionsprozeß aufgrund der dort im Vordergrund stehenden Robotereinsatzgebiete erst später ein als zum Beispiel im Straßenfahrzeugbau, in dem die überwiegende Zahl der früh diffundierenden Punkt- und Bahnschweißroboter installiert ist. Im Straßenfahrzeugbau fallen über den gesamten Simulationszeitraum auch die größten negativen Beschäftigungsveränderungen an, die im Endjahr noch knapp 60 Prozent aller Effekte ausmachen. Die Werte im Straßenfahrzeugbau sind jedoch tendenziell überhöht, weil auch dort angenommen wurde, daß Punktschweißroboter Handschweißgeräte ersetzen, während in Wirklichkeit zum Teil Vielpunktschweißanlagen ersetzt werden, bei deren Substitution durch Roboter nur geringe direkte Freisetzungen auftreten (vgl. hierzu auch Abschnitt 2). In weitem Abstand folgen dann die Sektoren Elektrotechnik und danach Maschinenbau. Würde man zum Maschinenbau, wie in der amtlichen Statistik definiert, den im Modell gesondert abgebildeten Sektor Roboter hinzuzählen, würde er bis zum Jahr 1990 eine positive Beschäftigungsentwicklung aufweisen. Auch im Jahr 1995 wären in diesem Fall die negativen Beschäftigungswirkungen mit rund 5.000 Personen noch äußerst gering.

Die Analyse der Beschäftigungswirkungen nach Berufsgruppen weist ebenfalls eine stark unterschiedliche Betroffenheit der einzelnen Berufe aus. Vermittelt über die indirekten Effekte treten in den meisten Berufsgruppen leichte positive Beschäftigungswirkungen auf. So nimmt z.B. die Zahl der in der gesamten Wirtschaft beschäftigten Bürofachkräfte bis zum Jahr 1995 um rund 1.000 Personen zu, obwohl diese durch die Einführung von Robotern nicht direkt betroffen sind. In absoluten Beschäftigtenzahlen gemessen profitieren die Berufsgruppen Schlosser und Elektroinstallateure (Elektriker) mit 10.000 Personen bzw. knapp 9.000 Personen im Jahr 1995 am kräftigsten. Hier schlagen neben den Herstellungseffekten vor allem die unterstellten Wartungsarbeiten bei den Anwendern zu Buche. Diese Personen - dies wurde in Expertengesprächen deutlich - müssen einen deutlich höheren Weiterbildungs- und Qualifikationsstand erwerben, als er sonst in diesen Berufsgruppen üblich ist. Bezogen auf die im Referenzlauf insgesamt Beschäftigten dieser Berufsgruppen ist das Gewicht dieser Zunahme mit einem Prozent bzw. 1,5 Prozent im Jahr 1995 jedoch vergleichsweise gering. Den größten Anteil der positiv betroffenen Berufe weisen die Datenverabeitungsfachleute mit 1,7 Prozent aus. Spürbare Beschäftigtenzuwächse ergeben sich zudem für die höherqualifizierten Berufsgruppen der Ingenieure und Techniker der Fachrichtungen Maschinenbau und Elektrotechnik.

Bei der Analyse der von der Diffusion von Industrierobotern negativ betroffenen Berufsgruppen muß berücksichtigt werden, daß die berufsmäßige Zuordnung der beim Anwender auftretenden Effekte für einige Einsatzgebiete von Robotern mit erheblichen Unsicherheiten belastet ist. Diese Unsicherheit sollte bei der Bewertung der hier präsentierten Ergebnisse beachtet werden. Die größten Beschäftigungsverluste weist die Berufsgruppe der Schweißer mit rund 30.000 Personen im Jahr 1995 aus. Unterstellt man dagegen, daß im Straßenfahrzeugbau Punktschweißroboter nicht Handschweißgeräte, sondern Vielpunktschweißanlagen ersetzen, machen die Beschäftigungsverluste dieser Berufsgruppe nur noch rund die Hälfte aus. Danach folgen die drei Berufsgruppen Metallarbeiter ohne nähere Angaben, Elektrogeräte- und sonstige Montierer sowie Hilfsarbeiter ohne nähere Tätigkeitsangaben, die alle durch relativ niedrige Qualifikationsmerkmale geprägt sind. Aber auch Facharbeiter wie Metallverformer (spanend) sind von der Diffusion von Industrierobotern betroffen, auch wenn der Anteil an den insgesamt beschäftigten Personen dieser Berufsgruppe noch im Jahr 1995 nur vier Prozent ausmacht. Die größte Betroffenheit, gemessen an den Beschäftigten der jeweiligen Berufsgruppe im Referenzszenario, weisen die Berufsgruppen Maschineneinrichter ohne nähere Angaben mit rund 25 Prozent im Jahr 1995, die Schweißer, aber auch die Metallarbeiter ohne nähere Angaben, die Hilfsarbeiter sowie die Elektrogeräte- und sonstigen Montierer aus.

Insgesamt kann festgestellt werden, daß schon die Untersuchung der Diffusion einer isolierten neuen Technik erhebliche Verschiebungen in der sektoralen und vor allem berufsmäßigen Zusammensetzung der zukünftigen Struktur der Beschäftigung erkennen läßt. Vor dem Hintergrund der Vielzahl anderer, erst in Zukunft stärker diffundierender, neuer Techniken zeichnet sich die Notwendigkeit von erheblichen arbeitsmarktpolitischen Anstrengungen ab, um die Probleme, die sich aus den strukturellen Verschiebungen auf dem Arbeitsmarkt ergeben, zu bewältigen.

3.4 Zusätzliche Kompensationswirkungen: Mögliche Effekte auf die Beschäftigung

In den bisherigen Modellrechnungen werden alle durch Änderungen des Einsatzes von Vorleistungen, Kapitalgütern und Arbeitskräften im Produktionsprozeß ausgelösten direkten und indirekten Wirkungen auf die Entwicklung von Produktion, Investition und Beschäftigung erfaßt. Nicht berücksichtigt sind jedoch jene Wirkungszusammenhänge, die über Preis-, Einkommens- und Umverteilungseffekte vermittelt werden. Da eine modellimmanente Einbeziehung dieser Wirkungszusammenhänge beim jetzigen theoretischen und empirischen Wissensstand nicht möglich ist, wurde in einer Simulationsrechnung versucht, mögliche Größenordnungen dieser Effekte abzuschätzen.

Tabelle 3.2: Veränderung der Kostenstrukturen durch die Diffusion von Industrierobotern in den Anwenderbranchen gegenüber dem Referenzlauf
- Veränderung in Prozent des Produktionswertes -

	1985	1990	1995
08 Kunststoffverarbeitung	-0,056	-0,209	-0,524
13 Eisenschaffende Industrie	-0,008	-0,045	-0,126
15 Gießereien	-0,062	-0,251	-0,699
16 Ziehereien, Kaltwalzwerke	-0,006	-0,028	-0,072
17 Stahlbau, Schiffzubehör	-0,022	-0,066	-0,081
18 Maschinenbau	-0,036	-0,158	-0,297
19 Büromaschinen, ADV	-0,095	-0,333	-0,492
20 Straßenfahrzeugbau	-0,235	-0,663	-1,178
23 Elektronik	-0,058	-0,240	-0,458
24 Feinmechanik, Optik	-0,035	-0,174	-0,352
25 EBM-Waren	-0,021	-0,080	-0,156

Quelle: Input-Output-Rechnung des DIW.

Die Einführung der neuen Technik führt in den Anwenderbranchen zu einer Veränderung der Kostenstruktur des Produktionsprozesses. Bei den untersuchten Industrierobotern steigen die Kostenanteile für Vorleistungen und Kapitalgüter leicht, während die Personalkosten durch die Einsparung von Arbeitskräften relativ stärker sinken, so daß es insgesamt zu einer Kosteneinsparung im Produktionsprozeß gegenüber der Kostenentwicklung im Referenzlauf kommt. Die in Tabelle 3.2 ausgewiesenen Kosteneinsparungen können nur als Schätzwerte angesehen werden, da sie zwar auf der Grundlage von sektoral differenzierten Bruttoeinkommen berechnet wurden, die Durchschnittseinkommen der speziell durch die neue Technik freigesetzten Beschäftigten jedoch nicht bekannt sind.

Um eine grobe Abschätzung der möglichen Auswirkungen einer Weitergabe dieser Kosteneinsparungen auf die Preis- und Nachfrageentwicklung zu erhalten, wurde - da empirisch abgesicherte, sektoral differenzierte Schätzwerte für diese Elastizitäten nicht vorliegen - mit zwei vereinfachenden Annahmen gearbeitet. Zum einen wurde angenommen, daß die Kosteneinsparungen in den einzelnen Anwenderbranchen vollständig in Preissenkungen für die entsprechenden Güter weitergegeben werden, zum anderen wurde unterstellt, daß diese Preissenkungen in vollem Umfang zu einer entsprechenden Erhöhung der Nachfrage nach diesen Gütern führen werden. Dies stellt nach unserer Auffassung eine Obergrenze der zu erwartenden Kompensationswirkungen über Preis- und Nachfrageeffekte dar, da die tatsächlichen Elastizitäten sowohl der Preise in bezug auf die Kosten wie auch der Nachfrage in bezug auf die Preise für die Mehrzahl der Branchen in der Realität dem Betrage nach kleiner als Eins sein dürften. Werden die sich ergebenden Kosteneinsparungen nicht voll in Preissenkungen weitergegeben, entstehen in den Unternehmen der Anwenderbranchen zusätzliche Einkommen. Diese können auf Unternehmergewinne und Löhne verteilt werden. Je nach Aufteilung auf diese Einkommensarten ergeben sich gemäß den unterschiedlichen Einkommenselastizitäten der Nachfrage wiederum unterschiedliche Nachfrageeffekte für die einzelnen Sektoren. Da beim jetzigen Stand der Forschung weder die Verteilungs- noch die daraus resultierenden Nachfragewirkungen modelliert werden können, muß auf eine Analyse dieser möglichen Kompensationseffekte verzichtet werden.

Eine Simulationsrechnung mit dem dynamischen Input-Output-Modell unter den oben genannten Annahmen über Preis- und Nachfrageeffekte führt - wie zu erwarten - zu einer deutlichen Verringerung der von der Diffusion von Industrierobotern ausgehenden negativen Beschäftigungswirkungen. Abbildung 3.5 zeigt den Verlauf der Beschäftigung insgesamt unter Berücksichtigung und ohne Berücksichtigung der oben beschriebenen Kompensationseffekte.

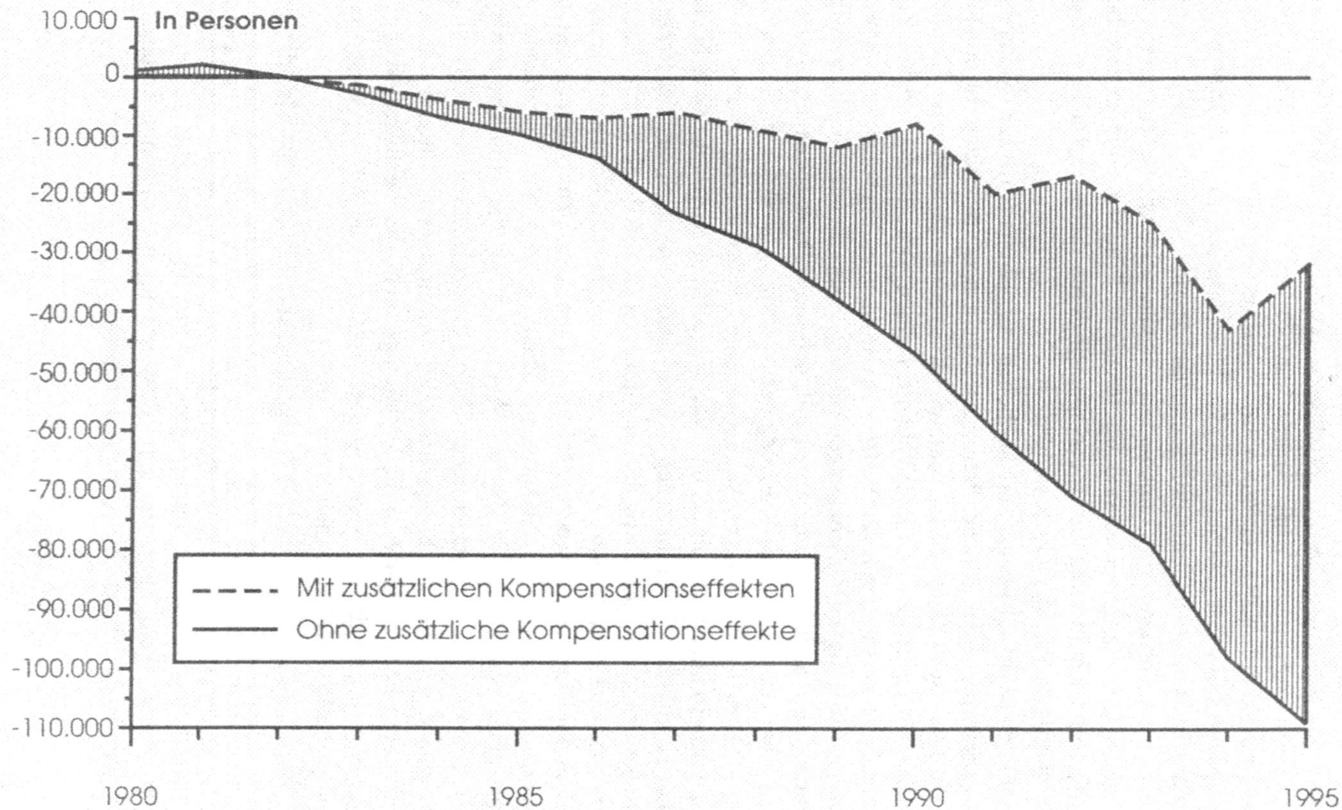

Abbildung 3.5: **Beschäftigungswirkungen der Diffusion von Industrierobotern - mit und ohne Berücksichtigung zusätzlicher Kompensationseffekte -**

Tabelle 3.3: Veränderung der Beschäftigung in den Adoptorbranchen und für ausgewählte Berufe durch die Diffusion von Industrierobotern bei Berücksichtigung zusätzlicher Kompensationseffekte
- Veränderung in Prozent gegenüber der Beschäftigung im Referenzlauf -

- Veränderung der Sektorstrukturen -

		1985	1990	1995
08	Kunststoffverarbeitung	-0,15	-0,54	-1,41
13	Eisenschaffende Industrie	+0,04	+0,18	+0,26
15	Gießereien	-0,01	+0,06	-0,41
16	Ziehereien, Kaltwalzwerke	+0,07	+0,31	+0,49
17	Stahlbau, Schiffzubehör	-0,05	0,01	+0,31
18	Maschinenbau	-0,18	-0,10	-0,13
19	Büromaschinen, ADV	-0,32	-1,03	-1,58
20	Straßenfahrzeugbau	-0,75	-1,78	-3,20
23	Elektrotechnik	-0,07	-0,22	-0,68
24	Feinmechanik, Optik	-0,01	-0,12	-0,40
25	EBM-Waren	-0,02	+0,01	-0,08

- Veränderung der Berufsstrukturen -

		1985	1990	1995
31	Kunststoffverarbeiter	-0,11	-0,41	-1,26
35	Metallverformer, spanend	-0,03	-0,55	-3,22
37	Schweißer, Löter	-7,89	-17,41	-18,90
38	Metallarbeiter o.n. Ang.	-0,35	-2,23	-7,84
41	Schlosser	+0,21	+0,87	+1,54
45	Elektroinstallateure, Fernmm.	+0,25	+0,04	+1,72
47	Elek. G. Mont., S. Mont.	-0,10	-1,95	-4,73
56	Maler, Lackierer	-0,81	-1,47	-1,55
103	Datenverarbeitungsfachleute	+0,43	+1,21	+1,79
107	Maschinenbauing., -Techniker	+0,22	+0,77	+1,18
108	Elektroingenieure, -Techniker	+0,18	+0,65	+0,95
114	Versandfm., Warenprüfer	-0,32	-1,47	-1,40
116	Hilfsarbeiter o.n. Ang.	-0,46	-2,42	-7,78
120	Masch. Einr. o.n. Ang.	-2,24	-10,41	-25,06

Quelle: Input-Output-Rechnung des DIW.

Auch bei Berücksichtigung der möglicherweise eher zu hoch geschätzten Kompensationswirkungen der Preis- und Nachfrageentwicklung ergibt sich per saldo durch die Einführung von Industrierobotern ein negativer Beschäftigungseffekt, der im Jahre 1995 rund 35.000 Personen ausmacht. Auch wenn man bedenkt, daß die mit dieser Untersuchungsmethode schwer quantifizierbaren Auswirkungen der neuen Technik auf Produktqualität und Flexibilisierung des Produktionsprozesses unberücksichtigt bleiben müssen, scheinen mit der Diffusion von Industrierobotern per saldo negative Beschäftigungswirkungen verbunden zu sein. Die wahrscheinlich zu erwartenden Beschäftigungseffekte dürften nach unserer Einschätzung in dem Bereich angesiedelt sein, der in Abbildung 3.5 durch den Verlauf der Gesamtbeschäftigung mit und ohne zusätzliche Kompensationseffekte eingegrenzt ist. Gesichert ist auf jeden Fall, daß es durch die Diffusion von Industrierobotern zu Veränderungen der sektoralen und berufsmäßigen Struktur der Beschäftigung kommt. Tabelle 3.3 zeigt die Veränderung der Beschäftigung in den Anwenderbranchen und für ausgewählte Berufe unter Berücksichtigung der zusätzlichen Kompensationseffekte im Vergleich zum Referenzlauf.

Im Vergleich zu den Berechnungen ohne zusätzliche Kompensationseffekte fällt auf, daß einige der Anwenderbranchen mit einem nur geringen Verbreitungsgrad von Industrierobotern nunmehr eine - wenn auch nur schwache - positive Beschäftigungsentwicklung aufweisen. In diesen Branchen dominieren die indirekten Herstellereffekte die direkten Anwendereffekte über den ganzen Simulationszeitraum. Die relativ und auch absolut größten Beschäftigungseinbußen hat nach wie vor der Straßenfahrzeugbau hinzunehmen.

Deutlich stärker fällt die Veränderung der Berufsstruktur aus. Auch bei Berücksichtigung der zusätzlichen Kompensationseffekte werden einzelne Berufsgruppen erheblich von der Diffusion von Industrierobotern betroffen. Zu nennen sind vor allem Maschineneinrichter ohne nähere Angaben, Schweißer sowie Metallarbeiter und Hilfsarbeiter ohne nähere Angaben. Es bleibt also bei der Aussage, daß schon die Untersuchung einer abgegrenzten neuen Automatisierungstechnik für die Zukunft erhebliche Veränderungen der Berufsstruktur erkennen läßt.

TANDEM: Simulationen zum Funktionskreis Innovation-Wachstum-Beschäftigung

Werner Frühstück, Michael Wagner

Mit der Aneignung neuer Technologien sind innovative Aktivitäten verbunden, von denen dauerhafte Wachstumsimpulse für den Unternehmenssektor der Bundesrepublik Deutschland ausgehen. Der binnenwirtschaftliche und internationale Konkurrenzdruck regt die Unternehmen dazu an, innovative Impulse aufzunehmen und weiterzugeben. Dadurch entsteht ein "endogener" Funktionskreis, der ein hohes Niveau an innovativen Aktivitäten in der Bundesrepublik Deutschland selbst dann sicherstellt, wenn es an starken "exogenen" Anregungen (etwa durch bahnbrechende neue Erfindungen) mangelt.

In diesem Beziehungsgefüge der endogenen Innovationsdynamik nimmt der Arbeitsmarkt eine besondere Stellung ein. Denn die Aneignung neuer Technologien erfordert auf allen dispositiven und operativen Ebenen die Fähigkeit und Bereitschaft, das Tätigkeitsprofil eines Arbeitsplatzes umzugestalten. Den dabei erzielten Leistungssteigerungen entsprechen Qualifikationsgewinne und Reallohnzuwächse; gleichzeitig sinkt die virtuelle Nachfrage nach Arbeitsstunden, was in bestimmten Sektoren zu Arbeitsplatzverlusten führt. Selbst die hohe berufliche Mobilität der unselbständig Erwerbstätigen in der Bundesrepublik reicht unter diesen Umständen nicht aus, das Entstehen von Arbeitslosigkeit zu verhindern. Nur ein beschleunigtes Sozialproduktwachstum oder die Umschichtung des nachgefragten Arbeitsstundenvolumens zwischen verschiedenen Gruppen unselbständig Erwerbstätiger vermag diese Entwicklung zu kompensieren.

Die vorliegenden (und zum Teil im Rahmen der Meta-Studie erstmals erstellten) Datenbasen und die Vielfalt erprobter ökonometrischer Modelle erlauben es, die Dynamik des endogenen Innovationskreislaufes und die mit ihm verbundenen Arbeitsmarktwirkungen quantitativ abzuschätzen. Diesem Zweck dient das Simulationsmodell Tandem; es gewährt Einblick in den zur Diskussion stehenden Funktionskreis unter wechselnden Rahmenbedingungen. Das Modell Tandem, das in den folgenden Abschnitten näher skizziert wird, ist einem umfassenderen Forschungskontext entnommen, in dem es darum geht, eine breite Fundierung quantitativer Systeme zu heuristischen Simulationen der Innovationsdynamik der Bundesrepublik zu entwickeln.

1. Wirkungsfelder

Tandem besitzt eine modulare Struktur; jedes einzelne Wirkungsfeld des Gesamtkreislaufes "Innovation-Wachstum-Beschäftigung" ist eigenständig modelliert. Die dazu notwendigen Spezifikationen beruhen einerseits auf einem expliziten formalen Modell (Hanappi/Wagner 1989), andererseits auf Überlegungen, die sich in Form von sechs Thesen darstellen lassen. Die Thesen betreffen die Auswahl der zentralen Variablen, die Funktionsbeziehungen zwischen den Variablen sowie die Richtung und Stärke der erfaßten Wirkungsketten.

Zu jeder der Hypothesen wird im folgenden skizzenhaft auf theoretische Überlegungen und empirische Befunde aus der Forschungsliteratur hingewiesen. Diese werden durch Resultate aus der empirischen Spezifikation von Tandem ergänzt.

These 1: Innovationsaktivitäten

Die zur Einführung neuer Technologien notwendigen Innovationsaktivitäten gehören zu den stabilen Merkmalen von Unternehmen und Wirtschaftszweigen, die sich an jenen Marktdaten (wie den relativen Faktorpreisen, der Kapitalrendite oder den Absatzerwartungen) orientieren, von denen auch die Investitionsentscheidungen abhängen.

Die These von der relativen Stabilität der branchenspezifischen Innovationsaktivitäten beruht auf der Auffassung, daß Unternehmen die auf Innovation gerichteten Aktivitäten (nicht zuletzt im Bereich von Forschung und Entwicklung) als Standardinstrument einsetzen, um den wirtschaftlichen Erfolg des Unternehmens zu sichern; sie versuchen so auf organisatorische Weise sicherzustellen, daß sie gegenüber ihren Rivalen im Kampf um eine vorteilhafte Position im Rahmen monopolistischer Konkurrenz nicht zurückfallen (Dasgupta/Stiglitz 1988). Zudem bewirkt die notwendige Komplementarität von technischen und organisatorischen Anpassungen eine Beharrungstendenz im Innovationsverhalten (Cyert/Mowery 1987). Dies haben auch empirische Studien (Maresse/Siu 1984) gezeigt, aus denen hervorgeht, daß die FuE-Aktivitäten wesentlich stabiler sind als etwa die Investitionen.

Die Stabilität des Innovationsverhaltens wird in Tandem durch eine autoregressive Komponente in der "Innovationsfunktion" abgebildet. Diese Spezifikation hat sich empirisch gut bewährt, wobei insbesondere die innovativen Aktivitäten der Sektoren "Elektrotechnik" und "Chemische Industrie" einen hohen Grad an "selbsterklärender Entwicklungsdynamik" aufweisen.

Die Überlegung, innovative Aktivitäten würden durch Größen beeinflußt, die auch das Investitionsverhalten bestimmen, stützt sich auf Analysen, die Schmookler schon Anfang der sechziger Jahre vorgelegt hat (Schmookler 1971). Dies ist unter theoretischen Gesichtspunkten auch naheliegend, sofern "Know-How" als eine Art Kapital sui generis aufgefaßt wird (was allerdings auf den Widerstand jener Ökonomen stoßen wird, die schon der Aggregation von Sachkapital skeptisch gegenüber stehen).

In Tandem wird diese Hypothese dazu genützt, die Investitionen als "Proxi-Variable" für die auf Innovationsaktivitäten bezogenen Ertrags- und Kostengrößen zu verwenden. Dabei zeigt sich, daß Sektoren wie "Maschinen-" oder "Straßenfahrzeugbau" eine relativ hohe kurzfristige Sensitivität gegenüber Veränderungen in diesen Kosten/Ertragsvariablen aufweisen.

Insgesamt gesehen stehen die mit Hilfe von Ifo-Innovationszeitreihen und mit FuE-Daten des Stifterverbandes (in einer Bearbeitung des DIW) vorgenommenen ökonometrischen Schätzungen für Tandem nicht im Widerspruch mit der Kernaussage von These 1, die einen brauchbaren Ansatz für empirisch testbare Spezifikationen von Tandem abgibt.

These 2: Produktivitäts- und Nachfrageeffekte

Innovationsaktivitäten rufen einerseits eine Steigerung der Faktorproduktivität (insbesondere des Faktors Arbeit) hervor, andererseits senken sie (im Rahmen des Qualitätswettbewerbes) die Preiselastizität der Nachfrage auf jenen Märkten, auf denen das innovierende Unternehmen seine Leistungen anbietet.

Innovationsaktivitäten erfolgen im Rahmen des normalen Marktwettbewerbes. Sie zielen auf Kostensenkung und Ertragssteigerung ab. Das bestätigt der Ifo-Innovations-und Konjunkturtest für alle Branchen des Verarbeitenden Gewerbes in der Bundesrepublik Deutschland (Ifo 1988).

Zur Erfassung der Produktionseffekte von Innovationen gilt es, eine zu den innovativen Aktivitäten korrespondierende Bestandsgröße zu konstruieren. Einen naheliegenden Ansatz dafür bietet die Konzeption eines "Innovations-Wissensbestandes", der sich aus Aggregation und Abschreibung der laufenden Innovationsaufwendungen ergibt. Auf diese Weise läßt sich "innovatives Know-How" in die traditionelle Theorie des Unternehmens eingliedern, wodurch die Spezifikation von ökonometrischen Gleichungen erleichtert wird.

Der skizzierte Weg wird von Tandem auch tatsächlich beschritten. Die laufenden Innovationsaufwendungen werden zu einem "Know-How-Bestand" aggregiert, dessen Veränderungen die jeweils "optimale" Technik der Leistungserstellung beeinflussen.

Die wirtschaftlichen Auswirkungen neuer Techniken werden in Tandem durch das Verhältnis von Arbeitseinsatz und Produktionsvolumen dargestellt; d.h. die Höhe des Innovationskapitalstocks beeinflußt systematisch die Stundenproduktivität der Beschäftigten. Dies kann die Folge von "betriebstechnischen" Anpassungen oder "marktbedingten" Ertragssteigerungen sein. Sowohl Prozeß- als auch Produktinnovationen werden auf diese Weise erfaßt.

Die gewählte Vorgehensweise bewährt sich empirisch für die Bundesrepublik Deutschland sehr gut. Ökonometrische Schätzungen zeigen einen signifikanten Zusammenhang zwischen dem Innnovationskapitalstock und der Stundenproduktivität der Beschäftigten (unter Berücksichtigung der relativen Faktorpreise und des Auslastungsgrades der betreffenden Branche). Dieses Resultat zeigt sich besonders deutlich für das Verarbeitende Gewerbe. Indes lassen sich auch im Dienstleistungsbereich solche Effekte nachweisen, etwa im Handel, im Nachrichtenwesen (Bundespost) oder bei den "Sonstigen Dienstleistungen", während im Banken- und Versicherungswesen die Befunde unschärfer ausfallen, was mit den detaillierten Branchenstudien von Infratest (1989) übereinstimmt.

So gut sich die skizzierte Vorgehensweise bei den empirischen Schätzungen auch bewährt hat, gilt es doch einige kritische, relativierende Überlegungen anzustellen. Diese betreffen insbesondere folgende Bereiche: das Ausmaß der unternehmens- oder branchenspezifischen Aneigenbarkeit von innovatorischem Know-How; die Höhe der "Abschreibung" von Wissensbeständen; die Wahl eines Preisindex zur Gewinnung realer Forschungs- und Entwicklungsaufwendungen; das Simultanitätsproblem von Marktstruktur (Preiselastizitäten) und Innovationsaktivitäten.

Was die Aneigenbarkeit von innovatorischem Wissen betrifft, so haben schon die Klassiker darauf hingewiesen, daß jeder Pionier damit rechnen muß, seine Sondergewinne in der Konkurrenz mit Imitatoren schrumpfen zu sehen. Daher gibt es einen erheblichen Unterschied zwischen dem sozialen und dem privaten Nutzen, der aus Innovationen gezogen wird (Arrow 1971); zudem zeigen neuere Studien markante Unterschiede in der wirtschaftszweigspezifischen Aneigenbarkeit von angewandter Forschung und Entwicklung (Levin et al. 1984).

Die bloß unzureichende Aneigenbarkeit von innovatorischem Wissen beeinflußt den Wert (und somit implizit die "Abschreibung") des Innovationskapitalstocks. Je nach der Einschätzung des Ausmaßes solcher Imitations- und Verdrängungseffekte kommen einzelne Studien daher zu recht unterschiedlichen Annahmen über die implizite jährliche "Obsoleszenzrate" für Wissensbestände. Sie reichen von rund 25% (Schankermann/Nadiri 1984) über 15% (Frascati-Manual der OECD), knapp 10% (Griliches 1980) bis zu 5% und darunter (Mansfield 1984). Im Rahmen von Tandem wird bei den empirischen Schätzungen und Simulationen mit impliziten Obsoleszenzraten zwischen 0% und 20% experimentiert. Dabei ergibt die Wahl niedrigerer Obsoleszenzraten plausiblere Resultate.

Analog zum Obsoleszenzproblem erweist sich die Behandlung der Wertentwicklung von Wissensbeständen als schwierig (Mansfield 1984). In Tandem wird der BIP-Deflator zur Gewinnung realer Innovationsaufwendungen herangezogen. Dies macht die Resultate mit jenen des DIW 1988 vergleichbar.

Zuletzt gilt es die Simultanitätsproblematik bezüglich "Marktstruktur" und "Innovation" zu bedenken. Auch die jüngsten Studien für die Bundesrepublik Deutschland (ISG 1988) bestätigen die internationalen Resultate, daß eine positive Kovarianz zwischen Marktkonzentration und Niveau der Innovationsaktivitäten besteht. Die theoretische Literatur (Dasgupta/Stiglitz 1988) betrachtet diesen Zusammenhang als Merkmal eines simultanen Prozesses. In Tandem wird demgegenüber implizit angenommen, daß die Innovationsaktivitäten die treibende Kraft hinter der Verringerung der Preiselastizität der Nachfrage nach den Gütern des innovierenden Unternehmens sind.

Ohne die skizzierten Probleme in der empirischen Messung und der theoretischen Konzeptualisierung (nicht zuletzt auch die Frage, ob sich "Wissen" überhaupt zu einem Kapitalstock aggregieren läßt) aus dem Blickwinkel zu verlieren, sehen wir die für Tandem gewählte Vorgehensweise als akzeptablen Kompromiß an; die in These 2 skizzierte Perspektive hat sich bewährt.

These 3: Diffusion der Wirkung neuer Techniken

Die bei der Entwicklung neuer Technologien akkumulierten Wissensbestände werden direkt bei jenen Unternehmen wirksam, von denen die Innovationsanstrengungen ausgehen. Darüber hinaus beeinflussen die Innovationsaktivitäten auch die Produktionstechnik jener Betriebe, die Investitionsgüter (oder Vorleistungen) aus den innovierenden Wirtschaftsbereichen beziehen. In diesem Sinn wird die Diffusion der Wirkung neuer Techniken von der spezifischen Dynamik von "Akkumulation" und "Absorption" bestimmt.

Der Grundgedanke von These 3 hat schon in jener Konzeption der klassischen Ökonomie Ausdruck gefunden, die besagt, daß die Arbeitsteilung verstärkte Spezialisierung erlaube, wodurch die Produktivität einzelner Aktivitäten ebenso steige wie jene der Gesamtwirtschaft. Diese Idee ist von den "neuen Wachstumstheorien" (Romer 1987) wieder aufgegriffen worden; sie argumentieren, durch Differenzierung bei den Inputfaktoren (Produktinnovation) käme es zu steigenden Skalenerträgen bei den Produzenten (Prozeßinnovationen), wodurch das Sozialprodukt insgesamt wachse.

Die Bedeutung der Weitergabe innovatorischer Impulse durch die güterwirtschaftliche Verflechtung haben empirisch die Studien von Ifo 1988 und Meyer-Krahmer 1989 für die Bundesrepublik belegt. Dabei zeigt sich, daß zwischen den "akkumulierenden" ("spendenden") und den "absorbierenden" ("empfangenden") Sektoren eine starke Überlappung, aber doch keine Deckungsgleichheit besteht; so "spendet" der Maschinenbau weit mehr als er erhält, während große Dienstleistungsbereiche (wie etwa die Banken) bedeutende Innovationsimpulse absorbieren, ohne solche im großen Stil an die anderen Sektoren abzugeben.

In Tandem (Version Tandem 2) wird diese Wechselwirkung zwischen Akkumulation und Absorption im Bereich des Investitionsgüterstromes dargestellt: Je mehr Innovationsanstrengungen von den die Investitionsgüter anbietenden Sektoren unternommen werden, desto größer ist der akkumulierte Innovationskapitalstock; dieser kann nur über Investitionen von den übrigen Sektoren absorbiert werden. Voraussetzung für die breite Wirkung innovativer Aktivitäten ist daher ein ausreichendes Maß an Anlagekapitalbildung.

In dieser Hinsicht entspricht die auf der Basis der Investitionsgüterverflechtungsmatrix 1980 beschriebene Dynamik der Konzeption der "Vintage"-Modelle, in denen die marginale Kapitalproduktivität stets höher als der durchschnittliche Wert ist (Jorgensen 1988). Allerdings beruhen solche "Jahrgangseffekte" nicht nur auf jenem technischen Fortschritt, der in seiner geronnenen Form durch Investitionsgüter weitergegeben wird. Produktivitätssteigerungen entspringen auch den externen Effekten, die von dem Aufbau von Humankapital ausgehen (Prescott/Boyd 1987).

Diese Synergieeffekte greift Tandem durch die Berücksichtigung "autonomer" Komponenten im Aufbau des Innovationskapitalstocks auf; wobei als "autonom" alle jene Zuwächse des Wissensbestandes gelten, die weder durch die Wirkungskette "Innovationen-Investitionen" noch durch den investitionsgüterwirtschaftlichen Transfermechanismus erklärt werden. Empirisch gesehen besteht zwischen den beiden Formen von Innovationswirkungen ("endogen" und "exogen") ein enger Zusammenhang, wie Metcalfe (1987) eindringlich betont. In diesem Sinne bietet These 3 einen befriedigenden Ansatz zur empirisch gestützten Modellierung der Diffusion von Innovationspotentialen.

These 4: Direkte Arbeitsmarkteffekte

Die Nutzung neuer Techniken senkt (bei gegebenem Leistungsniveau) den Einsatz an Arbeitsstunden. An der empirisch vielfach getesteten These des Rationalisierungseffektes von neuen Techniken entzünden sich meist rasch wirtschaftspolitische Kontroversen. Dabei steht sowohl auf mikroökonomischer wie auf gesamtwirtschaftlicher Ebene fest, daß Innovationsaktivitäten in eine arbeitssparende Richtung tendieren. Aus makroökonomischer Perspektive haben Kugler/Müller/Sheldon (1987) dies erneut nachgewiesen, in mikroökonomischer Dimension Flaig/Stadler (1988). Das Ausmaß dieser arbeitssparenden Tendenz variiert indes deutlich zwischen den verschiedenen Wirtschaftszweigen; neueste Untersuchungen von Infratest (1988) deuten auf bloß schwache Effekte im Bankenbereich. Einen hohen Grad an sektoraler Differenzierung konstatieren auch Cyert/Mowery (1987) für die USA.

Die sektoralen Schätzungen der "Produktivitätsfunktion" (für die Arbeitsstundenproduktivität) von Tandem stehen mit diesen Befunden im Einklang; vor allem im Verarbeitenden Gewerbe (z.B. Maschinenbau, Elektrotechnik) treten hohe Rationalisierungseffekte auf. Aber auch im Handel bewirken Innovationen einen deutlichen Rückgang der Arbeitsstundennachfrage bei gegebenem Niveau der Leistungserbringung.

In welchem Ausmaß die direkten Rationalisierungseffekte durch eine Beschäftigungsausweitung (aufgrund einer preissenkungsbedingten Nachfrageexpansion) kompensiert werden, kann im Rahmen von Tandem nicht untersucht werden. Dabei kann, abgesehen von Meßproblemen (Oppenländer 1987), aufgrund von Modellrechnungen angenommen werden, daß die direkten Rationalisierungswirkungen nur selten von den korrespondierenden Nachfrageeffekten kompensiert werden (Meyer-Krahmer 1989). Gegenüber den direkten Effekten mag sich auf gesamtwirtschaftlicher Ebene ein hohes Maß an Kompensation ergeben, wie Cyert/Mowery (1987) für die USA konstatieren.

These 5: Gesamtwirtschaftliche Anpassungsvorgänge

Die Innovationsaktivitäten lösen aufgrund der (durch sie bewirkten) Veränderung der Produktionstechnik angebotsseitige Schocks aus, die im Rahmen des marktwirtschaftlichen Interaktionsgefüges insbesondere folgende makroökonomischen Anpassungsvorgänge hervorrufen: erhöhte Investitionstätigkeit, steigende Reallöhne, zunehmende Terms of Trade, wachsende Exporte, beschleunigtes Sozialproduktwachstum.

Die skizzierten Anpassungsvorgänge lassen sich in vielen ökonometrischen Makromodellen nachweisen, die von einer, der Bundesrepublik ähnlichen, institutionellen und wirtschaftlichen Struktur ausgehen. Sie können etwa innerhalb des DIW-Langfristmodells als sehr robuste Resultate gelten.

Die genauen quantitativen Ausprägungen dieser makroökonomischen Anpassungen variieren indes mit den Strategiekonzepten, die von den einflußreichen wirtschaftspolitischen Entscheidungsträgern verfolgt werden. So hängt das Ausmaß der mit zunehmender Stundenproduktivität verknüpften Geldlohnsteigerungen von den Vereinbarungen der Tarifpartner ab; dies beeinflußt (bei gegebener Wechselkurspolitik der Bundesbank) die Terms of Trade, von deren Entwicklung der Umfang an Exportgewinnen abhängt. Die jeweils vorherrschenden Strategiekonfigurationen beeinflussen das Ausmaß, in welchem die Produktivitätssteigerungen in Einkommensgewinne bzw. Beschäftigungszuwächse umgewandelt werden (Meyer-Krahmer 1989). Die Richtung der Anpassungsvorgänge bleibt jedoch davon unberührt, weswegen These 5 sich als Modellierungsansatz für Tandem als geeignet erwiesen hat.

These 6: Exogene Schocks - endogene Funktionskreise

Die beobachtbaren Innovationsaktivitäten und ihre gesamtwirtschaftlichen (und arbeitsmarktspezifischen) Wirkungen sind teils durch "exogene" Schocks (wissenschaftlicher Erkenntnisfortschritt, weitreichende Erfindungen), teils durch den endogenen Funktionszusammenhang des marktwirtschaftlichen Wirkungskreises "Innovation-Technik-Gesamtwirtschaft" bestimmt.

In den meisten analytischen Modellen der ökonomischen Technikfolgenabschätzung werden die Innovationsaktivitäten als exogene Variable behandelt. Demgegenüber versucht Tandem dem häufig geäußerten Postulat (Boskin 1986, Blattner 1986) einer Endogenisierung von "Innovation" nachzukommen. Dabei wird insbesondere ein Nexus zwischen Investitionen und Innovationen hergestellt, was mit den herrschenden Auffassungen über die Mikroökonomie unternehmerischer Innovationsaktivitäten übereinstimmt.

Allerdings entspringen nicht alle Innovationsaktivitäten einem ökonomischen Regelkreis im engeren Sinn. So verdanken sich neue Technologien häufig Forschungsanstrengungen, die aus öffentlichen Mitteln finanziert werden. Die damit geschaffenen technischen Optionen bieten wichtige Anregungen für Versuche des Unternehmenssektors, sich neue Techniken anzueignen. Solche öffentlichen Aktivitäten sind als (relativ zur privatwirtschaftlichen Ertragsregulierung) exogene Variable anzusehen.

Ähnliches gilt auch für die Bildungs- und Qualifikationsprofile der unselbständig Beschäftigten. Die Aufwendungen einer Gesellschaft für ihr Schulsystem sind relativ unabhängig von kurzfristigen Ertragskalkülen, beeinflussen aber den Nutzungsgrad des im Unternehmenssektor akkumulierten Know-Hows; je qualifizierter das Arbeitskräfteangebot, desto ertragreicher die Nutzung von Innovationspotentialen.

Die Berücksichtigung solcher "exogener" Innovationsdeterminanten hat sich in Tandem bewährt; allerdings zeigt sich, daß zwar die Geschwindigkeit, nicht aber die Richtung des endogenen Funktionszusammenhangs durch solche exogenen Determinanten bestimmt ist.

2. Zwei Versionen von TANDEM

Tandem besteht in seiner Grundstruktur aus drei Wirkungsfeldern, die mittels geeigneter Schnittstellen zu einem Simulationsmodell verbunden werden. Die Wirkungsfelder betreffen: die Innovationsaktivitäten (Modul 1), die Produktionstechnik (Modul 2) und die gesamtwirtschaftlichen Wirkungszusammenhänge (Modul 3). Die Schnittstellen bilden Funktionsbeziehungen zwischen den zentralen Variablen der einzelnen Module.

Bei der Modellierung des zentralen Wirkungszusammenhangs zwischen Investitionen, Innovationen und Produktivität wurden zwei Versionen von Tandem erstellt. Sie unterscheiden sich hinsichtlich der Spezifikation von einzelnen Gleichungen, der verwendeten Datenbasen und der Anzahl der betrachteten Wirtschaftssektoren.

Tandem 1: Innovationsdynamik des Verarbeitenden Gewerbes

Tandem 1 eignet sich für die Untersuchung der Innovationsdynamik im Verarbeitenden Gewerbe. Die wichtigsten Funktionsbeziehungen der Modellversion Tandem 1 sind in dem Blockdiagramm erkennbar (Abbildung 2.1): Die Investitionen bilden (unmittelbar und verzögert) die zentrale Bestimmungsgröße der betrieblichen Innovationen. Die Innovationsaufwendungen wiederum bauen (zusammen mit dem "autonomen technischen Fortschritt") das akkumulierte technische Wissen auf, das ceteris paribus für die Produktivitätsfortschritte verantwortlich ist.

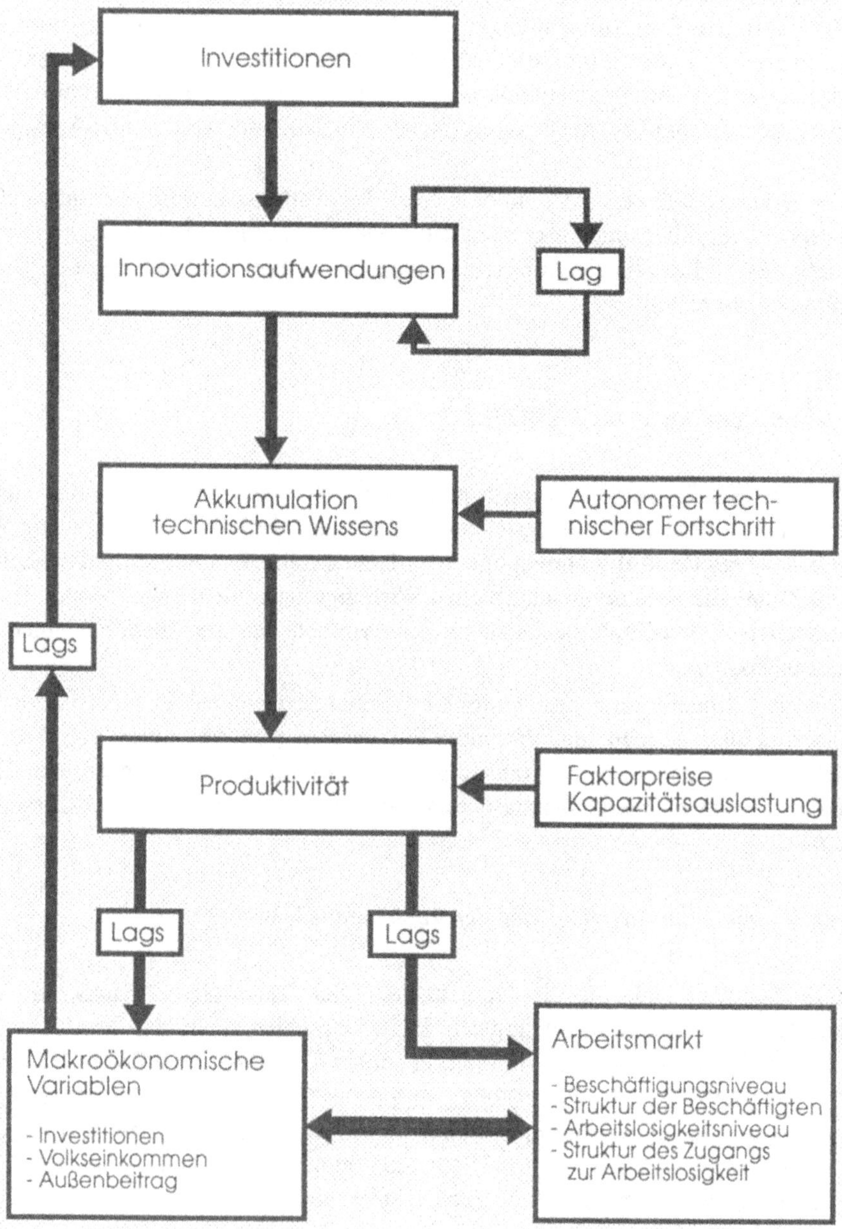

Abbildung 2.1: Blockdiagramm zu TANDEM 1

Die branchenspezifischen Veränderungen der Produktionstechnik führen zur Veränderung der gesamtwirtschaftlichen Arbeitsproduktivität, die wiederum (mit Verzögerungen) makroökonomische Anpassungsprozesse zur Folge hat. (Die Anpassungsvorgänge bei den (aggregierten) makroökonomischen Variablen wie Investitionen, Volkseinkommen, Beschäftigung, Arbeitslosigkeit und Außenbeitrag werden explizit formuliert.) Der zentrale Funktionskreis schließt sich über die (verzögerte) Rückkoppelung von der Produktivitätsentwicklung zu den Investitionen. Den Investitionen kommt somit eine strategische Rolle im Simulationsmodell zu.

Die Einzelgleichungen sind für 30 Sektoren des Verarbeitenden Gewerbes empirisch geschätzt. Dabei werden als Innovationsindikatoren Daten des Ifo-Instituts, München, verwendet, die in ihrer Definition weiter gefaßt sind als die Daten für Forschung und Entwicklung in der Definition des Stifterverbandes.

Tabelle 2.1: Die Gleichungssysteme von Tandem 1

Innovationsfunktion

(2.1) $g(N_{S,t}) = a_{S,1} . g(N_{S,t-1}) + a_{S,2} . g(I_{S,t})$

Technisches Wissen

(2.2) $g(T_{S,t}) = N_{S,t}/T_{S,t-1} - ob + ta$

Produktivitätsfunktion

(2.3) $g(P_{S,t}) = a_{S,3} . g(T_{S,t})$

Investitionsfunktion

(2.4) $g(I_t) = a_4 . g(P_t) + \ldots + a_7 . g(P_{t-3})$

Notation:

g(.)	Veränderungsrate einer Variable
t	Periodenindex
S	Index des Wirtschaftssektors (Variablen ohne Sektorindex sind aggregierte Größen)
I	Investitionen
N	Innovationsindikator
T	Bestand des technischen Wissens
ob	Obsoleszenzrate des technischen Wissens
ta	Rate des autonomen technischen Fortschritts
P	Arbeitsproduktivität
$a_{S,i}$	sektorale Elastizitäten
a_i	aggregierte Elastizitäten

Tandem 2: Akkumulation und Absorption des technischen Wissens

Die Modellspezifikation von Tandem 2 ist komplexer als die von Tandem 1 und konzipiert die Produktion und Diffusion des technischen Fortschritts in neuer Form. Die Sektoren Maschinenbau (Sektor 19 der Klassifikation, siehe Tabelle 2.3), Straßenfahrzeugbau (Sektor 21) und Elektrotechnik (Sektor 24) sind die zentralen "Träger" der Akkumulation von technischem Wissen. (Sie tätigen zusammen rund die Hälfte der gesamten FuE-Aufwendungen der Bundesrepublik.) Die Diffusion des technischen Wissens erfolgt über Investitionen: Alle Wirtschaftssektoren absorbieren (mit sektorspezifischer Gewichtung) Know-How über Kapitalgüter, die aus den akkumulierenden Sektoren "importiert" werden. Die sektorspezifischen Gewichtungen sind durch die sektoralen Investitionen (relativ zum Bruttoproduktionswert) gegeben.

Das entsprechende Blockdiagramm (Abbildung 2.2) verdeutlicht die Modellierung des zentralen Funktionskreises in Tandem 2. Die Investitionen sind wiederum die zentrale Determinante der Innovationsbemühungen, die in Tandem 2 durch die FuE-Aufwendungen in der Definition des Stifterverbandes erfaßt werden. Die FuE-Aufwendungen bestimmen ihrerseits die Akkumulation des technischen Wissens in einem Sektor. Der absorbierte technische Fortschritt wiederum bestimmt die Veränderungen der Arbeitsproduktivität in jedem Sektor. Die makroökonomischen Effekte, die Veränderungen auf dem Arbeitsmarkt und die Rückkoppelung zu den sektoralen Investitionen sind ähnlich modelliert wie in Tandem 1.

Die Modell-Version Tandem 2 beruht auf Schätzungen für alle Wirtschaftssektoren mit Ausnahme des "Staates", der "Wohnungsvermietung" und der "privaten Haushalte und privaten Organisationen ohne Erwerbszweck" (insgesamt 48 Sektoren). Neben dem Verarbeitenden Gewerbe werden demnach auch die Sektoren Land- und Forstwirtschaft, Energie und Bergbau, Baugewerbe, Handel, Verkehr und Dienstleistungen erfaßt. Als Innovationsindikator dienen die Daten zu den Forschungs- und Entwicklungsaufwendungen des Stifterverbandes in der Bearbeitung des DIW-Berlin, die enger definiert sind als die Ifo-Innovationsaufwendungen.

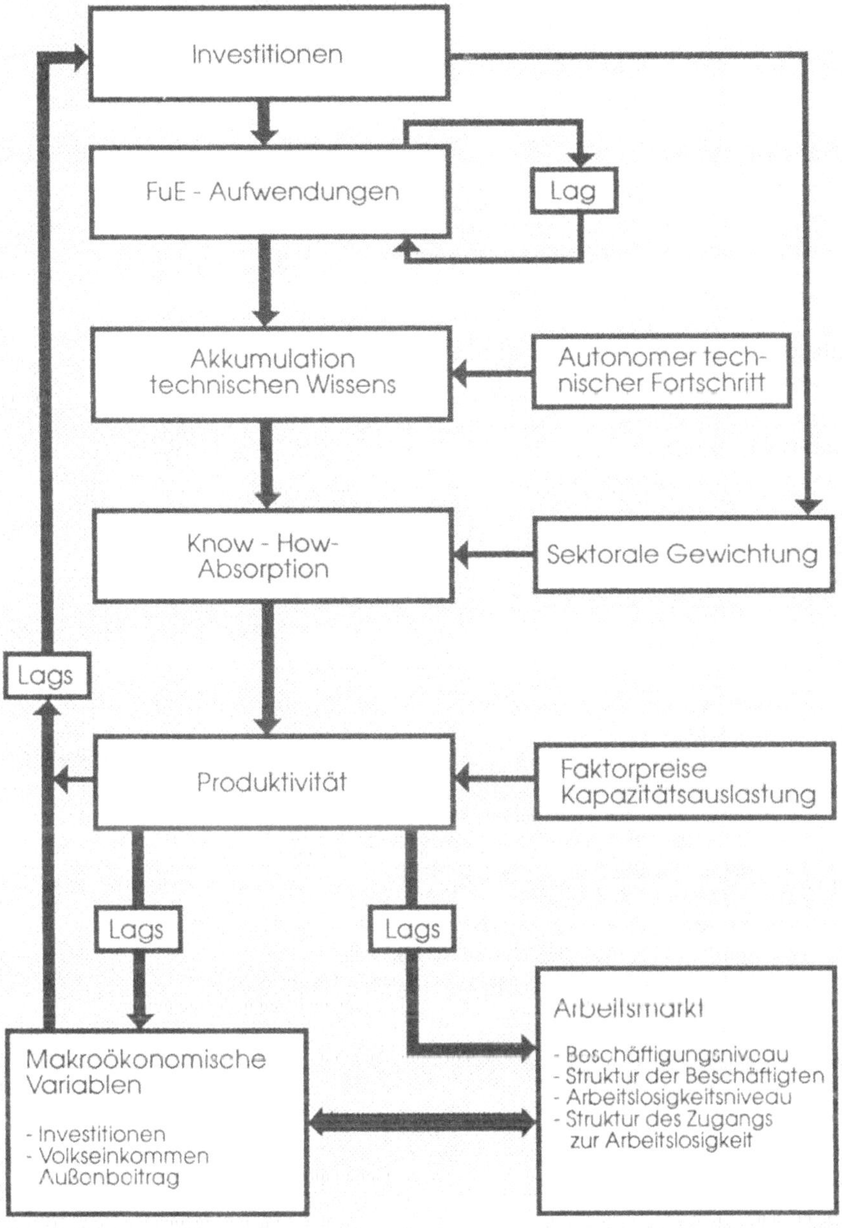

Abbildung 2.2: **Blockdiagramm zu TANDEM 2**

Tabelle 2.2: Die Gleichungssysteme von Tandem 2

Innovationsfunktion

(9.5) $g(N_{S,t}) = b_{S,1}.g(N_{S,t-1}) + b_{S,2}.g(I_{S,t})$

Technisches Wissen: Akkumulationsfunktion

(9.6) $g(T_{S,t}) = N_{S,t}/T_{S,t-1} - ob + ta$

Technisches Wissen: Absorptionsfunktion

(9.7) $HW_{j,t} = (I_{j,t}/B_{j,t}).(\Sigma_S c_{jS}.T_{S,t}/B_{S,t})$

Produktivitätsfunktion

(9.8) $g(P_{S,t}) = b_{S,3}.g(HW_{S,t})$

Investitionsfunktion

(9.9) $g(I_t) = b_4.g(P_t)+...+b_7.g(P_{t-3})$

Notation:

$g(.)$	Veränderungsrate einer Variable
t	Periodenindex
S	Index des Wirtschaftssektors (Variablen ohne Sektorindex sind aggregierte Größen)
N	Innovationsindikator
ob	Obsoleszenzrate des technischen Wissens
ta	Rate des autonomen technischen Fortschritts
$HW_{j,t}$	absorbiertes technisches Wissen in Sektor j
$I_{i,t}$	Investitionen des Sektors j
$B_{j,t}$	Bruttoproduktionswert des Sektors j
$T_{S,t}$	akkumuliertes technisches Wissen in Sektor S
c_{jS}	Anteil der Investitionen, die der Sektor j vom Sektor S bezieht
P	Arbeitsproduktivität
$b_{S,i}$	sektorale Elastizitäten
b_i	aggregierte Elastizitäten

Tabelle 2.3: Sektorengliederung von TANDEM 1 und TANDEM 2

Wirtschaftssektoren		Tandem 1	Tandem 2
1	Land- und Forstwirtschaft, Fischerei		x
Energie, Bergbau			
2	Elektrizitäts- und Fernwärmeversorgung		x
3	Gasversorgung		x
4	Wasserversorgung		x
5	Kohlenbergbau, Kokerei		x
6	Übriger Bergbau		x
Chemie			
7	Chemische Industrie und Herstellung und Verarbeitung von Spalt- und Brutstoffen	x	x
8	Mineralölverarbeitung	x	x
9	Herstellung von Kunststoffwaren	x	x
10	Gummiverarbeitung	x	x
11	Gewinnung und Verarbeitung von Steinen und Erden	x	x
12	Feinkeramik	x	x
13	Herstellung und Verarbeitung von Glas	x	x
Eisen/NE			
14	Eisenschaffende Industrie	x	x
15	NE-Metallerzeugung, -Halbzeugwerke	x	x
16	Gießereien	x	x
17	Ziehereien, Kaltwalzwerke, Stahlverformung	x	x
18	Stahlbau	x	x
Stahl-, Maschinen-, Fahrzeugbau			
19	Maschinenbau	x	x
20	Herstellung von Büromaschinen, ADV	x	x
21	Straßenfahrzeugbau	x	x
22	Schiffbau	x	x
23	Luft- und Raumfahrzeugbau	x	x
Elektro/EBM			
24	Elektrotechnik	x	x
25	Feinmechanik, Optik, Herstellung von Uhren	x	x
26	Herstellung von EBM-Waren	x	x
27	Herst. von Musikinstrumenten, Spielwaren, Füllhaltern	x	x

Fortsetzung Tabelle 2.3 (Sektorengliederung von Tandem)

Wirtschaftssektor		Tandem 1	Tandem 2
Holz/Textil			
28	Holzbearbeitung	x	x
29	Holzverarbeitung	x	x
30	Zellstoff- und Papiererzeugung	x	x
31	Papier- und Pappeverarbeitung	x	x
32	Druckerei- und Vervielfältigung	x	x
33	Textilgewerbe	x	x
34	Ledergewerbe	x	x
35	Bekleidungsgewerbe	x	x
Nahrung			
36	Ernährungsgewerbe und Getränkeherstellung	x	x
37	Tabakverarbeitung		x
Baugewerbe			
38	Bauhauptgewerbe		x
39	Ausbaugewerbe		x
Handel			
40	Großhandel, Handelsvermittlung		x
41	Einzelhandel		x
Verkehr			
42	Eisenbahnen		x
43	Schiffahrt, Wasserstraßen, Häfen		x
44	Straßenverkehr, einschl. restl. Verkehr		x
45	Nachrichtenübermittlung (Bundespost)		x
Dienstleistungen			
46	Kreditinstitute		x
47	Versicherungsunternehmungen		x
48	Wohnungsvermietung		
49	Sonstige Dienstleistungen		x
50	Staat		
51	Private Haushalte und private Organisationen ohne Erwerbszweck		

3. Innovationen und Investitionen

Die Endogenisierung der Innovationsdynamik ist ein zentrales Anliegen von Tandem. Diesem Ziel dient die "Innovationsfunktion", in der die branchenspezifischen Innovationsaktivitäten in Abhängigkeit von der vergangenen Innovationsdynamik und dem Investitionsverhalten des betrachteten Wirtschaftssektors gesetzt werden. Durch die Interpretation der Investitionen als "Proxi"-Variable für die auf Innovationsaktivitäten bezogenen Ertrags- und Kostengrößen (These 1) zählen neben technischen und organisatorischen Einflüssen (autoregressive Komponente) die Marktentwicklung und die Entwicklung der relativen Preise zu den entscheidenden Determinanten des Innovationsverhaltens von Unternehmen.

Die genaue Spezifikation der Innovationsfunktion von Tandem lautet:

$$(3.1)\quad g(N_{S,t}) = a_{S,1} \cdot g(N_{S,t-1}) + a_{S,2} \cdot g(I_{S,t})$$

mit den Bezeichnungen:

$g(N_{S,t})$ Wachstumsrate der Innovationen des Sektors S in der Periode t

$g(N_{S,t-1})$ Wachstumsrate der Innovationen des Sektors S in der (Vor-)Periode t-1

$g(I_{S,t})$ Wachstumsrate der Investitionen des Sektors S in der Periode t.

Die Ausdrücke $a_{S,1}$ und $a_{S,2}$ bezeichnen die (sektoralen) Elastizitäten der Innovationen in bezug auf die (verzögerten) Innovationen und die laufenden Investitionen. Die formale Struktur der Innovationsfunktion ist für beide Modellversionen von Tandem identisch. Abweichungen ergeben sich jedoch bei ihrer Interpretation.

In der Modellversion Tandem 1 bilden die zugrundegelegte Datenbasis für den Innovationsindikator die vom Ifo-Institut München im Rahmen des Innovationstests erhobenen Jahresdaten über die realen Innovationsaufwendungen in 30 Sektoren des Verarbeitenden Gewerbes der Bundesrepublik für die Jahre 1970 bis 1986 (Sektoren 7 - 36 in der Sektorengliederung, siehe Tabelle 2.3). Datenbasis von Tandem 2 bilden die vom DIW adaptierten FuE-Daten des Stifterverbandes: die sektoralen realen Aufwendungen für Forschung und Entwicklung in der Bundesrepublik zwischen 1961 und 1983. In beiden Modellversionen wurden für die Investitionen die Jahresdaten zu den sektoralen realen Ausrüstungsinvestitionen der Unternehmen (ohne Wohnungsbauten) eingesetzt.

Tabelle 3.1: Elastizitäten der Innovationsfunktion

Tandem 1
Elastizitäten der Innovationen in bezug auf die

	Innovationen	Investitionen
Chemische Industrie	0,59	0,45
	(2,70)	(1,84)
Maschinenbau	0,41	0,61
	(2,73)	(3,98)
Straßenfahrzeugbau	0,56	0,47
	(4,29)	(3,41)
Elektrotechnik	0,72	0,31
	(4,31)	(1,66)

Quelle: Eigene Berechnungen; t-Statistiken in Klammer.

Tandem 2
Elastizitäten der Innovationen in bezug auf die

	Innovationen	Investitionen
Chemische Industrie	0,90	0,11
	(41,27)	(5,16)
Maschinenbau	0,83	0,16
	(28,2)	(5,90)
Straßenfahrzeugbau	0,75	0,24
	(11,74)	(4,14)
Elektrotechnik	0,80	0,21
	(17,27)	(4,45)

Quelle: Eigene Berechnungen; t-Statistiken in Klammer.

Die empirischen Schätzungen der Innovationsfunktion zeigen für den Großteil der Sektoren einen signifikanten positiven Zusammenhang zwischen Investitionen und Innovationen, wobei die Investitionselastizitäten der Innovationen ausgeprägte branchenspezifische Abweichungen aufweisen: die Schätzungen reichen von sehr niedrigen Werten bis zu Werten knapp über 1. Ähnliches gilt auch für die Elastizitäten der Innovationen bezüglich ihrer vergangenen Entwicklungsdynamik.

Die wichtigsten Schätzergebnisse sind in Tabelle 3.1 dargestellt. Die Investitionselastizitäten betragen in den Kernsektoren: Maschinenbau 0,61, Straßenfahrzeugbau 0,47, Chemische Industrie 0,45 und Elektrotechnik 0,31 in der Version Tandem 1 bzw. 0,16 (Maschinenbau), 0,24 (Straßenfahrzeugbau), 0,11 (Chemische Industrie) und 0,21 (Elektrotechnik) in der Modellversion Tandem 2.

Die Sensitivität der Innovationen gegenüber der Innovationsdynamik der Vorperioden ist im allgemeinen größer als gegenüber den Veränderungen im Investitionsverhalten. Dieses Ergebnis weist darauf hin, daß technische und organisatorische Bedingungskonstellationen die Entwicklungsdynamik des Innovationsverhaltens in der Bundesrepublik kurzfristig stärker beeinflussen als Marktgegebenheiten und die Veränderungen der relativen Preise.

4. Akkumulation und Absorption des technischen Wissens

Tandem geht von folgender Konzeption aus: Das Niveau des verfügbaren technischen Wissens beeinflußt die von Unternehmen verwendete Produktionstechnik. Daher hängt die Arbeitsproduktivität eines Sektors nicht bloß von den laufenden Innovationsaufwendungen, sondern von dem gesamten bereits akkumulierten Stand technischen Know-Hows ab.

Diese Problemsicht beruht auf mehreren Überlegungen. Die empirisch festgestellten Innovationsaufwendungen stellen bloß einen Input in innovative Aktivitäten dar, dem keineswegs immer entsprechende Outputs an Prozeß- und Produktinnovationen folgen müssen. Als (jährliche) Stromgröße stellen sie eine Investition in die Produktion von technischem Wissen dar, dessen Bestand aber auch von einer Reihe weiterer Faktoren abhängt. Dazu gehören etwa die Erweiterung des technischen Wissens durch öffentliche und private Ausbildungssysteme oder durch den Informationsfluß zwischen Käufern und Verkäufern im normalen Geschäftsverlauf.

Das technische Wissen nimmt in Tandem die Funktion eines "Scharniers" zwischen den Innovationsaufwendungen und den Produktivitätsentwicklungen ein. Dieses Scharnier besteht aus den "Flügeln" der Akkumulation und der Absorption von technischem Wissen.

Diese konzeptuelle und begriffliche Differenzierung dient einerseits einer methodisch geleiteten Öffnung der "black box", indem der Forderung nach neuen Ansätzen zur Modellierung der Investitionen in innovative Aktivitäten und der Diffusion von technischem Know-How in der empirischen Innovationsforschung Rechnung getragen wird. Andererseits ermöglicht diese Unterscheidung auch den Einsatz alternativer Modellspezifikationen im Bereich des technischen Fortschritts unter Einbeziehung neuer Variablen.

Tandem 1

Tandem 1 beschränkt sich auf die Innovationsaufwendungen im Bereich des Verarbeitenden Gewerbes. Die grundlegende Idee ist hier, daß in jedem der 30 Sektoren technisches Wissen akkumuliert wird, das dann die Veränderungen der Produktionstechnik in diesem Sektor bestimmt.

Die genaue Spezifikation der "Technikfunktion" lautet:

(4.1) $T_{S,t} - T_{S,t-1} = N_{S,t} + (ta-ob).T_{S,t-1}$

bzw.

(4.2) $g(T_{S,t}) = N_{S,t}/T_{S,t-1} - ob + ta,$

mit den Bezeichnungen:

$T_{S,t}$ Know-How-Bestand des Sektors S in der Periode t
$N_{S,t}$ Innovationsaufwendungen des Sektors S in der Periode t
ta Rate des autonomen technischen Fortschritts
ob Obsoleszenzrate des technischen Wissens
g(.) Wachstumsrate einer Variablen.

Der Know-How-Bestand eines Sektors wird in den Gleichungen (4.1) und (4.2) durch drei Elemente bestimmt: durch die Innovationsaufwendungen, die "Abschreibungen" und durch einen autonomen Wachstumsfaktor. Die sektoralen Innovationsaufwendungen sind über die Innovationsfunktion endogen bestimmt, während der nichtinduzierte Teil des technischen Fortschritts mittels einer exogenen Wachstumsrate abgebildet wird. Die Obsoleszenzrate erfaßt jenen Teil des technischen Wissens, der im Zeitablauf durch neues Wissen verdrängt oder aus anderen Gründen obsolet geworden ist.

Nach Gleichung (4.1) ist die Veränderung des technischen Wissens in einer Periode eine Nettogröße, die sich aus der Differenz von "Bruttozuwächsen" (Innovationsaufwendungen und autonome Veränderungen) und "Abschreibungen" ergibt. Das so ermittelte Know-How-Niveau geht dann in die Produktivitätsfunktion ein.

Tandem 2

Tandem 2 modelliert die Produktion und Diffusion des technischen Fortschrittes in komplexerer Form, indem zwischen der Akkumulation und der Absorption von technischem Wissen unterschieden wird:

- die Akkumulationsfunktion bestimmt, in welchem Ausmaß ein Sektor Know-How über moderne Technik aufbaut;
- die Absorptionsfunktion gibt an, in welchem Ausmaß ein Sektor von den anderen Branchen akkumulierten technischen Fortschritt absorbiert.

Die Spezifikation der Akkumulationsfunktion entspricht formal der Technikfunktion von Tandem 1:

(4.3) $T_{S,t} - T_{S,t-1} = N_{S,t} + (ta-ob).T_{S,t-1}$

bzw.

(4.4) $g(T_{S,t}) = N_{S,t}/T_{S,t-1} - ob + ta,$

mit den Bezeichnungen:

$T_{S,t}$	Know-How-Bestand des Sektors S in der Periode t
$N_{S,t}$	FuE-Aufwendungen des Sektors S in der Periode t
ta	Rate des autonomen technischen Fortschritts
ob	Obsoleszenzrate des technischen Wissens
g(.)	Wachstumsrate einer Variablen.

In der Absorptionsfunktion wird bestimmt, in welchem Ausmaß jeder der 48 untersuchten Wirtschaftssektoren Know-How von den drei strategischen Sektoren (und von den restlichen Sektoren) "importiert". Dabei ist festzuhalten, daß in allen Sektoren auch technisches Wissen absorbiert wird, das in diesen selbst aufgebaut wird. Das absorbierte technische Wissen ist schließlich für die Veränderungen der Produktionstechnik verantwortlich.

Die Spezifikation der Absorptionsfunktion lautet:

(4.5) $HW_{j,t} = (I_{j,t}/B_{j,t}).(\Sigma_S c_{jS}.T_{S,t}/B_{S,t})$,

mit den Bezeichnungen:

$HW_{j,t}$	HW-Index des absorbierten technischen Wissens in Sektor j
$I_{j,t}$	Investitionen des Sektors j
$B_{j,t}$	Bruttoproduktionswert des Sektors j
$B_{S,t}$	Bruttoproduktionswert des Sektors S
$T_{S,t}$	Akkumuliertes technisches Wissen in Sektor S
c_{jS}	Anteil der Investitionen, die der Sektor j vom Sektor S bezieht.

Die Ausdrücke $(I_{j,t}/B_{j,t})$ und $(\Sigma_S c_{jS}.T_{S,t}/B_{S,t})$ sind Indexwerte zur Basis 1970. Gleichung (4.5) besagt, daß für das absorbierte Know-How zwei Faktoren maßgebend sind: die Höhe der Investitionen und das Niveau an akkumuliertem Wissen. Je höher die Investitionen eines Sektors relativ zum Bruttoproduktionswert dieses Sektors, desto stärker die Aufnahme neuer Techniken; je größer das akkumulierte technische Wissen der Sektoren S (relativ zum Bruttoproduktionswert), aus denen der Sektor j Kapitalgüter bezieht, desto höher die Absorption neuer Techniken.

Die Bedeutung der Investitionen für den technischen Fortschritt wird in Tandem 2 durch die Unterscheidung von Akkumulation und Absorption von technischem Wissen gegenüber Tandem 1 deutlich verstärkt. Auf der einen Seite sind die Investitionen die primäre Erklärungsvariable der Innovationen in der Innovationsfunktion (3.1): diejenigen Variablen (relative Preise, Ertragserwartungen, technische Möglichkeiten), die die realen Ausrüstungsinvestitionen der strategischen Sektoren beeinflussen, bestimmen auch deren Innovationsaufwendungen. Diese determinieren in der Akkumulationsfunktion, unter Berücksichtigung der Obsoleszenz und des autonomen technischen Fortschritts, das Niveau des technischen Wissens. Auf der anderen Seite sind die Investitionen entscheidend für die Absorption: Das Ausmaß der Übertragung technischen Fortschrittes zu den einzelnen Sektoren ist abhängig vom Verhältnis der Investitionen zum Bruttoproduktionswert im absorbierenden Sektor. Der Index des absorbierten technischen Wissens $(HW_{j,t})$ reagiert also sowohl auf die Investitionsintensität als auch auf den Technologiegehalt der Investitionen im absorbierenden Sektor.

5. Auswirkungen auf die Produktivität

Die Steigerung der Ausbringungsmenge und die Verbesserung der Qualität der betrieblichen Leistungen gelten als zentrale Motive unternehmerischer Innovationsanstrengungen. In diesem Sinn unterliegt auch der Erwerb von technisch-organisatorischem Wissen einem mikroökonomischen Gewinnkalkül: Innovationen werden im allgemeinen nur unternommen, wenn sie über die Verbesserung der betrieblichen Produktivität oder durch die Erschließung neuer Märkte zu Erträgen für das Unternehmen führen.

Die Modellierung der Produktivitätswirkungen neuer Techniken in Tandem beruht auf diesen Überlegungen. Das im Rahmen der betrieblichen Leistungserstellung eingesetzte technische und organisatorische Wissen ist - wie die Faktoren Arbeit und Kapital - eine wichtige Determinante der Ausbringungsmenge. Es ist jedoch nicht der laufende Zugang an neuen Kenntnissen über Produkte und Verfahren, der das Nivau der Produktion und damit bei gleichbleibendem Kapital- und Arbeitseinsatz die Faktorproduktivität bestimmt, sondern der über vergangene Perioden akkumulierte Wissensbestand.

Die "Produktivitätsfunktion" von Tandem lautet:

(5.1) $P_{S,t} = a_{S,3}.T_{S,t} + d_{S,1}.(U_{S,t} - W_{S,t}) + d_{S,2}.C_{S,t}$ für Tandem 1

bzw.

(5.2) $P_{S,t} - b_{S,3}.HW_{S,t} + e_{S,1}.(U_{S,t} - W_{S,t}) + e_{S,2}.C_{S,t}$ für Tandem 2

mit den Bezeichnungen:

$P_{S,t}$ Arbeitsproduktivität des Sektors S in der Periode t

$T_{S,}$ Technisches Wissen (akkumulierte Innovationsaufwendungen)

$HW_{S,t}$ absorbiertes technisches Wissen (HW-Indikator)

$U_{S,t}$ Kapitalkosten ("user costs" pro Stunde)

$W_{S,t}$ Lohnkosten (pro Stunde)

$C_{S,t}$ Kapazitätsauslastungsgrad

$a_{S,3}, d_{S,1}, d_{S,2}, b_{S,3}, e_{S,1}, e_{S,2}$ ... Elastizitäten.

Tabelle 5.1: **Produktionsfunktion**

Tandem 1: Elastizitäten der Innovationen in bezug auf

	Technisches Wissen	Faktorpreise	Kapazitäts-auslastung
Chemische Industrie	0,32	-0,88	0,27
	(3,25)	(-13,50)	(1,07)
Maschinenbau	0,50	-0,63	-0,24
	(4,64)	(-10,63)	(-0,91)
Straßenfahrzeugbau	0,37	-0,63	0,12
	(13,50)	(-20,23)	(1,85)
Elektrotechnik	0,72	-0,65	-0,68
	(7,03)	(-6,18)	(-3,35)

Quelle: Eigene Berechnungen; t-Statistiken in Klammer.

Tandem 2: Elastizitäten der Innovationen in bezug auf

	Technisches Wissen	Faktorpreise	Kapazitäts-auslastung
Chemische Industrie	0,15	-0,89	0,79
	(1,62)	(-1,04)	(4,07)
Maschinenbau	0,25	-0,44	0,45
	(3,16)	(-4,70)	(2,76)
Straßenfahrzeugbau	0,22	-0,52	0,57
	(4,14)	(-6,06)	(5,26)
Elektrotechnik	0,53	-0,68	-0,15
	(4,74)	(-4,68)	(-0,68)
Bekleidungsgewerbe	0,24	-0,66	0,37
	(1,34)	(-3,69)	(1,01)
Großhandel	0,33	-0,49	0,18
	(4,33)	(-7,55)	(1,16)
Bundespost	0,26	-1,12	0,33
	(3,56)	(-10,29)	(2,20)
Kreditinstitute	0,04	-0,58	0,90
	(1,40)	(-4,41)	(4,00)
Versicherungen	0,12	-0,82	0,77
	(1,40)	(-4,41)	(4,00)

Quelle: Eigene Berechnungen; t-Statistiken in Klammer.

Die Unterschiede in der Spezifikation der Produktivitätsfunktion von Tandem 1 und Tandem 2 betreffen die Wahl des Innovationsindikators. Der Modellkonzeption von Tandem 1 entsprechend werden als Indikator für die "produktiven Dienste" des eingesetzten "Know-Hows" die akkumulierten Innovationsaufwendungen benützt, wie sie in den vorhergehenden Abschnitten definiert wurden. In der Modellversion Tandem 2 sind es demgegenüber nicht die akkumulierten Wissensbestände jedes Sektors, sondern die über Investitionen absorbierte Technologie, die als erklärende Größe der sektoralen Produktivitätsentwicklung dient. Die Verwendung des HW-Innovationsindikators in der Modellversion Tandem 2 erlaubt es, die Produktivitätswirkungen neuer Techniken auch für jene Sektoren zu simulieren, die nicht dem Verarbeitenden Gewerbe zugezählt werden. Die relative Preisentwicklung der Faktoren Arbeit und Kapital sind in der Schätzgleichung enthalten, um den Einfluß von Kapital- und Arbeitsmärkten auf die Produktivitätsentwicklung zu kontrollieren.

Die für das Simulationsmodell Tandem gewonnenen Schätzergebnisse sind für ausgewählte Sektoren in den Tabelle 5.1 zusammengestellt. Sie zeigen durchweg einen signifikanten positiven Zusammenhang zwischen dem Know-How-Bestand eines Sektors und seinem Arbeitsproduktivitätsniveau. In der Spezifikation Tandem 1 ergeben sich für die strategischen Sektoren Chemische Industrie eine Produktivitätselastizität bezüglich der Technik von 0,32, im Maschinenbau 0,50, im Straßenfahrzeugbau 0,37 und in der Elektrotechnik 0,72. Ein gewichteter Durchschnitt der Elastizitäten liegt bei rund 0,40.

Die Schätzungen für Tandem 2 enthalten auch Ergebnisse für den Dienstleistungsbereich: Auch hier wirkt der technische Fortschritt im überwiegenden Teil der Dienstleistungssektoren produktivitätssteigernd. Die entsprechenden Elastizitäten sind etwa beim Großhandel 0,33, im Sektor Nachrichtenübermittlung 0,26 und bei den sonstigen Dienstleistungen 0,33 - alle hochsignifikant. Insignifikant (zum 10%-Niveau) sind die Parameter für die Kreditinstitute und die Versicherungen.

6. Makroökonomische Anpassungsmuster

Für die Bundesrepublik Deutschland stehen mehrere erprobte makroökonometrische Modelle zur Verfügung, um jene Anpassungsprozesse zu studieren, die durch "angebotsseitige" Veränderungen der Arbeitsproduktivität ausgelöst werden. Die ausführlichsten dieser Analysen hat das DIW (1988) vorgelegt, in denen Jürgen Blazejczak vielfältige Szenarien im Rahmen des DIW-Langfristmodells entwickelt. Die dabei gewonnenen Einsichten lassen sich für die Zwecke eines Simulationsmodells wie Tandem in Form von einigen wenigen Parametern verdeutlichen.

Diese Parameter beschreiben die dynamische Struktur des Anpassungsverhaltens des DIW-Langfristmodells bei einer Erhöhung der Stundenproduktivität. Dies erlaubt es, das Funktionsgefüge der makroökonomischen Struktur der Bundesrepublik Deutschland als eine Art "black box" zu beschreiben, in der Variationen der Arbeitsproduktivität zu Veränderungen spezifischer makroökonomischer Variablen führen; dies betrifft im Rahmen von Tandem das Sozialprodukt, die Beschäftigung, die Arbeitslosigkeit, die Exporte und Importe und die Investitionen.

Tabelle 6.1: Makroökonomische Multiplikatoren

- Standardvariante -

Wirkung einer 10%-Erhöhung der Arbeitsproduktivität auf die gesamtwirtschaftlichen Größen in %

Variable	Wirkung zum Zeitpunkt			
	t_0	t_1	t_2	t_3
Sozialprodukt	0,8	1,4	1,2	0,8
Importe	2,3	3,2	2,5	1,6
Exporte	0,0	-0,1	-0,1	0,0
Investitionen	1,7	2,5	2,0	1,3
Beschäftigte	-6,7	-2,8	-0,8	-0,1
Arbeitslose	59,9	20,5	5,7	1,0

- Exportvariante -

Wirkung einer 10%-Erhöhung der Arbeitsproduktivität auf die gesamtwirtschaftlichen Größen in %

Variable	Wirkung zum Zeitpunkt			
	t_0	t_1	t_2	t_3
Sozialprodukt	2,9	1,7	1,2	0,7
Importe	7,5	3,4	2,2	1,2
Exporte	6,5	0,2	0,1	0,0
Investitionen	4,9	2,9	1,9	1,0
Beschäftigte	-5,1	-1,6	-0,4	0,0
Arbeitslose	30,1	11,8	2,5	0,3

Quelle: DIW-Langfristmodell; persönliche Mitteilung von Jürgen Blazejczak.

Die sich aus dem DIW-Langfristmodell ergebenden Multiplikatoren der reduzierten Form sind in Tabelle 6.1 dargestellt. Dabei fällt auf, daß selbst noch nach vier Perioden von angebotsseitigen Produktivitätsschocks spürbare Effekte ausgehen. Unabhängig von den Besonderheiten ihrer dynamischen Spezifikation entsprechen die Multiplikatoren den zu erwartenden Wirkungen einer angebotsseitigen

Steigerung der Arbeitsproduktivität: Die Investitionsaktivitäten werden stimuliert; die Nominallöhne wachsen stärker als die Verbraucherpreise, wodurch es zu Realeinkommenssteigerungen kommt; die Terms of Trade verbessern sich, wodurch die virtuellen Exportzuwächse nur in beschränktem Umfang realisiert werden können; der Außenbeitrag der Bundesrepublik Deutschland schrumpft. Was den Arbeitsmarkt betrifft, so reichen die zusätzlichen Wachstumsimpulse nicht aus, die fallende Nachfrage nach Arbeitsstunden voll zu kompensieren: die Arbeitslosigkeit steigt.

Das Ausmaß der zunehmenden Arbeitslosigkeit ist jedoch keine Konstante. Je besser es gelingt, die Innovationsanstrengungen im internationalen Wettbewerb umzusetzen, desto stärker sind die Wachstumsimpulse, von denen die Zunahme der Stundenproduktivität begleitet wird. Um diesen Effekt einzufangen, hat das DIW ein zweites Set an Multiplikatoren erstellt, die sich als reduzierte Form "unter verbesserten Außenhandelsbedingungen" interpretieren lassen.

Auf diese Weise stehen zwei Simulationsvarianten für Tandem zur Verfügung. Die Variante DIW-Standard beruht auf den Multiplikatoren, wie sie sich aus einer Simulation des Langfristmodells unter Bedingungen der jüngeren Vergangenheit ergeben; die Variante "Exportoffensive" geht von Marktanteilsgewinnen aufgrund erhöhter Innovationsanstrengungen aus. Die Unterschiede in den Multiplikatoren (Tabelle 6.1) mögen auf den ersten Blick gering erscheinen; auf längere Sicht werden die Differenzen jedoch deutlich spürbar.

Für den zentralen Funktionskreis von Tandem sind jene Multiplikatoren von besonderer Bedeutung, die den Zusammenhang zwischen Arbeitsproduktivität und Investitionen darstellen. Denn die Investitionen bilden die Schnittstelle zur Rückkoppelung in Richtung innovativer Aktivitäten. Dabei zeigt sich für die Bundesrepublik Deutschland ein monotoner positiver Zusammenhang zwischen Innovation-Arbeitsproduktivität-Investition-Innovation.

7. Ausgewählte Simulationen

Die Simulationen mit Tandem zeigen, wie sich Innovationen, Arbeitsproduktivität, Sozialprodukt, Beschäftigung und Investitionen entwickeln, wenn der (in Tandem dargestellte) geschlossene Funktionskreis über längere Zeiträume hinweg ungestört arbeiten kann. "Ungestört" bedeutet in diesem Zusammenhang, daß Veränderungen, die außerhalb des Funktionskreises auftreten, vorläufig unbeachtet bleiben. Solche Szenarien stellen wertvolle Gedankenexperimente dar, um die Funktionslogik interdependenter Systeme zu analysieren; sie bieten keinen Ansatz zu Projektionen oder

Prognosen für zu erwartende wirtschaftliche Entwicklungen. Die Gegenüberstellung von Simulationsresultaten eröffnet jedoch Einsichten in die "innere" Innovationsdynamik der Bundesrepublik Deutschland unter den durch die Modellspezifikation getroffenen Annahmen.

Als Simulationsperiode wird einheitlich der Zeitraum 1970 bis 1986 für Standardsimulationen und 1970 bis 1988 für problemorientierte Simulationen gewählt. Die Wahl des Basisjahres hat keinen Einfluß auf die langfristigen Veränderungsraten. Deshalb wird auf Simulationen für andere Zeiträume verzichtet.

Standardszenario und problemorientierte Varianten

Das Standardszenario von Tandem 1 ergibt folgendes Bild: Die Innovationsaufwendungen wachsen mit 1,6% pro Jahr. Dies regt ein durchschnittliches Innovationswachstum von 0,7% an. Die damit verbundene Zunahme des Know-How-Bestandes von rund 4,8% p.a. bewirkt eine Zunahme der Arbeitsproduktivität von rund 1%.

Die Erhöhung der Stundenproduktivität wird im Tandem-Funktionskreis durch die zusätzlichen Wachstumsimpulse nicht vollständig kompensiert; die Zahl der Erwerbstätigen fällt um rund 1% pro Jahr. Dies bewirkt über den Simulationszeitraum 1970 bis 1986 eine Zunahme der Arbeitslosenzahlen um rund 8,1%. In diesem Funktionskreis ist die Aneignung neuer Technologien für einen Anstieg der Arbeitslosenquote um 1,7% (in einem Zeitraum von 17 Jahren) verantwortlich.

Im Kontrast zum Standardszenario geht die Variante "Exportoffensive" davon aus, daß eine zentrale Kompensationsstrategie zur Abwehr von Arbeitslosigkeit in der erfolgreichen Umsetzung der Innovationsanstrengungen im internationalen Qualitätswettbewerb besteht. Gelingt dies (in einem mit jüngeren Erfahrungen kompatiblen Ausmaß), dann kann die produktivitätsbedingte Zunahme der Arbeitslosigkeit auf fast die Hälfte reduziert werden. Dies erfordert, daß die Exporte um rund 8 Promillepunkte pro Jahr rascher wachsen als in der Standardsimulation. Unter diesen Umständen nimmt die Zahl der Arbeitslosen um 241.000 (statt um 445.000) zu; die Arbeitslosenquote steigt um 1,1 (statt 2,1) Prozentpunkte.

Ökonometrische Untersuchungen (DIW 1988) lassen diese "exportoffensive" Variante von Tandem als sogar empirisch plausibler erscheinen als die Standardsimulation, die als Referenzpfad für die verschiedenen Szenarien dient. Das Szenario einer technologieorientierten Exportoffensive besitzt mehrere positiv ansprechende Merkmale: Zusätzlich zur Verringerung der Zunahme der Arbeitslosigkeit bewirken die Erfolge im internationalen Qualitätswettbewerb erhöhtes gesamtwirtschaftliches Wachstum, verstärkte Investitionstätigkeit und raschere Produktivitätssteigerungen.

Tabelle 7.1: Standardszenario und problemorientierte Szenarien

Durchschnittliche Wachstumsraten in %

Variable	Standard-szenario	Export-offensive	Unterlassene Innovationen
Sozialprodukt	0,4	0,6	0,2
Exporte	0,0	0,7	0,0
Importe	0,9	1,4	0,5
Investitionen	0,7	1,0	0,4
Innovationen	1,4	1,7	0,1
Technisches Wissen	4,9	4,9	2,7
Arbeitsproduktivität	1,0	1,0	0,5
Erwerbstätige	-1,1	-0,7	-0,5
Arbeitslose	8,1	5,2	4,0
Arbeitslosenquote*	1,7	1,0	0,7

* Differenz zum Basisjahr in Prozentpunkten.

Quelle: Eigene Berechnungen.

Annahmen zu den Szenarien:

a) *Standardszenario.* Die Ergebnisse des Standardszenarios beruhen auf empirisch geschätzten Koeffizienten der Gleichungen des Simulationsmodells. Lediglich für die beiden exogenen Parameter "autonomer technischer Fortschritt" und "Obsoleszenzrate" mußten Annahmen getroffen werden. Im Standardszenario wird für beide Parameter ein Wert von 5% unterstellt, so daß sich die Wirkungen der beiden Parameter gerade ausgleichen.

b) *Exportoffensive.* Das Szenario Exportoffensive unterscheidet sich vom Standardszenario in den makroökonomischen Anpassungsmustern, die durch Simulationen mit dem DIW-Langfristmodell gewonnen wurden. Die Berechnung der makroökonomischen Multiplikatoren für das Exportszenario erfolgte unter der Annahme, daß es der BRD gelingt, ihre Exporte im Simulationsjahr um rund 1% auszuweiten.

c) *Unterlassene Innovationen.* Im Szenario unterlassene Innovationen wurde die Obsoleszenzrate von 5% auf 12% hinaufgesetzt; zusätzlich wurde der Wirkungszusammenhang zwischen Investitionen und Innovationen um 50% reduziert.

Tabelle 7.2: **Kontrastwirkungen**

- Wirkungszusammenhänge in Tandem 1 -

Abhängige Variable (Wachstumsraten oder Quoten)	Verbesserte Position im internationalen Wettbewerb	Beschleunigte Obsoleszenz technischen Wissens	Verstärkte Rationalisierungs-anstrengungen
Sozialprodukt	+	-	-
Exporte	+	(+)	(+)
Importe	+	-	+
Investitionen	+	-	+
Innovationen	(-)	(-)	(+)
Arbeitsproduktivität	-	-	+
Erwerbstätige	+	+	-
Arbeitslose	-	-	+
Arbeitslosenquote	-	-	+

- Interaktionszusammenhänge in Tandem 1 -

Abhängige Variable (Wachstumsraten oder Quoten)	von Wettbewerb und Obsoleszenz	von Obsoleszenz und Ratio-nalisierung	von Rationalisierung und Wettbewerb
Sozialprodukt	(-)	(-)	+
Exporte	(-)	(-)	+
Importe	(-)	(-)	+
Investitionen	(-)	(-)	+
Innovationen	(+)	(-)	(+)
Arbeitsproduktivität	(+)	(-)	(-)
Erwerbstätige	-	(+)	+
Arbeitslose	+	(-)	-
Arbeitslosenquote	+	(-)	-

Anmerkung: Jene Wirkungszusammenhänge, die sich nur als sehr schwach identifizieren lassen, sind in Klammern gesetzt.

Ein Kontrastszenario zur "Exportoffensive" bieten die Folgen "unterlassener Innovationen". Im Rahmen dieses Szenarios wird diese Strategie durch zwei Eingriffe operationalisiert: erstens wird die "autonome" Anreicherung des innovativen Know-How-Bestandes von 5% auf 2,5% p.a. herabgesetzt (dadurch erfährt der Innovationskapitalstock eine Nettoabschreibungsrate von 2,5% p.a.); zweitens wird die Elastizität der laufenden Innovationen in bezug auf die Investitionen (und die Innovationen der Vorperiode) auf die Hälfte reduziert.

Was die Arbeitslosigkeit betrifft, so erweist sich eine derartige defensive Strategie als erfolgreich; der Tandem-Funktionskreis hebt die Arbeitslosenquote unter solchen Rahmenbedingungen nur um 0,6 Prozentpunkte an. Allerdings hätten die Erwerbstätigen einen hohen Preis für eine solche Strategie zu bezahlen: Das Sozialproduktwachstum wird gegenüber der Standardsimulation nahezu halbiert; das gleiche gilt für die Investitionen und die Stundenproduktivität. Der Umschichtungsprozeß zugunsten von besser qualifizierten (und höher entlohnten) Beschäftigungsverhältnissen im Verarbeitenden Gewerbe kommt zum Stillstand.

Reduzierte Form

Die skizzierten Simulationen verdeutlichen die Dynamik des Funktionskreises "Innovation - Technik (Arbeitsproduktivität) - Wachstum" für die Bundesrepublik Deutschland.

Deren Ergebnisse lassen sich auch anhand einer reduzierten Form von Tandem rekonstruieren. Tabelle 7.2 gibt einen Überblick über die Richtung des Einflusses, den bestimmte Parameter auf den Zeitpfad spezifischer Variablen ausüben (wobei die Standardvariante als Referenzpfad dient). Dabei ergeben sich folgende Zusammenhänge:

- Werden die Innovationsanstrengungen offensiv im Export umgesetzt, dann steigen das Sozialprodukt, Exporte, Importe und die Zahl der Erwerbstätigen; die Arbeitsproduktivität, die Arbeitslosenzahl und die Arbeitslosenquote sinken.
- Versuchen die Unternehmen, ihre Innovationsanstrengungen vor allem für eine beschleunigte Rationalisierung einzusetzen, dann beschleunigt sich das Wachstum des Sozialproduktes, der Investitionen, der Importe und der Stundenproduktivität; der Umfang der Erwerbstätigen schrumpft, die Arbeitslosenzahlen und die Arbeitslosenquote steigen; Qualifikationsstruktur und Arbeitslosigkeitsrisiko verändern sich kaum gegenüber der Standardsimulation.
- Kommt es zu einer beschleunigten Obsoleszenz des innovatorischen Know-Hows in der Bundesrepublik Deutschland (etwa aufgrund erhöhter Anstrengungen der

USA oder Japans), dann verlangsamt sich das Wachstum des Sozialprodukts, der Investitionen, der Arbeitsproduktivität, der Importe und der Exporte; die Beschäftigungssituation erholt sich, Arbeitslosenzahl und Arbeitslosenquote gehen zurück.

8. Ausblick

Die skizzenhafte Darstellung von Tandem reicht aus, um aufzuzeigen, daß die Entwicklung heuristischer Simulationsmodelle zur Analyse der Innovationsdynamik der Bundesrepublik Deutschland ein lohnendes Unterfangen darstellt. Dabei bieten sich mehrere Ansätze als aussichtsreich an:

- die direkte Schätzung von "Simultangleichungen" (eines Modells von dem in Hanappi/Wagner 1989 dargestellten Typ) anstatt der Verwendung stark "reduzierter Formen" als empirischer Basis für Simulationen;
- die Einführung von "Innovations-Variablen" in disaggregierte makroökonometrische Modelle (vom Typ des DIW-FIND-Modells), um simultan die Veränderungen der Preiselastizitäten der Nachfrage auf Produkt- und Faktormärkten und die Verschiebungen der optimalen Faktoreinsatzproportionen zu erfassen, anstatt nur einen "realen" Nexus zwischen Innovationen und Produktionsstruktur herzustellen;
- die explizite Berücksichtigung der Interdependenz der Innovationsanstrengungen verschiedener Sektoren in Abhängigkeit zentraler "Rahmendaten" (wie relative Faktorpreise und Absatzerwartungen) anstatt der Verwendung der Investitionen als Proxivariable;
- die Endogenisierung der Abschreibung des "innovativen" Know-Hows in Abhängigkeit von der Höhe der laufenden Innovationsaufwendungen.

Das in der Meta-Studie gesicherte Daten- und Forschungsterrain läßt es realistisch erscheinen, daß die vier genannten Entwicklungsrichtungen heuristischen Simulierens innerhalb der nächsten Jahre auch tatsächlich verwirklicht werden können.

Perspektiven der gesamtwirtschaftlichen Entwicklung bei verstärkten und bei unterlassenen Innovationsanstrengungen

Jürgen Blazejczak

1. Einleitung

Ziel der Untersuchung, über die hier berichtet wird (Blazejczak 1989), war die Ermittlung der gesamtwirtschaftlichen makroökonomischen Auswirkungen einer beschleunigten Einführung von Innovationen auf die Perspektiven der Wirtschaftsentwicklung in der Bundesrepublik Deutschland bis zum Ende der neunziger Jahre in Form quantitativer Szenarien. Zentrales Anliegen ist, außer den Freisetzungseffekten des technologischen Wandels auch die entgegengesetzten Kompensationseffekte quantitativ abzugreifen und die Bedingungen darzulegen, unter denen eine beschleunigte Einführung von Innovationen gesamtwirtschaftlich positive Beschäftigungseffekte haben kann.

Innovationen werden dabei ganz allgemein als Änderungen einer hochkomplexen Produktionsfunktion definiert: In einem n-dimensionalen Raum werden neue Produktionsmöglichkeiten aufgespannt (Siebert 1986). Damit umfaßt die Abgrenzung neben Produkt- und Prozeßinnovationen auch organisatorische Änderungen und neue Marketingstrategien. Dieser weite Innovationsbegriff wird dadurch operationalisiert, daß die Wirkungen von Innovationen auf zentrale makroökonomische Aggregate beschrieben werden. Im Vordergrund stehen bei der hier durchgeführten Untersuchung Wirkungen von Innovationen auf die Produktivität der eingesetzten Produktionsfaktoren, die internationale Wettbewerbsfähigkeit und das Investitionsvolumen.

Es ist nicht Gegenstand der vorliegenden Untersuchung, die Zusammenhänge zwischen Innovationsanstrengungen und -erfolg im einzelnen zu untersuchen. Es genügt zu zeigen, daß es Möglichkeiten gibt, den Produktivitätsfortschritt zu beschleunigen und die internationale Wettbewerbsfähigkeit zu verbessern, und anhand vorliegender und im Rahmen der Meta-Studie II erarbeiteter empirischer Detail- und Strukturuntersuchungen abzugreifen, in welchem Umfang das gelingen kann.

Diese primären Auswirkungen einer forcierten Technologisierung werden als exogene Vorgaben in das DIW-Langfristmodell - ein umfangreiches ökonometrisches Modell für die Bundesrepublik Deutschland (Blazejczak 1987) - eingegeben. Es stellt einen konsistenten Rahmen für die Einbettung der Ergebnisse von Detail- und Strukturuntersuchungen und ihre Übersetzung in die Kategorien des gesamtwirtschaftlichen Rechnungswesens dar.

Mit Hilfe des Modells ist es möglich, die Auswirkungen geänderter Vorgaben auf die modellendogen bestimmten makroökonomischen Variablen quantitativ zu ermitteln. So können - ausgehend von einem Referenzszenario - Pfade der wirtschaftlichen Entwicklung in der Bundesrepublik bis zum Jahr 2000 unter der Voraussetzung formuliert werden, daß Innovationsanstrengungen über ein im Referenzszenario angenommenes Maß hinaus forciert werden. Den verbleibenden Unsicherheiten für solche Szenarien kann in der Weise Rechnung getragen werden, daß Varianten des Innovationsszenarios berechnet werden.

Um auch die Wirkungen unterlassener Innovationsanstrengungen abzubilden, ist ein weiteres Szenario entwickelt worden, bei dem sich der Produktivitätsfortschritt verlangsamt und es zu einer Verschlechterung der internationalen Wettbewerbsfähigkeit kommt. Dieses Szenario beschreibt allerdings keine Entwicklung, der für die Zukunft eine hohe Wahrscheinlichkeit zuzuordnen ist; es hat nur illustrativen Charakter.

2. Größenordnung der primären Auswirkungen einer forcierten Technisierung

2.1 Erreichbare Produktivitätsbeschleunigung

Theoretische Überlegungen zeigen Ansatzpunkte dafür, durch verstärkte Innovationsanstrengungen - wie höhere FuE-Aufwendungen, Modernisierung des Anlagevermögens, organisatorische Verbesserungen, Imitation usw. - den Produktivitätsfortschritt zu beschleunigen. Um die Frage zu beantworten, in welchem Umfang das in der Bundesrepublik bis zum Jahr 2000 gelingen kann, werden einige neuere empirische Untersuchungen - vor allem für die Bundesrepublik - herangezogen.

Im Zeitablauf hat sich die Trendrate des gesamtwirtschaftlichen Produktivitätsfortschritts kontinuierlich verringert. Sie ist in den siebziger Jahren von gut fünf Prozent auf fast vier Prozent, im bisherigen Verlauf der achtziger Jahre dann bis unter 3,5 Prozent gefallen. Die tendenzielle Abschwächung des Produktivitätsfortschritts ist ein Phänomen, das in fast allen Sektoren zu beobachten ist; es handelt sich also nicht um Struktureffekte durch die Verlagerung der Produktion zu Sektoren mit niedriger Produktivität.

Die Bedeutung von Innovationsaktivitäten als einer Determinante des Produktivitätsfortschritts ist durch eine Vielzahl von ökonometrischen Untersuchungen, darunter Länder-Querschnitts-Vergleiche und Studien auf der Basis von Panel-Daten, bestätigt worden (Boyer 1988).

Für die Bundesrepublik ist der Zusammenhang zwischen FuE-Aufwendungen und Produktivitätsentwicklung auf sektoraler Ebene im Rahmen der Meta-Studie II von Horn (1989) mit dem FIND-Modell untersucht worden. Horn benutzt als erklärende Variable des Arbeitsvolumens den FuE-Kapitalstock einschließlich der über Investitionen bezogenen FuE-Aufwendungen (Wessels 1989) anstelle des üblicherweise verwendeten Zeittrends. Damit werden allerdings dem FuE-Kapitalstock alle Veränderungen des Arbeitsvolumens zugerechnet, die nicht durch die übrigen explizit erfaßten Einflußgrößen (Produktion, relative Preise) erklärt werden (Griliches 1980). Fragt man also nach den Möglichkeiten, durch erhöhte FuE-Aufwendungen die Arbeitsproduktivität zu steigern, so dürften die von Horn ermittelten Größenordnungen eher eine Obergrenze darstellen.

Im Durchschnitt der untersuchten Sektoren ergibt sich eine Elastizität von rund 0,4 im Zeitraum 1973 bis 1980 und etwas mehr als 0,5 im Zeitraum 1980 bis 1983. In diesem Zeitraum ist der FuE-Kapitalstock mit einer durchschnittlichen jährlichen Rate von gut fünf Prozent ausgeweitet worden. Nimmt man an, daß der FuE-Kapitalstock mit einer nur um einen Prozentpunkt höheren Rate ausgeweitet werden würde, so wäre nach den Ergebnissen von Horn in den untersuchten Sektoren eine Produktivitätsbeschleunigung in der Größenordnung von 0,5 Prozentpunkten zu erreichen. Wie groß die Wachstumsbeschleunigung der FuE-Aufwendungen sein müßte, damit die Wachstumsrate des FuE-Kapitalstocks um einen Prozentpunkt höher ausfällt, hängt von der jeweiligen Höhe des FuE-Kapitalstocks ab, kann also nicht generell angegeben werden. Es läßt sich aber zeigen, daß sich die Relation von FuE-Investitionen zum FuE-Kapitalstock dazu um ein Prozent erhöhen muß.

Flaig und Stadtler (1988) untersuchten für die Bundesrepublik die Produktivitätseffekte privater FuE-Aufwendungen auf der Basis von Paneldaten für ca. 300 Unternehmen. Über den Nettoeffekt für die Produktivitätsentwicklung der Sektoren oder der Gesamtwirtschaft liefern diese Ergebnisse keine Aussage, sie sind jedoch konsistent mit der Hypothese, daß auf Branchenebene der FuE-Kapitalstock unter Einschluß der Bezüge von anderen Sektoren einen positiven Einfluß auf die Arbeitsplatzproduktivität hat.

Die quantitative Bedeutung einer Modernisierung des Anlagevermögens für eine Beschleunigung des Produktivitätsfortschritts kann mit Hilfe von Vintage-Modellen, bei denen der technische Fortschritt kapitalgebunden ist, abgegriffen werden.

Görzig (1980) hat unter der Annahme einer konstanten Zunahme der marginalen Arbeitsplatzproduktivität auf sektoraler Ebene gezeigt, daß in einem solchen Modell Veränderungen der Altersstruktur einen starken Einfluß auf die Wachstumsrate der Arbeitsplatzproduktivität ausüben. Für den Bereich der Unternehmen ohne Wohnungsvermietung lag im Jahr 1977 der Anstieg der durchschnittlichen Arbeitsplatzproduktivität um etwa einen Prozentpunkt unter dem Wert, der sich bei konstanter Altersstruktur des Anlagevermögens ergeben hätte.

Eine dauerhafte Beschleunigung des Produktivitätsfortschritts kann aber nur durch eine ständige Verjüngung des Anlagevermögens erreicht werden. Außerdem können sektorale Struktureffekte die Ergebnisse auf aggregierter Ebene überlagern.

Mit einem Modell, das eine Beschleunigung oder Verlangsamung des Wachstums der marginalen Arbeitsplatzproduktivität eines Sektors aufgrund der Entwicklung der relativen Faktorpreise berücksichtigt, sind von Görzig die Wirkungen einer beschleunigten Zunahme des Investitionsvolumens in allen Sektoren im Zeitraum 1981 bis 1986 simuliert worden (Görzig u.a. 1988). Die Ergebnisse zeigen, daß Handlungsspielräume für eine Beschleunigung des Produktivitätsfortschritts bestehen, wenn in Sektoren mit hohem Produktivitätsniveau das Anlagevermögen durch zusätzliche Investitionen oder durch erhöhte Abgänge verjüngt wird und gleichzeitig die Produktivität neuer Anlagen gesteigert wird.

Zur Klärung der Frage nach dem Zusammenhang zwischen Modernität des Anlagevermögens und Produktivitätsentwicklung sind auch Ansätze angewandt worden, bei denen die Informationen über die Altersstruktur des Anlagevermögens in Kennziffern wie dem Modernitätsgrad verdichtet sind.

Klodt (1984) findet dabei auf aggregierter Ebene eine signifikante positive Korrelation, während sich auf sektoraler Ebene Unterschiede in der Bedeutung des Modernitätsgrads in den Sektoren zeigen.

Der Einfluß des Modernitätsgrads auf die Produktivität ist von Horn (1989) mit dem Faktornachfrageteil des FIND-Modells in tiefer sektoraler Disaggregation untersucht worden. Aus den Ergebnissen kann nicht auf einen eindeutigen positiven Zusammenhang zwischen Modernitätsgrad und Entwicklung der Arbeitsproduktivität in den Wirtschaftssektoren geschlossen werden.

Anhaltspunkte für die bei verstärkten Innovationsanstrengungen erzielbare Produktivitätsbeschleunigung liefern auch die Überlegungen im Rahmen einer gemeinsamen Untersuchung der Arbeitsmarktperspektiven bis zum Jahr 2000 des IAB und der Prognos AG (Rothkirch/Weidig 1985). Mit vielen Einschränkungen lassen sich die Ergebnisse im Sinne unserer Fragestellung so quantifizieren, daß der zusätzliche Produktivitätsfortschritt, der durch Innovationsanstrengungen erreicht werden kann, zwischen 0,5 und 1,5 Prozentpunkten p.a. liegt.

Die breit angelegte empirische Untersuchung der Ursachen für die Verlangsamung des Produktivitätsfortschritts in der Bundesrepublik von Klodt (1984) kommt zu dem Schluß, daß die Abschwächung des Produktivitätsfortschritts zu einem Drittel auf eine Verlangsamung des technischen Fortschritts zurückzuführen ist. Dafür sind hauptsächlich die geringere Steigerung des Aufwands für Forschung und Entwicklung und die verringerte Diffusion kapitalgebundener Innovationen durch die Investitionsschwäche verantwortlich.

Beziffert man die Abschwächung des jährlichen Produktivitätsfortschritts mit gut zwei Prozentpunkten - von gut fünf Prozent in den sechziger Jahren auf knapp drei Prozent im Zeitraum seit Mitte der siebziger Jahre -, dann läßt sich aus der Analyse von Klodt (1984) der Schluß ziehen, daß durch verstärkte Innovationsanstrengungen der jährliche Produktivitätsanstieg um rund 0,7 Prozentpunkte hätte höher sein können.

Nach den oben dargestellten Ergebnissen von Horn (1989) hätte, um diese Produktivitätsbeschleunigung zu erreichen, die jährliche Ausweitung des FuE-Kapitalstocks, der dort als Indikator für den technischen Fortschritt steht, um rund 1,5 Prozentpunkte höher ausfallen müssen.

2.2 Erforderliche zusätzliche Investitionen

Ein Element einer Strategie verstärkter Innovationsanstrengungen ist eine Modernisierung des Anlagevermögens. Es ist zu prüfen, ob und in welchem Umfang das durch zusätzliche Investitionen erreicht wird.

Zusätzliche Investitionen sind solche, die nicht durch Motive wie das der Kapazitätsanpassung an die erwartete Nachfrage und das der Substitution aufgrund von Verschiebungen der relativen Preise, sondern durch das Motiv der Einführung neuer Technologien bestimmt sind.

Notwendige Voraussetzung dafür, daß es bei verstärkten Innovationsanstrengungen zu zusätzlichen Investitionen kommt, ist die Kapitalgebundenheit des technologischen Wandels. Bei einzelnen Innovationen ist der Grad der Kapitalgebundenheit sicher unterschiedlich, es lassen sich sowohl Beispiele für investitionsungebundenen technologischen Wandel als auch dafür finden, daß neue Verfahren die bisherigen Anlagen völlig überflüssig machen. Klodt (1984) kommt zu dem Schluß, daß es im untersuchten Zeitraum von 1960 bis 1980 "... neben einem ungebundenen technischen Fortschritt auch noch einen kapitalgebundenen gegeben hat und daß letzterer für die Entwicklung der Arbeitsproduktivität ... vermutlich der wichtigere war".

Damit ist noch nicht geklärt, ob es im Innovationsprozeß zu zusätzlichen Investitionen tatsächlich kommt. Aufgrund der Befragungsergebnisse des Ifo-Investitionstests konstatiert Gerstenberger (1986), daß die Entwicklung der Nettoausrüstungsinvestitionen im Verarbeitenden Gewerbe nicht dafür spricht, daß der Einsatz neuer Techniken die Investitionstätigkeit belebt.

Bei einer industriezweigspezifischen Betrachtung zeigt sich, daß die realen Investitionsausgaben Mitte der achtziger Jahre nur in neuerungsaktiven Branchen über denen zu Beginn dieses Jahrzehnts lagen. Daher sind investitionsstimulierende Wirkungen neuer Technologien zu vermuten. Dieses Ergebnis bestätigt sich bei statistischen Tests jedoch nicht.

Anhand des Beispiels der NC-Werkzeugmaschinen wird gezeigt, daß seit Ende der siebzigerer Jahre der verbesserte Inlandsabsatz von NC-Werkzeugmaschinen lediglich zu Lasten des Absatzes konventioneller Werkzeugmaschinen ausgeweitet werden konnte. Insgesamt findet Gerstenberger (1986) keine empirischen Hinweise auf eine investitionsstimulierende Wirkung der verstärkten Einführung neuer Technologien in der Bundesrepublik Deutschland in der ersten Hälfte der achtziger Jahre. Dies kann allerdings anders aussehen, wenn die neue Technik nicht lediglich einen leistungsfähigeren Ersatz einer vorhandenen Lösung darstellt.

Eine Modernisierung des Anlagevermögens kann auch eine höhere Kapitalproduktivität bewirken. Dann kommt es zu investitionsdämpfenden Effekten. Deswegen muß hier auch nach den Wirkungen von verstärkten Innovationsanstrengungen auf die Kapitalproduktivität gefragt werden.

Die Untersuchungen des DIW (1988) im Rahmen der Strukturberichterstattung zeigen, daß die Unternehmen offenbar in der Lage sind - z.B. bei schwacher Investitionsentwicklung -, die Investitionsproduktivität zu steigern. Längerfristig wird eine Tendenz zu einer höheren Kapitalproduktivität konstatiert. Sie setzt sich über ein stärkeres Gewicht kurzlebiger Investitionsgüter mit großem Kapazitätseffekt durch, die eine schnelle Anpassung an veränderte Absatzbedingungen durch Produktinnovationen ermöglichen. Eine solche Innovationsstrategie wird durch technologische Entwicklungen begünstigt, die es erlauben, mit geringem Investitionsaufwand die Kapazitäten bestehender Anlagen wesentlich auszuweiten.

Soete und Freeman (1985) haben versucht, für sechs OECD-Länder, darunter die Bundesrepublik, abzugreifen, wie der technologische Wandel die zukünftigen Investitionserfordernisse bestimmt. Unter der Annahme, daß die technologischen Trends der Periode 1973 bis 1981 fortdauern, ermitteln sie die Wachstumsrate der Investitionen, die erforderlich wäre, um den Output zu produzieren, bei dem die

Beschäftigung auf dem Niveau von 1981 konstant bliebe. Für die Bundesrepublik ergibt sich nach diesen Rechnungen im Zeitraum 1981 bis 2000 ein erforderliches Output-Wachstum von jährlich 3,5 Prozent. Um dies zu ermöglichen, müßten die Investitionen um jährlich fünf Prozent wachsen.

Es ist aber nicht ausgeschlossen, daß der Rückgang der Kapitalproduktivität geringer ausfällt, als von Soete und Freeman (1985) angenommen. Nimmt etwa die Kapitalproduktivität nur um jährlich 0,5 Prozent ab, dann reicht eine Zunahme des Kapitalstocks um 2,5 bis 3,5 Prozent aus, um die Kapazitäten für ein Output-Wachstum von jährlich zwei bis drei Prozent zur Verfügung zu stellen. Daraus wäre sogar eine investitionsdämpfende Wirkung der Einführung neuer Technologien zu folgern.

Mit den sektoralen Investitionsfunktionen des Faktornachfrageteils des FIND-Modells hat Horn (1989) im Rahmen der Meta-Studie II einen direkten Test des Einflusses von verstärkten Innovationsanstrengungen auf die Investitionstätigkeit durchgeführt. Für einige bedeutende Sektoren findet er einen positiven Zusammenhang zwischen FuE-Kapitalstock und Modernitätsgrad einerseits und Investitionen andererseits. Eindeutige Aussagen lassen seine empirischen Resultate aber nicht zu. In einigen Sektoren findet sich auch ein negativer Zusammenhang zwischen den Technologie-Indikatoren und dem Investitionsvolumen, häufig sind aber die ermittelten Parameterschätzwerte nicht signifikant von Null verschieden.

Schlußfolgernd lassen sich aufgrund der vorliegenden empirischen Evidenz für die bei verstärkten Innovationsanstrengungen zu erwartenden zusätzlichen - d.h. allein durch das Motiv der Einführung neuer Technologien bestimmter - Investitionen nur relativ weite Grenzen formulieren. Auf der einen Seite erscheint es möglich, daß die Modernisierung des Anlagevermögens im Zuge der normalen Investitionen erreicht wird, zumal dann, wenn das Investitionswachstum bei verstärkten Innovationsanstrengungen aufgrund endogener Einflüsse, z.B. Akzeleratoreffekte, höher ausfällt als unter Status-quo-Bedingungen. Auf der anderen Seite sind auch technologische Entwicklungen denkbar, bei denen die Modernisierung des Anlagevermögens zusätzliche autonome Investitionen verlangt. Die beobachtbaren Tendenzen lassen es aber als wenig plausibel erscheinen, daß dabei langfristig Investitionswachstumsraten realisiert werden, die wesentlich über drei Prozent jährlich hinausgehen und damit völlig außerhalb der historischen Erfahrungswerte liegen würden.

2.3 Mögliche Verbesserung der internationalen Wettbewerbsfähigkeit

Wenn verstärkte Innovationsanstrengungen zu beschleunigtem Produktivitätsfortschritt und damit zu Kostenentlastungen führen, kann es - soweit die Kostenentlastungen in den Preisen weitergegeben werden - zu einer Verbesserung der Position im Preiswettbewerb kommen. Es ist allerdings zu vermuten, daß die Unternehmen die Kostenvorteile zum Teil auch zur Vergrößerung ihrer Gewinne nutzen; in der Strukturberichterstattung des DIW (1988) wird dieses Verhaltensmuster für wechselkursbedingte Preisvorteile aufgezeigt. Dieser Mechanismus ist modellendogen abgebildet. Die folgenden Überlegungen beschränken sich deswegen auf Auswirkungen einer verbesserten Qualität deutscher Produkte infolge forcierten technologischen Wandels.

Daß forcierte Innovationsanstrengungen die Wettbewerbsfähigkeit erhöhen, gilt gemeinhin als sicher. Diese Ansicht kann sich allerdings nicht auf eindeutige empirische Befunde stützen. Für diese These spricht, daß die Exporterfolge der Bundesrepublik nicht so sehr auf dem engen Bereich der Spitzentechnologie als vielmehr auf dem breiten Bereich technologieintensiver Güter beruhen (DIW 1988). Verstärkte Innovationsanstrengungen, wie sie hier verstanden werden, die Qualifizierungsanstrengung, organisatorische Verbesserungen und die Entwicklung neuer Produkte usw. einschließen, stärken unmittelbar die Grundlagen der Wettbewerbsfähigkeit dieses Bereichs in seiner gesamten Breite, so daß mit relativ großen Erfolgen bei der Ausfuhr insgesamt zu rechnen ist.

Auf große Spielräume einer Ausweitung der Exporte durch forcierte Innovationsanstrengungen verweist eine Untersuchung von Erber (1989) über die Auswirkungen von FuE-Aufwendungen auf die Außenhandelsentwicklung. Für die vier untersuchten Sektoren zeigt sich, daß das durch FuE akkumulierte Wissen einen starken positiven Einfluß auf die Höhe der realen Exporte hat; der Einfluß auf die realen Importe und die Preisindices der Exporte und Importe ist über die untersuchten Sektoren nicht einheitlich.

Demgegenüber findet Krupp (1986) bei der Überprüfung der vorliegenden empirischen Evidenz zur Frage des Zusammenhangs zwischen Innovation und Wettbewerbsfähigkeit - insbesondere der Untersuchungen in der Strukturberichterstattung - keinen offensichtlichen Beleg für die These eines positiven Zusammenhangs. Auch bei von ihm selbst durchgeführten Regressionsanalysen ergibt sich kein stabiler Zusammenhang zwischen Innovationsindices und der Wettbewerbskomponente als Indikator der Wettbewerbsfähigkeit. Er warnt aber davor, deswegen die Gegenhypothese zu akzeptieren; das würde "... eine sehr viel genauere Analyse der wichtigsten Determinanten der Wettbewerbsfähigkeit erfordern". Diese stoße aber auf erhebliche empirische Schwierigkeiten wie die schwer überbrückbare Diskrepanz zwischen funktioneller Sektorenabgrenzung bei Indikatoren der Wettbewerbsfähigkeit und institutioneller Abgrenzung von Innovationsaktivitäten oder die Heterogenität bezüglich der Innovationsaktivitäten innerhalb der Branchen.

In einem makroökonomischen Kontext ergeben sich aber Grenzen, die trotzdem eine Eingrenzung der Unsicherheitsbereiche für die quantitativen Wirkungen verstärkter Innovationsanstrengungen auf die Wettbewerbsfähigkeit wenigstens nach oben erlauben: Die Außenhandelsüberschüsse der Bundesrepublik können nicht längere Zeit beliebig ausgeweitet werden, ohne daß Gegenreaktionen der Handelspartner erfolgen (DIW 1987b und DIW 1988). Die bereits sichtbaren Tendenzen in der Industrie- und Handelspolitik verdeutlichen diese Grenzen für die Umsetzung von Wettbewerbsvorteilen in beschäftigungswirksame Außenwirtschaftserfolge.

Wo die Grenzen einer Ausweitung der Außenwirtschaftsüberschüsse liegen, kann nicht genau angegeben werden, sie können jedoch vor dem Hintergrund der historischen Entwicklung aufgezeigt werden. Sie zeigt, daß die Bundesrepublik in der Vergangenheit nicht in der Lage war, über längere Zeiträume erhebliche Verbesserungen der Terms of Trade zu erreichen.

Auch die Anteile der Aus- und Einfuhr der Bundesrepublik am Welthandel haben sich trotz einer erheblichen Ausweitung des Außenhandels gemessen als Anteil am Sozialprodukt nur wenig geändert. In realer Rechnung beträgt die Spannweite zwischen dem niedrigsten und dem höchsten Anteilswert der Ausfuhr am Welthandel knapp drei Prozentpunkte, bei der Einfuhr sind es nur 1,5 Prozentpunkte. In jüngster Zeit sind bei der Ausfuhr Anteilswerte erreicht worden, die sich im zeitlichen Vergleich sehr hoch darstellen; daher erscheint eine weitere wesentliche Ausdehnung eher unwahrscheinlich.

3. Szenarien verstärkter Innovationsanstrengungen

3.1 Vorgaben

Im Innovationsszenario wird unterstellt, daß über das im Referenzszenario angenommene Maß hinaus Innovationsanstrengungen unternommen werden, die auf gesamtwirtschaftlicher Ebene zwischen 1987 und 2000 zu einer um 0,7 Prozentpunkte höheren durchschnittlichen jährlichen Wachstumsrate der Stundenproduktivität führen. Am Ende des Simulationszeitraums wird im Innovationsszenario ein um fast zehn Prozent höheres Produktivitätsniveau als im Referenzszenario erreicht.

Die Beschleunigung des Produktivitätsfortschritts wird mittels zusätzlicher Investitionen erreicht. Wie gezeigt worden ist, besteht über die Relation von zusätzlichen Investitionen und Produktivitätsbeschleunigung erhebliche Unsicherheit. Hier wird dieser Unsicherheit durch Alternativsimulationen Rechnung getragen. In einer mittleren Variante ist die Beschleunigung des Produktivitätsfortschritts mit zusätzlichen autonomen Investitionen von jährlich zehn Milliarden DM zu Preisen von 1980 verbunden.

Die verstärkten Innovationsanstrengungen werden eher in Gang kommen, wenn der Staat ihnen mit den Instrumenten einer Innovationspolitik den Weg ebnet. Es ist nicht im einzelnen untersucht worden, in welchen Positionen des Staatskontos sich unterschiedliche Ausgestaltungen der Innovationsförderung niederschlagen würden. Vereinfachend sind zusätzliche Vermögensübertragungen von den Gebietskörperschaften an die Unternehmen in Höhe eines Drittels der zusätzlichen autonomen Investitionsaufwendungen verbucht worden. In der mittleren Variante machen die zusätzlichen Vermögensübertragungen zu jeweiligen Preisen durchschnittlich fünf Milliarden DM jährlich aus.

Mit besonders großen Unsicherheiten ist die Festlegung der Vorgaben im Bereich des Außenhandels behaftet. Die Eingrenzung der Unsicherheitsbereiche wird dadurch erschwert, daß die Effekte von den Reaktionen in der übrigen Welt abhängen. Hier ist angenommen worden, daß im Ausland die Verhaltensweisen des Referenzszenarios beibehalten werden, dort also keine Reaktionen auf eine forcierte Innovationspolitik in der Bundesrepublik erfolgen. Allerdings ist eine solche Annahme nur berechtigt, solange es nicht dauerhaft zu einem wesentlich höheren Außenbeitrag der Bundesrepublik kommt.

Die nicht explizit berücksichtigten strukturellen Bestimmungsgrößen der realen Warenexporte, vor allem die Qualität deutscher Produkte, schlagen sich im Modell in der Elastizität der Warenexporte in bezug auf das Welthandelsvolumen nieder. Im Referenzszenario ist mit einem Wert von 0,94 gerechnet worden. Das bedeutet, daß die Entwicklung der Warenausfuhr hinter der der Weltausfuhr zurückbleibt, wenn sich nicht die Preisrelationen zugunsten der Bundesrepublik ändern und einen Ausgleich schaffen. Zur Abbildung der verbesserten qualitativen Wettbewerbsfähigkeit ist im Innovationsszenario von einer höheren Elastizität ausgegangen worden. In der mittleren Variante wird ein Wert von 1,1 unterstellt; eine Zunahme des Welthandelsvolumens um ein Prozent bewirkt damit ceteris paribus eine Zunahme der deutschen Warenexporte um 1,1 Prozent und damit Anteilsgewinne.

Die Verbesserung der Qualität deutscher Produkte kann auch zur Substitution importierter durch inländische Waren führen. Im Rahmen des Modells läßt sich das durch eine Reduzierung der Importelastizität erfassen. Im Innovationsszenario sind die partiellen Elastizitäten der Einfuhr von Waren ohne Erdöl, Erdgas und Mineralölerzeugnisse in bezug auf die inländischen Verwendungskomponenten und in bezug auf die Ausfuhr jeweils um 0,1 Punkt vermindert worden.

Die durch verstärkte Innovationsanstrengungen ausgelösten höheren Produktivitätssteigerungen ermöglichen Kostenentlastungen, die in niedrigeren Preissteigerungen weitergegeben werden könnten. Durch die gleichzeitige Verbesserung der Position im Nicht-Preis-Wettbewerb kann jedoch die Relation der Preise für Warenexporte zu den Kosten zugunsten der Gewinne stärker erhöht werden als im Referenzszenario. Hier wird eine Erhöhung der Elastizität in bezug auf die Stückkosten von 0,5 (im Referenzszenario) auf 0,6 angenommen. Zwar verschlechtert sich bei einer solchen Strategie der Exporteure die preisliche Wettbewerbsfähigkeit, dies wird aber durch die Verbesserung ihrer Position im Nicht-Preis-Wettbewerb kompensiert.

Wenn sich die qualitative Wettbewerbsfähigkeit deutscher Produkte auf den Weltmärkten verbessert, werden die Importeure darauf möglicherweise mit Preiszugeständnissen reagieren, um Marktanteilsverluste zu begrenzen. Es wird angenommen, daß die Elastizität des Preisindex der Einfuhr von Waren ohne Rohöl, Erdgas und Mineralölerzeugnisse in bezug auf den Durchschnittswertindex des Welthandels, die nicht explizit berücksichtigte strukturelle Einflüsse auf die Einfuhrpreise erfaßt, um 0,05 Punkte niedriger ausfällt als im Referenzszenario und 0,45 beträgt.

Bei gegenüber dem Referenzszenario unverändertem Wachstum (und bei unveränderter durchschnittlicher Arbeitszeit) würde die Beschleunigung des Produktivitätsfortschritts, die durch die verstärkten Innovationsanstrengungen ausgelöst wird, im Jahr 2000 rechnerisch zu 2,3 Millionen weniger Beschäftigten führen. Kompensationseffekte bewirken, daß die Arbeitsplatzverluste geringer ausfallen. In der mittleren Variante liegt der Wert der Kompensationsquote bei rund 85 Prozent. Im folgenden werden die Kompensationseffekte im einzelnen aufgezeigt; Tabelle 3.1 zeigt die Ergebnisse im Überblick.

3.2 Entwicklung der Endnachfragekomponenten und des Sozialprodukts

Das Szenario verstärkter Innovationsanstrengungen ist dadurch gekennzeichnet, daß das Investitionsvolumen mit höheren Raten ausgeweitet wird als im Referenzszenario. Der Grund dafür sind einmal angenommene Erwartungs- und Verhaltensänderungen der Unternehmer, die im Vertrauen auf den Erfolg einer Innovationsstrategie bereit sind, mehr zu investieren, als sie es unter den gleichen Bedingungen in der Vergangenheit getan hätten. Hinzu kommt, daß auch der bald einsetzende Erfolg der Innovationsstrategie, der sich in höheren Wachstumsraten auch der Ausfuhr und des privaten Verbrauchs niederschlägt, zu einer Verbesserung der Absatzerwartungen führt; dadurch werden weitere Investitionen induziert.

Tabelle 3.1: Entwicklung wichtiger Kennziffern im Innovationsszenario und im Szenario unterlassener Innovationen

	Referenz-szenario	Durchschnittliche jährliche Veränderungsraten 2000/1987 in vH: Innovations-szenario (mittlere Variante)	Durchschnittliche jährliche Veränderungsraten 2000/1987 in vH: Szenario unterlassener Innovationen	Differenzen gegenüber dem Referenzszenario in Prozentpunkten: Innovations-szenario (mittlere Variante)	Differenzen gegenüber dem Referenzszenario in Prozentpunkten: Szenario unterlassener Innovationen
	Verwendung des Sozialprodukts zu jeweiligen Preisen				
Privater Verbrauch	4,0	4,6	3,0	0,6	-1,0
Anlageinvestitionen d. Unternehmen	4,7	5,3	3,7	0,7	-1,0
Ausfuhr	5,5	6,1	3,4	0,5	-2,2
Einfuhr	6,0	6,5	4,6	0,5	-1,4
Außenbeitrag in Mrd. DM*	106,6	117,6	-11,3	11,0	-117,8
Bruttosozialprodukt	4,2	4,7	3,0	0,6	-1,2
	Verwendung des Sozialprodukts zu Preisen von 1980				
Privater Verbrauch	1,9	2,8	0,7	0,8	-1,2
Staatsverbrauch	1,6	1,6	1,6	0,0	0,0
Anlageinvestitionen d. Unternehmen	2,4	3,2	1,3	0,9	-1,1
- ohne Wohnbauten	3,1	4,2	1,6	1,1	-1,5
Anlageinvestitionen d. Staates	1,8	1,8	1,8	0,0	0,0
Ausfuhr	3,6	4,1	1,7	0,5	-1,9
Einfuhr	3,7	4,4	2,0	0,7	-1,7
Außenbeitrag in Mrd. DM*	47,6	30,6	21,9	-17,0	-25,7
Bruttosozialprodukt	2,0	2,6	0,9	0,6	-1,0
	Preisindex der Verwendungskomponenten des Sozialprodukts				
Güterverwendung im Inland	2,3	2,1	2,2	-0,2	0
Ausfuhr	1,9	1,9	1,6	0,1	-0,3
Einfuhr	2,2	2,0	2,2	-0,2	0,1
Terms of Trade	-0,3	-0,1	-0,9	0,2	-0,6
Bruttosozialprodukt	2,2	2,1	2,0	-0,1	-0,2
	Arbeitsmarkt und Einkommensverteilung				
Arbeitsprod. (DM/Stunde)	2,3	3,0	1,5	0,7	-0,8
Erwerbstätige	0,2	0,1	-0,1	-0,1	-0,3
Erwerbstätige in 1.000 Pers.*	26.490	27.750	25.530	-360	-960
Arbeitslose in 1.000 Pers.*	960	1.190	1.580	230	620
Stundenlohnsatz	4,6	5,4	3,6	0,8	-1,0
Bruttoeink. aus unselbst. Arbeit	4,3	4,9	3,3	0,6	-1,4
- aus Unternehmertätigk./Vermögen	3,5	4,3	1,9	0,7	-1,7
Lohnquote am VE in vH*	71,7	71,5	72,6	-0,3	0,8
Verfügbares Eink. priv. Haushalte	4,0	4,6	2,9	0,6	-1,1
	Einnahmen und Ausgaben des Staates				
Einnahmen	4,3	4,9	3,1	0,6	-1,2
Ausgaben	4,3	4,7	3,9	0,4	-0,4
Finanzierungssaldo in Mrd. DM*	-57,9	-29,0	-190,7	25,0	-132,4

* Werte bzw. Differenzen der Werte im Jahr 2000

Die Finanzierungsbedingungen im Referenzszenario sind als günstig zu beurteilen, auch wenn die außergewöhnlich guten Bedingungen der letzten Jahre nicht fortdauern werden. Ebenso werden die Bedingungen im Innovationsszenario günstiger sein, als sie es während der siebziger Jahre waren; die Netto-Selbstfinanzierungsquote ist im Jahr 2000 in der mittleren Variante mit rund 46 Prozent immer noch höher als 1980 (27 Prozent) und 1973 (33 Prozent).

Soweit die Verschiebung der relativen Faktorpreise von Bedeutung ist - die empirischen Befunde zu dieser Frage sind uneindeutig -, wirkt sie in der mittleren Variante in Richtung auf höhere Investitionen; der relative Preis des Faktors Arbeit im Verhältnis zu dem des Kapitals steigt in dieser Variante stärker an als im Referenzszenario.

Unter der Annahme, daß der technologische Wandel so wirkt, als würde nicht nur weniger Arbeit, sondern auch weniger Kapital eingesetzt werden müssen, um denselben Output zu erzeugen, die Kapitalproduktivität also höher ist, verliert das Investitionsmotiv der Erweiterung des Anlagevermögens an Bedeutung. Damit es aber zu höherer Kapitalproduktivität kommt, muß das Anlagevermögen modernisiert und verjüngt werden, das Ersatzmotiv gewinnt an Bedeutung.

In der mittleren Variante wird das Volumen der Anlageinvestitionen der Unternehmen (ohne Wohnbauten) mit einer durchschnittlichen jährlichen Rate von 4,2 Prozent ausgeweitet. Angesichts der Erfahrungswerte der Vergangenheit scheint eine Beschleunigung des Investitionswachstums über die Rate von 4,8 Prozent pro Jahr hinaus, die in der oberen Variante angenommen worden ist, wenig wahrscheinlich. Das wird auch an der Entwicklung der Investitionsquote - dem Anteil der Investitionen der Unternehmen ohne Wohnbauten am Bruttosozialprodukt - deutlich: In der mittleren Variante fällt sie im Jahr 2000 um rund einen Prozentpunkt höher aus als im Referenzszenario, in der oberen Variante sind es fast zwei Prozentpunkte.

Je nach der angenommenen Elastizität der Warenausfuhr der Bundesrepublik in bezug auf das Welthandelsvolumen kommt es im Innovationsszenario zu einer beschleunigten Entwicklung der Exporte. In der mittleren Variante ist die jahresdurchschnittliche Wachstumsrate der Exporte über den betrachteten Zeitraum hinweg um 0,5 Prozentpunkte höher als im Referenzszenario. In der unteren und oberen Variante ist auch die Möglichkeit einer geringeren bzw. stärkeren Beschleunigung des Ausfuhrwachstums berücksichtigt. Bis zum Jahr 2000 steigt der Anteil der Warenausfuhr der Bundesrepublik am Welthandelsvolumen dann in der mittleren Variante auf einen Wert von 12,1 Prozent; im Referenzszenario ergab sich ein Wert von 11,4 Prozent.

Während im Referenzszenario in realer Rechnung mit einem Sozialproduktwachstum von jeweils einem Prozent eine Zunahme der Einfuhr um fast 1,9

Prozent einhergeht, ist diese Einfuhrelastizität im Innovationsszenario entsprechend den oben erläuterten Annahmen geringer; sie beträgt rund 1,7 Prozent.

Trotzdem fällt bei der Konstellation des Innovationsszenarios im Jahr 2000 der Ausfuhrüberschuß in realer Rechnung niedriger aus als im Referenzszenario. Dazu trägt bei, daß im Zuge der Innovationsstrategie nicht nur die Exporte, sondern auch die Investitionen und der private Verbrauch stärker ansteigen und zusätzliche Importnachfrage induzieren. Hinzu kommt, daß die Unternehmen annahmengemäß eher versuchen, ihre Erlöse im Exportgeschäft zu verbessern, statt Marktanteile zu gewinnen. Das zeigt sich in der Entwicklung der Ausfuhrpreise, die trotz der Kostenentlastungen im Innovationsszenario nicht niedriger ausfallen als im Referenzszenario.

Der Preisauftrieb bei Importgütern verläuft gegenüber dem Referenzszenario gedämpft, weil die Importeure Preiszugeständnisse machen, um bei verbesserter qualitativer Wettbewerbsfähigkeit deutscher Produkte Marktanteile zu halten. Hinzu kommt, daß die Bundesrepublik unter den Bedingungen des Innovationsszenarios noch erfolgreicher bei der Preisstabilisierung ist. Die Entwicklung der Kaufkraftparitäten erzeugt deswegen eine etwas stärkere Aufwertungstendenz der D-Mark. Ob diese sich durchsetzt, hängt von vielen anderen, in einem längerfristig angelegten Szenario unwägbaren Entwicklungen ab. Soweit die Aufwertungstendenz zum Tragen kommt, wird die Entwicklung der Einfuhrpreise gedämpft. Unter diesen Umständen entwickeln sich die Terms of Trade für die Bundesrepublik günstiger als im Referenzszenario.

Damit kann die Bundesrepublik trotz des geringeren Volumens des Ausfuhrüberschusses ihre Erlöse aus dem Außenhandel stabilisieren; in der mittleren Variante des Innovationsszenarios fällt der nominale Außenbeitrag des Jahres 2000 um elf Milliarden DM höher aus als im Referenzszenario. Der Anteil des Außenbeitrags am Bruttosozialprodukt bleibt im Jahr 2000 aber auch im Innovationsszenario in der Größenordnung von 3,2 Prozent, wie er im Referenzszenario erreicht wird.

Unter den Bedingungen des Innovationsszenarios wachsen die Realeinkommen stärker als im Referenzszenario; dies wird unten im Zusammenhang mit der Darstellung der Einkommensverteilung im einzelnen erläutert. Das um den Preisanstieg des privaten Verbrauchs bereinigte verfügbare Einkommen der privaten Haushalte nimmt mit Jahresraten zu, die um etwa einen Prozentpunkt höher sind als im Referenzszenario. In demselben Maße beschleunigt sich die Zunahme des realen privaten Verbrauchs, wenn sich nicht die Sparquote infolge von Strukturänderungen, die mit den verstärkten Innovationsanstrengungen verbunden sind, wesentlich verändert.

Die Variablen, die neben dem Einkommen die Höhe des privaten Verbrauchs beeinflussen (Preise, Zinssätze, Vermögen, liquide Mittel, Kapitalgewinne, Kreditkonditionen), entwickeln sich nicht wesentlich anders als im Referenzszenario. Am ehesten wären Einflüsse auf die Sparquote von einem schnelleren Ersatz des Gebrauchsvermögens der privaten Haushalte zu erwarten, wenn es durch das Angebot innovativer Produkte schneller entwertet wird. Da dafür aber keine Evidenz vorliegt, wird dieser Effekt hier nicht berücksichtigt.

Das reale Sozialproduktwachstum beschleunigt sich unter den beschriebenen Bedingungen beträchtlich: Statt jahresdurchschnittlich zwei Prozent im Referenzszenario sind es in der mittleren Variante des Innovationsszenarios 2,6 Prozent. Am Ende des Simulationszeitraums macht diese Wachstumsbeschleunigung einen Unterschied von 170 Milliarden DM zu Preisen von 1980 gegenüber dem Bruttosozialprodukt des Referenzszenarios aus.

3.3 Kosten, Preise, Einkommensverteilung

Je nach dem Ergebnis der Lohn- und Preisbildungsprozesse können sich in Reaktion auf einen beschleunigten Produktivitätsfortschritt Verschiebungen der Kosten- und Verteilungsrelationen ergeben.

Der Anstieg der Lohnstückkosten der Unternehmen fällt unter den Bedingungen des Innovationsszenarios niedriger aus als im Referenzszenario (in der mittleren Variante rund 0,3 Prozentpunkte). Da der Lohnsatz - so wie er hier definiert ist - die Arbeitgeber- und Arbeitnehmerbeiträge zur Sozialversicherung enthält, spiegelt die Entwicklung der Lohnstückkosten auch die eines wesentlichen Teils der Lohnnebenkosten wider.

Aufgrund beschleunigter Abgänge entstehen bei einer beschleunigten Modernisierung des Kapitalstocks höhere Ersatzkosten. Das führt dazu, daß die Nutzungskosten für Kapitalgüter trotz der gedämpften Preisentwicklung mit höheren Raten ansteigen als im Referenzszenario. Die Kapitalkosten hängen nicht nur von den Kosten für eine Einheit des Kapitalstocks, sondern auch von der Höhe des Kapitalstocks ab. Sie sind im Jahr 2000 zwar höher als im Referenzszenario, für die auf das Produktionsergebnis bezogenen Kapitalkosten (Kapitalstückkosten) ergibt sich aber in der mittleren Variante ein geringerer Anstieg als im Referenzszenario.

Die Belastung der Unternehmen mit Arbeits- und Kapitalkosten zusammen steigt in der mittleren Variante des Innovationsszenarios weniger stark als im Referenzszenario. Die Preiszugeständnisse der Importeure und die Substitution von importierten durch inländische Güter bewirkt, daß der Anstieg der Importstückkosten im Innovationsszenario geringer ausfällt als im Referenzszenario. Auch die

Belastung mit indirekten Steuern im Verhältnis zum Produktionsergebnis steigt weniger stark an als im Referenzszenario.

Erfolgreiche Innovationsanstrengungen verbessern also die Kostensituation der Unternehmen deutlich. Teilweise werden die Kostenentlastungen in geringeren Preissteigerungsraten weitergegeben. Der Preisanstieg für die inländische Güterverwendung fällt um 0,2 Prozentpunkte niedriger aus als unter den Bedingungen des Referenzszenarios, die Dämpfung der Preisentwicklung für Güter des privaten Verbrauchs ist noch etwas stärker.

Bei der hier angenommenen friktionslosen Durchsetzung des beschleunigten technologischen Wandels profitieren Lohn- und Gewinnbezieher praktisch im gleichen Umfang vom beschleunigten Wachstum (Horn 1989). Der Anteil der Bruttoeinkommen aus unselbständiger Arbeit am Volkseinkommen (Lohnquote) fällt im Innovationsszenario nur wenig geringer aus als im Referenzszenario.

Das Referenzszenario stellt eine Status-quo-Prognose dar. Für die Aktivitäten des Staates bedeutet das, daß mit dem Fortbestehen der gegenwärtig erkennbaren Verhaltensweisen und der zur Zeit geltenden institutionellen Regelungen gerechnet wird. Absehbare Änderungen - wie die für 1990 beschlossene Steuerreform - werden dabei berücksichtigt. An den für den Staat im Referenzszenario geltenden Status-quo-Annahmen ist - mit Ausnahme der Vermögensübertragungen - im Innovationsszenario nichts geändert worden. Angesichts der Entwicklung der Situation der öffentlichen Haushalte im Innovationsszenario könnten sich die Entscheidungsträger allerdings veranlaßt sehen, etwa weitere Steuersenkungen vorzunehmen oder die Beitragssätze zur Sozialversicherung zu verändern. Sinnvoll und notwendig sind aber auch öffentliche Maßnahmen zur Flankierung der Innovationsstrategie der Unternehmen. Dabei ist etwa an Umweltschutzinvestitionen, die Bereitstellung einer leistungsfähigen Infrastruktur und eine stärkere Innovationsorientierung der öffentlichen Nachfrage gedacht. Diese Elemente sind hier nicht berücksichtigt worden.

Das Ergebnis des Umverteilungsprozesses der Einkommen über den Staat, wie es im Verhältnis der Netto- zu den Bruttoeinkommen zum Ausdruck kommt, ändert sich nur wenig. Auch was die Abgabenstruktur angeht, sind keine gravierenden Veränderungen gegenüber dem Referenzszenario zu erwarten. Auch der Anteil der Übertragungseinkommen am verfügbaren Einkommen der privaten Haushalte fällt nicht erheblich anders aus als im Referenzszenario. Gravierender sind die Auswirkungen auf den Finanzierungssaldo des Staates. Unter Status-quo-Bedingungen für die institutionellen Regelungen verbessert sich sein Wert im Jahr 2000 gegenüber dem Referenzszenario in der mittleren Variante um 25 Milliarden DM.

Die Beschleunigung der Einnahmeentwicklung steht in engem Zusammenhang mit der Wachstumsbeschleunigung. Die besondere Dynamik der Steuereinnahmen kommt darin zum Ausdruck, daß bei höherem Wachstum auch die Steuerquote höher ausfällt. In der mittleren Variante machen die Steuermehreinnahmen gegenüber dem Referenzszenario im Jahr 2000 fast 70 Milliarden DM aus. Etwas weniger stark als das Sozialproduktwachstum beschleunigt sich die Zunahme der Sozialbeiträge. Insgesamt entspricht die Beschleunigung der Entwicklung der Einnahmen der des Sozialproduktwachstums.

Anders die Ausgabenentwicklung: Die bedeutendste Ausgabenkomponente ist die Nachfrage des Staates. Wenn sie, wie angenommen, in realer Rechnung nicht stärker ausgeweitet wird als im Referenzszenario, beschleunigen sich die Ausgaben dafür nur im Umfang der Beschleunigung der Lohnentwicklung. Im Ergebnis bedeutet das in der mittleren Variante eine um 0,4 Prozentpunkte höhere durchschnittliche jährliche Wachstumsrate. Der Anteil der Staatsausgaben am Bruttosozialprodukt fällt am Ende des Simulationszeitraums dementsprechend niedriger aus: In der mittleren Variante ist es fast ein Prozentpunkt.

Von nur wenig geringerem Gewicht unter den Ausgaben des Staates sind die laufenden Übertragungen an private Haushalte, den größten Teil davon machen soziale Leistungen aus. Im Innovationsszenario beschleunigt sich ihr Anstieg um 0,7 Prozentpunkte. Dahinter verbergen sich aber unterschiedliche Entwicklungen bei den einzelnen Sozialversicherungsträgern, die hier nicht im einzelnen dargestellt werden können.

3.4 Arbeitsmarktentwicklung

Aus der beschriebenen Konstellation von Produktivitätsentwicklung und Wachstum ergibt sich die Zahl der Erwerbstätigen. Dabei ist angenommen worden, daß sich die Entwicklung der durchschnittlichen Arbeitszeit gegenüber dem Referenzszenario praktisch nicht verändert, obwohl eine beschleunigte Produktivitätsentwicklung auch Spielräume für zusätzliche Arbeitszeitverkürzungen in all ihren Formen schafft. Nur in der oberen Variante sind im Jahr 2000 mehr Personen (260.000) erwerbstätig als im Referenzszenario. In der mittleren Variante fällt die Zahl der Erwerbstätigen im Jahr 2000 um 360.000 Personen niedriger aus als im Referenzszenario.

Die Arbeitslosigkeit verändert sich nicht im gleichen Umfang wie die Beschäftigung. Das liegt an der Pufferwirkung der Stillen Reserve. Bei höherer Arbeitslosigkeit werden Arbeitssuchende entmutigt und stellen ihre Bemühungen ein; bei geringerer Arbeitslosigkeit werden sie ermutigt, sich bei den Arbeitsämtern registrieren zu lassen. Die Veränderung der Stillen Reserve und der Arbeitslosigkeit ist annähernd proportional.

Gelegentlich wird die These vertreten, bei steigender Beschäftigung werde die Stille Reserve schneller abgebaut als die Arbeitslosigkeit, weil ihre Qualifikationsstruktur günstiger sei. Es wird auch darauf hingewiesen, daß sich das - von Schwankungen der Arbeitsmarktlage unbeeinflußte - Erwerbsverhalten bei beschleunigtem technischen Wandel anders entwickeln kann als im Referenzszenario: Veränderte Qualifikationsanforderungen oder Arbeitsformen könnten zu einer beschleunigten Zunahme der Erwerbsbeteiligung der Frauen führen. Beide Argumente sind hier nicht näher untersucht worden, weil sie Überlegungen zu den Auswirkungen des technischen Wandels auf Qualifikationsstrukturen voraussetzen. Hier besteht eine Nahtstelle zu entsprechenden Detailuntersuchungen.

3.5 Sensitivitätsanalysen

Den verbleibenden Unsicherheiten bei den Annahmen des Innovationsszenarios kann nur durch Alternativsimulationen Rechnung getragen werden. Wie dargestellt worden ist, beziehen sich diese Unsicherheiten vor allem auf das Volumen zusätzlicher Investitionen, das erforderlich ist, um eine Produktivitätsbeschleunigung der angenommenen Größenordnung hervorzubringen, und auf die Größenordnung der Auswirkungen einer verbesserten Position im Qualitätswettbewerb auf die Ausfuhr.

In einer oberen Variante des Innovationsszenarios wird angenommen, daß jährlich 27 Mrd. DM (statt 10 Mrd. DM in der mittleren Variante) zu Preisen von 1980 an zusätzlichen Investitionen erforderlich sind, um dieselbe Produktivitätsbeschleunigung zu erreichen wie in der mittleren Variante. Einschließlich indirekter Effekte ergibt sich dann eine um 1,8 Prozentpunkte beschleunigte Zunahme der Unternehmensinvestitionen (ohne Wohnbauten). In einer unteren Variante wird der Fall untersucht, daß der beschleunigte Produktivitätsfortschritt nicht an zusätzliche autonome Investitionen gebunden ist, sondern sich im Prozeß der "normalen" - durch das höhere Wachstum gegenüber dem Referenzszenario allerdings beschleunigten - Investitionstätigkeit vollzieht.

Für die Elastizität der Warenausfuhr in bezug auf die Weltausfuhr wird in der oberen Variante ein Wert von 1,2 angenommen; in der unteren Variante beträgt der Wert 1, es gibt keine strukturell bedingten Anteilsgewinne oder -verluste. Damit ergibt sich bei der gleichen Beschleunigung des Produktivitätsfortschritts wie in der mittleren Variante in der unteren Variante eine geringere, in der oberen eine höhere Wachstumsbeschleunigung als in der mittleren. In der unteren Variante des

Innovationsszenarios ist im Jahr 2000 die Zahl der Erwerbstätigen um 860.000 Personen niedriger als im Referenzszenario.

Unter ungünstigen Umständen werden damit knapp zwei Drittel der rechnerischen Arbeitsplatzverluste aufgefangen, unter günstigen Umständen beträgt die Kompensationsquote etwas mehr als 110 Prozent.

4. Ein illustratives Szenario unterlassener Innovationen

Das Szenario unterlassener Innovationen hat stärker als die Szenarien verstärkter Innovationsanstrengungen illustrativen Charakter. Während eine wirtschaftliche Entwicklung entlang der Pfade des Innovationsszenarios durchaus denkbar erscheint, ist es wenig wahrscheinlich, daß die wirtschaftspolitischen Entscheidungsträger über längere Frist ohne Gegenreaktion die Entwicklung zulassen würden, die für den Fall unterlassener Innovationen gezeichnet wird.

Die Spielräume für die Bundesrepublik, eine Verbesserung ihrer Wettbewerbsposition gegenüber ihren Konkurrenzländern in höhere Außenhandelserlöse umzusetzen, sind begrenzt. Solche Grenzen gelten nicht, wenn sich die Wettbewerbsfähigkeit der Bundesrepublik verschlechtert, weil die technologische Entwicklung hinter der anderer Länder zurückbleibt. Das kann auch schon geschehen, wenn bei verstärkten Innovationsanstrengungen im Ausland in der Bundesrepublik nicht ebenfalls zusätzliche Anstrengungen unternommen werden.

Zur Illustration der Konsequenzen einer solchen Entwicklung ist angenommen worden, daß sich der Produktivitätsfortschritt gegenüber dem des Referenzszenarios verlangsamt. Die Verschlechterung der Position im Qualitätswettbewerb kommt darin zum Ausdruck, daß

- die deutschen Exporteure Marktanteile verlieren (im Jahr 2000 beträgt der Anteil der Warenausfuhr am Welthandelsvolumen 8,7 Prozent statt 11,4 Prozent im Referenzszenario);
- inländische Güter durch importierte substituiert werden; das kommt in erhöhten Einfuhrelastizitäten zum Ausdruck;
- die Exporteure die Preissteigerung des Referenzszenarios nicht durchsetzen können, während die Importeure sogar noch etwas höhere Preise verlangen können als im Referenzszenario. Die Terms of Trade verschlechtern sich rapide. Ihr Wert erreicht im Jahr 2000 rund 95 Indexpunkte gegenüber 103 im Referenzszenario.

Eine Verringerung des jährlichen Produktivitätsfortschritts um 0,8 Prozentpunkte würde im Jahr 2000 rein rechnerisch zu einer Mehrbeschäftigung um mehr als 2,8 Millionen Personen führen. Dem stehen die Effekte einer Verschlechterung der Position im Qualitätswettbewerb entgegen. Einer Verschlechterung der Wettbewerbsfähigkeit sind von der übrigen Welt aus wesentlich weniger enge Grenzen gesetzt als einer Verbesserung. Nimmt man an, daß sich im Ergebnis im Jahr 2000 eine in etwa ausgeglichene Außenhandelsbilanz ergibt, so würden unter Berücksichtigung aller Interdependenzen im Jahr 2000 der rechnerischen Mehrbeschäftigung um knapp drei Millionen Personen Beschäftigungsverluste von vier Millionen Personen gegenüberstehen, die Beschäftigung würde im Jahr 2000 um fast eine Million Personen niedriger ausfallen als im Referenzszenario. Im Ergebnis sind die Gefahren für die Beschäftigung also noch gravierender einzuschätzen als in der unteren Variante des Szenarios verstärkter Innovationsanstrengungen.

Dies gilt bei einer schwerwiegenden Verringerung der Wachstumsrate des Sozialprodukts; sie ist nur halb so groß wie im Referenzszenario. Die damit verbundenen Probleme werden durch die Vergrößerung des Finanzierungsdefizits der öffentlichen Haushalte deutlich: Unterlassene Innovationen schränken die Spielräume zur Lösung von Verteilungskonflikten drastisch ein, ohne daß sich die Hoffnung erfüllt, durch eine Verlangsamung des Produktivitätsfortschritts die Beschäftigungsprobleme zu lösen.

5. Schlußfolgerungen

Es kann festgehalten werden, daß eine Wirtschaftspolitik, die ausschließlich auf die beschleunigte Einführung von Innovationen setzt, nicht geeignet ist, die Arbeitsmarktprobleme, die bis zum Jahr 2000 absehbar sind, zu lösen (DIW 1989). Das gilt selbst unter günstigen Bedingungen. Trotzdem sind Innovationsanstrengungen unverzichtbar, wie anhand eines Szenarios unterlassener Innovationen illustriert worden ist. Spielräume, die eine Strategie verstärkter Innovationen über eine Verbesserung der Wachstumsperspektiven eröffnet, müssen für andere Elemente einer auf Beschäftigungssteigerung ausgerichteten Wirtschaftspolitik genutzt werden (DIW 1987a).

Literatur

Abele, E. et al. (1984): Einsatzmöglichkeiten von flexibel automatisierten Montagesystemen in der industriellen Produktion: Montagestudie, Schriftenreihe 'Humanisierung des Arbeitslebens', Bd. 61, Düsseldorf.

Abraham, K. (1983): Structural/Frictional vs. Deficient Demand Unemployment, in: The American Economic Review, Vol. 73, pp. 708-724.

Abramovitz, M. (1956): Resource and Output Trends in the United States since 1870, in: The American Economic Review, Vol. 46, Papers and Proceedings, pp. 5-23.

Adorno, T.W. (Hrsg.) (1969): Spätkapitalismus oder Industriegesellschaft?, Stuttgart.

Akerlof, G.A./Main, B.G.M. (1981): An Experience-Weighted Measure of Employment and Unemployment Durations, in: The American Economic Review, Vol. 71, No. 5, pp. 1003-1011.

Appelbaum, E./Schettkat, R. (eds.) (1990): The Impacts of Structural Change and Technological Progress on the Labor Market, New York (forthcoming).

Aquino, A. (1981): Changes over Time in the Pattern of Comparative Advantage on Manufacturing Goods - An Empirical Analysis for the Period 1962-1974, in: European Economic Review, Vol. 15, pp. 41-62.

Arrow, K. (1971): Economic Welfare and the Allocation of Resources for Invention, in: Rosenberg, N. (ed.): The Economics of Technological Change. Selected Readings, Middlesex (England), pp. 164-181.

Bade, F.J. (1987): Die wachstumspolitische Bedeutung kleiner und mittlerer Unternehmen, in: Fritsch, M./Hull, C.J. (Hrsg.) (1987a), S. 73 ff.

Baethge, M. (1988): Neue Technologien, berufliche Perspektiven und kulturelles Selbstverständnis, in: Gewerkschaftliche Bildungspolitik, Heft 1, S. 15-23.

Baethge, M./Overbeck, H. (1986): Zukunft der Angestellten, Frankfurt/Main.

Bartenschlager, H.P. et al. (1982): Industrierobotereinsatz - Stand und Entwicklungstendenzen, Schriftenreihe 'Humanisierung des Arbeitslebens', Bd. 23, Düsseldorf.

Battelle (1978): Soziale Implikationen der Einführung von Industrierobotern im Fertigungsbereich, unveröffentlichter Bericht, Frankfurt/Main.

Bauer, G. (1985): Schätzung von ökonometrischen Ungleichgewichtsmodellen, Idstein.

Baumol, W.J. (1967): Macroeconomics of Unbalanced Growth: The Anatomy of Urban Crisis, American Economic Review, Vol. 57.

Baumol, W./Blackman, S./Wolff, E. (1985): Unbalanced Growth Revisited: Asymptotic Stagnancy and New Evidence, in: American Economic Review, Vol. 75.

Benz-Overhage, K. (1985): Automatisierung bei der Arbeitsvorbereitung, Arbeitssteuerung und Konstruktion, in: Warneke, P. (Hrsg.) (1985), S. 237 ff.

Berglind, H. (1981): Age and Marginality in the Swedish Labour Market, in: Gardell, B./Johansson, G. (eds.), Working Life (John Wiley and Sons), pp. 145-158.

Berndt, E. (1981): Modelling the Simultaneous Demand for Factors of Production, in: Hornstein, Z./Grice, J./Webb, A. (eds.), The Economics of the Labour Market, London, pp. 127-142.

Berndt, E./Wood, D. (1975): Technology, Prices, and the Derived Demand for Energy, in: Review of Economics and Statistics, Vol. 56, pp. 259-268.

BIBB/IAB (Hrsg.) (1987): Neue Technologien: Verbreitungsgrad, Qualifikation und Arbeitsbedingungen, Analysen aus der BIBB/IAB-Erhebung 1985/86, Beiträge aus der Arbeitsmarkt- und Berufsforschung 118, Nürnberg.

Bispinck, R./Helfert, M. (1987): Technischer Wandel und gewerkschaftliche Arbeitspolitik, WSI-Mitteilungen, Jg. 40, S. 314 ff.

Blattner, N. (1986): Technischer Wandel und Beschäftigung: Zum Stand der Diskussion, in: Krupp, H.-J./Rohwer, B./Rothschild, K.W. (Hrsg.), Wege zur Vollbeschäftigung, Freiburg, S. 67-76.

Blazejczak, J. (1987): Simulation gesamtwirtschaftlicher Perspektiven mit einem ökonometrischen Modell für die Bundesrepublik Deutschland, Beiträge zur Strukturforschung des DIW, Heft 100.

Blazejczak, J. (1989): Gesamtwirtschaftliche Auswirkungen verstärkter Innovationsanstrengungen. Szenarien der wirtschaftlichen Entwicklung in der Bundesrepublik bis zum Jahr 2000, in: Meyer-Krahmer, F. (Hrsg.) (1989).

Bleicher, S. (1987): Die Zukunft der Fabrik - eine Aufgabe gewerkschaftlicher Technikgestaltung. Der Mensch steht im Mittelpunkt einer sozialverantwortlichen CIM-Entwicklung, in: CIM oder die Zukunft der Arbeit in rechnerintegrierten Fabrikstrukturen, Ergebnisse einer Fachtagung der IG Metall, Frankfurt, S. 7 ff.

Bombach, G./Blattner, N. et al. (1976): Technischer Fortschritt. Kritische Beurteilung von Meß- und Prognosekonzepten, Göttingen.

Bombach, G./Gahlen, B./Ott, A. (Hrsg.) (1980): Neuere Entwicklungen in der Investitionstheorie und -politik, Tübingen.

Bombach, G./Gahlen, B./Ott, A. (Hrsg.) (1986): Technologischer Wandel - Analyse und Fakten, Schriftenreihe des wirtschaftswissenschaftlichen Seminars Ottobeuren, Bd. 15, Tübingen.

Bombach, G./Gahlen, B./Ott, A. (Hrsg.) (1987): Arbeitsmärkte und Beschäftigung. Fakten, Analysen, Perspektiven, Schriftenreihe des wirtschaftswissenschaftlichen Seminars Ottobeuren, Bd. 16, Tübingen.

Börnsen, O./Glismann, H.H./Horn, E.-J. (1985): Der Technologietransfer zwischen den USA und der Bundesrepublik, Kieler Studien 192, Institut für Weltwirtschaft an der Universität Kiel, Tübingen.

Boskin, M.J. (1986): Macroeconomics, Technology and Economic Growth: An Introduction to some Important Issues, in: Landau, R./Rosenberg, N. (eds.), The Positive Sum Strategy, Washington D.C., pp. 33-56.

Boyer, R. (1988): Assessing the Impact of R&D on Employment. Puzzle or Consensus?, A Comment upon: Sectoral and Macroeconomic Impacts of Research and Development on Employment by J. Blazejczak, G. Erber, and G.A. Horn, Paris (mimeo).

Braverman, H. (1977): Die Arbeit im modernen Produktionsprozeß, Frankfurt/New York.

Brehm, H./Pohl, G. (Hrsg.) (1986): Gewerkschaftliche Gegenwehr, Köln.

Briefs, U. (1986): Informationstechnologien und gewerkschaftliche Gegenwehr, in: Brehm, H./Pohl, G. (Hrsg.), Gewerkschaftliche Gegenwehr, Köln, S. 24 ff.

Brötz, R. (1983): Flexible Arbeitszeitregelungen am Beispiel eines multinationalen Mischkonzerns, WSI-Mitteilungen, Jg. 36, S. 480 ff.

Brown, M. (1966): On the Theory and Measurement of Technological Change, Cambridge.

Brown, M./de Cani, J.S. (1963): A Measure of Technological Employment, in: The International Economic Review, Vol. 4, pp. 289-309.

Bundesministerium für Wissenschaft und Forschung (Hrsg.) (1981): Mikroelektronik: Anwendungen, Verbreitung und Auswirkungen am Beispiel Österreichs, Wien.

Buttler, F./Kühl, J./Rahmann, B. (Hrsg.) (1985): Staat und Beschäftigung, Beiträge zur Arbeitsmarkt- und Berufsforschung 88, Nürnberg.

Buttler, G. (1987): Zur mittleren Dauer der Arbeitslosigkeit, in: Mitteilungen aus der Arbeitsmarkt- und Berufsforschung 2/87, Nürnberg.

Christensen, L./Jorgenson, D./Lau, L. (1973): Transcendental Logarithmic Production Frontiers, in: Review of Economic and Statistics, Vol. 55, pp. 28-45.

Clark, K.B./Summers, L.H. (1979): Labour Market Dynamics and Unemployment: A Reconsideration, in: Brookings Papers on Economic Activity, pp. 13-61.

Clauß, T. (1988): Beteiligung, Akzeptanz und Arbeitszufriedenheit - Die Einführung programmgesteuerter Arbeitsmittel aus der Sicht der Betroffenen, in: BIBB/IAB (Hrsg.), S. 437 ff.

Cramer, U. (1987): Klein- und Mittelbetriebe: Hoffnungsträger der Beschäftigungspolitik?, in: Mitteilungen aus der Arbeitsmarkt- und Berufsforschung, 1/87, Nürnberg.

Cramer, U./Egle, F. (1976): Zur durchschnittlichen Dauer der Arbeitslosigkeit, in: Mitteilungen aus der Arbeitsmarkt- und Berufsforschung, 4/76, Nürnberg.

Crusius, R./Stebani, J. (Hrsg.) (1984): Neue Technologien und menschliche Arbeit, Berlin.

Cyert, R.M./Mowery, D.C. (eds.) (1987): Technology and Employment. Innovation and Growth in the U.S. Economy, Washington D.C.

d'Alcantara, G. et al. (1986): Technology and Macroeconomics, FAST-Occasional Papers No. 75 (International Document), Brüssel.

Dahrendorf, R. (1963): Bildung ist Bürgerrecht, Hamburg.

Dasgupta, P./Stiglitz, J.E. (1980): Uncertainty, Industrial Structure and the Speed of R&D, in: The Bell Journal of Economics 11/80, pp. 1-29.

Dasgupta, P./Stiglitz, J.E. (1988): Potential Competition, Actual Competition and Economic Welfare, in: European Economic Review 32/88, pp. 569-577.

David, P.A. (1975): Technical Choice and Economic Growth, London/New York.

Denison, E.F. (1974): Accounting for United States Economic Growth 1929-1969, Washington D.C.

Deutsch, E. (1988): Faktornachfrage auf strukturierten Arbeitsmärkten, Frankfurt/ Main.

Deutsches Institut für Wirtschaftsforschung (DIW) (1987a): Perspektiven der wirtschaftlichen Entwicklung in der Bundesrepublik Deutschland bis zum Jahr 2000. Bearbeiter: Blazejczak, J./Kirner, W./Krupp, H.-J., in: Wochenbericht des DIW Nr. 26/87.

Deutsches Institut für Wirtschaftsforschung (DIW) (1987b): Industriepolitik im westlichen Ausland - Rahmenbedingungen, Strategien, Außenhandelsaspekte, Beiträge zur Strukturforschung des DIW 92/1 (Allgemeiner Teil) und 92/2 (Länderberichte), Berlin.

Deutsches Institut für Wirtschaftsforschung (DIW) (1988): Exportgetriebener Strukturwandel bei schwachem Wachstum. Analyse der strukturellen Entwicklung der deutschen Wirtschaft, Strukturberichterstattung des DIW 1987, Beiträge zur Strukturforschung des DIW, Heft 103, Berlin.

Deutsches Institut für Wirtschaftsforschung (DIW) (1989): Beschäftigungspolitik durch verstärkte Innovationsanstrengungen?, Bearb.: J. Blazejczak, in: Wochenbericht des DIW, Nr. 4/89.

DGB-Abteilung Angestellte und WSI-Arbeitsgruppe HDA (1984): Protokoll der Fachtagung für Betriebs- und Personalräte "Textverarbeitung und Mitbestimmung", Düsseldorf.

Diewert, W. (1974): Applications of Duality Theory, in: Intriligator, M./Kendrick, D. (eds.), Frontiers of Quantitative Economics, Vol. II, Amsterdam.

Döbele-Berger, C./Berger, P./Kubicek, H. (1985): Handlungsmöglichkeiten bei der Einführung von Neuen Technologien in Büro und Verwaltung, hrsg. von der Arbeitskammer des Saarlandes, Saarbrücken.

Doeringer, P./Piore, M. (1971): Internal Labor Markets and Manpower Analysis, Massachussetts.

Dostal, W. (1982): Fünf Jahre Mikroelektronik-Diskussion, in: Mitteilungen aus der Arbeitsmarkt- und Berufsforschung, Jg. 15, S. 151 ff.

Duchin, F. (1986): Analyzing the Implications of Technological Change, Vortrag bei der "Eigth International Conference on Input-Output Techniques", Sapporo 1986.

Duchin, F./Szyld, D.B. (1985): A Dynamic Input-Output Model with Assured Positive Output, in: Metroeconomica, Vol. XXXVII, pp. 269-282.

Eckart, W./v. Einem, E./Stahl, K. (1987): Dynamik der Arbeitsplatzentwicklung: Eine kritische Betrachtung der empirischen Forschung in den Vereinigten Staaten, in: Fritsch, M./Hull, C.J. (Hrsg.) (1987a), S. 21-48.

Egle, F. (1979): Ansätze für eine systematische Beobachtung und Analyse der Arbeitslosigkeit, in: Beiträge zur Arbeitsmarkt- und Berufsforschung 36/79.

Erber, G. (1986): Foreign Trade Modelling for the Federal Republic of Germany, in: Vierteljahrshefte 3/86, S. 133-155.

Erber, G. (1989): Auswirkungen von Forschung und Entwicklung auf Außenhandel, internationale Wettbewerbsfähigkeit und Beschäftigung, in: Meyer-Krahmer, F., (Hrsg.) (1989).

Erber, G./Horn, G.A. (1987): FuE-Aufwendungen in der Bundesrepublik Deutschland im Vergleich zu den USA und Japan, DIW Wochenbericht 23/87, S.385-391.

Ewers, H.-J./Becker, C./Fritsch, M. (1988): Wirkungen des Einsatzes computergestützter Techniken in Industriebetrieben, Institut für Stadtforschung und Strukturpolitik, Berlin.

Fachgemeinschaft Montage-Handhabung-Industrieroboter (MHI) im VDMA (1988): Das Portrait der Branche Montage, Handhabung, Industrieroboter (MHI).

Faust, K. (1987): Früherkennung technischer Entwicklungen auf der Basis von Patentdaten, Ifo-Studien zur Strukturforschung Bd. 9/II, München.

Fishlow, A. (1966): Productivity and Technological Change in the Railroad Sector, in: Output, Employment and Productivity in the U.S. after 1800, Studies in Income and Wealth, No. 30, National Bureau of Economic Research.

Flaig G./Stadler M. (1988): Beschäftigungseffekte privater FuE-Aufwendungen. Eine Paneldaten-Analyse, in: Zeitschrift für Wirtschafts- und Sozialwissenschaften 108, S. 43-61.

Fomby, T.B./Hill, R.C./Johnson, S.R. (1984): Advanced Econometric Methods, New York/Berlin.

Franz, W. (1987): Beschäftigungsprobleme aufgrund von Inflexibilitäten auf Arbeitsmärkten? Discussion Paper No. 340-87, Universität Stuttgart.

Freeman, Ch./Soete, L. (eds.) (1987): Technical Change and Full Employment, Oxford.

Freiburghaus, D. (1978): Dynamik der Arbeitslosigkeit, Meisenheim am Glan.

Friede, G. (1978): Untersuchungen zum Produzentenverhalten in der Bundesrepublik Deutschland mit Hilfe von Translog-Preisfunktionen, Dissertation, Universität Karlsruhe.

Fritsch, M./Hull, C.J. (Hrsg.) (1987a): Arbeitsplatzdynamik und Regionalentwicklung, Beiträge zur beschäftigungspolitischen Bedeutung von Klein- und Großunternehmen, Berlin.

Fritsch, M./Hull, C.J. (1987b): Empirische Befunde zur Arbeitsplatzdynamik in großen und kleinen Unternehmen in der Bundesrepublik Deutschland - eine Zwischenbilanz, in: dies. (Hrsg.), Arbeitsplatzdynamik und Regionalentwicklung - Beiträge zur beschäftigungspolitischen Bedeutung von Groß- und Kleinunternehmen, Berlin (edition sigma), S. 149-172.

Fritsch, M. (1989): Die Arbeitsplatzentwicklung in Industriebetrieben, Berlin (im Erscheinen).

Gahlen, B. (1972): Der Informationsgehalt der neoklassischen Wachstumstheorie für die Wirtschaftspolitik, Tübingen.

Gardell, B./Johansson, G. (eds.) (1981): Working Life (John Wiley and Sons).

Gerstenberger, W. (1986): Technische Neuerungen und Höhe der Investitionsausgaben. Analyse am Beispiel der Industrie, in: Mitteilungen aus der Arbeitsmarkt- und Berufsforschung 1/86, S. 159-164.

Gerstenberger, W. et al. (1988): Wettbewerbsfähige Strukturen gestalten Expansionspolitik. Strukturberichterstattung 1987, Kernbericht, Schriftenreihe des Ifo-Instituts für Wirtschaftsforschung Nr. 120, Berlin/München.

Gerstenberger, W./Heinze, J./Vogler-Ludwig, K. (1984): Investitionen und Anlagevermögen der Wirtschaftsbereiche nach Eigentümer- und Nutzerkonzept, Ifo-Studien zur Strukturforschung, Bd. 6, Berlin.

GEWIPLAN 1981 (Gesellschaft für Wirschaftsförderung und Marktplanung mbH): Marktpotentiale für Fertigungstechnologien 1990, Teil BX, Marktpotentiale für Industrieroboter in der BRD 1980-1990, Frankfurt/Main.

Giersch, H. (1985): Eurosclerosis, Discussion Paper 112, Kiel Institute for World Economics, Kiel.

Gizycki, R. v. (1980): Auswirkungen neuer Technologien - dargestellt am Beispiel von Industrierobotern, in: Beschäftigungspolitik für die achtziger Jahre, Sozialwissenschaftliche Reihe des Battelle-Instituts (Hrsg.: L. Böckels).

Görzig, B. (1980): Der Einfluß des investitionsgebundenen Technischen Wandels auf die Arbeitsproduktivität, in: Bombach, G./Gahlen, B./Ott, A. (Hrsg.) (1980), Tübingen.

Görzig, B./Blazejczak, J./Horn, G.A./Kirner, W./Schulz, E./Stille, F. (1988): Investitionen, Beschäftigung und Produktivität. Zu den Arbeitsplatzeffekten einer verstärkten Investitionstätigkeit vor dem Hintergrund sektoraler Entwicklungen, Beiträge zur Strukturforschung des DIW, Heft 108.

Görzig, B./Schintke, J./Baumann, P. (1987): Produktionsvolumen und -potential, Produktionsfaktoren des Bergbaus und des Verarbeitenden Gewerbes in der Bundesrepublik Deutschland, Statistische Kennziffern, 29. Folge, 1970-1986, Berlin.

Griffin, J./Gregory, P. (1976): An Intercountry Model of Energy Substitution Responses, in: American Economic Review, Vol. 66, pp. 845-857.

Griliches, Z. (1980): R&D and the Productivity Slowdown, in: The American Economic Review, Vol. 70, pp. 343-348.

Griliches, Z. (ed.) (1984): R&D, Patents and Productivity, Chicago (University Press).

Griliches, Z./Intriligator, M. (Hrsg.) (1986): Handbook of Econometrics, Vol. 3, Amsterdam.

Gruber, W./Mehta, D./Vernon, R. (1967): The R&D Factor in International Trade and International Investment of United States Industries, in: Journal of Political Economy, Vol. 75, No. 1, pp. 20 37.

Hagemann, H. (1985): Freisetzungs- und Kompensationseffekte neuer Technologien: Zur Gefahr einer technologischen Arbeitslosigkeit, in: Buttler, F./Kühl, J./ Rahmann, B. (Hrsg.), Staat und Beschäftigung, Beiträge zur Arbeitsmarkt- und Berufsforschung 88, Nürnberg.

Hamermesh, D./Grant, J. (1979): Econometric Studies of Labor-Labor Substitution and their Implications for Policy, in: Journal of Human Resources, Vol. 14, pp. 518-542.

Hanappi, G./Wagner, M. (1989): Ein makroökonomisches Modell der Innovationsdynamik, Wien (IWS).

Hansen, G. (1983): Faktorsubstitution in den Wirtschaftssektoren der Bundesrepublik, in: DIW-Vierteljahresheft 2/3, S. 169-183.

Hansen, J.A. (1986): Innovation Characteristics of Industries in the United States, Papier für die Konferenz: Technology, Labour and Economics, Maastricht, The Netherlands, Oktober 1986.

Hansen, L. (1982): Large Sample Properties of Generalized Method of Moments Estimators, in: Econometrica, Vol. 50, pp. 1029-1054.

Hansmann, K.-W./Roggon, A. (1984): Stand und Entwicklung des Industrierobotereinsatzes in der Deutschen Wirtschaft, in: Crusius, R./Stebani, J. (Hrsg.), Neue Technologien und menschliche Arbeit, Berlin.

Hattry, W./Sydow, J. (1982): Information und Partizipation bei technisch-organisatorischen Änderungen der Arbeit, Office Management, Jg. 1982, S. 710 ff.

Helfert, M. (1987): Gewerkschaften und technische Entwicklung, WSI-Studie zur Wirtschafts- und Sozialforschung, Nr. 59, Köln.

Helberger, Ch. (1977): Ziele und Ergebnisse der Gesundheitspolitik, in: Zapf, W. (Hrsg.), Lebensbedingungen in der Bundesrepublik, Frankfurt/New York.

Hickel, R. (1987): Ein neuer Typ der Akkumulation, Hamburg.

Hildebrandt, E. (1987): Das Handlungsdilemma von Betriebsräten bei der Einführung von computergestützten Produktionsplanungs- und -steuerungssystemen im Maschinenbau, in: CIM oder die Zukunft der Arbeit in rechnerintegrierten Fabrikstrukturen, Ergebnisse einer Fachtagung der IG Metall, Frankfurt, S. 126 ff.

Hinz, H. (1986): Selbstverwirklichung durch Arbeit - Technologie-Abschätzung für den Arbeitnehmer, Blick durch die Wirtschaft vom 12.12.1986.

Hohmeyer, O./Rahner, H.-J. (1980): Untersuchung der Auswirkungen des Baus von ausgewählten Technologien zur rationellen Energieverwendung und zur Nutzung von regenerativen Energiequellen auf die Produktion und Beschäftigung in der Bundesrepublik, Diplom-Arbeit, Universität Bremen.

Horn, G.A. (1989): Auswirkungen von Forschung und Entwicklung auf Beschäftigung, Preise und Löhne, in: Meyer-Krahmer, F. (Hrsg.) (1989).

Hornschild, K./Wessels, H. (1987): Beschäftigungseffekte von Fernmeldeinvestitionen und Breitbandverkabelung der Deutschen Bundespost, in: Wochenbericht des DIW, Nr. 42/87.

Hornstein, Z./Grice, J./Webb, A. (Hrsg.) (1981): The Economics of the Labour Market, London.

Hughes, K. (1986): Exports and Technology, Cambridge.

Hyman, R./Streeck, W. (eds.) (1988): New Technology and Industrial Relations, Oxford (Basil Blackwell).

Ifo-Institut für Wirtschaftsforschung (1980): Technischer Fortschritt - Auswirkungen auf Wirtschaft und Arbeitsmarkt. Berlin.

Ifo-Institut für Wirtschaftsforschung (1987): Innovationsbericht. Ergebnisse des Ifo-Innovationstestes 1985/86, München.

Ifo-Institut für Wirtschaftsforschung (1988): Innovation, Wachstum und Beschäftigung. Einzelwirtschaftliche, sektorale und intersektorale Innovationsaktivitäten und ihre Auswirkungen auf die deutsche Wirtschaft in den achtziger Jahren, München.

Ifo/ISI/Infratest (1980): Technischer Fortschritt - Auswirkungen auf Wirtschaft und Arbeitsmarkt. Gutachten der Projektgemeinschaft Ifo-Institut für Wirtschaftsforschung, Fraunhofer-Institut für Systemtechnik und Innovationsforschung, Infratest Wirtschaftsforschung München, Schriftenreihe des Ifo-Instituts für Wirtschaftsforschung, Nr. 106, Berlin.

IG Metall (1983): "Maschinen wollen sie - uns Menschen nicht" - Rationalisierung in der Metallwirtschaft. Eine Bestandsaufnahme der IG Metall (Kurzfassung), o.O.

Infratest Sozialforschung (1988): Technikdiffusion und Beschäftigungswirkungen im privaten Dienstleistungssektor, München.

Institut für Sozialforschung und Gesellschaftspolitik (ISG) (1987): Innovation und Qualifikation in Klein- und Mittelbetrieben, Untersuchung im Auftrag des Rationalisierungskuratoriums der deutschen Wirtschaft (RKW), Köln.

Institut für Stadtforschung und Strukturpolitik (IfS) (1988): Wirkungen des Einsatzes computergestützter Techniken in Industriebetrieben, Berlin.

Institut für Stadtforschung und Strukturpolitik (IfS) (1988): Zwischenbericht des IfS zum META-II-Workshop in Berlin am 9./10. März 1988.

Intriligator, M./Kendrick, D. (eds.) (1974): Frontiers of Quantitative Economics, Vol. II, Amsterdam.

Jäger, W. (1980): Die Struktur des Arbeitsmarktes in der Bundesrepublik Deutschland, Düsseldorf.

Johnston, J. (1984): Econometric Methods, 3rd edition, New York (McGraw-Hill).

Jorgenson, D.W. (1986): Econometric Methods for Modelling Producer Behavior, in: Griliches, Z./Intriligator, M. (eds.), Handbook of Econometrics, Vol. 3, Amsterdam, pp. 1841-1915.

Jorgenson, D.W. (1988): Productivity and Economic Growth in Japan and the United States, in: American Economic Review, Papers and Proceedings 78/88, pp. 217-222.

Jorgenson, D.W/Laffont, J.-J. (1974): Efficient Estimation of Non-Linear Simultaneous Equations with Additive Disturbances, in: Annals of Social and Economic Measurement, Vol. 3, pp. 615-640.

Kämpfer, S. (1984): Roboter: Die elektronische Hand des Menschen, Düsseldorf.

Keesing, D.B. (1967): The Impact of Research and Development of United States Trade, in: Journal of Political Economy, Vol. 75, pp. 38-48.

Kern, H./Schumann, M. (1970): Industriearbeit und Arbeiterbewußtsein, 2 Bände, Studienausgabe, Frankfurt.

Kern, H./Schumann, M. (1985): Das Ende der Arbeitsteilung? Rationalisierung in der industriellen Produktion, 2. Auflage, München (Beck).

Kierzkowski, H. (1984): Monopolistic Competition and International Trade, Oxford.

Kleine, J. (1980): Innovation und Unternehmensgröße, Discussion Paper des Wissenschaftszentrum, Nr. IIM/LMP 80-9.

Klodt, H. (1984): Produktivitätsschwäche in der deutschen Wirtschaft, Tübingen.

Krelle, W. (1986): Technischer Fortschritt und Wachstum, in: Bombach, G./Gahlen, B./Ott, A.E. (Hrsg.), Technologischer Wandel - Analyse und Fakten, Schriftenreihe des wirtschaftswissenschaftlichen Seminars Ottobeuren, Bd. 15, Tübingen, S. 87- 107.

Krengel, R. (Hrsg.) (1982): Die Weiterentwicklung der Input-Output-Rechnung in der Bundesrepublik Deutschland. Sonderhefte zum Allgemeinen Statistischen Archiv, Heft 18.

Krupp, H.-J. (1986): Innovation und Wettbewerbsfähigkeit der deutschen Volkswirtschaft, in: Bombach, G./Gahlen, B./Ott, A. (Hrsg.) (1986), S. 195-218.

Krupp, H.-J./Rohwer, B./Rothschild K.W. (Hrsg.) (1986): Wege zur Vollbeschäftigung, Freiburg.

Kugler, P./Müller, U./Sheldon, G. (1987): Arbeitsmarktwirkungen moderner Technologien. Eine ökonometrische Untersuchung für die Bundesrepublik Deutschland. Meta-Studie Phase II. Abschlußbericht, Basel, Dezember 1987.

Landau, R./Rosenberg, N. (eds.) (1986): The Positive Sum Strategy, Washington.

Leontief, W./Duchin, F. (1986): The Future Impact of Automation on Workers, New York/Oxford.

Levin, R.C./Klevorick, A.K./Nelson, R./Winter, S.G. (1984): Survey Research on R&D Appropriability and Technological Opportunity. Part I: Appropriability. Yale.

Lutz, B. (1969): Produktionsprozeß und Berufsqualifikation, in: Adorno, T.W. (Hrsg.), Spätkapitalismus oder Industriegesellschaft?, Stuttgart.

Lutz, B. (1986): Kann man Technik-Folgen abschätzen? in: Gewerkschaftliche Monatshefte, Heft 9, S. 561-570.

Lutz, B. (1987): Das Ende des Technik-Determinismus und die Folgen - Soziologische Technikforschung vor neuen Aufgaben und neuen Problemen, in: ders. (Hrsg.), Technik und sozialer Wandel, Frankfurt/New York.

Lutz, B. (Hrsg.) (1987): Technik und sozialer Wandel, Frankfurt/New York.

Lutz, B./Schultz-Wild, R. (1986): Aufklärung als Gestaltung - Zur Rolle der Sozialwissenschaften bei technisch-organisatorischen Innovationsvorhaben, WSI-Mitteilungen, Jg. 39, S. 669 ff.

Mansfield, E. (1984): R&D and Innovation: Some Empirical Findings, in: Griliches, Z. (ed.), R&D, Patents and Productivity. Chicago (University Press), pp. 127-154.

Mansfield, E./Romeo, A./Wagner, S. (1979): Foreign Trade and U.S. Research and Development, in: Review of Economics and Statistics, Vol. 61, No. 1, pp. 49-57.

Meidner, R./Hedborg, A. (1984): Modell Schweden. Erfahrungen einer Wohlfahrtsgesellschaft, Frankfurt/New York.

Metcalfe, S. (1987): Technical Change, in: The New Palgrave, Vol. 4, London (MacMillan), pp. 617-620.

Mettelsiefen, B./Barens, J. (1987): Direkte und indirekte Beschäftigungswirkungen technologischer Innovationen, Beiträge zur Arbeitsmarkt- und Berufsforschung 112, Nürnberg.

Meyer-Krahmer, F. (Hrsg.) (1989): Sektorale und gesamtwirtschaftliche Beschäftigungswirkungen moderner Technologien. Gutachten des DIW im Rahmen der Meta-Studie II: Arbeitsmarktwirkungen moderner Technologien (im Erscheinen).

Meyer-Krahmer, F./Wessels, H. (1989): Intersektorale Technologiegeber- und Technologienehmerverflechtung in der Bundesrepublik Deutschland, in: Meyer-Krahmer, F. (Hrsg.) (1989).

Müdespacher, A. (1987): Innovationen der Telematik: Adoptionsverhalten und regionalwirtschaftliche Effekte, in: Raumforschung und Raumordnung, 45. Jg., S. 71-79.

Müller, J./Wessels, H. (1982): Produktions- und Beschäftigungseffekte von Fernmeldeinvestitionen der Deutschen Bundespost, in: Wochenbericht des DIW, Nr. 34/82.

Naegele, G. (1983): Arbeitnehmer in der Spätphase ihrer Erwerbstätigkeit. Forschungsbericht Nr. 91, hrsg. vom Bundesministerium für Arbeit und Sozialordnung, Bonn.

Nakamura, S. (1984): An Inter-Industry Translog Model of Prices and Technical Change for the West German Economy, Berlin.

Nelson, R. (1981): Research on Productivity Growth and Productivity Differences: Dead Ends and New Departures, in: Journal of Economic Literature, Vol. XIX, pp. 1029 - 1064.

Nelson, R./Winter, S.G. (1982): An Evolutionary Theory of Economic Change, Cambridge (Harvard University Press).

Nelson, R./Winter, S.G. (1977): In Search of Useful Theory of Innovation, in: Research Policy, Vol. 6, No. 1, pp. 36-76.

Neubourg, C. de (1987): Unemployment, Labour Market Slack, and Labour Market Accounting, Groningen.

Oppenländer, K.H. (1987): Arbeitsmarktwirkungen moderner Technologien, in: Bombach, G./Gahlen, B,/Ott, A. (Hrsg.), Arbeitsmärkte und Beschäftigung. Fakten, Analysen, Perspektiven, Schriftenreihe des wirtschaftswissenschaftlichen Seminars Ottobeuren. Bd. 16. Tübingen.

Oppenländer, K.H. (1988): Wachstumstheorie und Wachstumspolitik, München.

Oppenländer, K.H. et al. (1971): Wirtschaftliche Auswirkungen des technischen Wandels in der Industrie, Wirtschaftliche und soziale Aspekte des technischen Wandels in der Bundesrepublik Deutschland, Dritter Band, Frankfurt/Main.

Ott, A. (1959): Technischer Fortschritt, in: Handwörterbuch der Sozialwissenschaften, Göttingen.

Ott, A. (1985): Neue Technologien in Klein- und Mittelbetrieben, Institut zur Erforschung sozialer Chancen, Arbeitsmaterialien Nr. 12, Köln.

Petersen, H.C. (1979): Estimation of Sector Sales and Employment Changes Associated with Solar Space and Water Heating Development, in: Solar Energy, Vol. 22, pp. 175-182.

Pindyck, R. (1979): Interfuel Substitution and the Industrial Demand for Energy: An International Comparison, in: Review of Economics and Statistics, Vol. 61, pp. 169-179.

Pindyck, R.S./Rubinfeld, D.L. (1981): Econometric Models and Economic Forecasts, 2nd edition, Auckland, Bogot (McGraw Hill).

Posner, M.V. (1961): Technical Change and International Trade, in: Oxford Economic Papers, Vol. 13, pp. 323-341.

Prescott, E.C./Boyd, J.H. (1987): Dynamic Coalitions: Engines of Growth, in: The American Economic Review, Vol. 77, pp. 63-67.

Reinhard, M./Scholz, L. unter Mitarbeit von W. v.d. Ohe (1979): Konzeption eines Innovationstests für die Bundesrepublik Deutschland, Forschungsprojekt, gefördert durch den BMFT, München.

Rempp, H./Lay, G. (1983): Herstellung und Anwendung von CNC-Werkzeugmaschinen in der Bundesrepublik Deutschland, in: RKW-Handbuch Mikroelektronik, Berlin (Erich Schmidt Verlag).

Reyher, L./Bach, H.-U. (1986): Sonderauswertung für die Methode, vgl.: Arbeitskräfte-Gesamtrechnung. Bestände und Bewegungen am Arbeitsmarkt, in: Mitteilungen aus der Arbeitsmarkt- und Berufsforschung 4/80.

Robak, B./Schlecht, M. (1983): Tarifliche Gestaltung des Einsatzes neuer Technologien - Erfahrungen und Konsequenzen aus der Anwendung des RTS-Tarifvertrages in der Druckindustrie, WSI-Mitteilungen, Jg. 36, S. 133 ff.

Rogers, E.M./Shoemaker, F.F. (1971): Communication of Innovations, New York.

Romer, P.M. (1987): Growth Based on Increasing Returns due to Specialization, in: The American Economic Review 77 (1987), pp. 56-62.

Rosenberg, N. (ed.) (1971): The Economics of Technological Change, Middlesex (Penguin).

Rosenberg, N. (1976): Perspectives on Technology, London/New York.

Rosenberg, N. (1979): Technological Interdependence in the American Economy, in: Technology and Culture, January 1979, pp. 25-50.

Rosenberg, N. (1982): Inside the Black Box, New York (Cambridge University Press).

Rosenberg, N. (1984): Inside the Black Box: Technology and Economics, New York (Cambridge University Press).

Rothkirch, C.v./Weidig, I. (1985): Die Zukunft der Arbeitslandschaft. Zum Arbeitskräftebedarf nach Umfang und Tätigkeiten bis zum Jahr 2000, Beiträge zur Arbeitsmarkt- und Berufsforschung 94.1 und 94.2, Nürnberg.

Schankerman, M./Nadiri, I.M. (1984): Investment in R&D, Costs of Adjustment and Expectations, in: Griliches, Z. (ed.), R&D, Patents, and Productivity, Chicago, pp. 315-338.

Scherer, F.M. (1980): Industrial Market Structure and Economic Performance, Chicago.

Scherer, F.M. (1982): Inter-Industry Technology Flows and Productivity Growth, in: Review of Economics and Statistics 1982.

Scherer, F.M. (1982): Interindustry Technology Flows in the United States, in: Research Policy 11 (August 1982), pp. 227-245, hier entnommen aus: Scherer, F.M., Innovation and Growth. Schumpeterian Perspectives (1984), Cambridge (MIT-Press).

Scherer, F.M. (1982): Innovation and Growth. Schumpeterian Perspectives (1984), Cambridge (MIT-Press).

Schettkat, R. (1987): Erwerbsbeteiligung und Politik, Berlin (edition sigma).

Schettkat, R. (1989): Innovation und Arbeitsmarktdynamik, Berlin (deGruyter, im Erscheinen).

Schmalholz, H./Scholz, L. (1985): Innovation in der Industrie, ifo-Studien zur Industriewirtschaft 28, München.

Schmalholz, H./Scholz, L. unter Mitarbeit von J. Gürtler (1985): Innovation in der Industrie, Ifo-Studien zur Industriewirtschaft, Bd. 28, München.

Schmid, G. (1980): Strukturierte Arbeitslosigkeit und Arbeitsmarktpolitik, Königstein/Ts. (Athenäum).

Schmid, G. (1990): Institutions Regulating the Labour Market. Support or Impediment for Structural Change, in: Appelbaum, E./Schettkat, R. (eds.), The Impacts of Structural Change and Technological Progress on the Labor Market, New York (forthcoming).

Schmookler, J. (1971): Economic Sources of Inventive Activity, in: Rosenberg, N. (ed.), The Economics of Technological Change, Middlesex (Penguin), pp. 117-136.

Scholz, L. (1974): Technologie und Innovation in der industriellen Produktion, Schriftenreihe der Kommission für wirtschaftlichen und sozialen Wandel, Bd. 21, Göttingen.

Scholz, L. (1977): Technik-Indikatoren. Ansätze zur Messung des Standes der Technik in der industriellen Produktion, Schriftenreihe des Ifo-Instituts für Wirtschaftsforschung, Nr. 91, Berlin/München.

Schott, K. (1978): The Relations between Industrial Research and Development and Factor Demands, in: The Economic Journal, No. 88, pp. 85-106.

Schraft, R.D. (1987): Dem Mechanisierungsgrad sind derzeit noch Grenzen gesetzt, in: Handelsblatt vom 24.06.1987, S. B1.

Schraft, R.D. et al. (1984): Industrierobotertechnik - Einführung und Anwendung, Schriftenreihe Kontakt & Studium, Bd. 115, Grafenau.

Schulte zur Surlage R. (1985): Qualifikationsstruktur der Arbeitsnachfrage, Frankfurt/Main.

Schumpeter, J. (1926): Theorie der wirtschaftlichen Entwicklung, München und Leipzig.

Schünemann, Th.M./Bruns, Th. (1986): Modellierung und Prognose der Diffusion von Industrierobotern in der Bundesrepublik Deutschland, in: Zeitschrift für Betriebswirtschaft, 56. Jg., Heft 10, S. 953-988.

Schweizer, M. (1983): Flexible Automatisierung mit Industrierobotern - Heute und Morgen, in: RKW-Handbuch Mikroelektronik, Berlin (Erich Schmidt Verlag).

Sedeno-Andres, F. et al. (1981): Bildschirm-Arbeitsplätze: Vergleich geltender Betriebs- und Dienstvereinbarungen, Bericht II des Forschungsprojekts Rationalisierung und Folgewirkungen, Berlin.

Sengenberger, W. (1984): Zur Flexibilität im Beschäftigungssystem, SAMF-Arbeitspapier 1984-3.

Sengenberger, W. (1987): Struktur und Funktionsweise von Arbeitsmärkten, Frankfurt/New York.

Siebert, H. (1986): Technologischer Wandel, Beschäftigung und Wachstum, in: Bombach, G./Gahlen, B./Ott, A. (Hrsg.) (1986), S. 311-325.

Soete, L./Freeman, C. (1985): New Technologies, Investment and Employment Growth, in: Employment, Growth and Structural Change, OECD, Paris, pp. 52-82.

Solow, R.M. (1957): Technical Change and the Aggregate Production Function, in: Review of Economics and Statistics, Vol. 39, pp. 312-320.

Soltwedel, R. (1984): Mehr Markt am Arbeitsmarkt. Ein Plädoyer für weniger Arbeitsmarktpolitik, München/Wien (Philosophia Verlag).

Sorge, A./Hartmann, G./Warner, M./Nicholas, I. (1982): Mikroelektronik und Arbeit in der Industrie, Frankfurt/New York.

Sorge, A./Streeck, W. (1987): Industrial Relations and Technical Change - The Case for an Extended Perspective, discussion paper Nr. IIM/LMP 87-1, Wissenschaftszentrum Berlin; wieder in: Hyman, R./Streeck, W. (eds.) (1988), New Technology and Industrial Relations, Oxford (Basil Blackwell).

Soziologisches Forschungsinstitut Göttingen (SOFI), Zentrale wissenschaftliche Einrichtung "Arbeit und Betrieb" der Universität Bremen (1981): Industrieroboter-Bedingungen und soziale Folgen des Einsatzes neuer Technologien in der Automobilproduktion, Schriftenreihe 'Humanisierung des Arbeitslebens', Bd. 13, Frankfurt/Main.

Spahn, H.-P./Vobruba, G. (1986): Das Beschäftigungsproblem. Die ökonomische Sonderstellung des Arbeitsmarktes und die Grenzen der Wirtschaftspolitik, discussion paper IIM/LMP 86-14, Wissenschaftszentrum Berlin.

Spektrum der Wissenschaft in Zusammenarbeit mit dem DIW (1985): Input-Output-Struktur für die Wirtschaft der Bundesrepublik Deutschland, Input-Output-Wandtafel, Heidelberg und Berlin.

Springler, J.C. (1987): Rationalisierungschancen in der Serienmontage, in: Handelsblatt vom 18.2.1987, S. 26.

Stäglin, R. (1982): Überblick über die Aktivitäten auf dem Gebiet der Input-Output-Rechnung in der Bundesrepublik Deutschland, in: Krengel, R. (Hrsg.), Die Weiterentwicklung der Input-Output-Rechnung in der Bundesrepublik Deutschland. Sonderhefte zum Allgemeinen Statistischen Archiv, Heft 18.

Statistisches Bundesamt: Fachserie 4, Produzierendes Gewerbe, Reihe 3.1, Produktion im Produzierenden Gewerbe des In- und Auslandes.

Staudt, E. (1988): Wenn die Investition steht, muß auch eine trainierte Mannschaft einsatzbereit sein, Handelsblatt vom 11.03.1988.

Stoneman, P. (1983): The Economic Analysis of Technological Change, Oxford.

Stooß, F. (1984): Berufsqualifikation: eine individuelle und gesellschaftliche Chance, in: Keine Arbeit - keine Zukunft? Die Bildungs- und Beschäftigungsperspektiven der geburtenstarken Jahrgänge, Frankfurt/Berlin/München (Diesterweg).

Stooß, F./Troll, L. (1988): Das "Arbeitsmittel"-Konzept als Instrumentarium zur Beobachtung des beruflichen Wandels, Mitteilungen aus der Arbeitsmarkt- und Berufsforschung, Jg. 21, S. 16 ff.

Storey, D.J./Johnson, S. (1987): Zur Arbeitsplatzdynamik in Großbritannien, in: Fritsch, M./Hull, C.J. (Hrsg.) (1987a), S. 49-70.

Tengler, H./Dahremöller, A., unter Mitarbeit von U. Cramer (1987): Der Dienstleistungssektor in der Bundesrepublik Deutschland und in Nordrhein-Westfalen: Strukturen, Entwicklungen, Unterschiede, IfmMaterialien, Nr. 57, Bonn.

Thwaites, A.T./Edwards, A./Gibbs, D.C. (1982): Interregional Diffusion of Production Innovations in Great Britain, Centre for Urban and Regional Development Studies, University of Newcastle upon Thyne.

Ulrich, E./ Bogdahn, J. (Hrsg.) (1986): Auswirkungen neuer Technologien, Beiträge zur Arbeitsmarkt- und Berufsforschung 82, Nürnberg.

VDMA - Fachgemeinschaft Werkzeugmaschinen und Fertigungssysteme (1987): Sonderumfrage - Statistik über numerisch gesteuerte Werkzeugmaschinen 1986, (Juli 1987).

Vernon, R. (1966): International Investment and International Trade in the Product Cycle, in: Quarterly Journal of Economics, Vol. 80, pp. 190-207.

Volkholz, V. (1982): Trends in the Use of Industrial Robots in the 80s - The Case of the Federal Republic of Germany, in: OECD, Micro-electronics, Robotics and Jobs, Information Computer Communication Policy, Vol. 7, Paris.

Warnecke, H.-J./Schraft, R.-D. (1986): Industrieroboter, Katalog '86, Mainz.

Warneke, P. (Hrsg.) (1985): Technischer Wandel und Einflußmöglichkeiten der Arbeitnehmer in Europa, Berlin.

Warnken, J./Ronning, G. (1988): Bestimmungsgründe betrieblicher Faktorsubstitution. Untersuchung im Rahmen der "Meta-Studie II" im Auftrag des Bundesministers für Forschung und Technologie, Köln, Juni 1988.

Weiß, J.-P. (1981): Importmatrix für die Bundesrepublik Deutschland 1976, in: Vierteljahrshefte zur Wirtschaftsforschung, Heft 1, S. 21-31.

Weißhuhn G./König, A./Sakkas, K./Seetzen, J. (1988): Betriebsgrößenspezifische Analyse der Beschäftigung 1980-1986 in der Bundesrepublik Deutschland. Schlußbericht zum Projekt des BMFT: Arbeitsmarktwirkungen moderner Technologien, Berlin.

Weißhuhn, G. (1986), Technischer Wandel, Beschäftigung und Qualifikation. Einige arbeitsmarktorientierte und bildungsökonomische Aspekte, in: Ulrich, E./Bogdahn, J. (Hrsg.), Auswirkungen neuer Technologien. Beiträge zur Arbeitsmarkt- und Berufsforschung 82, Nürnberg, S. 20-42.

Wermter, W. (1981): Die Beschäftigtenstatistik der Bundesanstalt für Arbeit, in: Mitteilungen aus der Arbeitsmarkt- und Berufsforschung, Heft 4, S. 428-435.

Wessels, H. (1976): Auswirkungen des Baus eines Kernkraftwerkes auf Produktion und Erwerbstätigenzahl, in: Wochenbericht des DIW 26-27/1976.

Zapf, W. (Hrsg.) (1977): Lebensbedingungen in der Bundesrepublik, Frankfurt/New York.

Die Autoren

Bettina Bangel, 1961, Dipl.-Soziologin, wissenschaftliche Mitarbeiterin am Wissenschaftszentrum Berlin für Sozialforschung/Arbeitsmarkt und Beschäftigung.

Carsten Becker, 1957, Dipl.-Volkswirt, wissenschaftlicher Mitarbeiter an der Technischen Universität Berlin sowie am Institut für Stadtforschung und Strukturpolitik Berlin.

Jörg Beutel, 1942, Dipl.-Volkswirt, Dr. rer. pol., wissenschaftlicher Mitarbeiter am Ifo-Institut für Wirtschaftsforschung, z.Zt. Regierungsberater in Saudi-Arabien: Buchveröffentlichung: Input-Output-Analyse der Energieströme 1975, München 1984.

Jürgen Blazejczak, 1948, Dr. rer. oec., Dipl. Ing., wissenschaftlicher Mitarbeiter am Deutschen Institut für Wirtschaftsforschung Berlin (DIW); Arbeitsschwerpunkt: Entwicklung längerfristiger Szenarien der wirtschaftlichen Entwicklung; Buchveröffentlichung: Simulation gesamtwirtschaftlicher Perspektiven mit einem ökonometrischen Modell für die Bundesrepublik Deutschland, Beiträge der Strukturforschung des DIW, Heft 100, Berlin 1987.

Dietmar Edler, 1954, Dipl.-Volkswirt, wissenschaftlicher Mitarbeiter am Deutschen Institut für Wirtschaftsforschung Berlin (DIW); Forschungsschwerpunkte: Arbeitsmarktwirkungen neuer Techniken, FuE und Innovationen in kleinen und mittleren Unternehmen, Input-Output-Analyse und Ökonometrie.

Georg Erber, Dr. rer. pol., 1950, wissenschaftlicher Referent am Deutschen Institut für Wirtschaftsforschung (DIW), Mitglied der Projektgruppe disaggregiertes Prognosemodell; Arbeitsschwerpunkte: Entwicklung und Anwendung multisektoraler ökonometrischer Modelle, Analyse der internationalen Wettbewerbsfähigkeit von Wirtschaftsbereichen, Außenhandel, Produktivitätsentwicklung, technologischer Wandel; Veröffentlichungen: Structural Change in World Trade: Analysis and Forecasts of the FIND-Model, in: The Future of the World Economy - Economic Growth and Structural Change, hrsg. von W. Krelle, S. 499-513, Berlin/Heidelberg/New York/London/Paris/Tokyo 1989; The General Framework of a New Disaggregated Econometric Model for the Federal Republik of Germany, in: Vierteljahresheft 3/1986, S. 108/109 Berlin.

Hans-Jürgen Ewers, 1942, Dipl.-Volkswirt, Dr. rer. pol., Professor für Volkswirtschaftslehre an der Technischen Universität Berlin und Gesellschafter des Instituts für Stadtforschung und Strukturpolitik Berlin; Hauptarbeitsgebiete: volkswirtschaftliche Strukturanalysen, sozialwissenschaftliche Technikforschung, regionale und sektorale Strukturpolitik.

Renate Filip-Köhn, Dr., 1941, wissenschaftliche Referentin am Deutschen Institut für Wirtschaftsforschung Berlin (DIW); Forschungsgebiete: Input-Output-Methode, Arbeitsmarkt, Ressourcen (Energie, Rohstoffe), Informationstechnologie, Umweltfragen; Veröffentlichung: Wirtschaftsinformation in der Bundesrepublik Deutschland, Teil II: Angebotsseite und internationaler Vergleich des Online-Datenbankmarktes, Studie im Auftrag des Bundesministeriums für Wirtschaft, 1986 (zusammen mit W. Seufert).

Michael Fritsch, 1951, Dipl.-Volkswirt, Dr. rer. oec., wissenschaftlicher Mitarbeiter an der Technischen Universität Berlin sowie am Institut für Stadtforschung und Strukturpolitik Berlin; Buchveröffentlichungen: Arbeitsplatzdynamik und Regionalentwicklung (Hrsg.), Berlin 1987; Arbeitsplatzentwicklung in Industriebetrieben (im Erscheinen).

Werner Frühstück, 1957, Dipl.-Volkswirt, Büro für empirische Sozial- und Wirtschaftsforschung Wien; Buchveröffentlichung: Beschäftigung durch Umweltschutz, Linz (Trauner) 1988.

Hubertus Häbler, 1950, Dipl.-Soziologe, Studienleiter bei Infratest Sozialforschung München; Buchveröffentlichungen: Häbler/Kunz: Qualität der Arbeit und Verkürzung der Arbeitszeit in Schule und Hochschule, München 1985; Sträter u.a. (Häbler), Sozialräumliche Auswirkungen der neuen Informations- und Kommunikationstechniken, München 1986.

Lisa Höflich-Häberlein, 1955, Dipl.-Volkswirtin, Projektleiterin bei Infratest Sozialforschung München; unveröffentlichte Gutachten: Prognose des DV-Einsatzes im Bürobereich in der mittelständischen Wirtschaft, Infratest 1985; Prognose des DV-Einsatzes im Bürobereich in Unternehmen und Betrieben in der Bundesrepublik Deutschland, Infratest 1986.

Gustav A. Horn, 1954, wissenschaftlicher Referent am Deutschen Institut für Wirtschaftsforschung Berlin (DIW), Mitglied der Projektgruppe disaggregiertes Prognosemodell; Arbeitsschwerpunkt: ökonometrische Analysen sektoraler Wirtschaftsentwicklungen, sektorale Arbeitsmarktanalysen; Veröffentlichungen: Konjunkturelle Wirkungen des technischen Wandels, in: Dose, N./Drexler, A.: Technologieparks, Opladen 1987; Die Bedeutung der Lohnentwicklung für eine kapitalintensive Produktion, in: Konjunkturpolitik, Drittes Heft 1988.

Andreas König, 1958, Studium der Volkswirtschaft (Wien), wissenschaftlicher Mitarbeiter an der Technischen Universität Berlin.

Peter Kugler, 1949, Prof. Dr. rer. pol., Studium der Wirtschaftswissenschaften, ordentlicher Professor für Volkswirtschaftslehre an der Universität Bern.

Frieder Meyer-Krahmer, 1949, Dr. rer. pol., Privatdozent, Leiter der Abteilung Industrie und Technologie am Deutschen Institut für Wirtschaftsforschung Berlin (DIW); Buchveröffentlichungen: Politische Entscheidungsprozesse und Ökonomische Theorie der Politik Frankfurt/New York 1979; Innovationsförderung für kleine und mittlere Unternehmen Frankfurt/New York 1982; Technologiepolitik und Sozialwissenschaft (Hrsg.) Frankfurt/New York 1986; Der Einfluß staatlicher Technologiepolitik auf industrielle Innovationen Frankfurt/New York 1989.

Urs Müller, 1957, Dr. rer. pol., Studium der Wirtschaftswissenschaften, Oberassistent für Statistik und Ökonometrie an der Universität Basel.

Horst Penzkofer, 1959, Dipl.-Volkswirt, wissenschaftlicher Mitarbeiter im Ifo-Institut für Wirtschaftsforschung; Forschungsschwerpunkte: Input-Output-Analysen, Innovationsforschung.

Gerd Ronning, 1939, Dipl.-Volkswirt, Dr. rer. oec. pub., Professor für Ökonometrie und Statistik an der Universität Konstanz; Arbeitsschwerpunkte: ökonometrische und statistische Analyse von Märkten (Arzneimittel, Versicherungen, Tourismus); ökonometrische Modelle unter Verwendung von Mikrodaten, insbesondere aus Konjunkturtest- und Investitionstest-Erhebungen.

Ronald Schettkat, 1954, Dr. rer. oec., Dipl.-Volkswirt, Dipl.-Ingenieur, wissenschaftlicher Projektleiter am Wissenschaftszentrum Berlin für Sozialforschung/ Arbeitsmarkt und Beschäftigung; Buchveröffentlichungen: Erwerbsbeteiligung und Politik, Berlin 1987 (Sigma); Beschäftigungsrisiko Innovation?, Berlin 1988 (Sigma) (zusammen mit E. Matzner und M. Wagner).

Heinz Schmalholz, 1946, Dipl.-Volkswirt, wissenschaftlicher Mitarbeiter im Ifo-Institut für Wirtschaftsforschung, Forschungsschwerpunkte: Innovationsforschung, Technikfolgenabschätzung.

Lothar Scholz, 1940, Dipl.-Volkswirt, Dr. rer. pol., Studium Industrial Design sowie Wirtschafts- und Sozialwissenschaften, seit 1968 im Ifo-Institut für Wirtschaftsforschung, Abteilungsleiter: Innovations- und Marktanalysen; Buchveröffentlichungen: Technischer Fortschritt - Auswirkungen auf Wirtschaft und Arbeitsmarkt, München 1980; Innovation in der Industrie, München 1985.

Jürgen Seetzen, 1929, Dr.-Ing., z.Zt. Programmleiter Anwendungs- und Wirkungsforschung am VDI/VDE Technologiezentrum Informationstechnik in Berlin; Buchveröffentlichungen: Vorausschätzung gesamtwirtschaftlicher Rahmengrößen, Ergebnisbericht Band 4 zum Forschungsvorhaben "Nachfrageimpulse und Marktaussichten für Systeme und Endgeräte zur Vermittlung von Breitbandinformation", Heinrich-Hertz-Institut für Nachrichtentechnik, Berlin 1985; Die Anforderungen der politikberatenden Wissenschaft an die Statistik zur Erfassung der informationstechnischen Entwicklung, in: R. Stäglin/E. Südfeld: Informations- und Kommunikationstechnologien in Wirtschaft und Gesellschaft, Stuttgart 1988.

George Sheldon, 1948, PD Dr. rer. pol., Studium der Germanistik und der Wirtschaftswissenschaften, stv. Leiter der Forschungsstelle für Arbeitsmarkt- und Industrieökonomik (FAI) an der Universität Basel; Buchveröffentlichung: Die Dynamik der Arbeitslosigkeit in der Schweiz, Bern 1989.

Reiner Stäglin, Prof. Dr, 1938, wissenschaftlicher Mitarbeiter am Deutschen Institut für Wirtschaftsforschung Berlin (DIW) und Honorarprofessor an der Freien Universität Berlin; Forschungsgebiete: Strukturforschung, Input-Output-Analyse, Branchenstudien; Veröffentlichungen: Anforderungen an die amtliche Statistik aus der sektoralen und einer regionalisierten Strukturberichterstattung, in: Jahrbücher für Statistik und Landeskunde von Baden-Württemberg (1987); Direkte und indirekte Exportabhängigkeit der Wirtschaftszweige in der Bundesrepublik Deutschland vom Europäischen Binnenmarkt, Wochenbericht des DIW, Nr. 47/1988.

Michael Wagner, 1945, Dr. Univ. Doz., Direktor des IWS Wien; Buchveröffentlichungen: Beschäftigungsrisiko Innovation?, Berlin 1988 (Sigma) (zusammen mit E. Matzner und R. Schettkat); Wissen als Kapital, Regensburg 1989 (Transfer).

Jürgen Warnken, Dipl.-Volkswirt, 1953, wissenschaftlicher Mitarbeiter des ISG Sozialforschung und Gesellschaftspolitik Köln; Arbeitsschwerpunkte: Arbeitsmarkt- und Berufsforschung, Technikfolgenabschätzung.

Gernot Weißhuhn, 1943, Dr. rer. pol., Professor für Sozialökonomie des Ausbildungssektors an der Technischen Universität Berlin, seit 1980 Professor für Volkswirtschaftslehre an der Technischen Universität Berlin; Arbeitsschwerpunkt: Bildungsökonomie.

Hans Wessels, Dr. rer. oec., 1937, wissenschaftlicher Mitarbeiter am Deutschen Institut für Wirtschaftsforschung Berlin (DIW); Forschungsgebiet: Branchenanalyse und Input-Output-Rechnung; Veröffentlichungen: Struktur und Wettbewerbsfähigkeit der Schuhindustrie in der Bundesrepublik Deutschland, DIW-Beiträge zur Strukturforschung, Heft 104/1987 (zusammen mit G. Neckermann); Beschäftigungseffekte von Fernmeldeinvestitionen und Breitbandverkabelung der Deutschen Bundespost, in: Wochenbericht des DIW, Nr. 42/1987 (zusammen mit K. Hornschild).

www.ingramcontent.com/pod-product-compliance
Lightning Source LLC
LaVergne TN
LVHW080746300926
849162LV00008BA/1761